JISUANJI LINGYU

MEIGUO ZHISHI CHANQUAN SUSONG

YANJIU

计算机领域美国知识产权诉讼研究

◎张 健 等著

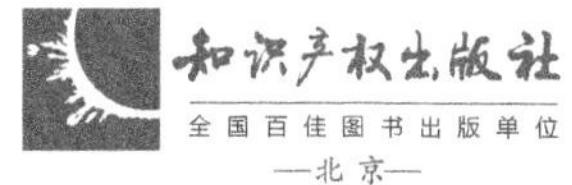

图书在版编目（CIP）数据

计算机领域美国知识产权诉讼研究 / 张健等著. —北京：知识产权出版社，2022.9

ISBN 978-7-5130-8343-0

Ⅰ. ①计… Ⅱ. ①张… Ⅲ. ①电子计算机-知识产权-民事诉讼-研究-美国 Ⅳ. ①D971.234

中国版本图书馆 CIP 数据核字（2022）第 166125 号

内容提要

本书针对计算机领域美国知识产权诉讼展开研究，包括美国本土企业知识产权诉讼，以及欧洲企业、日韩企业和中国企业在美国知识产权诉讼的情况，每个部分又从专利诉讼和“337 调查”两方面宏观分析诉讼数据，并列举典型诉讼案例，展示诉讼攻防过程。同时，本书还针对逐渐升温的商业方法类专利诉讼进行研究，分析美国商业方法类专利诉讼概况，解析具体诉讼案例原理。

本书适合知识产权国际诉讼相关人员参考。

责任编辑：彭喜英　　　　**责任印制**：孙婷婷

计算机领域美国知识产权诉讼研究

张　健　等著

出版发行：知识产权出版社有限责任公司		网　址：http://www.ipph.cn	
电　话：010－82004826		http://www.laichushu.com	
社　址：北京市海淀区气象路 50 号院		邮　编：100081	
责编电话：010－82000860 转 8539		责编邮箱：laichushu@cnipr.com	
发行电话：010－82000860 转 8101		发行传真：010－82000893	
印　刷：北京中献拓方科技发展有限公司		经　销：新华书店、各大网上书店及相关专业书店	
开　本：720mm×1000mm　1/16		印　张：32.75	
版　次：2022 年 9 月第 1 版		印　次：2022 年 9 月第 1 次印刷	
字　数：488 千字		定　价：158.00 元	

ISBN 978-7-5130-8343-0

前　言

计算机技术是人类历史上具有跨时代意义的伟大技术，并且依然在不断进行技术革新。当下计算机技术越来越深入融合到人类社会经济发展的每个角落，成为人类社会必不可少的技术工具，成为促进生产力发展、推动经济前进甚至在相当程度上影响社会变迁的重要力量。进入 21 世纪，伴随着计算机技术的发展，特别是互联网、大数据、云计算、人工智能、区块链等技术的发展，计算机已经融入社会经济生活的各个领域。习近平总书记作出了“不断做强做优做大我国数字经济”的指示，从国家层面部署推动数字经济发展。我国企业也紧紧把握机会，从中获益匪浅，一大批计算机技术相关企业茁壮成长，其中华为等企业逐渐成长为世界知名企业，已经走出国门，跨入其他国家的市场。

在世界各国中，美国目前依然是世界上最大的经济体。美国 2021 年国内年消费总额为 7.4 万亿美元，这个数据甚至远远超过了世界第三大经济体日本在 2020 年的 GDP（5.28 万亿美元），并且近年来一直呈现稳步上升的趋势。如此广阔的市场吸引着包括中国企业在内的诸多外国企业，但美国市场也隐藏着风险。知识产权大棒是美国经常挥舞的维护其自身利益的工具，美国所用的知识产权武器包括专利诉讼及“337 调查”。我国计算机相关企业想要进入美国市场并在美国市场站稳脚跟，就必须直面美国知识产权诉讼的风险。

本书针对计算机领域美国知识产权诉讼展开研究，包括美国本土企业知识产权诉讼，以及欧洲企业、日韩企业、中国企业在美国知识产权诉讼的情况，每个部分又从专利诉讼和“337 调查”两方面宏观分析诉讼数据，并列举典型诉讼案例，展示诉讼攻防过程。同时，本书还针对逐渐升温的商业方法类专利诉讼进行研究，分析美国商业方法类专利诉讼概况，解析具体诉讼案例原理。

本书由国家知识产权局专利局专利审查协作江苏中心电学发明审查部组织编写，具体撰写与校对分工如下：

张健，负责撰写第4章4.1节，第6章6.1~6.2节，后记；

张晓琳，负责撰写第3章3.1~3.3节，第4章4.3.2节；

梁韬，负责撰写第1章1.2节、1.3节，第2章2.2节；

张钰，负责撰写第5章5.1节、5.3节，第2章2.3.1节；

卢振宇，负责撰写第2章2.3.2节，第5章5.2节；

张永辉，负责撰写第2章2.1节，第4章4.2节、4.3.1节；

毛丹，负责撰写第2章2.3.3节；

郑钰，负责撰写第1章1.1节；

崔成东，负责撰写第4章4.3.3节；

吕鑫，负责本书的校对工作。

全书由张晓琳负责统稿，吕鑫负责校对。

作为知识产权人，我们热切地希望能为我国企业“走出去”贡献自己的绵薄之力。因此我们从宏观的角度展示计算机领域美国知识产权诉讼的面貌和侧影，并从具体案例出发分析计算机领域美国知识产权诉讼的攻防手段和代表性观点，力求为我国计算机相关企业进入美国市场照亮前行的道路。

张　健

2022年4月18日

目　　录

第 1 章

计算机领域知识产权诉讼概论

经济的全球化为国与国之间的贸易往来提供了便利，越来越多的企业走出国门并且逐步在国际市场中占据重要地位。其中，美国以其发达的经济、成熟的市场及巨大的消费潜力吸引了大量的企业向其境内开拓市场。随着国际市场的开辟、贸易量的增加，贸易摩擦越来越频繁，已从货物摩擦逐渐升级为知识产权摩擦，知识产权问题成为各国贸易的焦点问题，知识产权诉讼作为解决贸易争端的重要手段逐渐成为企业竞争的有力武器，知识产权诉讼的成败往往影响企业的经营和发展，甚至决定企业的命运和前途。

1.1 美国知识产权诉讼

美国知识产权诉讼主要包括两种：一种是向美国联邦地区法院提起的专利诉讼，另一种是向美国国际贸易委员会（United States International Trade Commission，ITC）提起的“337 调查”。

1.1.1 美国专利诉讼

1.1.1.1 专利诉讼概况

美国是全球专利申请量和授权量最多的国家之一。据世界知识产权组织（WIPO）统计，2021 年美国有效专利约 330 万件，位居世界第一。美国也是专利转让、许可等活动最为活跃的国家。灵活、自由的融资环境和巨额诉讼赔偿催生了大量非专利实施实体（NON-Practicing Entity，NPE）。随着专利数量和 NPE 的增多，专利诉讼愈加高发，因此各国企业不得不对在美国提起的专利诉讼进行辩护或在美国主动发起专利诉讼维护自身的利益。

我国海关总署发布的进出口数据显示，2021 年前 11 个月美国为我国的第三大贸易伙伴，中美贸易总值为 4.41 万亿元人民币，同比增长 21.1%，占我国进出口总值的 12.5%，其中我国对美国出口 3.36 万亿元人民币，增长 19.2%，自美国进口 1.05 万亿元人民币，增长 27.5%；随着中国科学技术的飞速发展，中国企业的中高端产品（如电子设备、计算机领域相关产品）进军美国市场的步伐日益加快，知识产权纠纷也日益增多，面对频发的美国专利诉讼，由于对美国专利诉讼的复杂性缺乏了解，中国企业往往

处于被动和弱势地位，我国企业国际化发展之路阻碍重重。

美国专利诉讼具有区别于其他国家的鲜明特点，收集美国的专利诉讼案件信息，分析诉讼双方在美国专利诉讼中的特点和策略，对增加我国企业在美国专利诉讼胜诉的概率和降低专利诉讼成本具有重要的意义。

1.1.1.2 美国专利诉讼的主要程序❶

美国联邦地区法院是专利侵权纠纷的初审管辖法院，受理案件的第一审法院为被告居住地、被告公司主要营业机构所在地或侵权行为发生地。对联邦地区法院裁决不服的任何一方当事人可以上诉至美国联邦巡回上诉法院。当事人对联邦巡回上诉法院裁决不服的，可以上诉至美国最高法院。但是，美国最高法院很少批准这样的请求，其只会选择审理某些来自巡回上诉法院的上诉案件，且只会选择具有重大问题或者各地区巡回上诉法院意见不同的上诉案件，如 2016 年 12 月 6 日判决的三星与苹果的诉讼案、2017 年 5 月 22 日判决的 TC Heartland 案。近年来，每年审理的专利案件基本上都少于 5 件。美国专利诉讼主要包括诉前警告、提起诉讼请求、调查取证、马克曼听证（权利要求解释听证）、审前动议、审理等主要程序，程序流程如图 1-1-1 所示。

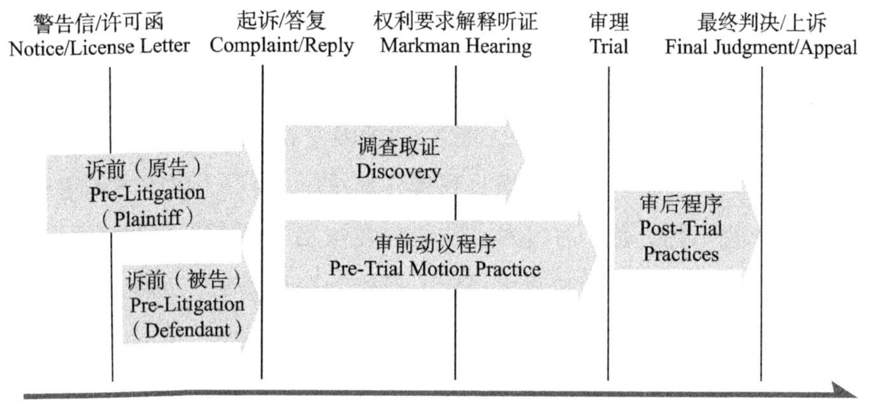

图 1-1-1 美国专利诉讼的基本程序

❶ 中华人民共和国国家知识产权局. 美国专利诉讼实务指引［EB/OL］.［2022-01-28］. http://www.sipo.gov.cn/ztzl/ywzt/hyzscqgz/hyzscqdt/201406/P020140609534831502907.pdf.

1. 诉前准备

如果企业发现他人侵犯了自身在美国的专利权，则可考虑在美国提起专利诉讼。在起诉之前，原告应做好充分的准备，包括：

1）查明侵权事实，初步收集相关证据，确定侵权行为人。

2）确认自身专利权的有效性、可实施性，分析专利权被宣告无效或被认定不侵权的可能性。

3）确定案件的价值和商业目标，估算侵权利益损失，计算潜在的损害赔偿金或许可使用费。

4）判断诉讼前景，分析获得法院禁令的可能性。

5）了解诉讼可能带来的商业风险等。

选择被告时应综合考虑诉讼风险、侵权证据是否充分、侵权获利数额是否明晰、双方专利实力对比等因素。

此外，选择恰当的起诉时机，也是原告企业应当考虑的重要问题。如果涉案专利技术市场周期短或者侵权行为非常严重，首要诉讼目的是尽快制止侵权，可考虑尽快提起诉讼。如果专利技术的市场尚未饱和且专利权人实施专利的能力也不够，可考虑在诉讼前争取与侵权人深入沟通，以与侵权人达成许可协议为主要目的。

美国不同联邦地区法院的审理程序、审理速度和审理结果不尽相同，可分析不同法院的审理特点，选择某个特定的法院为其管辖法院。

对于被告企业来说，如果企业接收到美国专利权人发出的警告信/许可函则是诉讼风险的强烈信号。当收到警告信/许可函后，接收方不必惊慌，但也不能不理不睬。急于答复对方往往会在谈判中处于不利地位，但迟迟不答复，可能会给自己造成重大风险。接收到警告信后，企业应分层次开展工作，制定应对策略，降低商业风险。收到警告信后，企业可考虑采取如下应对措施：

1）对产品是否侵权及专利权是否有效作出分析评议；如有需要，可聘请具有技术背景和执业经验的美国专利律师出具法律意见书。

2）如有侵权可能，确定警告信列出的所有产品的商业价值，估算诉讼可能给企业带来的各种风险与损失；探究是否对采购方、客户负有侵权补

偿责任，或者供应方对企业负有侵权补偿责任。

3）分析企业自身是否有专利可以在美国、中国或其他地区反诉对方，或与对方达成交叉许可，以一定程度上缓解或化解威胁。

4）了解双方在市场的相对地位、各自的产业结构等，考虑是否需要诉前和解或者是否与对方展开合作谋求共同利益；也可以通过律师发出回函，以探明对方的谈判立场，评估对方是否愿意达成和解。

5）另外，企业还可以考虑有没有其他被告，能否联合对抗，以及挑战专利的有效性等应对措施。

被告的企业可从成本利益和自身发展战略的角度综合考虑是否应诉。在决定应诉后，可以选择和委托美国专业律师事务所，分析诉状，研究抗辩理由，考虑可以采取的应对措施，积极应诉。被告在应答诉状中可以考虑的抗辩理由主要包括：

1）主张没有侵犯专利权。主要包括与专利客体不相同和提出专利权无效两个方面。

2）不视为侵犯专利权的行为，以不承担侵权责任进行抗辩。包括：已得到专利权人授权，如专利权用尽、明示或默示许可等情况；在先使用（先用权）；科学试验目的的使用；超过损害赔偿主张时效；懈怠和禁止反悔的情形等。

3）主张专利权不可实施。包括专利权的获取不公正以及专利权滥用和垄断等情况。

2. 调查取证

调查取证是诉讼中费用最高且最具破坏性的环节，大量的美国律师代理费会发生在这一阶段，双方要收集足以说服庭审陪审团的所有证据材料，足见本阶段的重要性。美国诉讼中的每个当事人都有义务向对方提供相关的资料和信息，调查取证包括初步披露、质询、索要文件和物件、要求承认、庭外事实证人的证词、专家报告和庭外证词等。调查取证将会影响案件的走向、争议焦点，甚至最终决定谁是胜诉方，当事人通过调查取证发现对方的弱点，为制定诉讼主题提供支持。中国企业在此阶段可有效评估胜诉的可能性，以决定是否有条件地寻求和解，以避免后续大量时间和金钱的浪费。

当事人可以采取策略性的调查取证方法，将注意力集中在案件的重要问题上，从而降低费用，避免与对方在取证过程中矛盾升级而被法官责备甚至惩罚。

取证通常涉及专家证词，会极大地增加案件成本。企业可选择专业知识渊博、思维清晰、能和陪审团顺畅互通并拥有实际经验的专家。

诉讼当事人与其委托律师之间就案件的交谈记录、交换文件、资料等有权拒绝向对方提供。针对商业秘密信息，可以请求法院签发“保护令”，以拒绝提供相关材料。

开示证据是当事人的法定义务，如果未能保存、出示相关文件或拒绝开示的，可能受到严厉的制裁。

3. 马克曼听证会（Markman hearing）

马克曼听证会又称为“释义听证会”（claim construction hearing），是由法官在陪审团开始审理专利诉讼案件前，通过听证程序先行界定权利要求用语的范围和含义。马克曼听证会非常重要，因为法院根据声明内容的解释去决断专利侵权的案件。马克曼听证会可能会鼓励和解，因为法官对于解释的裁决可以大致表明该专利侵权案的结果。马克曼听证会之后，法官会作出专利权利要求解释的判决。权利要求保护范围的问题对最终判决影响重大，诉讼双方都需要为马克曼听证会进行周密准备。当事人应挑选权利要求中可能影响专利侵权和无效的关键词语，向法官建议符合已确立主题且有利于自己胜诉的权利要求解释。一旦在听证程序中胜出，可以申请法庭不审即判，马克曼听证会为当事人提供了一个避免复杂且昂贵庭审程序的机会。这一程序常常会导致更早、更有意义的和解。

马克曼听证会上的证据分为两类：内在证据和外在证据。内在证据包括专利文件和任何的专利起诉历史。外在证据则是证词、专家意见或是其他非书面的来源，外在证据不得违反内在证据。

4. 审前动议

审前动议程序可包括临时禁令和简易判决。及时阻止侵权产品的生产和销售是防止侵权措施中最有效和最直接的方法，中国企业在美国的过往维权案件中，费尽周折赢了官司却最终失去了产品销售市场的例子很多，因此，为了避免发生无法弥补的损害，企业在提起侵权诉讼的同时，也可以向法院请求签发临时禁令，以迅速阻止侵权产品的销售，及时保护权利人的权利。在正式审理程序初期，法官经过初步审理后即可予以签发临时禁令。临时禁令的效力期为发出禁令时开始至诉讼结束时截止。临时禁令要被批准需满足“四要素检验法”，在请求颁发临时禁令时，原告必须证明以下 4 点。

1）在实体法上，原告有胜诉的可能性。申请人需要举出证据证明以下三个事实合法存在：专利权是有效的、被告的行为构成侵权、专利权具有可执行性，其中对于前两个事实的证明是重中之重。

2）如不签发禁令，将对原告产生无法弥补的损失。但是，关于如何认定不采用临时禁令将会对原告产生难以弥补的损失，美国法律并无明确的、具体的规定，在司法实践中，需要法官合理地运用自由裁量权来判断。在判断标准上，美国法院比较倾向于在确认专利权的有效性和侵权行为存在后，就推定会对原告产生无法弥补的损失。当然，也有例外情况。

3）如不签发禁令，给被告造成的困难大于签发禁令给被告造成的困难。法官在对原告的临时禁令申请进行审查时，同时也会考虑禁令的颁发错误会给被告所带来的损失，并将其与原告可能遭受的损失相比较，如果前者比后者大，法官则一般不会作出临时禁令的裁定。

4）禁令不会对公众利益产生影响。美国法律虽然明确了公众利益的考虑是审查标准的因素之一，但在实际的判例中，很少出于公众利益的考虑而被驳回申请。一般只有当案件涉及公众健康、环境保护等重大社会利益时，公众利益的考虑才会成为影响临时禁令是否颁布的决定性因素。

在马克曼听证会之后，庭审之前，如果原告或被告认为没有重要事实上的争议存在时，可以请求法官未经陪审团庭审而依法以简易程序宣判其胜诉。简易程序可以避免案件进入复杂且昂贵的庭审程序，节省更多的时间、精力及金钱。即使法官仅就部分案件事实作出判决，排除了此部分事实庭审的必要性，也能够起到精简庭审过程的作用。

简易程序是非常有利的工具，尤其是对被控侵权人来说。当事人可以寻找对方法律问题上的弱点，利用简易判决取得胜诉或达到精简庭审过程的效果。通常，即使是部分胜诉也能促成对动议提起方有利的和解。

5. **审理程序**

在证据调查程序、马克曼听证会结束后，且诉讼当事人均已履行披露义务，诉讼即可进入审理程序。审理程序一般持续几周或更长。审理过程中主要包括当事人对案件进行陈述、证人询问和法庭辩论等环节。审理程序的前阶段，集中在侵权责任是否成立。一旦法院认定专利侵权成立后，再继续审理损害赔偿范围及专利权人所能获得的救济方式。

在庭审中，当事人各方提供自己的事实证人和专家证人出庭作证。证人可以用中文作证，由翻译人员翻译。双方律师可向对方的证人提问。在庭审前，当事人的律师会与自己一方的证人进行充分的准备，对另一方针对该证人的交叉质询进行预测。

审理程序开始的 90 日前，双方应当向对方提供会在审理程序中提供证词的专家证人信息及专家证人准备的书面报告。

审理程序开始的 30 日前，诉讼当事人还需要向法院及对方当事人披露以下内容：

1）会在审理程序中提供证词的所有证人的姓名、住址、电话；

2）哪些证人的宣誓证言将在审理程序中以宣读的方式提出；

3）在审理程序中将提出作为证据的资料。

美国诉讼审理程序中，当事人可以选择陪审团审理，也可以选择不由陪审团审理或双方同意部分事项由陪审团审理。知识产权案件通常由陪审团参加审理。参加诉讼的任何一方必须及时地要求陪审团审理；否则就放弃了要求陪审团审理的权利。

根据美国司法诉讼规则，陪审团由随机抽取的 6～12 位普通公民组成，一般是从社区当中选定，通常没有经过法律专业训练。在案件审理中，由法官向陪审团解释法律问题，法官有权发布禁令禁止今后的侵权行为，而陪审团的主要责任是对事实作出认定（如是否侵权），并有权作出赔偿金的裁定。不论法官还是陪审团成员，通常都不具有技术背景，有关复杂的技术问题，往往是通过技术专家、图解、模型及计算机动画等方式来陈述。

美国最高法院通过案例确定审理知识产权案件时，陪审团应当由具备相关专业学科技术背景的专家组成，在专业知识、训练和经验的专业人员中抽取。

在陪审团作出裁决后，法官可以作出最终判决，或根据当事人的动议，命令新的庭审或依法律作出判决。对最终判决不服者，可以上诉至美国联邦巡回上诉法院。

1.1.1.3　美国专利诉讼的风险

美国专利侵权诉讼程序操作复杂，费用昂贵。一旦在美国卷入专利侵权诉讼，就需要付出大量的人力和金钱，诉讼时间一般在 2~6 年，有些复杂案件会更长。如果被告的产品被判定专利侵权，企业可能会面临以下风险。

1. 侵权赔偿

美国对专利侵权以强救济著称。近年来，陪审团裁定侵权企业赔偿几亿甚至十几亿美元的案件并不少见。例如，2007 年，朗讯诉微软的音频专利侵权案，最终陪审团判定赔偿额高达 15.2 亿美元；2012 年，苹果诉三星的“世纪大战”，陪审团判定赔偿额超过 10 亿美元；2012 年，卡内基梅隆大学诉美满电子的序列检测专利案，陪审团判定赔偿额为 11.69 亿美元，最终双方和解，但美满电子依然要赔付 7.5 亿美元；2015 年，专利授权公司 Smartflash 诉苹果 iTunes 侵权案，陪审团判定赔偿额为 5.329 亿美元；2016 年，美国联邦巡回上诉法院作出全席判决，恢复了原地区法院陪审团的关于三星赔偿苹果 1.196 亿美元的判决，这是苹果诉三星案的又一起亿元赔偿判决。

美国专利侵权的损害赔偿包括补偿性赔偿和惩罚性赔偿两种，对于补偿性赔偿，有利润损失和合理许可费两种计算方法；惩罚性赔偿适用于故意侵权，是在补偿性赔偿确定的数额基础上提高到最多三倍，具体由法官确定。2020 年 10 月 6 日，美国弗吉尼亚州地方法院作出裁决，思科（Cisco）因侵犯网络安全专利须向 Centripetal Networks 公司赔付 32 亿美元，这是迄今美国专利案件中最大的一笔赔偿金，判决书显示，原本思科应支付 Centripetal

Networks 公司 7.558 亿美元的赔偿款，但鉴于其“故意和恶劣”的侵权行为，故将赔偿金提高了 2.5 倍，加上约 13 717 925 美元利息，思科需赔付 19 亿美元。除固定赔款外，法院还要求思科按照现有相关产品的销售业绩进行赔付，赔付周期为 6 年。据 Centripetal Networks 公司统计，不出意外的话，最终赔付金额可能高达 32 亿美元。高额赔偿诉讼案件亦反映出美国专利诉讼的巨大风险。

2. 丧失市场

除了损害赔偿外，永久禁令也是美国对于专利侵权的司法救济方式，永久禁令是指在案件经过实质审理、对争议问题进行充分调查之后，法庭认定被告侵权，作出判决时给予胜诉方的一种救济，是针对专利权的剩余保护期下达的，以禁止被告再次侵权。

根据衡平法原理，法院颁发永久禁令，必须符合“四要素检验标准”。

如果当事人遭受的损害能够获得损害赔偿金的充分补偿，法院将不会颁发禁令。只有通过普通法的损害赔偿得不到充分救济的当事人，才能获得衡平法的禁令救济。此外，在被告已经不再进行侵权行为时，也不能颁发永久禁令。给被告颁发永久禁令并不是因为他已经做了一件错事，如果他所做的错事不会继续，普通法的损害赔偿救济是充分的，就不再需要颁发永久禁令。

如果法院发出了永久禁令，则被告将被禁止在美国生产或销售被诉侵权产品，这将极大影响企业的市场与长期发展。

3. 诉讼成本

除了损害赔偿金外，潜在的诉讼成本也是十分昂贵的，其中包括律师费用（几十万到几百万美元），以及聘用专家、差旅等费用（一般为律师费用的 25%）等，近年来更有逐年增高之势。被告除了要支付己方的高额诉讼费用外，一旦被认定为故意侵权，通常会被要求支付原告惩罚性赔偿，其中至少需支付原告的诉讼费用。虽然要求赔偿律师费、诉讼费等费用在美国的其他案件领域并不常见，但美国最高法院在 2018 年的里米尼街公司诉甲骨文一案中作出天价赔偿数额 1.25 亿美元的判决，在这一案件中，美国最高法院不但补偿了原告的律师费，还补偿了高额的专家证人费。

据统计，在美国2010年至2012年被提起的专利诉讼中，绝大多数诉讼双方都可以在诉讼早期达成和解，美国里士满大学克里斯托弗（Christopher）教授等法学专家解释说，这是因为专利诉讼的费用太高导致的结果。在这样的体系下，大多数原被告可以在诉讼初期达成专利授权协议。

4. 企业形象与业务机会损失

专利诉讼还会耗费企业的管理、技术、财务人员的大量时间，影响企业的正常经营，损害企业商誉而流失客户，造成业务机会损失等。

1.1.1.4 美国专利诉讼的重要术语

同其他形式的商业诉讼一样，在美国专利侵权诉讼也是一项复杂的任务，表1-1-1给出了美国专利诉讼的相关术语。

表1-1-1 美国专利诉讼的相关术语

相关程序	程序解释
提起诉讼	在诉讼前，原告律师需要调查主张被告的行为侵犯了各项主张中的至少一项权利要求，专利持有人（或原告）向联邦地区法院递交一份被称作“诉状”的文件后，专利诉讼即为立案
对诉状回复	一般而言，被告在原告诉状送达后有21天的时间作出回复，不过该截止期限常由双方议定而延长。回复一般采取两种形式中的一种：“答辩”或撤诉动议
授权后的专利局程序	虽然专利诉讼审判在联邦地区法院进行，但专利诉讼的被告常常也会在美国专利商标局提起平行程序，以质疑所涉专利的有效性。此类程序一般被称作“授权后”程序，因为它们是在专利授予后在美国专利商标局提起的
案件管理会议	向被告送达诉状后，主审法官会与当事方律师安排一场“案件管理会议”（有时也称作“首次审前会议”或“时间安排会议”）
事实证据开示	在案件管理会议后，将进入事实证据开示阶段。事实证据开示是各方向对方或第三方获得与案件相关之证据与信息的流程
专家证据开示	由于专利审讯的相关事项较为复杂，审讯中常有由受薪专家提供的证供。此类证人是由各方聘请的证人，负责就陪审团必须裁决的侵权、有效性和损害赔偿的问题向陪审团解释案件事实并根据其专业知识出具专家意见

续表

相关程序	程序解释
权利要求解释（马克曼听证会）	法官解决有关权利要求语言之争议的流程被称作“权利要求解释”。该流程的结果不仅常对案件结果产生重大影响，在某些情况下，还可能完全解决案件中的所有法律责任问题
简易判决动议	与任何民事诉讼一样，陪审团在专利案件中的职责是解决有争议的事实，以便确定哪一方在争议中胜诉。不过有时在证据开示阶段结束时，一方可断定不存在确凿以及重大的事实争议，并可根据没有争议的事实在法律上获得判决
审讯准备和审前动议	一般在预定审讯日期的前一两个月，当事方将进入密集的审讯准备和审前动议递交期。审讯准备包括准备证人、审讯证物和安排审讯地后勤等众多事宜
审讯	大多数情况下，专利审讯均为陪审团审讯。审讯如涉及针对被告人的金钱损害赔偿申诉，那么诉讼双方均享有受陪审团审判的宪法权利
上诉	一旦地区法院针对诉讼各方的一切诉讼请求作出最终判决后，败诉方可向地区法院提交短期通知，就判决提出上诉。在大多数情况下，此通知必须于判决后 30 日内或地区法院就任何一方提出的修改判决的请求作出裁决（以较晚者为准）后 30 日内提交
现有技术抗辩	在专利侵权纠纷中，被控侵权人有证据证明其实施的技术或者设计属于现有技术或者现有设计的，不构成侵犯专利权
先用权抗辩	专利申请前，已经有人做好制造或者使用的必要准备，则在批准申请人的专利权之后，上述人员仍可在原范围内继续制造或者使用的权利
不诚信行为抗辩	通过提供清晰的和令人信服的证据证明信息的隐瞒或欺骗行为是故意的，并且该信息对于专利授权起到实质作用
专利权滥用抗辩	专利权人未依照法律规定在国内尽可能地实施其专利，以至于给本国技术的发展造成不良影响的行为
专利权用尽原则	专利权人自己或者许可他人制造的专利产品（包括依据专利方法直接获得的产品）被合法地投放市场后，任何人对该产品进行销售或使用，不再需要得到专利权人的许可或者授权，且不构成侵权。换言之，专利产品经专利权人授权被首次销售后，专利权人即丧失对该专利产品进行再销售、使用的支配权和控制权

续表

相关程序	程序解释
禁反言抗辩	进行诉讼行为时，应对自己以言词作出的各种表示负责，不得随意作出否定在先言词的言论或行为

1.1.2　“337 调查”

1.1.2.1　“337 调查”概述

“337 调查”因出现在美国《1930 年关税法》第 337 节而得名，现汇编于《美国法典》第 19 编第 1337 节，是指 ITC 根据《1930 年关税法》第 337 节（以下简称“337 条款”）及相关修正案进行的行政调查，其针对进口贸易中的知识产权侵权行为及其他不公平竞争行为进行调查，并裁决是否构成侵权及有必要采取相应救济措施，目的是禁止一切不公平竞争行为或向美国出口产品中的任何不公平贸易行为，其设立的初衷即为保护美国国内产业。

如果 ITC 认定某项进口产品以不正当竞争的方式或不公平的行为进入美国，或产品的所有权人、进口商、代理人以不公平的方式在美国市场上销售该产品，并对美国相关产业造成实质损害或威胁，或阻碍美国相关产业的建立，或压制、操纵美国的商业和贸易，或侵犯合法有效的美国知识产权（包括商标权、专利权、集成电路布图设计专有权和美国法律保护的其他设计权），并且美国存在相关产业或相关产业正在建立中，则 ITC 有权采取发出普遍排除令、有限排除令、禁止令、罚款、扣押和没收等制裁措施。实践中，大部分“337 调查”涉及侵犯美国知识产权，其中，85% 以上的“337 调查”涉及专利侵权问题。

“337 调查”案件中的调查和裁决所遵循的法律规则包括实体法和程序法两部分。在实体法方面，“337 调查”主要适用美国《1930 年关税法》第 337 节的有关规定、美国联邦和各州关于知识产权侵权认定的各种法律及其他关于不公平竞争的法律。在程序法方面，“337 调查”主要适用包括《联邦法规汇编》中关于 ITC 调查的有关规定、《ITC 操作与程序规则》《联邦证据规则》中关于民事证据的规定、《行政程序法》中关于行政调查的有关规定等。此外，美国联邦法院关于知识产权和“337 调查”上诉案件的判例对 ITC 的调查与裁决也有一定影响。

1.1.2.2 “337 调查”中的各参与方

“337 调查”涉及多方主体，通常包括 ITC、申请人、被申请人及第三方等，其中各参与方的主要职能及权利义务见表 1-1-2。

表 1-1-2 “337 调查”中的各参与方

相关主体	具体机构/主体	职能及权利义务
ITC	不公平进口调查办公室	受理“337 调查”申请，初步调查并确定是否立案
	行政法官	负责案件的审理和发布初裁
	ITC 委员	对初裁进行复审，并作出终裁
当事人	申请人	向 ITC 提出“337 调查”申请
	被申请人	根据 ITC 的立案通知和传票进行答复
	第三人	认为调查结果会对其利益产生影响的企业可以第三方名义申请参与调查
律师	政府律师	代表公共利益的独立一方全面参与调查
	代理律师	代理申请人或被申请人的“337 调查”案件
美国总统	美国贸易代表办公室	审议 ITC 作出的“337 调查”终裁
美国联邦法院	联邦地区法院	受理“337 调查”案件中的反诉
	联邦巡回上诉法院	对当事人不服 ITC 终裁（总统审查后）的上诉进行司法审查
	美国最高法院	终审裁判
美国专利商标局	专利审判和上诉委员会	根据当事人的请求对涉案专利权、商标权进行审查
美国海关	美国海关与边境防卫局	ITC 决定的执行机构，扣押或禁止侵权产品进入美国

1.1.2.3 “337 调查”的主要流程

ITC 是美国国内一个独立的、准司法联邦机构，拥有对与贸易有关事务的广泛调查权。“337 调查”虽然不是由司法机关负责，但其调查程序、调查方式均与民事诉讼有许多相似之处。

该调查通常持续 12 至 16 个月，主要调查流程包括：提出申请、立案调

查、应诉、证据开示（discovery）、预审会议、听证会、行政法官初裁、ITC复审及终裁、总统审查、联邦巡回上诉法院等，具体流程如图 1-1-2 所示。

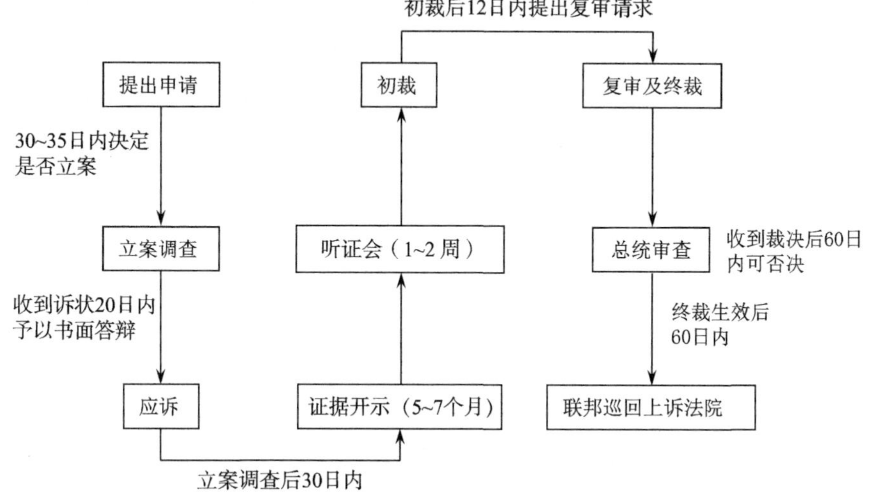

图 1-1-2　美国“337 调查”主要流程

1. 提出申请

ITC 可以根据申请人的申请发起“337 调查”，也可以根据所掌握的事实证据主动发起“337 调查”，实践中由 ITC 主动发起的案件很少。当申请人认为进口到美国的产品侵犯了自己在美国的有效知识产权，可以向 ITC 提交调查申请。申请人提交的申请书的内容应包括事实陈述、证据、诉讼请求、适用的法律法规等。

2. 立案调查

ITC 在收到申请书后，通常在 30 日内决定是否立案，如果申请人在提交申请时要求 ITC 发布临时救济措施，ITC 将在收到申请书之后 35 日内决定是否立案。如果 ITC 决定不予立案，将书面通知申请人和所有被申请人。一旦决定立案，ITC 将在《联邦公报》上公告立案通知，并将申请书副本和立案公告送达被诉方及被诉方驻美国的使馆商务处，并委派一名行政法官负责审理该案件。此外，考虑到公共利益的问题，ITC 还将指定一名政府律师代表公共利益。ITC 还将在立案后的 45 日内确定结束调查的目标日期：一般为 12 个月，较为复杂的案件可以延期 6 个月，即 18 个月结束。

3. 应诉

被诉方应在收到诉状后 20 日内提交书面答辩意见。如果申诉方同时还申请了临时禁令，那么被诉方还必须在通知送达之日起的 10 日或 20 日内提交针对临时禁令的答辩。答辩状应该尽可能详细，最好提交被控产品并没有侵权的分析报告，需要说明该产品未落入涉案专利的保护范围或涉案专利不具有合法性，并提供相关的证据支持。若被诉方未能在规定时间内提交答辩，即被视为放弃出庭权及对指控的抗辩权；若被诉方企业不应诉，根据 ITC 规则，ITC 将认定申诉方的申请成立，从而导致各种救济措施的实施。

4. 证据开示

与法院诉讼程序相似，当事人在“337 调查”应诉中的主要工作之一是在证据开示程序中提供证据，该程序通常持续 5～7 个月。通过该程序，当事人可以要求对方开示所有与案件有关的事实与信息，或从对方获取必要的证据，开示的方式包括要求对方提供文件，作出书面证词，向对方提出书面质询请求对方就某些问题进行承认等。

5. 听证会

听证会就是审理程序，是整个“337 调查”程序中至关重要的一步，通常会持续数天甚至数周。在听证会上，各方当事人向主审法官提出证据、质询对方当事人、进行辩论。不公平进口调查办公室（OUII）作为第三人参加听证会。除 ITC 发布指令外，听证会由负责案件的行政法官全程负责。任何一方都应当对自己的陈述承担举证责任。具有客观性、关联性和真实性的证据将被采纳。听证会结束后，当事人必须重新向法庭提交所有证据及辩论状，以作诉讼记录使用。

6. 行政法官初裁

根据各方面证据收集和听证会，行政法官将就被申请人行为是否违反“337 条款”作出初裁（initial determination），初裁的内容包括事实认定和法律结论，对是否存在不正当行为及是否存在相应的国内产业等重大问题进行认定。如果确定存在“337 条款”规定的不正当行为或不公平竞争方法，行政法官在提交初裁后 14 日内应对救济措施和/或保证金作出推荐性裁定。如果立案后确定的最终裁定的目标期限为 15 个月或低于 15 个月，行政

法官则应在目标日期前 3 个月之前作出初裁；如果确定的目标期限为 15 个月以上，则应在目标日期前 4 个月之前作出初裁。

7. ITC 复审及终裁

对行政法官作出的初裁不服的任何一方当事人可以在行政法官初裁送达后的 12 日内向 ITC 提出复审请求，ITC 也可以对初裁主动进行审查。针对当事人提交的复审请求，ITC 可以接受或拒绝复审申请，如果 ITC 决定对初裁进行复审，将就复审范围和问题作出具体规定，ITC 可以在复审后作出终裁，维持、撤销、修改或驳回初裁的部分或全部，也可以发回由行政法官重审。如果 ITC 不进行复审，则行政法官的初裁在上报 60 日后成为 ITC 的裁决。

8. 总统审查

在 ITC 作出被申请人违反"337 条款"的终裁后，除了应立即在《联邦公报》上公告外，还应立即将其终裁裁决、救济措施意见及作出终裁的依据一并送交美国总统审查。总统应在收到终裁后 60 日内以政策理由否决这些决定，若 60 日内没有作出否决终裁的决定，视为已批准终裁。

9. 联邦巡回上诉法院

如果总统在 60 日内未否决 ITC 的裁定，那么对最终裁定不服者可以在此后的 60 日内提出上诉。上诉应先向联邦巡回上诉法院提出，ITC 为被上诉人，在 ITC 裁决中胜诉的一方当事人可以参加上诉程序，以便为 ITC 的裁定辩护。理论上，当事人还可以将巡回上诉法院的判决上诉至美国最高法院，但受理的可能性极小。

1.1.2.4　"337 调查"的处罚结果

如果 ITC 在调查中最终认定被告方的涉案产品在美国市场上侵犯了相关知识产权，可能的处罚结果如下。

1. 普遍排除令

这是所有的处罚结果中影响最为广泛、后果最为严重的惩罚措施，其不仅针对被申请人的侵权产品，还禁止所有同类侵权产品进入美国市场，而不必区分原产地或生产商，同时还可包括目前和今后尚未进入的生产商和进口商。

2. 有限排除令

禁止被申请人的侵权产品进入美国，可适用于被申请人现在和今后生产的、存在侵权行为的所有类型的产品，其效力可扩大到包含侵权产品的上游零部件产品以及下游或下级产品。

3. 禁止令

禁止令是为了禁止继续销售、库存、宣传、广告等已经进口到美国的侵权产品，其与排除令的区别主要在于，排除令主要由海关执行，禁止侵权产品入关，针对还没有进口美国的产品，而禁止令由 ITC 自行实施，针对的是已经进口到美国的产品。禁止令既可以单独适用，也可与排除令同时适用。

4. 同意令

在"337 调查"中，除了和解方式，双方当事人还可以以同意令的方式终止调查。同意令一般由申请人和被申请人联合提交动议，也可单独由被申请人提出。同意令与和解协议类似，但保留了 ITC 的管辖权。

5. 扣押和没收令

如果 ITC 曾就某一侵权产品签发过排除令，而有关企业试图再次将其出口到美国市场，ITC 可以签发扣押和没收令，美国海关可以据此扣押并没收所有试图进口到美国市场的侵权产品。

6. 罚金

在签发排除令和禁止令后，有关当事人如果违反 ITC 的命令，将面临 10 万美元/日的罚金或相当于其每日违令输入美国产品的美国国内价值 2 倍的民事处罚，两者中取高者。

7. 临时救济措施

申请人可以在提交调查申请的同时，或者在 ITC 正式立案调查之前，要求 ITC 采取临时救济措施，包括临时禁止令和排除令。ITC 同意采取临时救济措施的理由包括：初步认定存在违反"337 条款"的行为，并且如果不采取临时救济措施，美国国内产业有可能受到立即发生的、实质的损害，或者美国国内产业的设立有可能受到威胁。

如果 ITC 接受申请，则将在调查开始后的 90 日内（复杂案件为 150 日内）签发临时禁令。如果 ITC 认为申请依据不充分，或采取临时禁令会对被申请人造成重大损害，则可以要求申请人提供保证金。在实施临时救济措施期间，如果进口商想继续进口涉案产品，必须缴纳保证金，数额由 ITC 决定，其足以保护申请人的利益。如果最终裁决侵权成立，保证金将归申请人所有。

1.1.2.5　"337 调查"的主要特点

作为越来越受美国企业青睐、能够有效制造贸易壁垒的手段，"337 调查"主要具有如下特点。

1. 审查周期短，高效快速

根据美国《1930 年关税法》第 337 节的规定，ITC 应在"尽早的、可行的时间内"完成一项"337 调查"并作出裁决。在实践中，ITC 一般在 12~15 个月内结束调查，复杂案件可能会延长至 18 个月。据统计，"337 调查"的平均结案周期仅为 14.8 个月，这与普通的专利侵权诉讼动辄几年的审理周期相比，"337 调查"审理周期之短使其具有非常高的时效性。另外，由于审查周期较短、缺乏应对经验、应诉费用高昂等原因，被告方往往仓促应对，由于准备不充分导致被告方只能被迫选择与原告方和解，某些企业甚至未能应诉而缺席审判，最终败诉。因此，美国企业愈加频繁地采用"337 调查"作为对竞争对手的有效打击和压制手段。

2. 调查门槛低，举证难度小

"337 调查"属于行政调查，与普通的司法诉讼不同，不需要像反倾销调查那样证明侵权行为对国内企业已造成实质性损害，仅需要证明在美国境内已经拥有知识产权，以及进口产品侵犯了其在美国所拥有的知识产权，且美国国内存在相关的产业就可以启动。因此，"337 调查"在实体上要求相对不高，原告方举证难度相对较小，更容易在"337 调查"中胜诉。并且，原告方的资格标准是开放性的，在满足了上述条件后，无论是美国企业还是外国企业均可以简便地发起"337 调查"，并且无须缴纳任何费用，只要递交申请即可。而应诉"337 调查"费用一般在 200 万美元以上，被告方应诉费用高昂，若不应诉会导致缺席审判以致最终败诉，即使胜诉被告方也得不到补偿。此外，在“337 调查”中，对于所有进口到美国的相关产品，均适用属物管辖权。因此只要能够证明存在涉案进口产品，申请人就可以请求 ITC 对世界各地的被控企业同时展开调查，仅在涉及禁止令时才需考虑对人管辖权。

3. 败诉后果严重，可能导致丧失美国市场

ITC 启动“337 调查”后，若最终认定被告方的进口产品构成侵权，可发出排除令（普遍排除令或有限排除令）、禁止令、扣押和没收令、罚款等措施。其中排除令最为严厉、影响范围最广，其能够禁止侵权产品进入美国市场，是“337 调查”最具特点的救济方式，也是威慑力最大的救济措施。普遍排除令不分来源地禁止所有同类侵权产品进入美国市场，不必甄别侵权产品的生产商和进口商，同时还包括今后和目前尚未掌握的生产商和进口商，可能会导致被告方完全丧失美国市场。有限排除令禁止被告企业的侵权产品进入美国市场，可适用于被告现在和今后生产的、存在侵权行为的所有类型的产品，而不仅仅是诉讼中裁定的产品类型，其效力可以扩大到包含侵权物品的下游或下级产品及上游的零部件产品。禁止令能够禁止对已经进口到美国市场的侵权产品的继续销售、库存、宣传等，其既可以单独适用，也可以与排除令同时适用。如果侵权产品因禁止令被禁止进入美国，侵权产品所有人、进口商、收货人试图继续将侵权产品进口美国，ITC 可发布扣押和没收令，将侵权产品予以扣押。因此，被告方一旦败诉，ITC 的最终裁决有可能不分来源地禁止被告方的所有同类侵权产品进入美国市场，从而对被告方乃至整个产业都产生毁灭性的打击。

1.2 向美国联邦地区法院提起的专利诉讼

本节以美国 2012 年 1 月至 2017 年 12 月涉及计算机领域的专利诉讼案件为样本，从专利诉讼数量变化趋势、诉讼主体变化趋势、诉讼主体地域分布、案件受理法院分布、案件审理周期等多个维度分析研究美国计算机领域专利诉讼状况。

1.2.1　计算机领域美国专利诉讼的变化趋势

据统计，2000 年 1 月至 2017 年 12 月美国计算机领域的专利诉讼总数为 18 422 件，其中大部分集中在 2010 年以后。

如图 1-2-1 所示是 2000 年 1 月—2017 年 12 月美国专利诉讼总体数量和涉及计算机领域的美国专利诉讼数量的逐年变化趋势，从图中可以看出，美国专利诉讼数量的变化趋势大致可以分为三个阶段。

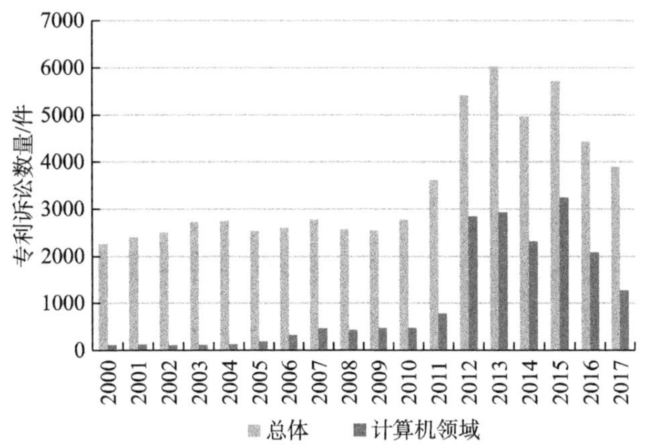

图 1-2-1　2000 年 1 月—2017 年 12 月美国专利诉讼总体数量和计算机领域专利诉讼数量逐年变化趋势

21 世纪最初的 10 年，美国专利诉讼数量变化呈现比较稳定的态势，每年都维持在 2500 件左右。而其中涉及计算机领域的诉讼数量却在稳步增长，其占总体诉讼量的比例逐年上升，但依然相对较低，每年平均占比在 10% 左右浮动。

2011 年至 2013 年的 3 年间，专利诉讼总体数量开始大幅增加。美国专利诉讼数量年均增长率高达 30% 。《2014 年美国专利诉讼研究：案件数量跳跃式攀长而损害赔偿额持续性下降》研究报告指出，这几年专利诉讼案件数量攀升有两个主要原因：一是 2011 年 9 月 16 日时任美国总统奥巴马签署的《美国发明法案》（*Leahy-Smith America Invents Act*）出台了禁止合并诉讼的规定；二是 2010—2011 年出现了许多与专利虚假标识相关的诉讼案件。

在这一时期计算机领域专利诉讼数量和整体诉讼数量变化趋于一致。自2012年起，得益于互联网的普及和计算机相关产业的高速发展，计算机领域专利诉讼案件的占比大幅增加，年平均占比约为48%，在2015年占比更是高达57%。

2014年至2017年，美国专利诉讼数量整体上呈下降趋势，其中计算机领域专利诉讼数量下降对整体专利诉讼数量下降的贡献更为明显。2017年计算机领域的专利诉讼数量相比2015年下降了61%左右。这段时间专利诉讼下降的原因有：如美国最高法院废除了《联邦民事诉讼规则》（*Federal Rules of Civil Procedure*）第84条，导致小型企业提起专利诉讼的难度大大提高；受《美国发明法案》在2012年引入了授权后审查程序的影响；Alice v. CLS Bank（2014）和TC Heartland v. Kraft Foods（2017）等案件带来的司法变革；来自RPX、统一专利等机构提供的市场解决方案的累积效应；美国国会提出的旨在遏制专利蟑螂恶意诉讼的《保护高技术创新者免遭恶意诉讼法案》的影响等。

1.2.2 计算机领域美国专利诉讼主体的诉讼数量

计算机领域涉及的产业庞杂，主要包括两大部分，即计算机制造业和计算机服务业，后者又称为信息处理产业或信息服务业。计算机制造业包括各种计算机系统、外围设备和终端设备的生产，以及有关装置、元器件和材料的制造。计算机制造业提供的计算机产品，一般仅包括硬件子系统和部分软件子系统，为了使计算机在特定环境中发挥效能，还需要设计应用系统和研制应用软件。计算机服务业包括计算机的运行和维护所需要的专业技术服务，计算机服务业于20世纪60年代末期在世界范围内形成为独立的行业，随着互联网、物联网的深入发展，进入21世纪之后，计算机服务业已经渗透到人类生产生活的各个领域，深刻影响着社会经济的发展。计算机领域分布着大量的企业，既有在这个行业浸润多年的龙头企业，如微软、DELL、HP等，也有大量迎着互联网浪潮顺势而生的创新企业，如HTC、联想、脸书等。

如图1-2-2所示是2012—2017年原告发起专利诉讼的数量分布情况，

6 年间共有 1473 家企业发起专利诉讼，其中提起诉讼数量大于或等于 100 件的企业有 15 家，提起诉讼数量在 10~99 件的企业数量为 181 家，多达 977 家企业仅发起 1~2 件诉讼，反映了该领域内子领域分布广泛、产品种类繁多、专利权人分布比较分散的特点。

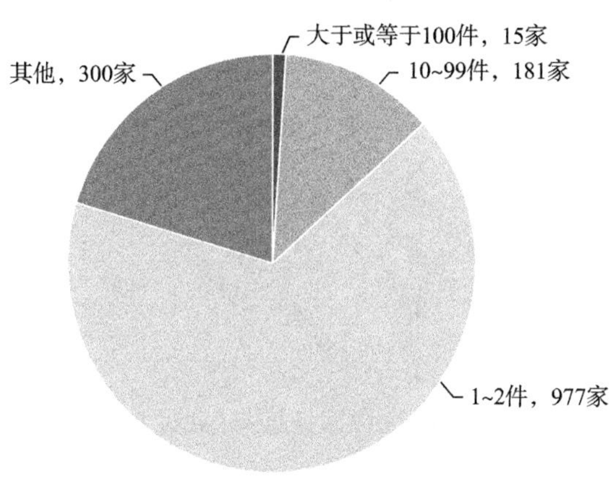

图 1-2-2 2012—2017 年原告发起专利诉讼的数量分布

如图 1-2-3 所示是 2012—2017 年提起诉讼大于或等于 100 件的原告方。在这 15 个原告中，IP Edge LLC 一枝独秀，发起诉讼多达 1400 余件。这 15 个原告无一例外都是 NPE，或可称为“专利持有公司”“专利经营公司”“专利许可公司”“专利授权公司”等；这些主体本身不实施专利技术，也不制造专利产品或者提供专利服务，而是从其他公司、研发机构或个人发明者手中购买专利的所有权或使用权，然后专门通过专利诉讼相要挟，从而赚取巨额利润。需要注意的是，并非所有的 NPE 都是恶意赚取利润的。NPE 还包括各种院校、研究所等主要从事技术研发，同时并不积极主动起诉实施专利主体的各种单位。

图 1-2-4 示出 2012—2017 年专利诉讼中被告应诉数量的分布情况，2012—2017 年有 5748 家企业被控侵犯专利权人的专利权，被诉数量大于或等于 100 件的企业有 7 家，被诉数量为 10~99 件的被告数量为 229 家，多达 4656 家的企业被诉数量为 1~2 件。

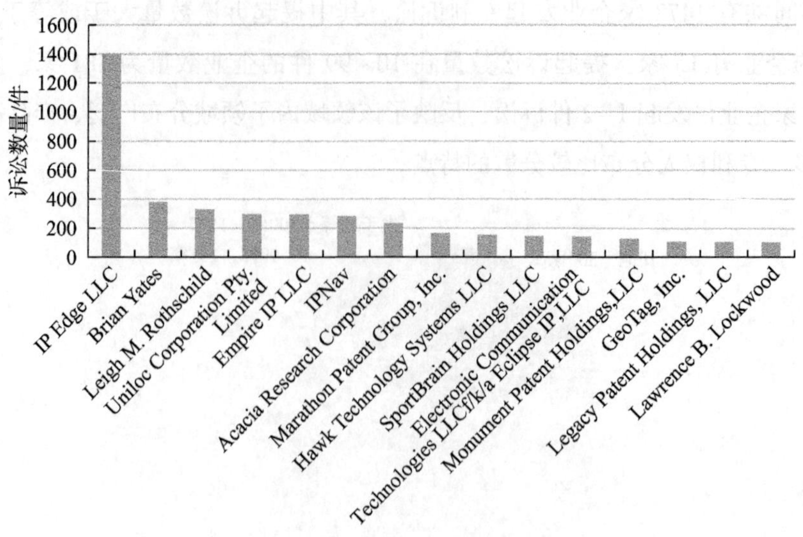

图 1-2-3　2012—2017 年提起诉讼超过 100 件的原告

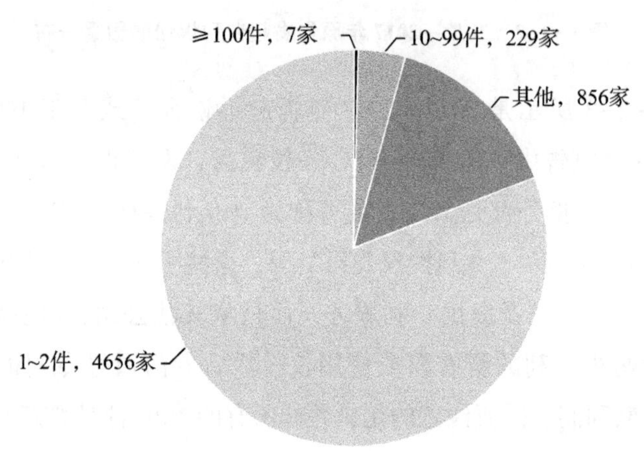

图 1-2-4　2012—2017 年被告应诉数量的分布情况

图 1-2-5 示出 2012—2017 年被诉数量大于或等于 100 件的 7 家企业及其被诉数量。这 7 家被告也具有共同的特点，都是知名的国际企业，业务涉及面广，产品线丰富，产品销往世界各地；这些公司实力雄厚，有能力付出巨额赔偿金，更容易引起 NPE 的注意。

图 1-2-6 示出 2012—2017 年被诉数量在 10 件以上的 8 家中国企业及其被诉数量。这 8 家被告除阿里巴巴之外均是硬件设备提供商，其中联想由于

先后收购 IBM 的 PC 业务和摩托罗拉的智能手机业务，导致其在美国的被诉量较高。联想、宏碁、华硕是全球 PC 产品的重要制造商，华为、HTC、TCL、中兴是智能手机市场的领跑者或有力竞争者，阿里巴巴是全球电子商务市场领导者。

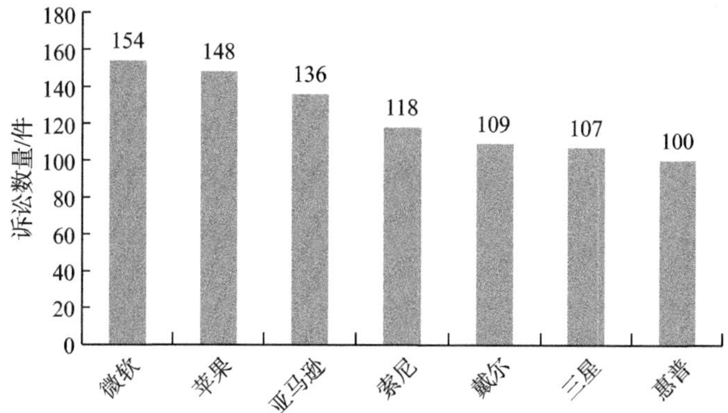

图 1-2-5 2012—2017 年诉讼数量超过 100 件的被告方

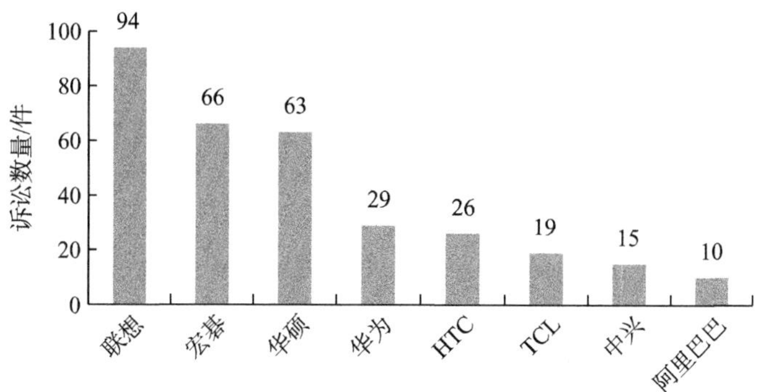

图 1-2-6 2012—2017 年诉讼数量 10 件以上的部分中国被告方

1.2.3 计算机领域美国专利诉讼主体的地域分布

美国作为世界第一大经济体，巨大的消费潜力吸引世界各国企业进入美国拓展市场，欧洲、日本、韩国等发达国家的企业进入美国市场较早，近年来，中国逐渐成为美国重要的贸易伙伴，中国企业也加快了进军美国市场的步伐，越来越多的国外企业选择通过专利诉讼来维护自身的利益。

图 1-2-7 示出 2012—2017 年专利诉讼中原告地域的分布。美国企业发起的诉讼数量为 13 425 件，占总数的 91%，遥遥领先于其他国家。欧洲企业发起的诉讼数量为 609 件，占总量的 4%，日本企业发起的诉讼数量为 68 件，韩国企业发起的诉讼数量为 36 件，其他国家或地区企业发起的诉讼数量为 497 件，占总量的 3.37%；值得一提的是中国企业发起的诉讼量超过韩国、日本，共发起多达 90 起专利诉讼。可以看出，在美国计算机领域的专利诉讼量之大、参与的诉讼主体之多、涉及的地域之广，这也从一个侧面反映了在这一行业中，企业之间的竞争激烈程度。

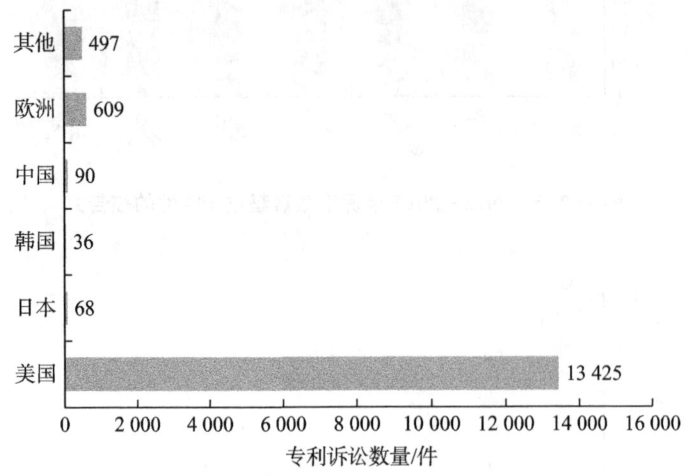

图 1-2-7　2012—2017 年诉讼所涉原告地域分布情况

图 1-2-8 示出 2012—2017 年专利诉讼中被告地域分布情况。与原告地域分布情况类似，绝大多数涉诉的被告企业都是美国本土企业，美国企业被起诉数量为 12 414 件，占总数的 84%；排在第二位的是欧洲企业，其被起诉数量为 765 件，占总量的 5%，日本企业被起诉数量为 497 件，韩国企业被起诉数量为 117 件，其他国家和地区企业被起诉数量为 360 件，占总量的 2%；中国企业被诉数量超过韩国、日本，共计被起诉 575 件，日本企业的被起诉数量也达到了 497 件之多。从图 1-2-7 和图 1-2-8 可以看出，中、日、韩企业在美国的被起诉数量远大于其作为原告的起诉数量，而美国本土、欧洲及其他国家或地区作为原、被告的起诉量和被诉量都大致相当。

由此可见，中国企业在美国的发展已经引起美国企业的关注，同时中国企业面临的专利诉讼的威胁也在逐渐增大。

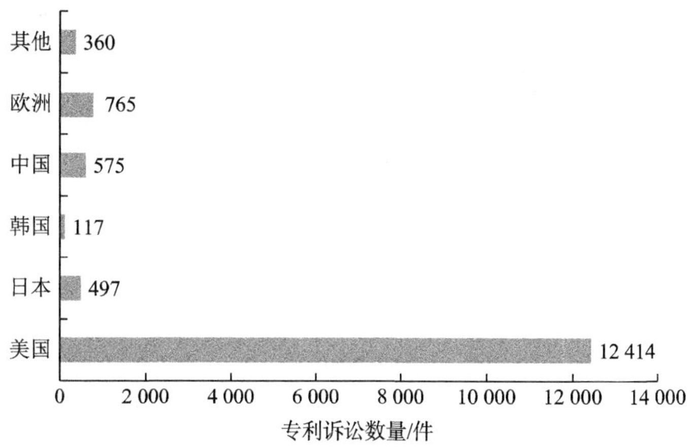

图 1-2-8　2012—2017 年诉讼所涉被告地域分布

图 1-2-9 示出 2012—2017 年中国企业在美国被诉数量的年度变化趋势。在 2013 年达到 180 件，然后逐年呈现下降的趋势，这与图 1-2-1 所示的专利诉讼整体变化趋势一致。

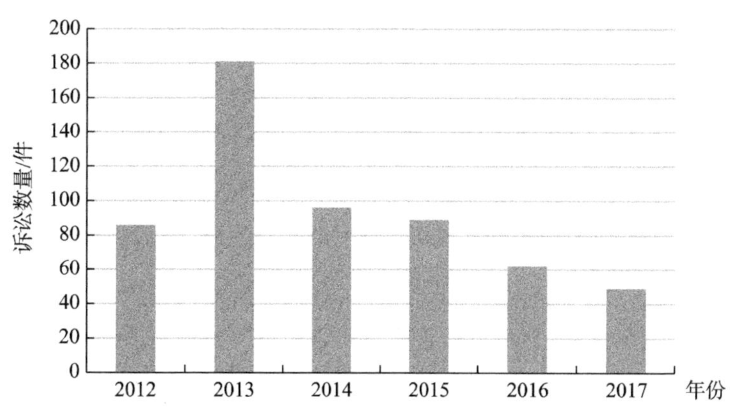

图 1-2-9　2012—2017 年中国企业被起诉数量年变化趋势

表 1-2-1 示出 2012—2017 年不同国家或地区的相互诉讼关系。从表中可以看出，美国本土企业起诉对象最多的仍然是美国的企业，其起诉欧洲、中国、日本的数量比较平均，虽然中国企业进入美国的时间相对较短，但

是从被起诉数量上来看，已经超越日本发展成为美国企业重点关注的竞争对手。中国企业发起诉讼的对象最多的也是美国本土企业，然而意料之外的是，中国企业起诉对象中排名第二的是中国企业，并且占所有中国起诉案件的22%以上。而同为亚洲国家的日本和韩国，本国企业在美国相互起诉的情况非常少见。这反映出中国企业之间的竞争已经由国内蔓延到海外。

表 1-2-1　2012—2017 年各国家地区之间的诉讼关系　　单位：件

	被告美国	被告欧洲	被告中国	被告日本	被告韩国	被告其他
原告美国	11 384	695	508	427	100	311
原告欧洲	505	30	17	36	4	17
原告中国	58	2	20	6	2	2
原告日本	56	1	2	5	3	1
原告韩国	19	5	2	1	5	4
原告其他	390	39	26	22	3	17

1.2.4　计算机领域美国专利诉讼的审理概况

美国的法律体系和中国是不同的，而美国各州的法律又是不同的，各州的所属法院对专利诉讼案件没有管辖权，只能由联邦地区法院来进行专利诉讼案件的一审，专利诉讼案件的二审由联邦巡回上诉法院受理。自美国加利福尼亚州（以下简称“加州”）北区联邦地区法院于 2001 年 1 月 1 日最先实施专利诉讼联邦地区法院规则以来，专利诉讼联邦地区法院规则已经成为美国专利诉讼程序的重要组成部分。截至 2013 年 1 月 1 日，美国有 29 个联邦地区法院已经正式实施专利诉讼联邦地区法院规则。专利诉讼联邦地区法院规则主要涉及专利侵权案件和专利无效案件的诉讼程序时间安排、信息披露的要求、侵权案件及无效案件诉讼文件的提交，以及马克曼听证程序的过程及时间表。

图 1-2-10 显示受理诉讼数量的法院分布，2012—2017 年，总计 97 家地区法院中有 14 家法院受理的诉讼大于 100 件，而 43% 的法院里受理的专利诉讼不到 10 件，由此可见联邦地区法院受理的专利诉讼数量分布并不均衡。

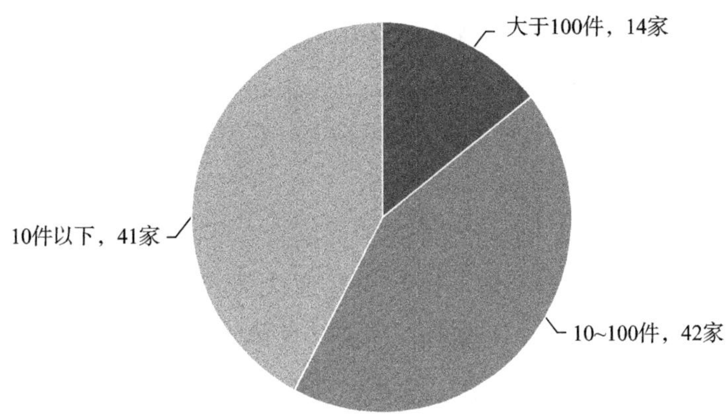

图 1-2-10　2012—2017 年受理诉讼数量的法院分布

图 1-2-11 示出 2012—2017 年受理专利诉讼在 100 件以上的法院排名情况，从图中可以看出联邦地区法院受理的计算机领域专利诉讼主要集中在德克萨斯州（以下简称“德州”）东区法院、特拉华州法院、加州北区法院等，这些法院受理量占总受理量的 89%。其中受理数量最多的当属德州东区法院，受理数量多达 7300 余件；其次是特拉华州法院，受理数量达 2126 件。

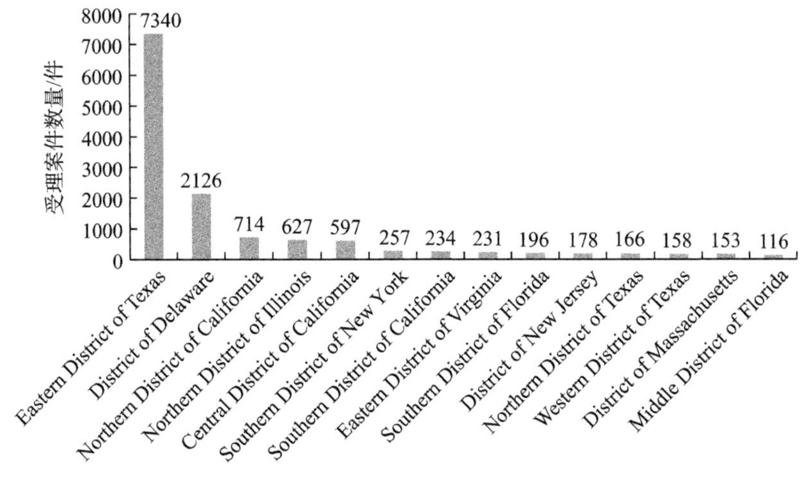

图 1-2-11　2012—2017 年受理案件数量法院排名

众所周知，加州和特拉华州的经济和科技发展程度较高，德州东区是一个无大型工业且科技发展相对落后的城镇。但是，德州东区近年来逐渐成为美国专利诉讼的聚集地，中国的数家企业也被牵涉到在该区的诉讼中，例如，2013 年 1 月 24 日，世界最大的网络及电信设备制造商思科公司向德州东区法院提起诉讼，起诉中国的华为侵犯其专利权；2015 年 4 月 8 日，企业移动解决方案提供商的 Express Mobile 向德州东区法院提交了起诉阿里巴巴集团专利侵权的诉讼。

德州东区法院受专利权人青睐的原因是多方面的❶，该法院的特点是案件审查速度较快，平均 9~18 个月（美国法院总体审查速度平均 2~4 年）；专利权人获胜率特别高，平均 81%（美国总体平均 59%）；法官及陪审团对原告、专利持有人特别友善，对涉嫌侵权的被告非常不利；侵权赔偿的金额特别高，几乎是全国平均赔偿额的两倍；法官审查专利诉讼的经验非常丰富，现任的每位主审法官平均审判过的案件高达 90 余件等。

专利诉讼程序效率、诉讼周期对当事人的利益至关重要，当事人双方所争议的事项能否及时地解决，关系着竞争主体在市场的正常商业活动，旷日持久的专利诉讼战不仅给专利权人带来沉重的经济压力和时间成本，更有可能导致专利产品失去市场先机。图 1-2-12 示出 2012—2017 年计算机领域审结案件的平均审查周期。从图中可以看出，审查周期每年都在缩短，2012 年每件诉讼平均审查周期长达 1 年之久，之后每年的审查效率平均提高 24%，截至 2017 年平均审查周期已经缩短到 94 天，可见联邦地区法院对专利诉讼案件的审查效率已经有了质的提高。

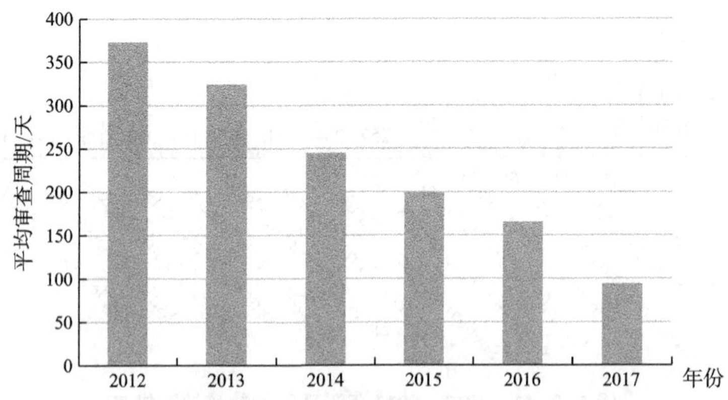

图 1-2-12　2012—2017 年计算机领域审结案件的平均审查周期

---

❶ 郑可婷. 美国德克萨斯州东区专利诉讼高发原因分析及其对中国的启示研究［D］. 广州：华南理工大学，2015：21-28.

1.3 向美国国际贸易委员会提起的“337 调查”

美国《1930 年关税法》第 337 节规定，ITC 可以根据请求人的申请，对进口贸易中的不公平行为进行调查，并根据调查结果采取一定的措施以起到保护本土相关产业的作用，此类调查一般统称为“337 调查”。

1.3.1 “337 调查”案件总体情况分析

“337 调查”是企业在美国市场排挤竞争对手的重要贸易手段，截至 2017 年年底，根据 ITC 公开的数据显示，“337 调查”的总数量有 1200 多件，其中多数为 2009 年以后发起的。

图 1-3-1 示出 2009—2017 年“337 调查”新增数量和审结数量的变化情况。从图中可以看出，每年新增的案件数量在 40 ~ 80 件，在 2011 年和 2016 年达到阶段性峰值。每年审结的案件数量在 40 ~ 70 件，整体上呈现出逐年增长的趋势，在一定程度上能够反映出 ITC 的调查周期在缩短，调查效率逐步提升。

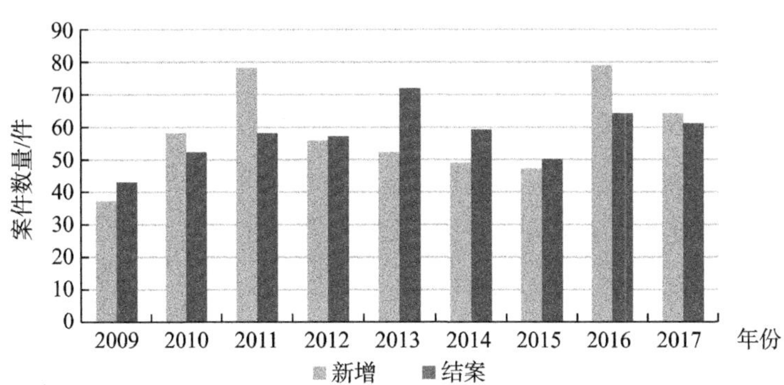

图 1-3-1 2009—2017 年新增、审结数量的对比

图 1-3-2 示出 2009—2017 年新增、审结的“337 调查”中原告方或被告方涉及中国企业的案件数量情况。从图中可以看出，每年新增的涉及中国企业“337 调查”案件数量均在 10 件以上，除 2011—2015 年数量呈缓慢下降态势外，案件数量整体上呈上升趋势。长期以来，我国遭受“337 调查”的案件数量占全球案件总量的比例一直居高不下，并普遍维持在 30%

以上的水平，这表明随着中国崛起，我国企业在美国市场的竞争力逐步提升，中美贸易逆差的拉大加剧了两国贸易知识产权的摩擦。对于美国政府、企业而言，利用审理迅速、救济措施严厉的“337 调查”可以打击我国企业，争夺市场份额。这也是涉华“337 调查”数量一直居高不下的主要原因。

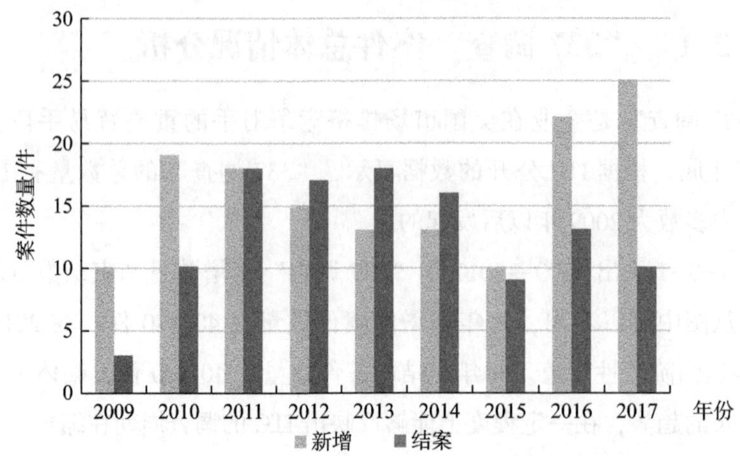

图 1-3-2　2009—2017 年新增、审结涉及中国企业数量的对比

相比于普通诉讼，“337 调查”不要求 ITC 对调查对象具有管辖权，只要相关产品进口到美国本土就可能受到调查。“337 调查”的程序较为快捷，具备审查周期短、调查门槛低、举证难度小、救济措施效果显著等特点，因此，“337 调查”被频繁地用来打击、挤压竞争对手的市场空间。

“337 调查”主要针对侵犯知识产权及其他相关的不公平竞争行为，实践中“337 调查”大部分是针对专利或商标的侵权行为，少数涉及版权、工业设计及集成电路布图设计侵权行为等。其他形式的不公平竞争包括侵犯商业秘密、假冒经营、虚假广告、违反垄断法等。

图 1-3-3 示出 2009—2017 年涉及不同侵权类型的“337 调查”数量对比情况。从图中可以看出，“337 调查”中绝大多数涉及专利侵权，在 2009—2017 年，专利侵权基本上每年都能占到当年调查总量的 80% 以上，2011 年和 2014 年更是占到当年调查总量的 95% 左右，可见相对商标、版

权、工业设计等，专利侵权在“337 调查”涉及的各种侵权类型中占主导地位，同时也反映出专利权对于维护企业市场地位的重要性。

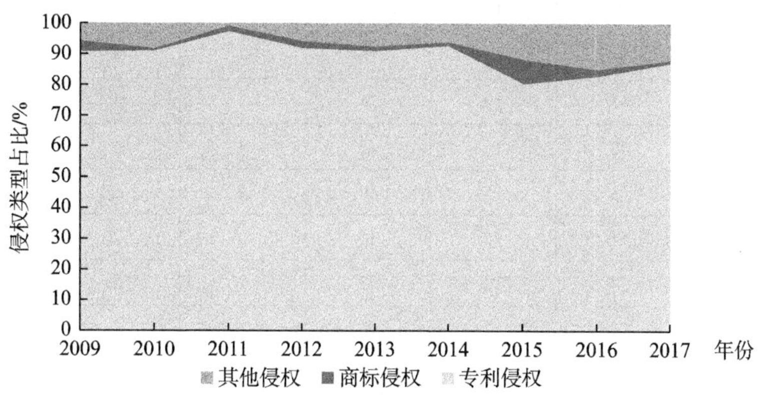

图 1-3-3　2009—2017 年各侵权类型在当年总量的占比

请求发起“337 调查”的原告方通常会同时将与自身技术或产品相关的一系列公司或单位作为被告方提起诉讼，其中可能包括技术使用方、生产方、中间商、销售方、产品的下游公司等，而无论被告方是否在美国直接设立分公司、在美国境内是否有可执行的资产，只要调查能够对任何一家被告发挥作用，就能够对原告方本身的产品业务开展起到积极作用。“337 调查”属于国际诉讼，应诉需要聘请专业的律师，耗费大量的资金和精力，有一些被告方会选择赔偿和解的方式来结束对自身的调查，因此可能会给原告方带来一定的经济收入，倘若被告方败诉则可能会导致自身产品在美国禁售的严重后果，基本等同于放弃美国市场。基于成本等因素的考虑，在“337 调查”中，还会经常出现多家被告方联合应诉的情况，实施联合应诉可以整合资源、共享信息、分担应诉工作，一定程度上能够分摊应诉费用，使单个企业的应诉负担降低。此外，通过联合应诉企业间的协作，可以形成合力，共同与原告方抗衡。

表 1-3-1 示出 2009—2017 年新增的涉及专利侵权类型的调查中被告数量占比情况。从表中可以看出，涉及的被告数量少的在 1~5 个之间，多的达到 30~50 个，涉及 1~5 个被告的案件占比在一半以上。

表 1-3-1　2009—2017 年新增调查中涉案被告方数量的占比　单位：%

年份	被告					
	1~5 个	6~10 个	11~15 个	16~20 个	21~30 个	30~50 个
2009	58	16	16	7	3	0
2010	61	19	7	7	4	2
2011	58	16	13	3	6	4
2012	53	15	10	2	13	7
2013	61	17	15	0	7	0
2014	54	10	23	0	5	8
2015	69	17	8	1	1	0
2016	61	19	5	4	4	7
2017	60	25	7	5	3	0

在产品的生产、销售、使用等过程中通常会涉及多项技术，原告方在发起“337 调查”时往往会将多项专利组合作为侵权的依据，只要被告方涉及原告方列举的多项专利中的任意一项，就有可能被判定为侵权。通常涉案的专利数量越多，案件也会越复杂，诉讼成本也会相应地提高。

表 1-3-2 示出 2009—2017 年新增调查中涉案的专利数量的占比情况。从表中可以看出，每年新增的调查当中涉案专利数量在 2 件以内的居多，半数以上涉案的专利数量在 4 件以内，涉案专利数量在 6 件以内的达到 80% 左右。

表 1-3-2　2009—2017 年新增调查中涉案专利数量的占比　单位：%

年份	专利				
	1~2 件	3~4 件	5~6 件	7~8 件	≥9 件
2009	57	27	4	8	4
2010	41	29	20	4	6
2011	28	29	24	15	4
2012	38	31	18	9	4
2013	44	19	14	17	6
2014	47	33	17	0	3
2015	32	27	29	12	0

续表

年份	专利				
	1~2 件	3~4 件	5~6 件	7~8 件	≥9 件
2016	41	31	20	4	4
2017	27	35	34	4	0

1998 修正案生效后，根据美国《1930 年关税法》第 337 节的规定，对于以专利授权为主要经营活动的主体一般采取“无须满足国内产业标准的技术部分要求”的政策，因此专利授权主体作为原告方发起“337 调查”申请时，通常无须证明主体本身或其授权方实施了涉案专利的相关技术或生产了涉案专利的相关产品。这使得专利授权主体也获得了与实体企业同样的权利，能够向 ITC 发起“337 调查”的申请。在发起的众多“337 调查”中，有一些是由 NPE 作为原告方发起的。ITC 将 NPE 分为两类：第 1 类为拥有专利技术但并不实施该专利的发明者、科研机构（如大学或实验室）、新创公司等；第 2 类则是指拥有专利但并不实施该专利的实体，其商业运作模式主要为购买专利并进行专利诉讼，以此获利。

图 1-3-4 示出 2009—2017 年 NPE 发起的“337 调查”案件数量的变化。从图中可以看出，2012 年以前 NPE 发起的调查总量呈现递增趋势，每年总量基本都在 10 件及以上，第 2 类 NPE 每年发起的调查数量均在 4 件以上。在美国最高法院对 eBay v. MercExchange（一家 NPE）的案件作出有利于 eBay 的最终裁决后，到 2014 年为止，仅有 4 件由 NPE 发起的“337 调查”成功获得了排除令，第 1 类和第 2 类专利授权公司各占 2 起，2014 年、2015 年由 NPE 发起的调查数量呈现明显下降的趋势。

根据美国《1930 年关税法》第 337 节的规定，ITC 应在“尽早的、可行的时间内”完成一项“337 调查”并作出裁决。在实际的操作中，ITC 一般在 12~15 个月内结束调查，复杂案件可能会延长至 18 个月。

通过对 ITC 公开的调查进行统计，得到了 2009—2017 年的调查周期情况，见表 1-3-3。从表中可以看出，2009—2017 年调查周期最短的为 2.6 个月，最长的为 30.1 个月，平均在 17.0 个月左右，与普通诉讼相比，效率显著提高。除 2013 年的平均调查周期最长，为 19.7 个月外，总体上呈现平均调查周期缓慢缩短的趋势，并且在2015—2017年均保持在16.0个月以内。

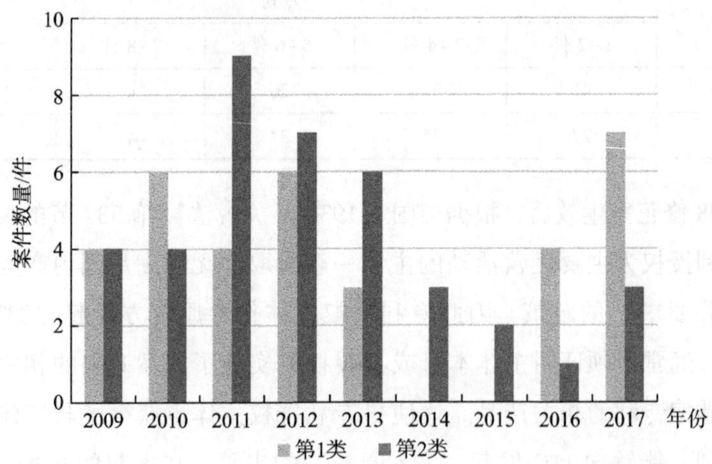

图1-3-4 2009—2017年由NPE发起“337调查”的案件数量变化

表1-3-3 2009—2017年调查周期情况

年份	调查周期/月		
	最短	最长	平均
2009	3.5	28.5	17.9
2010	6.4	25.4	18.4
2011	5.2	24.2	17.7
2012	2.6	28.9	16.7
2013	4.3	30.1	19.7
2014	7.4	23.9	17.1
2015	5.6	21.9	15.6
2016	4.4	21.0	15.8
2017	3.7	27.2	15.1

1.3.2 美国涉及计算机领域的“337调查”案件数量变化趋势

各个国家之间在高科技领域一直存在激烈的竞争关系，计算机领域与新一代信息技术产业息息相关，竞争的激烈态势尤为突出。谁抢占了先机，

掌握了核心技术，就有可能占据制高点，攫取行业内的最大利益。大多数的“337 调查”都涉及高科技产品的专利侵权纠纷，这是国家之间竞争的产业高地。截至 2017 年年底，ITC 公布的“337 调查”中，涉及计算机领域的带有“337-TA-×××”编号的案件近 200 件，而且自 2009 年起在所有领域中的占比呈现上升态势。

图 1-3-5 示出 2009—2017 年计算机领域的调查案件数量变化。从图中可以看出，除了 2009 年和 2010 年调查案件数量在 20 件以下外，2011—2017 年的数量均在 20 件及以上，2017 年更是达到了 32 件的峰值，整体上呈现增长态势，这也显示出计算机领域的竞争激烈程度。

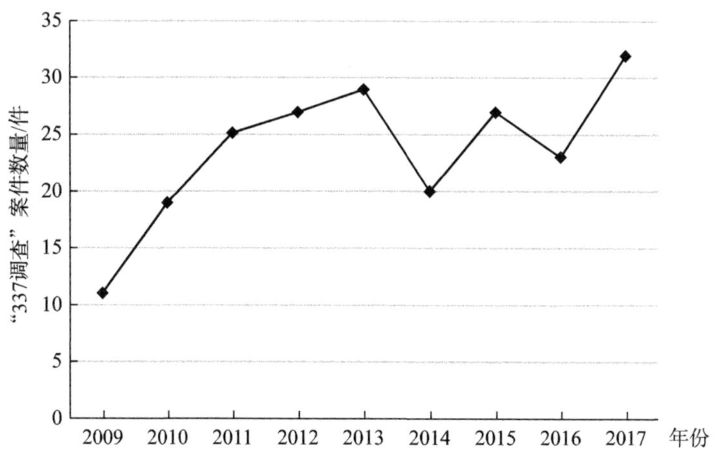

图 1-3-5　2009—2017 年计算机领域“337 调查”案件的数量变化

图 1-3-6 示出 2009—2017 年计算机领域的“337 调查”涉案原告方地域分布情况。从图中可以看出，除了美国本土的公司作为原告方外，国外的公司也选择通过“337 调查”维护其自身的市场地位。“337 调查”的原告方主要是在美国，有 136 件，占总量的 70.83%，其次是亚洲，为 40 件，占总量的 20.83%。在亚洲国家中，日本 14 件，中国（含港澳台）12 件，韩国 12 件，三个国家的“337 调查”数量相当。由于 1 件“337-TA-×××”编号的调查中，有时会涉及分布在不同国家或地区的多个原告方，如原告方中同时在美国、日本设有公司，在这种情况下，则会分别计入美国、日本的统计数据。

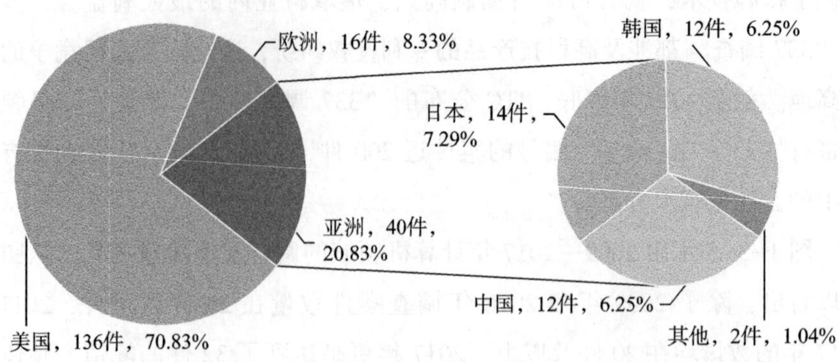

图 1-3-6　2009—2017 年计算机领域“337 调查”原告方地域分布

图 1-3-7 示出 2009—2017 年计算机领域“337 调查”被告方的地域分布情况。从图中可以看出，“337 调查”的被告方主要也分布在美国，有 106 件，占总量的 34.64%，其次是中国，为 65 件，占总量的 21.24%，日本和韩国位居其后，涉案数量相当，分别为 40 件和 46 件。

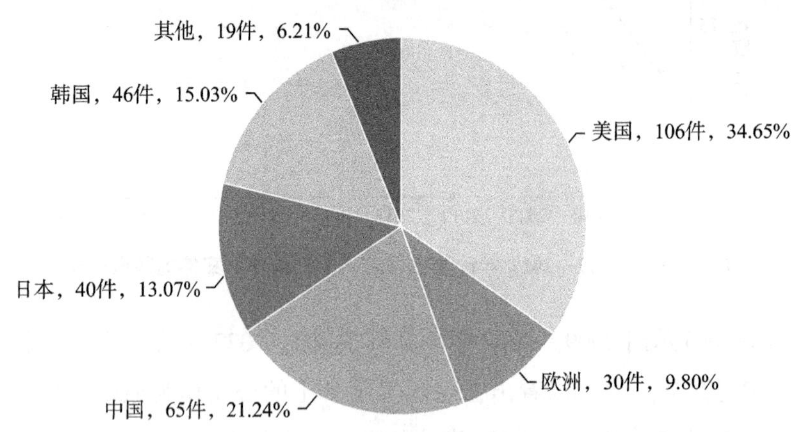

图 1-3-7　2009—2017 年计算机领域“337 调查”被告方地域分布

从图 1-3-6 和图 1-3-7 的统计结果可以看出，“337 调查”中的原告方和被告方分布地域最多的都是美国，美国作为原告方约占原告方总数量的 71%，而美国作为被告方约占被告方总数量的 35%，这也从一个方面反映出美国已然成为计算机领域的市场竞争高地以及“337 调查”在保护美国本土计算机领域相关产业的重要性。

原告方对侵犯自身专利权的被告方申请启动“337 调查”程序，同时作为被告方的主体可能有多个，且多个被告方可能会分布在不同的国家或地区。图 1-3-8 示出 2009—2017 年分布在美国、欧洲、中国、日本和韩国等不同国家或地区的原告方和被告方相互之间的诉讼情况。从图中可以看出，在美国本土企业发起的调查中，美国向本国发起的调查最多，达 86 件；其次美国向中国发起的调查为 52 件；美国向欧洲、日本和韩国发起的调查数量比较平均，为 30 件左右；针对其他地区的调查数量有 19 件。中国企业向美国企业发起的调查为 7 件，向中国企业发起的调查有 4 件。诉讼美国企业的调查最多，主要是因为诉讼其他国家或地区的公司时总会将位于美国本土的分公司一同作为被告，诉讼中国企业的调查数量为第二多，这说明中国企业也已经成为国外企业重要的诉讼对象，更多地是作为一个应诉者的身份出现，因此面临较大的专利侵权风险，需要在强化自身知识产权建设的同时，积极地从被动的“棋子”转变为“337 调查”中真正的“弈者”。

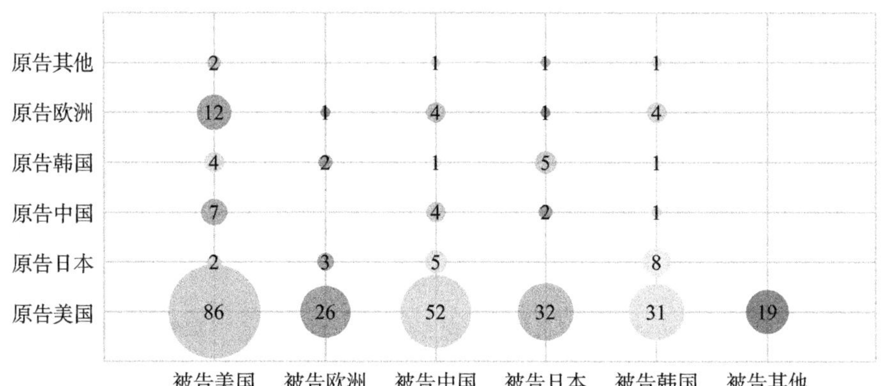

图 1-3-8　2009—2017 年计算机领域“337 调查”不同地区原告方/被告方诉讼案件数量对比（单位：件）

作为科技巨头的大公司通常具备较强的知识产权保护意识和技术研发实力，进入相关领域的时间较早，取得一定研究成果时便会积极地申请专利，通常会积累一定数量的基础性专利和前瞻性专利，后来者进入该领域研发相关产品时很难绕开这些基础专利，因此存在较大的侵权风险。通过对 ITC 公布的调查案件进行统计，获取了涉及计算机领域的“337 调查”案件的原告方和被告方信息，图 1-3-9 示出 2009—2017 年作为原告方发起了 5 件以上“337 调查”案件的公司排名。这些原告均为业内的巨头公司，其中苹果作为原告方发起了 11 件“337 调查”案件，排在第一位，摩托罗拉发起 8 件、三星和微软各发起 6 件紧随其后，依次在列的还有诺基亚、英特尔、东芝，其中美国公司有 4 家，这也表明了美国在该领域的技术实力和专利储备，排名前五的苹果、摩托罗拉、三星和诺基亚均为手机厂商，这也反映出手机制造和移动软件开发领域竞争的激烈程度。我国的企业在该领域起步晚，技术实力相对薄弱，将面临巨大的技术挑战和知识产权侵权风险。

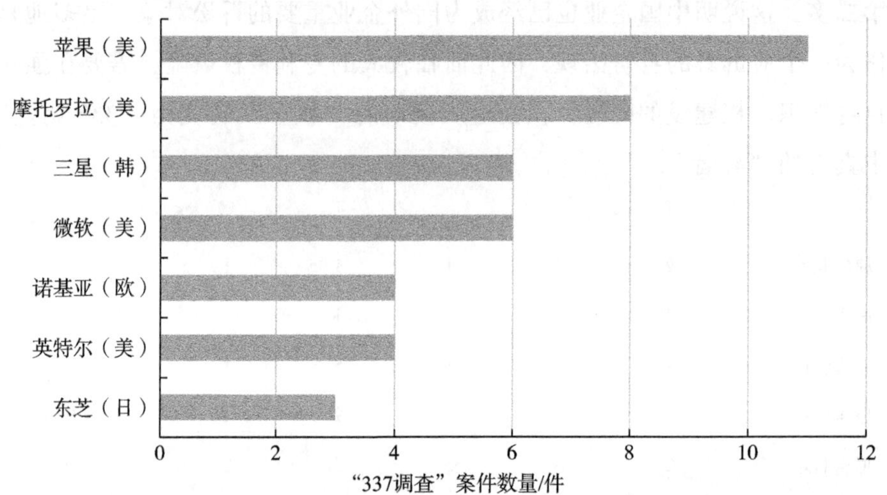

图 1-3-9　2009—2017 年计算机领域发起 5 件以上“337 调查”案件的原告方排名

由于巨头公司通常在市场中占据垄断地位，产品有着相当的市场份额，能够进入美国市场的外国公司一般也都是大型企业，想要在激烈的市场竞争中获得一席之地，除了要依靠产品本身的价格和质量外，与其相关的专利更是起着相当重要的作用，直接关系到产品能否在激烈的市场竞争中脱颖而出。

图 1-3-10 示出了 2009—2017 年作为被告方涉案 5 件以上“337 调查”的排名情况。其中苹果为 28 件排在第一位，三星为 27 件、索尼为 21 件紧

跟其后，HTC 为 17 件排在第四位，中兴为 7 件，宏碁、联想和华为均为 5 件，以上列出的被告方中有近一半为中国公司，而图 1-3-9 中列出的作为原告方发起“337 调查”的均为外国公司，中国公司已然成为外国公司主要的诉讼目标。由此可以看出，国际市场的竞争是企业实力的竞争，更是知识产权的竞争。

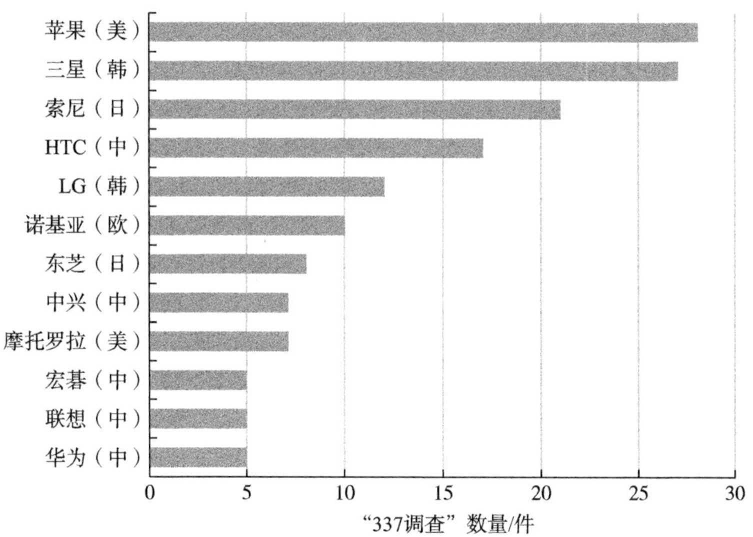

图 1-3-10 2009—2017 年计算机领域 5 件以上“337 调查”的被告方排名

作为被告方的中国公司分布得较为分散，本部分主要对涉及的国内的一些知名企业进行了梳理，结果如图 1-3-11 所示，其中 HTC 作为被告方的次数最多，排在第一位，中兴为 7 件，排在第二位，联想、华为和宏碁各为 5 件，魅族、海信和 OPPO 也成为了新的被告，表明这些公司均已进入美国市场，并已经受到了国外公司的关注，这些诉讼主要集中在智能手机、PC 和智能电视领域。

“337 调查”的结果大致可以分为原告方胜诉、原告方败诉、原告方撤诉、原告方和被告方达成和解等几种情形，原告方胜诉则被告方的侵权行为存在，ITC 会视情况通过实施禁止令等措施来完成救济程序，对于调查结果不服的被告方还可以选择上诉到美国联邦巡回上诉法院，倘若法院认定侵权行为不存在，则会驳回并撤销下级 ITC 作出的裁决。

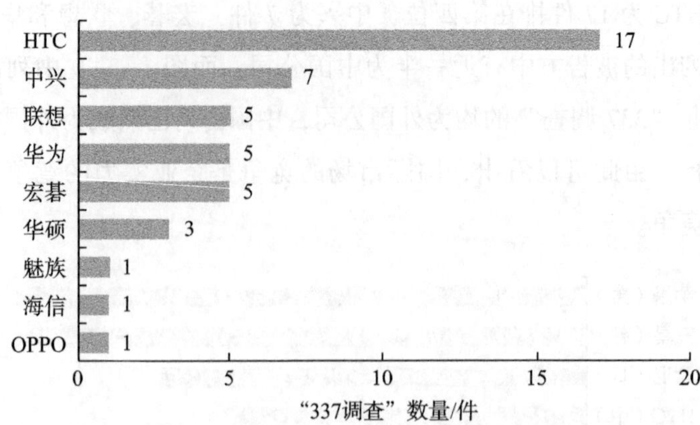

图 1-3-11　2009—2017 年计算机领域作为"337 调查"被告方的中国企业分布

在 ITC 公布的涉及计算机领域的"337 调查"中，有 90 件已经处于审结状态，最终调查结果的分布如图 1-3-12 所示。其中原告败诉为 28 件，占比为 31.11%，原告撤回或和解的为 47 件，占比为 52.22%，超过一半的案件最终以原告撤回或和解的方式解决。

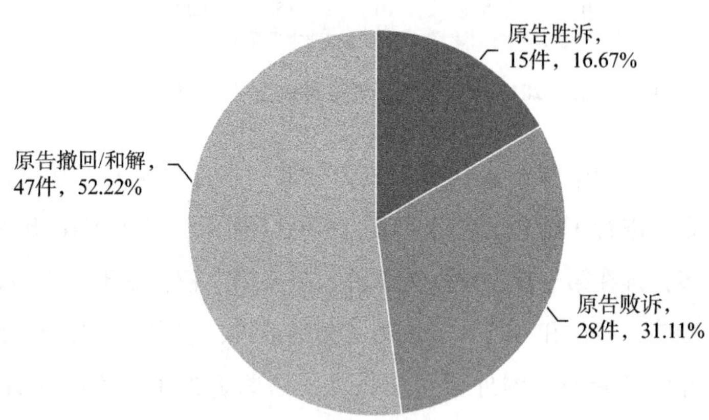

图 1-3-12　2009—2017 年计算机领域"337 调查"审结结果分布

在 ITC 公布的计算机领域的"337 调查"中，涉及中国公司作为被告的数量为 65 件，其中仅有 19 件为中国公司单独作为被告方，其余 46 件为其他国家公司在华的子公司，65 件中有 36 件在 2018 年已经处于审结状态，结果的分布如图 1-3-13 所示，其中原告撤回或和解的为 19 件，占比为

52.78%，与整体的审结结果占比情况基本持平，原告胜诉的为 8 件，占比为 22.22%，高于整体审结结果占比（16.67%）。

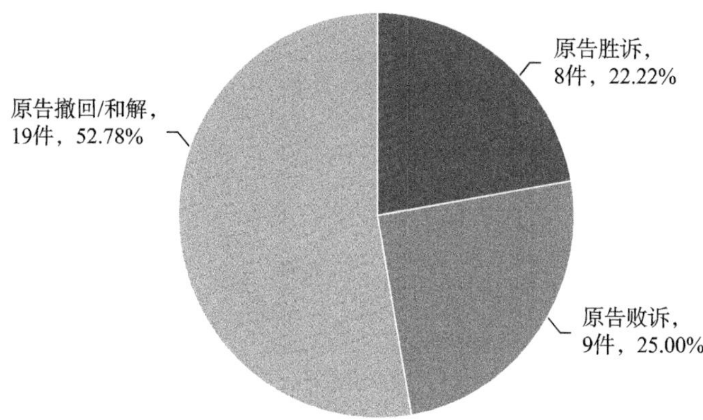

图 1-3-13　2009—2017 年计算机领域“337 调查”涉及中国企业案件审结结果分布

第 2 章

美国本土企业知识产权诉讼分析

2.1 美国本土企业专利诉讼概况

2.1.1 专利诉讼趋势

从2012年年初至2017年年底，美国本土企业间计算机领域的专利诉讼总量为11 367件，平均每年产生1894.5件诉讼案件。

从图2-1-1可以看出，2012—2017年，计算机领域美国本土企业间专利诉讼数量存在波动，2012年和2013年均在2200件左右，2014年急速下降至1674件，2015年诉讼量又快速反弹至2479件，达到几年来的诉讼数量巅峰；此后2016年和2017年的诉讼总量持续走低，截至2017年年底诉讼数量仅为1068件，不足2015年的一半。

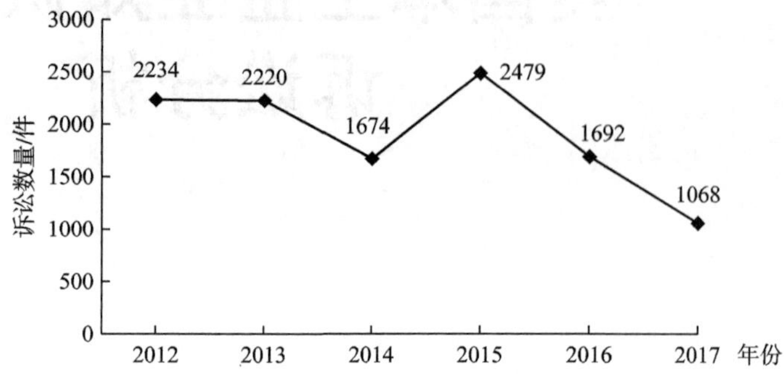

图2-1-1 2012—2017年美国企业间专利诉讼数量逐年变化情况

究其原因，可能是因为美国最高法院于2014年6月在Alice v. CLS Bank一案中，对软件专利的适格性作出了重要判决[1]，且美国最高法院对Alice

---

[1] 2007年5月24日，原告Alice Corporation向美国哥伦比亚特区联邦地区法院提起诉讼，起诉CLS Bank International侵权，涉案专利为上诉人Alice公司所拥有的涉及一项利用计算机实施的减少结算风险的方案。美国最高法院于2014年6月19日对该案作出判决：涉案利用计算机实施的商业方法、与之相关的计算机系统和存储媒介不具有可专利性，同时明确指出，判断计算机实施的发明的可专利性应当适用其在2012年Mayo Collaborative Services v. Prometheus Laboratories Inc中确立的Mayo两步分析法，即第一步，判断专利要求保护的内容是否属于自然规律、自然现象或者抽象概念；如果属于三者之一，第二步，判断专利是否存在足以确保整体专利方案“明显多于”非适格客体的发明概念。

判决之后，下级法院已经开始积极否定计算机软件相关发明的主题可专利性，因此拥有大量计算机软件专利和商业方法专利的“专利流氓”，无法再肆无忌惮地提起专利诉讼。

2012—2017 年，计算机领域美国本土企业间专利诉讼中，涉及商业方法专利的侵权诉讼案件共 4855 件，其余涉及计算机专利的侵权诉讼案件共 6512 件。

图 2-1-2 显示美国企业间商业方法专利诉讼数量在 2012—2017 年的逐年变化情况。2012 年商业方法专利诉讼案件为 1061 件，2013 年数量略有上升，而到 2014 年急速减少至 643 件，仅为 2013 年的一半左右，且此后 2015—2017 年，相关诉讼案件量逐年下降，由 2015 年的 802 件减少到 2017 年的 434 件。涉及商业方法专利的侵权诉讼案在美国企业间诉讼中的占比也在逐年减少，反映出美国的上述典型判例和法院对该类案件的判决倾向对该类诉讼案件的数量产生了一定的影响。

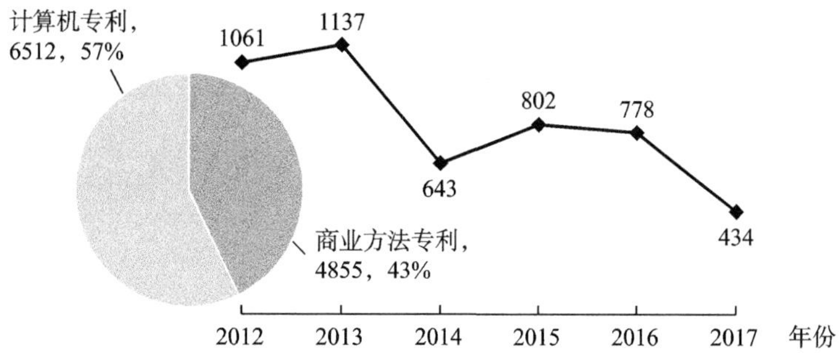

图 2-1-2 2012—2017 年美国企业间商业方法专利诉讼数量逐年变化情况（单位：件）

2.1.2 诉讼双方企业分布

当发生专利侵权纠纷时，被侵权方可向被告居住地、被告公司主要营业机构所在地或侵权行为发生地的联邦地区法院❶对侵权方提起诉讼。

❶ 中华人民共和国国家知识产权局．美国专利诉讼实务指引［EB/OL］．［2021-02-21］．http://www.sipo.gov.cn/ztzl/ywzt/hyzscqgz/hyzscqdt/201406/P020140609534831502907.pdf.

1. 发起诉讼的美国企业

图 2-1-3 示出 2012—2017 年对美国本土企业提起诉讼居前 10 位的美国企业。[1] 在 1807 家提起诉讼的被侵权方中，eDekka LLC 的诉讼数量遥遥领先于其他企业，达 280 件，其涉诉美国企业多达 267 家，其中不乏各行业的巨头，例如，哥伦比亚运动服饰（Columbia Sportswear）、卡洛驰（Crocs）、诺德斯特龙（Nordstrom）、拉尔夫劳伦（Ralph Lauren）、维多利亚的秘密（Victoria's Secret）；通信业的苹果（Apple）、美国电话电报公司（AT&T）、黑莓（BlackBerry）；商业界的亚马逊（Amazon）、百思买（BestBuycom）、科尔士百货（Kohl's）、沃尔玛；配饰业的斯沃琪（Swatch）、蒂芙尼（Tiffany）等；诉讼类型相当一部分为商业方法专利诉讼，其中有多个被告的诉讼为 13 起，有 1 起诉讼的被告多达 25 家。

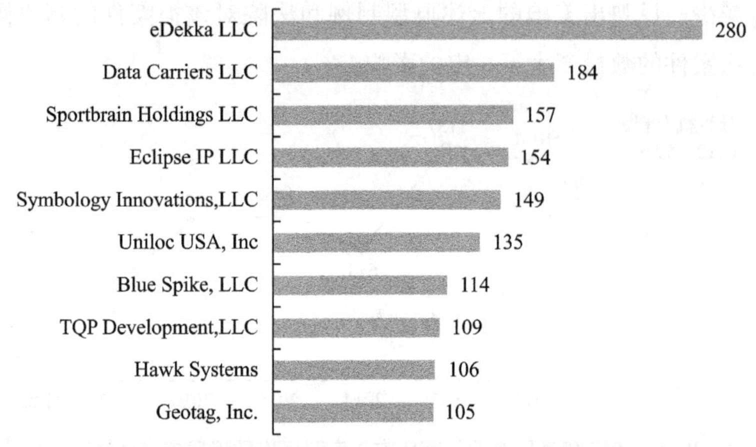

图 2-1-3　2012—2017 年对美国企业提起诉讼居前 10 位的美国企业（单位：件）

可以看出，发起计算机专利和商业方法专利的侵权起诉方，多为领域内常见的 NPE，其通过转让购买获得专利权后，在美国本土对其他企业提起诉讼以获取高额赔偿费用。

2. 被提起诉讼的美国企业

如图 2-1-4 所示，2012—2017 年被认为侵犯计算机专利权或商业方法专利权而被美国企业起诉的美国企业中，苹果涉案数量最多，高达 147 件

[1] 数据来源：www. RPX. light. com.

次，远超位居第二的微软。被起诉较多的企业一是软件业的巨头，苹果、微软、谷歌、脸书等均榜上有名；二是线上零售商，亚马逊和线下零售商沃尔玛分别位于第 3 位和第 5 位；涉案的专利类型也多为商业方法专利。上述前 10 位的企业共涉诉 805 件，占所有计算机领域美国企业间专利诉讼总量的 7.08%，即近一成的案件涉及计算机领域内的跨国大型企业。

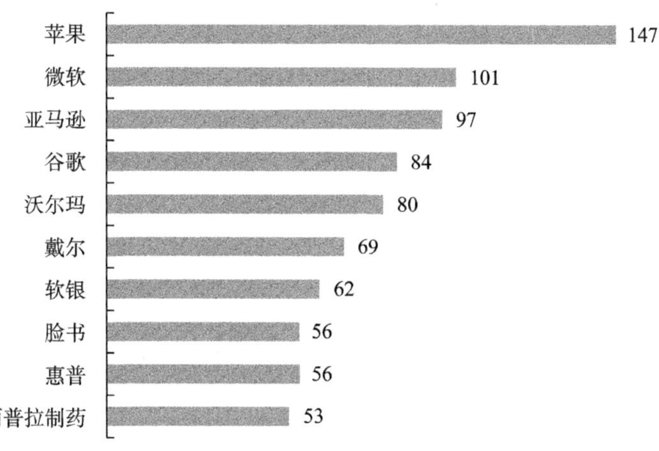

图 2-1-4 2012—2017 年被美国企业提起诉讼居前 10 位的美国企业（单位：件）

3. 原告和被告对比

在美国本土企业间的专利诉讼中，同一原告起诉多个被告的情况占大多数。图 2-1-5 示出 2012—2017 年涉案原被告数量、累计起诉 10 次以上的原告数量和累计被起诉 10 次以上的被告数量。如图所示，发起诉讼 10 次以上的原告数量为 263 家，也就是说近 15% 的原告都参与了至少 10 次专利诉讼；而被起诉 10 次以上的被告数量为 175 家、占被告总数量的近 3%，不管是从绝对数量还是从相对占比来说，均明显低于原告数量。可见，计算机领域美国本土企业间的专利诉讼呈现出涉案原告集中、被告分散、一案多被告的特点。

为进一步分析美国企业间专利诉讼的特点，该部分对被起诉数量居前 10 位被告发起的诉讼数量及发起诉讼居前 10 位原告的被起诉数量进行比较，见表 2-1-1。从表中可以看出，被起诉最多的 10 位被告中，存在多家被告从未出现在美国计算机领域专利诉讼原告席上的情况，这 10 家企业发起的诉讼总量也仅为 15 件。相比之下，发起诉讼的前 10 位原告中，同样也存在未被起诉的多个企业，如 eDekka，但也存在被起诉 21 次的企业 Eclipse IP。

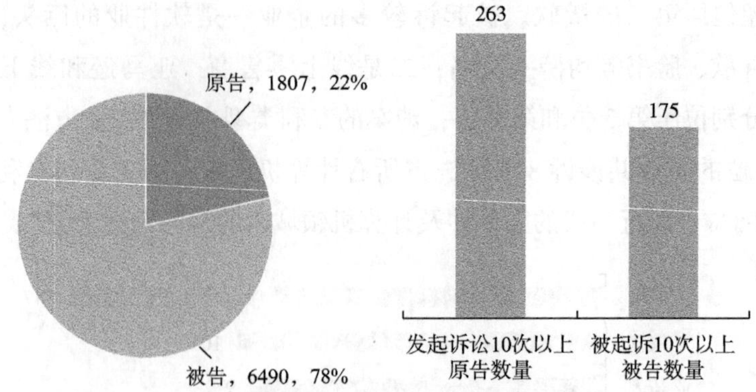

图 2-1-5 2012—2017 年美国本土企业间原告、被告总数量及累计起诉或被起诉 10 次以上的原告、被告数量（单位：家）

表 2-1-1 2012—2017 年被起诉数量居前 10 位被告发起的诉讼数量及发起诉讼居前 10 位原告的被起诉数量

单位：件

排名	被起诉 Top10 被告	发起诉讼数量	发起诉讼 Top10 原告	被起诉数量
1	苹果	0	eDekka	0
2	微软	3	Data Carriers	1
3	亚马逊	3	Sportbrain Holdings	0
4	谷歌	6	Eclipse IP	21
5	沃尔玛	1	Symbology Innovations	0
6	戴尔	0	Uniloc USA	5
7	软银	0	Blue Spike	2
8	脸书	0	TQP Development	0
9	惠普	2	Hawk Systems	7
10	西普拉制药	0	Geotag	4
总计	15		40	

上述数据也从一方面反映出美国计算机领域专利侵权案件的被告多为实体企业，提起专利侵权案件诉讼的多为 NPE。

4. 共同原告与共同被告

在美国企业间诉讼中，会经常出现多家被告联合应诉的情况，一是原告认为多个被告均涉嫌侵权，二是多家被告实施联合应诉可以整合资源、共享信息、分担应诉成本；通过联合应诉企业间的协作，共同与原告抗衡，提高胜诉的几率。2012—2017 年，美国计算机领域共有 549 件专利诉讼涉

及共同被告，也即“多被告共同应诉”，占该领域总案件量的4.83%。图2-1-6示出了上述“多被告共同应诉”案件中共同被告的数量分布及变化情况。

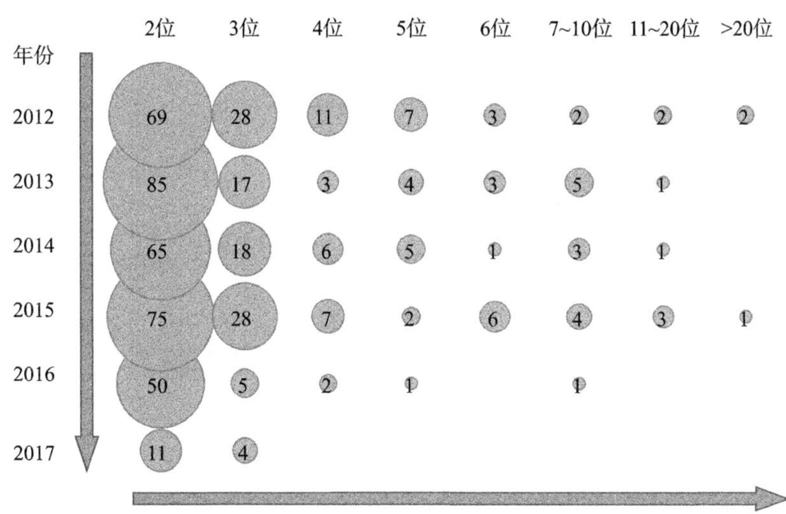

图2-1-6　2012—2017年“多被告共同应诉”共同被告数量分布及变化情况（单位：件）

从图中可以看出，多数诉讼涉及2~6位被告，少数案件涉及7~10位被告，而极少数诉讼涉及11~20位、甚至是20位以上的被告。有2位被告的诉讼共355件，占该领域所有一原告多被告诉讼总量的64.66%，说明大部分诉讼是属于两个被告联合应诉的情况；有3位被告的诉讼共100件，2~3位被告共同应诉的诉讼占所有“多被告共同应诉”案件总量的83.42%。

图2-1-7显示计算机领域美国企业间专利“多原告联合诉讼”中共同原告数量分布及变化情况。2012—2017年，该领域共有79件专利诉讼案件涉及“多原告联合诉讼”，其中，多数诉讼案件有2位原告联合诉讼，少部分诉讼案件中有3位原告联合诉讼，未出现4位或4位以上原告联合诉讼的情形；其中2位原告联合诉讼的案件共74件，占总量的93.67%。

对比“多被告共同应诉”和“多原告联合诉讼”，可以看出，美国本土企业间计算机领域专利诉讼案件中，“多被告共同应诉”的案件数量明显多于“多原告联合诉讼”的案件数量。

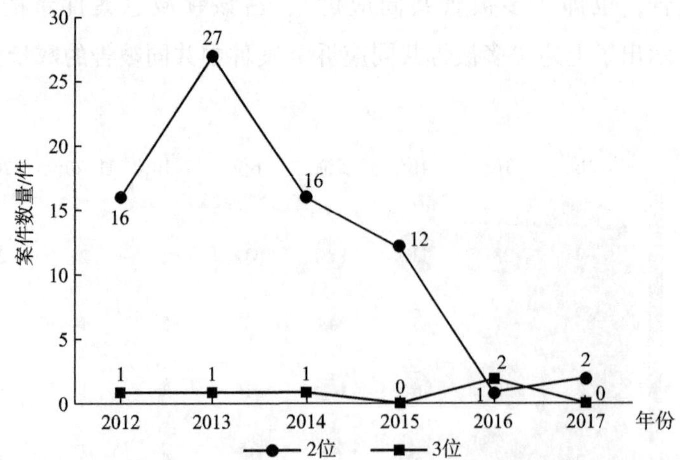

图 2-1-7 2012—2017 年"多原告联合诉讼"共同原告数量分布及变化情况

2.1.3 诉讼状态判决数据

2.1.3.1 诉讼案件的判决状态

图 2-1-8 示出 2012—2017 年计算机领域美国本土企业间诉讼判决状态情况。从图中可以看出，截至 2017 年年底，2012—2017 年提起诉讼的案件中绝大部分已经结案，2015 年前的诉讼案件结案率均超过 95%，2017 年当年提起的诉讼案件也有近一半已经判决结案。

总体而言，2012—2017 年诉讼案件的审理速度较快，诉讼周期较短。但也有 66 件 2012 年提起的诉讼案件在 2017 年底仍处于未结状态，这种判决流程较长的专利诉讼案件占比并不高。对于某些重大疑难诉讼案件，其审理过程更为复杂、审慎，通常会持续数年，例如，上文提到的 Alice v. CLS Bank 一案，原告自 2007 年 5 月提起诉讼，到 2014 年才获得最终判决，该案经历了联邦巡回上诉法院至美国最高法院，其判决结果对美国专利撰写、审查、诉讼等均产生重要影响。

2.1.3.2 诉讼案件的结案周期

图 2-1-9 示出了 2012—2017 年计算机领域美国企业间专利诉讼结案周期的变化情况。从判决周期上看，2012—2017 年计算机领域美国企业间专

利诉讼案件的平均结案周期为 281.0 天，多数案件能在一年内审结；最长结案周期为 1991.0 天，该案于 2012 年 5 月 21 日提起诉讼，到 2017 年 11 月 2 日才完成判决，历时五年半的时间；有 11 件案件的结案周期仅为 11.0 天，为美国企业间诉讼的最短结案周期，2012—2017 年都存在仅 11.0 天结案的诉讼，2017 年有 4 件。从图 2-1-9 可以看出，2012—2017 年计算机领域美国企业间专利诉讼案件的平均结案周期整体上呈稳步降低的态势，2012 年平均结案周期最长，为 286.6 天；此后，除 2015 年略有反弹外，其余年份的平均结案周期逐年下降，2016 年和 2017 年的下降趋势尤为明显。2015 年平均结案周期有所反弹，可能也是因为 2015 年诉讼总量较大的缘故。

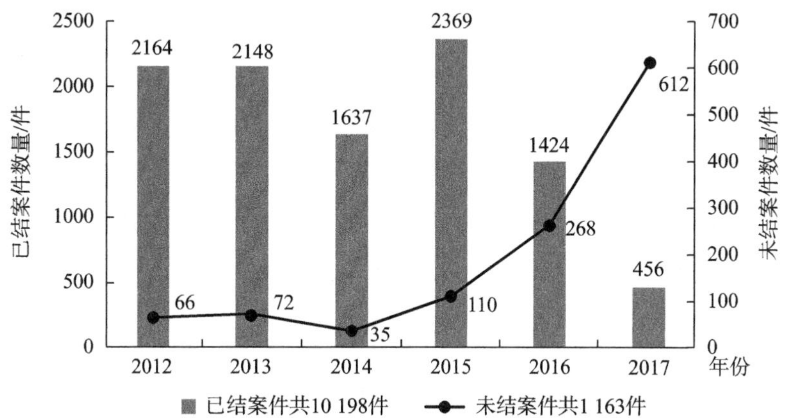

图 2-1-8 2012—2017 年美国本土企业间诉讼判决状态情况

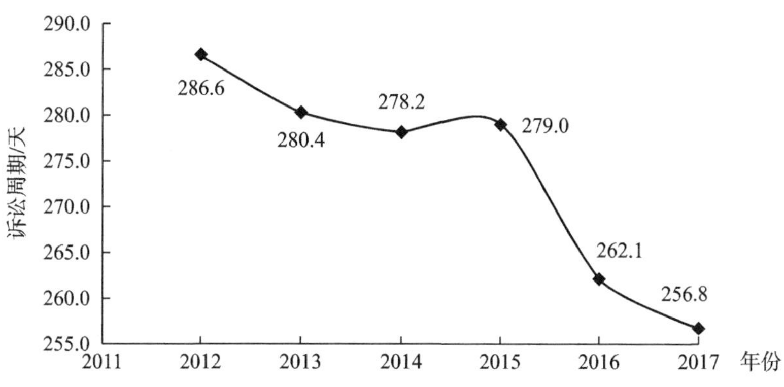

图 2-1-9 2012—2017 年美国企业间专利诉讼结案周期数据分布

2.1.3.3 诉讼案件的受理法院

表 2-1-2 示出了 2012—2017 年计算机领域美国企业间专利诉讼受理量排名前 10 位的法院。从诉讼受理数量来看，德州东区法院为 2012—2017 年计算机领域美国企业间专利诉讼受理数量最多的法院，共受理专利诉讼案件 5737 件，占总诉讼量的 50.47%，即超半数的计算机领域美国企业间专利诉讼是德州东区法院受理判决的，远超受理量位居第二的特拉华地区法院。特拉华地区法院受理的专利诉讼案件数量为 1614 件，虽在数量上与德州东区法院相差较大，但也占据受理案件总量的 14.20%，是非常重要的计算机领域专利侵权案件的审理法院。此外，加州北区法院、伊利诺伊北区法院、加州中区法院分别以 567 件、501 件和 457 件的受理量位居第 3 至第 5 位。上述受理量前 10 位的法院所受理的案件总数量为 9670 件，超过诉讼总量的 85%。从上述数据可以看到，美国企业更倾向于在德州、特拉华、加州等地区法院向侵权方提起诉讼，而原告方在选择受理法院时会主要考虑法院的结案周期、法官的倾向性等因素。上述受理量位居第一的德州东区法院的平均结案周期为 256.9 天，低于 2012—2017 年计算机领域美国企业间专利诉讼案件的平均结案周期为 281.0 天。

表 2-1-2 2012—2017 年美国企业间专利诉讼受理量排名前 10 位的法院

排名	法院名称	数量/件
1	德州东区法院（Eastern District of Texas）	5737
2	特拉华地区法院（District of Delaware）	1614
3	加州北区法院（Northern District of California）	567
4	伊利诺伊北区法院（Northern District of Illinois）	501
5	加州中区法院（Central District of California）	457
6	加州南区法院（Southern District of California）	183
7	弗吉尼亚东区法院（Eastern District of Virginia）	179
8	纽约南区法院（Southern District of New York）	154
9	新泽西地区法院（District of New Jersey）	143
10	德州北区法院（Northern District of Texas）	135
诉讼总量		9670

2.2　美国本土企业“337 调查”

美国的信息产业起步早、技术实力强，许多计算机领域的巨头公司都集中在美国，尤其是硅谷地区，领域内的新兴技术大都发源于此。为了获取最新的产业技术，吸收优质的人才资源，其他国家或地区的大型科技企业大多会在美国成立分公司，方便在当地开展业务，占据市场资源，这也是计算机领域美国本土行业内市场竞争异常激烈的重要原因。

图 2-2-1 示出 2009—2017 年计算机领域的“337 调查”中由美国本土公司作为原告方诉讼美国本土公司的数量年度变化情况，从图中可以看出，2009—2012 年计算机领域“337 调查”中由美国本土公司作为原告方诉讼美国本土公司的案件数量呈现逐年上升的趋势，2012 年达到 13 件，2013—2014 年经历了短暂下跌后，在 2015—2017 年又开始回升，每年的数量均保持在 10 件及以上。

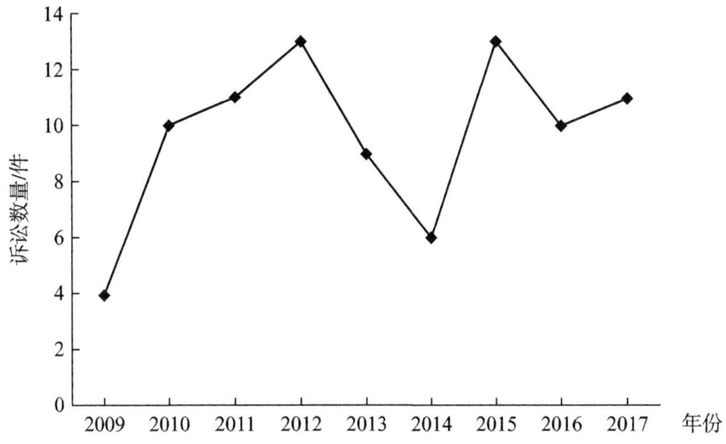

图 2-2-1　2009—2017 年美国本土公司作为原告诉讼美国本土公司数量变化情况

图 2-2-2 显示 2009—2017 年计算机领域“337 调查”中分布在美国、欧洲、中国、日本和韩国等不同国家或地区的原告方和被告方相互之间的诉讼情况。相比之下，美国主动发起的“337 调查”数量最多，同样地，美国作为“337 调查”被告方的次数也是最多的，中国位列第 3 位。

为了维护市场地位，企业会向 ITC 提出申请，对涉嫌侵犯自身知识产权等行为的其他企业发起“337 调查”。根据图 1-2-7 可知，在计算机领域，由美国公司作为原告发起的“337 调查”案件中，被告方主要集中分布在美国、欧洲、中国、日本、韩国等地区，原告方和被告方均有可能涉及一个或多个地区的公司。

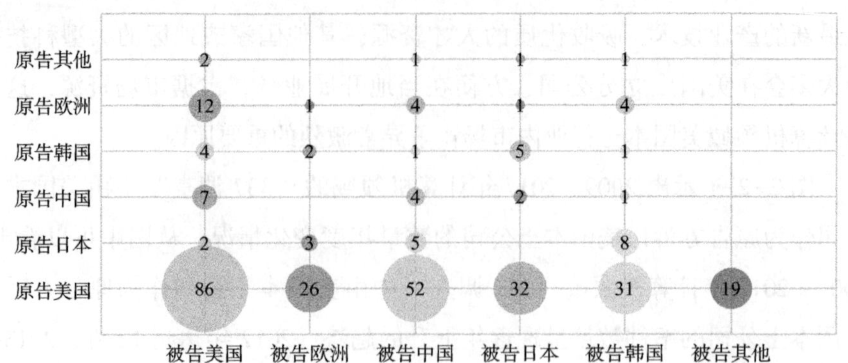

图 2-2-2　2009—2017 年计算机领域“337 调查”不同地区原告方/被告方诉讼情况对比（单位：件）

图 2-2-3 示出 2009—2017 年美国企业发起的“337 调查”中原告方的分布情况。从图中可以看出，高达 90% 以上的“337 调查”的原告方由美国的企业单独构成，仅有不到 7% 的“337 调查”的原告方由其他国家或地区的企业与美国的企业一起组成，这也从侧面反映出美国本土的企业在利用“337 调查”维护其市场地位方面更加地积极主动。

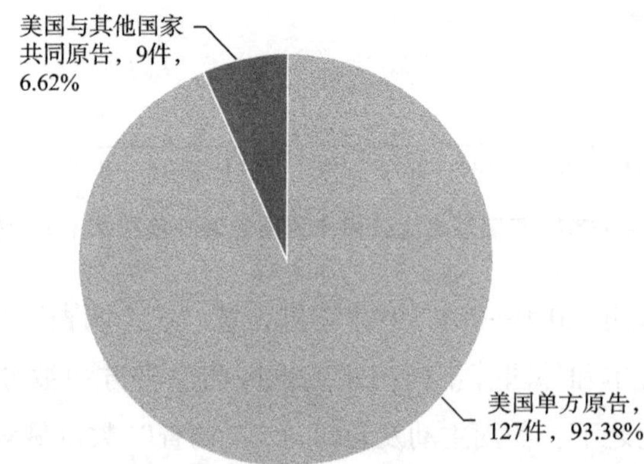

图 2-2-3　2009—2017 年美国企业发起“337 调查”中原告方的分布情况

图 2-2-4 示出了 2009—2017 年由美国企业发起的“337 调查”中被告方构成的分布情况。在美国发起的 136 件调查中，被告企业仅分布在单个国家或地区的案件有 70 件，占总量的 51.47%，被告企业由分布在多个国家或地区的企业组成的案件有 66 件，占总量的 48.53%，二者占比大体相当。原告方在对可能侵犯自身专利技术的企业发起诉讼时，大多会考虑将诉讼对象分布于其他多个国家或地区的子公司共同列为被告，同样地，原告方在诉讼其他国家或地区的公司时通常也会带上位于美国本土的子公司一同作为被告。

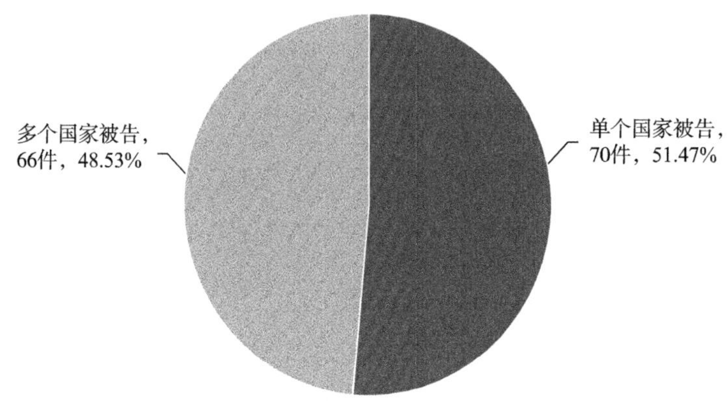

图 2-2-4 2009—2017 年美国企业发起的“337 调查”中被告方的分布情况

美国的 IT 技术处于全球领先地位，本土内也分布着众多的科技巨头，这些公司每年都在技术研发方面投入大量的资源，掌握着本领域内的核心、前沿技术，这些公司往往在“337 调查”中都能够使自己处于主动地位。

图 2-2-5 示出了 2009—2017 年位于美国本土发起“337 调查”较多的原告排名情况。从图中能够看出苹果作为原告总共发起的“337 调查”为 9 件，排名第一，紧随其后的摩托罗拉有 8 件，接下来分别是微软、英特尔、美国交互数字公司、高通等。

图 2-2-6 示出了 2009—2017 年位于美国本土的“337 调查”被告方的排名情况。苹果作为被告方的案件数量为 28 件，排名第一，而排名第二的摩托罗拉仅仅为 7 件，第一、第二名的公司涉及的案件数量悬殊较大，此外，戴尔、谷歌、微软等公司作为被告方涉及的案件数量均在 4 件及以内。

表 2-2-1 是 2009—2017 年原告方和被告方均涉及美国公司的“337 调查”的周期情况。从表中可以看出，每年的平均调查周期基本都在 10 个月以上，2010 年的平均调查周期最长，为 16.1 个月，其后从 2011 年开始一直到 2017 年，平均调查周期整体上呈现逐步缩短的趋势，2016—2017 年更是连续维持在 10.5 个月以内，数据表明 ITC 的调查效率越来越高。

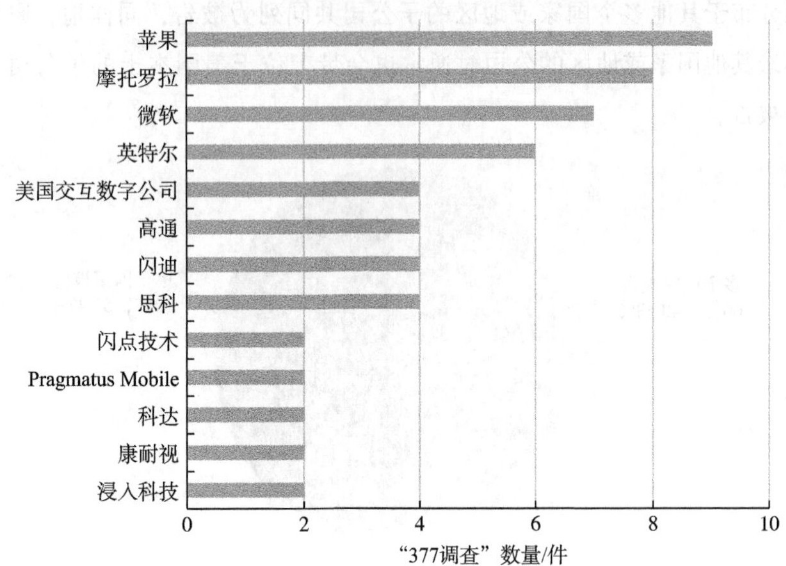

图 2-2-5　2009—2017 年美国“337 调查”原告方排名情况

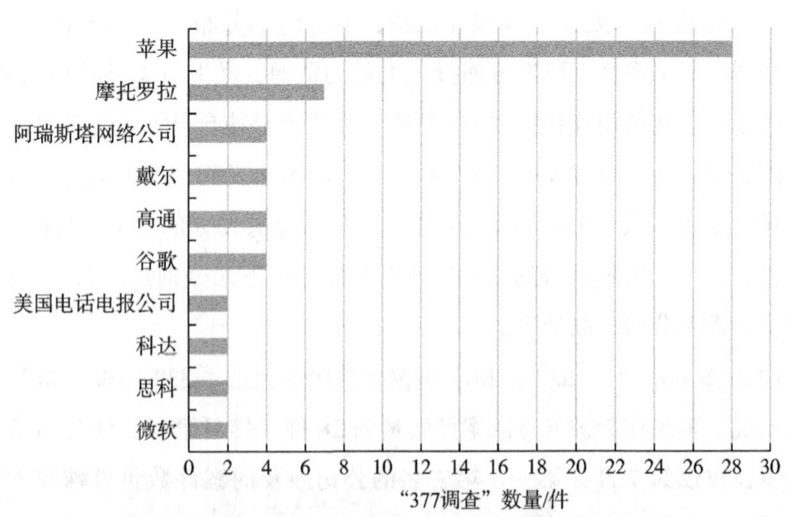

图 2-2-6　2009—2017 年美国“337 调查”被告方排名情况

表 2-2-1　2009—2017 年美国诉讼美国案件调查周期情况

年份	周期/月		
	最短	最长	平均
2009	7.1	16.0	13.4
2010	6.6	28.9	16.1
2011	5.3	21.2	13.7
2012	5.3	23.6	13.8
2013	7.2	20.1	12.2
2014	7.5	14.1	10.2
2015	10.4	27.2	12.4
2016	4.8	17.8	10.2
2017	4.6	12.3	10.1

根据 ITC 公布的数据，针对美国企业向本土企业发起的“337 调查”结果进行统计，结果如图 2-2-7 所示。从图中可以看出，在美国企业向本土企业发起的众多调查案件当中，已经取得最终的调查结果（审结）案件为 21 件，占案件总量的 24.42%，未结案件为 65 件，占案件总量的 75.58%，结案的比例仅占 1/4 左右。结案的结果主要有原告胜诉、原告败诉、原告撤回或和解几种结果，原告败诉的案件在结案案件中占到一半以上，原告撤回或和解的案件占比最小，虽然样本量较小，但是也在一定程度上反映出最终原告取得胜诉的比例并不高，多数情况以被告未侵权而结案。

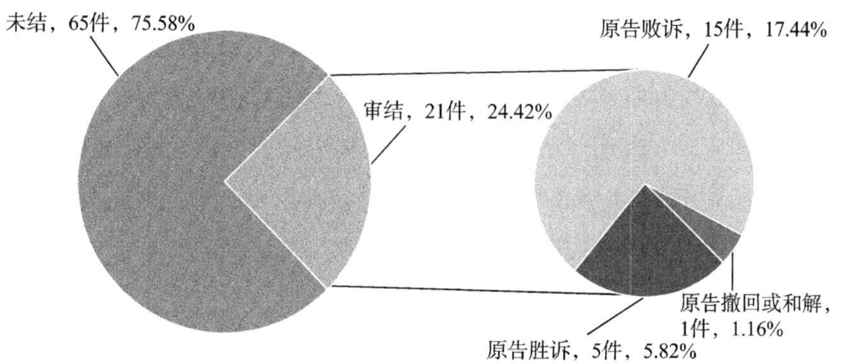

图 2-2-7　2009—2017 年美国诉讼美国的结案分布

2.3 典型诉讼案例

2.3.1 I/P Engine 诉谷歌案

2.3.1.1 诉讼双方

原告 I/P Engine 公司，其为美国著名的 NPE 公司 Vringo 的子公司。2012 年 8 月，Vringo 公司从诺基亚购买了超过 500 项专利，涉及电信网络基础设施、互联网搜索及移动技术等。自此 Vringo 公司利用手中的专利组合，针对许多公司提起诉讼，包括微软、谷歌等科技巨头，也包括华为、中兴、联想等中国公司。自 2012 年 10 月起，Vringo 公司连续在欧洲、亚洲及南美地区多个国家对中兴通讯公司发起专利侵权诉讼，指控中兴通讯公司侵犯其多项专利权。

被告方为美国在线（AOL）、谷歌（Google）公司、IAC SEARCH & MEDIA 公司、Gannett 公司和 Target 公司（以下合称“Google 等公司”）。

2.3.1.2 诉讼案情

1. 诉讼概述

该案由 I/P Engine 公司于 2011 年 9 月在美国弗吉尼亚东区法院发起诉讼，审判中主要围绕显而易见性和依照衡平法的懈怠抗辩原则展开。2012 年 11 月地区法院宣判，认定涉案专利有效，被告侵犯原告的专利权，但依照衡平法的懈怠抗辩原则，I/P Engine 公司不能就诉讼日期之前的损害要求赔偿。双方均对判决结果表示不满，分别提起动议和请求，但均被地区法院否决。随后双方就地区法院的判决向联邦巡回上诉法院提起上诉。联邦巡回上诉法院于 2014 年 8 月审结此案，认定涉案专利不符合显而易见性的要求，因而专利无效，被告并未侵犯原告的专利权。

2. 诉讼发起

2011 年 9 月 15 日，I/P Engine 公司向美国弗吉尼亚东区法院提起诉讼，起诉被告 Google 等公司侵犯公开号为 US6314420（以下简称“'420 专利”）和 US6775664（以下简称“'664 专利”）的两件美国专利的专利权。两项专利均主张对美国专利 US5867799 的母专利的优先权。它们均涉及一种对互联网搜索结果进行过滤的方法，该方法利用基于内容的过滤和协同过滤两种方式。[1] 基于内容的过滤是一项利用提取特征（如从信息项中提取的文本）确定相关性的技术。相比之下，协同过滤根据其他用户的反馈来评估相关性，该方式查看“其他有相似兴趣或需求的用户所发现的相关项目”。两项专利描述的系统为“搜索引擎运用协同过滤及内容过滤，针对用户查询提供更好的搜索响应”。具体而言，该系统结合内容数据和协同数据，以过滤每个信息与用户查询相关。

被诉侵权对象具体涉及 Google 等公司的在网页中显示广告的“AdWords”（关键字竞价广告）、“AdSense”（针对搜索的广告），以及用于移动搜索系统中的“AdSense”，诉其侵犯了’420 专利的权利要求第 10 项、第 14~15 项、第 25 项、第 17~28 项以及’664 专利的权利要求第 1 项、第 5~6 项、第 21~22 项、第 26 项、第 28 项、第 38 项。

3. 诉讼过程

2011 年 11 月 14 日，Google 等公司提交答辩（answer），并联合提出反诉（counterclaim），寻求针对两件专利的不侵权和无效的宣告式判决（declaratory judgment）。

随后举行马克曼听证会（Markman hearing），地区法院对具有争议的术语进行了解释。地区法院认为：①“协同反馈数据”是指“来自系统用户认为具有相关性信息的数据”；②“扫描网络”是指“在网络中选择或检查项目”；③“需求搜索”是指“在用户请求下进行的单次搜索引擎的检索”。

在 12 天的审判中，被告方引用大量的现有技术文献来支持他们的主张，声称’420 专利和’664 专利是可预见且显而易见的，因此是无效的。特别指出，美国专利 US6006222（以下简称“Culliss”专利）的内容已经实现了对被诉侵权权利要求的占先，并且根据以下文献，涉案专利权利要求所要求保护的技术方案是显而易见的：①US6202058（以下简称“Rose”专利）；

[1] ’420 专利和’664 专利的说明书大致相同，仅使用的行号有细微差别。除非另有说明，引用的’466 说明书采用的行号与’420 专利中的行号相同。

②Yezdezard Z. Lashkari，于1995年7月发表的《功能引导自动协同过滤》论文（以下简称“WebHound”论文）；③Marko Balabanovis 和 Yoav Shoham，于1997年发表的《基于内容的协同推荐》论文（以下简称“Fab”论文）。

2012年11月6日，陪审团裁决被告Google等公司侵犯I/P Engine公司的两件专利的专利权，并判定五位被告共同赔偿原告30 496 155美元，此外陪审团还判定I/P Engine公司获得3.5%的按产量支付的专利费（running royalty）。特别地，陪审团认为“Rose”专利、“WebHound”论文及“Fab”论文公开的都是资料系统，并未公开完整的搜索系统，不能对与查询有关的信息过滤。

2012年11月20日，地区法院宣判，Google等公司未能用清晰且令人信服的证据证明’420专利和’664专利的显而易见性。[1] 地区法院还认定，依照衡平法的懈怠抗辩原则，I/P Engine公司不能就2011年9月15日（诉讼日期）之前的损害要求赔偿。地区法院解释称：“I/P Engine公司早在2005年7月已经明显意识到Google AdWords系统可能会侵犯其专利权，却没有进行任何合理调查来确定侵权是否发生。”

2012年12月18日，Google等公司提出依法律判决动议（motion for judgment as a matter of law），要求重新审理，希望获得未侵权、专利无效以及要求原告方赔偿损失的判决。同日，I/P Engine公司也提出判后请求，认为地区法院错误应用了衡平法的懈怠抗辩原则而作出2011年9月15日前的侵权行为造成的损失不予赔偿的判决。2013年4月2日，双方的上述动议均被地区法院予以否决。

2013年4月3日，Google等公司及时对该地区法院的判决向联邦巡回上诉法院提起上诉，认为：①侵权判决应当撤销，因为I/P Engine公司涉案专利中的权利要求限定需将内容数据与反馈数据“合并”、过滤“合并的信息”，而被控系统不满足这样的条件；②被控系统并未满足’420专利中权利要求第10项技术方案需要的“需求搜索”；③I/P Engine公司不当依赖营销文件，而非源代码，试图以此确认谷歌侵权，并向陪审团暗示谷歌“复制”

---

[1] Non-obvious Order, 2012 U. S. Dist. LEXIS 166555.

了I/P Engine公司专利中的系统以此来误导陪审团；④地区法院将原告主张的权利要求错误认定为具有非显而易见性；⑤“Culliss”专利公开了基于分数过滤网络文章的方法，分数结合了内容和协同反馈数据，原告的权利要求并不是占先的，因此是无效的；⑥I/P Engine公司未能提供自诉讼以来，由于所谓侵权行为造成损失的可靠证据。

针对地区法院运用衡平法的懈怠抗辩原则作出的Google等公司于2011年9月15日前的侵权行为造成的损失不予赔偿的判定，I/P Engine公司提起交叉上诉（cross-appeal）。I/P Engine公司认为，即使懈怠抗辩原则适用，I/P Engine公司还应获得自诉讼日以来侵权所造成的至少1亿美元的损失赔偿。

2014年8月15日，联邦巡回上诉法院审结该案，并公布判决：推翻弗吉尼亚东区法院作出的判决。判决中，主要针对显而易见性的判定进行了阐述：①该案中涉诉专利中的搜索引擎、基于内容的过滤、协同过滤都是专利申请时的公知技术。且多篇现有技术文献都明确说明了将内容过滤与协同过滤结合的优势；②在针对显而易见性的调查中，“不仅允许，而且要求考虑常识”[1]。查询和搜索结构就在一旁放着，对一个具有一般技能的人来说，“经常使用查询并把它用在过滤中”[2]是显而易见的。“一个具有一般技能的人是一个具有一般创造力的人，不是机器人”，而且显而易见性调查必须要考虑到一般技能的人所使用的“常规步骤”[3]。基于上述理由，认定I/P Engine公司两件专利不具备显而易见性，因而无效。

2.3.1.3　案例点评

由于双方当事人身份的特殊性，此案引发了各界的广泛关注。该案原告是美国著名的NPE公司Vringo的子公司。I/P Engine公司购买了该案中专利的第二天即发起了本起诉讼。且在该案于地区法院宣判其专利权有效

---

[1] DyStar Textilfarben GmbH & Co. v. C. H. Patrick Co. ,464 F. 3d 1356,1367(Fed. Cir. 2006).

[2] 双方当事人规定，针对'420专利和'664专利，具有一般技能的人是指“具有计算机科学学士学位，有至少两年工作经验的人”。

[3] Ball Aerosol & Specialty Container,Inc. v. Ltd. Brands,Inc. ,555 F. 3d 984,933(Fed. Cir. 2009).

并获得一定赔偿的基础上，随即以相同的证据针对微软发起诉讼。

面对 NPE 发起的诉讼，该案涉及的懈怠抗辩原则的应用和专利无效抗辩的应用或许能提供一种思路和策略。

1. 懈怠抗辩原则的应用

在该案中，2012 年 11 月 20 日，弗吉尼亚东区法院宣判，Google 等公司未能用清晰且令人信服的证据证明'420 专利和'664 专利的非显而易见性，故被判侵权。地区法院还认定，依照衡平法的懈怠抗辩原则，I/P Engine 公司不能就 2011 年 9 月 15 日（诉讼日期）之前的损伤要求赔偿。判决结果大幅降低了原告方提出的侵权赔偿金额。

懈怠（Laches）

美国《专利法》没有专利侵权失效的规定（statute of limitations for infringement claims），但是美国有衡平法上的懈怠原则，禁止专利权人获得在提起诉讼之前的由于侵权产生的损害赔偿。懈怠是衡平法上的抗辩理由，是指如果权利人没有正当理由地拖延主张其权利，给他人造成损害，专利权人可以被禁止主张其权利。

和其他衡平法上的问题相同，懈怠的问题由法官审理，而不是陪审团审理。如果被告提出懈怠的抗辩理由，法院一般会举行两个庭审：一个由法官审理懈怠抗辩，另一个由陪审团审理侵权和有效性问题。提出对方懈怠的一方有举证责任。和专利有效性举证责任不同，懈怠只要求举证方提出优势证据即可。

提出懈怠抗辩的一方要证明以下两点：①专利权人知道侵权行为存在，但是无故推迟了提起诉讼的时间；②专利权人推迟起诉对被告造成重要的损害。关于无故推迟提起诉讼时间的这一条，联邦巡回上诉法院判定时间的长短没有固定的界限，而是要根据案件的具体情况来判断。[1] 专利权人拖延的时间是从专利权人知道或者应该知道侵权行为之日起开始计算。

[1] A. C. Aukerman Co. v. R. L. Chaides Constr. Co. ,960 F. 2d 1020(Feb. Cir. 1992).

关于“应该知道”，联邦巡回上诉法院认为，如果一个合理尽职的专利权人，在同样的情况下，专利权人也有责任去调查潜在的被告是否侵权。尤其是当专利权人知道产品存在，知道产品采用和专利相似的技术，以及用相似的技术完成相似的目标的情况下，有义务去调查产品是否侵犯专利权。如果专利权人没有履行这种调查的义务，他的行为就有可能触发拖延时间开始计算，并且有可能最终丧失他要求赔偿损失的权利。

即使专利权人不知道可能侵权产品或方法的存在，如果侵权行为在专利权人的领域里广泛存在，可以推定专利权人知道侵权行为的存在。专利权人没有去执行自己的权利，以致他人相信专利权人已经放弃他的权利，在这种情况下，专利权人的行为也可以构成懈怠。

一般情况下，被告需要举证证明原告专利权人的拖延是不合理的。例如，美国法院曾经认定，专利权人在有其他诉讼，尤其是涉及相同专利的诉讼同时进行的时候，如果专利权人通知了潜在的被告，在现在的诉讼结束后，专利权人会向潜在被告提起诉讼，专利权人的拖延是合理的拖延。

如果专利权人从知道或应该知道侵权行为之日起，拖延了 6 年以上才提起诉讼，将被推定为在主张自己的权利上有懈怠。这种推定把举证责任由被告转移到原告专利权人。专利权人必须反驳上面提到的两点，即专利权人必须证明自己的拖延是合理的，以及被告没有因为自己的拖延而受到损害。专利权人如果能够提供证明说明自己的拖延有正当的理由、被告没有受到损害等，即否定了这种推定，把举证责任转移到被告一方。

关于被告受的损害，可以是证据方面的，即被告由于原告的拖延而丧失了抗辩的证据，如记录已经被销毁、证人已经去世或者由于时间过长，证人已经不再记得过去的事情等。被告也可以主张自己有经济上的损害，如经济地位上的变化。例如，如果原告在合理的时间主张权利，被告可以避免一些在金钱上的投资或其他损失等。

法院在审理中发现，在 2005 年 7 月，谷歌公司在博客网站上发布了 AdWords 系统，里面包含 AdWords 广告系统如何对广告排名。在 I/P Engine 公司的诉讼指控中，所描述的侵权系统和谷歌公司早在 2005 年发布的 AdWords 系统几乎相同。被告包括谷歌公司早在 2005 年就已经公开了被控侵权的广告系统，原告早在 2005 年就知道或应该知道侵权行为的存在。原告主张自己公司里没有任何雇员在 2005 年就知道谷歌公司的 AdWords 广告系统，所以自己不可能在 2005 年开展任何侵权调查。

地区法院认为，虽然有时候专利权人不知道侵权行为的存在，但是如果该行为在发明的领域里使用得非常广泛，被大众所知，专利权人应该被推定为知道该行为的存在。谷歌公司对 AdWords 系统的公开就是这种广泛的、被大众所知的行为。专利权人没有做任何侵权行为的调查。原告直至 2011 年 9 月才提起诉讼，因此专利权人应该被推定为在执行权利上有懈怠。

由于原告被推定有懈怠行为，举证责任因此转移到原告身上。原告主张自己的公司内部经历一系列的主体资格变更，如发生了公司并购，自己不可能在这期间提起诉讼。地区法院认定没有任何先例可以判定这种理由是合理拖延诉讼的理由。

原告还辩称，自己在这期间有正在进行的专利诉讼。在该诉讼中，涉案的专利是和该案专利相关的专利。地区法院认为这也不是一个合理的理由：第一，弗吉尼亚东区法院已经在先前的判例认定，涉及相关专利的诉讼并非同样专利的诉讼，不是拖延诉讼的合理理由；第二，原告也没有通知被告，自己将要起诉被告专利侵权。根据以上理由，原告没有举出充足的证据证明自己的拖延是合理的。

根据上述的原因，联邦地区法院认为原告无故拖延诉讼，根据衡平法上的懈怠原则要求，禁止原告再行使其本可以行使的权利。另外，法院发现原告的专利本来由 Lycos 公司所有。Lycos 公司早在 2003 年就和谷歌公司有业务上的往来。Lycos 公司一直没有去调查谷歌公司的产品是否侵犯其专利。法院阐述道："虽然我们无法知道原告为什么提起诉讼，但是常识告诉我们，Lycos 公司没有提起诉讼，很有可能是因为 Lycos 公司从来没有认为谷歌公司的产品侵权。"只有 I/P Engine 公司，一个 NPE 购买了专利之后，为了诉讼而提起诉讼。虽然衡量不实施专利实体在专利系统中存在的价值，

是否应立法对其限制是国会的任务，但在该案中，原告 I/P Engine 公司对诉讼的拖延正是衡平法可以使用到专利法上的地方。根据衡平原则，原告应该被禁止主张其权利。

原告还主张懈怠原则是和主体密切相关的原则，即使懈怠适用于谷歌公司一个被告，但不适用于其他被告。但是，法院认定其他被告都有应用谷歌公司的广告系统，谷歌公司有义务保证赔偿（indemnify）其他被告。因此，根据懈怠原则的抗辩，也同样适用于其他被告。原告向其他被告主张专利侵权的权利也应该被禁止。

最后，法院总结道，原告 I/P Engine 公司拖延超过 6 年才提起诉讼，因此被推定为有懈怠，原告没有能够反驳这个推定。法院判定原告丧失了从任何被告那里收取在 2011 年 9 月 15 日（诉讼日期）之前发生的侵权所造成的损失，即赔偿损失应该从 2011 年 9 月 15 日开始计算。

衡平法（Equity）诉讼抗辩

除上述介绍的懈怠，衡平法的诉讼抗辩还包括：不诚信行为（inequitable conduct）、专利权滥用（patent misuse）、禁反言（estoppel）、专利权用尽原则（patent exhaustion）。

除了上述衡平法上的救济之外，美国《专利法》第 286 条还规定了专利侵权赔偿的时间限制。第 286 条规定：

除法律另有规定外，在因侵权而提出起诉或反诉以前，侵权行为发生已超过 6 年的，不得取得赔偿。

对美国政府针对专利发明的使用提起诉讼的案件中，在提起诉讼之前，自有权力和解该请求的政府部门或机构收到书面的请求之日和政府向请求人寄出拒绝其请求的通知之日这段时间，最多 6 年，不能算作前段中提到的期间的一部分。

这一规定主要是针对提起诉讼 6 年之前的侵权行为，而不是提起诉讼之前的行为，因此和上述的衡平法上的懈怠有所不同。由于懈怠原则和美国《专利法》第 286 条的存在，专利权人应该尽早提起专利诉讼，否则，赔偿损失的范围会受到限制。

2. 显而易见性的判断

美国《专利法》第 103 条规定了非显而易见性（non-obvious），其规定，如果一件专利发明，在其产生的时候，相对当时的现有技术，对同领域里的技术人员是显而易见的，则该发明不能获得专利。

根据美国《专利法》第 103 条，在比较一件专利和现有技术的区别时，必须把专利发明作为一个整体来和现有技术进行对比。在一件专利或专利申请中，由于发明的保护范围是由权利要求来定义的，因此在决定专利申请是否显而易见的时候，要把权利要求作为一个整体和现有文献进行对比。[1]

美国最高法院 1966 年在 Graham v. John Deere Co. 一案中确立了判断非显而易见性的"Graham 标准"，即①现有技术的范围和内容；②现有技术与权利要求的差异；③相关技术领域技术人员的水平；④其他"辅助考查因素"，例如发明长期无实施需求、其他人的失败及发明在商业上的成功等，都可以支持该技术具有非显而易见性的法律结论。

判例 Graham 案（Graham et al. v. John Deere Co. of Kansas City et al. ,383 U. S. 1(1966)）

在 Graham 案中，美国最高法院把三个上诉案件合并在一起，第一是 Graham 诉 John Deere 公司关于耕犁减震器的专利，另外两个案件有相同的被告，都涉及关于喷雾器方面的专利。美国最高法院首先分析了非显而易见性的历史，阐明了非显而易见性是国会 1952 年美国《专利法》修订的专利性的第三个重要要求。在该案中，美国最高法院确立了决定非显而易见性的纲要：

1）决定现有技术的范围和内容（the scope and content of the prior art）；

2）决定权利要求中的发明和现有技术的区别（the differences be-

---

[1] Ruiz v. A. B. Chance Co. ,357 F. 3d 1270(Feb. Cir. 2004)，联邦巡回上诉法院解释道：比较权利要求和对比文件时，第 103 条明确规定必须把权利要求中描述的发明当作一个整体来看，而不是一个一个的部分。第 103 条禁止把权利要求一部分一部分分别地和对比文件相比较。

tween the prior art and the claims)；

3）决定行业内一般技能的水准（the level of ordinary skill in the pertinent art)；

4）次级考虑因素（secondary considerations)。

下面这些次级考虑因素可以作为非显而易见性的证据：

(a）专利技术商业上的成功；

(b）长时间的对该技术的需求；

(c）其他人尝试的失败。

上面列出的四个因素被称为"Graham因素"。法院在判定一个权利要求的显而易见性的时候，必须分析所有这些因素，包括"次级考虑"因素。

1982年，上诉法院引入了教导(teaching）—启示(suggestion）—动机(motivation）标准，即TSM标准。根据该标准，法官或审查员必须在确认显而易见性时首先检索出相关技术文献，再指出本领域普通技术人员可从这些技术文献中得到明确教导和启示并产生动机，将这些文献相结合得到专利技术，否则就不能认为具有显而易见性。TSM标准多年来成为美国法官和专利商标局的实际工作指导，也被广大专利工作者用来判断发明非显而易见性。2007年4月，美国最高法院在KSR v. Teleflex案中对该案"非显而易见性"再次进行了审查，否定了TSM标准在该案中的僵化应用，重申了显而易见性判断的Graham标准。

在该案中，上诉法院正是采用Graham标准判定涉案专利显而易见而无效。可见，熟悉和了解显而易见性判断的Graham标准（以及前述提及的TSM标准等）对于企业在美国拓展市场、应对专利无效或者侵权诉讼等方面具有重要的意义。

2.3.1.4　案例相关资料

1. '420专利和'664专利涉案的诉讼情况

表2-3-1中列举了该案中涉案的'420专利和'664专利所经受的专利诉讼情况。涉案的'420专利和'664专利最早由Lycos公司所有，且在2010

年，已经由Choicestream发起针对'420专利和'664专利在内的4项专利的诉讼，并以原告的撤诉初步验证了涉案专利的有效性。

表2-3-1 '420专利和'664专利涉案的诉讼情况

序号	起诉时间	原告	被告	涉案专利	诉讼结果
1	2010-1-18	Choicestream	Lycos	'420专利和'664专利在内的等4项专利	原告撤诉
2	2011-9-15	I/P Engine公司	Google等公司	'420专利和'664专利	原告败诉
3	2013-1-31	I/P Engine公司	微软	'420专利和'664专利	原告撤诉

2011年9月14日，I/P Engine公司购买了上述4项专利，并于第二天即发起了该案诉讼。在该案于地区法院宣判其专利权有效并获得一定赔偿的基础上，I/P Engine公司于2013年1月31日向微软提起诉讼，但该案涉案专利最终在联邦巡回上诉法院因其显而易见性而被宣告无效，因此后续针对微软的案件也随即撤诉。

2. 该案涉及专利的主要权利要求

下文对该案涉及的独立权利要求进行列举，具体见表2-3-2~表2-3-4。

表2-3-2 '420专利的权利要求

10. A search engine system comprising: a system for scanning a network to make a demand search forinformationrelevant to a query from an individual user; a content-based filter system for receiving the information from the scanning system and for filtering the information on the basis of applicable content profile data for relevance to the query; and a feedback system for receiving collaborative feedback data from system users relative to information considered by such users; the filter system combining pertaining feedback data from the feedback system with the content profile data in filtering each information for relevance to the query.	10. 一种搜索引擎系统，包括：一种系统，用于扫描网络，其按照单个用户的查询需求在网络中扫描相关信息；一种基于内容的过滤系统，该系统接收扫描系统提供的信息，并基于与用户查询的相关性，对合适的内容数据进行过滤；以及反馈系统，该系统从也关心上述信息的系统用户接收协同反馈数据；过滤系统结合内容数据与反馈数据提供的相关反馈数据，过滤网络中与用户查询相关的信息。

表 2-3-3 '664 专利的权利要求（一）

1. A search system comprising: a scanning system for searching for information relevant to a query associated with a first user in a plurality of users; a feedback system for receiving information found to be relevant to the query by other users; and a content-based filter system for combining the information from the feedback system with the information from the scanning system and for filtering the combined information for relevance to at least one of the query and the first user.	1. 一种搜索系统，包括：一种扫描系统，用于查询与多个用户中第一用户的查询相关联的信息；反馈系统，用于接收其他用户提供的与查询相关的信息；以及一种基于内容的过滤系统，用于结合来自反馈系统的所述信息与所述扫描系统提供的所述信息，对组合的信息进行过滤，使过滤的组合信息至少与查询或第一用户相关联。

'664 专利的权利要求第 26 项与权利要求第 1 项相似，为权利要求第 1 项要求保护的搜索系统所对应的方法，具体见表 2-3-4。

表 2-3-4 '664 专利的权利要求(二)

26. A method for obtaining information relevant to a first user comprising: searching for information relevant to a query associated with a first user in a plurality of users; receiving information found to be relevant to the query by other users; combining the information found to be relevant to the query by other users with the searched information; and content-based filtering the combined information for relevance to at least one of the query and the first user.	26. 一种方法，用于获得与第一用户相关的信息，包括：搜索查询多个用户中与第一用户的查询相关联的信息；接收与该查询相关的其他用户提供的信息；将其他用户提供的相关信息与步骤一中搜索到的信息结合；并采用基于内容方式对结合的信息进行过滤，得到的信息至少与查询或第一用户相关联。

3. 联邦巡回上诉法院的判决

联邦巡回上诉法院的判决书共包括三部分：上诉法院的判决，同意判决结果但又持不同意见的 Mayer 法官的意见，反对判决结果的 Chen 法官的意见。[1]

[1] 美国法院在上诉法院和最高法院的判决时，法官以少数服从多数的方式确定结果。而持不同意见的法官可以将其观点写在判决书中，如该案中 Mayer 法官虽然同意判决结果但提出了不同的理由，而 Chen 法官提出了反对判决的意见，两者的意见也体现在判决书中。

(1) 上诉法院的判决

上诉法院推翻了地区法院作出的判决，具体内容如下。

1) 上诉法院的审核标准

“发明的主体是否显而易见是一个法律问题，应该重新审查（Deno-vo)。”[1] 决定显而易见性的事实要素包括：①现有技术的范围和内容；②声称的发明和现有技术的区别；③该技术中一般技能水平的界定；④非显而易见性的客观尺度。[2]

上诉法院的审核标准（Standard of Review)

上诉法院在审理上诉案件的时候，主要是审核联邦地区法院的判决有没有任何错误。上诉法院首先需要确定自己应该用什么样的标准来审理联邦地区法院的决定。这种标准是指上诉法院对下级法院的判决的认可程度。例如，上级法院可以完全不认可下级法院的判决，自己根据案卷中的证据重新审理，看看结果是否和下级法院的结果相同，如果不相同，则推翻下级法院的判决。上级法院也可以只审核下级法院在审理过程中有没有犯明显的错误等。联邦巡回上诉法院在审理专利案件中，适用下列审核标准：重新审查（deno-vo)、明显错误（clearly erroneous)、充分证据支持（substantial evi-dence)、滥用自由裁量权（abuse of discretion)、随意和反复无常(arbitrary and capricious）等。

其中重新审查标准是最严格的。按照这种标准，上级法院在审理过程中，如同一个法院第一次审理该案件，不对下级法院的决定给予任何的认可。这种标准只适用于上级法院在审理下级法院有没有正确地适用法律。也就是说，上级法院要审核下级法院有没有在对法律的理解、对法律的适用等问题上有错误。

---

[1] Procter & Gamble Co. v. Teva Pharms. USA, Inc., 566 F. 3d 989, 993 (Feb. Cir. 2009); PharmaStem Therapeutics, Inc. v. ViaCell, Inc., 491 F. 3d 1342, 1359 (Fed. Cir. 2007).

[2] Graham v. John Deere Co., 383 u. s. 1, 17-18 (1966). 具体内容可以参看该案的案件评析部分。

联邦上诉巡回法院认为下列一些问题属于法律问题，需要使用重新审查标准：权利要求解释、审查历史禁反言原则的适用、专利说明书是否使该领域的普通技术人员能够实施发明、权利要求是否明确、发明的显而易见性、在发明日或申请发明前发明已经被销售或公开使用、重复专利等。

重新审查标准是最严格的标准。当事人如果就这些法律问题上诉，胜诉的可能性可能比其他问题要高。

2）显而易见性的判定

谷歌作为被告方辩称I/P Engine公司的专利从法律角度来看是显而易见的，因为该专利仅是把目前广为人知的两种信息过滤方法，即基于内容的过滤方法和协同过滤方法结合起来。谷歌宣称现有技术中对两种过滤技术结合所带来的优势有明确的陈述，将用户的查询结合在过滤过程中是显而易见的。

谷歌作为被告方认为，原告的权利要求描述了系统在过滤与个人用户的查询项相关的信息或者信息项时，结合了内容和协同数据。然而，专利本身也承认搜索引擎、基于内容的过滤、协同过滤都是专利申请时的公知技术。专利中使用了大量现有技术文献，并进一步指出，如内容过滤和协同过滤是互补的，可以高效结合。"Web Hound"论文认为"内容过滤和自动协同过滤是互补的技术，将自动协同过滤与一些易提取的文件特征结合，将会成为复杂信息领域有力的信息过滤技术"。"Fab"论文也提到"在线读者需要工具帮助他们应对网上提供的大量信息"，并解释道，"将协同与内容过滤系统结合，各系统存在的缺点会消失"。同样，"Rose"专利中也提到"对相关性的预测是结合与每一信息项内容相关的数据和表明用户之间兴趣关联的数据"。这些现有技术文献都明确说明了将内容过滤与协同过滤结合的优势。

法庭进一步补充道，I/P Engine公司引用最近美国专利商标局复审程序得出的结论，认为"Rose"专利和"Web Hound"论文不能预见'420专利的权利要求。但是，现在的问题是不管“Rose”专利和“Web Hound”论文能不能预见上述权利要求，现有技术到底能不能使得权利要求显而易见。“显而易见性可通过结合所有的现有技术文献证明，占先性则要求单个文献中包含了所有要求的内容”❶，在显而易见性分析中，“现有技术必须被视作一个整体”❷。

在交叉上诉状中，I/P Engine公司并未否认现有技术公开了内容与协同结合的过滤方法。但是I/P Engine公司认为对具有一般技术的人来说，结合内容和协同数据来过滤与用户查询相关的信息，并不是显而易见的。在I/P Engine公司看来，现有技术仅简单得到了基于内容过滤这一说法，相比于基于个人资料的过滤系统来说，基于内容的过滤似乎是人尽皆知的，但是在过滤系统中搜索引擎怎么用，现有技术并未说明。

I/P Engine公司的根本漏洞在于：使用个人用户的搜索查询来过滤信息，在现有技术中是广泛应用的。确实'420专利和'664专利说明书中表明“传统的搜索引擎”利用原始的搜索查询对搜索结果过滤（声明传统的搜索引擎针对个人用户查询启动搜索，并利用基于内容的过滤对查询项目与可得的网上信息比较）。考虑到专利承认利用原始引擎过滤是“传统的”技术，I/P Engine公司不能再辩称将查询与过滤过程相结合对现有技术来说是非显而易见的（“说明书中对现有技术的承认对专利权人是有约束力的，以供后来对显而易见性的调查”❸“专利中某些部分属于现有技术的声明，在决定先占性和显而易见性方面，对申请人和专利权人都具有约束力”❹）。

尽管I/P Engine公司承认现有技术公开了“用于查询的传统的基于内容的过滤方式”，但是I/P Engine公司认为现有技术并未“表明或暗示在过滤与查询相关的信息时结合运用内容与协同数据”。然而，这个观点是“对现有技术过于狭隘的看法”。❺ 从“Culliss”专利可以看出，该案声称的权

---

❶ Cohesive Techs. ,Inv. v. Waters Corp. ,543 F. 3d 1351,1364(Fed. Cir. 2008).

❷ Medichem,S. A. v. Rolabo,S. L. ,437 F. 3d 1157,1166(Fed. Cir. 2006).

❸ Pharma Stem,491 F. 3d at 1362.

❹ Constant v. Advanced Micro Devices,Inc. ,848 F. 2d 1560,1570(Fed. Cir. 1988).

❺ Allergan,Inc. v. Apotex Inc. ,754 F. 3d 952,963(Fed. Cir. 2014).

利要求是显而易见的，因为权利要求仅说明在分析信息与用户查询是否相关时结合运用内容和协同数据。在“Culliss”专利的系统中，网络文章中重要的词或短语被赋予“关键术语分数”。关键术语分数最初是基于一个特定术语出现在文章中的频率决定的，因此“Culliss”专利阐明了基于内容的分析。同时“Culliss”专利也描述了协同反馈分析，即当查询特定术语的搜索引擎用户从搜索结果列表中选择出一篇文章时，这个特定术语的分数会增加。值得一提的是，“Culliss”专利基于用户查询术语的关键术语分数来展示文章“随着用户输入查询、选择文章，分数会发生变化。在后续的搜索中，分数会用来组织与用户查询相匹配的文章”。因此，可以说“Culliss”专利确实公开了结合内容和协同数据来分析与查询相关的信息。

法庭进一步补充道，I/P Engine 公司的专家 Dr. Jaime Carbonell 认为“Culliss”专利并未公开基于内容的过滤，因为“Culliss”专利基于反馈对关键术语分数进行重复调整，分数的内容部分会不断弱化。然而，值得注意的是，虽然主张的权利要求规定基于内容的过滤，但是并未要求基于内容的过滤在过滤过程中起主导作用。因此，虽然“Culliss”专利系统中，随着得到越来越多的用户反馈，内容数据所起的作用越来越小，但并不意味着“Culliss”专利未公开基于内容的过滤方法。相反“Culliss”专利解释说，虽然当其他用户点击一篇文章时，这篇文章的关键术语分数能增加，但是当这篇文章没人点击的时候，分数也会下降（如果用户没有选择一篇匹配的文章，这篇文章的关键术语分数就会成为负值）。因此，反馈的正负值调整最终会起到相互抵消的结果，内容数据在设定一篇文章的整体分数方面起到至关重要的作用。

I/P Engine 公司又指出，“Culliss”专利不具有占先性，因为该专利“描述了一个对项目排序的系统，而不是对项目过滤，I/P Engine 公司的专利中的权利要求限定了对项目进行过滤”。然而，谷歌的专家 Dr. Lyle Ungar 在庭审中解释说“过滤的常规做法就是将项目排序，然后选出在阈值之上的项目”。特别是，“Culliss”专利公布的一个实施例中，被标记为“限制级”（X-rated）的文章，在用户输入“老幼皆宜级”（G-rated）的时候，这些文章会被过滤掉，不会显示给用户。在审判中，I/P Engine 公司的专家

Carbonell 认为“Culliss”专利是不可行的，因为它未提供切实有效的过滤系统。他还说，一篇文章在被标记为“限制级”，并从“老幼皆宜级”的搜索中剔除之前，一些人——比如说“老幼皆宜级”的搜索者——可能会看到这篇文章。判例 Cephalon, Inc. v. Watson Pharms., Inc., 707 F. 3d 1330, 1337 (Fed. Cir. 2013) 中强调一项专利是假定可行的，“对专利提出挑战的人必须在诉讼中拿出清晰且令人信服的证据来证明专利不可行”。更重要的是，尽管“如果被称为现有技术的先行公开不可行，这个现有技术文献就不能对一项发明进行占先”[1]，但在决定显而易见性方面，不可行的参考文献仍然可以算作现有技术，例如，“在显而易见性分析下，并不需要评判文献是否是具有称为现有技术的资格，不管文献中公开的是什么，它都被看作是现有技术”[2]“即使一个文献公开了一个不起作用的装置，但是就内容来说，它属于现有技术”[3]。因此，即使假定“Culliss”专利的过滤系统不能充分发挥作用，并不意味着在用在分析显而易见性的时候，这个文献不能够被视作现有技术。

值得注意的是，显而易见性的调查“不仅允许，而且要求考虑常识”[4]。“避开僵化的否认调查者诉诸常识的预防规则”[5]，显而易见性的分析“可能包括具有一般技能的人所拥有的逻辑、判断以及常识等，并不需要参考其他资源或听取专家的意见”[6]“具有一般技能的人所拥有的常识完全可以领悟为有些组合看起来是显而易见的，而另外一些不是”[7]。运用基本的逻辑就能说明在评估搜索结果的整体相关性时，用户的查询能提供高度相关的

---

[1] In re Antor Media Corp., 689 F. 3d 1282, 1289 (Fed. Cir. 2012).

[2] Sympol Techs. Inc. v. Option, Inc., 935 F. 2d 1569, 1578 (Fed. Cir. 1991); Geo. M. Martin Co. v. Alliance Mach. Sys. Int'l LLC, 618 F. 3d 1294, 1302 (Fed. Cir. 2010).

[3] Beckman Instruments, Inc. v. LKB Produkter AB, 892 F. 2d 1547, 1551 (Fed. Cir. 1989).

[4] DyStar Textilfarben GmbH & Co. v. C. H. Patrick Co., 464 F. 3d 1356, 1367 (Fed. Cir. 2006).

[5] KSR Int'l Co. v. Teleflex Inc., 550 U. S. 398, 421 (2007)。具体内容可以参看该案的案件评析部分。

[6] Perfect Web Techs., Inc. v. InfoUSA, Inc., 587 F. 3d 1324, 1329 (Fed. Cir. 2009).

[7] Leapfrog Enters., Inc. v. Fisher-Price, Inc, 485 F. 3d 1157, 1161 (Fed. Cir. 2007).

信息（“查询”是“对与特定感兴趣领域的相关内容的请求”；而“特定信息的‘相关性’大致描述了它满足用户信息需求的程度”）。Ungar 解释说，查询和搜索结构就在一旁放着，对一个具有一般技能的人来说，“经常使用查询并把它用在过滤中”[1] 是显而易见的。“一个具有一般技能的人是一个具有一般创造力的人，不是机器人”，而且显而易见性的调查必须要考虑到一般技能的人所使用的“常规步骤”[2]。判例 Soverain Software LLC v. Newegg Inc. ,705 F. 3d 1333,1344,amended on reh'g,728 F. 3d 1332(Fed. Cir. 2013)中指出，在考虑专利权人“并没有发明网络、超文本以及网址”，使用超文本交流交易信息不过是“将电脑技术与现有流程的常规融合”，据此针对网上购物系统的权利要求是显而易见，从而该权利要求是无效的。因为查询是现成的，并与所搜结果的整体相关性密切联系。现有技术明确表明基于内容和协同的混合过滤，也就是在过滤内容和协同结合的数据中使用保留的查询，是“完全可以预料的，基于常识基础上的”。判例 W. Union Co. v. Money Gram Payment Sys. ,Inc. ,626 F. 3d 1361,1372(Fed. Cir. 2010)中指出，从属权利要求中添加“一些在本行业一般技能的人看来是常识的微小改进”，从法律角度来说，是显而易见的。判例 Perfect Web,587 F. 3d at 1331 中指出，因为“运用简单逻辑就能意识到对新地址发送信息就是发送成功，而不是向已经发送失败的地址再次发送信息”，因此关于发送电子邮件的方法是显而易见的。判例 Muniauction,Inc. v. Thomson Corp. ,532 F. 3d 1318, 1326-27(Fed. Cir. 2008)中，认定在法律上看，在现有电子系统中添加一个网页浏览器是显而易见的。现有技术，尤其是“Culliss”专利，公开了在过滤内容和协同数据中使用搜索查询，业内具有常识的人员也会建议在过滤中保留查询。基于此，我们认为原告方的专利是显而易见的，因此是无效的。

3）陪审团的调查结果

I/P Engine 认定这一事实，即陪审团认为的现有技术和申请权利要求的

---

[1] 双方当事人规定，针对'420 专利和'664 专利，具有一般技能的人是指“具有计算机科学学士学位，有至少两年工作经验的人”。

[2] Ball Aerosol & Specialty Container,Inc. v. Ltd. Brands,Inc. ,555 F. 3d 984,933(Fed. Cir. 2009).

发明存在不同之处，但I/P Engine在上诉中提出“唯一的问题在于是否有确实证据支持陪审团的调查结果”。并指出其具有充足的理由证明这项推理不具有说服性，理由如下。

首先，并非所有陪审团的调查结果都支持该非显而易见性。相反，陪审团发现在'664专利中的权利要求已经被“在先的其他人独立发明出来或被同时提出的已署名发明人想到”。正如我们先前所阐明的一样，由其他人几乎同时获得的申请权利要求技术方案的发明，在特定的情况下，可以证明其显而易见性（前后相差时间间隔较短的独立发明可以有力地证明申请权利要求的设备仅仅是普通机械或工程技术的产品）。因此，正如被告方谷歌所述，陪审团的调查结果在显而易见性这个问题上意见并不统一。

其次，陪审团的部分调查结果出现了内部不一致性。在有关显而易见性的争议中，无论是I/P Engine还是谷歌都不能指出'420专利和'664专利之间存在任何区别。事实上，当谈及现有技术和所主张的权利要求的区别时，I/P Engine的辩护律师把这些所主张的专利称为“Lang and Kosak invention”。

最后，最为重要的是，当陪审团就所主张的权利要求和现有技术存在的区别作出初步决定时，并未给出关于显而易见性的最终法律结论。因此，当陪审团发现现有技术并未公开所主张的权利要求中所有的内容时，并没有作出本领域技术人员是否能将现有技术和申请权利要求的发明之间存在的区别消除的决定，那么它就是显而易见的（“即使是鉴于陪审团对事实的认定，当我们考虑到参考文献证实了一件发明是显而易见的，那么我们也会推翻它的显而易见性裁定”；强调“显而易见性作为法律问题在上诉中接受重新裁定”；判例Jeffries. v. Harleston. ,52 F. 3d 14(2d Cir. 1995)中，总结出“无望和解”的陪审团调查结果不需要重审，因为法律的“基本原则”要求结果的唯一性）[1]。

4）非显而易见性的客观尺度

“法院一贯声称在得到显而易见性结论前都必须考虑与非显而易见性的

---

[1] Bos. Scientific Scimed, Inc. v. Cordis Corp. ,554 F. 3d 982,990(Fed. Cir. 2009).

客观尺度有关的所有证据。”❶ 然而，I/P Engine 为次要考虑因素提供的证据不足（结论指出次要考虑因素在显而易见性分析中“并不占有很大权重”）❷。事实上，当所主张的权利要求并非因显而易见性而无效时，地方法院甚至不会将次要考虑因素提交到陪审团的调查结果当中去。

I/P Engine 在其论述中指出，谷歌被指控的广告系统取得了商业成功，即提供了非显而易见性的客观证据，但是，“只有申请权利要求的发明和商业成功之间有联系时，商业成功或其他次要考虑因素的证据才有意义”❸。然而，在庭审中，I/P Engine 从未建立谷歌被指控的广告系统和发明专利之间的联系。❹ 事实上，I/P Engine 的索赔专家同意被告方技术包含多项所主张的专利中不包含的特征，并且承认并未评估是否该专利技术促进消费者对于谷歌广告平台的需求。

在某种情况下，由竞争者“抄袭”一项发明可以被视为证据，证明此发明并非是显而易见的。❺ 然而，恰恰与 I/P Engine 所认定的情况相反，谷歌的一项专利被’420 专利引用，从而并未证明谷歌抄袭了该专利公开的发明。谷歌在庭审中未提供证据证实它是如何开发受指控的广告系统这一事实也不足以证明它抄袭了要求保护的发明。判例 Wyere v. Master Lock Co., 616 F. 3d 1231,1246(Fed. Cir. 2010)中指出：“判例法规定抄袭需要提供证据证明有复制一特定产品的行为，这可以通过公司内部文件进行证明，可以通过直接证据证明，如拆解专利原型、给其特征拍照并使用照片作为设计图制造复制品，或者获取专利产品，且该产品与专利产品具有很大的相似性。”

陪审团发现，“申请权利要求的发明被其他人所接受应是得到本领域其

---

❶ Plantronics, Inc. v. Aliph, Inc., 724 F. 3d 1343, 1355(Fed. Cir. 2013).

❷ Allergan, Inc. v. Sandoz, Inc., 726 F. 3d 1286, 1293(Fed. Cir. 2013).

❸ Ormco Corp. v. Align Tech., Inc., 463 F. 3d 1299, 1311-12(Fed. Cir. 2006).

❹ I/P Engine 也没有提供证据证明任何所主张专利的拥有者曾以商业用途使用过所要求保护的系统。申请权利要求的电子商务系统并未获得商业成功，而事实上，其“被它的开发者和几乎所有的原始用户遗弃”。

❺ Iron Grip Barbell Co., Inc. v. USA Sports, Inc., 392 F. 3d 1317, 1325 (Fed. Cir. 2004); Vandenberg v. Dairy Equip. Co., 740 F. 2d 1560, 1567(Fed. Cir. 1984).

他人的认可或赞同对要求保护的发明的许可”。Carbonell 承认尽管他进入“搜索行业”有 30 年了，也没听说过 I/P Engine 所主张的专利受到过任何“赞美之词”。同样地，除了 Carbonell 的证词外，也没有证据表明该专利发明的系统结果是出乎意料的。判例 SkinMedica, Inc. v. Histogen Inc. ,727 F. 3d 1187,1210(Fed. Cir. 2013)中，强调专家意见是“没有证据和不完整的”，因而没有什么证据价值。因此，次要考虑因素也不能改变对于显而易见性的确凿的表面证据的事实。进而指出，我们的判定从法律上讲，所主张的权利要求是显而易见的，因此不必涉及有关侵权和赔偿的问题。

基于上述理由，联邦巡回上诉法院推翻了弗吉尼亚东区法院作出的判决。

(2) Mayer 法官赞同上述判决，但持有不同的理由

出于一切目的和意图，美国最高法院在 Alice Corporation v. CLS Bank International,573 U. S. ,134 S. Ct 2347,2359,82 L Ed 2d 296,189 L Ed 2d 296 (2014)案中列举了一项针对可专利性的“技术工艺”测试。由于 I/P Engine 公司所主张的权利要求没有公开任何新技术，只是简单列举了使用普通计算机来完成众所周知和被广泛应用的组织信息的技术，超出了美国《专利法》第 101 条的范围。如果在初审时，地区法院即作出这一决定，那么就可以避免不必要的起诉和近两周时间的审讯和陪审团的参与。

①“专利制度代表的是一项谨慎制定的交易，它既鼓励发明创造，又鼓励公开新的有用的科技进步，回报是一段时间内享有排他性的独占权利。”[1] 如果专利权人仅在基本概念和基本想法上寻求广泛的独占权，而不对现有科学技术作出相应的贡献，他就不能被维护其处于交易中的利益。Alice 案已阐明脱离了任何重要科学技术进步性的抽象概念都没有资格申请专利保护，并总结说，在多个判例，如 134 S. Ct. at 2359, id. At 2358 [解释了涉 Diamond v. Diehr,450 U. S. 175,177-79(1981)案中的权利要求] 中，降低结算风险的计算机实现系统超出美国《专利法》第 101 条的范围，因为它并没有“提高计算机本身的功能”，也没有“改进其他工艺或技术领域”；

---

[1] Pfaff v. Wells Elecs. ,Inc. ,525 U. S. 55,63(1998).

而判例 Diamond v. Diehr,450 U. S. 175,177-79(1981)中，涉案权利要求是具有可专利性的，因为它公开了对“工艺流程”的“改进”。

将技术工艺测试[1]应用到可专利性的考察中去，需要考虑要求保护的“发明构思”[2]是否是对科学原理或自然法则的应用（当发明构思所应用的法则不是来自自然科学，而是来自商业、法律、社会学或者心理学学科，那么这一方法就是非技术性的）[3]。重要的是，涉案的权利要求只是列举了对计算机或其他技术的应用，因此不满足美国《专利法》第101条的要求。发明构思本身必须是新技术，是对科学原理和自然法则的新应用，是对曾经棘手难题的解决方法（尽管商业方法应用也可能用到新技术——如计算机——来达到预期的结果，但是要求保护的方法的创新点属于创业性质而非技术性质）。Alice 案中备受争议的权利要求或许描述了一项有用和新颖的商业经营方法，但是由于它们并未公开任何重要的科学或技术发展，因此它们不属于美国《专利法》第101条的保护范畴（需要注意的是要求保护的方法只是简单地需要使用一台普通计算机或者执行一项普通计算机的功能）。

在 Alice 案中，美国最高法院认为第三方居中结算属于不可专利的抽象概念。但是第三方居中结算的“概念”是否属于抽象概念完全不同于所要求保护的发明是否提供了对于该概念有用和创新的应用。重要的是，在决定主张的权利要求是否公开了一项发明构思使得要求保护的抽象概念具有可专利性时，法院仅考虑技术本身，即只询问是否列举的计算机要素是“易懂的、常规的和传统的”。要求保护的第三方居中结算技术是否提出了一种改进商业交易的创新方法这一案例并未得到处理，因为像商业等非技

---

[1] 先前一法院同样也使用了针对可专利性的技术工艺测试，它赞成可专利的方法必须“属于技术工艺，从而达到与宪法的促进‘有用技术’发展的目的一致”（判例 In re Musgrave,431 F. 2d 882,893,57 C. C. P. A. 1352(CCPA 1970)(U. S. Const art I, § 8,cL 8)）。

[2] Mayo Collaborative Servs. v. Prometheus Labs. , Inc. , 132 S. Ct. 1289 1294 182 L Ed 2d 321(2012).

[3] In re Bilski,545 F. 3d 943,1010(Fed. Cir. 2008) Page 13576 Fed. Appx. 982, * 992; 2014 U. S. App. LEXIS 15667, * * 25(en banc)(Mayer,J. ,dissenting),aff' d on other grounds sub nom. Bilski v. Kappos,561 U. S. 593,130 S. Ct. 3218,177L. Ed. 2d 792(2010).

术类别的改进与美国《专利法》第 101 条的调查目的并不相关。

美国《专利法》第 101 条不仅规定权利要求需公开科学或技术方面的进步，即并不考虑在非科技领域的创新，如商业、法律、体育、社会学或心理学，并且规定这一进步必须是有意义的和定义明确的（案例 Id. At 2360 中的权利要求无非是使用未指明的、普通计算机来执行第三方居中结算这一抽象概念；而在判例 Mayo,132 S. Ct. at 1297 中“摆在我们面前的问题是是否权利要求远不止简单地描述了”自然法则）。当然，如果权利要求仅应用了科学范围外的一些法则，如商业和社会互动相关的法则，即使有再大的特殊性也不能赋予其专利资格。例如，在 BilskL 案中第 101 条驳回其一方法专利，尽管该方法详细描述了使用历史天气相关数据对冲价格上涨；而判例 Parker v. Flook,437 U. S. 584,593,98 S. Ct 2522,57 L Ed 2d 451(1978)“Flook”中，反对指出“如果一方法应用以某一特定的方式实施法则，它就自动属于可专利主题标准第 101 条的范畴”的言论。因此，对应用法则或概念的定义明确的限制是必要条件，而非充分条件，也是判断可专利性的先决条件。我们需要对应用科学原理和自然法则进行严格的限定，以此来确保“科技工作的基本工具对所有人都是开放的，任何人都不享有特权”[1]。

当然，美国《专利法》第 101 条中的可专利性分析和第 103 条中的显而易见性调查存在一些重叠的地方，这就需要我们考虑这一问题——以现有技术为考量，是否特殊的权利要求是显而易见的。相反，第 101 条调查更为广泛也更为必要，即它需要考量排除一些传统因素，权利要求的主题是否属于专利法想要保护的“那类发现”的范畴。

对于一些更难的案例，我们不确定权利要求是否具有足够强的技术性来获得专利保护，这时主题的可专利性就取决于权利要求是否仅狭隘地描述了科学原理的发明应用，或者仅简单地列举了该原理本身一些必要的步骤（仅列举自然法则的方法不具有可专利性，除非它有一些“附加特征，这些附加特征能够实际保证该方法不仅仅是设计用来垄断自然法则的”）。

---

[1] Funk Bros. Seed Co,v. Kalo Inoculant Co. ,333 U. S. 127,130,68 S. Ct440,92 L Ed. 588,1948 Dec. Comra,r Pat. 671(1948);Mayo,132 S. Ct at 1293. 3.

例如，在 Mayo,132 S. Ct. at 1297 案例中，权利要求部分被驳回，因为它们“过度宽泛”“没有将研究限定在特定应用上”。在软件领域我们尤其需要强调发明的特异性，因为在这一领域中，权利要求极其宽泛，行业发展速度惊人，尽管有专利保护的存在，创新也总是会出现，但并不是专利保护的存在促进该创新的出现。

最后，最重要的是技术工艺测试认识到在“付出和收获”之间必须要有一定的关联性——那些对当前科学技术知识作出极少实质性贡献的申请人就不应获得可能扼杀未来研究与开发的广泛的专利权。在评估专利资格时，“潜在的关注点是‘相对性’——相对发明人的贡献来说，有多少未来的创新被阻止”。美国《专利法》第 101 条的核心是按与产生的技术红利的比例，阻止过度宽泛的权利要求。

②I/P Engine 要求保护的发明描述了使用内容数据和协同数据的组合来过滤与用户查询相关的信息的系统[1]，此发明不符合美国《专利法》第 101 条的要求。主张的权利要求不满足主题可专利性要求，因为其并未提高计算机本身的功能，也未提高任何其他技术或技术领域。相反，搜索引擎的使用早先就已发展起来，而内容过滤和协同过滤相结合的方法优势在此发明前就已被广泛认可。

I/P Engine 所主张的权利要求只是简单地描述了这一众所周知和广泛应用的概念，即同时拥有对一特定兴趣领域的基于内容的信息和协同信息在通常情况下是有利的。例如，一个计划游览伦敦的人可能会查询旅游指南，该指南将会提供有关伦敦的一些特别的博物馆的信息（内容数据）和其他人对于这些博物馆的评价的信息（协同数据）。

在上诉书中，I/P Engine 声称该专利的说明书描述了“内容数据和协同反馈数据可以以多种方式结合”，包括通过使用“复杂的神经网络功能”。像我们所说明的，“美国《专利法》第 101 条分析中重要的调查就是留意权利保护”。因此，“执行软件的复杂性或说明书中的细节层次并不能将仅仅列举抽象概念的权利要求转变成可专利的系统或方法。

---

[1] U. S. Patent No. 6,314,420 col. 28 E 1-15;U. S. Patent Na 6,775,664 coL27 IL27-37.

I/P Engine 要求保护的系统仅仅是将内容数据和协同数据结合这一基本概念的互联网迭代，依赖如 Alice 案中所述的“普通的计算机来执行普通计算机功能”来实现。判例 CyberSouree Corp. v. Retail Decisions, Inc. ,654 F. 3d 1366,1370(Fed. Cir. 2011)中，也指出如果一项权利要求公开的仅仅是“有关信用卡号和网络地址的数据的采集和整理”，那么它就是不可专利的。

此外，涉案专利要求保护的发明范围十分广泛，可能覆盖了所有在线广告的重要部分。I/P Engine 所主张的权利要求超出了美国《专利法》第 101 条的范围，因为它们广泛的范围与其极低的技术公开严重不成比例。

③美国最高法院已指示说明，主题的可专利性分析必须先于显而易见性的调查（“我们的职责是决定哪种发现能够被授予专利”从而来决定其是否属于美国《专利法》第 101 条的范围，“这必须先于决定什么样的发现是新的或显而易见的”；是否权利要求指向法定主题这一问题是“临界测试”；只有当满足第 101 条的要求时，才允许发明人通过其他可专利性要求，如第 102 条的新颖性和第 103 条的非显而易见性）[1]。如果在最开始时没有处理权利要求是否满足美国《专利法》第 101 条的严格要求，那么这是本末倒置的做法。直到确定申请权利要求的主题有资格申请专利保护，法院才能考虑次要的有效性问题，如第 103 条中的非显而易见性或第 112 条中的充分书面描述要求。

从实践的角度来看，在诉讼最开始时就拿美国《专利法》第 101 条的要求加以衡量是明显有好处的。通常可专利性问题不需要冗长的专利范围界定就可以得以解决，早期就确定所主张权利要求的主题是可专利的，可以省去诉讼当事人和法院长达几年的不必要的诉讼。就此意义来说，像商业经营方法等特殊类别的权利要求被假定为不可专利的，此外，美国专利商标局还会将更多的资源应用于尽快处理那些公开真正有助于科学技术进步的申请。

从根本上来讲，授权专利并非不受限制。相反，宪法赋予的“为促进科学进步和有用技术的发展，保证作者和发明人对各自的作品和发现享有

---

[1] In re Coraiskey, 554 F. 3d 967, 973(Fed. Cir. 2009).

有限时间的排他权”这项权利，其既是赋予权力，同时也是加以限制。[1] 美国《专利法》第 101 条的一项重要作用就是要确保专利保护能促进而非妨碍科学发展和技术革新，这一重要作用是第 103 条和第 112 条不具备的。坚定执行美国《专利法》第 101 条保证了国家专利法维系于宪法支撑点。

（3）Chen 法官反对判决意见的具体理由

在为期 12 天的审议期中，双方都例证了各自对现有技术的研究，陪审团继而详细陈述了与’420 专利和’664 专利相关的调查。陪审团认为，该权利要求的要素在现有技术中并没有体现。基于陪审团的调查结果，地区法院判定被告没有给出有力的证据来证明该专利中的权利要求是显而易见的。与地区法院的裁决相反，多数意见则认为现有技术公开了一个主要的权利要求限制，而陪审团发现该限制是缺失的，并且多数意见总结道：“地区法院没有正确利用‘常识’来跨越现有技术与权利要求的差异。以个人观点，多数意见没能就陪审团的事实调查给予足够的尊重。而且，我认为多数意见利用常识来跨越现有技术与所述权利要求之间的差异的做法并没有足够的证据与合理的解释来支撑。故而我对该判决持有异议。”

值得注意的是，“显而易见性”是一个混合有法律与事实的问题。[2] 尽管我们必须在“显而易见性”的重新审查中检验法律结论，但在检查预审法庭给出的基于陪审团的事实调查所作出的法律结论时，上诉法院仍应小心处理。如判例 Polaroid Corp. v. Eastman Kodak Co. ,789 F. 2d 1556,1558 (Fed,Cir. 1986)中，尽管显而易见性最终结论是一个法律性结论，但这并不意味着，一切都遵循仅审阅判决结果，而如同审议没有进行过一样。上诉法院审阅了地区法院的审判结果。因为我们没有重审该案，上诉请求人必须说服我们，基于审议记录的判决是站不住脚的；又如判例 cf. Haebe v. DOJ,288 F. 3d 1288,1299(Fed. Cir. 2002)中指出，应该给事实的亲历者以足

---

[1] raham v * John Deere Co. ,383 U. S. 1,5,86 S. Cl 684,15 L Ed. 2d 545(1966);Bonito Boats,Inc. v. Thunder Craft Boats,Inc. ,489 U. S. 141,146,109 S. Ct 971,103 L Ed. 2d 118 (1989).

[2] Kinetic Concepts' Inc. v. Smith & Nephew, Inc. , 688F. 3d 1342, 1356 (Fed. Cir. 2012).

够的重视，因为他们有机会观察证人的举止，而审查机构只是查阅冰冷的卷宗。陪审团针对现有技术的调查有实质性的证据支持，而地区法庭基于这些调查作出“显而易见性”的裁定，就这两个方面，我们将谨慎利用自己的常识审查判决结果。

在该案中，部分权利要求是基于现有技术中应用在两种信息系统的过滤技术而提出的：基于内容的系统与基于资料的（协作）系统。基于内容的系统对搜索结果进行过滤，如“传统搜索引擎”一样，以找到与用户查询相关的结果。而协作系统则是基于用户长期信息偏好或需求进行过滤，并包含了相似用户的信息偏好。

多数意见解释称，现有技术表明基于内容与基于协作的过滤是可以结合在一起的。多数意见认定现有技术体系将基于内容的结果（基于用户的查询而返回的）传递给一个明显的协同过滤器。但这些现有技术的体系中，查询仅用于获取初步结果，在之后基于协作的过滤中不起任何作用。而涉案的权利要求则需要使用查询进行协作过滤，从而将基于内容的过滤与协作过滤结合在一起，而不仅仅是需要查询所返回的结果。

在庭审时，双方专家都就现有技术人员是否认为提供现有技术中所缺失的关键权利要求限制是显而易见的而展开了辩论，即运用查询是否结合有基于内容与协作的过滤的一部分。I/P Engine 的专家指出，自 1998 年起，现有技术人员便不会认真看待查询系统与内容资料系统之间的“紧密结合”，特别是在“查询的相关性方面”。被告方面的专家则回应称，现有技术确实以“搜索系统与内容协作系统之间的紧密结合为特色……因为……对于普通的现有技术人员来讲，如果要过滤搜索结果，显然需要保留查询功能，且利用查询进行过滤”。

考虑到这两个专利，陪审团认为现有技术“未公开其是一个紧密结合的搜索体系，并且不能以基于查询的结果进行过滤信息”。多数意见低估了陪审团调查的意义，解释称：陪审团从来没有就此作出裁定——对于一个现有技术人员，跨越现有技术与该发明之间的差异是否是显而易见的。既然没有这样的裁定，多数意见建议求助于“常识”来解决陪审团悬而未决的问题，就是说，对于现有技术人员来讲，利用搜索查询作为协作数据过

滤的一部分是否是显而易见的。

多数意见同时总结称，该权利要求限制来自"Culliss"专利，因为该说明书"直接公开了在分析与查询相关条目时利用内容与协作数据相结合的方式"。但多数意见认为这个结论恰好与陪审团的调查相冲突，陪审团的调查发现，"Culliss"专利缺乏针对查询相关性的内容分析与过滤，陪审团的调查结果应予以尊重。就针对"Culliss"专利所公开的内容而引起的相互冲突的证言，陪审团可以选择听从 I/P Engine 的专家的观点（以 Power-One, Inc. v. Artesyn Technologies, Inc., 599F. 3d 1343, 1351(Fed Cir. 2010)判例中，解释称陪审团既可以相信也可以质疑专家在"现有技术与该发明的权利要求之间的差异"方面的证言)。

上诉法院解释："仅仅是引用'常识'这个词，而没有其他支撑，对显而易见性的判断毫无帮助。因此，我们要求所有基于'常识'的显而易见性都必须包括明晰的推理，明确解释是什么'常识'促成显而易见性。"正如判例 Plantronics, Inc. v. Aliph, Inc., 724 F. 3d 1343, 1354(Fed. Cir. 2013)中高级法院所强调的那样："找出促使相关领域里的普通技术人员会如同权利要求所给出的方式那样结合各种元素的原因是非常重要的……大多数案例中的发明（纵使不是全部案例）会依赖列出较长的权利要求来构筑障碍，因为从某种意义来讲，权利要求与现有技术中的区别几乎都是众所周知的常识的结合"❶。我们不会"仅仅基于结论性的报告"❷，就认为专利因为显而易见性的问题而无效。

这里，为证实"有确凿证据证明其违反显而易见性"，多数意见这样总结称"保留查询功能，将其用于内容与协同数据的过滤，这一点是完全可以预测的，且凭常识就可以做到"。查询功能的应用是常识问题，多数意见这样解释，"因为查询功能是现成的，与搜索结果的全部相关性紧密相连"。为支持该理论，即现有技术人员认为利用现有查询功能是显而易见的，多

❶ KSR Int'l Co. v. Teleflex Inc., 550 U. S. 398, 418, 127 a Ct 1727, 167 L Ed 2d 705 (2007).

❷ InreKahn'441 F. 3d 977, 988(Fed Cir. 2006).

数意见引用被告方专家的证言。正如被告方专家所言，查询是随着搜索结果而自然产生的，而对于一个现有技术人员来讲，“具有查询功能，用于过滤数据”，这都是显而易见的。

法官 Chen 认为证言并不足以支持多数意见给出结论。专家们的解释并不能说明本领域技术人员能在 1998 年会受常识启发修改联合过滤系统，从而实施搜索查询。所有现有技术文献只是隐含“查询是现成的”，而所引用的证言所需要与缺失的是给出解释，解释为什么技术人员会像权利要求所表述的那样使用查询功能。判例 Innogenetics, N. V. v. Abbott Labs., 512 F. 3d 1.363, 1374(Fed. Cir. 2008)中指出，一些动机必须从源头展示，这样陪审团才可以理解为什么一个普通的技术人员也会想到要么合并两个或更多的文献，要么修改其中的一个从而实现专利中所提到的方法。但在这里，我们看不到这样的证据或推理存在。被告方专家的证言只等同于“一个没有证据支持的总结性陈词”，而这完全不足以用来证实该专利要求是显而易见的[判例 In re Kahn, 441 F. 3d at 988; InTouch Techs., Inc. v. VGO Commons, Inc., 751 F. 3dl327, 1352(Fed. Cir. 2014)中指出，持有专家的证词并不能支持显而易见性，因为“证词没有依据地认为一个普通的技术人员可以结合这些文献，而不是受激发这样做”]。

在多数意见中，查询是“与整体的相关搜索结果紧密相关的”，且现有技术教会技术人员查询与用户的基于内容的搜索相关，没人对这一点持有异议。但存在争议的地方是：现有技术是否教会技术人员查询与协作过滤技术存在“整体上的相关性”。为消除这一分歧，我们必须找到可以让技术人员知道查询与协作数据搜索紧密相关的一个非死循环的理由。

该案中现有技术参考文献的差异不同于我们接触的其他案例，在其他案例中，我们可以明显地发现，涉案专利都只是把“因特网”或“网页浏览器”添加到一个已广为人知的现有技术文献中，如判例 Majority Op. at 14-15 citing Soverain Software LLC v. Newegg Inc., 705 F. 3d 1333, 1344, amended on reh, g (Fed Cir. 2013); Muniauction, Inc. v. Thomson Corp., 532 F 3d 1318(Fed. Cir. 2008)。从这些案例中，我们可以发现，一些技术娴熟的工作人员已经做过包含这些相似元素的同类型操作了，如发现运用超文本来执行发送文件的操作

是一种将联网融入现有技术的常规操作；记录表明，自'099专利申请以来，将现有技术加以调整融入现代互联网与网页浏览器技术同样司空见惯。

该案例中，多数意见并没有发现类似的可以促使将搜索查询融入协作过滤系统变得显而易见的“常规的”结合操作。该专利并不只是把信息技术与互联网结合在一起，而是结合了两个已知的信息过滤系统中的元素。这些专利使用查询数据（输入到内容系统），并与协作数据（输入到基于简介的系统）掺杂在一起，而权利要求中所列出的不是已知技术与网页浏览器的结合，而是信息科学领域中两个演变系统的元素的结合。

此案例与在先的Perfect Web Technologies, Inc. v. InfoUSA, Inc. ,587 F. 3d 1324(Fed. Cir. 2009)判例也不同，在这个判例中，上诉法院认定地区法院认为专利是非显而易见的结论是无争议的，即所涉及的专利很明显是属于常识范围。该案中的专利所要保护的是一个四步群发邮件法，其前三个步骤在现有技术中已经公开过。第四步虽然在现有技术中并没有体现，但只是不断地重复前三个步骤，直到将所有邮件发送出去。如我们所描述的那样，这个所谓的专利不过是“不断重复一项已知的程序，直到所有的邮件发送成功”。而且，我们认为“所涉及的技术只需要高中学历与有限的营销与计算机操作经验”便可操作，不断重复这三个步骤，对专业人员来说也并无任何可取之处。

上诉法院在证实关于地区法院认定这个专利是显而易见的判决时进行了如下表述：“简单的逻辑来说明，即类似于向一个新的地址发送消息，像是做一个向验证了成功的地址的发送，而不是向已经验证了失败的地址重新发送。”换句话讲，一个现有技术的使用人，会自动执行第四步骤，因为这样的话，更多的收件人便可以成功地收到消息。因此，我们可以看出，专利发明之时，技术人员显然已经这么做了。

通过对比上诉法院可以看出，相关记录并未表明，并不具有这种优势或基本原理来促使技术人员在1998年把查询功能作为协同过滤的一部分。尽管我们知道查询功能就摆在那儿，但我们并不理解为什么这种技术使用人员当时会认为把查询功能结合到协同过滤系统中，用Perfect Web判例中的话来讲，一定会得到“成功的”过滤。在该案中，仅靠引用“常识”或

“简单的逻辑推理”来证明现有技术被侵权是远远不够的。

鉴于以上理由，就多数意见认定’420 专利和’664 专利所主张的权利要求因其显而易见而无效，法官 Chen 持有异议。

4. 判例 Graham 案（Graham et al. v. John Deere Co. of Kansas City et al. ,383 U. S. 1(1966)）

Graham 持有的 2,627,798 号美国专利（以下简称“’798”专利）要求保护一种一个耕犁上用的弹簧夹，它可以帮助耕犁在碰到硬的障碍时，把耕犁的前柄抬起，在越过障碍之后，把前柄恢复到正常位置，如图 2-3-1 所示。

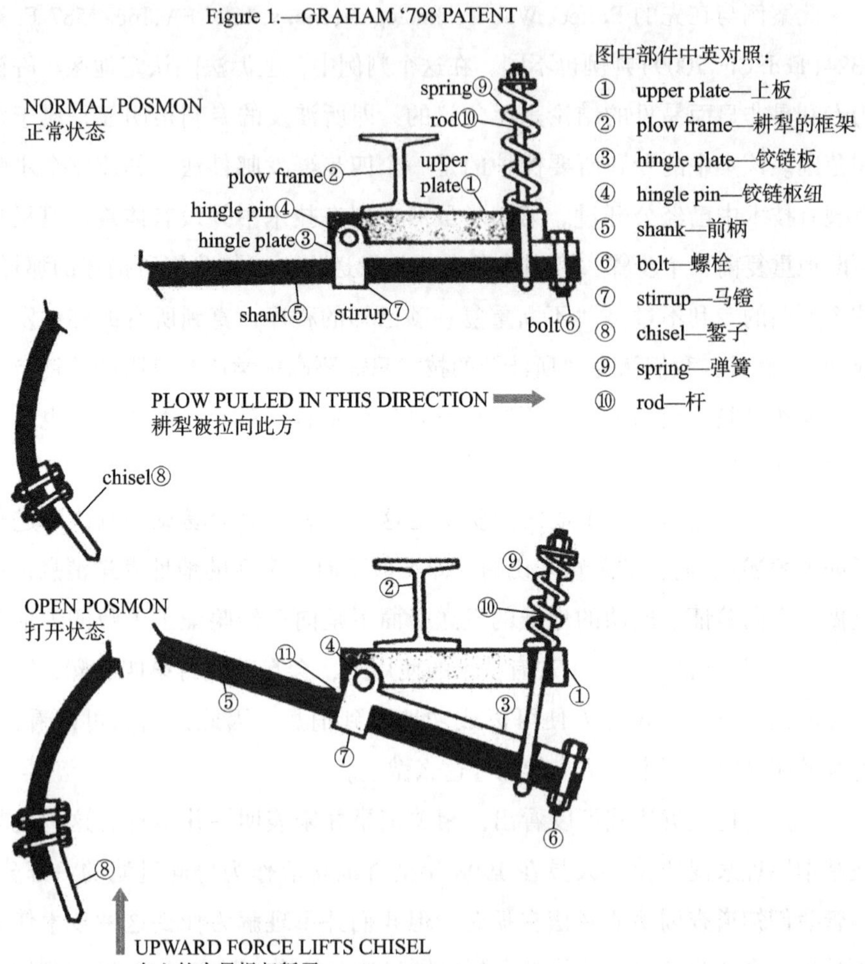

图 2-3-1 Graham ’798 专利附图

案件争议的焦点涉及耕犁上的铰链板③。铰链的上面是上板①，它是一块重的金属部件，和耕犁的框架②钳在一起，不会相对框架②移动。铰链的下半部分是铰链板③。前柄⑤和铰链板③在⑥的地方用螺栓相连。前柄⑤穿过马镫⑦，继续向后几英寸，然后向下弯，指向地面。用来犁地的錾子⑧和前柄⑤的后端相连。

当耕犁的框架②向前运动的时候，錾子⑧会犁地。在正常的情况下，铰链板③和前柄⑤会被弹簧⑨压向上板①。如图 2-3-1 所示，当錾子⑧碰到石头等障碍物的时候，障碍物会迫使錾子⑧和前柄⑤的后端向上运动。前柄⑤会绕着转轴⑪转动，压迫弹簧⑨。过了障碍物之后，弹簧 9 会把前柄⑤和铰链板③推到原来的位置。

涉案的'798 专利是 1951 年 8 月 27 日提交申请的，在此之前，Graham 在 1947 年 2 月 26 日的时候提交了另一件专利申请，并于 1950 年 1 月 10 日公开，该专利为 2,493,811 号美国发明专利（以下简称'811 专利）。

被告在诉讼中列举了很多现有技术文献，其中最重要的两篇是 Graham 的'811 专利和"Glencoe 的在先使用"。Graham 的'811 专利中披露的耕犁和'798 专利中披露的耕犁在各个方面基本相同，仅有两点不同：（ⅰ）'811 专利中没有马镫、前柄和铰链板的螺栓连接；（ⅱ）前柄和铰链板的位置与'798 专利中的位置相反，在'811 专利中，前柄在铰链板之上，在铰链板和上板之间；而'798 专利的前柄⑤在铰链板③之下（图 2-3-2）。

在庭审中，Graham 强调'798 专利和'811 专利最主要的区别在于前柄和铰链板的位置和连接。Graham 主张，'798 专利中的前柄⑤在铰链板③之下，这种位置和连接使得前柄的整个长度都可以变得灵活，更容易弯曲。

美国最高法院不同意 Graham 的主张。美国最高法院认为，前柄弯曲的趋势在两件专利中应该相同，图 2-3-2 示出了'798 专利和'811 专利中前柄在（c）点和（d）点之间的弯曲，前柄在（c）点和（d）点之间的弯曲受到前柄的材料和（c）点和（d）点之间的长度的限制。图 2-3-2 是一个很夸张的展示，但是即使在这个夸张的展示下，弯曲的程度也是很小的。如果像 Graham 主张的那样，前柄在铰链板的部分可以弯曲非常重要，那么，很明显不过度局限前柄是得到这种效果的最有效的方法，唯一的不过度局限前柄的位置是把前柄放在铰链板的下面。显然，对于该领域的普通技术人员，认识到前柄整个弯曲的重要性，会做和 Graham 所做的相同的技术改进——把前柄放在铰链板的下面。

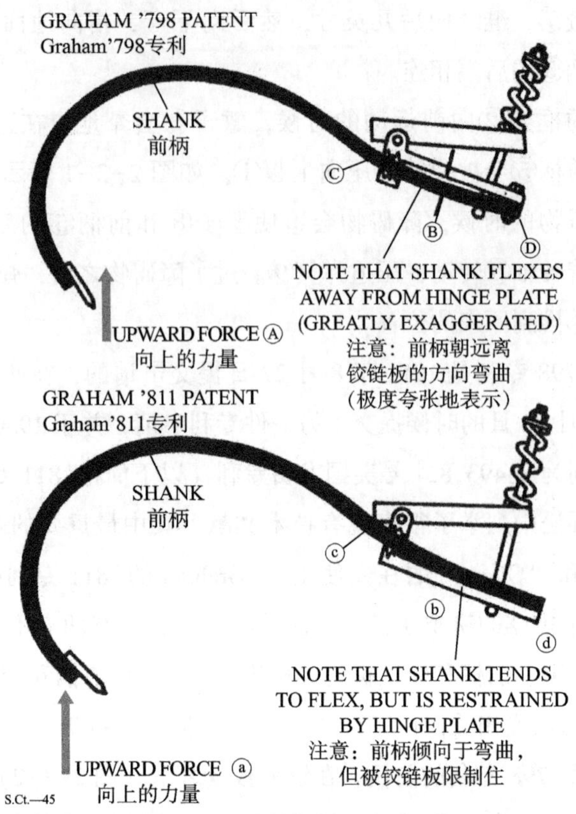

图 2-3-2 Graham '798 专利和'811 专利部件弯曲对比

关于“Glencoe 的在先使用”，其没有在专利审查中被引用过，但是其也披露了'798 专利中的所有内容。在“Glencoe 的在先使用”里，虽然铰链板也是在前柄的下面，但是“Glencoe 的在先使用”的机械操作和'798 专利完全相同，没有什么非显而易见的区别。因此，法院认为'798 专利针对“Glencoe 的在先使用”也是显而易见的。

5. 判例 KSR 案（KSR International Co. v. Teleflfex Inc.，550 U. S. 398 (2007)）

KSR 公司是一家生产并提供包括踏板系统在内的汽车部件的加拿大公

司。2000 年，通用汽车公司委托 KSR 公司为其采用电控节气门的卡车提供电控可调踏板系统。为此，KSR 公司在其设计的可调油门踏板上增加了一个模块化的电传感器，使之成为电控的可调油门踏板。

原告 Teleflex 公司和它的下属公司 Technology Holding Company（以下简称“Teleflex 公司”）主张被告 KSR 公司侵犯了名称为“带有节气门电子控制装置的可调油门踏板”的美国专利 US6237565B1（以下简称“’565 专利”）的专利权，该专利涉及将可调式车辆控制踏板连接到电子油门控制器。双方的争论焦点最终集中于权利要求第 4 项，被告 KSR 公司主张根据美国《专利法》第 103 条权利要求第 4 项显而易见性无效。权利要求第 4 项描述了把电子传感器和可调节的汽车油门脚踏板结合在一起的设备，当驾驶员踩动脚踏板时，脚踏板位置变化的信息可以被检测和传输到汽车里的计算机，用来控制发动机的气阀，从而控制汽车的速度。在没有计算机控制的气阀的发动机中，脚踏板通过线缆或其他机械连接来控制气阀。脚踏板绕着一个支点转动。该转动拉动线缆，线缆拉开化油器或喷油器的阀门。阀门开得越大，油喷出来越多，在汽缸内燃烧，为汽车加速。当驾驶员把脚从脚踏板上挪开的时候，过程相反，化油器的阀门会关闭，汽车减速。

从 20 世纪 90 年代开始，人们开始在汽车上安装计算机来控制发动机的运作。计算机根据传过来的电子信号控制阀门的开关，而不是用从脚踏板上传来的机械的力量控制阀门。计算机必须知道脚踏板的运动，才能根据脚踏板的运动控制阀门。电子传感器用来把脚踏板的机械运动转换成计算机可以处理的电子信号。

传统的汽车脚踏板不能伸缩，驾驶员如果想调整离脚踏板的距离，必须调整座位。尤其对身材比较小的驾驶员来说很不方便。从 20 世纪 70 年代起，汽车工业开始解决这个问题。有两件专利披露了这方面的发明：5,010,782 号美国专利（以下简称“Asano 专利”）和 5,460,061 号美国专利（以下简称“Redding 专利”）。

Asano 专利披露了一个脚踏板支持结构，当脚踏板的位置被调整时，脚踏板有一个支点保持不动，脚踏板的设计可以保证无论脚踏板在什么位置，驾驶员在驾驶过程中所使用的力量是不变的。Redding 专利披露了一个滑动的设计，在 Redding 的专利中，脚踏板和支点都可以移动。

在电子传感器方面，在涉案的'565 专利申请之前，有一些发明人获得过有电子传感器的脚踏板并用计算机来控制汽缸阀门的专利，如 5,241,936 号美国专利（披露电子传感器安装在脚踏板的支点位置）和 5,063,811 号美国专利（以下简称“Smith 专利”）。Smith 专利披露，为了防止连接电子传感器和计算机的线缆被磨损，电子传感器应该安装在一个相对汽车固定不动的位置，而不是安装在脚踏板活动的踏板上面。

除了披露了和脚踏板安装在一起的传感器，还有很多专利披露独立的单元传感器。消费者可以购买这样的单元传感器，安装在脚踏板上，可以使脚踏板和计算机控制的汽缸阀门一起工作。5,385,068 号美国专利披露了这样的单元传感器。在 1994 年，汽车公司 Chevrolet 销售了许多带有这样的单元传感器的卡车。还有一些专利披露了带有传感器的可调节脚踏板。例如，5,819,593 号美国专利（以下简称“Rixon 专利”）披露用电子传感器监测可调节脚踏板的位置。

联邦地区法院在一审判决中认为对比文献（Asano 专利）披露了可调踏板，涉案权利要求和对比文献 Asano 专利唯一的区别是 Asano 专利没有披露用传感器去感应脚踏板的位置，并把感应到的位置传输给控制油门的计算机。但是，很多其他文献（如 5,385,068 号美国专利）披露了单元传感器这一特征。联邦地区法院适用了联邦巡回上诉法院在先前判例确立的“教导—建议—动机”（teaching, suggestion, and motivation, TSM）方法，认定汽车脚踏板行业的发展必然会导致人们把可调脚踏板和电子传感器结合起来。因此，联邦地区法院在一审判决中认为涉案专利的权利要求相对于对比文献是显而易见的，认定专利权无效。

该案上诉至联邦巡回上诉法院，联邦巡回上诉法院认为联邦地区法院没有严格地遵循 TSM 判断标准，因为联邦地区法院从专利技术要解决的问题的本质出发（而不是对比文献本身），认为该领域的普通技术人员会把这些文献合并在一起，不足以证明显而易见性。联邦巡回上诉法院认为，TSM 方法要求法院必须在对比文献中找到把这些对比文献合并起来的动机。KSR 公司提出的这些对比文献本身不能够引导一个同领域的普通技术人员把一个

电子传感器与 Asano 专利披露的可调脚踏板合并起来，因而专利权依然有效。

KSR 公司对于该判决不服，认为没有证据要通过 TSM 方法来认定该发明具有非显而易见性，该案又上诉至美国最高法院。美国最高法院在 2006 年 6 月 26 日对 KSR 案签发调卷令，对联邦巡回上诉法院所确立的“教导—启示—动机”的非显而易见性判断标准进行审查。美国最高法院于 2007 年 4 月 30 日作出最终判决，认为上诉法院适用 TSM 判断准则过于僵化，从而不适当地将权利要求的保护范围延伸到了显而易见的区域，因而推翻上诉法院的判决，将案件发回重审。

美国最高法院阐述道，当联邦巡回上诉法院建立“教导—建议—动机”的检验显而易见性的原则时，联邦巡回上诉法院有很好的洞见。联邦巡回上诉法院认识到一件专利并不因为它是几件已知因素的组合而就被认定为显而易见，因为几乎所有的发明都是建立在已知因素基础上的。但是，这种有益的洞见无须变成严格的强制性公式。显而易见性的分析不能被“教导—建议—动机”这样的公式束缚，也不能过分强调出版物和授权专利中公开的内容的重要性。在很多领域，是市场的需求而不是科技文献在推动技术进步。用专利保护那些会自然而然发生的技术进展，反而会阻碍科技的进步。联邦巡回上诉法院严格地采用 TSM 方法与美国最高法院先前的判例采用宽泛和富有弹性的原则不一致。美国最高法院认为，“把人们熟悉的要素按照已知的方法合并起来，如果产生的结果是可以预见的，这种组合应该是显而易见的”，即使在对比文献里没有明确地指导人们去把这些已知的要素合并起来。

美国最高法院还否定了联邦巡回上诉法院以前的“显然可以尝试”（obvious to try）不能证明显而易见的判决。美国最高法院认为，当存在设计上的需求或解决某一问题的市场压力时，如果可预见的解决方案的数量是有限的，普通技术人员完全可以在他的技术能力范围内去尝试这些有限的选择。如果结果也是可以预期的，该产品或技术可能就不是一种创新，而是一种普通的技能或常识。在这种情况下，这种组合可以明显地被尝试的事实证明是显而易见的。

在该案中，美国最高法院又分析道，在发明的当时，市场为将机械脚踏板转换成电子踏板提供了强烈的动机。普通技术人员会看到将 Asano 专利公开的机械脚踏板升级所带来的好处。从 Asano 专利的脚踏板出发，设计人员所面临的问题是：在什么地方安装传感器。设计人员会顺着另一篇对比文献（Smith 专利）的指引，认识到传感器应该放在脚踏板上一个相对汽车非移动的部位，以避免对线缆的磨损。脚踏板上最明显的非移动的位置就是轴点。因此，设计人员从 Asano 专利公开的脚踏板出发，按照 Smith 专利的指引，会设计出被专利权利要求覆盖的有电子传感器的脚踏板。所以，涉案专利的权利要求对普通技术人员来说是显而易见的。

2.3.2 Akamai Technologies Inc. v. Limelight Network Inc.

2.3.2.1 攻防双方

原告 Akamai 科技公司由美国麻省理工学院的 Tom Leighton 教授与其学生 Danny Lewin 于 1998 年创立，是全球首家提供内容分发网络（content delivery network，CDN）服务的公司，至今仍是全球顶级的 CDN 服务商和 CDN 服务的领跑者。

被告 Limelight 网络公司，是 Akamai 科技公司的直接竞争对手，于 2001 年成立于美国亚利桑那州。

两者曾在专利诉讼中有多起交锋，在 2006—2016 年两者已经有 5 起专利纠纷发生。

2.3.2.2 诉讼案情

1. 诉讼概述

该诉讼由 Akamai 公司在 2006 年 6 月发起，并于 2008 年 2 月宣判，陪审团认为 LimeLight 公司与其客户之间存在合同关系，并且为这些客户提供了使用内容分发网络服务的详细说明，因而依据相关的判例，认定 Limelight 专利侵权成立，应赔偿 Akamai 超过 4000 万美元。

2009 年 5 月，地区法院依 Limelight 请求，按照最新判例对该案作出依

法律判决，判决 Limelight 不侵权。

随即，Akamai 公司提起上诉。之后，该案在联邦巡回上诉法院和美国最高法院之间经历多次反复的判决，最终在 2016 年马萨诸塞州地区法院公布判决结果，认定 Limelight 侵权。表 2-3-5 列出了该案历次判决的简单情况。

表 2-3-5　该案历次判决的简单情况

时间	法院	法条	判决
2008 年	地区法院	§271（a）直接侵权	陪审团裁定 Limelight 侵权成立，并赔偿原告 4000 万美元
2009 年	地区法院	§271（a）直接侵权	判决未生效期间，依据新的判例重新审理，地区法院依法律判决被告 Limelight 不侵权
2010 年	联邦巡回上诉法院（合议庭）	§271（a）直接侵权	维持地区法院不侵权的判决
2012 年	联邦巡回上诉法院（全席审判）	§271（b）诱导侵权	改判，判决被告构成诱导侵权，认为非由单一实体执行也可能造成诱导侵权
2014 年	美国最高法院		推翻联邦巡回上诉法院判决，裁定发回重审。美国最高法院建议联邦上诉法院重新考虑使用 §271（a），而非修改 §271（b）的侵权条件
2015 年	联邦巡回上诉法院（合议庭）		重申了关于多个实施主体时直接侵权的认定，认为 Limelight 并没有“直接侵权”责任
2015 年	联邦巡回上诉法院（全席审判）	§271（a）直接侵权	扩大直接侵权的定义，降低了引导或控制的标准。认定 Limelight 直接侵权
2016 年	美国最高法院		拒绝 Limelight 提出的调卷令
2016 年	地区法院		判决 Limelight 侵权成立，赔偿 5100 万美元

2. 涉案专利

涉案专利为：公开号为 US6108703（以下简称“’703 专利”）的美国专利，Akamai 科技公司的创始人 Tom Leighton 与 Danny Lewin 是该案所涉专利的发明人，该专利于 1999 年 5 月 19 日申请，2000 年 8 月 22 日授权公开，迄今被引用 1231 次，具有 15 件同族专利，并全部处于有效状态。

’703专利主张一种多步骤的网络内容分发方法，其涉及两大关键技术点：一是将互联网终端用户的内容请求从内容提供者的网站指向CDN；二是CDN服务提供者从距离、负载及内容等方面考虑选择“好”的服务器响应终端用户的请求。上述第一方面即’703专利中所称的“标记”（tagging）步骤，内容提供者通过对其网页内容进行“标记”来确定哪些内容由CDN负责分发，终端针对“标记”内容所提出的请求将指向CDN，进而由CDN负责相应内容的分发。这一方法能较好地解决大容量网络内容的传输及flash拥塞等问题，Akamai公司凭借’703专利的实施取得了巨大的商业成功。

’703专利一共有34项权利要求，涉及一种内容分发技术。如果内容提供商使用Akamai的服务时，互联网用户对内容提供商网站内容的请求将被指向Akamai的服务器；将这些内容标示的过程被称为“标记”，对应’703专利权利要求第34项中标亮的步骤。而这个步骤，正是引发后续一连串诉讼、重审的关键。

3. 诉讼过程

2006年6月23日，Akamai公司向马塞诸塞州地区法院提起诉讼，起诉Limelight网络公司侵犯其两件专利。具体侵犯了’703专利的权利要求第19~21项、第34项以及’413专利的部分权利要求。

Limelight应诉，并提出专利不侵权的抗辩，即Limelight并没有执行’703专利中权利要求第34项的所有步骤，在Limelight提供的服务中，“标记”这一步是由Limelight的客户执行的，根据全面覆盖原则，Limelight并没有侵犯MIT和Akamai的专利权。

Akamai在事实上并不能驳倒Limelight，在Limelight的服务框架中，的确是由客户执行“标记”步骤。然而Akamai的律师并不认同Limelight的不侵权法律理论，而主张Limelight为其客户执行权利要求的方法中的一步或者多步提供了“控制或指挥”（instructions or directions），构成对’703专利的共同侵权。

2007年6月29日，地区法院举行马克曼听证会。随后，Akamai承认以地区法院针对权利要求的解释，无法提供证据证明被告侵犯’645专利。地

区法院随后作出针对'645 专利的不侵权判决。随后，地区法院针对'413 专利的涉案权利要求进行了不侵权的简易判决（summary judgment）。

2008 年 2 月 29 日，马萨诸塞州地区法院陪审团认为 LimeLight 公司与其客户之间存在合同关系，并且为这些客户提供了使用内容分发网络服务的详细说明，因而依据相关的判例，认定 Limelight 专利侵权成立，应赔偿 Akamai 超过 4000 万美元。

2008 年 3 月至 4 月 Limelight 采取了各种方法——请求重新开庭（new trial）、请求法官作出依法律判决（JMOL）试图挽救结果。而 Akamai 也乘胜追击，请求法庭对 Limelight 发出永久禁令（permanent injunction）。

2008 年 7 月 25 日，Limelight 请求地区法院法官根据新的判例［Muniauction, Inc. v. Thomson Corp. ,532 F. 3d 1318(2008)］对该案作出依法律判决。

2009 年 5 月，法庭认定 Limelight 并没有“控制或指导”（control or direct）其客户执行“标记”这一步骤，依法律判决 Limelight 不侵权。

2009 年 5 月 26 日，Akamai 公司提起上诉。

2010 年 12 月 20 日，由上诉法院合议庭作出维持原判的决定。

2012 年 8 月 31 日，上诉法院全院重审（rehearing en banc）后，以 6：5 的结果推翻了合议庭的决定，改变了“诱导侵权责任必须建立在直接侵权成立的基础上”的原则，作出了几乎相反的决定。全体法官法庭认为，该案无须按照美国《专利法》第 271 条（a）款规定的“直接侵权”责任进行认定，而应适用美国《专利法》第 271 条（b）款规定的“诱导侵权”责任。上诉法院认为，被告 Limelight 实施了权利要求中的某些步骤，并鼓励其他人实施了其余步骤，即构成“诱导侵权”。而此前上诉法院一贯认为要成立“诱导侵权”需证明有单一实体直接侵犯了专利权。而在该案中，上诉法院放松了“诱导侵权”责任的证明标准。

2014 年 6 月 2 日，美国最高法院对该案作出审理后，否决了上诉法院的全院重审判决。美国最高法院作出一致判决，认为联邦上诉法院认定该案中关于“诱导侵权”的认定是错误的。美国最高法院阐释道，当不存在直接侵权时，不应认定存在诱导侵权。在进行论证时，美国最高法院义正词严地指出，上诉法庭从根本上搞错了侵权一个方法专利是什么含义，还附上了一段生动地解释:“如果一个被告因为诱导了一个不构成侵权的行为而要负诱导侵权的责任的话,那法庭如何认定一个专利权被侵犯了呢?要是被告付钱给另一个人让他来执行一个12步的方法中的1步,没有任何人执行剩下的11步,但是那1步可以被认为是这个方法中最重要的步骤吗?”在这种情况下,被告没有促使侵权发生,但是按照巡回法庭的理论,一个专利的方法中不是所有步骤都被执行了,这个被告还是会被认定为要负诱导侵权的责任。下级法院的决定会要求法院得出两套侵权理论:一套用于直接侵权,另一套用于间接侵权。美国最高法院决定把该案发回重审。在判决书的结尾,美国最高法院友情提醒道:“在重审时,巡回法庭如果愿意的话,还是有机会重新考虑第271条(a)款的。”

2015年5月13日,由上诉法院合议庭认为Limelight并没有“直接侵权”责任。法庭重申了之前CAFC关于Divided Infringement(多个实施主体时的直接侵权)的认定,即当有超过2个实施实体时,必须存在“委托代理关系、合同关系,或者各方在联合企业中协作行使相互代理的功能(a principal-agent relationship, a contractual relationship, or in circumstances in which parties work together in a joint enterprise functioning as a form of mutual agency)”,才能认定“直接侵权”责任。

2015年8月13日,上诉法院全院重审后作出了判决,认定Limelight不但指导或控制了其客户的行为,并且有充分证据证明客户所执行的步骤归于Limelight。因此,Limelight负有“直接侵权”责任。

2015年11月16日,上诉法院进一步作出权利要求的解释及赔偿的相关认定。

2016年1月26日,Limelight再次向美国最高法院申请调卷令(certiorari)。

[如果当事人对联邦巡回上诉法院的判决不服,可以上诉至美国最高法院。美国是两审终审制,美国最高法院没有义务必须审理上诉案件。美国最高法院可以决定是否受理,如果美国最高法院批准受理案件,这被称为“批准调审命令”(grant certiorari)。] 2016年4月18日,美国最高法院拒绝了调卷令(writ of certiorari)。

2016年7月1日，马萨诸塞州地区法院公布判决结果，Limelight需赔偿Akamai赔偿金总额5100万美元。

2.3.2.3　案例点评

由一个主体实施了方法专利所主张的所有步骤，可根据直接侵权责任判定，方法权利要求往往由一系列步骤组成，当多个主体分别实施了方法权利要求中的各个步骤时，如何认定直接侵权或间接侵权成为难点。随着“云时代”的到来，这一问题愈加复杂。该案历时十载，过程曲折多变，从地区法院对“指挥和控制”标准上的摇摆，上诉法院全院判决中对诱导侵权认定原则的颠覆，再到美国最高法院向现有规则的回归，充分反映了方法专利多主体拆分侵权认定的困难。

1. 有关直接侵权与诱导侵权的成文法及司法解释

美国《专利法》第271条（a）和（b）款是分别关于直接侵权和诱导侵权的成文法规定，指出：在专利保护期间，任何人未经专利权人允许而实施其专利，包括制造、使用、许诺销售或销售其专利产品或使用专利方法，都视为直接侵权；而积极诱使他人侵犯专利权的人，应作为侵权人承担相应诱导侵权责任。

直接侵权是一项严格责任，在判定侵权时仅考虑侵犯行为的实质产生，而不考虑行为人的主观因素。但可能出现这种情形：行为人没有实施专利方法中的全部步骤，也无从获知和控制第三人行为，然而他们的行为结合起来包含了权利要求的全部技术特征。为避免上述情况中的行为人承担侵权责任，以往判例对直接侵权行为也相应地做了严格的限定，只有当行为人执行了权利要求中的每一项技术特征时，才构成直接侵权，即“全面覆盖”原则。这一原则是从专利保护范围直接引申出来的，方法权利要求中主张的各个步骤是用于确定保护的范围的基础材料，但专利的保护范围仅限于这些步骤（或称为元素）的总和，并不能延伸至方法专利中的各个步骤。

在“全面覆盖”原则的基础上，根据美国法院的判例，美国《专利法》第271条（a）款所说的“任何人”是指单一的主体，即“单一主体”原则。“单一主体”原则并不要求只能有某一个主体亲自实施所有步骤，当多个主体共同实施了所有步骤时，只要其中一个主体“指挥或控制”了整个实施过程，则专利方法中的各步骤均视为由该主体来完成，同样满足“单一主体”原则。这即是上诉法院在 BMC 案中确立的“指挥或控制”标准，这一标准设立的目的就是为了避免行为人通过将方法专利的步骤安排给其他人实施而逃避侵权责任。在 2008 年 7 月 14 日，上诉法院对 Muniauction 案作出判决，对“指挥或控制”原则进一步作了限定，要求当被控侵权方对于应要求完整实施权利要求方法的第三方负替代责任（vicarious liablity），才满足“指挥或控制”原则，虽然 Muniauction 案中被控侵权者对基于因特网的系统访问进行控制，并向客户提供了系统使用说明，但这仅相当于为客户提供了一把“钥匙”，而客户并没有义务用这把钥匙把车开走，因而不足以判定直接侵权。

诱导侵权不是严格责任，从美国《专利法》第 271 条（b）款的规定来看，既强调行为人“积极诱使”的意图和行为，也强调被诱使的一方实际“侵犯专利权”，因此，美国《专利法》领域主流的观点即诱导侵权从属于直接侵权，即“在不存在直接侵权的情况下也不可能存在间接侵权”。

在该案中，美国最高法院认为联邦上诉法院的分析逻辑存在根本性的错误，误解了“侵犯一方法专利”的意义。方法专利是由多个步骤组成，结合之后才构成申请专利的范围。方法专利的每一个步骤都必须由同一主体实施，或可归咎于同一主体，才构成专利方法的侵犯。如果采取 CAFC 的判决，必然存在两套不同的专利侵权法则，一套是直接侵权责任，另一套是诱导侵权责任，这个完全违背了专利法现有的精神，破坏了现有的体系架构。

美国最高法院反复引用了联邦上诉法院在 Muniauction 案中建立的案例，除非方法专利的全部步骤都可归责于同一个主体，否则不能认为方法专利的全部步骤被实施。归责的原因可以是被告切切实实实施了全部步骤，或者被告指导或控制其他实施主体实施了其他步骤。总而言之，如果不存在美国《专利法》第 271 条（a）款的单一行为体的直接侵权责任，则不存在美国《专利法》第 271 条（b）款的诱导侵权。

Muniauction v. Thomson

2008年，在 Muniauction v. Thomson 案中，法院进一步澄清了在BMC案中确立的“控制或指挥”标准，对承担责任的情况做了非常严格的限制，将其修正为“代表（on behalf of）”标准。

涉案的专利号为6,161,099的美国专利涉及一种金融机构使用网络浏览器通过网络进行拍卖的方法。在该案中，虽然没有任何一方单独实施了涉案方法专利的全部步骤，但专利权人认为被告基于共同侵权理论而侵犯了其专利权。一审中陪审团认为被告构成故意侵权，但是联邦巡回上诉法院澄清了投标人和拍卖人的行为是否可以结合在一起使拍卖人构成直接侵权这一问题。

在判断是否构成侵权时，联邦巡回上诉法院的法官认为，当多个主体共同实施了方法权利要求中的步骤时，只有一个主体对整个过程施加了“控制或指挥”，每一个步骤都可归因于控制方即“策划者”时，才构成直接侵权。相反，如果多方主体之间仅仅是存在一定距离的合作关系（arms-length cooperation），任何一方都没有直接侵犯该产品权利要求。

法官还进一步解释，在实践中，如果被控直接侵权的人对第三方的行为负代理责任，而且第三方的行为是实现权利要求保护的方法中必需的步骤，就满足了“控制或指挥”标准。因为Thomson并没有让其他主体代表他实施该方法权利要求中的步骤，因此不构成侵权。法院进一步认为，虽然证据证明Thomson控制系统入口并指导投标人使用该系统，但并不足以导致Thomson承担直接侵权责任。

BMC Resource v. Paymentech

2007年9月判决的BMC案，是联邦巡回上诉法院探索多方主体分别实施多步骤方法专利的情况下侵权判断的最初判例，首次确立了“控制或指挥（control or direction）”标准。

BMC Resources 公司拥有专利号为 5,870,456 的美国专利，权利要求要求保护的是不使用个人识别码而进行交易的方法。在该案中，联邦巡回上诉法院认为 Paymentech 没有实施而是由金融机构实施的步骤，仅仅在能证明 Paymentech 指挥或控制了金融机构的行为时，才构成侵权；由于该案中没有证据证明存在“指挥或控制”，因此不构成侵权。同时，法院认为，构成间接侵权要求在所有被控侵权的行为人中至少有一个主体实施了构成直接侵权的全部行为；如果一方没有控制或指挥专利方法中的每一个步骤时，不应当承担侵权责任。如果第三方是在一个“策划者（mastermind）”的控制下实施了权利要求中的一个或多个步骤，控制的那一方应当承担直接侵权的责任。在该案中，尽管 Paymentech 和借记网络运营者之间存在一些关系，但不能证明 Paymentech 控制或指挥了借记网络运用者的行为，他们之间也不存在契约关系，因此，Paymentech 不构成直接侵权。由于没有构成直接侵权，间接侵权也不成立。

不难看出，美国最高法院的判决存在瑕疵，侵权人为了逃避侵权责任，可以设计与另一方（不存在任何指示或控制关系的一方）分担方法专利的步骤，从而规避认定直接侵权责任。这个漏洞在互动式技术领域、基于网络实现的商业方法及医药领域尤为明显。这督促 CAFC 在美国最高法院发回重审的裁定后寻求方法放宽多个实施体之间关系的认定，从而可以合理依据美国《专利法》第 271 条（a）款认定分离侵权。

2. 该案争议焦点

该案在诉讼过程中出现了多次的反复，尤其上诉法院在全院庭审时指出：“为判定诱导侵权，要求专利权所主张的方法的所有步骤均被执行，但不必要证明这所有的步骤是由一个单一的主体完成的。”全院法庭对于诱导侵权认定前提——直接侵权“单一主体”原则提出了新的解释，引起了专利领域的热烈讨论。

（1）诱导侵权的认定规则

上诉法院全院判决认为：诱导侵权在某些方面较直接侵权的范围窄，

但在一些方面却更加宽泛。与直接侵权不同，诱导侵权不是严格责任；它要求被诉引诱者在明知被引诱行为将构成专利侵权的情况下实施了引诱的行为。但另一方面，诱导侵权不要求被引诱的一方是引诱者的代理或在引诱者的指挥或控制下行动，因为上述情况中的引诱者将成为直接侵权者。引诱者“导致、怂恿、鼓励或帮助”侵权行为，即产生引诱行为。而且，实施了方法专利的部分步骤并引诱他人实施构成侵权的剩余步骤的主体，与引诱单独一个主体实施方法专利的所有步骤的主体，两者对于专利权人的影响是完全相同的。

上诉法院全院判决认为，只有在引诱行为导致实质性侵权时，引诱者才需承担责任，即“没有直接侵权就不存在间接侵权”，因为毕竟没有未遂的（attempted）专利侵权。但全院判决同时指出：证明直接侵权所需的证据，与证明单一主体负直接侵权者责任所需的证据并不等同。这里的直接侵权更多的是指侵犯专利权的必要行为，而不需考虑这些行为是由一个还是多个主体来完成。全院法庭根据①Limelight 知晓 Akamai 的专利；②Limelight 公司执行了方法专利中除“标记”之外的所有步骤；③Limelight 公司引诱内容提供者实施了方法专利的最后一个步骤；④内容提供者实际实施了最后一个步骤，判 Limlight 公司诱导侵权成立。

虽然表面看来，全院判决仍然认可诱导侵权基于直接侵权来认可的原则，但其所指的直接侵权是指权利要求所主张的步骤均被实施，而非“单一主体实施的直接侵权”。根据全院判决的推理，当某一主体实施构成方法专利的某些步骤，并鼓励其他人实施剩余步骤时，可根据第 271 条（b）款对该主体施加诱导侵权责任，即使在这一情形下，由于实施剩余步骤的他人并非该引诱方的代理方，也不受其指挥或控制，因而无人负直接侵权责任。全院判决实际秉持的原则是“单独引诱原则”（inducement-only rule）。美国最高法院从“什么是专利”“侵犯一件专利意味着什么”出发，指出专利权人的权利仅限于权利要求所主张的各项元素（或技术特征）的集合，而不能延伸到各个单独的元素中，指出全院判决实际上“允许在执行部分专利意义上的方法步骤的情况下存在引诱责任”，即在侵权尚未发生的情况下以美国《专利法》第 271 条（b）款来施加引诱责任，这将导致严重的问题。并且以第 271 条（f）款来佐证，国会并不希望选择扩展概念，对非侵权的诱导行为创造责任。

(2) 直接侵权“单一主体”原则

全院法庭出具统一意见（per curiam）时指出：直接侵权责任的讨论不是本次判决需要解决的问题。上述诱导侵权责任认定的新原则，表现出的是对其认定前提——直接侵权“单一主体”原则的不认同，全院法庭判决对这一关键前提条件一笔带过，从逻辑和法理层面均存在不合理之处。事实上，在全院法庭讨论过程中，曾对“单一主体”原则进行过激烈讨论。

地方法官在 McKdsson 案中指出：“单一主体”原则及之后 BMC 判例的解释，极大地限定了对有效的可实施专利提供的保护，面对侵权公司和客户之间的“一定距离”（arm-length）的合作，在无法确立替代责任的情况下，专利权人可能无法得到专利侵权的救济。这一论调得到全院法庭大多数法官的认可，也是从这一想法出发在全院判决中引入了上述的“单独引诱原则”。

Newman、Linn 等持异议的法官对这一论断持否定态度，指出立法历史及法院判例均支持直接侵权“单一主体”原则。这一原则与成文法相一致，目的就是为了保护那些仅仅实施了权利要求中的部分元素，而非实施“受专利权保护的发明创造”的行为人，使其免受直接专利侵权之责；这也是避免过分扩大专利的保护范围，形成专利权的越权使用。

由于调卷令的签署不是针对美国《专利法》第 271 条（a）款的直接侵权责任，因而美国最高法院没有对于第 271 条（a）款的“单一主体”原则做专门论述，然而在其判词中从专利保护范围等方面出发指出了全院法庭对第 271 条（a）款的错误解读，并明确指出该案中没有发生直接侵权。

3. 合同在侵权认定中的作用

在 Akamai 案终裁前，判断分离侵权的通用法则是在满足代理关系或合同关系的条件下认定“指示或控制”。在 Akamai 案终裁后，联邦巡回上诉法院降低了“引导或控制”的适用标准，除了一贯的“代理或合约关系”考虑因素以外，新增了以下判断标准：当被控侵权人决定了实施专利方法步骤时的具体动作或是该动作的利益获得者时，并且建立了实施动作的方式或时间点时，可以认定直接侵权。

除了上面说的新的判断标准，合同的解读也将是审理专利侵权案件的重点。在美国最高法院对 Akamai 案的判决后，业界法律人士就曾预测分离侵权案的焦点将落脚于合同的解读。这一预测后来被证实是对的。联邦巡回上诉法院认为合同之所以重要，是因为它能用于判断共同侵权行为之间是否存在“控制和指示”，合同是否“迫使”被控制方去实施侵权步骤。法院进一步指出分析合同时需要考虑的因素：①合同“指示”被控制方去实施侵权步骤的强烈程度；②合同的条款是否大致和代理关系保持一致，例如，选择控制方以后是否有权终止合同，还有合同的补偿责任条款（能否暗示在代理关系中控制方占主导地位）。

鉴于合同在认定专利共同侵权中的重要性，在起草合同的时候我们可以注意合同的措辞，并注意回避某些潜在问题。例如，合同应该明确最终的目的，而不要写明或指示或控制个人如何实施某些步骤从而实现这些最终目的。这样，一旦诉讼不可避免，可以通过研究合同的条款以迅速建立有利的诉讼地位。

2.3.2.4　案例相关资料

1. Akamai 与 Limelight 的诉讼情况

Akamai 与 Limelight 作为市场上的直接竞争对手，两方在 2006—2016 年之间已经发生了 5 起专利纠纷，见表 2-3-6。

表 2-3-6　Akamai 与 Limelight 的诉讼情况

起诉时间	原告	被告	涉案专利
2006-6-23	Akamai	Limelight	US6108703 US6553413
2006-9-5	Akamai	Limelight	US7103645
2015-11-30	Limelight	Akamai	US7715324 US8750155
2016-2-16	Akamai	Limelight	US8250211 US8806008
2016-12-27	Akamai	Limelight	US8484319 US8194538 US8458769

2. ’703 专利涉案的诉讼情况

表 2-3-7 显示该案中涉案的’703 专利所经受的专利诉讼情况。涉案专利之前由麻省理工学院所有，并以独占许可的方式许可给了两个发明人自己创立的公司 Akamai Technologies，且经过诉讼初步验证了该专利的有效性。

表 2-3-7 ’703 涉案的诉讼情况

起诉时间	原告	被告	涉案专利
2000-9-13	Akamai	Digital Island	’703 专利在内的 3 项专利
2002-12-26	Cable & Wireless	Akamai	’703 专利
2006-6-23	Akamai	Limelight	’703 专利在内的 2 项专利

其中初次涉案的被告 Digital Island 于 2001 年被 Cable & Wireless 收购。在 2000—2003 年，Akamai 与 Cable & Wireless（包括涉案方 Digital Island）涉案 10 起，并于 2004 年 12 月宣布和解协议，Cable & Wireless 一次性进行赔偿以完成所有案件的和解。

3. ’703 专利涉案的权利要求

’703 专利涉案的权利要求见表 2-3-8。

表 2-3-8 ’703 专利涉案的权利要求

34. A content delivery method, comprising: distributing a set of page objects across a network of content servers managed by a domain other than a content provider domain, wherein the network of content servers are organized into a set of regions; for a given page normally served from the content provider domain, tagging at least some of the embedded objects of the page so that requests for the objects resolve to the domain instead of the content provider domain; in response to a client request for an embedded object of the page; resolving the client request as a function of a location of the client machine making the request and current Internet traffic conditions to identify a given region; andreturning to the client an IP address of a given one of the content servers within the given region that is likely to host the embedded object and that is not overloaded.	34. 一种内容传送方法，包括： 通过与内容提供商域不同的域管理的内容服务器网络分发一组网页，其中将内容服务器网络组织为一组区域； 对于通常从内容提供商域供应的给定网页，至少标记网页的某些嵌入对象，从而对象的请求被指向到代替内容提供商域的域； 响应该网页的嵌入对象的客户机请求： 作为客户机的位置的函数，来指向客户机请求，其中该函数使得该请求和当前因特网通信条件适合于标识给定区域；和客户机返回很可能寄存嵌入对象且不过载的给定区域内的内容服务器中给定的一个 IP 地址。

4. 2012 年联邦上诉法院的全席审判（认定 Limelight 诱导侵权）

（1）案情大纲

Akamai 科技公司拥有一项能够有效传递 Web 信息的方法专利。该专利包含几个步骤：将内容提供商的信息放置于一组复制的服务器上；修改内容提供商的 Web 页面，以指示 Web 浏览器从这些服务器上检索内容。Akamai 科技公司起诉 Limelight 网络公司专利侵权，Akamai 科技公司认为，Limelight 网络公司既实施了直接侵权行为又实施了间接侵权行为。原告指出：被告拥有并维护的网络服务器允许（他人）通过放置内容元素于服务器上，从而进行有效的内容信息传递。但是，Limelight 网络公司并未修改内容提供商的 Web 页面，而是指示其客户实施修改的相关步骤。

McKesson 公司拥有一项在卫生保健提供者与其病人之间进行电子交流的方法专利。McKesson 公司起诉 Epic 系统公司专利侵权，并认为 Epic 系统公司引诱他人实施了专利侵权行为。Epic 系统公司是一家软件公司，其向医疗卫生组织许可相关软件产品及服务。被许可的软件包含一项名为“My-Chart”的应用程序，该程序能够让医疗提供者与患者进行电子联络。McKesson 公司指控 Epic 系统公司引诱其客户侵犯专利权。Epic 系统公司并未实施该专利所覆盖的任何步骤。相反，这些步骤是由患者分别实施的。患者启动软件进行通信，接着医疗服务提供者实施了余下的专利步骤。

在这两起由地区法院审理的案件中，地区法院均认为被告 Limelight 网络公司与 Epic 系统公司并未侵犯他人专利权。在前一起案件中，根据法院在 BMC 案及 Muniauction, Inc. v. Thomson Corp., 532F. 3d 1318 (Fed. Cir. 2008) 案中所陈述的观点，地区法院准予了 Limelight 网络公司的依法律判决动议，理由是 Limelight 网络公司的客户（并非 Limelight 网络公司自身）实施了被控侵权方法专利的步骤之一。在后一起案件中，同样根据上述两则判例法规则，地区法院基于患者（而非 Epic 系统公司的直接客户）发起了通信步骤这一理由，认定被告并不侵犯专利权。

（2）判决概述

上诉法院对案件进行了全院庭审，多数意见认为，被告需对诱导侵权行为承担责任。上诉法院指出，如果被告实施了一项方法专利中的某些步骤，并且引诱他人实施余下的步骤，或者被告引诱他人联合实施方法专利的所有步骤，但并没有任何单个主体实施了所有步骤，此时被告的行为仍构成诱导侵权。

判决结果：撤销原判发回重审。

(3) 判决意见

I

本院认为，根据《美国法典》第35章第271条（a）款的规定，如果单个主体被认定为实施了专利直接侵权行为，那么其必须独自或替代地实施了足以侵犯该专利的所有行为。[1] 在涉及方法专利的案件中，被控侵权人必须独自或指导或控制他人实施该方法专利所覆盖的所有步骤，才能够构成专利侵权。在多个独立主体实施了方法专利所覆盖步骤的情形下，并不存在专利直接侵权。这是因为专利直接侵权是一种严格的侵权责任类型，如果认为此种情形下存在专利直接侵权，将导致并未实施所有必然构成专利侵权的行为人，以及无法知晓他人行为将导致整体行为构成侵权的行为人面临困境。[2] 基于上述理由，法院认为，如果多方共同实施了必然构成专利直接侵权的行为，但并没有任何单个主体实施了所有必要行为，则此情形下不存在对方法专利的直接侵权。[3]

本院认为，当被控侵权人的代理人或某主体在被控侵权人的指导或控制下实施了导致侵权的必要行为时，有直接侵权规则适用的余地。[4] 但是，如果不存在代理人和行为人及相似主体之间的这层关系，那么一个并未实施必然构成侵权的所有行为的主体就不会被认定为实施了直接侵权行为，即使该主体为了避免承担侵权责任，将必定构成侵权的行为进行了分解，

---

[1] Cross Med. Prods. ,Inc. v. Medtronic Sofamor Danek,Inc. ,424 F. 3d 1293,1311(Fed. Cir. 2005); Fromson v. Advance Offset Plate,Inc. ,720 F. 2d 1565,1568(Fed. Cir. 1983).

[2] In re Seagate Tech. ,LLC,497 F. 3d 1360,1368(Fed. Cir. 2007).

[3] BMC,498 F. 3d at 1381 see also Muniauction,532 F. 3dat 1329.

[4] BMC,498 F. 3d at 1380.

其也无须承担直接侵权责任。[1]

由于本案并不是基于直接侵权理论进行判决的，因此本院无须审视直接侵权原则在多数人侵权下的适用情形。

Ⅱ

美国《专利法》中的诱导侵权条款规定："任何人积极引诱他人实施专利侵权行为，应当作为侵权人承担责任。"由于第271条（b）款将侵权责任延伸至帮助、鼓励以及其他引诱他人实施侵权行为的主体，因此在该案中，我们必须回答的问题是：如果侵权行为是由多个主体分别共同实施，但不存在任何单个被"引诱"的主体实施了所有侵权行为或步骤，那么引诱他人实施侵权行为的主体是否应当承担侵权责任。

诱导侵权的范围在某些方面窄于直接侵权，但在某些方面又宽于直接侵权。与直接侵权相比，诱导侵权不是一个严格的侵权责任类型，它要求被控诱导侵权人有意识地引诱他人实施构成专利侵权的行为。[2]事实上，法院已陈述了构成诱导侵权所需的主观意图："诱导侵权要求被控侵权人明知被诱导侵权行为的存在，并具有特定的鼓励他人侵权的意图。"[3]在另一方面，诱导侵权并不要求，被引诱当事人是引诱者的代理人或受到了引诱者的指导或控制到这样一个程度，使得被引诱当事人的行为构成直接侵权。只要引诱者"导致、鼓励、催促或帮助进行侵权行为，并且该侵权行为被实施"[4]，就足以构成诱导侵权行为。

诱导侵权规则适用范围上的一个重要限制是，引诱产生的侵权责任只

---

[1] Cross Med. Prods. ,424 F. 3d at 1311.

[2] Global-Tech Appliances, Inc. v. SEB S. A. ,U. S. ,131 S. Ct. 2060. 2068. 179 L. Ed. 2d 1167(2011).

[3] DSU Med. Corp. v. JMS Co. ,471 F. 3d 1293,1306(Fed. Cir. 2006). 诱导侵权责任和直接侵权的责任不同，诱导侵权责任要求证明导致侵权的特定意图。运用诱导侵权原则来达到共同侵权的结论并不存在如下风险：有些人并没有意识到专利的存在，或者甚至没有意识到他们正在实施受方法专利覆盖的某些步骤，却必须承担直接侵权责任。

[4] Arris Grp. , Inc. v. British Telecomms. PLC, 639 F. 3d 1368, 1379 n. 13 (Fed. Cir. 2011); see also Tegal Corp. v. Tokyo Electron Co. ,248 F. 3d 1376,1379(Fed. Cir. 2001); Nat'l Presto Indus. ,Inc. v. West Bend Co. ,76 F. 3d 1185,1196(Fed. Cir. 1996).

有在引诱导致实际侵权的情形下才存在。也就是说，如果没有直接侵权，就不存在没有间接侵权。[1] 上述规则并不存在争议。但是在 BMC 案中，上诉法院拓展了该原则的一个重要方面内容，法院的解释值得我们深思。在 BMC 案中，法院认为，要构成诱导侵权，不仅引诱必须导致直接侵权，直接侵权还必须由一个独立主体完成。法院得出上述结论的理由如下：①诱导侵权责任要求直接侵权存在的相关证据；②直接侵权责任要求单个主体实施了必然构成专利侵权的所有行为。虽然这两项理由都有上诉法院判例法的依据加以支撑，但是从这两项理由中引申的结论却无法令人信服。

要求（当事人）提供证明直接侵权已经存在的证据，并将其作为诱导侵权存在的前提条件，与要求（当事人）提供证据证明单独主体需作为直接侵权人承担责任并不相同。如果某主体有意识地引诱他人实施了足以构成专利侵权的行为，并且他人也实施了上述行为，那么引诱者就没有道理以没有任何单个主体实施了足以构成侵权的所有行为为由，免除其间接侵权责任。

某主体有意识地引诱他人共同实施方法专利所覆盖的步骤，并且他人实施了这些步骤，那么该主体对专利权人所造成的影响与引诱单个直接侵权人实施侵权行为的主体对权利人所造成的影响是相同的；从法律文本上或者从法律政策上看，我们都没有理由将这两类引诱者区别对待。尤其是我们不能认为后者需承担间接侵权责任，而前者无须承担间接侵权责任。

同样，自身实施了专利方法中的某些步骤，而引诱他人实施剩余步骤的主体同样构成专利侵权，因为其对专利权人造成的影响，与引诱他人实施所有侵权步骤的主体所造成的影响相同。如果认为引诱他人实施所有侵权步骤的主体构成侵权，却认为那些行为更为恶劣的人——自己实际实施了部分步骤的主体无须承担侵权责任，这样的结论显然是荒唐的。自身实际实施了专利方法中部分步骤的主体显然比引诱他人实施所有侵权步骤的

---

[1] Deepsouth Packing Co. v. Laitram Corp. ,406 U. S. 518,526,92 S. Ct. 1700,32 L. Ed. 2d 273(1972);Aro Mfg. Co. v. Convertible Top Replacement Co. ,365 U. S. 336,341,81S. Ct. 599,5 L. Ed. 2d 592(1961);Henry v. A. B. Dick Co. ,224U. S. 1,12,32 S. Ct. 364,56 L. Ed. 645(1912).

主体更具有可责难性。

诱导侵权相关法律规定的文本完全能够支持上诉法院所进行的解释。虽然第 271 条（a）款关于直接侵权的规定指出，实施了法律规定的行为的主体“侵犯了专利权”，但第 271 条（b）款规定的语言结构与此并不相同。第 271 条（b）款规定任何“积极引诱他人实施专利侵权的主体都应作为侵权人承担责任”。法律文本并未指明第 271 条（b）款中的“侵权”局限于由单个主体实施的“侵权”。相反，本条中出现的“侵权”看起来指的更像是必然构成专利侵权的行为，而非指这些行为由独立主体或多数主体实施。

Ⅲ

1952 年美国《专利法》的立法历史能够很好地支持我们的观点，也即诱导侵权的存在并不要求单个主体实施了所有构成专利侵权的行为。在 1952 年美国《专利法》颁布之前，诱导侵权和共同侵权都被认为是建立在共同侵权的理论基础上的。❶ 1952 年美国《专利法》将这两种类型的侵权行为分列在第 271 条的单独两款规定中。这样，第 271 条规定就包含了第 271 条（b）款，即关于诱导侵权的规定与第 271 条（c）款关于共同侵权的规定。新条款第 271 条（b）款，也即关于诱导侵权的规定，其范围更宽泛一些。国会众议院的立法报告称，第 271 条（b）款规定：“措辞所涵盖的范围更广一些，该条款使得那些帮助或助长侵权行为的人也被认为属于侵权者。”❷ 另一方面，第 271 条（c）款规定是对关于共同侵权理论不同观点之间矛盾的妥协。立法历史对第 271 条（c）款的论述表明，该条规定是对美国最高法院当时判决的某些案件在运用反托拉斯法理论时，实质上限制

❶ Giles S. Rich, Infringement Under Section 271, 21 Geo. Wash. L. Rev. 521, 537 (1953).

❷ H. R. Rep. No. 82-1923, at 9. See also P. J. Federico, Commentary on the New Patent Act reprinted in 75 J. Pat& Trademark Off. Soc'y 161, 214(1993). Federico 所作出的评论首次发表于 1954 年，曾被本院予以援引并将其誉为“对美国《专利法》起草者意图的极具价值的考察”。Symbol Techs. , Inc. v. Lemelson Med. , 277F. 3d 1361, 1366(Fed. Cir. 2002).

了共同侵权原则适用所作出的回应。[1] 第 271 条（c）款作出的妥协，是对共同侵权理论和美国最高法院防止专利滥用理论的调和，除此之外并无他意。[2]

虽然立法历史陈述了大量关于第 271 条（c）款的立法理由，而对第 271 条（b）款的论述较少，但立法报告关于该条的有限论述并非可有可无，反而是十分重要的。美国《专利法》文本的主要起草者、同时也是立法听证会的长期听众 Giles Rich 法官，明确指出，在早期关于共同侵权原则的立法听证会上，被修改的共同侵权条款就是为了能够覆盖那些存在多人分别侵权的专利案件，即使没有任何单个主体需要承担直接侵权责任。在论及 1952 年美国《专利法》第 271 条（b）款建议稿的形成过程时，Giles Rich 法官陈述了关于“组合专利”的问题，并进行了如下阐述：在无线电传输、电视等领域中的创新常常涉及对已有要素的结合，这些创新通常由不同人所拥有。因此，一项无线电通信的新方法可能涉及对发射器的一项改动，以及对接收器的相应改动。为了在专利权利要求中对该发明进行描述，就必须描述一项包含发射与接收的新方法，或者对接收器和发射器要素改变结合的创新，这对于涉及此类权利要求的专利而言十分重要。美国最高法院近期所作出的判决（该判决导致了法律条文的修改）使得在通常情形下无法实施此类专利，因为无线电发射器和接收器分别属于不同主体并由其运营，由于不存在直接侵权，而仅仅存在两个共同侵权人，即使侵权行为

[1] 这里所谈及的美国最高法院案例主要指的是 Mercoid Corp. v. Mid-Continent Investment Co. ,320 U. S. 661,64 S. Ct. 268,88 L. Ed. 376(1944)以及 Mercoid Corp. v. Minneapolis Honeywell Regulator Co. ,320 U. S. 680,64S. Ct. 278,88 L. Ed. 396(1944)。这两个判例拓展了 Carbice Corp. of America v. American Patents Development Corp. ,283 U. S. 27,51 S. Ct. 334,75 L. Ed. 819(1931)与 Leitch Manufacturing Co. v. Barber Co. ,302 U. S. 458,58 S. Ct. 288,82 L. Ed. 371(1938)案中的专利滥用规则。See Contributory Infringement of Patents: Hearings Before the Subcomm. on Patents,Trademarks,and Copyrights of the HComm. on the Judiciary,80th Cong. 4(1948).

[2] Hearing on H. R. 3866 Before Subcomm. No. 4 of the H. Comm. on the Judiciary,81st Cong. 20(1949).

明显，也无须承担法律责任。❶

Giles Rich 法官的论述指出，即使“不存在专利直接侵权”，也可能存在“明显的专利侵权行为”，在这种情况下认定当事人承担间接侵权责任是可行的。在一个假设的涉及无线电发射与接收装置的例子中，Giles Rich 法官明确指出这种“明显的专利侵权行为”应当是可被救济的，即使不存在“专利直接侵权行为”。这一论述恰好能够解释我们目前所面临的难题。

为了解释自己关于间接侵权原则适用范围的观点，Giles Rich 法官进一步论述道：“共同侵权（表面上指共同侵权与诱导侵权）是对下述专利法原则的特别适用——两个主体共同实施了侵权行为，但没有任何一个主体单独或独立实施了上述行为。”Giles Rich 法官的这一论述再次指明，他认为间接侵权行为是可被救济的，即使不存在单独的直接侵权者。

早期法律中所规定的共同侵权与诱导侵权的相关原则被吸纳到 1952 年美国《专利法》中来，并继续为缓解美国最高法院在当时判决的关于专利滥用案件所产生的疑问而服务。❷

Ⅳ

如果代理人实施了相关行为，或者无辜的中介人员被引诱实施了相关行为，那么主犯必须对这些行为承担相应责任。这一规则并不是专利法的特殊规则，在其他法律中也存在类似原则。例如，《联邦刑法典》的帮助及教唆规定就以与美国《专利法》第 271 条（b）款相类似的措辞指出：“任何人对美国实施攻击或协助、教唆、怂使、命令、诱使或促使其犯罪，将作为主犯进行惩罚。”根据该条规定，即使从犯被认定为无须为非法行为负责，主犯也会被定罪。❸ 只要被引诱的犯罪行为实际发生，那么引诱者的责

---

❶ Contributory Infringement of Patents：Hearings Before the Subcomm. on Patents，Trademarks，and Copyrights of theH. Comm. on the Judiciary，80th Cong. 5(1948).

❷ H. R. Rep. No. 82-1923，at 9(1952)； Patent LawCodification and Revision，Hearings Before Subcomm. No. 3 of the H. Comm. on the Judiciary，82d Cong. 151-52(1951)； Rich，Infringement Under Section 271，supra，at535-36. 541.

❸ Standefer v. United States，447 U. S. 10，19，100 S. Ct. 1999，64 L. Ed. 2d 689(1980).

任就不取决于中介人员是否实际有罪，或者是否有相应的犯罪行为能力。[1] 根据这一规定，安排他人实施部分犯罪行为的被告便无法避免承担相应的犯罪责任。[2]

侵权法同样认可引诱无辜的行为人实施侵权行为必须承担侵权责任这一原则。[3]《侵权法第二次重述》规定，行为人"命令或引诱实施某行为，如果其知道或根据当时条件应当知道若自己实施该行为属于侵权行为"，那么该行为人需承担侵权责任。侵权责任的基础"独立于责任的存在"，其理论依据为"被告属于主犯或主人"。

与侵权法规则的这种类比十分具有说服力，因为法院通常借助共同侵权的普通法规则来解释第 271 条（b）款规定的诱导侵权规定。[4] 在 1952 年美国《专利法》实施以前，法院将间接侵权原则适用于任何"命令、指导、建议、鼓励、促成、怂恿、促进、控制、帮助或煽动"专利侵权的人。[5] 第

---

[1] United States v. Tobon-Builes, 706 F. 2d 1092, 1099(11thCir. 1983)（被告必须承担责任，如果其致使一名中间人实施了犯罪行为，即使这名中间人没有实施犯罪行为的意图，且因此不会被认定承担犯罪责任）；United States v. Gleason, 616 F. 2d 2, 20(2d Cir. 1979)（一个人致使一名无辜的人实施了一项行为，如果该行为在具有犯罪意图的情形下实施将构成犯罪，则致使他人实施行为的人可能会被认定为主犯而承担责任，即使他自身并未实施犯罪行为）；United States v. Rapoport, 545 F. 2d 802, 806(2dCir. 1976)（法律规定扫清了所有疑问：某人实施或帮助非法企业，或导致了无辜的代理人或中间人实施构成犯罪的不可分割的行为，那么此人是有罪的）See UnitedStates v. Hornaday, 392 F. 3d 1306, 1313(11th Cir. 2004)（法律规定明显针对的是以下情形：被告具有实施犯罪的行为，还可以具有其他法律规定的要件，并且其致使其他人实施了至少一项构成犯罪的不可分割的行为）；United States v. Pearson, 667 F. 2d 12, 13(5th Cir. 1982)（法律规定要求陪审团认定此人从事了实质性犯罪，即使其并不具备所有构成犯罪的要素）。

[2] Shuttlesworth v. City of Birmingham, 373 U. S. 262, 83 S. Ct. 1130, 10 L. Ed. 2d 335 (1963)在该案中，讼争行为是无罪的，这并非因为缺乏明知故意或主犯有犯罪豁免的理由，而是因为被控方帮助或教唆的行为并不构成犯罪。Id. at265, 83 S. Ct. 1130（没有证据证明这种行为违反了法律）我们将这一原则进行类推：在专利侵权领域，当事人无须承担诱导侵权责任，如果其所鼓励他人实施的行为并不在专利权控制范围之内。

[3] Restatement(Second) of Torts § 877(a)(1979).

[4] Hewlett-Packard Co. v. Bausch & Lomb, Inc. , 909 F. 2d1464, 1469(Fed. Cir. 1990); see also Aro Mfg. Co. v. Convertible Top Replacement Co. , 377 U. S. 476, 500, 84S. Ct. 1526, 12 L. Ed. 2d 457(1964).

[5] Rich, Infringement Under Section 271.

271条（b）款规定将上述规则法典化，而该规则的理论基础正是“古老的共同侵权原则”。在这一背景下，侵权责任的承担就要求被告“有意识地引诱实施侵权行为并具有鼓励他人实施侵权行为的特定意图”❶。

《侵权法（第一次）重述》[Restatement（First）of Torts] 在1952年美国《专利法》颁布时仍然有效。《侵权法（第一次）重述》比《侵权法（第二次）重述》[Restatement（Second）of Torts] 在侵权行为的替代责任与引诱他人实施侵权行为所承担责任方面的论述更为明确。《侵权法（第一次）重述》第877条对“指导或准许他人的人”应承担的替代责任进行了规定。❷ 第876条对引诱他人实施侵权行为应承担的责任进行了规定，包括明知方面的规定。其指出，如果一个人“命令或引诱实施侵权行为，知晓在何种情形下行为被实施或意图达到的结果”，或“知晓他人的行为构成对义务的违反并对他人实施该行为给予了实质性帮助或鼓励”，则该人必须承担责任。

另外，《侵权法（第一次）重述》指明了对诱导实施侵权行为的人课以侵权责任，即使被引诱者没有意识到其行为会产生伤害，且被引诱者无须为其行为承担责任。❸ 将上述原则适用于多数人分别侵权的情形中，我们可以认为：即使没有任何个人因实施了构成侵权的行为而作为直接侵权者承担责任，引诱者也可以承担责任，因为侵权行为是被引诱实施的。❹

---

❶ DSU Med. Corp. ,471 F. 3d at 1306.

❷ Restatement of Torts § 877(1938).

❸ Hoyt v. Clancey,180 F. 2d 152,158(8th Cir. 1950);Davis v. Louisville Trust Co. ,181 F. 10,15(6th Cir. 1910);Graham v. Ellmore,135 Cal. App. 129,26 P. 2d 696(1933);Moyer v. Lederer,50 I11. App. 94(I11. App. Ct. 1893);Kuehl v. Parmenter,195 Iowa 497,192 N. W. 429(Iowa 1923);see also Restatement of Torts § 880（引诱证人进行虚假陈述者必须承担责任，即使该证人的行为能够得到豁免）；Launv. Union Elec. Co,350 Mo. 572,166 S. W. 2d 1065,1071(1943)；Midford v. Kann,32 A. D. 228,52 N. Y. S. 995(N. Y. App. Div. 1898)（被告指示警察将其前雇主作为侵入者逮捕，无论警察是否需要承担责任，被告需对其假监禁行为承担责任)。

❹ 版权法中也采纳了类似的侵权责任原则。Metro-Goldwyn-Mayer Studios Inc. v. Grokster,Ltd. ,545U. S. 913,930,936,125 S. Ct. 2764,162 L. Ed. 2d 781(2005)但该案所呈现的问题——被引诱的行为是否必须由单人完成才构成侵权——在版权法领域尚未出现。

Linn 法官所发表的反对意见认为，多数意见所援引的将侵权责任的理论基础建立在“违反直接义务”上，因此属于“直接责任案件”。这种观点并不能很好地概括我们作出的判决理由。我们所援引的案例均涉及中介行为人，这些行为人的行为直接导致原告损害的产生，但他们并未对那些损害承担赔偿责任，但因有行为人实施上述行为的当事人却被判定承担侵权责任。在上述被援引案件中，诱导侵权人有义务不实施上述行为，即使导致原告直接损失的行为人无须承担侵权责任。法律制度常常对利用无知的第三方实施有害行为的当事人课以义务（以及违反该义务所产生的责任）。[1]

在 McKesson 案中，如果证据显示①Epic 系统公司知晓 McKesson 公司拥有的专利；②其引诱实施方法专利所覆盖的步骤；以及③这些步骤被实施，那么 Epic 系统公司就必须承担法律责任。McKesson 公司主张对方诱导侵权，即使上诉法院在 BMC 案与 Muniauction 案中的观点使得诱导侵权的诉求难以维系。McKesson 公司有权在发回重审时向地区法院提出自己的诉求。

在 Akamai 案中，虽然陪审团认定内容提供商根据 Limelight 网络公司的指导与控制实施了相关行为，但审判法院正确地认定 Limelight 网络公司并没有指导或控制内容提供商的行为。根据上述诱导侵权的相关原则，如果专利权人证明①Limelight 网络公司知晓 Akamai 专利权的存在；②其实施了全部或一项受专利方法覆盖的步骤；并且③内容提供商实际实施了最终步骤，则 Limelight 网络公司必须承担诱导侵权责任。

虽然专利权人在 Akamai 案中并没有要求将关于诱导侵权的诉求进行审判，但其认为上诉法院应当推翻“只有单独主体才能够实施侵犯方法专利的行为”这一错误观点。这一论辩虽然关注点在于直接侵权，但无论其关

---

[1] Pelster v. Ray, 987 F. 2d 514, 523-24(8th Cir. 1993)（不会要求无知的中间行为人承担责任）；Learjet Corp. v. Spenlinhauer, 901 F. 2d 198, 203(1st Cir. 1990)（航空器所有人针对航空器制造商提起的虚假陈述的诉求是正当的，航空器制造商对 FAA 进行了虚假陈述，从而获得了资格证明，而航空器所有人因信任该证明从而购买了该产品）；Hawkins v. Upjohn Co. , 890 F. Supp. 609, 611-12(E. D. Tex. 1994)（原告对被告向 FDA 作出的关于获得药品批准文件的承诺的间接信赖足以支持其虚假长陈述之诉）；see also Restatement (Second) of Torts § 533（如果一个人进行了虚假陈述，那么该人必须对信任还陈述的人承担责任，即使该虚假陈述没有对受害方造成直接损害）。

注的是直接侵权还是间接侵权，其对于多数人分别侵权情形下是否存在侵权责任这一问题结论的得出至关重要。虽然法院没有认定 Akamai 在直接侵权问题上胜诉，但相关证据能够支持其在间接侵权理由上的观点。基于上述理由，我们认为原告 Akamai 应当享受本院推翻既往观点所带来的利益。因此，本院推翻上述两个案件的原判，并将两案件发回重审。

5. 美国最高法院的判决（推翻上诉法院关于诱导侵权的认定）

（1）判决要旨（syllabus）

被告 Akamai（在美国最高法院的审批中，是由 Limelight 公司提出的上诉请求，因此其为原告，Akamai 为被告）。Technologies 是一项使用内容分发网络（以下简称“CDN”）发送电子数据的方法专利的独占许可人。原告 Limelight Network 也运行 CDN 且实施了上述专利中的部分步骤，并由其客户而不是原告本身实施了专利中的“标记”步骤。依据联邦上诉法院的判例，实施美国《专利法》第 271 条（a）款的直接侵权需要由单一主体实施方法专利中的所有步骤。此点也在判例 Muniauction, Inc. v. Thomson Corp., 532 F. 3d 1318 中得以重申。地区法院认为 Limelight 并未由自身实施了标记步骤，故而不构成对上述专利的直接侵权。而联邦上诉法院的全院审判庭推翻了地区法院的判决，认为被告自身实施了方法专利中的一些步骤，并鼓励他人实施该方法专利中的其他步骤，以此认定其在不构成直接侵权的情况下也实施了诱导侵权。联邦上诉法院指出，有证据可以认定 Limelight 实施了引诱且要求其客户进行进一步的操作。

要点：如果一被告没有实施美国《专利法》第 271 条（a）款的直接侵权或其他法规条款，其无法认定实施了实施美国《专利法》第 271 条（b）款的诱导侵权。

判决书中具有以下三点主要内容。

①引诱的责任必须断定其具有直接侵权责任。[1] 假设 Muniauction 的认定是正确的，被告的方法并未由任一个主体实施所有的步骤，因此其不能认定被侵权。当不存在直接侵权时，不应认定存在诱导侵权。联邦上诉法院

---

[1] Aro Mfg. Co. v. Convertible Top Replacement Co., 365 U. S. 336, 341.

的相反观点，必然存在两套不同的专利侵权法则，一套是直接侵权责任，另一套是诱导侵权责任，这完全违背了专利法现有的精神，破坏了现有的体系架构。美国《专利法》第 271 条（f）款（1）项进一步支持本庭对第 271 条（b）款的解读。从判例 Deepsouth Packing Co. v. Laitram Corp. ,406 U. S. 518,526-527 中可以看出，在变化了的环境中实施侵权的行为会导致分离式侵权的观点已被否决，也并无理由对引诱实施一个不同的规则。

②被告提出由民事侵权法、《联邦帮助和教唆法》及 1952 年美国《专利法》颁布之前实施的专利法律原则都可以支持联邦上诉法院对于美国《专利法》第 271 条（b）款的解读，但其并不具有说服力。

③由于现存的问题主要集中在美国《专利法》第 271 条（b）款并预先假设 Limelight 并未实施第 271 条（a）款的直接侵权，因此本庭不对联邦法庭之前作出的 Muniauction 判例进行评判。

（2）判决内容

该案提出的问题是：当任何人均未实施美国《专利法》第 271 条（a）款或其他法规所指的直接侵权时，被告是否有可能需要承担美国《专利法》第 271 条（b）款所规定的诱导侵权责任。依据成文法文本和结构以及之前判例法，美国最高法院对该问题作出否定回答。因此，撤销上诉法院达成的与之相反的判决。

I

本案被告麻省理工学院是6,108,703 号美国专利（以下简称“’703 专利”）的受让人，该专利主张一种使用“内容分发网络”或“CDN”分发电子数据的方法。被告 Akamai 科技公司（以下简称“Akamai 公司”）为该专利独占实施被许可人，其运维的服务器分布各地。网站所有者（即“内容提供者”）与 Akamai 公司签订合同，由 Akamai 公司负责将其网站内容分发至单个互联网用户。’703 专利规定了对内容提供者网站的某些组件（通常是大容量文件，如视频或音乐文件）进行标识，以便将其存储在 Akamai 的服务器上，互联网用户则可从那些服务器上访问获得。对将要存储在 Akamai 服务器上的组件进行标识的方法被称为“标记”。通过错峰使用模式聚集多个内容提供者的数据需求，并由位于多个地点的多台服务器提供内

容，在用户试图访问这些内容时，由位于同一地理区域的服务器进行分发，Akamai 公司由此提高了互联网用户访问其客户网站内容的速度。

原告 Limelight 网络公司（以下简称“Limelight 公司”）同样运作 CDN 且实施了’703 专利所主张的若干步骤。然而 Limelight 公司并未对意图存储在其服务器上的客户网站组件进行标记（’703 专利包括的一个步骤），而是要求其用户自行标记。[1] Akamai 公司认为 Limelight 公司就如何标记对其用户“提供了说明并给予技术支持”，但案卷中不具争议的是：Limelight 公司未针对意图存储在其服务器上的组件进行标记。

2006 年，Akamai 公司在美国马萨诸塞州地区法院起诉 Limlight 公司侵犯其专利权。陪审团审理后认定 Limelight 侵权并裁定超过 4000 万美元的损害赔偿金。

然而 Akamai 公司的胜利是短暂的，在陪审团作出裁决后，上诉法院就 Muniauction Inc. 诉 Thomson Corp. 一案作出判决。[2] 在该案件中，原告 Muniauction 公司认为 Thomson 公司涉及使用一种计算机系统在金融设备上进行竞拍的方法，直接侵犯了其专利权，上诉法院驳回了 Muniauction 的主张。被告 Thomson 公司实施了专利方法中的若干步骤，其客户实施了剩余步骤，被告为其客户提供了其系统的访问权及系统使用的说明。法院依据“直接侵权要求某个单一主体实施了专利权利要求所述方法的每一步骤”的原则作出裁决。法院进一步阐释，当多个主体实际实施了这些步骤，但如果某个主体“‘控制或指挥’了整个过程，则每一步骤均归因于该控制方”，也就满足了上述要求。法院认为在 Muniauction 公司没有“控制或指挥”客户执行其自身未执行的那些步骤，被告 Muniauction 公司不负有直接侵权责任。

受 Municauction 案的启示，Limelight 公司申请对其之前被地方法院否决的依法律判决动议进行重新审议。地方法院批准了该项动议，认定依据 Muniauction 判例排除了该案关于美国《专利法》第 271 条（a）款所指直接侵

---

[1] 在其辩论摘要中，Limelight 公司争辩其用户是否实际进行了专利意义上的“标记”。为辩论起见，假定 Limelight 公司的用户确实进行了专利意义上的“标记”。

[2] Muniauction, Inc. v. Thomson Corp. ,532 F. 3d 1318(2008).

权的裁决，因为需要实施“标记”步骤才侵犯’703的专利要求，而Limlight公司没有控制或指挥其客户进行“标记“行为。上诉法院合议庭维持原判，理由是：当被告自身未实施所有专利步骤，仅当其与其他主体之间具有代理关系、或有合同规定由另一主题实施剩余步骤时，被告才负有直接侵权责任。由于该案不满足上述条件，上诉法院合议庭裁定Limelight公司不负有直接侵权责任。❶

上诉法院批准了全院再审并撤销了原判。全院法院认定不必要再审视其美国《专利法》第271条（a）款直接侵权的判例法，而认为“依据第271条（b）款所指的诱导侵权原则，有证据能够支持有利于Akamai公司的判决”。全院法院认为，当被告实施构成方法专利的某些步骤，并鼓励其他人实施剩余步骤时，第271条（b）款的责任已产生，即使在这一情形下，由于实施剩余步骤的他人并非被告的代理方，也不受其指挥或控制，因而无人负直接侵权责任。上诉法院没有辩驳“在不存在直接侵权的情况下也不可能存在间接侵权”，而是解释称，“证明直接侵权所需的证据，并不等同于证明单一主体负直接侵权者责任所需的证据”。Newman法官和Linn法官均持异议。

Limelight公司请求调卷令，美国最高法院批准。

Ⅱ

A

上诉法院与被告均未在“引诱责任的认定必须基于直接侵权”这一主张上产生争议。出于一劳永逸的目的，我们的判例法在这一点上不容置疑，即“当且仅当直接侵权存在时”，引诱责任才可能产生。❷

任何人可能认为这一简单事实足够解决这一上诉。然而上诉法院的推

---

❶ 合议庭注意到Limelight公司的合同指导其客户对有意存储在Limelight内容分发网络上的组件进行标记，但合议庭认为，由于这些合同没有规定Limelight公司对其客户进行控制，客户的标记行为不能归因于Limelight公司。

❷ Aro Mfg. Co. v. Convertible Top Replacement Co. ,365 U. S 336,341(1961). Aro提出《专利法》第271条（c）款所指的帮助侵权，而非第271条（b）款所指的诱导侵权，然而并没有用以区分这两者之间目的不同的基准，毕竟这两者均由共同利益触发。

理，即使没有人实施美国《专利法》第271条（a）款（或其他任何专利法条款）所指的直接侵权，被告也有可能需要承担第271条（b）款所指的诱导侵权责任，因为直接侵权能够在不侵犯这些成文法条款的情况下独立存在。

上诉法院的分析在根本上错误理解了“侵犯一件方法专利意味着什么”。一件方法专利主张若干步骤；根据美国最高法院的判例法，除非执行了所有步骤，否则专利未被侵权。[1] 这一原则是从“什么是专利”必然带出的，即对特定主张的要素集合授予的权利。“在专利权利要求中包含的每一个要素被视为用于确定授权发明创造范围的材料”[2]，且专利权人的权利仅延伸到主张的要素组合，而不能延伸到更远。

上诉法院在Municauciton案中持有的观点是：除非由于被告实际执行了那些步骤，或者由于被告指挥或控制其他方执行了那些步骤，使得所有步骤均归因于同一被告，否则方法步骤就没有如专利所主张的那样被完整实施。上诉法院在Muniauction案中所做的不带判决的假设是正确的，简单来看，因为所有专利步骤未归因于任何一人，被告的方法专利未被侵权。并且，上诉法院和被告均承认，如果不存在直接侵权，也就不存在美国《专利法》第271条（b）款所指的诱导侵权。

上诉法院（全院法庭）相反的观点颠覆了美国《专利法》第271条（b）款的认定标准。如果被告需要对不构成侵权的诱导行为承担第271条（b）款的责任，那法院如何评估专利拥有者的权利已被侵犯；如果一名被告雇佣另一人，被雇佣者仅执行12步方法中的一步，且没有人执行其余步骤，但这一步骤被视为该方法中最重要的步骤，在这种情况下该如何处理；在上述案件中，被告没有鼓励侵权，但根据上诉法院的推理，也没有原则性的理由可避免被告承担引诱的责任，因为该推理允许在执行部分专利意义上的方法步骤的情况下存在引诱责任。随后的裁决将要求法院开发出侵

[1] 如Aro, supra, at 334（一件“专利覆盖的仅仅是权利要求中的要素的整体，且……授权专利中不包括被孤立看待的元素”）。

[2] Warner-Jenkinson Co. v. Hilton Davis Chemical Co., 520 U. S. 17, 29(1997).

权法的两大平行主体：一方承担直接侵权责任，另一方承担引诱责任。

美国《专利法》第 271 条（f）款（1）项进一步支持我们对第 271 条（b）款的解读。该部分指出：某一主体“在美国或者从美国提供或者促使提供受专利权保护的发明创造的全部部件或者基本部件……以这种方式积极诱使在美国境外进行这类部件的组装，如果组装发生在美国境内就会构成专利侵权”，则该主体负侵权责任。如这一项表明的，如果国会希望对本身不构成直接侵权的诱导行为施加责任时，国会明确知道该如何做。当国会选择不扩展概念时，法院不应该对非侵权诱导行为创造责任。

上诉法院看似接受了 Limelight 诱导侵权的观点，所依据的理论在于：如果所有步骤由同一人执行的话，Limelight 及其用户执行的步骤将侵犯’703 专利。但美国最高法院早已否定了“在可变环境下可能侵犯的行为能够成为辅助侵权的基础”这一观点，也没有看到任何适用不同的诱导原则的理由。在判例 Deepsouth Packing Co. v. Laitram Corp. ,406 U. S. 518(1972)中，一制造商制造了一件专利机器的部件，而后将这些部件出口国外，由其国外客户进行组装❶（由国外客户进行组装不违反美国《专利法》）。无论在 Deepsouth 案还是在该案中，被告引诱的或促成的行为如果在下述可替换条件下进行实施，则都将是侵权行为，比如，在 Deepsouth 案中，如果机器已在美国进行组装，且该案中主张的所有步骤均归于同一人。在 Deepsouth 案中，我们排除了辅助侵权的可能性，因为机器未在美国境内组装，因而直接侵权从未发生。类似地，该案中主张的所有步骤并不能归因于同一人，因此直接侵权从未发生。Limelight 不能为尚未发生的诱导侵权承担责任。

B

被告 Akamai 公司依据上诉法院对成文法的解读而提出的论据是不具说服力的。首先，Akamai 公司指出：在民事侵权法中，即便第三方本身没有责任，也会将责任设定于通过第三方伤害另一人的被告身上；Akamai 公司争辩，假设颁布的 1952 年美国《专利法》置于与侵权法相同的背景下，则

---

❶ 美国《专利法》第 271 条（f）款现已禁止 Deepsouth 案中出现的出口商行为。

该案中将不再是无人承担直接侵权责任的情形。但是 Limelight 公司不需承担美国《专利法》第 271 条（b）款中的诱导侵权责任的理由，不在于没有第三方承担直接侵权责任，而在于没有实施直接侵权。Muniaucition 案（我们再一次假设为正确的）指出：除非一个单独的行动者能对执行所有专利步骤承担责任，否则一件方法专利未被直接侵权，专利权人的利益因而也未被侵犯。因为 Limelight 公司没有执行'703 专利的所有步骤，因此不能为所有那些步骤承担责任，Akamai 公司的权利亦未被侵犯。意料之中地，Akamai 公司向法院指出，没有一件侵权案例是因为被告导致无辜的第三方采取了没有侵犯原告法定权利的行为而施加责任的。

在一次相关的辩论中，Akamaki 争辩，在民事侵权法中，即使每个被告行为单独来看均无法加以控告，有时责任也会归属于造成伤害的两个或更多个被告。❶ 在这一情况下施加责任的理论基础在于：被告整体侵犯了原告受保护的利益。相反，根据 Muniauction 案的标准，'703 专利中被告的利益没有被侵犯。

第二，被告 Akamai 公司试图从美国《专利法》第 271 条（b）款推演至《联邦帮助和教唆法》❷，Akamai 公司辩称，两方主体分担了犯罪的所有必要元素，则根据《美国法典》第 18 卷第 2 章，两方均有罪。但相关推演并不成立，《联邦帮助和教唆法》必须“基于其普通法背景”加以解读❸，并且在普通法中，两个或多个被告每人实施了犯罪的一个元素，则均需要承担主犯责任❹。过去我们曾用《刑法》的概念来解释美国《专利法》第 271 条（b）款❺，我们认为国会在颁布 1952 年美国《专利法》时不太可能具有采用这一特定原则的意图，因为这一原则与“专利权人拥有的权利仅限于在其专利中主张的元素集合，没有更多”这一专利法基本原则存在不

---

❶ W. Keeton, D. Dobbs, R. Keeton, & D. Owen, Process and Keeton 案, Torts § 52, p. 354(5th ed. 1984).（多个被告每人向河流添加可以忽略的杂质，如果这些杂质汇总起来将造成伤害，则这些被告需承担责任。）

❷ Federal aiding and abetting statute, 18 U. S. C. § 2.

❸ Stadefer v. United States, 447 U. S. 10, 19(1980).

❹ 例如 1 J. Bishop, Commentaries on the Criminal Law § 649, p. 392(7th ed. 1882).

❺ Global-Tech Appliances, Inc. v. SEB S. A., 563 U. S. (2011)(slip op., at 10-12).

一致。

第三，被告Akamai公司争辩，在美国《专利法》颁布之前建立的专利法律原则表明，执行专利的一些步骤且有目的让其用户执行剩余步骤的被告负有诱导侵权责任。同样，美国《专利法》创造的权利特性推翻了这一观点，即国会曾有意图在不存在潜在直接侵权的情况下，允许引诱责任存在。根据被告Akamai公司所说，他们对1952年前的原则的理解，引发了对美国《专利法》第271条（a）款所指直接侵权的Muniauction原则的异议，理由在于，该原则对于预防引诱责任具有间接作用，而国会可能曾想达到这一目的。但是，上诉法院可能在对于第271条（a）款的范围过于狭窄的限定上出现的错误，不能成为该法院在重构第271条（b）款以在未发生侵权状况下施加诱导侵权责任上再次出现错误的理由。

最后，被告Akamai公司，如上诉法院那样，指责我们对第271条（b）款的解释将允许潜在的侵权者通过与其未指挥或控制的另一方分解执行方法专利步骤来规避责任。我们意识到这种担忧。然而，任何这类异常情况将从上诉法院对Muniauction案中对第271条（a）款的解释中得出结论。避免Muniauction案上述后果的意图，不能证明"对美国《专利法》文本及结构清楚要求的引诱责任原则进行根本上的改变"是正确的，这种改变将导致自身严重的后果，也就是说，以第271条（b）款为目的而创造出一些"侵权"的自由漂浮的概念，这既脱离了成文法文本，也将造成下级法院执行一致性的困难。

Ⅲ

被告Akamai请求美国最高法院重新审视上诉法院对第271条（a）款直接侵权的Muniauction原则的价值。我们否决这一请求。

首先，当前的问题很显然集中于271条（b）款，而非271条（a）款。我们基于下述问题批准调卷令："上诉法院的裁决——即使没有人实施美国《专利法》第271条（a）款规定的直接侵权，被告可能需承担第271条（b）款规定的引诱专利侵权责任——是否有误。"这一问题的前提是Limelight公司没有实施第271条（a）款所指的直接侵权。由于我们批准调卷令

所基于的问题不涉及第271条（a）款，原告亦没有在其公开辩论意见书中提出这一重要议题。我们关于第271条（b）款问题的判决使得有必要将案件发还上诉法院；发还后，上诉法院将有机会重新审视第271条（a）款，如果上诉法院选择这么做的话。

Ⅳ

推翻上诉法院裁决，案件随该判词发回上诉法院，等待下一步程序。

6. 2015年5月联邦上诉法院对案件的判决（认定Limelight不侵权）

判决书共包括两个部分：联邦上诉法院的判决和反对判决结果的Moore法官的意见。

（1）联邦上诉法院的判决

该案由美国最高法院发回重审。由于在先直接将判例BMC Resource, Inc. v. Paymentech, L. p. ,498 F. 3d 1373和Muniauction, Inc. v. Thomson Corp. , 532 F. 3d 1318直接应用于该案以及成文法第271条都不允许在该案中直接引入民事案件的责任，故上诉法院重新判决，由于Limelight并未实施涉案'703专利中的所有步骤，且并无资料显示Limelight需要对其客户实施剩余步骤的行为承担责任，因此Limelight并不具有第271条（a）款规定的直接侵权责任。相应地，上诉法院同意地区法院关于不请求的认定以及并不达成Limelight在交叉反诉中提出的侵害。上诉法院同时确认恢复同意地区法院关于对美国专利US6553413和US7103645不侵权的判决。

Ⅰ. 案情背景

相关案情已在美国最高法院的判决意见中揭示，在此不再赘述。

Ⅱ. 美国《专利法》第271条（a）款下的分离式侵权

联邦巡回上诉法院的观点，并在下文详尽解释：美国《专利法》第271条（a）款下关于方法的直接侵权责任要求，权利要求中所有步骤都由单个主体实施或归因于其实施，当有超过2个实施实体时，必须存在委托代理关系、合同关系，或者各方在联合企业中协作行使相互代理的功能。由于该案中并不涉及委托代理、合同或联合企业中的协作关系，联邦上诉法院认为 Limelight 并不具有直接侵权责任。

美国《专利法》第 271 条（a）款下的直接侵权要求单一主体实施或使用一方法权利要求的每个步骤或要素。[1] 对于方法专利权利要求而言，直接侵权仅在一个单一主体或一个联合企业执行了方法过程中的所有步骤。判例 Joy Techs. ,Inc. v. Flakt,Inc. ,6F. 3d 770,775(Fed. Cir. 1993)中，着重强调了“一个方法权利要求仅当一个主体实行了专利中被保护的方法时，才是直接侵权的”；判例 Fromson v. Advance Offset Plate,Inc. ,720 F. 2d 1565,1567-68(Fed. Cir. 1983)中，“因为该方法权利要求中包含了应用重氮涂覆或其他光敏层，而 Advance 的客户而非 Advance 本身实施了重氮涂覆步骤，所以 Advance 并不具有直接侵权责任”。上诉观点来源于法律本身，美国《专利法》第 271 条（a）款指出“除本法另有规定外，于专利权有效期间，未经许可于美国境内制造、使用、邀约销售、销售受专利保护的发明、将受专利保护的发明由外国进口到美国境内，属于侵犯专利权行为”。鼓励或教导他人实施的行为不同于本身实施一个行为，并不会造成直接侵权。[2] 美国《专利法》第 271 条还在不同条目中明确列举了诱导侵权和帮助侵权。当一个单一主体参与或鼓励侵权行为，但并未直接侵犯一项专利权，将会以间接侵权对其进行认定。然而，间接侵权在判定中需要找出一个主体对整个直接侵权行为负直接责任。[3] 当一个主体扮演了一个“操纵者”的角色，去“指导或控制”其他人的行为，而这些被操纵的行为都可以归因于这个操纵者的时候，当上诉多个主体联合实施了一项方法权利要求中的全部步骤时，仍然可以以美国《专利法》第 271 条（a）款去认定。判例 BMC,498 F. 3d at 1378-79 中，“在 BMC 案中，在法律通常认定被控直接侵权人在要求其他主体完成一方法权利要求的行为时需要承担替代责任的情况下，控制或指导的行为是成立的”。判例 Muniaution,532 F. 3d at 1330 中，当有超过 2 个实施实体时，必须存在“委托代理关系、合同关系，或者各方在联合企业中协作行使相互代理的功能”，才能认定“直接侵权”责任。

---

[1] Warner-Jenkinson Co. v. Hilton Davis Chem. Co. ,520 U. S. 17,29(1997).

[2] BMC,498 F. 3d at 1378-79.

[3] Limelight,134 S. Ct. at 2115.

Akamai 断言，美国最高法院的判决“强烈暗示了本案应当向美国《专利法》第 271 条（a）款的方向进行改变”。其声称，“代替推翻 Muniaution 判例，本合议庭可以拒绝将该判例延伸至本案”。依据 Akamai 所述，如果一个被控侵权人不仅仅是简单提供指示，而是特别告知第三方执行的步骤时，该被控侵权人已经具有“指导或控制”第三方的实质。在其提交全院重审的简报中，还引用了联合侵权规定作为依据。Akamai 指出“讨论侵权规则中的‘一引起或意图采取行动或造成结果与亲自实施一行为或造成结果需一样负责任’规定”。Limelight 回应，Akamai 此番扩大的判定原理“将会导致美国《专利法》第 271 条（b）款和（c）款不具有意义”。

上诉法院开始考虑与 Akamai 和异议拥护方提出的，是否可以采用美国《专利法》第 271 条（a）款中的协同联合侵权责任。结论是否定的，此点并不具有争议。由国会编撰的美国《专利法》第 271 条（a）款仅包括替代责任原则，即体现为单一主体规则。现存的关于联合责任的大量冲突理论其存在于追溯至 1952 年的普通法中，国会相应地颁布了第 271 条（b）款和（c）款关于诱导和帮助侵权责任的规定。尽管异议者提出上述规定会遗留一个“大的漏洞”（gaping hole），但我们并不具有立法或违反国会选择，以及在美国《专利法》第 271 条（a）款中引入另外一个“联合侵权责任”的权利。

此外，将美国《专利法》第 271 条（a）款延伸以具有联合侵权责任也是错误的。为了让联合侵权责任与现行的事实——美国《专利法》第 271 条（a）款下的直接侵权是一项严格侵权责任相一致，而 Akamai 和异议方必须要忽略联合侵权责任中的几项核心原则。但这些将导致站不住脚的结果。例如，异议方提出顾客根据其执行方法权利要求中的单个步骤来承担连带责任，而不论该顾客可能根本不知晓有此项专利存在的事实。

为了提出法院分析过程，相应地，提出以下三点：美国《专利法》第 271 条的法律框架，分离式侵权的判例法，错误地将联合侵权责任引入至美国《专利法》第 271 条（a）款。

A. 美国《专利法》第 271 条的法律框架

专利侵权并非普通法的产物，其是有法律明确定义的侵权行为。判例 Crown Die & Tool Co. v. Nye Tool & Mach. Works，261 U. S. 24，40（1923）中，“被

赋予专利权这样的垄断权益并非存在于普通法中，其具体享有的权益也不能以普通法进行约束”；判例 3D Sys. ,Inc. v. Aarotech Labs. ,Inc. ,160 F. 3d 1373, 1379(Fed. Cir. 1998) 中指出，“定义侵权责任的框架是单独存在于联邦法律中的，其受联邦法律框架的约束而非某一州的普通法或法律的约束”。

美国《专利法》第 271 条（a）款规定：“除本法另有规定外，于专利权有效期间，未经许可于美国境内制造、使用、邀约销售、销售受专利保护的专利、将受专利保护的发明由外国进口到美国境内，属于侵犯专利权行为。”美国《专利法》第 271 条（a）款定义了侵权行为。“专利法第 271 条（a）款是一个侵权要件的声明”[1]，而（b）款和（c）款，相应地，定义了诱导侵权和帮助侵权的原则。

美国最高法院也声明称“1952 年法案中具有重大的事实改变，其中专利法第 271 条就是其中之一”[2]。1952 年美国《专利法》中，国会将联合参与 (joint-actor) 专利侵权责任从法庭判定中移除，以第 271 条（a）款定义了侵权，并仅以第 271 条（b）款和（c）款勾勒出当事人可能需要承担的轻于侵权行为责任的框架。这是目的性十分明确的。在那时，法院引用极大数量的方法认定联合参与侵权行为：一些从优地允许联合侵权责任的认定，如判例 Peerless Equip. Co. v. W. H. Miner,Inc. ,93 F. 2d 98,105(7th Cir. 1937) 和判例 Solva Water-proof Glue Co. v. Perkins Glue Co. ,251 F. 64,73-74(7th Cir. 1918)，而另一些则几乎完全不同意联合侵权责任的认定，如判例 Mercoid Corp. v. Mid-Continent Inv. Co. ,320 U. S. 661,669(1944) 和判例 Mercoid Corp. v. Minneapolis-Honeywell Regulator Co. ,320 U. S. 680,684(1944)。联合参与侵权理论这一普通法无法预估的产物，必然会代替由法律定义的两个侵权理论，而国会制定专利法第 271 条（b）款和（c）款，就是为了摆脱联合参与侵权理论的泥沼。如一些言论称“参与侵权是将联合侵权行为法案在专利法上的特殊应用”[3]；“在旧版的普通法下，就已经有了共同侵权人的理论，使共同

---

[1] H. R. Rep. No. 821923, at 9(1952).

[2] Dawson Chem. Co. v. Rohm & Haas Co. ,448 U. S. 176,204(1980).

[3] Contributory Infringement in Patents^Definition of Invention: Hearings on H. R. 5988, 4061, and 5248 Before the Subcomm. on Patents, Trademarks, and Copyrights of the H. Comm. on the Judiciary, 80th Cong. 12(1948).

侵权的人承担连带责任。而参与侵权也仅仅是将该法规应用至专利法上而已”[1]；“参与侵权是旧版普通法中联合侵权行为法规的一个表达”[2]。

确实，在这点上，国会精心设计了美国《专利法》第271条（b）款和（c）款去定义个人并未以美国《专利法》第271条（a）款的方式完成整个侵权行为时需要承担责任的全部情形。因此，美国《专利法》第271条（b）款和（c）款是将分摊责任原则应用至专利法中的体现。“国会之所以仅选择几种次级责任的形式，其希望使得下级法庭可以不受干扰”[3]，因此，我们需要尊重国会这种从帮助侵权责任中精心选择，并以美国《专利法》第271条（b）款和（c）款的规定（见注1）。

注1：

Akamai和异议者还针对美国《专利法》第271条（a）款中的“whoever”（“whoever…uses…any patented invention”）提出异议，指出其为复数形式故而其实际上破坏了单一主体规则。美国最高法院同意“whoever”是复数形式，但Akamai和异议者的争论并不正确有以下两点原因：

首先，该法律条款简单表达了：如果每个单一主体都实施了权利要求中的各个要件，则多个单一主体可以独立地承担针对专利的直接侵权责任；其次，美国《专利法》第271条（b）款和（c）款以法律条款的内容延伸了并未独立侵权的参与者需要承担连带责任的情形，故而美国《专利法》第271条（a）款排除了连带责任的情形。

另外，Akamai提出扩大的归因理论——当被告“导致或有意图实施行为或结果”时需要承担责任。

---

[1] Hearing on R. 3866 Before Subcomm. No. 4 of the H. Comm. on the Judiciary, 81st Cong. 2(1949).

[2] Giles S. Rich, Infringement Under Section 271 of the Patent Act of 1952, 35 J. Pat. Off. Soc'y 476, 480(1953).

[3] Cent. Bank of Denver, N. A. v. First Interstate Bank of Denver, N. A., 511 U. S. 164, 184(1994).

美国《专利法》第 271 条（b）款规定：积极诱导侵犯专利权者，应跟侵权者一样负侵权责任。美国最高法院在 Global-Tech 案❶中，引用 Webster 字典❷中对于“induce”的定义：“意为导致；影响；劝诱；劝服或影响的行为。”Webster 字典对于“induce”的释义中包含了几个覆盖有“导致”(Cause) 含义的词❸。仅以 Global-Tech 案中释义的引用，“导致；影响；劝诱；劝服或影响的行为”也都一定程度上包含“导致”的意义。美国最高法院在 Global-Tech 案中进一步对“积极”（Actively）进行解释为“诱导必须包含采取一定步骤达成预期结果”。这“明确要求知晓其中包含了诱导者期望带来作用的行为”，因此，仅当被告在意图行为或结果发生的情况下造成侵权（且包含其他必要条件），才能认定为在美国《专利法》第 271 条 (b) 款下的积极诱导侵权。而判例 Black's Law Dictionary 1321(8th ed. 1999) 中，定义“积极诱导”为“故意造成第三方侵犯有效专利的行为”。

但如果依 Akamai 所言，在美国《专利法》第 271 条（a）款中包含“导致并打算采取行动或结果”的责任，显然就没有一个分离的诱导侵权的条款存在的意义。再次重申 Akamai 方提出的具体言论：如果一被告“命令或诱导行为”，则被告应当对施与其他人的非法行为承担责任。

根据类似的理由，Akamai 提出针对美国《专利法》第 271 条（a）款广义的理解还会使第 271 条（c）款同样失效。

美国《专利法》第 271 条（c）款规定：任何人在美国邀约销售、销售或进口到美国，专利保护的机器、制品、组合物或化合物的一部分，或用于实施受专利保护的方法所使用的材料或装置，上述物品构成专利发明的重要部分，且明知上述物品是为了作为侵犯专利权之用，而被特别制作或特别改变，如果上述物品不是商业上的通用产品，没有其他的不侵权的主要用途，从事上述行为的应承担帮助侵权之责任。与美国《专利法》第 271 条（b）款相同，第 271 条（c）款的责任需要知晓或故意无视特定专利的

---

❶ Global-Tech Appliances, Inc. v. SEB S. A., 131 S. Ct. 2060, 2065(2011).

❷ Webster's New International Dictionary 1269(2d ed. 1945).

❸ Webster's at 1269; accord Dansereau v. Ulmer, 903 P. 2d 555, 564(Alaska 1995); United States v. McQueen, 670 F. 3d 1168, 1170(11th Cir. 2012).

存在，并要求具有直接侵权责任。[1] 此外，第 271 条（c）款还要求使顾客按照他们所做的行为或结果采取行动。并没有原则性的理由来支撑为何 Akamai 的归因理论不适用于组合专利中。但这很好地解决了这个问题，即出售一个非专利的组成部分将可能导致更过的侵犯第 271 条（c）款的侵权问题，而不是侵犯了第 271 条（a）款。判例 Aro Mfg. Co. v. Convertible Top Replacement Co.（Aro I），365 U. S. 336，339-40（1961）中，因为“面料仅被认为是发明组合中的非专利性元素，所以被告生产和销售面料的行为不是一个触犯第 271 条（a）款的直接侵权行为”。

尽管 Akamai 针对一方归因于另一方的行为提出许多仅有些许差异的言论，但其所有假设都会遭受同样的失败：其将使美国《专利法》第 271 条（b）款和（c）款失效。Akamai 提出的理解使其违反了“我们在可能的情况下解释法条，以避免使其中的任何部分变得多余”[2]。

异议方也面临同样的问题。为了制造一个案例，其中对于美国《专利法》第 271 条（a）款的广义释义不会使第 271 条（b）款和（c）款变得多余，异议方要求每个联合专利侵权人必须执行该方法中的至少一个步骤，然而，这一步则要求必须对“使用”以此作出新的未经检验的定义。其也与普通法中的民事侵权法相悖，而民事侵权法正是异议方自身提出的对于美国《专利法》第 271 条（a）款进行广义释义的权威理由。普通法中的民事侵权法应承担一个有足够意图的实体，即使该实体本身没有犯下任何侵权要件，也可以帮助另一个实体实施侵权行为。

B. 分离式侵权的判例法

根据美国《专利法》第 271 条（a）款的规定，法院对于“分离式侵权”的判例法根植于传统的替代责任原则。根据替代责任原则，仅当方法权利要求的所有步骤均由单一实体执行或归因于一个实体，直接侵权才会发生，即单一实体原则。BMC 案证实，如果一方当事人的行为可以合法地

---

[1] Aro Mfg. Co. v. Convertible Top Replacement Co.（Aro Ⅱ），377 U. S. 476，484（1964）.

[2] Astoria Fed. Sav. & Loan Ass'n v. Solimino，501 U. S. 104，111（1991）.

归罪于另一方，那么可以说一个单一的实体完成了权利要求中的每个要件，则该单一主体就应该作为一个直接侵权者来承担责任。在BMC案之前，司法部门和专利法律界认识到，只有当一个人控制了其他人时，多个行为人才能共同侵犯专利权。判例 Mobil Oil Corp. v. Filtrol Corp. ,501 F. 2d 282,291-92 (9th Cir. 1974)中，“美孚公司认为，Filtrol和Texaco将权利要求中的四个步骤进行分开执行……我们持有疑义：当两个独立的实体执行不同的操作并且相互之间并无控制的关系，是否可以侵犯一个方法权利要求。也并无现存的判例法可以引用”。判例 BMC Res. ,Inc. v. Paymentech, L. P. ,No. 3:03-cv-1927,2006 WL 1450480, at *4(N. D. Tex. May 24,2006);Lemley,6 Sedona Conf. J. at 118 中，“法院对具有一人充当侵权行为代理人的行为认定为直接侵权”。

将替代责任原则应用至美国《专利法》第271条（a）款中直接侵权的认定，保护了专利权人免受一方试图通过“将受委托流程的步骤外包给另一实体来避免侵权情况的影响。这种对于策划者通过此方法来规避责任，确实有失公允”❶。另外，在美国《专利法》中，专利权人在专利中所附的权利要求中明确规定了专利权的界限，并向公众公布以避免侵权，这与其他民事侵权法不同，使得受害者无法界定损害行为的前兆。正如法院在BMC案中指正了：“对避免一方通过有限合作的方式进行侵权的担忧通常可以通过适当的权利要求撰写来抵消。专利权人通常可以构成一项权利要求，其可以准确界定出由单一实体实施的侵权行为。”此外，许多协会指出，起草适当的权利要求是避免由于共同侵权导致的专利不可实施问题最低成本的措施。因此推翻数十年的先例，试图实施起草不佳的专利是不明智的。

异议者认为，1952年以前的一些案例与单一实体原则相冲突。但是，所述的所有判例均不涉及方法权利要求，如判例 York & Md. Line R. R. Co. v. Winans,58 U. S. (17 How.) 30(1854);Thomson-Houston Elec. Co. v. Ohio Brass Co. ,80 F. 712(6th Cir. 1897);Wallace v. Holmes,29 F. Cas. 74,80(C. C.

---

❶ BMC,498 F. 3d at 1381.

D. Conn. 1871); Jackson v. Nagle, 47 F. 703, 703(C. C. N. D. Cal. 1891); N. J. Patent Co. v. Schaeffer, 159 F. 171, 173(C. C. E. D. Pa. 1908)（见注 2）。

> **注 2：**
>
> Jackson 案涉及侵犯 US263412 号专利的第 1 项、第 4~5 项权利要求、US269863 号专利的第 1~2 项权利要求、US302338 号专利的第 2~3 项权利要求的专利权；Schaeffern 案涉及侵犯 US782375 号专利的专利权。上述权利要求均非方法权利要求。

和/或关心的是帮助侵权而不是直接侵权，如判例 Peerless, 93 F. 2d at 105; Solva, 251 F. at 73; Thomson-Houston, 80 F. at 721; Wallace, 29 F. Cas. 74（见注 3）。

> **注 3：**
>
> Wallace 案并未直接使用特定术语，但可以认定其为帮助侵权的例子。判例 Dawson, 448 U. S. at 187-88; Aro Ⅱ, 377 U. S. at 500; Henry v. A. B. Dick Co., 224 U. S. 1, 34(1912) 中，均指出 Wallace 案为帮助侵权的示例。

讨论装置（而不是方法）权利要求的判例是没有帮助的，因为将装置的最后一个要件单独地组合在一起的人“侵犯”了该装置权利要求。因此，一个设备权利要求的判例中，总有一个实体直接侵犯了专利权。相比之下，因为“一个过程只不过是它所包含的一系列行为，所以过程的使用必然涉及操作或执行所述的每一个步骤”[1]。因此，只有方法权利要求才能提出一个分离式侵权的问题。

以异议者的理论，帮助侵权的判例不讨论直接侵权。“1952 年以前的规则和判例……更类似于我们今天认定的间接侵权行为，而不是根据美国《专利法》第 271 条（a）款的直接侵权行为”，1952 年美国《专利法》的

[1] NTP, Inc. v. Research in Motion, Ltd., 418 F. 3d 1282, 1318(Fed. Cir. 2005).

修订改变了直接侵权的框架，将过去认定为帮助侵权的行为归类为直接侵权。然而，异议者的上述言论是错误的。美国《专利法》第 271 条（a）款的制定“完整保留了直接侵权判例法的全部内容”❶。今天，正如 1952 年时的情形一样，如果单一主体未能实施权利要求中的每个限制，则该主体不具备直接侵权责任特征或被追究直接侵权责任。❷ 帮助侵权行为（即执行方法权利要求中的一些但不是全部步骤）不符合所有要件的限制，因此必须根据间接侵权规则进行排他分析。“将多个参与者独立行为扩大至直接侵权的规则，将颠覆间接侵权的法定规则。”❸ 因此，替代责任原则决定了美国《专利法》第 271 条（a）款。

关于替代责任的范围，其包括委托代理关系、合同关系和联合企业关系。在委托代理关系中，代理人的行为归因于委托人。同样地，当合同规定实施方法权利要求中的每个步骤，各合同主体方需要以合同规定的方式对方法中的步骤负责。然而，这种类型的合同设计通常不会出现在有限的（Arms-length）买卖关系中。

最后，在联合企业中，每个参与者的行为按照定义归因于各个成员。企业的一名合资人在企业创造的代理行为范围内产生的疏忽，可以被推定至另一合资人，从而使后者因疏忽而对第三方所受的损害承担责任。

“由多个成员组织形成的联合企业中的任何人，如果其中某一成员因疏忽而对其他人员造成人身伤害，则该组织中的每个成员都应对该疏忽行为承担责任。”❹ 当存在以下情况时，一个联合企业关系将以施加替代责任为目的而存在：①组织成员之间明确或默许的协议；②处于组织共同目的；③成员之间有目的而设的金钱利益共同体；④因具有平等控制权而具有的平等发言权。❺

---

❶ Warner-Jenkinson, 520 U. S. at 26-27 (quoting Aro I, 365 U. S. at 342).

❷ Aro I, 365 U. S. at 340; Fromson, 720 F. 2d at 1567-68.

❸ BMC, 498 F. 3d at 1381.

❹ 48A C. J. S. Joint Ventures § 62 (footnotes omitted); see also Restatement (Second) of Torts § 491 (1965).

❺ Restatement (Second) of Torts § 491, cmt. c.; see also 57B Am. Jur. 2d Negligence § 1138 (2015).

C. 错误地将联合侵权责任引入美国《专利法》第 271 条（a）款

多数意见和异议者都认同，在传统的责任替代原则下，如当一策划者指导或控制他人执行一方法权利要求中的所有步骤时，该策划者应当承担责任。但是，异议者的规则还更加宽泛——Akamai 和异议者都坚持认为，他们可以将普通法中的联合侵权责任引入美国《专利法》第 271 条（a）款。异议者将责任扩大至“包括按照同一计划、设计或目的同一实施方法权利要求的各方”。这种设想的错误在于，联合侵权责任与美国《专利法》第 271 条（a）款根本不同，其无异于试图在圆形孔中安装一个方形的钉子。为了将联合侵权责任引入美国《专利法》第 271 条（a）款，Akamai 和异议者违背了联合侵权责任中的三个普通法中不可或缺的限制。

第一，《民事侵权行为重述（第二版）》第 875 条将联合侵权责任明确定义为“仅包括被告亲自犯下侵权行为的情形”。《民事侵权行为重述（第二版）》第 876 条进一步解释：“如果一人无辜地、正当而谨慎地作出促成侵权的行为或在另一方侵权行为中进行协作，其不应当承担责任。”然而，根据美国《专利法》第 271 条（a）款直接侵犯方法权利要求的单一个体需要执行涉案权利要求中的所有步骤。因此，与 Akamai 和异议者的立场相反，协助侵害发生的无辜行为人通常并不承担责任。

第二，异议者声称采纳了民事侵权行为重述中的行为一致性规则。但《民事侵权行为重述（第二版）》第 876 条指出，“多方进行的一致性行为是他们根据一协议以特定的行为或达成特定的结果”。这种定义强调，双方必须有共同的协议。即民事侵权行为重述将“一致性行动”定义为一种“共同代理”形式。这与早期专利法的论述是一致的，即有限的共同侵权行为是“与其他人共谋”的当事人执行的❶，或当事人在侵权行为中“合作”❷。当各方为自己的利益独立行事时，例如有限的买卖关系中，并不存在共同代理或合作。

与此同时，异议者甚至将责任扩大至有限协议（arms-length agree-

---

❶ 3 William C. Robinson, The Law of Patents for Useful Inventions § 946(1890).

❷ Albert H. Walker, Textbook of the Patent Laws of the United States of America § 406 (4th ed. 1904).

ments）中，只要一方“知道另一方行动”即应当承担责任。而这一立场与专利法和侵权法都是相抵触的。美国最高法院在 Global-Tech 案中指出“直接侵权者的认知或意图是不相关的”，但异议者却提出了一种知识的限制。而普通法中侵权法要求双方清楚对方的行为以进行一致性行动。1979 年《民事侵权行为重述（第二版）》第 876 条指出，“与他人一致执行或与他人共同设计的一致侵权行为”，如果一方“无辜地、谨慎地实施一个碰巧促成侵犯他人权利的行动”，则其“并未与他人进行一致性行动”。[1] 此外，正如 Prosser and Keeton 提出的，相关认定还需要更多的限制：“甚至有一些表述称，只要某一方知晓对方的所作所为即证明他们之间是‘一致’的，其即需要对对方的行为承担责任。但这显然是错误的。”在本案中，没有证据表明，Limelight 的客户知道 Limelight 正在实施相关步骤，更没有证据显示他们之间存在合作。因此，该案中并不存在一致性的行动。

第三，民事侵权行为重述还描述了一致性行动的另一限制：对损害的认知。Akamai 引用了普通法的渊源中承认，对于连带责任，被告需要知道造成的损害或伤害。Akamai 在多处都指出“其要求知道行为会造成损害”，“要求知晓其和其他人必然导致原告财产的破坏”。事实上，这个普通法中的限制，在美国《专利法》第 271 条（b）款和（c）款的制定之时已经予以考虑。判例 Global-Tech, 131 S. Ct. at 2068 中，认为美国《专利法》第 271 条（b）款和（c）款“要求知道或故意无视专利侵权行为的存在”。

这与 Prosser and Keeton 的描述一致，要求“一个共同的计划或设计去实施侵权行为”[2]。然而，如果将“对损害的认知”应用至美国《专利法》第 271 条（a）款中，则要求其知晓涉案专利的存在，知晓涉案权利要求的特定步骤，知晓执行上述步骤所面临的侵权风险。这种将“对损害的认知”的限制应用至美国《专利法》第 271 条（a）款侵权认定的做法，与几个世纪以来由美国最高法院判决的先例——直接侵权者的认知或意图是不相关

---

[1] W. Page Keeton et al., Prosser & Keeton on Torts § 46(1984).

[2] Prosser & Keeton on Torts § 46.

的[1]，都是相悖的。

异议者认为排除上述三个针对联合侵权责任中普通法限制的理由是，“并非所有联合侵权行为的情况都可以根据美国《专利法》第 271 条（a）款的规定得到允许”。然而，仅以此简单的回答是不充分的，其并未解释为何专利法需要允许比其法律领域更广泛的共同侵权责任。几个世纪以来，普通法在公平正义的基础上，精心制定了关于侵权责任的多个限制。抛开这些限制，法律将不会得以保证。

异议者提出的理论还将导致一些不同寻常的结果。例如，一个顾客，如果其被预先设计，仅通过使用特定产品而执行了一专利方法中的某一步骤，即导致其需要承担美国《专利法》第 271 条（a）款中直接侵权的连带责任。国会和各州立法机构都表示担心无辜顾客易受到专利侵权的指控，而 Akamai 和异议者对现行法律提出了前所未有的解释，他们的解释将会导致顾客更加容易受到此类指控。这是非常令人不安的，因为即使不知道相关的专利，顾客也可能需要承担责任。另外，异议者提出“对他人行为的认知”是对顾客和其他不知情方提供了一个虚拟的保护。制定专利侵权诉讼是指控侵权人对第三方的诉讼，因此，最多需要了解他人行为以对专利权人在诉讼之后的损害赔偿进行制约。

掠夺式客户诉讼的大幅增加并不是一个理论问题。多个协会、白宫和其他评论者指出，许多专利权人已经向数十个、数百个，甚至数千个无辜的下游用户发送了勒索信或起诉。[2] 如果将法律扩大到对执行单个现有技术方法步骤的用户施加连带责任，那么这将会使不同行业的无辜个体受到更

---

[1] Global-Tech, 131 S. Ct. at 2065 n. 2; see also Hogg v. Emerson, 52 u. S. 587, 607 (1850).

[2] Br. of Amicus Curiae Elec. Frontier Found. in Supp. of Def. at 6-8, Akamai, 692 F. 3d 1301 (Fed. Cir. Aug. 9, 2011) (available at 2011 WL 3796789) (“EFF Br.”); Corrected Br. of Amici Curiae Cisco Sys., Inc. et al. in Supp. of Def. -Cross-Appellant at 4-5, Akamai, 692 F. 3d 1301 (Fed. Cir. Aug. 15, 2011) (available at 2011 WL 4438649) (“Cisco Br.”); Executive Office of the President, Patent Assertion and U. S. Innovation, at 10-12 (June 2013); Gaia Bernstein, The Rise of the End User in Patent Litigation, 55 B. C. L. Rev. 1443, 1443-46 (2014); Brian Love & James Yoon, Expanding Patent Law's Customer Suit Exception, 93 B. U. L. Rev. 1605, 1610-11 (2013).

多的诉讼风险。[1] 以一真实专利为例，有协会警告说，个人可能因为仅仅与医生简单沟通或一个刷卡的行为就要承担专利侵权的责任。[2] 另一协会解释说："技术公司的供应链中具有成百上千的合同，其可能会使供应链中的每个参与者都面临专利侵权的风险。"基于此，专利权人可以在专利中增加"从属权利要求，其唯一目的就是增加现有技术的步骤以增加专利申请人在起诉或授权公开后的相关选项"。

最后，异议者的立场导致了另一个错误结果：增加权利要求的限制实际上可以使更多的当事人承担侵权责任。考虑到一个假设，权利要求第 1 项中具有"复制"步骤，权利要求第 2 项对其进行引用，增加一个"标记"步骤的限制。以异议者的理论，仅需要一致行动而不要求一方的行为归因于对方，其会导致实施"标记"步骤而并未实施"复制"的主体对从属权利要求造成直接侵权责任，但不对保护范围更大的权利要求第 1 项造成侵权。这与"长期"存在的规则——只有当独立权利要求被侵权时，引用其从属权利要求才可能被侵权，相冲突。判例 Teledyne McCormick Selph v. United States,558 F. 2d 1000,1004(Ct. Cl. 1977);accord Ferring B. V. v. Watson Labs. ,Inc. -Fla. ,764 F. 3d 1401,1411(Fed. Cir. 2014)中，"因为我们认为 Ferring 专利中的从属权利要求并未被侵权，故而其被引用的独立权利要求也不可能被侵权"。

Ⅲ. 本案的事实

Akamai 认为，本案事实与判例 Muniauction 不同，因为 Limelight 与客户签订了合同，因此其提供了更具体的指示。Limelight 辩称，自最初联邦上诉法院合议庭审理至今，使用的判例法和法律依据均没有变化。导致最初合议

---

[1] See,e. g. ,Br. of Amici Curiae Newegg and L. L. Bean in Supp. of Pet'r at 18-22, Limelight,134 S. Ct. 2111(Feb. 28,2014)(available at 2014 WL 880929);Br. of Amici Curiae Cargill,Inc. et al. in Supp. of Pet'r Limelight Networks,Inc. at 8-10,Limelight,134 S. Ct. 2111 (Mar. 3,2014)(available at 2014 WL 880935);Cisco Br. at 4-7.

[2] EFF Br. at 5;Br. of Amicus Curiae The Financial Services Roundtable in Supp. of Limelight Networks,Inc. and Affirmance at 27,Akamai,692 F. 3d 1301(Fed. Cir. Aug. 15,2011) (available at 2011 WL 7730148).

庭判决的先例最著名的是判例 BMC 和 Muniauction，仍然对法院的审理有约束力。Limelight 指出，在最初合议庭判决中认为，地区法院是正确的，该案与判例 Muniauction 不可区分。Limelight 进一步指出，地区法院认为，尽管 Limelight 与其客户之间具有合同，但该合同“并不会迫使客户做任何事”。

在本案中，无任何证据表明 Limelight 的客户在以 Limelight 代理下执行涉案方法权利要求中的任何步骤，或以其他方式代表 Limelight 替换执行某些步骤。相反地，Limelight 的客户直接并自控地使用 Limelight 提供的 CDN 服务。Limelight 的客户提供自己的网页，并决定哪些内容通过 Limelight 的 CDN 进行发送。有些客户甚至同时使用 Limelight 和 Limelight 竞争对手的 CDN 服务发送相同内容。因此，是客户自身而非 Limelight，直接控制由哪个 CDN 传输其哪一项内容。仅仅因为 Limelight 为客户提供一个书面的手册来解释如何操作 Limelight 提供的产品，并不会使客户成为 Limelight 的代理。

此外，Limelight 提供的 CDN 服务与判例 Muniauction 中汤姆森提供的在线拍卖系统类似，因此 Limelight 与其客户之间的关系也与汤姆森与投标人之间的关系类似。在这两个案件中，客户都被提供了使用服务的说明，并被要求去执行涉案方法权利要求中的某些步骤以使用该服务。判例 Muniauction 中，客户执行招标步骤。在该案中，客户决定将哪些网页内容传输给 Limelight 的 CDN，然后，依据手册执行内容的“标记”步骤。Limelight 的客户还执行了“提供”自己网页的步骤。正如地区法院认定的那样，“Limelight 与其客户之间的互动与汤姆森与其投标人之间的互动并无实质性的差别”。

Akamai 进一步指出，Limelight 与客户之间的关系迫使客户发生侵权行为，因为 Limelight “将自身不执行的涉案权利要求的步骤，以合同形式使内容提供商（客户）去执行”。这个断言来源于 Limelight 的标准格式合同，根据 Akamai 的说法：“强制内容提供商执行涉案权利要求中的标记嵌入目标和提供标记页面的步骤，以便将嵌入对象的请求解析为 Limelight 的网络而非内容提供商的网络。”对于这个说法，Akamai 依赖判例 BMC 中的申明，“一个主体不能简单地通过将专利中的步骤外包给另一个主体而避免侵权”。

Akamai 对此申明的依赖是错误的。如上所述，Limelight 的客户由自身选择去决定将什么内容通过 Limelight 的 CDN 进行发送，这样才能在之后进行“标记”和“提供服务”步骤。这种标准合同并未强制 Limelight 的客户执行任何方法步骤。其仅仅解释了如果客户决定使用 Limelight 的服务，其需要执行这些步骤。因为客户是出于自身利益而行事，因此 Limelight 无须对客户行为承担替代责任。判例 BMC,498 F. 3d at 1379 中，认为仅当被控侵权人使得“他人以其名义执行一项或多项涉案权利要求的步骤时”才需要承担责任；判例 Muniauction,532 F. 3d at 1329 中，“仅仅是‘有限合作’不会引起任何主体的直接侵权”。

在本案中，涉案权利要求的内容要求了 Limelight 和其客户共同行动以执行侵权。因此 Akamai 本身就必须证明 Limelight 客户涉嫌侵权的行动归因于 Limelight。Akamai 并未解决这一难题，因为并没有证据显示 Limelight 的客户以其代理的身份行动，或者有合同显示客户被 Limelight 强制行动或当客户执行标记和提供服务步骤时两者以联合企业的形式采取行动。因此，美国最高法院同意地区法院批准的 Limelight 提出的依据美国《专利法》第 271 条（a）款，不侵权的依法律判决动议。

Ⅳ. 判决结果

基于上述原因，美国最高法院同意地区法院批准的 Limelight 提出的不侵犯’703 专利的依法律判决动议。

Limelight 认为，Akamai 目前并未提供任何实质性证据证明其与客户实际上执行了标记步骤。由于美国最高法院认定地区法院正当地批准了不侵权的依法律判决动议，所以美国最高法院不必对上述说法进行评价。同样地，美国最高法院认为 Akamai 并未提供 Limelight 侵权和 Akamai 销售损失之间具有因果关系的经济证据，故并未达到 Limelight 在交叉反诉中提出的侵害。

美国最高法院还确认恢复之前地区法院关于’413 专利和’645 专利不侵权的判决。

（2）Moore 法官反对判决意见的理由

今天多数人认为，多方主体可以导致直接侵犯方法权利要求的行为包

括以下三种情况：存在委托代理关系，存在合同规定，或联合企业中存在相互代理的功能。其将美国《专利法》从主流的法律体系中剥离，并拒绝接受美国《专利法》第 271 条（a）款中包含共同侵权责任。多数人认定的规则造成了与几个世纪以来就已经被认定为可以采取行动的侵权形式之间巨大的差异。并声称这种结果是由法律授权的，本人保留反对意见。判例 BMC 和 Muniauction 中提出的单一主体规则，是最新的司法产物，其与现存法律、普通法和常识均不一致。几个世纪以来，多主体之间一致行动去侵犯某一专利将导致侵权责任。国会有意并确实制定了联合侵权责任。正如多数人提出的那样，国会并没有有目的地废除一大批已确认的侵权责任形式。我郑重地反对多数人在本案中以这种方式解释美国《专利法》第 271 条（a）款，并宽恕侵权行为的决定。

如果没有专利诉讼来保护创新技术，我们所知道的互联网将不存在。在 20 世纪 90 年代中期，互联网正在爆炸式发展。越来越多的用户分享带宽大的信息，其通常距离甚远。从文本到照片到音乐到视频，用户对互联网的基础设施造成了成倍的压力，阻塞和服务终端是常事。

镜像（整个网站在多个位置的多个服务器上复制）是解决其中一些问题的已知解决方案。然而，镜像带来了另外的问题。镜像不可以扩展，内容提供商对遥远位置服务器上的存储的镜像数据的控制能力较弱。由于在多个位置同步镜像网站所需的开销，对于具有动态信息的网站而言，镜像的效率并不高。

麻省理工学院理论数学教授 Tom Leighton 和其研究助理 Danny Lewin，提出了相应的解决方案。他们开发了一个可扩展的网络镜像地理分布服务器来发送内容（CDN）。为了引导对这个内容的请求，他们开发了一个域名系统，可以智能地选择一个合适的 CDN 服务器，使得用户可以从中获取请求的内容。他们开发了一种方法，让内容供应商自身将待通过 CDN 发送的内容进行“标记”，而非其自己的服务器进行标记。使用他们的发明，像 ESPN 这样的内容提供商可以通过在自己的服务器中对其网站上的文本提供服务（如实时更新的新闻文章），并标记为静态，而将带宽大的内容（如伴随新闻文章的照片和视频）标记为由 CDN 进行发送服务，从而减轻 ESPN

服务器的负担。Leighton 教授和 Lewin 先生的发明保证了标记内容得以高效、可扩展地发送，同时保持内容供应商对自身内容的灵活性和有效控制。为了保护他们的发明，Leighton 教授和 Lewin 先生申请了专利。随后他们成立了 Akamai 公司，该公司作为授权专利 US6108703 的独占许可人。Akamai 获得了直接的成功，而且其内容分发方式对互联网的贡献可以与“阿拉伯数字的发明或航海的发展”相媲美。

为了回应 Akami 的成功，竞争者开始复制其内容分发的方法。在 Akamai 成立几年之后，Limelight 就是这样一个竞争者。陪审团发现 Limelight 与其内容供应商合作，执行了’703 专利中的每一步骤。例如，在’703 专利的权利要求第 34 项的四个步骤中，Limelight 执行了除了“标记”的其他步骤的每一步。而这一“标记”步骤正是由 Limelight 的客户执行，他们标记那些将被 Limelight 托管和发送的内容。Limelight 指导客户如何标记，如果其客户需要额外的帮助，他们的员工也随时待命。此外，Limelight 要求所有客户签订标准合同，合同描述了客户使用 Limelight 服务的步骤（包括标记内容的步骤）。当 Limelight 的内容供应客户使用其 CDN 服务以向互联网用户发送网页内容时，客户必须标记内容。其客户并没有选择：如果希望使用其产品，客户必须标记内容。Limelight 本身则执行了 Akamai 专利权利要求中的其他步骤。因此，每次使用 Limelight 服务时，Akamai 专利中相关权利要求中的所有步骤都是 Limelight 提供的 CDN 服务的一部分。

当 Leighton 教授和 Lewin 先生为其发明申请专利时，他们希望我们的法律制度保护他们的知识产权。在所有的历史中，如 Limelight 这样的公司都需要对其侵犯专利的行为承担责任。Limelight 执行了一个方法专利中的除“标记”步骤的其他所有步骤，并指导其客户执行该“标记”步骤。Limelight 及其客户都从执行涉案专利权利要求所有步骤中获得了经济效益，即对标记内容更快、更有效地发送，同时保留对未标记内容的控制和灵活性。认定 Limelight 未侵犯专利权不符合普通法，不符合专利条例的明文规定，也不符合在判例 BMC 和 Muniauction 之前已经存在了几个世纪的美国《专利法》。

Ⅰ. 单一个体原则 & 指导或控制测试的创造

今天多数人的判决依赖单一实体规则，以及其对于指导或控制测试的理解。在解释为什么多数人对这些规则的看法与法律条文不一致之前，先简要解释一下上述规则的产生原因。

判例 BMC 将单一实体规则看作第一原则，宣称："侵权，一如以往地要求需要证明被告执行了涉案权利要求中的每个单独要件。"❶ 其没有通过分析，就得出结论——单一主体规则起源于美国《专利法》第 271 条（a）款。为了支持这个看上去古老的命题，BMC 引用了美国最高法院在判例 Warner-Jenkinson Co. v. Hilton Davis Chemical Co. ,520 U. S. 17,40(1997)中的判决，等同原则应当进行逐个对比。正如评论家指出的，判例 Warner-Jenkinson's 中的全要素对比原则无法支持判例 BMC 归因于它的狭义命题。❷ 在 1952 年后的几起判例中，美国最高法院曾经指出，"如果某人需要承担直接侵权责任，则必须首先确定涉案发明确实被实施侵权。然而，在这些判例中，美国最高法院并未说明实施侵权必须由单一实体进行"❸。此外，正如某些协会和评论家指出的那样，似乎没有先例支持该单一实体规则。"没有长期存在或成熟的规则要求一个方法权利要求的所有步骤都由一个主体执行。相反地，存在一个非常重要的法律体系持相反观点"❹ "最高法院的判例中并没有标明直接侵权的实施主体只能是一个单一实体"❺ "并没有

---

❶ BMC Res. ,Inc. v. Paymentech,L. P. ,498 F. 3d 1373,1380(Fed. Cir. 2007).

❷ W. Keith Robinson, No "Direction" Home: An Alternative Approach to Joint Infringement,62 Am. U. L. Rev. 59, 86(2012); Damon Gupta, Virtually Uninfringeable: Valid Patents Lacking Protection Under the Single Entity Rule,94 J. Pat. & Trademark Off. Soc'y 61,63 n. 32 (2012).

❸ Dennis Crouch,Joint Infringement: When Multiple Actors Work in Concert, Patently-O (Apr. 14,2011), http://www.patentlyo.com/patent/2011/04/joint-infringement-when-multiple-actors-work-in-concert.html.

❹ Brief of Amicus Curiae Pharmaceutical Research and Manufacturers of America at 8, Akamai Techs. ,Inc. v. Limelight Networks, Inc. ,692 F. 3d 1301(Fed. Cir. 2012)(en banc) (No. 09-1372).

❺ Brief of Amicus Curiae Biotechnology Industry Organization at 23, Akamai,692 F. 3d 1301(No. 09-1372).

相关判例明确指出，必须由一个单一实体执行方法权利要求中的每个具体步骤才能被认定为直接侵权实施者”❶。

仅依赖少数并不充足的分析，单一实体规则便诞生了。判例 BMC 中使用了“被告”一词导致了一定程度的混淆，因此在判例 Muniauction 中，法庭判决中更加明确地指出：“直接侵权要求单一主体实施方法权利要求中的每个步骤。”❷ 判例 BMC 和 Muniauction 中都解释说，多主体的联合行动是否可以归因于单一主体是通过“知道或控制”测试来决定的，该测试是指“多主体联合行动以执行一方法权利要求，仅在一主体在整个过程中进行‘指导或控制’以使得所有步骤都归因于该‘主导者’时，才能认定直接侵犯该权利要求”❸。

上述两个案例均未证明单一主体规则是一个长期的、公认的原则。许多评论家认为，判例 BMC 和 Muniauction 中单一实体规则的宣告改变了法律，使专利保护的范围大大削弱，并在侵权责任方面造成了巨大的漏洞。“单一实体规则不当和不必要地使交互方法类的专利毫无价值，并将破坏公众对专利和整个专利制度的信心。”❹ “判例 BMC 和 Muniauction 已经修改了法律，为专利侵权责任创造了一个漏洞”，而 Akamai 案的合议庭裁决已经“破坏了数以千计正式公布的专利权利要求的保护范围”❺。还指出严格应用单一实体规则将“鼓励多个合作实体之间共谋逃避侵权责任，去除了在个性化医疗等领域大量的重要的方法权利要求，大大削弱了美国的专利体系”❻ “上诉法院的单一实体规则鼓励可能的侵权者通过‘分开’执行方法专利中的步骤来规避生物技术专利中非常有价值的子集，并避免了最近才

---

❶ W. Keith Robinson, No“Direction”Home: An Alternative Approach to Joint Infringement, 62 Am. U. L. Rev. 59, 86(2012).

❷ Muniauction, Inc. v. Thomson Corp., 532 F. 3d 1318, 1329(Fed. Cir. 2008).

❸ Muniauction, 532 F. 3d at 1329(quoting BMC).

❹ Brief of Amicus Curiae Boston Patent Law Association at 1, Akamai, 692 F. 3d 1301 (No. 09-1372).

❺ Brief of Amicus Curiae Cascades Ventures, Inc. at 5-6, 11, Akamai, 692 F. 3d 1301 (No. 09-1372).

❻ Brief of Amicus Curiae Myriad Genetics, Inc. at 2-3, Akamai, 692 F. 3d 1301(No. 09-1372).

建立的以侵权责任判定为前提的那种正式的法律关系”❶“没有司法追索权，‘指导或控制’标准将使成千上万具有社会价值和有效的方法专利无法执行”❷“在判例 Muniauction 规定的严格的‘指导或控制’标准下，许多专利可能变得毫无价值”❸“判例 BMC 创建了一个严重的漏洞，它鼓励潜在的过程专利侵权者进行侵权行为，只要没有指导或控制方就可以通过分裂各方的步骤来规避侵权责任”❹“判例 Muniauction 不仅使得很多互联网软件专利现在无法执行，许多网络和通信类的专利也不能执行”❺。

许多专利权人以无法被侵权的方式撰写专利，这掩饰了关于长期存在的直接侵权要求单一实体规则的建议。我不同意多数人的观点，他们认为本专利，以及涉及众多行业的其他无数专利都是以一种糟糕的撰写方式——期待“共同侵权责任”的方式撰写的。

Ⅱ. 美国《专利法》第271条（a）款下的联合侵权责任

美国《专利法》第271条规定了侵权责任认定的标准。美国《专利法》第271条（c）款规定：任何人在美国邀约销售、销售或进口到美国，专利保护的机器、制品、组合物或化合物的一部分，或用于实施受专利保护的方法所使用的材料或装置，上述物品构成专利发明的重要部分，且明知上述物品是为了侵犯专利权之用，而被特别制作或特别改变，如果上述物品不是商业上的通用产品，没有其他的不侵权的主要用途，从事上述行为的应承担帮助侵权之责任。所有人都同意，侵犯一个方法权利要求需要权利要求中的所有步骤都被执行。联合侵权责任没有对全部要素规则进行改变

❶ Biotechnology Amicus Brief at 9-10.

❷ Stacie L. Greskowiak, Joint Infringement After BMC: The Demise of Process Patents, 41 Loy. U. Chi. L. J. 351, 403(2010).

❸ Alice Juwon Ahn, Finding Vicarious Liability in U. S. Patent Law: The“Control or Direction”Standard for Joint Infringement, 24 Berkeley Tech. L. J. 149, 171(2009).

❹ After BMC Resources, Inc. v. Paymentech, L. P.: Conspiratorial Infringement as a Means of Holding Joint Infringers Liable, 103 Nw. U. L. Rev. 1897, 1899(2009).

❺ Dolly Wu, Joint Infringement and Internet Software Patents: An Uncertain Future?, 91 J. Pat. & Trademark Off. Soc'y 439, 441(2009).

或破坏。为了实施侵权行为，所有要素或步骤都要被执行。本案的争议在于谁必须执行上述所有步骤，这个争议集中在对于“任何人”（whoever）的解读上。

美国《专利法》第271条（a）款中使用的“任何人”包含多个实体的含义。字典中将“任何人”定义为复数形式。[1]《字典法》规定：单数形式的单词包含和适用于若干人，当事人或事物（the words“person”and“whoever”include corporations, companies, associations, firms, partnerships, societies, and joint stock companies, as well as individuals）。1 U. S. C. § 1中明文规定了“任何人（whoever）……制造、使用、邀约销售、销售任何受专利保护的发明即视为侵权”具体是指“‘任何人（any person or persons）制造、使用、邀约销售、销售任何受专利保护的发明即视为侵权’”。

美国《专利法》中的其他条款中出现的，和在相关判例中的“任何人”都明确包括多人的集体行为。即使出现在条款中的不同部分，特定术语通常也具有相同的含义。“法律框架的政策规则是，在同一法案的不同条款中的同一词句应当具有相同含义”[2]“在一个文档中，一个单词或词语应当具有相同的含义。这个推定适用于一个法案或法规中的不同条款中”[3]。美国《专利法》第101条规定：“凡是发明或发现任何新的、有用的方法的任何人都可以获得专利权。”所有人都同意美国《专利法》第101条中的“任何人”包括联合发明人。该任何人包括一个联合发明人，因此对于“谁发明”（whoever invents）的意义上，不论其是否形成整个发明，只要他对整个发明的概念有所帮助，就可以称其为一个联合发明人。判例 Vanderbilt Univ. v. ICOS Corp., 601 F. 3d 1297, 1303(Fed. Cir. 2010); Eli Lilly & Co. v. Aradigm

---

[1] Principal Brief for Plaintiff-Appellant Akamai on Rehearing En Banc at 15, Akamai, 692 F. 3d 1301(No. 09-1372)(quoting American Heritage College Dictionary 1540(3d ed. 1997)); Brief of Amicus Curiae AIPLA at 11, Limelight Networks, Inc. v. Akamai Techs., Inc., 134 S. Ct. 2111(2014)(No. 12-786).

[2] Sullivan v. Stroop, 496 U. S. 478, 484(1990).

[3] Antonin Scalia & Bryan A. Garner, Reading Law: The Interpretation of Legal Texts 170-73(2012).

Corp. ,376 F. 3d 1352,1359(Fed. Cir. 2004)中，提出“任何人以侵权为目的执行”了一个过程覆盖了多主体协同合作的情况，此情况中，可能存在多主体中的任一方均未独立执行一个单独步骤。

多数人很少考虑法条中的文字，将关于“任何人”的讨论放在注脚之下。它不考虑法律框架的原则，也不试图将其与统一法案中的“任何人”的含义相协调。多数人认为，如果任何人是复数则意味着不止一个实体需要承担专利侵权责任。但这种复数形式并不会对法条理解带来影响，因为即使是单数形式，法条的理解也是相同的。例如，对于法条中“某人使用”(one who uses) 了一项专利发明的理解，所有人都同意如果有两个人分别执行方法权利要求的每一个步骤，则这两个人都应当对侵权行为承担责任。没有人会认为一旦第一人侵权，那么第二人就不能再对侵权行为承担责任。多数人的假设是没有道理的，并不与美国《专利法》中其他法条的解读一致，例如美国《专利法》第 101 条、第 161 条及第 171 条中，不可否认相关共同发明人均指多实体共同参与行为。

以上通过法律的明文规定和语境的分析强调了美国《专利法》第 271 条 (a) 款中的“任何人”包括一个联合侵权者，即根据共同计划或目的一致行动的多个主体（共同侵权行为人）的结论。此外，反对在没有实际支持下将“任何人”延伸至包括联合侵权的假设。如果“法律行文已收到两种结构的影响，其中一种会被执行，而另一种则不会，那么法律应当恢复其原来的结构”[1]，多数人构建的基于“任何人”的法律解读，将会在现行侵权法律中，在制裁侵权行为与认定现行和今后专利中的重要技术几乎不可执行之间造成一个“巨大漏洞”[2]。“常识和专利法都有打击联合行为人在专利权范围内分割实施专利发明行为的目的”[3]“联邦巡回上诉法院最近对所谓‘联合侵权行为’的裁决采取了限制性的做法，将会对潜在侵权者提

[1] Antonin Scalia & Bryan A. Garner, Reading Law: The Interpretation of Legal Texts 63 (2012) (Quoting Citizen Bank of Bryan v. First State Bank, 580 S. W. 2d 344, 348 (Tex. 1979)).

[2] AIPLA Amicus Brief at 9.

[3] Biotechnology Amicus Brief at 13.

供一个漏洞"[1]；评论 Damon Gupta, Virtually Uninfringeable: Valid Patents Lacking Protection Under the Single Entity Rule, 94 J. Pat. & Trademark Off. Soc'y 61,68,74(2012)，解释称，联邦巡回法院的单一实体规则"造成了不协调的结果—— 一些专利几乎是不可能被侵犯的……这造成了被告可与他人合作共同执行方法专利中的每个步骤来避免侵权责任的漏洞"。

例如，请考虑以下情况：甲方故意诱导乙方执行方法权利要求中的每个步骤。毫无疑问，乙方是根据美国《专利法》第 271 条（a）款的直接侵权人，甲方是根据美国《专利法》第 271 条（b）款的诱导侵权责任人。进一步，如果假设甲方执行方法权利要求中的第一步，然后以相同的指示和意图诱导乙方执行剩余步骤。在多数人提出的规则中，上述甲乙方均无须承担侵权责任。甲方甚至没有作为诱导者的责任，因为根据单一实体规则，根本没有直接侵权行为的发生。如该案中 Limelight 提出的"无直接侵权的情况，就不存在诱导侵权"。多数人的假设"将会使得法律无效，并使得罪犯以最容易的方式逃避责任"[2]。事实上，美国最高法院已经认识到这个漏洞可能是因为联邦上诉法院错误地限制了美国《专利法》第 271 条（a）款的范围而引起的。

多数意见认为这个责任认定上的漏洞是"国会故意的选择"。多数意见认为"国会精心设计了（b）款和（c）款"，并故意"删除了关于联合行为人专利侵权的责任认定"。多数人意识到，"当时普通法包括了无数其他的侵权理论，例如 Peerless and Solva 理论。在制定美国《专利法》第 271 条（b）款和（c）款时，国会清除了多方侵权行为的泥沼"（见注 4）；对于侵权的普遍理解是，1952 年的美国《专利法》并非对于侵权责任范围进行彻底的修改，而是对现行的侵权责任进行编撰并对美国最高法院在相关判例中的判决进行恢复，如判例 Mercoid Corp. v. Mid-Continent Investment Co., 320 U.S. 661(1944)，和判例 Mercoid Corp. v. Minneapolis-Honeywell Regulator Co., 320 U.S. 680(1944)。

---

[1] Myriad Amicus Brief at 11.

[2] The Emily & the Caroline, 22 U.S. (9 Wheat.) 381(1824)(Thompson, J.).

注 4：

即使提出美国《专利法》第 271 条（a）款不包括联合侵权的设想也并未被美国最高法院接受。如判例中 Brief of Amicus Curiae United States at 14, Limelight, 134 S. Ct. 2111(No. 12-786)，“就专利政策而言，当一方当事人主动诱导另一方实施过程权利要求中的全部步骤，其将承担侵权责任，但当其实施部分步骤而诱导他人实施剩余步骤时却不再追究其责任，这两种情况之间的法定界限实在令人不满意”。

多数意见并未解释为何国会会故意消除共同侵权责任，并制造普遍公认的追责漏洞。没有人为这个合乎逻辑的规则——多数意见称国会故意采纳了当一方诱导他人实施方法专利中的所有步骤则双方均需要承担责任，而当一方执行某些步骤并诱导他人进行剩余步骤则双方均无须承担责任——进行辩护。这两种情况下对于专利权人而言都是所有的方法步骤被执行，其带来的损害都是相同的，而且联合侵权执行人都通过执行被专利保护的方法获得的经济利益。

多数意见对美国《专利法》第 271 条（a）款中“任何人”的解释包括联合侵权人的主要批评是，这样做会使得美国《专利法》第 271 条（b）款和（c）款变得多余。这是完全错误的。美国《专利法》第 271 条（b）款和（c）款适用于（a）款不适用的情形。考虑到前面已经讨论过的相同情形——一方诱导另一方执行方法权利要求中的所有步骤，该主体毫无疑问将依据美国《专利法》第 271 条（b）款承担责任。该主体不会因美国《专利法》第 271 条（a）款进行问责，因为其并未执行方法权利要求中的任何步骤。美国《专利法》第 271 条（a）款以其自己的条款，不适用于没有执行任何专利方法步骤的实体，因为依据该法律内涵，该个体并不会成为执行该方法联合主体中的一个（见注 5）。判例 See NTP, Inc. v. Research In Motion, Ltd., 418 F. 3d 1282, 1318(Fed. Cir. 2005)中，“因为一个方法仅仅包含了具有顺序的行为，因此执行方法必然包括操作或执行所述步骤中的每一个”“美国《专利法》第 271 条（a）款并不适用于未执行方法权利要求中任何步骤的个体”[1]“使用权是一个综合性的术语，其包含将特定发明投入服务的权利”[2]。正如这个例子表明的，美国《专利法》第271条（b）款和（c）款完全不会多余。多数人声称，我“制造了一个单一案件”以免“美国《专利法》第271条（b）款和（c）款变得多余”是令人困惑的。美国《专利法》第271条（b）款和（c）款，是本身并不执行方法步骤的诱导者和帮助者被追责的唯一途径。这个例子并不是一个单独地隔离，而是每个应用美国《专利法》第271条（b）款和（c）款案例的事实模式。根据美国《专利法》第271条（b）款和（c）款判决的任何案件都不会以另一种方式出现，并且以我对法律框架的理解，这些事实模式也不会引起美国《专利法》第271条（a）款的追责。

注5：

如果一个主体并未实施任何方法步骤，则其并未单独地或联合地使用这个方法，这点是毫无争议的。多数人还声称，此处“使用”这个不起眼的定义与普通法的侵权原则并不一致，因为它排除了鼓励他人使用而非自己执行方法步骤的诱导者。但这部分内容不正是国会在美国《专利法》第271条（b）款中所包含的内容吗？

美国《专利法》第271条（a）款明文规定以及美国《专利法》其他相关条款也明确指出，“任何人……使用”一个方法包括联合侵权者，正如“任何人发明”也包括联合发明的情形一样。尽管多数人提出其标准并不对作为委托代理关系、合同安排或合资企业进行限制。但法律明文规定、普通法和我们的判例法中并未具有如此限制。联合侵权行为包括侵权人执行权利要求中的某些步骤并指导或控制他人执行该权利要求中的剩余步骤，还包括以相同的计划、设计或目的在一致行动中共同执行权利要求的多个主体。这种多行为主体的联合侵权责任已经在1952年美国《专利法》之前存在并普遍认同，并在现行的美国《专利法》第271条（a）款中得以延续。

---

[1] AIPLA Amicus Brief at 18.

[2] Bauer & Cie v. O'Donnell，229 U. S. 1，10-11（1913）.

多数人的意见认为，尽管在美国《专利法》中针对“任何人”的使用在内部是并不一致的，甚至承认其与之前的普通法相比确实造成了一个巨大的漏洞。但多数人称这是国会有意为之，因为在1952年国会试图取消除了通过美国《专利法》第271条（b）款和（c）款制定的其他广泛认可的联合侵权形式。美国《专利法》第271条（a）款中的“任何人”包括联合侵权者，正如美国《专利法》第101条、第161条及第171条中“任何人”也包括联合发明人一样。法律中的明文规定表面，国会中通过（a）、（b）和（c）三个条款对联合侵权行为进行划分并分别追责。这种法律框架给予了法律条款中的每个词语一定含义，一致地去理解词语“任何人”的含义，反映了国会在1952年编制美国《专利法》之前对于侵权责任状态的解读。

Ⅲ. 普通法支持美国《专利法》第271条（a）款关于联合侵权责任

美国最高法院在判例 Aro Manufacturing Co. v. Convertible Top Replacement Co. ,365 U. S. 336,342(1961)中指出，“新专利法在美国《专利法》第271条（a）款中定义了侵权，并遗留了一个完整的关于直接侵权的判例法体系”。1952年美国《专利法》之前的普通法认为的专利联合侵权具有比现在多数意见认定的更广的范围，例如，当一方指导或控制另一方去侵犯专利权的行为，或者两个主体处于相同的计划、目标或意图以一致行动的方式去执行方法权利要求中的步骤。正如罗宾逊著名的专利论文总结道：“一个侵权行为是指，未经专利权人授权下的制造、使用或销售……，也不得以任何方式与他人共谋去掩盖、伪装由专利带来的实际的垄断效果。所有执行或联合实施侵权行为的人，可以被共同或分别起诉。”[1] 同样地，论文 Albert H. Walker, Textbook of the Patent Laws of the United States of America(4th ed. 1904)(“Walker”)解释称，“任何指导或要求他人侵犯专利权，其本人有责任对侵权行为负责”“若有多人在侵权行为中合作，所有这些人都应当被追责”（见注6）。

---

[1] 3 William C. Robinson, The Law of Patents for Useful Inventions § 946(1890)(“Robinson”).

注 6：

联合侵权并非一个"相对较新的问题"。"现行关于美国《专利法》第 271 条（a）款没有充分处理多方联合执行方法专利步骤的相对新的现象。"从 1952 年美国《专利法》制定就开始出现的专利论文，延续至现在数以千计的专利本身，其权利要求都期望覆盖联合侵权责任，而多方一致行动去实施专利方法步骤行为是已知的和可认知的。例如之前提及的 Walker 和 Robinson 都认同"如果多人合作侵权，则他们都需要承担责任"。论文 Contributory Infringement：Hearings on H. R. 3866 Before Subcomm. No. 4 of the House Comm. on the Judiciary, 81st Cong. 3(1949) 指出："当两人以某种方式联合侵犯一项专利权，他们都是联合侵权者，且无论两人是特意或去掩饰，他们一般是一致行动的。"论文 Contributory Infringement in Patents：Hearings Before Subcomm. on Patents, Trade-marks, and Copyrights of the H. Comm. on the Judiciary, 80th Cong. 5(1948) 中讨论了主张通过 1952 年美国《专利法》，以确定由两个或两个以上一致行动人执行方法专利的责任："一种新的无线电通信方法往往同时包括发送器以及相应的接收器的改进。为了在发明的权利要求中体现，有必要指出既包括发送又包括接收的新方法，或者发送器或接收器中结构的新的组合……美国最高法院最新的判决无法去约束将无线电发射器和无线电接收机分别由不同人进行掌握或操作的普遍情况。"由此看出，联合侵权不是一个新问题，也不是在 1952 年美国《专利法》中被国会忽视的问题。

本案当事人引用的 1952 年以前的案例中有几个案例是承认联合侵权责任的。在判例 York & Maryland Line Railroad Co. v. Winans 中，美国最高法院裁定，由于一家拥有铁路的公司，在其铁路上由另一家公司提供了侵权的车辆并为这两家公司均提供利益，这家铁路公司需要承担侵权责任，因为其是"一个典型的与其他公司合作的例子，其错误行为应当为造成的损失直接负责"。类似的判例 Jackson v. Nagle 中，一个承包商执行了某些侵权步骤，另一承包商执行了其余步骤，被认定为"联合侵权"（见注 7）。判例

Thomson-Houston Elec. Co. v. Ohio Brass Co. ,80 F. 712,721(6th Cir. 1897)中，“侵犯专利权是一种类似侵害的侵权行为。从最早起，参与侵权行为的所有人，无论是通过实际参与还是通过帮助或教唆侵犯行为，都被认为是联合侵权的，且需要对造成的损害承担一定的赔偿责任……如果这一有益的规则不适用于专利财产的侵害的情形时，这便是美国法律制定者的耻辱”。论文 Rectly and intentionally become joint infringers, Wallace v. Holmes, 29 F. Cas. 74,80(C. C. D. Conn. 1871)指出，如果“一致行动”中的一方实施了权利要求中的一部分，而另一方实施了剩余部分，两者都是“侵权实施者，共同以相同的目的行事，去侵犯专利权，实际上是通过其一致行动的事实产生了侵权的结果”。

注 7：

多数人以其涉案专利并非是方法权利要求来否认判例 Jackson 和其他 1952 年前的案件。专利法规中并未通过明文规定区分方法和产品权利要求，以至于使得国会有意图在涉案权利要求是产品时即将联合侵权的概念引入至以合作方式实施侵权行为，而当涉案权利要求是方法时则不予考虑。这些案件表明，在当时，将一致行动相当于联合侵权行为是可操作的。

1952 年之前第七巡回法庭的两件判例也承认了这一理解，即双方的一致行动可能导致对于方法权利要求的直接侵权。判例 Peerless Equipment Co. v. W. H. Miner, Inc. 中，被告制造商执行了除最后一个步骤的所有步骤，并由被告的客户完成了最后一个步骤。排除了分离式侵权的部分，第七巡回法院认定被告应当承担共同侵权责任。类似的判例 Solva Waterproof Glue Co. v. Perkins Glue Co. 中，被告的客户执行了两步步骤中的一个步骤，该被告也被裁定了帮助侵权的责任。对于上述两个判例中的被告都承担帮助侵权责任，但其中必然存在一些直接侵权行为。在本案中，Limelight 指出：“我们的判例法毫无疑问地支持这一观点——‘只有当存在直接侵权时’，才可能出现诱导侵权。”这个要求在 1952 年美国《专利法》之前就存在了。“很明显，1952 年美国《专利法》并未改变基本规则，即在没有直接侵权的情况下不会有帮助侵权责任。" Peerless 和 Solva 含蓄地指出，双方执行方法权利要求中的不同步骤都会构成对于该方法的直接侵权。

当然，上述 1952 年之前的原则和判例更类似于我们今天认定的间接侵权，而非根据美国《专利法》第 271 条（a）款的直接侵权。但是他们都产生了责任，1952 年的美国《专利法》根据这些判例都编撰成法律。在美国《专利法》第 271 条（b）款和（c）款中，它编撰了诱导侵权和帮助侵权的情形。而在美国《专利法》第 271 条（a）款中，通过使用复数名词"任何人"，将普通法规则中的双方以共同的计划或设计来一致行动去执行一方法权利要求需要承担共同侵权责任。

对于美国《专利法》第 271 条（a）款的解释是包括多主体一致行动的侵权责任，这与普通法关于侵权责任的一般原则是一致的。普通法在两个或两个以上的当事人一致行动的时候施加了连带责任，或者称为一致行动，或者以共同的计划、设计或目的而与另一方行动，即使没有原则关系或合同义务。1979 年《民事侵权行为重述（第二版）》第 876 条指出："如果一方与他人共同设计，并与他人进行侵权行为，那么他需要承担责任。"论文 Edwin A. Jaggard, Hand-book of the Law of Torts § 67 中指出："共同侵权行为人应当承担责任，并未因为他们之间存在任何关系，而是因为他们向同一目标一致行动……所有提供援助、指导、或参与侵权行为的人都是共同侵权行为人。"事实上，即使各方的个体行为并未构成侵权行为，普通法对多方主体造成的损害也需要承担责任。论文 Prosser & Keeton on Torts § 52 中指出"很多法院认同，即使单独的行为可能是无辜的，而这些行为的合并造成损害则可能是侵权行为"。论文 Fowler Vincent Harper, A Treatise on the Law of Torts § 302（1933）中指出"侵权的连带责任可以在以下三种情况下施加：①当行为人一致参与了侵权行为的；②虽然不存在联合行动，但多行为人的独立行动共同导致了有害结果的；③由于当事人之间存在某种特殊关系，强加连带责任的"。一致行动的协议可以是明示的、暗示的或默契的。论文 Prosser & Keeton on Torts § 46 中指出："并非都需要一种表达出来的协议，有时仅需要默契就可以达到。"在本案中，Akamai 提出异议称，“协议可以是明示的或暗示的”；1979 年《民事侵权行为重述（第二版）》第 876 条指出：“协议可以不通过文字表达出来，可以仅仅是暗示并从存在于行为本身中得到理解。”

虽然 1952 年之后并不具有根据美国《专利法》第 271 条（a）款来对一致行动或联合侵权追责的情形，但法院常常在联合侵权行为的情况下承认美国《专利法》第 271 条（a）款的赔偿责任，并不限于替代责任。判例 On Demand Mach. Corp. v. Ingram Indus. ,Inc. ,442 F. 3d 1331,1344-45(Fed. Cir. 2006)中,批准地区法院的陪审团判决,即“构成侵权行为的主体不需要是一个人或实体……侵犯专利的过程或方法权利要求无法避免由他人执行过程或方法中的某些步骤。由一个或多个人或实体参与或联合行动来构成侵权,其将构成联合侵权人并承担联合侵权责任”。判例 Hill v. Amazon. com, Inc. ,No. 2:02-cv-186,2006 WL 151911,at * 2(E. D. Tex. Jan. 19,2006 中指出，“在没有代理或合同关系的情况下，判例法似乎要求明确证明被告和第三方至少需要证明被告确实指导第三方执行了方法权利要求中的剩余步骤”。判例 Shields v. Halliburton Co. ,493 F. Supp. 1376,1389(W. D. La. 1980)中，“侵犯专利的过程或方法权利要求，不能通过让另一方执行该过程或方法权利要求中的一个步骤来避免”。判例 Freedom Wireless Inc. v. Boston Commc'ns Grp. ,Inc. ,No. 06-1020,slip op. at 2-3(Fed. Cir. Dec. 15,2005)中，注意到地区法院关于根据美国《专利法》第 271 条（a）款直接侵权的认定：“如果不同公司一致行动以执行方法权利要求中的所有步骤，这些公司应当共同负责，即作为一个侵犯专利权的整体承担责任。即使并未有一个公司执行了权利要求中的所有步骤，但这些公司作为一个整体应当承担联合责任。”判例 Applied Interact, LLC v. Vt. Teddy Bear Co. , No. 04 Civ. 8713, 2005 WL 2133416, at * 4(S. D. N. Y. Sept. 6, 2005) 中指出，在联合侵权者之间采用一种“某些联系”而不是替代责任的标准来界定。判例 Marley Mouldings Ltd. v. Mikron Indus. ,Inc. ,No. 02 C 2855,2003 WL 1989640,at * 3(N. D. 1ll. Apr. 30,2003)中，否认了认为“一主体仅仅通过让他人实施一个或多个步骤，就可以避免侵权的追责”的言论。判例 Cordis Corp. v. Medtronic AVE, Inc. , 194 F. Supp. 2d 323,350(D. Del. 2002), rev, d on other grounds, 339 F. 3d 1352

(Fed. Cir. 2003)中指出，找到充分证据支撑在联合实施方法权利要求的两个主体之间具有“某些联系”。判例 Faroudja Labs., Inc. v. Dwin Elecs., Inc., No. 9720010, 1999 WL 111788, at *5(N. D. Cal. Feb. 24, 1999)中，认识到“即使方法专利中的不同步骤由不同的主体分别执行，如果在不同的主体之间存在‘某些联系’，则该主体还可能需要承担直接侵权责任”。判例 Mobil Oil Corp. v. W. R. Grace & Co., 367 F. Supp. 207, 253(D. Conn. 1973)中，尽管其客户执行了权利要求步骤中的一个步骤，但仍然认为格雷斯是直接侵权的，因为“被告实际上使得每个客户都成为他的代理去完成侵权步骤，并明确知晓通过其客户将适当并充分地完成每个侵权步骤”。判例 Metal Film Co. v. Metlon Corp., 316 F. Supp. 96, 110-11(S. D. N. Y. 1970)中，认为被告不能通过让外部供应商执行其中一个方法步骤就避免直接侵权责任。此外，判例 Mobil Oil Corp. v. Filtrol Corp., 501 F. 2d 282, 291-92(9th Cir. 1974)中还指出，对分离式侵权责任的可能性表示怀疑。

Ⅳ. 本案引用的法定解释

根据美国《专利法》第 271 条（a）款，Limelight 公司及其客户的行为侵犯了'703 专利。首先，Limelight 在指导或控制的测试下需要承担责任，因为 Limelight 公司执行了该方法权利要求中的多个步骤，并指导其客户执行其余步骤。Limelight 并不是仅执行一个单独步骤的单一的无辜个体。他是该案侵权行为的主谋，其执行了权利要求步骤中除了一个步骤之外的所有步骤，并指导客户在使用 Limelight 的 CDN 服务之前执行该权利要求中的那个剩余步骤。作为一个对该权利要求中每个步骤都负责的人，在法律中一直被视为侵权者。在这种情况下，Limelight“使用”了专利保护的方法。每当 Limelight 客户采取行动，并按指示去使用 CDN 服务，侵权就会发生。Akamai 的发明被完整的使用，方法权利要求中的每个步骤都被执行，Akamai 创新的所有经济效益都被窃取。而 Limelight 是从这种侵权行动中获利的人。Limelight 使用了 Akamai 的专利发明，并对方法权利要求中每个步骤的执行负责。

Limelight 也可被视为共同侵权人，按照共同的目的、设计或计划与其客户一致行动。Limelight 和其内容供应商共享同一目的、设计或计划：为了向互联网用户提供网站信息。Limelight 有意与客户共同合作，共同完成专利方法中的全部步骤，并获得他人应受到专利保护的经济效益。Limelight 的服务改善了向互联网用户提供内容的方式，使得其为客户提供更快的、通过对标记内容更高效地控制同时对未标记内容保持灵活的服务。陪审团已经发现，所涉及的权利要求的所有步骤都是由 Limelight 及其客户共同行为来执行的。这些步骤都是根据合同进行的。

Limelight 要求所有希望使用其服务的客户签署标准合同，界定客户未使用 Limelight 服务而需要执行的行动，包括涉案专利方法中的步骤。Limelight 并未告知客户要标记哪些网站内容，但这与是否侵犯涉案权利要求并无关系，因为其并未因标记的具体行为产生差别。合同确实并未强迫客户使用 Limelight 的服务。但是，如果客户确实使用 Limelight 的服务来传送内容，则必须执行涉案权利要求方法中的特定步骤，从而与 Limelight 公司执行了一致行动。客户可能选择不与 Limelight 一致行动，但当客户确实选择这样做时并不会使 Limelight 免于责任。

《宪法》和 35 U.S.C. § 154 都赋予了专利权人具有在美国排他使用该专利发明的权利。Akamai 无疑受到了损害，其整个专利方法步骤都在美国国内被执行并获得了商业利益。无论 Limelight 是执行了所有步骤，还是与其客户合作分别执行了所有步骤，Akami 的损害都是相同的。Limelight 通过销售其服务从侵权使用专利中获利，而这种可以更快更高效地传送内容的服务系统实际上是由 Akamai 发明的。Limelight 对于其执行除标记外的所有步骤，而由其客户执行标记步骤以对所有涉案权利要求的方法步骤都执行的行为是明确知晓的。且其 CDN 只有当客户进行了标记步骤之后，才会工作。事实上，有合同显示，如果客户使用 Limelight 的服务，其就需要客户执行标记步骤。Limelight 及其内容提供商执行了专利权利要求中的每一个步骤，并从中获得获利而并未支付任何使用专利权的费用。根据普通法中联合侵权行为原则，Limelight 的行为原则上引起了侵权责任。几个世纪以来，指导我们最近的判决意见，Limelight 都需要为侵权专利权而负责。但大多数人居然认为 Limelight 不应该被追究责任。

V. 对多数意见的回应

多数人意见创造的狭窄的联合侵权责任范围，都以与专利法内部和与一般侵权原则不一致的方式来解释“专利法”。美国《专利法》第271条(a)款涵盖了联合侵权行为，包括导致联合侵权责任的情形。它包括执行了除一个步骤之外的所有步骤并指导其客户执行剩余步骤的如Limelight的侵权行为人责任。指导或控制标准不限制在普通法上有连带责任的情形，也没有理由将该限制引入至美国《专利法》第271条（a）款。同样地，普通法并不将一致行动的行为仅限制为多个主体之间具有代理关系、合同义务或联合企业的情形。❶

多数人意见引用了一些关于提倡仅了解他人侵权行动不足以引起赔偿责任的论述。这点我也赞同。联合侵权责任要求根据共同的计划、目的或设计采取一致行动。联合侵权行动都是共同行动并造成单一不可分割的伤害。我同意多数人关于仅知道他人正在行动（当你自己什么也不做时）不会使你承担责任的这点论述。更重要的是，我并没有将对知识的要求引入至美国《专利法》第271条（a）款，将对知识的要求引入美国《专利法》第271条（a）款与侵权行为严格责任的立法本意是不相容的。将对知识的要求引入至美国《专利法》第271条（a）款，以我的标准或多数人的标准均不采纳。然而，我们两方的标准都确实要求将一方的行为归因于另一方。大多数提出的联合企业标准要求的知识，实际上是多方之间的协议和相互控制的权利。同样地，联合侵权行为人的标准也要求知识。既不需要专利知识，也不需要知道会造成的损害。相反地，双方都采用尝试性的原则，即当一方不知道另一方的行为和某种形式的协议、指导或控制时，该方不应被追加责任。在这里，不具争议的是，Limelight自身执行了（除了一个方法步骤之外的所有步骤），并明确知道其客户将采取行动，并且事实上指示其客户如何采取这些行动。这无疑符合联合侵权行为法规中对于知识的要求，其客户的行为都归因于Limelight本身。

多数人意见批评了异议者没有将所有联合侵权行为纳入美国《专利法》

---

❶ Prosser & Keeton on Torts § 46; Restatement (Second) of Torts § 876; Harper § 302.

第 271 条（a）款。这个质疑的答案是很清楚的：根据美国《专利法》第 271 条（a）款的明文规定，并非所有的联合侵权行为都是允许的，当然这是由专利法的行文所规定的。例如，在普通法中，鼓励他人实施侵权行为（传统的诱导概念）的行为确实将使其成为联合侵权行为人。而且由于这种诱导被美国《专利法》第 271 条（b）款直接地毫无争议地覆盖，这个普通法中的联合侵权行为人不能逃脱美国《专利法》第 271 条的责任。然而，这种特定的联合侵权行为不能用美国《专利法》第 271 条（a）款判决承担责任，因为美国《专利法》第 271 条（a）款在行为中排除了这种情况。美国《专利法》第 271 条（a）款中的相关表述是"任何人……使用……任何专利发明"。根据美国《专利法》第 271 条（a）款承担责任的联合侵权行为，必须具有所有要件或执行所有步骤，每个被告联合侵权行为人必须按照某个共同的目的、设计或计划执行至少一个步骤。如果一方并未执行任一步骤，其并未共同使用专利发明，因此不是美国《专利法》第 271 条（a）款覆盖的联合侵权行为。

无论是由 Limelight 执行了所有方法步骤还是由 Limelight 执行其中三个步骤并由其客户执行第四个步骤，对于专利权人 Akamai 而言遭受的都是相同的损害。根据多数人针对法规的解读，如果由两人共同执行专利步骤，专利权人无法因为造成的损害而获得赔偿，而当由以单一实体执行了该专利方法步骤时，专利权人将获得赔偿。这种情况使我很难想象如何保证专利权人在其排他性权利明显受到侵犯时，保证其排他权利，并获得相应的赔偿。多数人声称，异议者将会把责任扩大到独立的有限关系的行为人，其只是碰巧共同地执行了权利要求的步骤。我反对的上述意见。根据共同的计划、目的或设计去一致行动要求"各主体之间依据一具有一个特定行为准则或为了完成一特定结果的合作协议去一致行动"。Limelight 执行了权利要求方法中的除了一个步骤之外的所有步骤，并依据合同给客户提供服务并鼓励其客户完成剩余的标记步骤。Limelight 和其客户签订明确的合同，当客户使用 Limelight 的 CDN 服务时，客户需要对内容进行标记，并由 Limelight 自身执行涉案权利要求中的全部其余步骤——这符合"在特定行动中合作或达成特定结果的协议"。

我并没有“轻率地将联合侵权行为的普通法原则抛在一边”。多数人创造了一个稻草人，并愚蠢地把它打倒。但是联合侵权行为是根据共同计划、目的或设计而采取一致行动，并不是那个稻草人。我对“专利法”的理解包含普通法侵权的原则。Limelight 的所作所为在 1952 年美国《专利法》之前应当承担责任，而在使用美国《专利法》之后，也应当根据美国《专利法》第 271 条（a）款承担责任。我不同意多数人意见中认为国会故意取消这种赔偿责任的观点，而且该观点也与法规中明文规定的内容不符。

多数人对于掠夺性客户诉讼的抱怨都是烟雾弹。在本案中唯一被指控侵权的人是 Limelight。我们没有也不需要决定 Limelight 的客户是否应该承担责任，因为这些客户都没有被 Akamai 起诉（见注 8）。

注 8：

美国最高法院并未决定 Limelight 的客户是否需要承担责任，而是指出：“使用权是一个综合性的术语，包括任何特定发明的使用权。”而且我们注意到，当终端用户“将其系统投入服务时”，该系统的权利要求即被侵权，而不论该终端用户是否操作或制造了该系统。[1]

多数人担心联合侵权行为责任将导致“掠夺性客户诉讼的大幅度扩张”是没有根据的。多数人戏剧性的言辞是为了呼吁对于狂热的“专利海盗”的关注。对客户诉讼的担忧源于专利权人可能选择起诉那些缺乏转历史上资源和动力不足的客户，这类客户通常不会参与诉讼，而制造商，一般来说具有更大的兴趣和能力来在诉讼中辩护。判例 Microsoft Corp. v. DataTern, Inc. ,755 F. 3d 899,904907(Fed. Cir. 2014) 中，尽管专利权人控告了 100 多个客户，但其仅对禁止微软公司进行宣判判决。

这些担忧在联合侵权行为中并不存在，因为如果客户被起诉，制造商可以自愿加入（甚至是非自愿的）。如果客户和制造商根据共同的计划采取一致行动引起了侵权责任，如果客户被诉侵权，则制造商可以参与和抵御

---

[1] Centillion Data Sys. , LLC v. Qwest Commc'ns Int, l, Inc. , 631 F. 3d 1279, 128485 (Fed. Cir. 2011) ; NTP, 418 F. 3d at 1317.

专利诉讼（见注9）。一旦制造商加入，其可以为保卫这场判决并为所有客户解决诉讼判决。如果在诉讼中制造商获胜，专利权人同时也会停止对其客户的诉讼。如果专利权人已经在对制造商的诉讼中获胜并获得损害赔偿，则该专利权人不能从使用该产品的客户中单独索取赔偿。判例 Glenayre Elecs.,Inc. v. Jackson,443 F. 3d 851,864(Fed. Cir. 2006)中，"当已经从产品的制造者和销售者处收集到了损害赔偿时，专利权人不得以直接侵权起诉买家和产品使用者以收取损害赔偿"。法律是明确的：如果专利权人在此从 Limelight 处获得侵权赔偿，后续专利权人无法从 Limelight 的客户处再获得赔偿。

注9：

如果客户被判定有侵权责任（例如该案中 Limelight 的内容供应商），则该客户可以只对其与 Limelight 一致行动的单一侵权行为承担连带责任。而只有其制造商 Limelight 需要对该软件的所有使用造成的损害承担责任。

最后，不管是按照多数人意见还是接受我的意见，都需要上诉法院的全院审理。尽管在审判意见中出现了十二次联合企业标准，并认为 Limelight 和其客户的合作行为不会导致联合企业责任，多数人认为该案不应采纳联合企业责任。这不是，也不可能采用联合企业标准，因为上诉法院合议庭不能否决前合议庭的判决。我们在判例 Golden Hour Data Systems,Inc. v. emsCharts,Inc.,614 F. 3d 1367,1371,1380-81(Fed. Cir. 2010)中认为，两名被告"形成了战略合作伙伴关系，使两人计划共同合作，并合作出售这两个部分作为一个单一"，即两者执行了权利要求步骤中的所有步骤。陪审团在判例"Golden Hour"中采用指导或控制测试发现了侵权行为，但本庭认为上述情况是符合联合企业标准但却不应当承担侵权责任。此外，在 Akamai 案中，法官 Linn 也提出异议，后续还有法官 Prost 附议，认为："因为（在'Golden Hour'中）各方满足联合企业的测试，即他们在共同的目标和平等的相互控制权的基础上……全院法院应当明确否决该案的控告"。

国会在美国《专利法》第 271 条（a）款、（b）款、（c）款中对存在于普通法中的联合侵权行为原则进行了编撰。美国《专利法》第 271 条（a）款覆盖了直接侵权行为，即当该方法的所有步骤都由一单一实体或多主体一致、协同、联合或在指导或控制下执行。这并不包括那些并不知情的仅执行了某步骤的有限责任人，因为其中应当包括去实现共同目标为目的的一致行动。美国《专利法》第 271 条（a）款中明文规定，尤其是国会决定“任何人……使用……任何专利发明”都需要承担责任，其明确包括了联合侵权的一致行动。否则就会使得在专利法体系内部导致词语“任何人”含义的不一致。在美国《专利法》第 101 条、第 161 条、第 171 条中，“任何人发明”毫无疑义地包括多个发明人在专利发明概念中的一致行动。同样地，“任何人（whoever）使用”包括了多主体在执行专利步骤中的一致行动。多数人提出的单一主体规则破坏了发明和商业主体既定的席位。我尊重地反对多数人的意见，因其不符合法律的明文规定，使法规内部出现不一致，造成一个没有人试图去辩解的侵权漏洞。

7. 2015 年 8 月联邦上诉法院全院重审（认定 Limelight 直接侵权）

该案由美国最高法院发回重审，指出“我们的错误在于过窄地认定美国《专利法》第 271 条（a）款的范围”，并建议“有机会重新以美国《专利法》第 271 条（a）款审视本案”。

在重审中，大家一致提出根据美国《专利法》第 271 条（a）款的分离式侵权责任。在该案中，大量证据支持陪审团认定的 Limelight 根据美国《专利法》第 271 条（a）款直接侵犯 US6108703 号专利。因此推翻地区法院提出的不侵权的依法律判决动议。

Ⅰ. 分离式侵权

当要求保护的方法中的所有步骤均由单一实体执行或归因于一单一实体，则发生美国《专利法》第 271 条（a）款的直接侵权行为。如判例 BMC Res Inc. v. Paymentech, L. P. , 498 F. 3d 1373, 1379-81 (Fed. Cir. 2007)。当不止一个行为人参与实施这个方法步骤，法庭必须认定一方的行为是否归因于另一方最终还是由单一主体对该侵权行为承担责任。法院认为以下两种

情况将导致一主体需要为另一方执行方法步骤的行为承担责任：①当该主体指导或控制另一方的行为；②双方行为人组成联合企业（见注1）。

注1：

该结论与本庭在判例 Golden Hour Data Systems, Inc. v. emsCharts, Inc. ,614 F. 3d 1367(Fed. Cir. 2010)中的判决不一致，那么“Golden Hour”中的该部分被推翻。

为了确定一个单一实体是否指导或控制另一实体的行为，我们继续考虑连带责任的一般原则。如判例 BMC,498 F. 3d at 1379。过去，我们认为如果一个行为人通过代理人（适用传统的代理原则）或与另一方签订合同来执行方法权利要求中的一个或多个步骤，则该行为人需要根据美国《专利法》第271条（a）款承担侵权责任。根据事实，美国最高法院认为，如果被控侵权人有条件地参与一项活动或通过执行被专利保护的方法中的一项或多项步骤以获得经济利益，同时对整个执行过程起主导作用时，其也需要根据美国《专利法》第271条（a）款的规定承担责任。判例 Cf. Metro-Goldwyn-Mayer Studios Inc. v. Grokster, Ltd. ,545 U. S. 913,930(2005)中指出，如果一行为人有权利和能力停止或限制侵权行为，但其却“从直接侵权行为中获得利益”，则认为该行为人需要承担“连带侵权责任”。在这些情况下，第三方的行动归因于被控侵权人，使得被控侵权人成为受直接侵权控诉的单一行为人。单一行为人是否指导或控制其他一个或多个第三方的行为是一个事实问题，其在向陪审团起诉时被具体审理，而在上诉审理中仅对其实质性证据进行回顾。

另外，如果两个或多个行为方组成一个联合企业，各方都需要对其他方的行为负责，需要对他方所执行的步骤承担责任，如同各方都是一个单独的行为人一样。参考1979年《民事侵权行为重述（第二版）》第491条（“法律……认为联合企业中的各方都可以视为他方的代理人或仆人，而企业范围内任何人的行为都是相互依赖的”），联合企业需要满足以下四个要素：①在集团成员内部具有明确表达或暗示的协议；②由集团完成的共同目的；③成员之间以前述目的建立的金钱利益集团；④在企业层面上有平等的话语权，具有平等的控制权。与指导或控制理论一致，参与者是否进入联合企业是一个事实问题，在上诉审理中仅对其实质性证据进行回顾（“这些要件是否存在通常是陪审团审理的内容，法庭仅进行适当指导”）。

我们相信这些判断原则与美国《专利法》第271条（a）款的文本、法条中呈现的法律内容，美国《专利法》背后的立法宗旨及我们在先的判例法都是一致的。美国《专利法》第271条（a）款并不仅限于之前上诉法院合议庭判决中提出的委托代理关系、合同协议关系及联合企业关系。相反地，为了确定直接侵权责任，我们考虑所有的方法步骤是否可以归因于一个单一实体。

Ⅱ. 应用至该案的事实依据

今天我们概述直接侵权的法律框架，并处理该案中的相关事实。将来可能出现其他的事实情况，即有正当理由将他人执行的方法步骤归因于一个单一执行者。展望未来，归因原则将在涉案的具体事实的背景下加以考虑。

本案的事实细节在此不再赘述，下面仅回顾一些基本事实。2006年，Akamai对Limelight公司提起专利侵权诉讼，指控其侵犯了多项专利，其中包括'703专利，该专利权利要求保护了通过互联网传送内容的方法。案件在庭审阶段，双方同意是由Limelight的客户而非Limelight本身，执行了涉案方法权利要求中的“标记”和“提供内容”的步骤。例如，对于'703专利的权利要求第34项，Limelight执行了除“标记”步骤以外的所有步骤，而由其客户对想要通过Limelight的CDN系统进行托管和传送的内容进行标记。在证据开示完成后，地区法官指导陪审团如果Limelight指导或控制了其客户执行的标记和提供服务的步骤，则Limelight应当为其客户的行为承担责任。陪审团认定Limelight侵犯了'703专利的权利要求第19~21项、第34项的专利权。庭审后，地区法院否决了Limelight公司提出的依法律判决的非侵权动议，认为Akamai已经出具实质性证据证明Limelight对其客户的行为进行了指导或控制。随后，上诉法院审结Muniauction, Inc. v. Thomson Corp., 532 F. 3d 1318(Fed. Cir. 2008), Limelight提出重新审理的动议，地区

法院以上述新的判例为依据，依法律判决 Limelight 不侵权。

后续，上诉法院先推翻后恢复了陪审团的判决。陪审团听取了大量证据，从中可以发现，Limelight 指导或控制了其客户执行剩余的方法步骤，因此涉案方法权利要求的所有步骤都归因于 Limelight。具体来说，Akamai 提供大量证据表明，Limelight 决定了只要客户使用其 CDN 服务就需要客户执行标记和提供服务的步骤，因此，Limelight 决定了客户执行操作的方式和时机。法院回顾了相关证据，支持陪审团认定的“决定了使用 CDN 的条件”和“决定了执行步骤的方式和时机”。

首先，陪审团获取到 Limelight 要求所有客户签订标准合同的证据。在合同中，描述了如果要使用 Limelight 的服务，客户必须要执行的步骤。这些步骤包括标记和提供内容。关于标记步骤，Limelight 在标准合同中规定：“客户应通过 Limelight 的当前流程负责对相应内容的全部网址进行标记，以使得该客户内容可以通过 Limelight 网络进行传送。”此外，合同要求 Limelight 的客户“向 Limelight 提供其实施 CDN 服务时合理的、必要的所有合作和信息”。对于提供内容的步骤，标准合同中规定 Limelight 不对因客户未能提供内容而导致的故障负责。如果客户的服务器停机，Limelight 的 CDN 无须执行。因此，如果客户希望使用 Limelight 的服务，其必须进行标记和提供内容的步骤。因此，大量的证据证实，Limelight 确定了只要客户使用其 CDN 服务，就需要客户执行标记和提供内容的步骤。

大量的证据还指出，Limelight 决定了客户执行相关步骤的方式和时机。在与 Limelight 签订合作合约之后，Limelight 会向客户发送一份欢迎函，指导客户如何使用 Limelight 的服务。特别地，欢迎函告知客户，Limelight 雇用的技术客户经理将引导其使用 Limelight 服务。该欢迎函还包括由 Limelight 分配的主机名，客户将其“整合到其网页”中，该整合过程包括标记步骤。此外，Limelight 还向其客户提供详细的分步指导，来引导其如何将 Limelight 分配的主机整合到其网页中。如果 Limelight 的客户不遵循这些特定的步骤，Limelight 的服务将无法使用。Limelight 的安装指南中还为其客户提供进一步关于标记内容的指导。最后，陪审团听取了 Limelight 的工程师不断地、接触客户行动的证据。起初，Limelight 工程师协助安装并执行质量保障测试。当客户遇到任何问题时，Limelight 的工程师也随时待命。总之，Limelight 的客户不仅要接受 Limelight 的指导，而且可以独立行事。因而，Limelight 决定了客户执行相关步骤的方式和时机，以便客户在执行方法步骤时独立行事。

总结而言，Akamai 在庭审中提供的事实构成了实质性证据，陪审团可从其中得出 Limelight 指导或控制其客户执行其余步骤的结论。因此，实质性证据支撑陪审团的判决，涉案方法权利要求的所有步骤都由 Limelight 执行或追溯于其执行。因此，Limelight 应当承担直接侵权责任。

Ⅲ. 判决结果

在庭审中，Akamai 提供了实质性证据，使陪审团得出 Limelight 直接侵犯'703 专利的结论。因此，美国最高法院推翻地区法院依法律判决不侵权的判决。由于该案在原上诉和交叉上诉请求中仍然存在问题，美国最高法院将该案移交上诉法院合议庭，以解决与本次裁判意见相一致的其他遗留问题。

8. 2015 年 11 月联邦上诉法 5 院的判决（认定 Limelight 直接侵权）

该案起初进入本上诉法庭之前经历了如下判决过程，首先由陪审团认定 Akamai 的'703 专利有效并被 Limelight 直接侵权，随后根据分离式侵权的原则进行依法律判决，推翻了陪审团的判决。接着进行了几轮上诉和美国最高法院的审理，最终以分离式侵权为由在全院审理判决中推翻了地区法院依法律判决不侵权的决定。该案移交至联邦上诉法院合议庭，负责解决原上诉和交叉上诉请求中的“所有遗留问题”。

在本次判决书中，遗留下来的根本问题来自 Limelight 的交叉上诉请求，该交叉上诉请求中提出了推翻陪审团关于侵权判决的替代理由，并对损害赔偿的判决提出质疑。具体来说还有三个问题需要裁决。首先，地区法院是否错误地对权利要求中“标记”进行解释（见注 1）；其次，地区法院是否正确地解释了“最优的”（optimal），并正确地指导陪审团以此对于权利要求进行理解（见注 2）；最后，地区法院是否错误地允许 Akamai 根据专家的证词提出的利润损失理论。

> **注 1：**
>
> Limelight 认为，地区法院对此处权利要求的解释存在错误，陪审团根据权利要求的正确解释的前提下，也缺乏足够证据证明存在侵权行为。
>
> **注 2：**
>
> Limelight 认为，无论是法院还是陪审团对此处权利要求的解释都是错误的。

由于地区法院在权利要求的解释以及适当地指导陪审团进行权利要求解释方面并无过错，而且本院也并未发现地区法院允许专家提出 Akamai 的利润损失存在过错，因此，本院否决 Limelight 提出的推翻陪审团关于侵权判决的替代理由以及损害赔偿金额的请求。因此，本院重审，上诉法院全院审理判决推翻了地区法院依法律判决不侵权、要求重新评估陪审团的原始裁决和赔偿损害的判决。本院再次确认恢复地区法院判定不侵犯 US6553413 和 US7103645 的判决。

（1）案情背景

1）技术上、根本性的争论

该案中技术的以及涉案权利要求的详细描述都在马萨诸塞州地区法院及最高法院之前的判决中进行阐述，除与判决直接相关的内容，否则不再赘述。

2）在先程序

2006 年，Akamai 在马萨诸塞州地区法院起诉 Limelight，声称其侵犯了'703 专利的权利要求第 19~21 项和第 34 项，以及'413 专利和'645 专利的某些权利要求。在地区法院的第一次马克曼听证会之后，Akamai 承认以地区法院针对权利要求的解释，无法提供证据证明被告侵犯'645 专利。地区法院随后作出针对'645 专利的不侵权判决。随后，地区法院针对'413 专利的涉案权利要求进行了不侵权的简易判决。

而针对'703 专利，双方达成一致认定'703 专利中权利要求第 17 项、第 19 项、第 34 项中的“标记”步骤应当解释为，“提供一个‘指针’或‘钩子’，以便解析内容至除内容提供商域名之外的域（object resolves to a domain other than the content provider domain）”。关于这个术语的争论在于，Limelight 要求陪审团将该标记步骤理解为只有“将虚拟主机名称预先插入或插入网址中”才算完成，从而提出因为被诉产品并未以上述解释进行标记行为故不侵权的动议。地区法院否决了陪审团关于权利要求的解释，以及该动议。

双方还规定，’703 专利中的权利要求第 17 项、第 19 项和第 34 项中的“为了解析内容至除内容提供商域名之外的域（to resolve to a domain other than the content provider domain）”应当理解为“为了指定一组特定的计算机以被选择为一个最优的服务器，其不属于内容提供者的计算机”。然而，双方在对于其中的“最优”以此产生争议，Limelight 认为必须选择一个最优的服务器，而 Akamai 认为如果其各自符合一些标准，多台服务器也可以称为“最优”。地区法院对于“最优服务器”的解释认定为：“要求选择的内容服务器以某些标准来看是优于其他的”（将 Akamai Techs. ,Inc. v. Limelight Networks, Inc. No. 06 - 11109, 2008 WL 697707, at *1（D. Mass. Feb. 8, 2008），称为 Akamai Ⅰ审理）。

Akamai 诉 Limelight 侵犯其’703 专利的案件进行至陪审团庭审阶段。地区法院根据上述一致意见指导陪审团对“标记”步骤进行理解，并为“一最优服务器”进一步进行了解释：一个或多个内容服务器，从下列标准来评判其优于其他：①接近终端用户；②不过载；③为特定位置的观赏者量身定制；④最有可能已经具有所需文件的当前版本；⑤依赖网络状况。

为了证明承受的损害，Akamai 严重依赖其专家 Keith Ugone 博士关于计算 Akamai 利润损失的证词。Ugone 博士考虑了 CDN 服务的市场弹性，Akamai 与 Limelight 之间的竞争关系，以及 Akamai 与 Limelight 产品之间的价格差距。最终，Ugone 博士得出结论，仅就可以收集的证据，Limelight 的侵权行为对 Akamai 造成约 7400 万美元的损失。

陪审团最终以侵权判定 Limelight 赔偿 4000 万美元的利润损失、140 万美元的版权损失及 400 万美元的价格侵蚀损失。但如上文所述，地区法院并

未使得陪审团的判决执行，而是依法律判决裁定 Limelight 不侵权（将本次地区法院的依法律判决称为 AkamaiⅡ审理）。

Akamai 将地区法院针对涉案三件专利的判决均提起上诉，Limelight 提起交叉上诉。上诉法院否决 Akamai 提出的 Limelight 交叉上诉不当的依据，并肯定了地区法院对于'413 专利和'615 专利的相关裁决（将本次上诉法院合议庭审理称为 AkamaiⅢ审理）。上诉法院在 AkamaiⅢ审理中解决了关于'413 专利和'615 专利的相关问题，虽然起初在上诉法院全院审理过程（将本次上诉法院全院审理称为 AkamaiⅣ审理）中被忽略，但后来已恢复，其审理结果在 AkamaiⅣ审理中以其他理由被推翻。如前文所述，该院推翻了不侵权的判决并将该案移交至合议庭进行遗留问题的审理。

（2）判决决定

1）上诉法院的审核标准

对于权利要求术语的“最终解释”以及“专利本身的证据（专利的权利要求和说明书，以及专利的涉案历史）”的解释，都涉及法律问题，因此上诉法院进行重新审理。❶

上诉法院对陪审团对于权利要求解释所面临的挑战、赞同或否决依法律判决的动议，以及根据地区法院所在地区法律提出的司法不容反悔问题（禁反言），都进行了回顾。判例 Ira Green, Inc. v. Military Sales & Servs. Co., 775 F. 3d 12, 18(1st Cir. 2015)中指出“第一巡回法院在审查保留的权利要求解释的错误时，采用重新审理的标准去审视陪审团对于权利要求的解释是否抓住了适用法律的实质，而采用滥用自由裁量权的标准审理了法院用语选择的问题”。判例 Kennedy v. Town of Billerica, 617 F. 3d 520, 537(1st Cir. 2010)中指出“第一巡回法院”对地区法院赞同或否决依法律判决的动议进行重新审理……在最有利于判决申诉者的情况下查看证据，只有在缺乏充分的证据基础下才会撤销陪审团的裁决。判例 Knowlton v. Shaw, 704 F. 3d 1, 9-10(1st Cir. 2013)中指出，第一巡回法院“采用滥用自由裁量权的标准审理了地区法院关于裁决中不援引司法禁反言的规定……接受庭审中事实的

---

❶ Teva Pharms. USA, Inc. v. Sandoz, Inc., 135 S. Ct. 831, 841(2015).

认定除非其具有明显的错误，否则需要依据重新审理的标准来对其抽象的法律问题进行审理”。

判例 Siemens Med. Solutions USA, Inc. v. Saint-Gobain Ceramics & Plastics, Inc., 637 F. 3d 1269, 1287 (Fed. Cir. 2011) 中指出“无论利润的损失在特殊情况下是否属于合法赔偿，其都是一个法律问题，上诉过程中需要进行重新审理”。

2）权利要求的解释

①标记（tagging）。在涉诉的’703 专利涉及的其他在先诉讼中[1]，地区法院将“标记”解释为“提供一个‘指针’或‘钩子’，以便解析内容至除内容提供商域名之外的域”。并进一步将“为了解析内容至除内容提供商域名之外的域”理解为“为了指定一组特定的计算机以被选择为一个最优的服务器，其不属于内容提供者的计算机”。在该案中，双方都接受了上述解释。且在马克曼听证会期间并未引起争议，直到 Limelight 方试图再次为陪审团进行重新解释该权利要求。

Limelight 认为：①在’703 专利的上下文中，“标记”必须限于使用一个“指针”或“钩子”将虚拟主机名称预先插入或插入网址中，因为’703 专利没有公开其他方式进行“标记”来完成发明；②’645 专利中使用的“字母表字符串”是’703 专利中“标记”的产物，其意味着’703 专利与’645 专利之间具有相同的限定。对此 Akamai 反对称：①Limelight 在马克曼听证会期间以及陪审团对于权利要求的解释宣读的阶段，都放弃了对权利要求进一步的解释；②Limelight 已经同意的权利要求解释中并未限制使用“指针”或“钩子”的具体类型，其仍然具有约束力；③’703 专利中的“标记”与’645 专利中的“字母表字符串”并不等同；④’703 专利中某些权利要求要求预先，而某些权利要求却并未限制，权利要求的差异性要求广义术语“标记”并不限于预先的情况；⑤预先仅是一个优选实施例，且 Limelight 不正当地试图将权利要求的范围限制到优选实施例的范围；⑥Limelight

---

[1] Akamai Techs., Inc. v. Digital Island, No. 00-11851-RWZ, 2001 WL 36172136, at*1 (D. Mass. Nov. 8, 2001).

认为，涉案的权利要求缺乏书面表述，而在说明书中教导的唯一的标记方法是预先将一虚拟主机名插入一现存的网址中，但陪审团已经否决了该说法。

Limelight 试图将“预先”的限制引入至权利要求中，但失败了。判例中 Phillips v. AWH Corp., 415 F. 3d 1303, 1316 (Fed. Cir. 2005) (en banc), “本案中可以看出，权利要求人可能会通过说明书来赋予权利要求术语一个特定的定义，且可以与其单纯在权利要求中主张的定义不同。在这种情况下，发明人编撰的含义起主导作用”。然而，一个权利要求术语只有当“专利权人……明确给出针对具有争议权利要求术语不同于字面上和普遍含义的定义”的情况下，才具有不同于其字面上和普通含义的定义。[1] 专利权人也可以否认权利要求的保护范围，但该标准“同样严格”。判例 RF Del. v. Pac. Keystone Techs., Inc., 326 F. 3d 1255, 1263 (Fed. Cir. 2003) 中指出，“权利要求的保护范围不必也通常不会仅限于其优选实施例的保护范围”。

关于'703 专利中将预先限制为一种“优选实施例”的言论，实际上，'703 专利的附图 4 及相关说明书内容中描述“预设一个虚拟服务器的主机名称”，但附图 4 中的内容并未比较明确为一个“更优”的方法。专利的优选实施例中提及了预定虚拟服务器的主机名称，但其并未明确地给出专利权人有意将预定对标记步骤进行限定。此外，'703 专利的权利要求第 17 项中明确记载了“通过预定方式……标记”，暗示了权利要求中的“标记”步骤实际上并未对“预定”进行限制。判例 Ancora Techs., Inc. v. Apple, Inc., 744 F. 3d 732, 735 (Fed. Cir. 2014) 中解释道：“在一个权利要求中限定了‘使用软件程序’（application software program），故而在其他权利要求中使用的‘程序’（program）倾向于以‘程序’（program）本身广泛的普遍含义进行理解。”

Limelight 提出的该案的诉讼历史也未能提供将“标记”限制于优选实施例的明确指引。在起诉期间，Akamai 在权利要求第 17 项中限定了要求“预先”设定的标记，而对权利要求第 19 项要求由内容方“为给定页面提

---

[1] Thorner v. Sony Comput. Entm't Am. LLC, 669 F. 3d 1362, 1365 (Fed. Cir. 2012).

供内容”并由 CND 提供嵌入图像的服务。权利要求第 17 项对于标记步骤具有“预先”的限制要求，本领域的技术人员可以合理地理解专利申请人针对标记的“预先”的限制仅针对权利要求第 17 项。上述论述并未给出权利要求第 19 项中的标记需要限制为“预先设定”的明确指引。

Limelight 声称，'703 专利中描述的唯一的标记方法是预先设定虚拟服务器的主机名。然而，正如上诉法院在判例 Innova/Pure Water, Inc. v. Safari Water Filtration Sys. ,381 F. 3d 1111,1117(Fed. Cir. 2004)中指出的，“即使一项专利仅具有一个实施例，其权利要求也并非会被严格限制地解读，除非专利权人明确表述、排除或限制其权利要求的保护范围”。根据上述解释，在专利说明书或起诉历史中均未具有上述明确限制权利要求范围的表达。

在地区法院向陪审团宣读关于“标记”的解释时，Limelight 表示同意。尽管 Limelight 指出判例 O2 Micro International Ltd. v. Beyond Innovation Technology Co. ,521 F. 3d 1351,1361(Fed. Cir. 2008)中，主张其上述同意并未“放弃任何关于权利要求进一步解释或针对‘标记’进一步理解的提出争议的权利”，但其引用的该判例并不合适。在判例 O2 Micro 中，法庭清楚知晓双方仅对于权利要求中的“只有”（only if）理解存在分歧，且法庭拒绝以原本释义的其他理解对权利要求进行解释。例如，“双方都认同，在大部分情况下，显现提出的权利要求解释令对本案具有解释权。然而，当事人现对本庭提出了大量的术语以将‘只有’限定为‘仅为一个’”“双方对地区法院提出的涉案权利要求的保护范围提出了争议”“双方并非对于单词本身的释义具有争议，而是对权利要求中用于的范围提出了争论”。在该案中，双方在权利要求解释过程中的术语的解释和范围的解读都具有一致意见，即“标记”解释为“提供一个‘指针’或‘钩子’，以便解析内容至除内容提供商域名之外的域”。该解释在没有其他限制条件的情况下获得一致同意。没有进一步限制条件，本身就是双方同意对于权利要求解释的一个特定。在大量的由马克曼听证会构建和指导的庭审工作之后，Limelight 不能在陪审团的权利要求解释阶段提出异议称权利要求的范围过宽。Limelight 在先同意了关于“标记”的解释，其应当受到约束。

综上所述，上诉法院认定地区法院或陪审团对于“标记”的权利要求

解释并未存在任何错误。当事双方并未在 Limelight 是否执行“标记”步骤中存在任何争议（除将由下文进一步说明的“最优的服务器”的争议）。

②最优的服务器（An optimal server）。剩下的第二争议点在于“一个最优的服务器”是否仅限于单个“最佳”服务器，或多个潜在的最优服务器对内容进行解析。

在专利中并未出现最优服务器这个表述。相反，其是在双方一致同意的如下权利要求解释中自然带来的。双方一致同意“标记”解释为“提供一个‘指针’或‘钩子’，以便解析内容至除内容提供商域名之外的域”。“为了解析内容至除内容提供商域名之外的域”应当理解为“为了指定一组特定的计算机以被选择为一个最优的服务器，其不属于内容提供者的计算机”。

在马克曼听证会期间，双方对“最优服务器”的理解提出了争议。地区法院对于权利要求第 19 项的解释要求“内容发送系统通过一个或多个‘最有利或最理想’的内容服务器对嵌入对象进行提供内容，也就是说，服务器需要满足相关标准中的一些或全部”。在陪审团进行权利要求解释中，地区法院具体阐述了相关标准，解释该“最优服务器”是指：“一个或多个内容服务器，从下列标准来评判其优于其他：（ⅰ）接近终端用户；（ⅱ）不过载；（ⅲ）为特定位置的观赏者量身定制；（ⅳ）可能已经具有所需文件的当前版本；（ⅴ）依赖网络状况。”

Limelight 认为：（ⅰ）“最优”的明确含义必然使其局限于单一的“最佳”服务器；（ⅱ）法院权利要求模棱两可的解释导致了陪审团权利要求解释的问题；（ⅲ）Akamai 在声明中将“最优”（optimal）等同为“最佳”（best），因此根据司法禁反言的原则，其无法辩驳“最优”不应限制为单一“最佳”服务器。

Limelight 的论点无法让人信服。首先，Limelight 并未合理评估权利要求中“最优服务器”的选择背景。“最优服务器”的选择在描述中限定了其需要实现必要“标记”步骤的功能。换句话说，标记嵌入对象以便识别一组特定的计算机，并在其中选择一最优服务器。’703 专利中示出很多与标记步骤独立的条件或情况来影响那个服务器最终对标记对象进行服务的实施例。'703 专利中描述的标记步骤允许最终来自多于一个可能的服务器提供服务。当浏览器请求一个对象时，虚拟主机上的软件会执行以下操作："如果文件副本已存储在本主机上，则数据立即返回。而如果数据副本并非存储于本主机上，将从原始服务器或其他虚拟服务器上获取副本。"类似地，说明书中进一步解释该标记步骤允许"一个虚拟服务器将用户重新定向至一个更接近的服务器（或定向至一个可被解析至与该客户更接近虚拟服务器的虚拟地址）"。而且，说明书还指出"长时间下载的性能也可以通过根据网络条件的变化动态地改变客户端所连接的服务器来提高"。

上述内容从两方面瓦解了 Limelight 的观点。一方面，对于嵌入对象的标记提供了选择一个服务器，然后选择另一服务器的能力，即标记能够从多个服务器中选择之一。另一方面，选择服务器的标准并非是在标记过程中进行判断的标准，而该系统仅允许以综合的标准判定的"胜利者"——这一单个服务器提供服务。相反，在其他实施例中，一个服务器因其与用户最近被选择，或因另一服务器中并不存储有该文件被选择，或考虑服务器的过载或网络条件而被选择。根据这些标准中任一个来进行标记是该权利要求限定的标记应当需要的能力，而非仅选择一个单一"综合最佳"的服务器。在专利中并未在功能上限定标记步骤要求一个单一"综合最佳"的服务器，事实上，哪个标准起决定性的作用并不是考虑标记的功能，而是考虑对象被服务时的综合状况。

上述解读可以从权利要求第 21 项、第 22 项中得到证实，上述权利要求在权利要求第 19 项的基础上进一步限定"根据请求的用户位置来解析对域的要求"，或"根据请求用户的位置和当前的互联网流量情况来解析对域的要求"。换句话说，决定最终对嵌入对象进行内容提供的服务器的选择使用一个或两个特定标准。说明书或权利要求中的任何内容都不意味着满足某个或某些功能或标准必然会得到一个相同的服务器。Limelight 认为，"一个或多个内容服务器"需要一个附加步骤去标识出所有可能的内容服务器。Limelight 忽略了权利要求第 20 项中限制了标记步骤之后进行的"内容提供步骤"。

Limelight 认为"最优"的明确含义是单一"最佳"的说法也不能令人信服。如上所述，内在的证据支持了地区法院对于权利要求的解释。此外，无论“最优”或“最佳”的明文解释都不具有 Limelight 试图进一步限制的“综合最佳”或“综合最优”的含义。

地区法院对于权利要求的解释并未遗留给陪审团在权利要求解释时任何争议的术语。地区法院在马克曼听证会时已对最优服务器进行过解释，无论是法院或是陪审团在进行权利要求解释的过程中都不需要对该术语再次进行解释。

最后，在之前的诉讼中，Akamai 同时使用“最佳”和“最优”的做法，并未使其在对“最优”的解释允许扩展至多个单一最佳服务器的争论违反禁反言的规定。因为其进行讨论的争议问题实际上就是此处的争议问题。Limelight 指出之前诉讼中地区法院对 Akamai 的律师针对功能和标记步骤顺序的问询中，Akamai 律师声称：“在对某些对象提供服务期间，选择最佳的计算机提供服务，而在内容提供的步骤中，标识上述最佳计算机”，并同意地区法院将步骤归纳为两步，即“标记以找到最佳的域，然后标识该域内最佳的计算机或服务器”。Limelight 依赖上述讨论是错位的。上述讨论中针对的是标记的作用，Akamai 的律师解释说，标记步骤是发生在选择一个域时，但选择“最佳计算机”发生在提供对象内容的步骤中。上述讨论并未涉及在标记步骤过程中是否需要确定一个单一“最优服务器”或从一特定标准考量——优于其他的服务器。

综上所述，地区法院对于“最优服务器”的解释，或陪审团对于权利要求的解释都不具有错误。

③侵害赔偿。为了收集利润损失，“专利权人必须证明‘要不是因为侵权行为，专利权人会获得被侵犯的销售额’——这一‘合理的可能性’”[1]。这是通过确定专利权人损失的侵权产品的利润来实现的。这种分析必须得到“市场中合理的经济证据及由于侵权因素导致的可能的经济情况”[2] 来支持。

---

[1] Ericsson, Inc. v. Harris Corp., 352 F. 3d 1369, 1377 (Fed. Cir. 2004).

[2] Grain Processing Corp. v. Am. Maize-Prods. Co., 185 F. 3d 1341, 1350 (Fed. Cir. 1999).

Limelight 认为，由于 Akamai 未能显示 Limelight 的侵权行为与其利润损失之间的因果关系，地区法院在允许利润损失作为损害赔偿措施方面犯了法律错误。Limelight 认为，Ugon 博士计算 Limelight 客户在 Limelight 侵权案件中所占的份额是随意的，未基于合理的经济理论的。在此争论之下隐含的问题在于 Limelight 与 Akamai 产品间具有价格差异，而 Limelight 指出，Ugon 博士要么并未将上述价格差异纳入他的分析考虑，要么仅是随意地进行考虑。然而，Limelight 的论点并不合适。

Limelight 最初销售一款与涉案专利不同的、不具侵权争议的服务。Limelight 在 2005 年 4 月发布了该款具有侵权争议的服务。Ugon 博士提出，在 2005 年 Akamai 市场份额为 79. 8% 而 Limelight 市场份额为 5%，但 2006 年 Akamai 的市场份额跌至 74. 7% 而 Limelight 的市场份额升至 10. 7%。Ugon 博士随后估算了一个 Limelight 的侵权服务在市场时的适应性的市场份额（见注 3），并得出结论认为，假设 Limelight 只销售最初的早期软件，Akamai 的市场份额在 2005 年应当为 81%，而在 2006 年应当为 79. 9%。因为他没有足够数据来确定 2007 年的市场份额，所以他以 2006 年的市场份额对其进行估计。出于“保守”的角度，Ugon 博士将 Akamai 的份额降低了 3%，并排除了那些对价格敏感（如果没有 Limelight 的侵权，也不会考虑购买更高价格替代品）的 Limelight 客户最低收入的 25%。根据这些假设和修改，Ugon 博士认为，Limelight 的侵权销售总额约为 8750 万美元。

注 3： 适应性的市场份额是 Akamai 未受侵权时的市场份额。

损失的利润分析因为 Limelight 的产品售价是 Akamai 的一半这一事实变得复杂。从两个方面对 Ugon 博士的估算产生了影响。其一，Ugon 博士假设如果没有 Limelight 的侵权产品，本来购买侵权产品的客户会以两倍的价格购买 Akamai 的产品。其二，由于两者产品价格的不同，Ugon 博士认为 Akamai 产品的需求量会比 Limelight 侵权产品减少 25%。Ugon 博士解释说，在经济学中，价格变化如何影响需求变化被称为“弹性”。需求端越有弹性，

其受价格的变化就越敏感。如果价格以一定百分比变化，而需求变化了更小的百分比，则称该需求是“无弹性”的。Ugon 博士进一步解释称，“如果价格变动了 10%，而需求仅变化了 5%……这即是我们所说的无弹性的例子”。

Ugon 博士认为，对 Akamai 产品的需求是相对无弹性的，并为 Limelight 销售额的 75% 是 Akamai 可能潜在获得的估算提供了两个理由。第一，因为 Akamai 的成本是“创收成本（revenue-generating costs）”，客户更愿意花钱去购买 Akamai 的产品。第二，尽管 Limelight 的一些客户是“价格敏感者”，不会购买价格较高的 Akamai 的产品，但这部分的需求是无弹性的，即这种需求并不会随着价格的变化而变化。Akamai 的证据表明，Akamai 和 Limelight 是直接的竞争对手，而 Limelight 声明中也提及：（ⅰ）AKamai 是其最大的竞争对手；（ⅱ）Limelight 和 Akamai 两者的企业规模和产品质量……都远远超过 Limelight 的其他竞争对手；（ⅲ）需求是由终端用户而非客户驱动的；（ⅳ）尽管有价格更低的 Limelight 的侵权产品，Akamai 仍然保持了主导市场的份额。Ugon 博士承认，在选择 75% 这个数值时，他“根据特征作出了本能的判断并得出适应性的结论”。根据他的假设，Ugon 博士最终确定 Akamai 的利润损失约为 7400 万美元。

上述考虑因素足以支持地区法院允许以 Ugon 博士适应性的损益分析进行判决。该法院已多次批准类似的适应性的市场份额分析来估计利润损失。例如判例 Ericsson,352 F. 3d at 1377-80。Limelight 声称上述的分析在法律上不可行是没有根据的。

Limelight 的观点认为，Akamai 和 Limelight 之间价格的差异必然导致 Akamai 和 Limelight 之间不同的市场分割。Limelight 观点的依据是判例 BIC Leisure Prods.,Inc. v. Windsurfing International,Inc.,1 F. 3d 1214（Fed. Cir. 1993），该判例中法院认为由于被告侵权人与专利权人的产品之间具有 60%～80% 的价格差异，故而无法认定相应的利润损失。Limelight 认为面对双方 100% 的价格差异，利润损失的计算在法律上不可行。然而，法院在 BIC 判例中的判决并非仅仅依据两家公司之间的价格差异。一方面，该判例中法院指出“专利权人 Windsurfing 公司集中一个设计类型的船体形式，而侵权者 BIC 并非如此。Windsurfing 的板体结构与 BIC 的完全不同”。法院进一步解释称“在帆板市场上竞争非常激烈，至少有 14 家竞争者在争夺”。相比之下，在该案中，Akamai 提供证据显示，双方是直接竞争对手，且是本领域中的领跑者，都具有超越其他竞争对手的能力和基础设施。另一方面，判例 BIC 的法院解释道，“记录中包含了未经证实的帆板需求是具有相对弹性的证据”。此点中，该案也与判例的情况不同——Ugon 博士已经提出了大量理由和讨论，并给出了在本领域中市场是相对无弹性的结论。此外，判例 BIC 中法院提出，Windsurfing 已经将专利授权给两家竞争者，且两家竞争者都以明显更低的价格出售相似产品。最后，有证据表明，在地区法院判定 BIC 侵权之后，Windsurfing 的销售额继续下降，但其市场份额实际上转移到了专利权人的许可人手中。然而，该案中都没有相关证据存在。

综上所述，Ugon 博士以充足的经济原理知识得出的 25% 的市场弹性调整的结果，已经足够支持地区法院以此进行判决。尽管 Limelight 提出客户会对低价产品表示明显的偏好的理论是正确的——有证据证实客户购买了 Limelight 显著低价的产品，与其他客户相比其更不可能去购买 Akamai 的产品，但 Ugon 博士已经从其利润分析中去除了 Limelight 客户中最低的 25% 以覆盖上述价格偏好和潜在的价格弹性带来的红利。针对上述折扣的具体数值是否足够覆盖利润损失，并非一个法律问题，而 Limelight 在针对上诉法院合议庭的简报（panel briefing）中也并未明确解决利润损失的具体数额问题。

Limelight 在首次补充简报（supplemental briefing）中试图挑战陪审团裁决赔偿金额的证据基础，这与利润损失的法律挑战截然不同。Limelight 在首次补充说明中还表示，Ugon 博士提出的对 Akamai 适应性的市场份额进行 3% 的下调显示了其内部的不一致，因为上述减少并未体现在利润损失的计算中。由于补充说明仅仅针对递送上诉法院合议庭的说明中的内容进行讨论（“要求双方针对 Limelight 交叉上诉原始简报中的问题提交补充简报”），因此上诉法院对其提出的意见不予考虑。

Limelight 还提出，陪审团赔偿金额的决定“由于地区法院拒绝提出指引而被不公平地污染，陪审团应当拒绝基于推理证据的利润损失索赔”。该论点也是没有道理的。地区法院确实指引陪审团“必须合理确切地证实利润损失的数额，而非简单地进行猜测”。地区法院的指引符合法律的要求。

（3）判决结果

上诉法院全院审理已经推翻地区法院依法律判决针对’703 专利不侵权的判决。针对上述理由，上诉法院裁定 Limelight 在交叉上诉中提出的论点并无道理。因此，该案发回地区法院，恢复之前陪审团的判决和陪审团针对赔偿金额的裁决。此外，上诉法院再次确认在先判定对’645 专利和’413 专利不侵权的判决。

2.3.3　S3 Graphics 诉苹果案

2.3.3.1　攻防双方

1. S3 Graphics 公司

S3 Graphics 是一家老牌显卡公司，其总部位于美国加州的弗里蒙特县，是威盛电子旗下的合资公司，也是开拓全球个人计算机 3D 绘图芯片市场的先锋与领导供货商，为一线的笔记本电脑制造业者提供了低耗电、高效能、商业等级的 3D 绘图子系统产品。借由与芯片组市场领导厂商威盛电子的合作，S3 Graphics 更为数量庞大的经济型个人计算机推出采用共享内存架构（shared memory architecture）的整合型芯片组产品。

S3 Graphics 的产品线包括曾经辉煌的 Trio64V+这一 2D 显卡以及融合 3D 加速、支持 DirectX 的 S3 Virge 显卡以及 Savage 3D、Savage 4 和 Savage 2000。2000 年，S3 Graphics 被威盛电子收购后，其主要精力放到了移动市场及 VIA 的集成显示芯片上，并依次推出了 Super Savage、Pro Savage 和 Savage XP 等面向移动领域的显示芯片。2004 年，S3 Graphics 发布了最新的 3D 显示芯片 DeltaChrome，其采用 8-pipe、DX 9 图形核心，以及 0.13μm 制程、128 位的 3D 引擎，并支持 DDR2 和 DDR3 内存架构，成为第一家提供高清 HDTV 1080p 输出的显示芯片。

2006 年，S3 Graphics 又发布了第二代 DX9 PCIe 3D 显示芯片 Chrome S27 和 S25，其采用全新的 90nm 制程以及改进的 3D 引擎，加强和更新了视频输出和特殊效果，如HDMI和HDCP，从而使得S3 Graphics的显示芯片功能保持业界领先步伐。

2011年7月7日，VIA威盛宣布与HTC宏达电达成最终协议，将旗下子公司S3 Graphics的全部股份都卖给后者，因此HTC获得了S3 Graphics公司大量的图形与视频技术。

目前S3 Graphics正致力于打造功耗低、视频质量高、能为用户带来视觉享受的显示芯片，其积极设计和研发支持Intel和微软最新标准的显示芯片，如微软DX10、DX11和Intel PCI-Express、PCI Generation Ⅱ，并且S3 Graphics也已将业务拓展到手机、电视及网络游戏等应用领域。

2. 苹果公司

苹果公司是总部位于美国加州库比蒂诺的跨国科技公司，其创立于1976年4月1日，1977年1月3日确定正式名称为苹果电脑公司，主要业务是开发和销售个人计算机，2007年1月9日在旧金山Macworld Expo上宣布改名为苹果公司，其业务重点转向消费电子领域。现在，苹果公司的主要业务包括设计、开发和销售消费电子、计算机软件、在线服务和个人计算机。

苹果公司最著名的硬件产品包括Mac电脑系列、iPod媒体播放器、iPhone智能手机和iPad平板电脑；在线服务包括iCloud、iTunes Store和App Store；消费软件包括macOS和iOS操作系统、iTunes多媒体浏览器、Safari网络浏览器，还有iLife和iWork创意和生产力套件。在2017年时苹果公司位列财星全球500强企业的第9名，《财富杂志》曾提名苹果公司为美国2008年最受尊敬的公司、2008年到2012年世界最受尊敬公司，《福布斯》2015年发布的全球品牌价值榜，苹果公司连续第五年雄踞榜首，其价值曾是世界上其他任何品牌的两倍以上。

到2017年7月，苹果公司拥有21个国家的497间零售商店，还有线上苹果商店、iTunes商店。iTunes商店是世界最大的音乐零售商。苹果公司是市值最高的公共交易公司，到2014年6月大约拥有市值6000亿美元，到同年11月更是历史上首家突破7000亿美元的公司。2013年全球总收入1709亿美元。截至2014年1季度，苹果公司五年平均销售额增长率39%，利润率45%。2013年5月苹果公司首次进入财富500强公司名单前10名，比

2012年上升11位，位列第6名。

2.3.3.2 调查案情

1. 调查过程简述

2010年6月25日，应申请人提出的“337调查”申请，《联邦公报》上发布《调查公告》，启动S3 Graphics公司（申请人）针对苹果公司（被申请人）提出的“337调查”请求，其中不公平进口调查办公室的调查律师也参与该调查。

2010年11月9日，行政法官举行马克曼听证，各方代表关于涉案专利某些权利要求的解释发表各自的观点。

2011年2月11日，行政法官发布权利要求解释令，针对本次调查的涉案专利中具有争议的权利要求作出最终的解释（即第19号马克曼命令）。

2011年3月11日，行政法官颁布初裁决定，同意S3 Graphics公司提出的关于其满足国内产业要求的经济条件作出简易裁决的动议；并且ITC决定不对该命令进行复审。

2011年3月29日至2011年4月7日，针对该案中苹果公司违反“337条款”的指控进行听证会。

2011年5月31日，行政法官颁布初裁决定，同意S3 Graphics公司提出的关于部分终止该调查的动议，其中该部分终止调查的动议基于其针对专利US6658146的权利要求第2项、第8项、第18项及第19项，专利US6775417的权利要求第1项、第8项及第13项，以及专利US7043087的权利要求第7项的撤诉而提出。

2011年6月14日，苹果公司请求就两项涉案专利再审过程中的某些官方行为进行审判确认。行政法官要求该提议应当以动议的形成提出。然而，S3 Graphics及不公平进口调查办公室均反对该动议。苹果公司进一步提出动议，请求允许其提交答复，然而S3 Graphics反对该动议。

2011年7月1日，行政法官颁布初裁决定，裁定苹果公司违反了“337条款”的规定，其指出，苹果电脑使用DXT图像压缩格式侵犯了专利US6683978的权利要求第11项及专利US6658146的权利要求第4项和第16

项的专利权，并且建议ITC颁布有限排除令和禁止令。除此之外，关于其他涉案专利，未发现苹果公司存在违反“337条款”的规定。

2011年9月2日，应申请人及被申请人的请求，ITC决定对该初裁决定进行全面复审。

2011年9月15日，非缔约团体AMD及其子公司ATI提交介入并终止该调查的动议，声称AMD拥有涉案专利的专利权，并且拒绝将其拥有的专利卷入该调查中。2011年9月19日，被申请人苹果公司也提交一项动议，请求基于AMD公司的专利权归属声明，终止该项调查。

2011年11月21日，ITC发布终裁决定，其推翻了初裁决定的结果，认为苹果公司不存在违反“337条款”的行为。此外，委员会还拒绝了AMD公司及苹果公司提出的关于终止调查的动议，因为委员会认为，AMD公司未能及时提出专利权的归属声明，也未能给出足够的理由表明其延期提出的专利权归属声明能够被接受，并且也未能提供充分的证据来支持其提出的专利权归属声明。

2. 调查发起

(1) 申请人的诉求

申请人S3 Graphics公司于2010年5月28日向ITC提交申请书，指控苹果公司的某些具有图像处理系统的电子设备及其组件和关联的软件侵犯了其美国专利中的一项或多项权利要求，因此违反了美国《1930年关税法》(修正案)第337节。

S3 Graphics公司所涉及的美国专利及相关权利要求包括（以下简称“涉案专利”）：

①US7043087（以下简称“'087专利”）的权利要求第1项、第6~7项；

②US6775417（以下简称“'417专利”）的权利要求第1项、第7~8项、第12~13项、第15项及第23项；

③US6683978（以下简称“'978专利”）的权利要求第11项、第14项及第16项；

④US6658146（以下简称“'146专利”）的权利要求第2项、第4项、

第 8 项、第 13 项、第 16 项及第 18~19 项。

被申请人苹果公司的涉案产品包括但不限于 Apple iPod Touch、iPhone、iPad、苹果电脑例如 MackBook，及其使用的苹果软件开发工具（SDK）和其他软件。

基于上述事实，S3 Graphics 公司请求 ITC 针对苹果公司的相关涉案产品展开“337 调查”，并且请求了以下具体的救济措施：

a. 请求 ITC 根据美国《1930 年关税法》（修正案）第 337 节的规定，立即展开调查，调查苹果公司的侵犯涉案专利专利权的某些具有图案处理系统的电子设备及其组件和关联的软件非法进口至美国、为进口至美国而销售、和/或进口后在美国国内销售的行为；

b. 对于所述非法行为，安排并举行听证会；

c. 根据美国《1930 年关税法》（修正案）第 337 节（d）款的规定，颁布有限排除令，禁止苹果公司的相关涉案产品进入美国市场；

d. 根据美国《1930 年关税法》（修正案）第 337 节（f）款的规定，颁布永久禁止令，禁止苹果公司针对已经进口至美国的涉案产品进行销售、许诺销售、市场广告、技术支持或运输等活动；

e. 基于调查及委员会发现的事实，颁布委员会认为公正且恰当的其他进一步的救济措施。

（2）涉案专利简介

1）'087 专利

'087 专利公开了一种图像处理系统，其包括一图像块编码器、分解器及编排器，以使得图像数据可以被压缩、索引、映射、解压以及作为数据文件输出。'087 专利的权利要求直接涉及图像解码器引擎。该专利包括 8 项权利要求，其中权利要求第 1 项和第 6 项为涉案权利要求。

2）'417 专利

'417 专利公开了一种图像处理系统，其提供固定压缩率、使用推测像素值的基于块的图像压缩方法。'417 专利的权利要求直接涉及图像编码引擎、图像解码引擎以及固定压缩率、基于块的原始图像压缩方法。该专利包括 30 项权利要求，其中权利要求第 7 项、第 12 项、第 15 项、第 23 项为涉案权利要求，权利要求第 7 项和第 12 项是产品权利要求，而权利要求第 15 项和第 23 项是方法权利要求。

3) '978 专利

'978 专利公开了一种图像处理系统，其中包括图像编码器系统和图像解码器系统，两者耦合在一起；还公开了一种用于对原始图像进行编码以及对编码后的图像进行解码以生成原始图像副本的方法。'978 专利的权利要求直接涉及用于表示原始图像块的数据格式。该专利包括 29 项权利要求，其中权利要求第 11 项、第 14 项、第 16 项为涉案权利要求。

4) '146 专利

'146 专利公开了一种图像处理系统，其包括耦合的编码器和解码器系统，其用于压缩原始图像块、映射及索引该数据，以及解压缩该数据。'146 专利的权利要求直接涉及产生原始图像的编码图像，以及压缩原始图像的方法。该专利包括 22 项权利要求，其中权利要求第 4 项、第 13 项、第 16 项为涉案权利要求。

3. 调查的重要事件

（1） 苹果公司的应诉答辩

2010 年 7 月 29 日，被申请人苹果公司针对 S3 Graphics 公司的申诉书以及 ITC 在《联邦公报》上发布的立案公告提交了答辩状。在答辩状中，苹果公司除了承认申诉书中的一些客观事实外，对于 S3 Graphics 公司的其他所有指控均予以否认，并且提出了 10 项正面抗辩理由，具体包括：

①非侵权抗辩（non-infringement）。苹果公司否认其具有任何直接侵权、间接侵权、帮助侵权或诱导侵权的行为；同时认为，基于专利审查过程中的禁止反悔原则，应当禁止 S3 Graphics 公司对涉案专利的一个或多个权利要求进行任何解释。苹果公司还认为 S3 Graphics 公司提交的证据未能证明其相关涉案产品是如何侵权的，也即侵权分析并不清晰。

②无效抗辩（invalidity）。苹果公司认为 S3 Graphics 公司的涉案专利因为不符合新颖性和创造性而是无效的，并且提供了相关现有技术；同时认为，相关涉案专利是公开不充分的。

③禁止反悔抗辩（prosecution history estoppel）。在美国专利商标局对涉

案专利进行审查的过程中，申请人对其专利的保护范围进行了限制、修改、表示及承认，因此应当禁止 S3 Graphics 公司对其权利要求的保护范围进行解释而使之覆盖任何涉案产品。

④许可抗辩（license）。S3 Graphics 公司已经与多个零部件供应商达成专利权许可协议，允许这些零部件供应商向苹果公司及其客户和终端用户出售或提供相应的零部件和/或软件。作为这些零部件的客户，基于申请人作出的许可授权，苹果公司应当受到保护。

⑤专利权用尽抗辩（patent exhaustion）。根据专利权用尽原则，S3 Graphics 公司对于救济措施的请求应当全部或部分地被否决，因为申请人与苹果公司的零部件供应商、客户及终端用户已经达成专利使用许可。

⑥缺失根据抗辩（lack of standing）。S3 Graphics 公司对于涉案专利专利权的主张及提起的相关诉讼缺乏足够的根据予以支持。

⑦国内产业缺失抗辩（lack of domestic industry）。S3 Graphics 公司未能提供足够的证据以证明其相关涉案专利存在国内产业或是相关国内产业正在形成。

⑧不存在不公平行为抗辩（no unfair act）。苹果公司否认其存在任何不公平的行为。

⑨政府销售抗辩（government sales）。苹果公司认为，其进口并销售相关产品至美国政府的行为不在本次调查的范围内。

⑩公众利益抗辩（relief not in the public interest）。苹果公司认为，S3 Graphics 公司请求的排除令及其他救济措施是不符合公众利益的，因为这样将对公众福利、竞争环境、美国经济及美国消费者带来不利的影响。

（2）马克曼听证及权利要求解释令

2010 年 11 月 9 日，行政法官 James Gildea 主持举行马克曼听证会，S3 Graphics 公司、苹果公司及不公平进口调查办公室的调查律师针对涉案权利要求中具有争议的相关术语的解释分别进行了意见陈述与争辩。

2011 年 2 月 11 日，行政法官 James Gildea 综合各方意见，对具有争议的权利要求作出权利要求解释令，确定该案中涉案权利要求的最终解释。现将涉案权利要求中具有争议的术语的最终解释罗列见表 2-3-9。

表 2-3-9 权利要求的术语解释

专利	术语	解释
'087 专利、'417 专利、'978 专利及'146 专利	codeword	n 位数据串，其描述像素性质，如色彩组成、密度、透明度及其他图像数值
'087 专利、'417 专利及'146 专利	set of quantized image data values	表示图像数据的约化值集，如色彩、密度及透明度
'087 专利、'417 专利、'978 专利及'146 专利	index	图像数据值的识别符
'087 专利、'417 专利、'978 专利及'146 专利	image block	预先定义的由图像基元组成的图像区域
'087 专利、'417 专利及'146 专利	decompressed image block	比待解码的压缩图像块具有更多位数的图像块
'417 专利、'978 专利	encoded image block	对应于图像块并且能够被解码的数据
'146 专利	center of gravity	图像块的平均像素特性

（3）部分终止调查

2011 年 3 月 11 日，S3 Graphics 公司提交动议，请求部分终止针对'146 专利的权利要求第 2 项、第 8 项、第 18 项及第 19 项，'417 专利的权利要求第 1 项、第 8 项及第 13 项，以及'087 专利的权利要求第 7 项的调查，因为 S3 Graphics 针对这些权利要求作出了撤诉处理。通过分析其权利要求可知，S3 Graphics 公司针对这些权利要求进行撤诉处理，可能是因为这些权利要求的保护范围与其他权利要求的保护范围存在重叠，因此作出撤诉处理能够简化调查过程，节约行政资源。

2011 年 5 月 31 日，行政法官批准了该动议，因此针对上述权利要求的“337 调查”提前终止。

（4）AMD 公司的介入及终止调查请求

2011 年 9 月 15 日，AMD 公司及其子公司 ATI 公司向委员会提交了申请介入该调查并请求终止该调查的动议，因为 ATI 公司拥有涉案专利的专利权，并且其拒绝作为申请人参与该调查。该动议中指出，涉案专利的在先所有者 SONICblue 公司已将相关涉案专利转让给 ATI 公司，并且已经登记在美国专利商标局。尽管 S3 Graphics 公司也提交了 SONICblue 公司向其转移

相关专利权的两份证明，一份是2006年11月14日的专利权转移证明，另一份是2002年5月7日的专利权转移证明，但是2006年11月14日实施的专利权转移实际上是无效的，因为在这之前SONICblue公司已将专利权转移给了ATI公司，而2002年5月7日的专利权转移并未在美国专利商标局进行登记，并且相关转移证明中并未包括相应的涉案专利。由于AMD公司和ATI公司拥有涉案专利的所有权，因此其请求介入并要求终止该“337调查”。苹果公司不反对该动议，因为该动议对其有利；而S3 Graphics公司及不公平进口调查办公室的调查律师则表示会针对该动议的具体内容及附加的备忘录进行审议及答复。

（5）申请复审

2011年9月30日，S3 Graphics公司和苹果公司分别向ITC提交了复审请求，请求对行政法官作出的初裁决定进行复审。在复审请求中，苹果公司认为，行政法官对于Mac OS X设备中DXT的运行直接侵犯了'978专利的权利要求第11项以及'146专利的权利要求第4项和第16项的专利权的结论存在错误，而S3 Graphics公司则认为行政法官对于苹果产品运行PVRTC不侵犯涉案专利的专利权以及也没有通过其PVRTC技术诱导侵权的结论存在错误。因此，S3 Graphics公司和苹果公司对于初裁决定不服，均请求进行复审。

4. 裁决结果

行政法官在初裁决定中裁定，苹果电脑使用DXT图像压缩格式侵犯了'978专利的权利要求第11项以及'146专利的权利要求第4项和第16项的专利权，并且建议ITC颁布有限排除令和禁止令。除此之外，关于其他涉案专利，未发现苹果公司存在违反“337条款”的规定。

然而，在复审后的终裁中，委员会推翻了行政法官在初裁决定中的结论，认为苹果公司的所有涉案产品均没有侵犯申请人的相关专利权，因此不存在违反“337条款”的行为。

下面针对初裁与终裁中前后不一致的结论进行简单分析。

在初裁决定中，行政法官认为，DXT纹理压缩格式定义了一个格式，该格式表示具有原始像素颜色的原始图像块，这一技术内容满足'978专利的权利要求第11项的限定。因此，在软件压缩器中测试功能以产生压缩的DXT纹理、使用压缩的DXT纹理在NVidia GPU中的软件解压器和硬件解压器中测试功能以及出售包含该压缩的DXT纹理的应用时，苹果公司侵犯了申请人的相关专利权。在终裁中，委员会也承认行政法官在初裁中的观点，认为Mac OS X设备在测试时很大可能至少产生一幅图像，其数据格式满足'978专利的权利要求第11项的所有限定。然而，苹果公司并没有针对在Mac OS X设备中运行DXT会产生这样的图像进行争辩，苹果公司只针对S3 Graphics公司是否提供了足够的证据来表明这样的图像存在进行争辩。通常，侵权行为只能通过优势证据标准（a preponderance of the evidence）[1]来证明，在个别情况下，也可能通过环境证据（或间接证据、旁证）[2]来证明。在初裁中，行政法官作出侵权裁定所依据的主要是环境证据，但是S3 Graphics公司却没有给出直接证据来证明苹果公司的测试行为违反了"337条款"，并且关于苹果公司的销售行为，S3 Graphics公司也未能给出直接证据证明苹果公司销售的应用软件是通过进口的。相反，S3 Graphics公司的争辩理由反而暗示争议软件来源于美国国内。基于上述理由，委员会认为S3 Graphics公司未能提供充分的直接证据来证明苹果公司存在违反"337条款"的行为（包括侵权行为和进口行为两方面内容），因此委员会最终裁定，针对'978专利的权利要求第11项，苹果公司使用DXT图像压缩格式并不违反"337条款"。

而关于'146专利的权利要求第4项和第16项，委员会在终裁决定中认为，'146专利的权利要求第4项仅要求能够接收图像的图像分解器，其并不需要该图像分解器实际接收某些外部产生的图像。因此，行政法官的侵权认定是存在错误的。此外，根据苹果公司提供的证据显示，该权利要求第4项实际上也是无效的。对于权利要求第16项，基于与'978专利的权利

---

[1] 优势证据标准，指的是民事案件中的一种证据标准，其中承担举证责任的一方当事人必须提供比其他当事人提供更有说服力的证据，或者提供证据以表明待证事实是非常有可能发生的。

[2] 环境证据，指的是通过提供其他活动或周围环境来证明某一事实的证据，其基于这些其他活动或周围环境来合理推测待证事实的发生。

要求第11项相同的理由，S3 Graphics公司也未能提供充分的直接证据来证明苹果公司存在违反“337条款”的行为。因此，委员会最终裁定，针对’146专利的权利要求第4项、第16项，苹果公司使用DXT图像压缩格式也不违反“337条款”。

2.3.3.3　案例点评

表面上来看，该案是两家美国公司之间的专利权纠纷，但是从S3 Graphics公司的发展历程来看，这起“337调查”实际上是HTC公司针对苹果公司对其发起的“337调查”（337-TA-710）所做的其中一场反击。如前述公司简介所述，S3 Graphics公司在图形和视频技术领域是一家老牌的公司，在20世纪90年代，S3 Graphics公司在显卡领域是属于市场霸主的地位，其技术实力自然不容小觑。2000年，S3 Graphics被威盛电子收购；2011年，其又被HTC收购，并且威盛电子与HTC这两家公司的董事长均是中国台湾女企业家王雪红，由此可知，无论S3 Graphics公司是被威盛电子收购还是被HTC收购，S3 Graphics公司一直属于威盛集团这个大家庭。在该案调查发起之前，2010年3月2日苹果公司已先行针对HTC发起了“337调查”申请，此后HTC也正面作出反击，于2010年5月12日对苹果公司提起了“337调查”（337-TA-721）申请。结合该案发起的时间（2010年5月28日），以及威盛电子和HTC背后的领导层关系可知，该案实际上是威盛电子帮助HTC对苹果公司发起的助攻，期望双面夹击能够扭转局势。因此，针对美国公司对国外公司发起的“337调查”，通过收购的子公司或兄弟公司进行联合反击，这也是一个可行的反击策略。

当然，在该案中，这一策略也被苹果公司所运用。在行政法官作出初裁决定之后、委员会作出终裁之前，AMD及其子公司ATI向委员会提交动议，请求介入该调查并且要求终止该调查，其理由是相关涉案专利的实际拥有者是ATI，而并非S3 Graphics公司。此外，苹果公司紧随其后也提交了请求终止该调查的动议，其理由也是AMD公司对涉案专利拥有所有权。因此，从两者提交的动议来看，其动机非常明显，就是希望委员会能够终止该调查，从而保护苹果公司及AMD公司的自身利益，因为在苹果的产品中使用了 AMD 公司生产的零部件，两者的利益是相关联的。

根据美国《联邦民事诉讼规则》第 24 条的规定，任何一方当事人申请介入案件的动议满足以下条件时可以被允许：①动议提出及时；②该当事人与诉讼标的物中的财产或交易具有利害关系；③诉讼结果可能会侵害该当事人的利益；④该当事人与诉讼中已有的当事人之间不具有利害关系；以及⑤该当事人的介入不会导致案件判决的延期或不公正。

委员会首先认为，AMD 公司申请介入该案件的动议是不及时的。从整个诉讼过程来看，该案中证据的记录已在几个月之前结束，并且行政法官也已颁布了初裁决定，而委员会也已准备启动复审程序。因此，AMD 公司提交该动议的时间已是最晚的时间。从 AMD 公司的该举动看不出来其具有及时介入案件的动机。实际上，AMD 公司至少在 2010 年 10 月 18 日就已知晓了该调查，因为那时苹果公司曾就相关涉案专利给 AMD 公司发过传票，请求开示相关文档信息。因此，总的来看，AMD 公司提交的该动议并不及时，也即没有积极主张相应的权利。此外，AMD 公司的利益可以通过向苹果公司及 AMD 公司所在地的地区法院提起诉讼来保护，并且由于 AMD 公司与苹果公司具有利益关联性，因此允许 AMD 公司在临近案件结束时介入将有损案件判决的公正性。另外，从 AMD 公司提交的证据来看，其也未能提供优势证据来证明 AMD 公司拥有涉案专利的专利权，因为 AMD 公司对于涉案专利的所有权声明仅仅是依据 SONICblue 公司与其子公司 ATI 所签署的部分专利权转移协议，在该份协议中并未明确记载涉案专利的专利权在转移范围之内。因此，委员会最终拒绝 AMD 公司介入该案件的调查。

从上述过程可以看到，苹果公司在应诉过程中也在寻求盟友的帮助，期望通过 AMD 公司的介入使得该案件因为涉案专利所有权的争议问题而提前终止。尽管苹果公司的该应诉策略最终未成功，但是苹果公司还是牢牢抓住申请人在证据上的劣势，最终通过复审程序获得了本次“337 调查”的胜利。因此，在应诉过程中，需要仔细分析对手的不足之处，尤其是证据上的不足，因为“337 调查”非常注重优势证据。此外，积极寻求盟友的介入也是一个行之有效的应诉策略。

2.3.3.4　案例相关资料

1. 该案涉及专利的主要权利要求

(1)'087 专利的相关涉案权利要求

'087 专利的权利要求见表 2-3-10。

表 2-3-10　'087 专利的权利要求

权利要求（英文）	权利要求（中文）
1. An image decoder engine for decoding an encoded image data file, comprising: an encoded image decomposer for decomposing the encoded image data file into a modified header and at least one compressed image block, each image block having at least one associated codeword and a plurality of image elements associated with an index value; and at least one block decoder coupled to the encoded image decomposer for decompressing the at least one compressed image block into at least one decompressed image block by generating a set of quantized image data values and mapping the index value to a quantized image data value from the set of quantized image data values, the at least one block decoder further comprising, at least one decoder configured for decompressing each of the at least one compressed image block to generate colors for each of the at least one compressed image block.	1. 一种用于解码编码图像数据文件的图像解码器引擎，包括： 编码图像分解器，用于将编码图像数据文件分解为修改的头部和至少一个压缩图像块，每个图像块具有至少一个相关联的码字和与索引值相关联的多个图像元素；以及至少一个块解码器，其耦合到编码图像分解器，用于通过生成一组量化图像数据值并将索引值映射到来自该集合的量化图像数据值，将至少一个压缩图像块解压缩成至少一个解压缩图像块； 至少一个块解码器还包括至少一个解码器，被配置用于解压缩所述至少一个压缩图像块中的每一个，以为所述至少一个压缩图像块中的每一个生成颜色。
6. The image decoder engine of claim 1 wherein the at least one block decoder further comprises a block type detector configured for determining a block type for each of the at least one compressed image block based on the at least one associated codeword.	6. 如权利要求 1 所述的图像解码器引擎，其中，所述至少一个块解码器还包括块类型检测器，被配置为基于所述至少一个相关联的码字来确定所述至少一个压缩图像块中每一个的块类型。

(2)'417 专利的相关涉案权利要求

'417 专利的权利要求见表 2-3-11。

表 2-3-11 '417 专利的权利要求

权利要求（英文）	权利要求（中文）
1. An image encoder engine for encoding an image, comprising: an image decomposer for decomposing the image into a header and at least one image block, each image block having a set of image elements and each image element having an original image data value; at least one block encoder for receiving each image block and for compressing each image block into an encoded image block by associating each original image data value of the image element with an index to a derived image data value in a set of quantized image date values; and an encoded image composer coupled to the block encoder for ordering the encoded image blocks into a data file.	1. 一种用于编码图像的图像编码器引擎，包括：图像分解器，用于将图像分解为标题和至少一个图像块，每个图像块具有一组图像元素，每个图像元素具有原始图像数据值；至少一个块编码器，用于接收每个图像块，并且通过将图像元素的每个原始图像数据值与一组量化图像数据值中的导出图像数据值的索引相关联，将每个图像块压缩成编码图像块；编码图像合成器，耦合到块编码器，用于将编码图像块排序成数据文件。
7. The image encoder engine of claim 1 wherein the block encoder further comprises a block type module for selecting an identifiable block type for the image block.	7. 如权利要求 1 所述的图像编码器引擎，其中块编码器还包括块类型模块，用于为图像块选择可识别块类型。
8. An image decoder engine for decoding an encoded image data file, comprising: an encoded image decomposer for decomposing the encoded image data file into a modified header and at least one compressed image block, each image block having at least one associated codeword and a plurality of image elements associated with an index value; at least one block decoder coupled to the encoded image decomposer for decompressing the at least one compressed image block into at least one decompressed image block by generating a set of quantized image data values and mapping the index value to a quantized image data value from the set of quantized image data values; and an image composer for ordering the at least one decompressed image blocks in an output data file.	8. 一种用于对编码图像数据文件进行解码的图像解码器引擎，包括：编码图像分解器，用于将编码图像数据文件分解为修改后的头部和至少一个压缩图像块，每个图像块具有至少一个相关联的码字和与索引值相关联的多个图像元素；耦合到编码图像分解器的至少一个块解码器，用于通过生成量化图像数据值集合并将索引值映射到来自量化图像数据值集合的量化图像数据值，将至少一个压缩图像块解压缩为至少一个解压缩图像块；以及图像合成器，用于对输出数据文件中的至少一个解压缩图像块进行排序。
12. The image decoder engine of claim 8 wherein the at least one block decoder further comprises a block type detector for selecting a block type for each of the at least one compressed image block.	12. 如权利要求 8 所述的图像解码器引擎，其中，所述至少一个块解码器还包括块类型检测器，用于为所述至少一个压缩图像块中的每一个选择块类型。

续表

权利要求（英文）	权利要求（中文）
15. A method for fixed-rate block-based image compression of an original image, comprising the steps of: decomposing the original image into a header and a plurality of image blocks each having a set of image elements with an original image data value; computing at least one codeword from the original image data value for the set of image elements; generating a set of quantized image data values including the at least one codeword and at least one image value derived from the at least one codeword; and mapping the original image data value to one of the quantized image data values to produce an index value for each image element.	15. 一种用于原始图像的基于固定速率块的图像压缩的方法，包括步骤：将原始图像分解为标题和多个图像块，每个图像块具有一组具有原始图像数据值的图像元素；从该组图像元素的原始图像数据值计算至少一个码字；生成一组量化图像数据值，所述量化图像数据值包括所述至少一个码字和从所述至少一个码字导出的至少一个图像值；以及将所述原始图像数据值映射到所述量化图像数据值之一，以产生每个图像元素的索引值。
23. A method for fixed-rate block-based image decompression of an encoded image, comprising the steps of: decomposing the encoded image of into a modified header and a plurality of encoded image blocks having at least one codeword and a plurality of image elements associated with an index value; generating a set of quanitized image data values including the at least one codeword and at least one image value derived from the at least one codeword; and mapping the index value for each image element to one of the quantized image data values.	23. 一种用于编码图像的基于固定速率块的图像解压缩的方法，包括步骤：将编码图像分解为修改的头部和具有至少一个码字和多个图像元素的多个编码图像块与索引值相关联；生成一组量化的图像数据值，包括至少一个码字和从所述至少一个码字导出的至少一个图像值；并且将每个图像元素的索引值映射到量化图像数据值之一。

（3）'978专利的相关涉案权利要求

'978专利的权利要求见表2-3-12。

表2-3-12 '978专利的权利要求

权利要求（英文）	权利要求（中文）
11. A data format for representing an original image block having a pixel color set, comprising: a codeword portion for storing at least one codeword; a bitmap portion for storing a set of indices, said set of indices includes an available index for representing a transparency identifier, the bitmap	11. 一种用于表示具有像素颜色组的原始图像块的数据格式，包括：用于存储至少一个码字的码字部分；用于存储一组索引的位图部分，所述索引组包括用于表示透明度标识符的可用索引，该

续表

权利要求（英文）	权利要求（中文）
portion constructed by a bitmap construction module utilizing the codeword portion associated with the bitmap portion; and wherein said codeword defines a set of colors that approximate the pixel color set, and said indices map the pixel color set to at least one color in said set of colors.	位图部分由位图构造模块利用与位图部分相关联的码字部分构成；并且其中所述码字定义近似于像素颜色组的一组颜色，并且所述索引将像素颜色组映射到所述颜色组中的至少一种颜色。
14. A data format for representing an original image block having a pixel color set, comprising: a codeword portion for storing at least one codeword; a bitmap portion for storing a set of indices; wherein said at least one codeword defines a set of colors that approximate the pixel color set, and said indices map the pixel color set to at least one color in said set of colors; and wherein said set of colors are computed using a geometric element fitted to said pixel color set so that said geometric element has a minimal moment of inertia.	14. 一种用于表示具有像素颜色组的原始图像块的数据格式，包括：用于存储至少一个码字的码字部分；用于存储一组索引的位图部分；其中所述至少一个码字定义近似于像素颜色组的一组颜色，并且所述索引将像素颜色组映射到所述颜色组中的至少一种颜色；并且其中使用适合于所述像素颜色组的几何元素计算所述颜色组，使得所述几何元素具有最小惯性矩。
15. An encoded image data format for representing an original image partitioned into at least two image blocks, said image blocks each having a corresponding pixel color set, the data format comprising: at least two encoded image block portions, one of said encoded image block portions having a codeword portion for storing at least two codewords, and a bitmap portion for storing a set of indices, the bitmap portion constructed by a bitmap construction module utilizing the codeword portion associated with the bitmap portion; and wherein said at least two codewords define at least three colors that approximate the pixel color set of one of the original image blocks, and said indices map the pixel color set to at least one of said at least three colors.	15. 一种编码图像数据格式，用于表示被划分为至少两个图像块的原始图像，所述图像块每个具有对应的像素颜色组，所述数据格式包括：至少两个编码图像块部分，所述编码图像块之一具有用于存储至少两个码字的码字部分，以及用于存储一组索引的位图部分，该位图部分由位图构造模块利用与位图部分相关联的码字部分构成；并且其中所述至少两个码字定义至少三种颜色，其接近原始图像块之一的像素颜色组，并且所述索引将像素颜色组映射到所述至少三种颜色中的至少一种颜色。
16. The data format of claim 15, further including a header portion.	16. 如权利要求 15 所述的数据格式，还包括标题部分。

(4)'146 专利的相关涉案权利要求

'146 专利的权利要求见表 2-3-13。

表 2-3-13　'146 专利的权利要求

权利要求（英文）	权利要求（中文）
1. A system for encoding an image, comprising: an image decomposer, coupled to receive an image, for breaking the image into one or more image blocks, each image block having a set of colors; at least one block encoder for receiving each image block and for compressing each image block to generate an encoded image block, wherein each block encoder includes a color quantizer for receiving each image block and for generating at least one codeword from which at least one quantized color is derived, the color quantizer having a selection module for computing a set of parameters from the set of colors, the at least one codeword derived from the set of parameters; and an encoded image composer for receiving and ordering the encoded image blocks into a data file.	1. 一种用于编码图像的系统，包括：图像分解器，被耦合以接收图像，用于将图像分成一个或多个图像块，每个图像块具有一组颜色；至少一个块编码器，用于接收每个图像块并用于压缩每个图像块以生成编码图像块，其中每个块编码器包括颜色量化器，用于接收每个图像块并用于生成至少一个码字，其中至少一个量化颜色得到的颜色量化器具有选择模块，用于根据该组颜色计算一组参数，该至少一个码字从该组参数中导出；编码图像合成器，用于接收编码图像块并将其排序成数据文件。
3. The system of claim 1, wherein each block encoder comprises: a bitmap construction module for mapping the colors of an image block to one of the at least one quantized colors.	3. 如权利要求 1 所述的系统，其中每个块编码器包括：位图构造模块，用于将图像块的颜色映射到所述至少一个量化颜色中的一个。
4. The system of claim 3, wherein the color quantizer further comprises: a block type module, coupled to receive the image block, for selecting a block type for the image block; and a codeword generation module for generating the least one codeword from the set of parameters generated by the selection module.	4. 如权利要求 3 所述的系统，其中，所述颜色量化器还包括：块类型模块，被耦合以接收所述图像块，用于选择所述图像块的块类型；码字生成模块，用于从选择模块生成的参数集生成至少一个码字。
13. A method of compressing an original image block having a first set of color points defined within a selected color space, comprising: fitting a geometric element to the first set of color points so that the geometric element includes a second set of color points having a minimal moment of inertia when fitted to the center of gravity of the first set of color points; computing a set of codewords from the second set of color points; computing a set of computed colors using the set of codewords; mapping each of the first set of color points to one of the computed colors or one of the codewords to produce an index for each of the first set of color points; and using the indices produced by the mapping each of the first set of color points and the set of codewords to represent the first set of color points.	13. 一种压缩具有在所选颜色空间内定义的第一组色点的原始图像块的方法，包括：将几何元素拟合到所述第一组色点，使得所述几何元素包括当拟合到所述第一组色点的重心时具有最小惯性矩的第二组色点；从所述第二组色点计算一组码字；使用所述一组码字来计算一组计算颜色；将所述第一组色点中的每一个映射到所计算的颜色中的一个或所述码字中的一个，以产生所述第一组色点中的每一个索引；以及使用通过映射第一组色点和该组码字中的每一个而产生的索引来表示第一组色点。

续表

权利要求（英文）	权利要求（中文）
16. The method of claim 13, wherein mapping further includes mapping a first set color point to a predefined index, if the first set color point represents an alpha value.	16. 如权利要求 13 所述的方法，其中，映射还包括：如果第一设定色点表示阿尔法值，则将所述第一设定色点映射到预定义索引。

第 3 章

欧洲企业在美国知识产权诉讼分析

3.1 欧洲企业在美国专利诉讼

欧洲一直是美国重要的贸易伙伴和竞争对手，欧洲的企业也很早进入美国开拓市场，特别是来自欧洲的大量科技公司，其产品在美国具有很高的市场占有率，这也使得涉及欧洲的计算机领域专利诉讼占有很高的比重。

从图 3-1-1 可以看出，从 2012 年至 2017 年，在计算机领域中，欧洲企业涉及专利诉讼总量为 1372 件，平均每年 274 件左右。

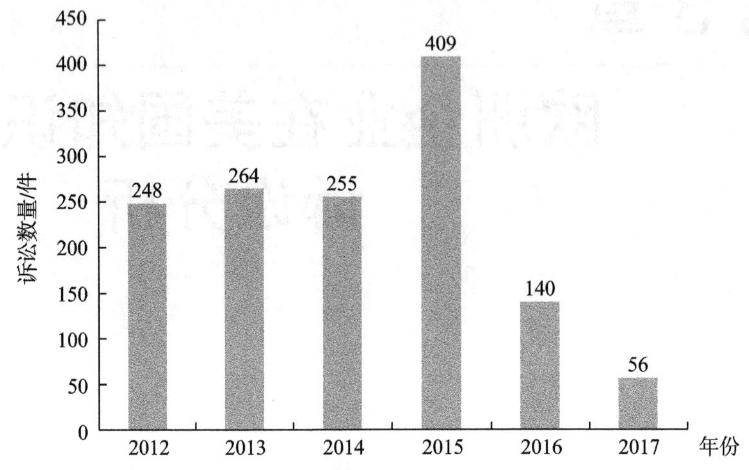

图 3-1-1　2012—2017 年欧洲企业涉及的计算机专利诉讼数量年变化趋势

2012—2014 年涉及欧洲专利诉讼量相对平稳，每年维持在 250 件左右，2015 年出现较大幅度的增长，诉讼数量达到 409 件，而 2016—2017 年诉讼数量有了较大幅度的递减，2017 年的诉讼数量急剧下降，不及 2016 年的一半，甚至只有 2015 年诉讼量的 14%。如图 3-1-2 所示，该数据波动与该领域在美国专利诉讼的总体趋势一致。

2012—2017 年，该领域专利诉讼总量为 15 000 余件，欧洲企业涉诉量年均占诉讼总量的 8.7%，欧洲是除美国本土外涉诉数量最多的地区。

图 3-1-3 示出了 2012—2017 年美国涉诉案件中欧洲企业作为原告和作为被告的诉讼量的变化趋势。在所有涉及欧洲企业的诉讼案件中，欧洲企

业作为原告的诉讼数量为 631 件，作为被告的诉讼数量为 743 件，从总量上看相差不大。从年变化趋势来看，如图 3-1-3 所示，2012 年原告发起的诉讼数量仅为作为被告应诉数量的 1/3 多一点，可见在 2012 年该领域的欧洲企业以被动应诉为主，而 2013—2015 年，原告发起的诉讼量占比开始大幅增加，2013 年和 2014 年基本与被诉讼量齐平，2015 年，欧洲企业作为原告发起的诉讼量将近是作为被告应诉量的 2 倍，可见在 2013—2015 年该领域欧洲企业开始调整诉讼策略，积极主动地应对。

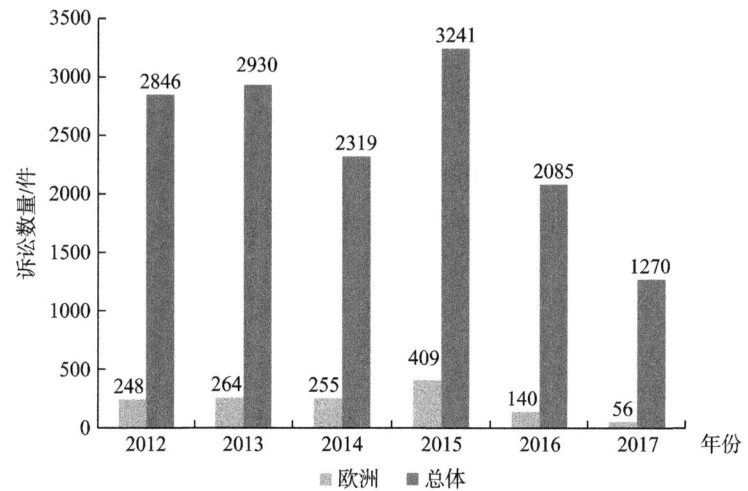

图 3-1-2　2012—2017 年欧洲企业在美国涉诉量和总体诉讼量年度变化趋势比较

2016—2017 年，整体诉讼量有了较大的下滑，欧洲企业作为原告发起的诉讼量也低于作为被告应诉的数量，但是作为原告发起诉讼量的占比相比 2012 年已经有了大幅的提升，从整体趋势来看欧洲企业在美国的专利诉讼中诉讼策略是越来越积极主动的。

在美国，该领域欧洲企业除了与美国本土企业之间存在专利纠纷之外，与在美国的其他国家和地区的企业也同样存在知识产权纠纷。从图 3-1-4 中可以看出，该领域欧洲企业专利诉讼的对象主要是美国本土企业，在所有诉讼量中欧美之间的诉讼量占比高达 89%，排名第二的是欧洲企业和日本企业之间的诉讼量，欧洲企业之间的专利纠纷也占一定的比例，这说明欧洲企业之间的竞争在美国也同样激烈。

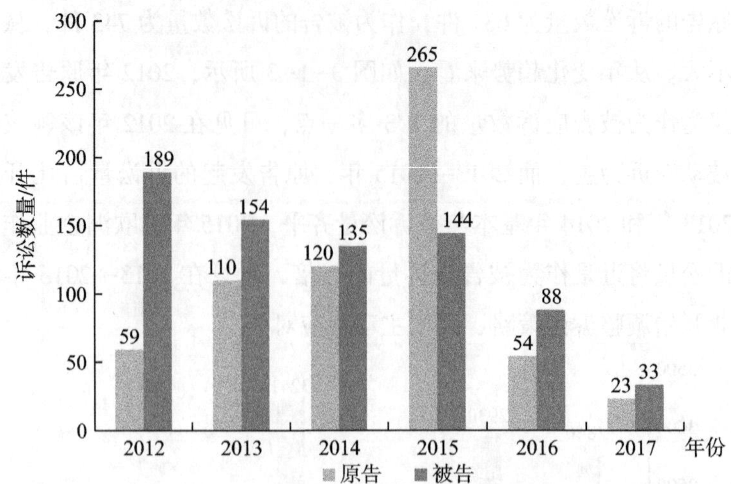

图 3-1-3　2012—2017 年欧洲企业作为原告和作为被告的诉讼量变化趋势

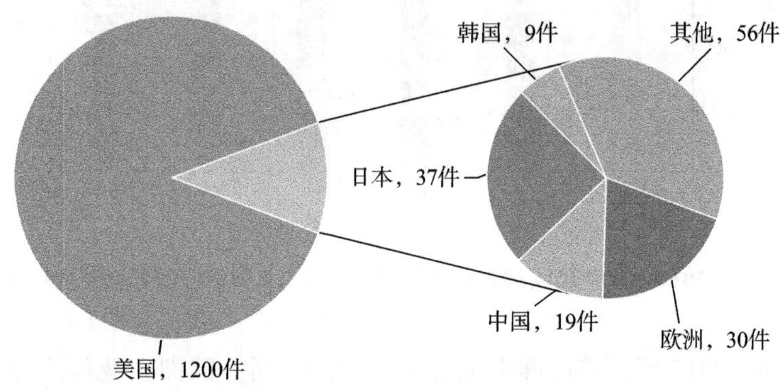

图 3-1-4　2012—2017 年欧洲企业与其他国家或地区企业之间的诉讼量分布

其中，欧洲企业作为原告主动发起的诉讼量略大于作为被告的数量，如图 3-1-5 所示，欧洲企业具体共发起 933 起诉讼，占比约为 54%，并被起诉 802 次，占比约为 46%。一方面，欧洲企业以起诉美国本土企业为主，共发起 505 起诉讼，占比约为 54%，对其他国家企业发起的诉讼量为 398 起，占比约为 43%；另一方面，对欧洲企业发起诉讼最多的也是美国企业，美国企业对欧洲发起的诉讼量多达 695 件，占比约为 87%，其他国家对欧洲企业发起的诉讼量为 77 起，占比约为 10%。

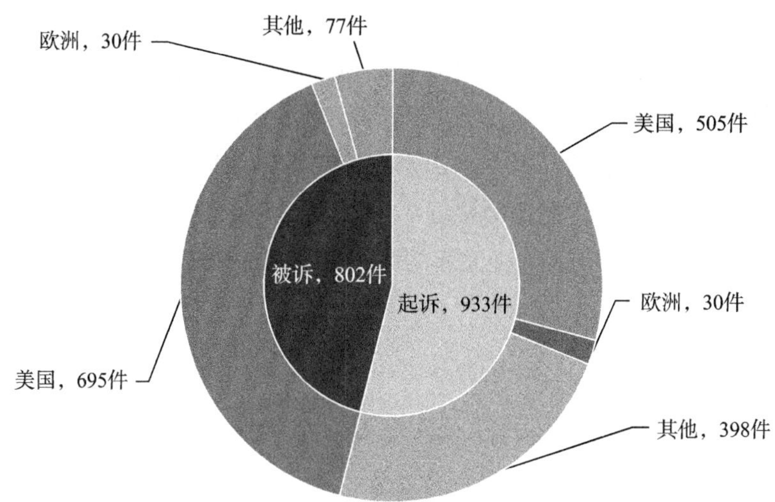

图 3-1-5　2012—2017 年欧洲企业作为原告和被告的诉讼量分布

欧洲国家众多，既有经济、科技发达的英国、俄罗斯、德国、法国、意大利等国家，也有相对欠发达的国家，欧洲在美国的诉讼总量中涉及欧洲的 26 个国家和地区，其中各个国家所占诉讼比例也是不相同的。图 3-1-6 示出了各个国家所涉专利诉讼数量占比情况。

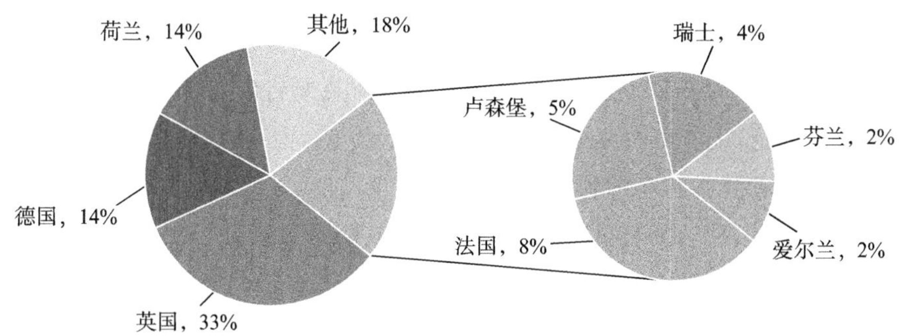

图 3-1-6　2012—2017 年欧洲各个国家所涉专利诉讼数量占比情况

按国家统计，来自英国的企业贡献了 33% 的诉讼量，数量为 453 件，按所涉诉讼量排在第 2 ~ 8 位的分别为德国 198 件，荷兰 196 件，法国 104 件，卢森堡 71 件，瑞士 54 件，芬兰 32 件，爱尔兰 28 件，这些国家的诉讼量共计 1136 件，占总量的 82%，可见多数诉讼案件都集中在以上国家的企业。

图 3-1-7 示出了涉诉专利数量居前 8 位的国家中作为被告和原告的对比，可以看出，多数国家的企业对于专利诉讼都处于被动的局面，其作为被告的诉讼案件量远高于其作为原告发起的诉讼量，而英国和卢森堡的企业在专利诉讼中采取的却是主动出击的战略，以英国为例，英国企业发起诉讼的数量和被诉数量的比例接近 3∶1，发起诉讼量达到 327 件，比排名前 8 位的其他几个国家的企业发起的诉讼量总和还要多。

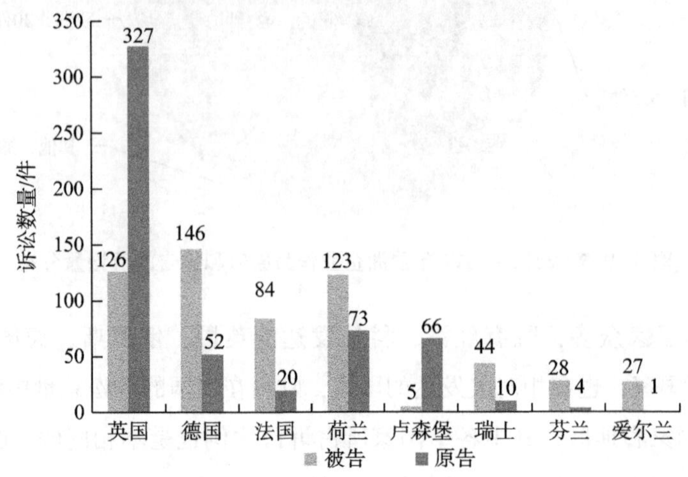

图 3-1-7　2012—2017 年涉诉专利数量居前 8 位的国家中作为被告和原告的对比

在所有欧洲企业里，主动发起诉讼的原告总计 101 个，如图 3-1-8 所示，其中 68 个原告仅发起 1~2 件诉讼，占所有原告的 67%，也有 12% 左右的原告发起超过 10 件的诉讼，可见部分原告持有相当数量的核心专利，发起多起诉讼维护自身的利益。

被起诉的被告总计 341 个，如图 3-1-9 所示，其中 283 个被告仅被起诉 1~2 件，占所有被告的 83%，仅有 2% 的被告被起诉超过 10 件，数量为 6 个，由此可以看出欧洲企业在美国行业分布较为分散，多数企业仅在一个或为数不多的数个计算机领域相关行业的市场表现突出。

企业对持有的高质量专利总是想方设法最大化其专利的价值，由此，一方面，出现了专利持有人利用相同或相近的专利同时向多个侵权主体同时发起诉讼，在涉及欧洲企业诉讼的案件中也存在一个原告同时起诉多个被告的情形；另一方面，也出现了多个专利持有人同时向一个侵权主体发起诉讼的现象，即多个原告一个被告的情况，在这种情况下往往被告的产

品线丰富、所涉业务广泛。图 3-1-10 示出了涉及“多个原告一个被告”（以下简称“多个原告”）和“一个原告多个被告”（以下简称“多个被告”）类型案件在总体案件中的数量占比，从图 3-1-10 中可以看出，78% 的案件只涉及一个原告或一个被告，数量为 1070 件，仅有 3% 的案件涉及多个原告，数量为 41 件，19% 的案件涉及多个被告，数量为 261 件，由此可见绝大多数的案件仅涉及一个原告或一个被告，一部分案件涉及多个被告的情形，极少部分案件涉及多个原告，这和计算机领域在美国的整体诉讼情形一致，也从一个侧面反映了计算机领域的多数欧洲企业在美国的竞争力体现在某个或为数不多的子领域，在计算机领域的多个行业都具备核心竞争力的企业占比数量较少。

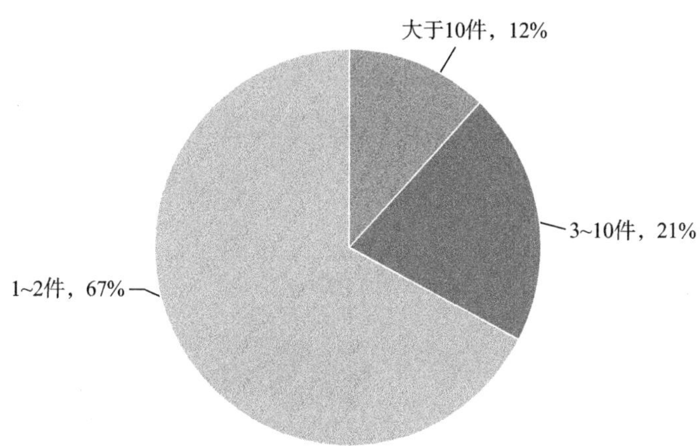

图 3-1-8　2012—2017 年欧洲企业原告的涉诉案件数量分布

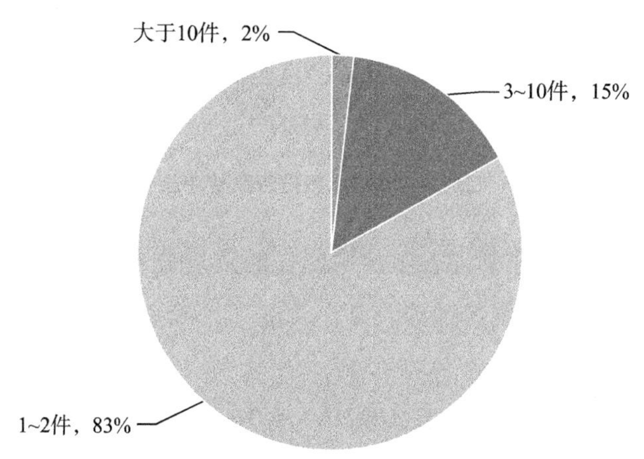

图 3-1-9　2012—2017 年欧洲企业被告的涉诉案件数量分布

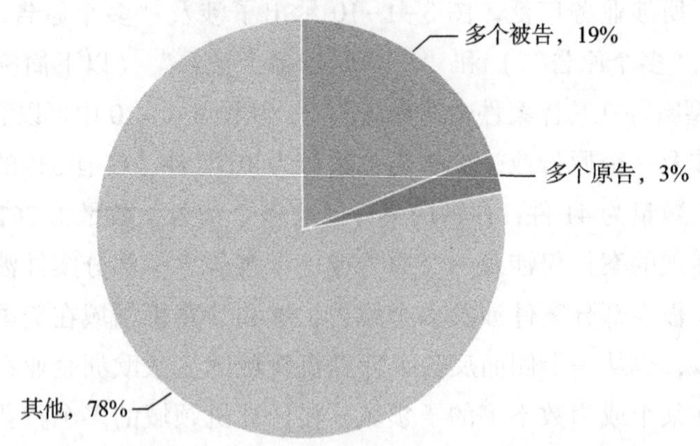

图 3-1-10 2012—2017 年多个原告和多个被告案件数量占比

图 3-1-11 示出了多被告的数量分布图，从图中可以看出在多被告的案件中，多数案件涉及 2 个被告，少数案件涉及 3～10 个被告，极少的案件涉及 10 个以上的被告。

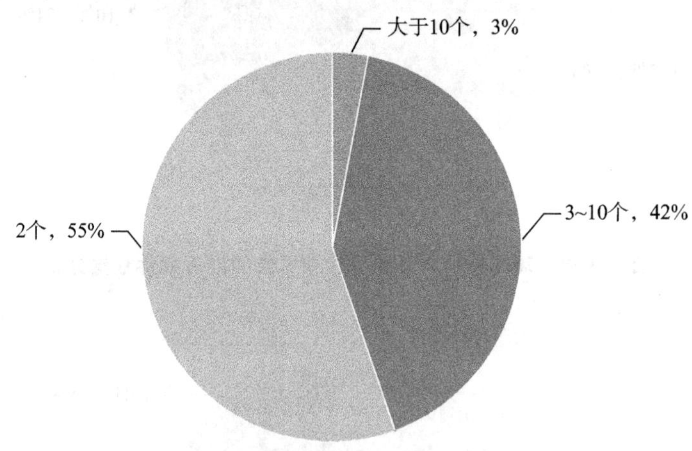

图 3-1-11 2012—2017 年多被告案件中被告数量分布

图 3-1-12 示出了多原告案件中原告的数量分布，从图中可以看出在多原告的案件中，多数案件涉及 2 个原告，小部分案件涉及 2 个以上的原告。

美国专利商标局将商业方法纳入 705 类，主要包括市场分析、广告管理、产品服务目录系统、激励机制、信贷处理系统、银行业务、投资计划

等；随着网络技术和电讯技术的发展和普及，越来越多商业方法与计算机相结合，即采用计算机或网络技术等手段实现商业方法。欧洲企业诉讼中，涉及商业方法相关的专利诉讼数量为 566 件，占总诉讼数量的 41%。

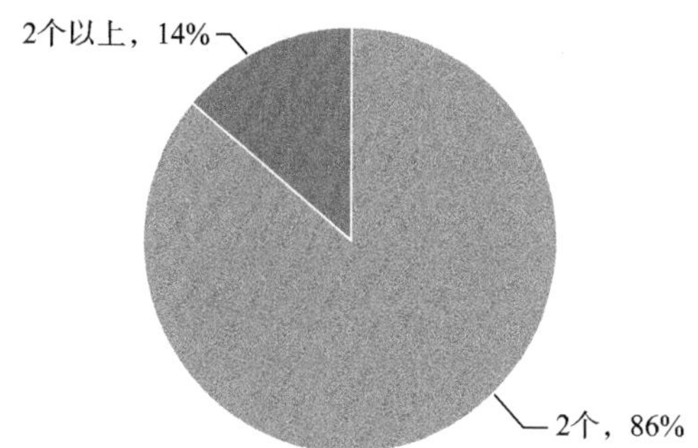

图 3-1-12　2012—2017 年多原告案件中原告数量分布

图 3-1-13 示出了每年商业方法案件和总体案件数量的对比，可以看出，商业方法案件数量与计算机领域的总体数量的变化趋势一致，2015 年时达到峰值，数量为 198 件。

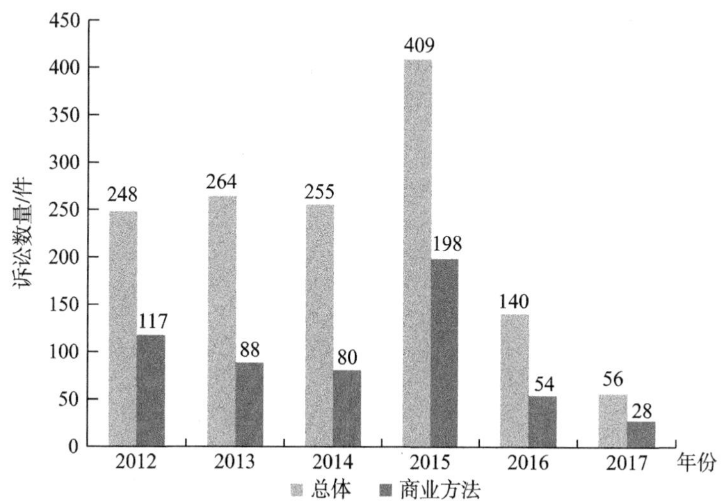

图 3-1-13　2012—2017 年商业方法和总体诉讼数量对比

从图 3-1-14 可以看出，总体来看变化波动较大，但是商业方法所涉案件每年的占比都在 30% 以上，可见计算机技术的发展和普及为欧洲企业注入了新的活力，使更多的传统行业企业焕发新枝。

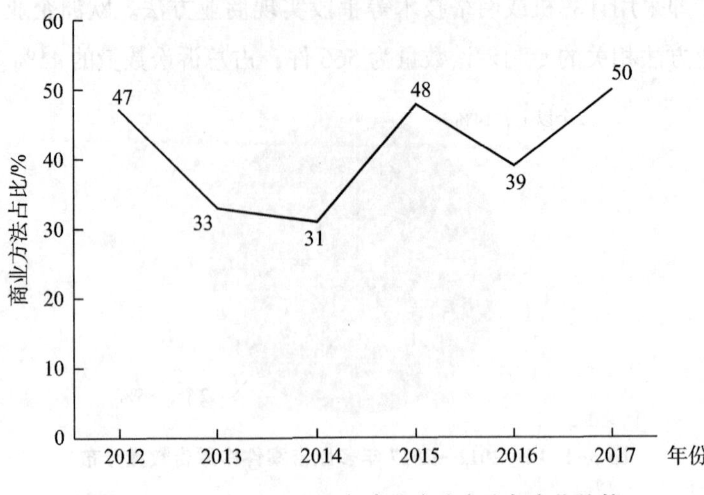

图 3-1-14　2012—2017 年商业方法占比年变化趋势

美国联邦诉讼法院负责专利诉讼的一审判决，而每个联邦诉讼法院都有自己的专利诉讼联邦地区法院规则，选择不同的联邦诉讼法院对案件的最终走向、审查效率等有很大的影响。图 3-1-15 示出了欧洲企业诉讼案件受理法院情况，在所有涉及的 50 个法院中，其中有 37 个法院仅受理了 10 件以内的案件，有 2 个法院受理案件超过 100 件，另外有 11 个法院受理案件数量为 10~100 件。

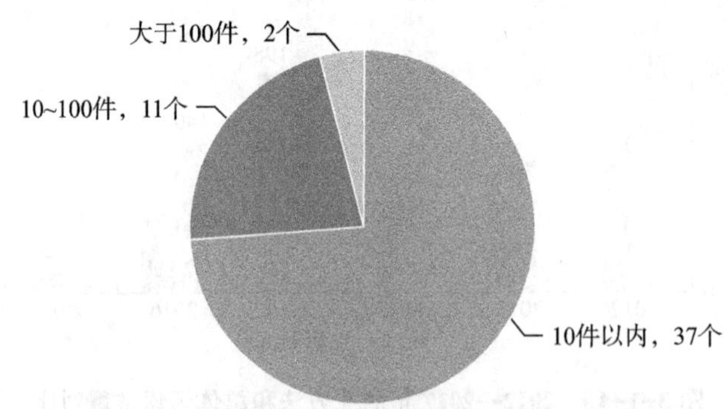

图 3-1-15　2012—2017 年按受理案件数量法院分布

从图 3-1-16 中可以看出，排名前两位的德州东区法院和特拉华地区法院更受欧洲企业的青睐，其受理的数量占总诉讼数量的 68%，数量为 930

件，超过其他法院受理案件的数量总和；此外，加州南区法院受理的案件数量依然高居前5，北伊利诺伊州法院受理的案件数量与加州南区法院受理的案件数量不相上下；由此可见，涉及欧洲企业的诉讼受理法院与在美国总体涉及计算机领域的专利诉讼受理法院情形一致，诉讼受理法院呈现集中于少数几个法院的情形，联邦法院受理的专利案件分布十分不均。

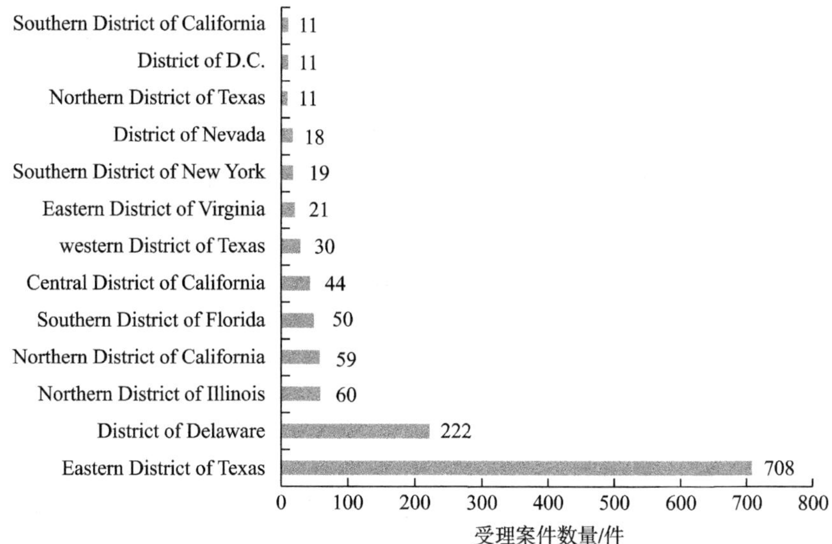

图3-1-16　2012—2017年受理案件超过10件的法院受理数量

诉讼周期对当事人的影响也不容忽视，截至2017年底，欧洲企业的专利诉讼中，91%的案件已经审结，数量为1252件，仅有120件案件目前还在审理中，占总案件数的9%。如图3-1-17所示，截至2017年，在未审结的案件中，2012年受理的案件占总量的14.17%，数量为40件，比2013年的6.67%、2014年的8.33%都要多，可见2012年受理的案件相对比较棘手，随着时间的推移，每年受理的未审结的案件也在增多，这也在情理之中，2015年受理的未审的案件仅占所有未审案件的15%，2016年受理的未审案件占22.50%，2017年受理的未审案件占33.33%，从一个侧面也反映了联邦法院案件审理效率的提升。

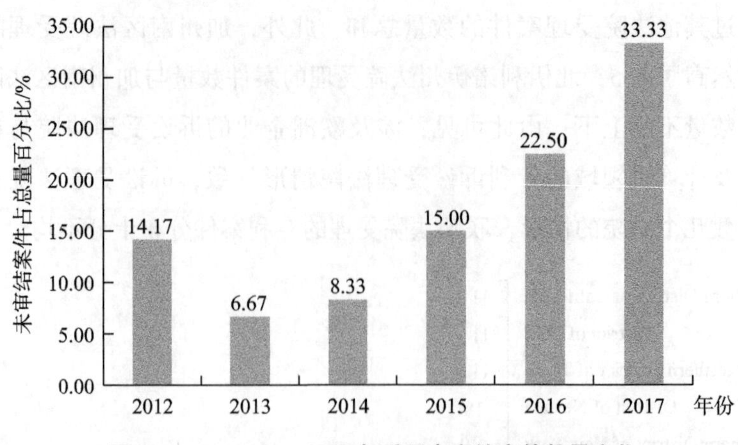

图 3-1-17 2012—2017 年受理未审结案件数量变化

3.2 欧洲企业在美国"337 调查"

欧洲同样存在一批实力较强的科技巨头，如诺基亚、爱立信等，相对其他地区的公司企业，有着巨大的先发优势，诺基亚公司生产的手机多年处于世界前列，深受广大用户青睐，但后期由于创新能力匮乏，逐步被美国企业反超。

图 3-2-1 显示分布在美国、欧洲、中国、日本和韩国等不同国家或地区的原告方和被告方相互之间的诉讼对比情况。原告方对侵犯自身专利的被告申请启动调查程序，同时作为被告方的可能有多家企业，且多个被告方可能会分布在不同的国家地区，例如美国的一家企业作为原告方发起的调查中，被告方同时分布在欧洲、日本，这种情况的案件将分别计入美国诉讼欧洲和美国诉讼日本。

图 3-2-2 示出了 2009—2017 年计算机领域的"337 调查"中由美国公司作为原告诉讼欧洲公司被告的数量年度变化趋势情况，从中可以看出从 2009—2017 年呈现出曲折上升的趋势，各年的数量有增有减。

图 3-2-3 显示美国公司针对欧洲公司发起的"337 调查"中原告方的分布。从图中可以看出，92.31% 以上的"337 调查"的原告方由美国地区的公司单独构成，仅有 7.69% 的"337 调查"的原告方由其他国家或地区的公司与美国地区的公司一起组成，这从侧面反映出了美国本土的公司利

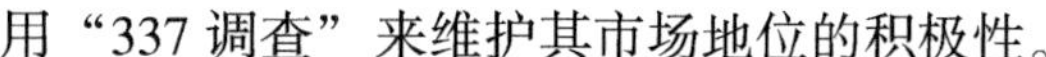
用“337 调查”来维护其市场地位的积极性。

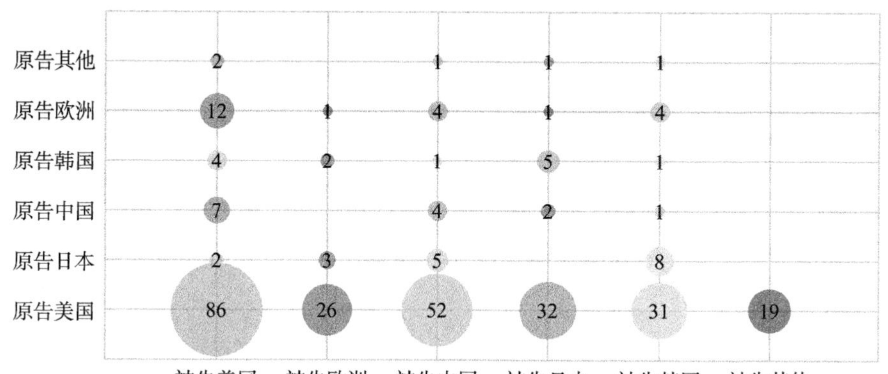

图 3-2-1　2009—2017 年计算机领域“337 调查”不同地区原告方/被告方诉讼对比（单位：件）

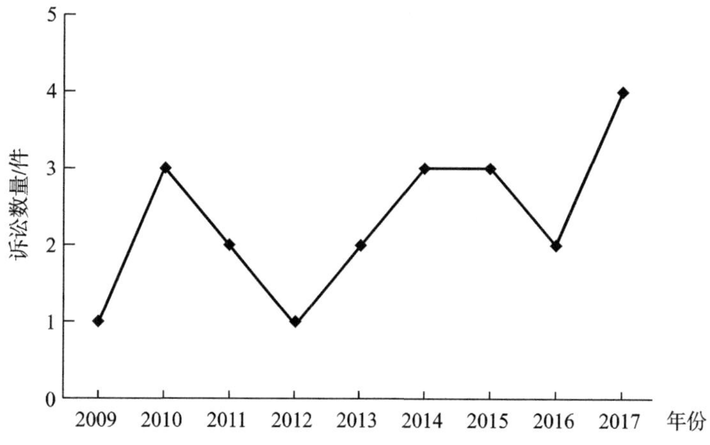

图 3-2-2　2009—2017 年美国公司诉欧洲公司调查案件数量变化

图 3-2-4 示出了由美国针对欧洲发起的“337 调查”中，被告方构成的分布。在美国发起的 26 件调查中，被告公司分布在欧洲本土的仅有 8 件，占总数的 30.77%，被告公司分布在包括欧洲在内的多个国家的案件有 18 件，占总数的 69.23%，从中可以看出原告方在对可能侵犯自身专利技术的公司发起诉讼时，大多也都会考虑位于其他多个国家的公司的侵权情况，若存在侵权行为，则将其位于欧洲本土的子公司或技术相关的公司共同列为被告。

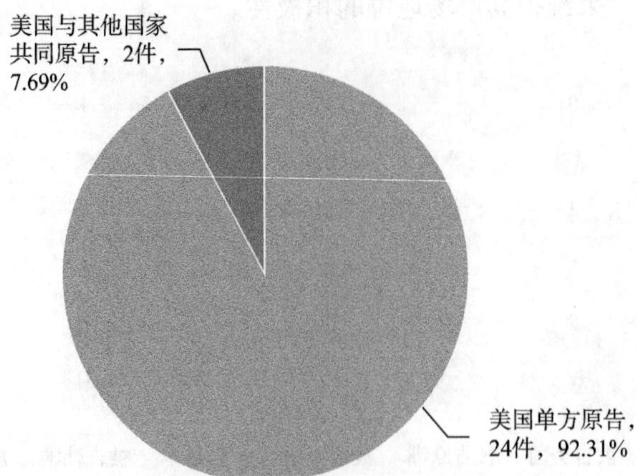

图 3-2-3　2009—2017 年美国针对欧洲发起的“337 调查”中原告方的分布情况

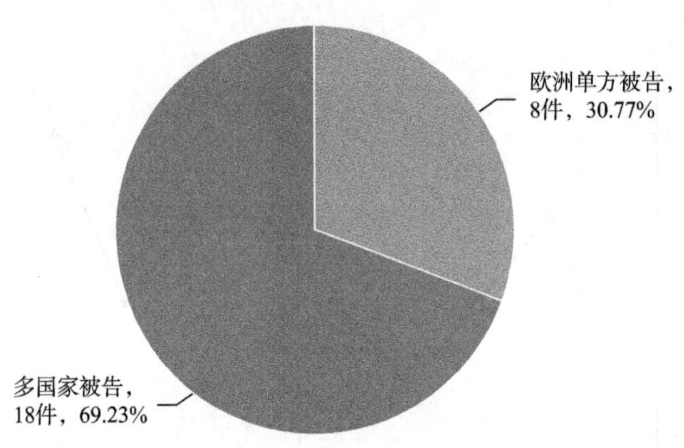

图 3-2-4　2009—2017 年美国针对欧洲发起的“337 调查”中被告方的分布情况

欧洲的技术优势主要体现在手机领域，如当地的明星企业诺基亚、爱立信等，但这些企业具有一定的原始技术积累，由于早期的技术实力储备雄厚，拥有着一批基础性核心专利，可以向侵犯自己专利技术的公司发起诉讼。图 3-2-5 示出了欧洲作为诉讼案件原告的排名信息，诺基亚发起的“337 调查”最多，数量为 6 件，爱立信发起的调查案件数量为 4 件，排名第二，其他的还有 Enterprise Systems Technologies、NXP B. V. 等，涉及的案件数量均为 1 件。

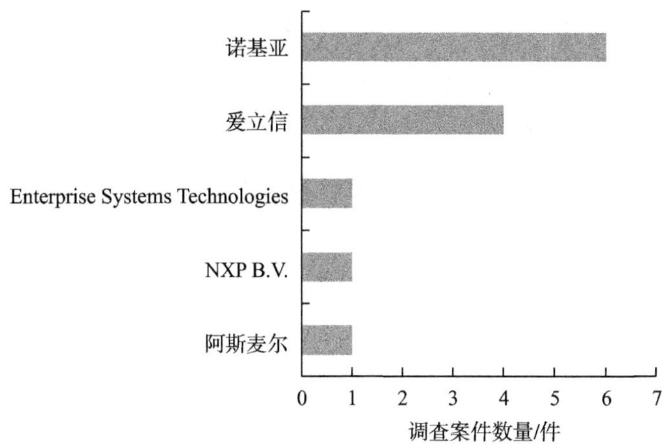

图 3-2-5　2009—2017 年欧洲作为原告的公司调查案件数量排名情况

图 3-2-6 示出了“337 调查”中被告方为欧洲公司的排名信息，同样地，诺基亚也是该地区受到诉讼次数最多的企业，作为被告方的案件数量为 10 件，比作为原告的案件数量多了 4 件，大众虽然为一家著名的汽车制造公司，看似与计算机领域不大相关，但因其在汽车的娱乐系统上运用了多项多媒体处理技术，因而存在侵犯其他公司计算机领域相关专利技术的风险，例如美国的 West View 就曾因德国大众及其旗下的宝马、日本的丰田、本田、日产等一系列公司涉嫌侵犯其拥有的多媒体处理技术相关专利，向 ITC 提出请求发起“337 调查”。

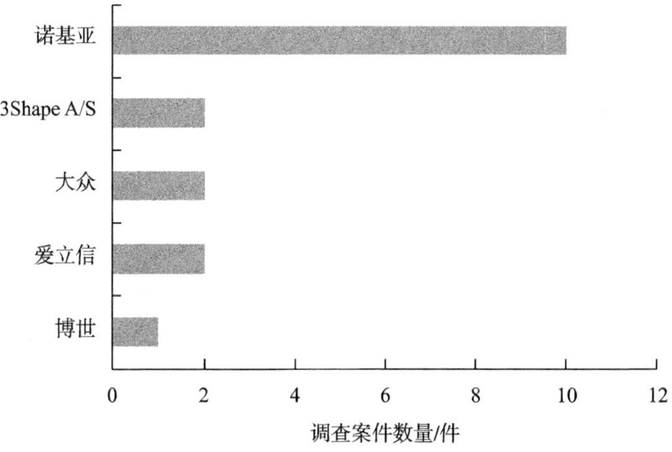

图 3-2-6　2009—2017 年欧洲作为被告的公司调查案件数量排名情况

表 3-2-1 示出了 2009—2017 年美国公司诉欧洲公司的“337 调查”周期情况，其中各年的平均调查时间基本都在 1 年以上，2010 年和 2014 年的调查周期最长，平均都在 17 个月以上，从 2015 年开始平均调查周期在慢慢缩短，到 2016 年缩短到了 11.2 个月，2017 年部分结案的案件的平均调查周期为 11.1 个月。美国公司诉欧洲公司的案件调查周期的缩短趋势并不明显，2011 年的平均调查周期最短，仅为 9.9 个月，这与当年的案件数量较少有关，与美国公司诉美国公司的案件的调查周期相比，平均调查周期长 2 个月左右。

表 3-2-1　2009—2017 年美国公司诉欧洲公司案件调查周期情况

年份	周期/月		
	最短	最长	平均
2009	16.0	16.0	16.0
2010	16.5	20.5	17.9
2011	5.3	14.5	9.9
2012	15.5	15.5	15.5
2013	10.3	18.3	14.3
2014	7.8	20.3	17.4
2015	10.7	21.3	16.0
2016	11.2	11.2	11.2
2017	5.3	18.5	11.1

对美国公司诉欧洲公司的案件进行统计得到，截至 2017 年底已经取得最终的调查结果案件占案件总量的 50.00%，未结案件占案件总量的 50.00%，二者各占一半，从图 3-2-7 中可以得到结案结果中原告胜诉、原告败诉、原告撤回/和解几种结果的分布情况，原告败诉的案件在总的结案中占 26.92%，其次是原告撤回/和解在总的结案中的占比为 15.38%，原告胜诉的案件占比最小，仅为 7.69%，表明在美国公司诉讼洲公司的案件当中，美国公司占据的优势并不大，败诉的概率相对较高。

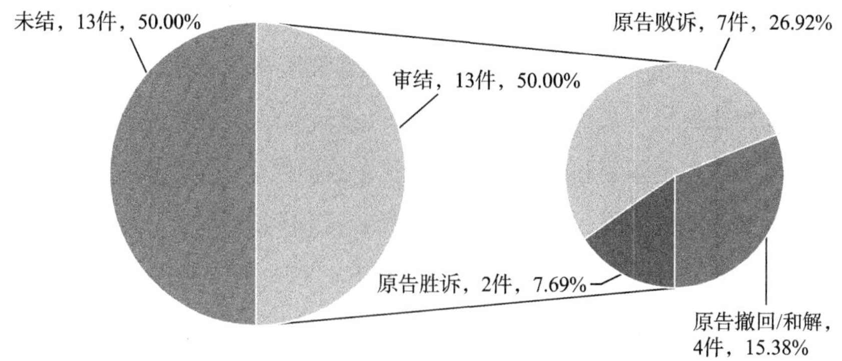

图3-2-7　2009—2017年美国公司诉欧洲公司案件的结案分布情况

3.3　典型诉讼案例

3.3.1　赛普拉斯诉朗讯等

3.3.1.1　攻防双方

1. 赛普拉斯公司

赛普拉斯（Cypress）公司成立于1982年，是一家知名的电子芯片制造商，其生产高性能IC产品，用于数据传输、远程通信、PC和军用系统，并为消费类电子、计算、数据通信、汽车、工业和太阳能等系统核心部分提供高性能的解决方案。赛普拉斯充分利用基于产品性能的工艺及制造技术专长，使其产品系列扩展到有线与无线USB器件、CMOS图像传感器、计时技术解决方案、网络搜索引擎、专业存储器、高带宽同步和微功耗存储器产品、光学解决方案及可再配置的混合信号阵列等。

2. 应诉公司

阿尔卡特-朗讯（Alcatel-Lucent）公司是一家提供电信软硬件设备及服务的跨国公司，总部设于法国巴黎，其由美国的朗讯科技（Lucent Technologies）及法国的阿尔卡特（Alcatel）于2006年12月1日起正式合并而成的，以阿尔卡特为存续公司。阿尔卡特-朗讯主要为全世界的服务提供商、企业和政府提供解决方案，帮助其为终端用户提供语音、数据和视频服务，是固定、移动、融合宽带市场、IP 技术、应用和服务领域的领导者。

爱立信公司成立于 1876 年，位于瑞典首都斯德哥尔摩。从早期生产电话机、程控交换机发展到今天全球最大的移动通信设备商，爱立信的业务遍布全球 180 多个国家和地区，是全球领先的提供端到端全面通信解决方案以及专业服务的供应商，其全球业务包括：通信网络系统、专业电信服务、专利授权、企业系统、运营支撑系统（OSS）和业务支撑系统（BSS）。爱立信的 2G、3G 和 4G 无线通信网络被世界上各大运营商广泛使用和部署。爱立信还是移动通信标准化的全球领导。

艾睿电子（Arrow Electronics）是一家面向工业和商业电子元器件和企业级运算解决方案用户提供产品、服务和解决方案的全球供应商。作为供应渠道合作伙伴，艾睿电子通过遍布全球的销售网络，为 150 000 家原始设备制造商、增值代理商、合约制造商和商业客户提供服务。艾睿电子在全球 80 多个国家和地区拥有超过 300 个销售机构，45 个分销和增值中心。Nu Horizons 电子公司也是一家面向全球的电子元器件分销商，2011 年 1 月，其被艾睿电子收购。

GSI 技术公司于 1995 年 3 月在加州库比蒂诺成立，致力于长期提供高性能存储器，其为网络、军事、医疗、汽车和其他应用设计、开发和销售各种高性能存储器产品。GSI 技术公司的存储器产品高密度、低延迟、高带宽、快速访问、低功耗，以及具有极高事务率。GSI 技术公司提供静态随机存取存储器产品（SRAM）和低延迟 DRAM 产品（LLDRAM），其生产的 SRAM 采用世界一流的低功耗 0.25 微米至 65 纳米 CMOS 工艺技术，而低延迟 DRAM 产品线采用 72 纳米 DRAM 工艺技术制造。

摩托罗拉移动（Motorola Mobility）和摩托罗拉系统（Motorola Solutions）两家公司是摩托罗拉公司于 2011 年 1 月拆分的两家公司，其中摩托罗拉系统公司主要从事网络设备及对讲机业务，其核心市场是公共安全政府机构和商业企业，而摩托罗拉移动公司主要从事智能手机和机顶盒业务，提供创新的智能手机、平板电脑、机顶盒及其他融合型终端。

3.3.1.2　调查案情

1. 调查过程简述

具体的调查过程见表 3-3-1。

表 3-3-1　调查过程

时间	动作
2011 年 6 月 10 日	申请人赛普拉斯公司向 ITC 提交申诉书，请求 ITC 针对被申请人及其侵权产品发起“337 调查”
2011 年 6 月 27 日	申请人赛普拉斯公司向 ITC 提交第一次修改的申诉书，被申请人进一步增加摩托罗拉移动技术公司
2011 年 7 月 13 日	申请人赛普拉斯公司向 ITC 提交第二次修改的申诉书，被申请人进一步增加爱立信（美国）公司、思科系统公司、惠普公司、诺基亚西门子网络公司及其美国分公司、泰乐公司以及安富利公司
2011 年 7 月 21 日	ITC 在《联邦公报》上发布立案公告（notice of investigation），正式展开针对被申请人涉案产品的“337 调查”，同时公告中声明，不公平进口调查办公室（OUII）不参与本次调查；确定行政法官为 Charles E. Bullock
2011 年 7 月 28 日	行政法官 Charles E. Bullock 颁布其审理此案的《基本法规》（*Ground Rules*），针对调查的相关事项及相关日期做了初步规定，并设定案件的目标日期为 2012 年 11 月 28 日（调查期限为 16 个月）
2011 年 8 月 11 日	GSI 技术公司针对赛普拉斯公司的第二次修改的申诉书和立案公告进行答复
2011 年 8 月 22 日	安富利、惠普、爱立信、阿尔卡特-朗讯及思科针对赛普拉斯公司的第二次修改的申诉书和立案公告进行答复
2011 年 8 月 31 日	诺基亚西门子网络、泰乐及摩托罗拉针对赛普拉斯公司的第二次修改的申诉书和立案公告进行答复
2011 年 9 月 15 日	行政法官 Charles E. Bullock 颁布第 9 号命令，批准申请人赛普拉斯提出的基于同意令协议（consent order stipulation）终止针对艾睿电子公司和 Nu Horizons 电子公司的调查的联合动议
2011 年 10 月 14 日至 10 月 18 日	行政法官 Charles E. Bullock 主持举行马克曼听证
2012 年 1 月 19 日	被申请人提交请求作出简易裁决的动议，请求裁定被申请人未侵犯申请人的专利权，因而未违反“337 条款”

续表

时间	动作
2012年1月31日	行政法官 Charles E. Bullock 颁布第25号命令，批准申请人赛普拉斯公司提出的基于和解协议终止针对诺基亚西门子网络公司的调查的联合动议
2012年2月6日	行政法官 Charles E. Bullock 颁布第26号命令，批准申请人赛普拉斯公司提出的因其撤诉而终止针对阿尔卡特-朗讯公司的调查的联合动议
2012年2月9日	行政法官 Charles E. Bullock 颁布第29号命令，其对于涉案专利中的相关权利要求作出最终解释
2012年2月13日	申请人赛普拉斯以及被申请人（GSI、爱立信、摩托罗拉、安富利、惠普、泰乐及思科）提交庭前陈述（pre-jearing statement）
2012年2月14日	行政法官 Charles E. Bullock 颁布第35号命令，批准被申请人（惠普、摩托罗拉、泰乐及爱立信）提出的关于作出未违反"337条款"的简易裁决的动议
2012年3月13日至3月20日	行政法官 Charles E. Bullock 主持举行听证会
2012年3月30日	申请人赛普拉斯以及被申请人（GSI、爱立信、摩托罗拉、安富利、惠普、泰乐及思科）提交庭审总结
2012年4月5日	行政法官 Charles E. Bullock 颁布第48号命令，批准申请人赛普拉斯公司提出的撤回关于'937专利的权利要求第2项的申诉的动议
2012年10月25日	行政法官 Charles E. Bullock 颁布初裁决定，以及对救济措施和保证金提出相应的建议
2012年11月7日	申请人赛普拉斯以及被申请人 GSI、安富利及思科公司就初裁结果向 ITC 提出复审请求
2012年12月21日	ITC 发布通告，决定对行政法官作出的初裁决定进行复审，并决定部分发回至行政法官重审
2013年2月25日	行政法官 Charles E. Bullock 颁布关于有效性和不可执行性的重审初裁（remand initial determination，RID）
2013年3月11日	被申请人 GSI、安富利及思科公司就重审初裁向 ITC 提出复议请求

续表

时间	动作
2013年4月26日	ITC发布通告，决定对重审初裁进行复议
2013年6月7日	ITC作出终裁意见（commission opinion），裁定被申请人GSI、安富利及思科公司的涉案产品不侵权，不违反“337条款”

2. 调查发起

(1) 申请人的诉求

赛普拉斯公司于2011年6月10日向ITC提交申诉书，指控法国的阿尔卡特-朗讯公司、瑞典的爱立信公司以及美国的艾睿电子公司、GSI技术公司、摩托罗拉系统公司及Nu Horizons电子公司（以下简称“涉案公司”或“被申请人”）及其相关静态随机（存取）存储器以及包含该存储器的产品直接侵犯、帮助侵犯和/或诱导侵犯其美国专利中的一项或多项权利要求。申请书中指出，GSI技术公司设计、开发并在美国国外制造上述涉案存储器，并且与阿尔卡特-朗讯、爱立信、摩托罗拉、艾睿电子和Nu Horizons电子共同进口涉案存储器及包含所述涉案存储器的下游产品至美国、为进口至美国而对相应产品进行销售以及进口至美国后对相关产品进行销售，因此上述涉案公司违反了美国《1930年关税法》（修正案）第337节。

赛普拉斯公司于2011年6月27日向ITC提交第一次修改的申请书，并于次日提交补充证据。在该申请书中，相关涉案公司除了包括上述涉案公司外，还包括美国的摩托罗拉移动技术（Motorola Mobility）公司。

赛普拉斯公司又于2011年7月13日向ITC提交第二次修改的申请书。在该申请书中，相关涉案公司又进一步增加了爱立信（美国）公司、美国的思科系统（Cisco Systems）公司、美国的惠普（Hewlett-Packard）公司、荷兰的诺基亚西门子网络（Nokia Siemens Networks）公司及其美国分公司、美国的泰乐（Tellabs）公司以及美国的安富利（Avnet）公司。

在该案中，赛普拉斯公司的被侵权的美国专利及相关权利要求包括（以下简称“涉案专利”）：

①US 6534805（以下简称“'805专利”）的权利要求第1~2项和第4~6项；

②US 6651134（以下简称“’134 专利”）的权利要求第 1~2 项和第 12~15 项；

③US 7142477（以下简称“’477 专利”）的权利要求第 8~9 项；

④US 6262937（以下简称“’937 专利”）的权利要求第 1~2 项，第 6 项和第 12~13 项。

涉案公司的相关涉案产品包括（以下简称“涉案产品”）：GSI 技术公司生产的静态随机（存取）存储器产品，包括 Sigma DDR、SigmaQuad-Ⅱ及 SigmaQuad-Ⅲ系列的存储器产品；阿尔卡特-朗讯、爱立信、摩托罗拉、思科、惠普、诺基亚西门子网络以及泰乐生产的用于电信网络的下游产品，其包括路由器、交换机、基站/射频网络控制器以及 IP 媒体网关，例如：

①阿尔卡特-朗讯的传输服务交换机、服务聚合路由器 7705；

②爱立信公司的 Smart Edge 系列和 Subscriber Management 系列；

③摩托罗拉公司的 BSR 64000 CMTS 边界路由器；

④思科公司的 7600 系列路由器、MDS9000 系列多层交换机、Catalyst 4500/4900/6500 系列交换机等；

⑤惠普公司的 TippingPoint 安全方案系统；

⑥诺基亚西门子网络公司的 IPA2800 平台；

⑦泰乐公司的 7100 光传输系统、6300 管理传输系统以及 8600 回程系统。

艾睿电子、Nu Horizons 电子及安富利公司则因为销售所述涉案产品而侵权。

基于上述事实，赛普拉斯公司要求 ITC 针对上述涉案公司的相关涉案产品展开“337 调查”，并且请求执行下述具体的救济措施：

1）根据美国《1930 年关税法》（修正案）第 337 节的规定，请求 ITC 立即展开调查，调查上述涉案公司关于静态随机（存取）存储器及包括该存储器的产品非法进口至美国、为进口至美国而销售、和/或进口后在美国国内销售的行为，以及所述涉案产品侵犯了’805 专利、’134 专利、’477 专利及’937 专利中的一项或多项权利要求的事实。

2）根据美国《1930 年关税法》（修正案）第 337 节（d）款的规定，颁布永久有限排除令，禁止上述涉案公司、其分公司或附属公司制造的、

进口的或销售的所有涉嫌侵犯申请人专利权的静态随机（存取）存储器及包括该存储器的产品进入美国市场。

3）根据美国《1930年关税法》（修正案）第337节（f）款的规定，颁布永久制止令，禁止上述涉案公司、其分公司或附属公司针对已经进口到美国的涉案产品进行销售、许诺销售或运输等活动。

基于调查及委员会发现的事实，颁布委员会认为公正且恰当的其他进一步救济措施。

（2）涉案专利简介

本次“337调查”共涉及赛普拉斯公司的4项专利：'805专利、'134专利、'477专利和'937专利，其中'805专利和'134专利涉及存储器的结构及设计，'477专利和'937专利涉及存储器的读取和写入数据的方法。下面简要介绍各专利所涉及的相关技术内容。

1）'805专利

'805专利涉及一种静态随机存取存储器（SRAM）单元的设计。该存储器单元包括四个串联的基本上为长方形的平行有源区，其中串联的内部有源区包括用于p沟道晶体管的源极和漏极区，外部有源区包括用于n沟道晶体管的源极和漏极区。该存储器单元的另一实施例包括六个晶体管，其栅极基本上彼此平行，其中三个栅极沿第一轴线布置，而另外三个栅极沿平行于第一轴线的第二轴线布置。该存储器单元还可以包括基本上彼此平行布置的且基本上呈长条形的有源区，基本上长方形的局部互连件布置在所述有源区上方且基本上垂直于所述有源区。

2）'134专利

'134涉及一种具有固定长度且不可中断脉冲串的存储器。该存储器可以包括多个存储元件，每个存储元件被配置为响应于内部地址信号而读取或写入数据。逻辑电路可以被配置为响应于（ⅰ）外部地址信号、（ⅱ）时钟信号和（ⅲ）一个或多个控制信号来生成预定数量的内部地址信号。预定数量的内部地址信号的产生可以是不可中断的。

3）'477专利

'477专利涉及一种用于使用单独的地址和数据总线来减少顺序读和写

访问的周期时间的存储器接口系统及相应的方法，其用于在存储控制器和存储元件的阵列之间传输数据。存储元件优选为SRAM元件，并且存储器接口优选为具有分离的地址总线路径和分离的数据总线路径的存储器接口。保留一个地址总线路径以用于接收读取地址，保留另一个地址总线路径以用于接收写入地址；保留其中一个数据总线路径以用于从阵列接收读取的数据，而另一个数据总线路径则用于接收写入所述阵列的数据。当将所述地址和数据总线路径分叉时，所述接口内的数据总线路径对所述存储器控制器是透明的，所述分离路径提供读取和写入地址操作的寻址阶段已部分重叠，以及所述数据传输阶段。

4)'937专利

'937专利涉及一种具有读/写地址总线的同步随机存取存储器及其写入和读取方法。该随机存取存储器包括数据输入总线、数据输出总线及随机存取存储器阵列，其被配置为将数据传送到随机写入地址及随机存取存储器阵列中的随机读取地址，并且提供所述随机读取地址和所述随机写入地址的地址总线，其中第一周期信号被配置成（i）响应于所述周期信号的第一转变，对所述随机存取存储器阵列进行控制数据的传输操作以及（ii）响应于所述周期性信号的第二转变，从所述随机存取存储器阵列中获得控制数据的传输操作，其中，所述周期性信号的所述第二转变与所述周期信号的所述第一转变互补。

（3）调查的重要事件

1）被申请人的应诉答辩

在收到赛普拉斯公司第二次修改的申诉书以及ITC在《联邦公报》上发布的立案公告之后，上述被申请人都进行了积极应诉。

2011年8月11日，被申请人GSI技术公司首先提交答辩状。在答辩状中，GSI技术公司除了承认申诉书中一些客观事实外，对于申请人赛普拉斯公司的所有指控均予以否认，并且提出6项正面抗辩理由，具体包括：

①未侵权抗辩。GSI技术公司认为，其并没有直接或间接侵犯、或者帮助或诱导侵犯所述涉案专利的专利权，认为申请人赛普拉斯公司提供的证据不充分，并没有给出具体证据来证明Sigma DDR、SigmaQuad-Ⅱ以及Sig-

maQuad-Ⅲ系列产品侵犯涉案专利的专利权。

②无效抗辩。GSI 技术公司认为，申请人的涉案专利的所有权利要求不具备新颖性和创造性，因而其专利权是无效的，并给出大量的现有技术证据以支持其无效抗辩。

③缺乏国内产业抗辩。GSI 技术公司认为，申请人赛普拉斯公司没有提供足够的证据来表明其相关涉案专利具有相应的国内产业，这些国内产业包括实施所述专利的生产活动，进行工厂、设备、研究以及开发等方面的投资，以及雇用劳动力和资本。

④政府销售抗辩。GSI 技术公司认为，其进口并销售相关产品至美国政府的行为不在本次"337 调查"的范围内。

⑤公众利益抗辩。GSI 技术公司认为，申请人赛普拉斯公司请求的排除令及其他救济措施不符合美国的公众利益，因为一旦实施相应的排除令及相关救济措施，美国的公众福利、市场竞争环境及消费者将受到不利的影响。

⑥FRAND 条款抗辩（fair, reasonable, and non-discriminatory terms）。GSI 技术公司指出，其相关产品的设计以及功能按照网络处理器论坛（network processing forum）[1] 的 LA-1 及 LA-1B 执行协议的要求进行了详细描述。根据网络处理器论坛协会（association of the network processing forum）的相关条款规定，赛普拉斯公司应当给予 GSI 技术公司专利许可，因此，申请人赛普拉斯公司若基于此而指控相关涉案产品侵犯'937 专利的权利要求第 1~2 项、第 6 项及第 12~13 项，那么，其无权针对 GSI 技术公司的相关涉案产品请求颁布排除令或制止令。

2011 年 8 月 22 日，安富利、惠普、爱立信、阿尔卡特-朗讯以及思科针对赛普拉斯第二次修改的申诉书和立案公告也进行应诉，并提交答辩状。

---

[1] 网络处理器论坛（NPF）是一个行业论坛，旨在促进和加速基于网络处理技术的下一代网络和电信产品的开发。NPF 于 2006 年 6 月并入光网络论坛（OIF）。NPF 制定硬件、软件和标准评估程序的互操作性标准协议。这些协议使设备制造商能够通过建立强大的多厂商生态系统来缩短上市时间和开发成本。它还通过在测试和验证基础设施方面进行投资并实现竞争，降低基于互操作性协议的系统总体拥有成本。

在其答辩状中，上述被申请人也均否认申请人赛普拉斯公司的所有侵权指控，并提出与 GSI 技术公司类似的正面抗辩理由，其中，阿尔卡特-朗讯公司额外提出审查申请资料禁止反悔原则抗辩（procecution history estoppel）。阿尔卡特-朗讯公司认为，根据赛普拉斯公司在专利审查过程中所做的修改以及相关的意见陈述，即使是在等同原则下，涉案专利的相关权利要求的保护范围也不应当扩大解释到覆盖涉案产品。阿尔卡特-朗讯公司还进一步提出明示或默示的许可抗辩，认为根据明示许可或默示许可的原则，应当全部或部分地禁止赛普拉斯公司请求的救济措施；以及默许、禁止反悔、弃权或懈怠抗辩（acquiescence, estoppel, waiver, or laches）。

2011 年 8 月 31 日，诺基亚西门子网络、泰乐及摩托罗拉针对赛普拉斯第二次修改的申诉书和立案公告也进行应诉，并提交答辩状。在其答辩状中，上述被申请人也均否认申请人赛普拉斯公司的所有侵权指控，并提出与 GSI 技术公司类似的正面抗辩理由。

2）基于同意令提前终止调查

2011 年 8 月 31 日，申请人赛普拉斯公司基于同意令[1]协议向 ITC 提出终止针对艾睿电子公司和 Nu Horizons 电子公司的调查的联合动议。该动议中指出，被申请人艾睿电子公司和 Nu Horizons 电子公司[2]基于委员会提出的同意令条款，同意不再针对 GSI 技术公司的涉案产品开展为进口而销售、进口至美国、或进口后在美国销售的相关活动，也不会故意帮助、鼓励、参与或引诱相关涉案产品的销售或进口，并且同意立刻终止并拒绝有关 GSI 技术公司涉案产品的一切业务活动。因此，赛普拉斯公司与艾睿电子公司及 Nu Horizons 电子公司共同请求委员会暂缓本次调查中关于上述被申请人的所有诉讼程序和所有答复行为，包括被申请人针对第二次修改的申诉书的

---

[1] 同意令本质上与和解协议相同，它由 ITC 监督执行，属于解决侵权纠纷的一种协议。但是同意令中并不要求承认相关侵权行为的存在，仅仅只是为了和解。在决定是否准许同意令时，ITC 会考虑公众健康和社会福利、美国经济的竞争条件、美国同类或直接竞争产品的生产情况、美国消费者利益等因素。（引自：钟山，等. 美国 337 调查：规则、实务与案例［M］. 北京：知识产权出版社，2012：177.）

[2] Nu Horizons 电子公司已于 2011 年 1 月 4 日被艾睿电子公司所收购，在该案调查期间，Nu Horizons 电子公司实际上已是艾睿电子公司的子公司。

答复。行政法官根据同意令协议，并综合考虑其对行政资源以及公众利益的影响，认为该联合动议没有给行政资源以及公众利益带来任何负担，满足《ITC 操作与程序规则》第 210. 21 条（c）款的规定[1]，因此，2011 年 9 月 15 日，行政法官 Charles E. Bullock 颁布第 9 号命令以批准上述动议。至此，针对艾睿电子公司及 Nu Horizons 电子公司的“337 调查”提前结束。

3）基于和解协议提前终止调查

2011 年 12 月 2 日，申请人赛普拉斯公司基于和解协议向 ITC 提出终止针对诺基亚西门子网络公司的调查的联合动议。动议中指出，双方的和解协议解决了本次调查中赛普拉斯公司与诺基亚西门子网络公司之间的所有问题。然而，行政法官 Charles E. Bullock 在 2011 年 12 月 28 日发布的第 18 号命令中否决了该动议，认为赛普拉斯公司与诺基亚西门子网络公司达成和解协议，但是其没有提交和解协议的公开版本，不符合《ITC 操作与程序规则》第 210. 21 条（b）款的规定。因此，2012 年 1 月 11 日，申请人再次提出更新的联合动议，并提交公开版本的和解协议。基于此，行政法官 Charles E. Bullock 颁布第 25 号命令，批准上述动议。至此，针对诺基亚西门子网络公司的“337 调查”提前结束。

4）基于申请人撤诉提前终止调查

2012 年 1 月 18 日，申请人赛普拉斯公司因为其撤回申诉而向 ITC 提出终止针对阿尔卡特-朗讯公司的调查的联合动议。动议中指出，赛普拉斯公司自愿撤回本次调查中第一次和第二次修改的申诉书，同时撤回针对阿尔卡特-朗讯公司的所有指控，认为这一动议符合《ITC 操作与程序规则》的规定和政策。然而，行政法官 Charles E. Bullock 在 2012 年 1 月 31 日发布的第 24 号命令中否决该动议，认为联合动议中没有声明双方之间不存在书面或口头、明示或默示的有关本次调查主题的协议。根据《ITC 操作与程序规则》的相关规定，申请人因撤回申诉而终止调查的，不得与对方当事人达成任何有关调查内容的协议，因为在 2012 年 1 月 18 日同一天，申请人赛普

---

[1] 《ITC 操作与程序规则》第 210. 21 条（c）款对于同意令的提交时机、同意令的内容以及同意令的法律效力等内容作了详细的规定。

拉斯公司还基于和解协议向ITC提出终止针对阿尔卡特-朗讯（美国）公司的调查的联合动议。因此，申请人于2012年2月1日再次提出更新的联合动议，并在动议中增加“双方之间不存在书面或口头、明示或默示的有关本次调查主题的协议”的声明，并且进一步强调，阿尔卡特-朗讯公司与阿尔卡特-朗讯（美国）公司属于两个不同的被申请人，阿尔卡特-朗讯公司并不是赛普拉斯公司与阿尔卡特-朗讯（美国）公司之间的和解协议的签约方。基于此，行政法官Charles E. Bullock颁布第26号命令，批准上述动议。至此，针对阿尔卡特-朗讯公司的“337调查”提前结束。

5）基于简易裁决提前终止调查

2012年1月19日，被申请人惠普公司、摩托罗拉公司、泰乐公司及爱立信公司向ITC提出作出简易裁决的动议，指出其没有就涉案产品开展进口至美国、为进口至美国而销售、或者进口后在美国国内销售的相关活动，因而未违反“337条款”。2012年1月30日，申请人赛普拉斯公司提交证据的联合附录（joint appendix of exhibits）以对被申请人的动议进行答复，其中指出，根据被申请人所提交的证据，赛普拉斯公司不反对上述被申请人提出的动议。由于被申请人提出的事实不存在争议，而申请人赛普拉斯公司也未针对这些事实进行任何争辩，因此，2012年2月14日，行政法官Charles E. Bullock颁布第35号命令，批准上述动议。至此，针对惠普公司、摩托罗拉公司、泰乐公司及爱立信公司的“337调查”提前结束。

此外，爱立信（美国）公司和阿尔卡特-朗讯（美国）公司与申请人赛普拉斯公司之间也通过签署和解协议而提前结束相应的“337调查”。至此，被申请人只剩下GSI技术公司、安富利公司及思科公司。

（4）裁决结果

1）初裁

初裁决定裁定，由于申请人赛普拉斯公司未能提供足够的证据表明被申请人的涉案产品侵犯其专利权，并且赛普拉斯公司也未能满足国内工业的要求，因此，该案中被申请人GSI技术公司、安富利公司及思科公司不存在违反“337条款”的行为。具体地来说：

①对于’805专利，申请人赛普拉斯不能通过有力的证据来证明’805专

利被侵权。赛普拉斯公司的专家证人仅仅给出结论性的证词，并且仅给出例证性展示（demonstrative exhibits）作为支持。然而，例证性展示不具有作为证据的价值，因为单纯的例证性展示缺乏可靠性。此外，对于该专利，赛普拉斯公司也未能满足国内产业需求的技术条件。因此，关于'805专利，被申请人不存在违反“337条款”的行为。

②对于'134专利，申请人赛普拉斯公司不能通过有力的证据来证明'134专利被侵权，因为其侵权分析大部分都只是律师所做的分析，具体表现在赛普拉斯公司根据GSI技术公司提供的数据表（datasheets）来进行侵权分析，而并没有从其产品图表（product schematics）所示的结构来进行具体而详细地分析，因为赛普拉斯公司不能证明相关数据表能够精确反映涉案产品的实际设计和操作。此外，赛普拉斯公司也未能满足国内产业需求的技术要求。因此，关于'134专利，被申请人不存在违反“337条款”的行为。

③对于'937专利，申请人赛普拉斯公司不能通过有力的证据来证明'937专利被侵权。基于对权利要求第1项所作出的最终解释，相关涉案产品不满足其中的一个限定——“其中所述周期性信号被配置成控制数据转移操作……”。因此，行政法官未针对涉案产品是否满足权利要求第1项的其他限定作出裁定。此外，赛普拉斯公司就该专利也未能满足国内产业需求的技术要求。因此，关于'937专利，被申请人不存在违反“337条款”的行为。

④对于'477专利，该专利的侵权分析根据涉案产品是否包括相关权利要求中“当感测到读取数据时，将写入数据路径的写入数据发送到写入地址处的阵列”这一限定来进行。基于对相关权利要求作出的最终解释，这一限定要求检测读取数据至少部分地与写入数据的动作存在并发行为。因此，涉案产品无论是明显地还是在等价原则下均没有侵犯'477专利的专利权。此外，对于该专利，赛普拉斯公司也未能满足国内产业需求的技术要求。因此，关于'477专利，被申请人不存在违反“337条款”的行为。

至于专利有效性的分析，由于申请人均不能给出有力的证据证明被申请人的涉案产品侵犯相应专利的专利权，本着节约司法成本以及提高司法效率的目的，没有针对该案的涉案专利作出有效性分析。

最后，行政法官 Charles E. Bullock 还对救济措施和保证金提出相应的建议，以便在后续程序中 ITC 发现被申请人存在违反“337 条款”的行为的情况下，可以颁布相应的有限排除令和制止令。

2）复审及终裁

在行政法官作出初裁后，申请人及被申请人均请求委员会对行政法官的初裁结果进行复审。2012 年 12 月 21 日，委员会决定针对初裁决定进行全部复审，并将该调查发回到行政法官处进行重审，要求着重考虑各代表方就专利有效性及不可执行性所做的争辩意见，并给出合适的结论。委员会特别指出，根据本次调查的程序执行情况，行政法官应当解决上述问题，即针对专利的有效性及不可执行性作出明确结论，因为在经历庭审总结之后上述问题应当具有一个明确的结论。

2013 年 2 月 25 日，行政法官颁布发回重审初裁决定，就涉案专利的有效性以及可执行性作出相关结论，认为该案中的涉案专利均有效，以及’477 专利具有可执行性。具体地来说，对于’134 专利，被申请人争辩称，该专利因为相对三篇参考文献均可预期，因而是无效的。然而，对于每一篇参考文献，被申请人未能通过清晰、有力的证据来证明该专利的可预期性，因为被申请人未能清晰地阐述涉案权利要求的每一个特征限定是如何被参考文献所公开的。行政法官认为，通过一系列的引用所支持的结论性陈述只是在回避庭审总结中所展现的详细文字限定。对于’937 专利、’477 专利及’805 专利，被申请人也只是简单罗列证据，然后给出结论性陈述，并未给出详细的无效性分析，因而被申请人未能证明相关的涉案专利是无效的。基于上述理由，行政法官认为，相关涉案专利均是有效的。

此外，关于专利的可执行性（enforceability），被申请人争辩称，’477 专利是不可执行的，因为赛普拉斯公司涉嫌在起诉期间隐藏实质性的现有技术，这是一种不公平的行为。然而，被申请人的上述论述未能证明其涉嫌隐藏的现有技术具有实质性，因为根据该隐藏的现有技术，相关的涉案专利并不具有可预期性，并且被申请人也未能证明赛普拉斯公司的行为具有欺骗目的。因此，申请人的该专利具有可执行性。

2013 年 3 月 11 日，被申请人提交复议请求，请求针对发回重审初裁决定中关于涉案专利具有可执行性和有效性的结论进行复议。2013 年 3 月 19 日，赛普拉斯公司针对被申请人的复议请求进行意见答复。在考虑了该案的卷内证据，包括行政法官的初裁决定和发回重审初裁决定、复议请求及其相应的答复之后，委员会于 2013 年 4 月 26 日决定对发回重审初裁决定进行部分复议，也即针对专利的有效性进行复议，并于 2013 年 6 月 28 日颁布终裁决定，认为赛普拉斯公司未能证明相关涉案产品侵犯其涉案专利的专利权，并且也未能满足国内产业需求的技术条件，而被申请人未能提供清晰、有力的证据证明所引用的现有技术能够预期涉案权利要求，即相关的涉案专利具有有效性。

3.3.1.3 案例点评

该案的初始被申请人共有 15 位，包括阿尔卡特-朗讯公司、阿尔卡特-朗讯（美国）公司、艾睿电子、Nu Horizons 电子、安富利公司、思科系统公司、爱立信（美国）公司、GSI 技术公司、惠普公司、摩托罗拉移动公司、摩托罗拉解决方案公司、诺基亚西门子网络公司、诺基亚西门子网络（美国）有限责任公司、爱立信公司及泰乐公司。然而，随着该案调查过程的进行，其中的 12 位被申请人通过申请 ITC 作出简易裁决、要求申请人撤诉、与申请人达成和解协议或请求 ITC 签发同意令而提前结案，进而提前从“337 调查”中抽出身来，具体见表 3-3-2。

表 3-3-2 不同被申请人的提前结案

提前结案方式	被申请人
简易裁决	惠普公司、摩托罗拉移动公司、摩托罗拉解决方案公司、爱立信公司及泰乐公司
申请人撤诉	阿尔卡特-朗讯公司
和解协议	阿尔卡特-朗讯（美国）公司、爱立信（美国）公司、诺基亚西门子网络公司及诺基亚西门子网络（美国）有限责任公司
签发同意令	艾睿电子及 Nu Horizons 电子

“337 调查”通常是一个漫长的过程，该案从其立案到最终全部结案，历经近两年的时间。为了控制“337 调查”的应诉成本，减少“337 调查”

对企业正常生产的影响，企业应当采取措施争取尽早结案，这样缩短“337调查”进行的时间，尽早从“337 调查”中抽出身来，恢复企业正常的生产经营活动。在该案中，除了 GSI 技术公司、思科系统公司及安富利公司，其他公司都采取措施实现了尽早结案。

(1) 申请 ITC 作出简易裁决

根据“337 调查”的相关规则，对于双方没有争议的案件事实，任何一方当事人可以请求 ITC 就某些问题或全部问题作出简易裁决。可见，简易裁决所针对的问题是事实已非常清楚且不存在争议的问题。对于这些问题作出简易裁决，一方面，可以推进调查的进程，使得各方不必在无争议的事实上纠缠；另一方面，ITC 作出的某些简易裁决可以直接导致整个调查程序的终结。

在该案中，惠普公司、摩托罗拉移动公司、摩托罗拉解决方案公司、爱立信公司及泰乐公司共同向 ITC 申请作出简易裁决，其理由是相关被申请人并没有就涉案产品开展进口至美国、为进口至美国而销售、或者进口后在美国国内销售的相关活动，并且提供大量有力的证据给予支持。申请人赛普拉斯公司也未就被申请人提出的上述请求简易裁决的动议发表反对意见。可见，申请人与被申请人双方就惠普公司、摩托罗拉移动公司、摩托罗拉解决方案公司、爱立信公司及泰乐公司不存在进口、销售涉案产品的事实不存在争议，因而行政法官支持作出上述被申请人未违反“337 条款”的规定。根据美国《1930 年关税法》（修正案）第 337 节（a）款的规定，“337 调查”所针对的对象是进口至美国、为进口而销售、进口后在美国国内销售的过程中所存在的不公平竞争和不公平行为。由于上述被申请人就涉案产品不存在进口以及销售行为，因而上述申请人必然不存在违反“337条款”的行为。正是基于这一无争议的事实，惠普公司、摩托罗拉移动公司、摩托罗拉解决方案公司、爱立信公司及泰乐公司能够通过简易裁决这一途径尽早从“337 调查”中抽出身来，节约了应诉成本，也减少了“337调查”对相应企业正常经营活动所带来的影响。

因此，为了尽早从“337 调查”中解脱出来和节省大笔诉讼费用，可以在调查启动后尽快在律师的帮助下分析提起简易裁决申请的可能性，如有

可能，则要求ITC作出简易裁决的方式快速结案。除了如该案那样，证明自身就涉案产品不存在进口至美国或在美国销售的行为外，作为一个有效的策略，还可以向ITC提出申请要求ITC就专利的有效性作出简易裁决。如果ITC作出认定所有涉案专利无效的简易裁决，则导致整个调查结束。当然，在提出该申请之前需要做深入的研究，必须保证有充分的证据和理由证明存在专利无效的情形，否则，行政法官将拒绝作出认定无效的简易裁决。此外，在应诉过程中还可以向ITC提出申请要求ITC就不存在侵权行为作出简易裁决，例如，自身所使用的技术是不同于申请人的相关涉案专利所披露的技术。当然，前提也是必须提供充分且有力的证据给予支持，因为简易裁决所针对的对象均是无争议的事实。但凡某一问题存在一点争议，行政法官均难以就该问题作出简易裁决。

（2）要求申请人撤诉

为避免深陷“337调查”的囹圄之中，被申请人可以通过找出申请人破绽的方式促使申请人主动撤案。根据《ITC操作与程序规则》的规定，在“337调查”立案之前，申请人可以自主决定撤回调查申请。[1] 在正式立案之后，申请人想撤案，必须在行政法官作出初裁前向其提出撤诉动议，ITC通常情况下会同意申请人的请求，从而避免浪费资源。

在该案中，阿尔卡特-朗讯公司通过促使申请人撤诉而提前结案。根据阿尔卡特-朗讯公司针对赛普拉斯公司第二次修改的申诉书和立案公告所进行的答复可以看到，其额外提出了审查申请资料禁止反悔原则抗辩，其指出，根据申请人在审查过程中所做的修改以及意见陈述，涉案专利的相关涉案权利要求的保护范围不应当扩大化解释。由于申请人在专利的审查阶段对相关权利要求的保护范围进行了明确的陈述，因此不应当扩大相关涉案权利要求的保护范围以致覆盖阿尔卡特-朗讯公司的相关涉案产品。因此，在该案中，申请人赛普拉斯公司实际上扩大化地解释其相关涉案权利要求的保护范围，进而囊括阿尔卡特-朗讯公司的相关涉案产品。但是根据禁止反悔原则，申请人相关涉案权利要求的保护范围应当按照其在专利审

[1] 具体见《ITC操作与程序规则》第210.10条（a）款（5）项（i）节。

查过程中所做的修改以及意见陈述来确定，这样阿尔卡特-朗讯公司的相关涉案产品实际上不在相关涉案专利的保护范围内。基于此，阿尔卡特-朗讯公司促使申请人提出撤诉动议，进而实现尽早结案。

因此，在面对“337 调查”时，被申请人应当积极应诉，并在应诉过程中对相关的调查资料进行全面、细致的审视，如果能够找出申请人在应诉过程的破绽，那么很大程度上可以迫使申请人向 ITC 提出撤诉动议，进而获得“337 调查”的胜诉。

(3) 和解协议

为避免两败俱伤，在“337 调查”过程中，很大一部分被申请人与申请人以和解结案告终。根据《ITC 操作与程序规则》第 210.21 条（b）款规定，一方可以基于一项特许协议或其他和解协议，提出动议申请终止调查。达成和解的各方在提交终止调查的动议中应提交保密版和非保密版两个版本的和解协议。[1] 一旦行政法官作出同意和解动议的命令，则该命令即构成初裁，ITC 有权决定是否继续审查该初裁。为节省各方以及 ITC 的资源，ITC 鼓励各方达成和解，如果申请人和被申请人提出和解动议，ITC 一般会同意。

在该案中，阿尔卡特-朗讯（美国）公司、爱立信（美国）公司、诺基亚西门子网络公司及诺基亚西门子网络（美国）有限责任公司这四位被申请人与申请人赛普拉斯公司达成和解协议。尽管由于保密的原因无法具体分析上述四位申请人与被申请人具体和解的内容，但是从其动议中可以看到，其和解协议解决了本次调查中申请人与被申请人之间的所有问题。我们不难推测，和解协议大体上还是关于专利许可使用的内容，包括被申请人同意支付相应的专利许可使用费或者进行专利的交叉许可等。

但是，在和解谈判过程中，选择怎样的策略与对方进行谈判至关重要。在申请人要求支付高额的专利许可使用费作为和解条件的情况下，如果被申请人拥有这些技术的外围专利，则可以以交叉许可为理由降低和解成本。因此，对于企业来讲，扩大自己企业在相关技术上的专利布局，这将使得

---

[1] 具体见《ITC 操作与程序规则》第 210.21 条（b）款中的相关规定。

在以后可能会碰到的“337 调查”过程中具有更大的主动权。

(4) 请求 ITC 签发同意令

同意令与和解协议功能相似，都可以使被申请人尽早从“337 调查”中脱身，其本质上与和解协议相同，不同之处在于同意令由 ITC 监督执行。同意令的动议可以由一方当事人单独提出，也可以由双方当事人或 OUII 调查律师提出，并且同意令的动议通常应当在开庭之前提出。在决定是否准许同意令动议时，ITC 将考虑公众健康和社会福利、美国经济的竞争条件、美国同类或直接竞争产品的生产情况、美国消费者利益等因素。[1] 同意令对被申请人具有约束力，并且应当包含某些特殊的条款，例如签字的被申请人已承认所有法律事实、放弃司法审查以及对同意令的有效性提出异议的权利、遵守该同意令。此外，同意令还应说明“被申请人签署该同意令仅为了和解，并不意味着被申请人承认存在侵权行为”[2]。

在该案中，被申请人艾睿电子公司和 Nu Horizons 电子公司签署同意令条款，同意不再针对 GSI 技术公司的涉案产品开展为进口而销售、进口至美国、或进口后在美国销售的相关活动，也不会故意帮助、鼓励、参与或引诱相关涉案产品的销售或进口，并且会立刻终止并拒绝有关 GSI 技术公司的涉案产品的一切业务活动。从上述签署的同意令条款可以看到，艾睿电子公司和 Nu Horizons 电子公司基本上是放弃了相关涉案产品在美国的业务。艾睿电子公司和 Nu Horizons 电子公司应当是从其应诉成本以及相应产品在美国市场所能带来的经济效益这两方面出发作出决定。通过艾睿电子公司的官网可以看到，艾睿电子公司及其收购的 Nu Horizons 电子公司是全球知名的电子元器件供应商，其产品基本囊括了所有电子元器件，其中存储器只是其中的很小一部分产品，而针对 GSI 技术公司生产的 SRAM 存储器则是

---

[1] 具体见《ITC 操作与程序规则》第 210.21 条（c）款（2）项（ii）节相关规定。

[2] 具体见《ITC 操作与程序规则》第 210.21 条（c）款（3）项（i）节相关规定："The consent order stipulation may contain a statement that the signing thereof is for settlement purposes only and does not constitute admission by any respondent that an unfair act has been committed." 即基于同意令而终止调查无须对是否侵犯了“337 条款”作出结论。

其中更小的一部分产品，放弃这一部分产品在美国的市场，对于其整体的经济利润并没有带来特别大的影响。因此，从经济效益以及应诉成本的角度来看，艾睿电子公司和 Nu Horizons 电子公司选择签署同意令而放弃美国市场。

因此，在面对“337 调查”时，被申请人也可以结合自身业务情况通过签署同意令的方式来寻求尽早结案，以期降低应诉成本。从该案也可以看到，基于同意令的终止动议的申请非常快速、高效且成本最低。在该案中，艾睿电子公司和 Nu Horizons 电子公司由于签署了同意令，甚至都未针对申请人赛普拉斯公司的申诉书提交答辩状进行意见陈述。从实际操作来看，同意令也是低风险被申请人容易作出的选择。所谓低风险被申请人，即指的是无论 OUII 是否对其产品发出排除令，该被申请人的相关业务也不会受到影响，或者受到的影响很小。因此，低风险被申请人选择签署同意令以期尽早结案，对于降低应诉成本是一个很好的选择。当然，签署同意令需要结合企业自身的业务在美国市场的竞争力以及所能产生的经济效益等因素来进行综合考量，以求损失最小化。

3.3.1.4 案例相关资料

1. 该案涉及专利的主要权利要求

(1)’805 专利的相关涉案权利要求

’805 专利的相关涉案权利要求见表 3-3-3。

表 3-3-3 ’805 专利的相关涉案权利要求

权利要求（英文）	权利要求（中文）
1. A memory cell comprising a series of four substantially oblong active regions formed within a semiconductor substrate and arranged side-by-side with long axes substantially parallel, wherein each of the inner active regions of the series comprises a pair of source/drain regions for a respective p-channel transistor, and each of the outer active regions of the series comprises a pair of source/drain regions for a respective n-channel transistor.	1. 一种存储单元，包括形成在半导体衬底内的四个串联的基本上呈长方形的有源区，并且并排排列以使其长轴基本上平行，其中每一个所述串联的内部有源区中均包括用于相应的 p 沟道晶体管的一对源极和漏极区，并且每个所述串联的外部有源区均包括用于相应的 n 沟道晶体管的一对源极和漏极区。

续表

权利要求（英文）	权利要求（中文）
2. The memory cell as recited in claim 1, further comprising a plurality of substantially oblong polysilicon structures arranged above and substantially perpendicular to the active region.	2. 根据权利要求 1 所述的存储单元，还包括多个基本上呈长方形的多晶硅结构，所述多晶硅结构布置在所述有源区上方且基本上垂直于所述有源区。
4. The memory cell as recited in claim 2, further comprising source/drain contacts to the source/drain regions of transistors, wherein at least one of the source/drain contacts comprises a shared contact to one of the inner active regions and one of the polysilicon structures.	4. 根据权利要求 2 所述的存储单元，还包括到晶体管的所述源极/漏极区域的源极/漏极触点，其中所述源极/漏极触点中的至少一个包括到所述内部有源区域中的一个和所述多晶硅结构中的一个的共享触点。
5. The memory cell as recited in claim 4, further comprising a series of substantially oblong local interconnects arranged substantially perpendicular to the active regions, wherein the shared contact is connected to another of the source/drain contacts by one of the local interconnects.	5. 根据权利要求 4 所述的存储单元，还包括基本上垂直于所述有源区布置的一系列基本上呈长条形的局部互连，其中所述共享触点通过所述局部互连中的一个连接到所述源极和漏极接触中的另一个。
6. The memory cell as recited in claim 5, wherein the local interconnects are dielectrically spaced above the semiconductor substrate.	6. 根据权利要求 5 所述的存储单元，其特征在于，所述局部互连件在所述半导体衬底上电绝缘间隔开。

(2)'134 专利的相关涉案权利要求

'134 专利的相关涉案权利要求见表 3-3-4。

表 3-3-4　'134 专利的相关涉案权利要求

权利要求（英文）	权利要求（中文）
1. A circuit comprising: a memory comprising a plurality of storage elements each configured to read and write data in response to an internal address signal; and a logic circuit configured to generate a predetermined number of said internal address signals in response to (ⅰ) an external address signal, (ⅱ) a clock signal and (ⅲ) one or more control signals, wherein said generation of said predetermined number of internal address signals is non-interruptible.	1. 一种包括存储器和逻辑电路的集成电路，其中存储器包括多个存储元件，每个存储元件被配置为响应于内部地址信号来读取和写入数据；逻辑电路被配置为响应于（ⅰ）外部地址信号、（ⅱ）定时器信号和（ⅲ）一个或多个控制信号而产生预定数量的内部地址信号。所述预定数量的内部地址信号的生成不可中断。

续表

权利要求（英文）	权利要求（中文）
2. The circuit according to claim 1, wherein said predetermined number of internal address signals is determined by a fixed burst length.	2. 根据权利要求 1 所述的电路，其中，所述预定数量的内部地址信号由固定数据串的长度确定。
12. The circuit according to claim 1, wherein said logic circuit comprises a counter configured to generate said predetermined number of internal address signals.	12. 根据权利要求 1 所述的电路，其中所述逻辑电路包括计数器，所述计数器被配置为生成所述预定数量的内部地址信号。
13. The circuit according to claim 1, wherein said external address signal comprises an initial address for data transfers to and from said memory.	13. 根据权利要求 1 所述的电路，其中所述外部地址信号包括用于将数据传输到所述存储器的初始地址。
14. A memory device according to claim 1, wherein said circuit is an integrated circuit.	14. 根据权利要求 1 所述的存储装置，其中所述电路是集成电路。
15. The circuit according to claim 1, further comprising address and control busses configured to present said external address signal and said one or more control signals, wherein said busses are freed up during the generation of said predetermined number of internal address signals.	15. 根据权利要求 1 的电路，还包括地址和控制总线，其被配置为呈现所述外部地址信号和所述一个或多个控制信号，其中所述总线在所述预定数量的内部地址信号的生成期间被释放。

(3)'477 专利的相关涉案权利要求

'477 专利的相关涉案权利要求见表 3-3-5。

表 3-3-5 '477 专利的相关涉案权利要求

权利要求（英文）	权利要求（中文）
8. A method for accessing an array of storage elements, comprising: storing upon an input to a multiplexer a write address sent over a write address path; sending upon another input to the multiplexer a read address sent over a read address path in parallel with the write address path; sensing read data from the array of storage elements sent across a read data path read data accessed by the read address; and while sensing read data, sending write data across a write data path to be written to the array at the write address.	8. 一种访问存储元件阵列的方法：在多路复用器的输入上存储写入地址路径上发送的写入地址；向所述多路复用器的另一输入发送读取地址，该读取地址在与所述写入地址路径平行的读取地址路径上发送；感测来自所述存储元件阵列的读取数据，所述存储元件阵列在读取数据路径上发送由所述读取地址访问的读取数据；以及当感测到读取数据时，将写入数据路径上的写入数据发送到写入地址处的阵列。

续表

权利要求（英文）	权利要求（中文）
9. The method as recited in claim 8, wherein said storing comprises holding the write address held within a set of registers.	9. 如权利要求8所述的方法，其特征在于，所述存储包括保持存储在一组寄存器内的写入地址。

（4）'937专利的相关涉案权利要求

'937专利的相关涉案权利要求见表3-3-6。

表3-3-6　'937专利的相关涉案权利要求

权利要求（英文）	权利要求（中文）
1. A random access memory comprising: a random access memory array configured to transfer data to random write addresses and from random read addresses in said random access memory array in response to a periodic signal; a data input bus connected to said random access memory array; a data output bus connected to said random access memory array; and an address bus connected to said random access memory array and configured to provide said random read addresses and said random write addresses, wherein said periodic signal is configured to control data transfer operations (ⅰ) to said random access memory array in response to a first transition of said periodic signal and (ⅱ) from said random access memory array in response to a second transition of said periodic signal, wherein said second transition of said periodic signal is complementary to said first transition of said periodic signal.	1. 一种随机存取存储器，包括：随机存取存储器阵列，其被配置为响应于周期信号以传送数据到随机写入地址以及自随机读取地址传送数据；数据输入总线，其连接至所述随机存取存储器阵列；数据输出总线，其连接至所述随机存取存储器阵列；以及连接到所述随机存取存储器阵列的地址总线，其被配置为提供所述随机读取地址和所述随机写入地址，其中，所述周期性信号被配置为（ⅰ）响应于所述周期性信号的第一转变，传送控制数据到所述随机存取存储器阵列，以及（ⅱ）响应于所述周期性信号的第二转变，从所述随机存取存储器阵列传送控制数据，其中所述周期性信号的所述第二转变与所述周期性信号的所述第一转变互补。
6. A random access memory as claimed in claim 1, wherein said periodic signal comprises a periodic control signal.	6. 如权利要求1所述的随机存取存储器，其中所述周期性信号包括周期性控制信号。
12. A random access memory as claimed in claim 1, wherein each of said data input bus and said data output bus is unidirectional.	12. 根据权利要求1所述的随机存取存储器，其中每个所述数据输入总线和所述数据输出总线都是单向的。
13. A random access memory as claimed in claim 1, wherein said periodic signal comprises a clock signal.	13. 根据权利要求1所述的随机存取存储器，其中所述周期性信号包括时钟信号。

3.3.2 West View v. BMW

3.3.2.1 攻防双方

1. West View Research，LLC❶

West View Research,LLC 是一家位于加州圣地亚哥的发明和专利授权公司,公司由主要发明人 Robert F. Gazdzinski 创立。其专利组合包括许多已发布的专利和未决申请，包括与语音识别、移动无线设备、射频识别/近场通信、无线支付、远程信息处理等。

2. BMW❷

BMW 公司是巴伐利亚机械制造厂股份公司的简称，1916 年成立于德国慕尼黑。BMW 是全世界最成功和效益最好的豪华汽车品牌，宝马的车系有 1、2、3、4、5、6、7、i、M、X、Z 等系列。2002 年，公司成功销售了超过 100 万辆 BMW 和 MINI 品牌的汽车，销售纪录首次突破一百万辆；在摩托车业务上，销量超过 9.2 万辆，再创销售新高。

3.3.2.2 诉讼案情

1. 诉讼概述

2014 年 11 月 10 日，West View 在美国加州南区法院起诉 BMW 北美公司和 BMW 制造公司侵犯了其 7 件专利的专利权，诉讼案号为 3：14-cv-02670。被诉侵权产品包括 BMW 旗下的搭载“iDrive”导航技术产品、连接智能手机应用的“iDrive”导航产品、“BMW 触摸命令平板”的汽车。

2. 涉案专利

案件 3：14-cv-02670 涉权专利见表 3-3-7。

---

❶ http://www.westviewresearch.com/,访问时间 2018 年 3 月 1 日。

❷ https://baike.baidu.com/item/%E5%AE%9D%E9%A9%AC/34549，访问时间 2018 年 3 月 1 日。

表 3-3-7　案件 3：14-cv-02670 涉及专利

专利号	专利涉及内容
NO8,719,038	获取和显示信息的计算机设备，例如对所期望的实体或组织的指示。在一个实施例中，计算机化装置被配置成接收用户语音输入并启用各种任务的性能，例如获得与室内实体、地图或方向有关的所需信息，或任何其他主题。所获得的数据也可以在各种变体中相对周围的其他实体以不同的格式显示
NO8,719,037	包括用于获取和显示信息的计算机化设备的传输设备。在一个实施例中，计算机化设备包括网络接口、显示设备和语音识别设备，其配置为接收用户语音输入，并通过远程实体启用各种任务的性能，例如获得与地图或方向相关的所需信息，或任何其他主题。下载的数据可以在一个变体中，显示与内容相关的广告或其他内容
NO8,682,673	用于通过显示器向用户提供信息的计算机化信息和显示设备。在一个实施例中，该装置包括处理器、网络接口和具有至少一个计算机程序的计算机可读介质，所述至少一个程序被配置成接收来自用户的语音输入，并且获得与输入相关的信息。在一个变体中，至少一部分信息是通过远程服务器的网络接口获得的，并且该设备包括两个彼此无线通信的组件
NO8,296,146	计算机化信息系统和计算机可读设备。在一个实施例中，所述装置被配置为用于传输设备，并且包括计算机可读介质，所述计算机可读介质具有设置在其上的至少一个计算机程序，所述至少一个程序被配置为向用户提供所请求的信息（例如，对所期望的业务或其他实体的指示）。至少一部分信息是通过与远程服务器的无线链路获得的
NO8,301,456	电子信息存取系统及其相关方法。在一个示例性实施例中，该系统包括适于接收电磁能量的天线、编码与至少一个人相关联的第一数据的电磁能量；以及与天线进行信号通信的处理装置。该处理装置被配置为：访问第一数据库包含关于一个或多个特定的人的第二数据；分析至少部分的第一数据和第二数据确定至少有一人被授权访问的信息
NO8,065,156	在触摸屏上输入和显示设备的第一信息的同时，选择广告从而使用户根据自己的需要自动接收信息。中断或冻结提示和统计广告模式，直到用户选择功能终止或通过系统时钟终止，从而使功能不受阻碍地进行操作，而不必与自适应广告子系统共享信息和控制系统中的资源。提供触摸键盘齐平安装的电梯轿厢垂直壁面确保触摸键盘非阻塞。因为键盘有个别键附近没有开口，保证任何偶然接触有害物质，如清洗液，不影响系统正常运行和降低系统的寿命。可选地包括附近办公大楼或场所的目录文件，通过用户确认的用户在错误的位置，通过视觉或听觉提示通知用户

续表

专利号	专利涉及内容
NO8,311,834	提供对计算机设备的特定用户有用的信息的方法和设备。在一个实施例中，该装置包括便携式计算机化设备（例如，数字助理或笔记本计算机），其通过诸如 rfid 之类的短距离无线技术识别用户后获得根据用户简介配置的信息
NO8,290,778（第一次修改诉状新增涉案专利）	用于向用户提供方向和其他信息的计算机化信息设备。在一个实施例中，该装置包括一个处理器和网络接口以及计算机可读介质具有至少一个计算机程序，至少一个程序被配置为接收来自有关组织或单位用户的语音输入，并提供图形或视觉实体来帮助他们寻找组织或法人代表。至少一部分信息是通过远程服务器的网络接口获得的

3. 被诉产品

用于 2011 及以后上市的宝马 1 系、2 系、3 系、4 系、5 系、6 系、7 系，Z4、M-models，X-models，i-Series 汽车上的“iDrive”导航产品、连接智能手机应用的“iDrive”导航产品，用于 2016 年及以后上市的宝马 7 系和其他具有下一代基于触摸屏的“iDrive”产品、被称作“BMW 触摸命令平板”的基于安卓的便携电子计算设备，2016 年及以后版本的被称作“BMW 触摸命令平板”的基于安卓的便携电子计算设备。

4. 具体事件过程

2015 年 1 月 9 日，BMW 回应 West View 的诉讼，答辩和提起反诉。2015 年 2 月 2 日，原告 West View 对 BMW 的答辩和反诉进行了回应。

2015 年 5 月 19 日，West View 申请在诉讼中修改其申诉状的动议，2015 年 6 月 10 日，法院仅同意 West View 增加专利 NO8,290,778（以下简称“'778 专利”），并否决了对其他方面修改的动议。2015 年 6 月 19 日，原告 West View 提交针对所有被告的第一次修改的诉状。2015 年 7 月 9 日，BMW 北美公司和 BMW 制造公司分别对修改的诉状进行了回应。

2016 年 1 月 12 日和 2016 年 1 月 13 日，原告 West View 分别申请中止审理动议和提交替代权利要求的动议。

2016 年 3 月 31 日，法院作出简易判决，法院认为原告 West View 提交的替代权利要求与法院先前认定的无效权利要求没有区别，因为替代权利

要求仅仅是为响应用户查询要求的传统计算机组件的组合，原告 West View 提交的对替代权利要求审理的动议被驳回。

> **简易判决：**
>
> 简易判决（也就是作为法律事项的判决）是法院对一方当事人和另一方当事人作出的概括性判决，即没有进行全面审判。这样的判断可能会针对整个案件的案情发布，也可能针对案件的不同情况发布。

2016 年 3 月 31 日，加州南区法院对联合诉讼的多个案件进行诉状的判决，涉及案件包括 14-CV-2668-CAB（WVG），14-CV-2670-CAB（WVG），14-CV-2675-CAB（WVG），14-CV-2677-CAB（WVG），14-CV-2679-CAB（WVG）；这些案件包含 11 件延续专利（continuing patent），这些延续专利具有共同的说明书，在上述 5 个案件中以多种组合声明多种权利主张。为了高效的案件管理，案件被整合起来用于证据出示，权利范围界定和无效的挑战。法院最初命令原告从每件专利中选择最多七项权利要求对被告提出侵权主张。这些案件中的 4 个被告[1]联合发起对诉辩状判决的动议，请求法院基于 35U.S.C.§101 确定上述案件中 9 件专利[2]都不具备专利条件并宣告无效。法院认定，这 9 件专利中的所有选择的权利要求都基本相似，并与同一抽象概念相联系。这些权利要求不包括足以确保该专利实践中的数量远远超过不合格概念专利本身的元素或元素组合。但是，在判决之前，如果原告能够真诚地证明这些权利要求与原告主张的一组权利要求有区别，法院允许原告有机会从 9 件专利的每一件中选择替代权利要求。为此，原告在 9 件专利中的 7 件中确定了 32 项替代权利要求。原告拒绝为美国专利 NO8,682,673 和 NO8,706,504 提供替代权利要求。

---

[1] 被告大众没有参与对诉辩状判决的最初动议，但是该动议涉及的专利和主张的权利和原告对大众的主张一致。

[2] 被告没有提出美国专利第 8,301,456 号和第 8,311,834 号关于申诉判决动议的申请，而且这些专利申请的主张在即时动议中没有问题。这些专利仅在 West View 诉 BMW 案件 14cv2670 中被认定，在这种情况下仍然存在争议。

延续专利：

延续专利是通过后续申请[1]（continuing application）获得的专利。后续申请制度是一个特殊的美国专利制度，后续申请制度包括三种申请：延续申请（continuation application，CA）、部分延续申请（continuation in part application，CIP）和分案申请（divisional application，DA）。延续申请和部分延续申请仅仅在美国常用。后续申请来自原始申请，原始申请包括但不限于母案，比如后续申请 B 是基于 A 提出的，而 A 是基于母案提出的，那么 A 和母案都被称为原始申请。

CA 就是基于一个处于待决状态（pending，即没有被授权、没放弃或没被驳回，也就是说专利申请程序没有终结）的申请，即原始申请，通过母案所揭露的内容额外提出一些权利要求项的申请。该新提出的权利要求必须要以母案公开的内容为基础，即不加入新的，本领域人员未知或者不能通过原有公开材料推导出的材料。其权利要求可以是不曾出现在母案的权利要求书中而仅记录于说明书中的技术方案。申请人可以基于 CA 再次提出新的 CA。

CIP 与 CA 不同的地方就是申请人在此后续申请中添加了一些未在母案中揭露过的主题，也就是说申请人既重复了母案揭露的部分或全部的内容，又增加了新的主题。因此，CIP 给予申请人添加新的主题的机会，这里的新主题是指在母案中没有揭露的内容。

美国《专利法》第 121 条规定："如果一件申请中主张了两项或更多彼此独立的不同发明，美国专利商标局局长可以要求将该申请限制为其中一项发明。"与延续申请不同的是，分案申请是没有在原始申请中选取的独立的不同的发明。

CA 和 DA 所有权利要求都可以享有母案的提交日。与之相比，CIP 就特殊一些，CIP 在包含原始申请的主要部分或全部的基础上，增加了新的主题。CIP 有两个有效申请日，获得母案揭露内容支持的权利要求享有母案的申请日，而添加的新主题则只能以 CIP 的实际申

[1] 路璇. 关于美国后续申请制度的研究［D］. 上海：华东政法大学，2016：10-22.

请日为自身申请日。

我国的部分优先权制度、分案申请以及修改不得超范围制度和美国后续申请制度存在相似之处。

West View 并没有证明它所宣称的替代权利要求与原先的权利要求是有区别的。由于被告有说服力地表达了他们的反对意见，根据35U.S.C.§101替代权利要求实际上与先前声称的一项或多项权利要求难以区分。West View 的动议并没有提交与无效权利要求区分的替代权利要求，而是基本上重申其立场，即这些延续专利的主张是对已知组件的创造性组合，远远超过了计算机系统接收输入查询，检索信息并生成视觉或音频响应。尽管在说明书明确的陈述中，本公开不要求组件的特定组合，所有这些都是本领域已知的，并且利用众所周知的架构和算法，但 West View 认为，本说明书公开了新颖且非显而易见的系统和/或算法配置来向系统用户提供信息。West View 甚至认为，其系统和用户界面组合等大量技术已被广泛应用于智能手机、平板电脑、车辆和其他平台。这仅仅强调了本公开和权利要求的高度抽象——接收来自用户的信息请求，访问来自远程服务器的信息，将信息显示给用户和/或将其传送给相关的用户。

法院驳回了这一论点，当时法院批准了被告对最初声称的诉讼请求作出判决的动议，West View 没有在拟议的替代权利要求中确定一个要素或多个要素的组合保证不同的结果。所有替代的权利要求都不支持 West View 的观点。事实上，在最近的审查意见中，审查员正在继续对该申请的另一项延续专利进行审查，同时也驳回了一些类似于该案诉讼中提出的权利要求，理由是这些权利要求是针对抽象概念的。简而言之，原告所提出的替代权利要求与法院认为无效的替代权利要求没有区别，因为它们不过是传统计算机部件的组合来响应用户查询信息。因此，West View 关于这些替代权利要求的动议被否决了。

2016年4月28日，被告 BMW 提交对诉辩状判决的动议，该动议基于35U.S.C.§101不可取得专利性主题的规定。2016年5月12日，原告 West

View 提出反对 BMW 提出的对诉辩状判决的动议。

对诉辩状判决[1]:

对诉状判决的动议是美国联邦民事诉讼程序规则第 12 条第 c 款的规定(Rule 12(c)), Rule 12 规定了各种审前请求, 以挑战对方的辩护并主张其他辩护和反对。

诉状判决动议基本上是对诉状的审判, 诉状判决动议旨在防止曾经的普通法实践中普遍存在的司法裁决的零碎过程, 它允许根据特殊情况下的诉状作出明确的裁决, 例如双方当事人在辩护中不反驳的事实。因此, 当正式辩护显示其缺乏优点时, Rule 12(c)提出的动议可以帮助处理毫无根据的要求或辩护。因为对诉状的判决动议可以突出法院仅仅通过审查初始文件解决案件的能力, 它的使用可能意味着不必要的长期诉讼与迅速解决纠纷之间的区别。

Rule 12(c)条规定:"在答辩书已经结案, 但在不拖延审判的时间内, 任何一方可以就辩护作出判决。"在提交答辩状及诉辩结束后, 任一方当事人都还有其他机会请求法院不经审判而单独对诉辩状作出判决。因此, 如果被告没有充分地回答起诉状以否认起诉状中的主张, 则原告可以提出要求对诉辩状判决的动议并能够不经审判即告胜诉。

同样, 如果原告的起诉状存在缺陷, 或者如果被告提出一个积极抗辩而原告没有回复, 则被告可以提出要求对诉辩状判决的动议并借此胜诉。

简而言之, 法院会查看起诉状和答辩状以确定起诉状是否充分以及答辩状所陈述的事实是否在表面上就构成对原告请求的绝对阻止。

5. 该案判决

2016 年 12 月 30 日加州南区法院根据当事双方提交的文件, 基于涉案

---

[1] 参见 https://www.sandberglaw.com/articles/winning-without-trial-rule-12c-motions-judgment-pleadings.

专利NO8,301,456（以下简称“'456专利”）和NO8,311,834（以下简称“'834专利”）请求保护的权利要求，对案件3：14-cv-02670批准被告提出的对诉状辩判决的动议。

（1）判决背景

'456专利的发明名称是“电子信息访问系统和方法”,'834专利的发明名称是“计算机信息选择和下载装置和方法”,'456专利和'834专利是名称为“智能电梯系统和方法”的NO6,615,175（以下简称“'175专利”）专利的延续专利。相同的说明书公开了利用计算机硬件、软件和其他外围设备向电梯内的人或其他“人员运输设备”用户提供信息的系统和子系统，如移动人行道或航天飞机。在说明书中描述的许多子系统中设计了一个系统，用于识别授权用户，并向已识别的用户提供个性化的访问或信息。

'456专利和'834专利的权利要求在原母案申请的大约13年后提交，涉及所公开的用户识别子系统。涉诉权利要求针对信息系统，该信息系统使用电磁能量来确定用户是否是信息系统的授权用户。那么，如果系统确定此人被授权访问信息，系统被配置方向可能是针对个人的，或是授权用户的电子设备传达信息（后文会详细介绍'456专利和'834专利的涉诉权利要求）。

West view声称，这些涉诉的系统/方法是计算机系统的操作或功能的改进，以防止电子欺诈，例如，“欺骗”或在无线接口系统中的“中间人（MITM）攻击”。根据West View的观点，这些问题是通过各种机制解决的，这些机制包括：①使用短程无线协议，②使用例如读取器认证，③可选使用加密数据。

而BMW认为，这些延续专利的主张是针对一个抽象的概念：检索与用户关联的数据并向用户提供相关信息作为回报：①声称的权利要求没有提供超过该抽象的专利的元素或元素的组合；②涉诉的权利要求不是在无线接口系统中防止欺诈的新解决方案；③涉诉的权利要求不包括加密数据协议的限制，或公开任何新的或改进的系统或方法；④涉诉的权利要求没有记载RFID标签的技术功能的改进或编码技术，而是以传统方式使用现有的系统和方法。

（2）联邦民事程序规则 Rule 12（c）

用于 Rule 12（c）动议的第九巡回法律程序适用于此［参见 Imation Corp. v. Koninklijke Philips Electronics N. V. , 586 F. 3d 980, 984 (Fed. Cir. 2009)］。在第九巡回法院，对诉辩状判决的动议与 Rule 12（b）（6）动议面临相同的测试［参见 McGlinchy v. Shell Chem. Co. , 845 F. 2d 802, 810 (9th Cir. 1988)］。对于 Rule 12（b），简而言之："在存在一个被驳回的动议的情况下，投诉必须包含足够的事实性的事实，被接受为真实的、以声明其表面看起来合理的救济。"［参见 Ashcroft v. Iqbal, 556 U. S. 662, 678 (2009), Cafasso, U. S. ex rel. v. Gen. Dynamics C4 Sys. , Inc. , 637 F. 3d 1047, 1055 (9th Cir. 2011)］。

（3）35U.S.C.§101

第 101 条将适用于专利保护的主题定义为"任何新的有用的过程、机器、制造或物质组成，或任何新的有用的改进"［参见 Alice Corp. Pty. Ltd. v. CLS Bank Int'l, 134 S. Ct. 2347, 2354 (2014), Mayo Collaborative Servs. v. Prometheus Labs. , Inc. , 132 S. Ct. 1289, 1293 (2012)］，"抽象的智力概念并不具有可专利性，因为它们是科学和技术工作的基本工具"［引用 Gottschalk v. Benson, 409 U. S. 63, 67 (1972)］，然而"一项发明并不仅仅因为它涉及抽象概念而不适合专利"（Alice, 134 S. Ct. at 2354）。相反，"将这些概念应用到新的有用的目的……仍然有资格获得专利保护""因此，在适用 § 101 例外时，法院必须区分这些专利声称人类独创性的基石，还有那些将积木融入更多事物的专利，从而将它们转化为符合专利的发明"［参见 Potter Voice Tech. , LLC v. Apple Inc. , No. C 13-1710 CW, 2015 WL 5672598, at * 2 (N. D. Cal. Jun. 11, 2015)］。

"第 101 条下的无效问题提出了一个法律问题。"［参见 OpenTV, Inc. v. Apple, Inc. , No. 14-cv-1622-HSG, 2015 WL 1535328, at * 2 (N. D. Cal. Apr. 6, 2015)］。对专利是否属于第 101 条的例外情况的分析是一个两步过程。在第一步中，法院必须"确定所涉及的权利要求是否针对不符合专利的概念"［参见 Alice, 134 S. Ct. at 2355; DDR Holdings, LLC v. Hotels. com, L. P. , 773 F. 3d 1245, 1255 (Fed. Cir. 2014)］。关于与计算机相关的技术，这项调查涉及

权利要求是否着重于计算机能力方面的具体改进（在这种情况下，West View 认为无线系统中的电子欺诈预防有所改进），或者取决于具有资格作为抽象概念的过程只是将计算机作为工具来调用［参见 Enfish,LLC v. Microsoft Corp. ,822 F. 3d 1327,1335-36(Fed. Cir. 2016)］。在一些涉及计算机相关权利要求的案件中，“可能有关于如何描述权利要求所针对的特征”，在这种情况下，“分析是否可以在所述计算机技术中基于第二步发生具体的改进”［参见 Elec. Power Grp. ,LLC v. Alstom S. A. ,830 F. 3d 1350,1353(Fed. Cir. 2016)］。

在第二步中，如果权利要求针对的是不符合专利的概念，则法院必须“单独考虑每项权利要求的要素并将其作为有序的组合来确定附加要素是否将权利要求的性质转变为专利申请”（参见 Alice,134 S. Ct. at 2355）。这第二步也被称为“寻找发明概念——即元素或元素的组合，足以确保专利在实践中远远超过对不合格概念本身的专利”。

尽管第 102 条、第 103 条和第 112 条下的新颖性、显而易见性和启用性是与第 101 条分析相分离的考虑因素，但与这些决定相关的某些问题与“寻求创造性概念”重叠。例如：要求单独地或共同地并且在说明书的背景下查看，公开并且教导技术的进步以解决所识别的问题。或者，权利要求要素是否仅仅使用已知的程序或传统步骤，以高度通用的方式进行规定［参见 Market Track,LLC v. Efficient Collaborative Retail Marketing,LLC,No. 14 C 4957,2015 WL 3637740, *5(N. D. Ill. June 12,2015)引用 Content Extraction & Transmission,LLC v. Wells Fargo Bank,Nat'l. Ass'n,776 F. 3d 1343,1347-48(Fed. Cir. 2014)］。

（4）对于该案所涉专利的分析

1）抽象概念

BMW 认为，这里所讨论的权利要求在美国《专利法》第 101 条下是无效的，因为它们是专利不合格的抽象思想。“‘抽象思想’，即其本身不具有专利性”（参见 Alice Corp. ,134 S. Ct. at 2355）。“联邦巡回法院把抽象定义为‘一个概念，没有特定的具体或有形的形式’。”［参见 Potter Voice Tech. ,2015 WL 5672598,at *2(quoting Ultramercial,Inc. v. Hulu,LLC,772 F.

3d 709,714(Fed. Cir. 2014))]。

’456 专利简单地将本发明描述为电子信息访问系统和相关方法。’834 专利将本发明描述为用于提供对计算机化设备的特定用户有用的信息的方法和设备。所主张的权利要求旨在认证系统的用户并向该用户提供下载到用户的个人电子设备的信息。权利要求广泛地叙述了一种采用无线设备的系统，该系统使用电磁能作为发送到询问接收器的识别信号，该识别信号在识别该信号时访问并提供与识别的用户相关联的信息，该信息被传送给用户的便携式电子设备。

权利要求保护范围很大：请求来自无线设备的信号；接收、分析和认证响应信号；并随后提供对用户定制的信息的访问，并将该信息发送给该用户以被传送/下载到用户的个人电子设备。权利要求的物理组件，诸如天线或询问器装置，射频设备，处理设备，个人电子设备是用于执行该抽象功能的公知组件的通用描述。[参见 Affinity Labs of Texas, LLC v. Amazon. com Inc. ,838 F. 3d 1266,1270(Fed. Cir. 2016)]（根据权利要求第 101 条确认无效，该权利阐明专利权人未发明的计算机的常规和通用能力，并且在本专利优先权日之前在本领域中是已知的一般性水平）。

West View 认为，该专利通过“阻止其被‘欺骗’或遭受 MITM 攻击技术来改善计算机的操作或功能并阻止将用户的敏感数据发布给恶意第三方”。虽然这个描述意味着发明能够引进计算机技术的进步来解决计算机网络领域中特别出现的问题，但这是一种虚构。说明书中没有任何内容支持这种表述，即发明提供了新的和改进的系统、协议或方法，以保护无线交易免受未授权用户的拦截。相反，权利要求书叙述了用于提供系统用户对信息访问的认证的已知 RFID 标签和读取器系统。

West View 主张的权利要求旨在识别授权用户并向该用户提供信息。识别系统用户然后向用户的便携式电子设备提供用户特定内容的概念是一个抽象概念。

2）发明的概念

在确定所涉及的权利要求是针对抽象概念后，下一步是“审查权利要求的要素以确定其是否包含足以将所声称的抽象概念”转化“为专利合

格申请的”发明概念（参见 Alice Corp. ,134 S. Ct. at 2357)。如果一个抽象过程可以针对一个具有专利资格的主体，如果它披露了旨在实现该过程的计算机性能的具体改进［参见 McRO, Inc. v. Bandai Namco Games Am. Inc. ,837 F. 3d 1299,1314(Fed. Cir. 2016)］。然而，“单纯的重复通用计算机不能将专利不合格的抽象概念转化为符合专利的发明”（参见 Alice Corp. ,134 S. Ct. at 2358;DDR Holdings,773 F. 3d at 1256)，“Alice 案之后，毫无疑问：通用计算机限制的叙述不会使其他不合格的权利要求具有专利资格”。

West View 强调，这些专利主张的系统或方法是计算机专有技术问题的进步，特别是改进无线计算机系统的操作或功能以防止电子欺诈。West View 将下列权利要求要素标识为旨在阻止第三方拦截的进步：①使用短距离无线协议；②使用阅读器认证；③可选使用加密数据。

涉诉权利要求重复询问、接收和传输信号的无线设备。专利中公开的唯一标识和访问系统由 RFID 标签，读取器和本领域公知类型的访问数据库组成。'834 专利的独立权利要求第 66 项包括从阅读器/询问器发送到无线设备（即 RFID 标签）的信号和来自无线设备的返回信号是短距离无线传输的限制。West View 声称这种限制是对旨在减轻第三方拦截的系统运作的改进。然而，专利中没有任何内容表明 West View 引入了向射频系统使用短程无线传输，更不用说 West View 是作为旨在减轻第三方拦截信号的进步。该专利没有透露如果这些传输如果是射频系统操作的创新，将如何运作。该说明书实际上没有具体提及使用短程无线传输，而是指出 RFID 询问器/阅读器“具有有限的范围并且本质上是方向性的，使得它不会干扰附近其他电梯轿厢的读取器或其他射频设备”。West View 还声称，这些权利要求将读者身份验证用于射频系统，以阻止第三方拦截。然而，'456 专利声称的权利要求不包括作为 RFID 标签在响应之前认证来自询问器的传输的系统的限制。因此，这项限制在'456 专利中并没有被声称为射频识别系统中的一个声称的进步。'834 专利所声称的方法权利要求确实包括无线设备（RFID 标签）评估或认证来自询问设备的信号以确定其是否应该响应的步骤，说明书中记载了这一步骤。

在一个实施例中，本发明的 RFID 标签认证访问子系统的标签读取器，使得当标签被读取器询问时，必须在来自读取器的 RF 信号内提供适当的代码或密码，标签来辐射其 RF 识别信号。以这种方式，未经授权的访问 RF 签名或通过使用未经授权的读取器发射标签是不被允许的。

叙述这一特定步骤的权利要求是进行的功能性限定。在响应之前，RFID 标签“评估”或“认证”从询问器接收到的信号。该说明书描述了执行认证的方式，即在来自阅读器的 RF 信号内为标识提供“合适的代码或密码”。如果这样的话，没有进一步公开解释该步骤的操作——该步骤确实是有创造性的。没有任何暗示这个步骤的实施是这些专利中引入的作为 RF 信号传输系统的安全创新。相反，该说明书表示存在已知的破坏该认证过程的方法，因此建议可选地实施加密协议以增强安全性。

最后一个权利要求要素，West View 将计算机功能的改进标识为解决无线系统中的电子欺诈问题，这是 RF 信号传输系统中所公开的可选加密数据的使用。如上所述，所声明的权利要求都没有包括加密数据协议的限制，或者包括加密或解密数据的步骤。即使法院解释权利要求语言，要求验证传输信号的步骤以阻止未经授权的访问来暗示使用加密协议，但没有公开任何新的或改进的系统或方法。相反，该说明书公开了“为了安全性而使用密码，加密数据协议和扩频技术在本领域是公知的，因此在此不再进一步描述”。

West View 没有确认任何可能构成发明概念的东西。West View 认为，其所声称的系统和方法引入了旨在保护便携式电子设备的用户免于截获或改变其通信的安全性进步，法院并不相信该声明。West View 称，这些无线通信问题“欺骗和 MITM 攻击”是当今巨大的计算机问题，并非专利中确定的技术问题。在支持这些声明的说明书最初提交之后的十年半时间里，West View 的论点是，这些所谓的问题是所声称的发明概念的动机，在说明书中没有基础甚至没有建议。

West View 的论点公然抛弃与发明的实际领域之间的关系：“人员运输设备领域，特别是用于将人们从一个地点运输到另一个地点的电梯和类似设备，其结合了各种信息技术。”它忽视作为这些权利要求涉及的专利中唯

一存在的问题是：作为在特定时间段内限制电梯进入某些楼层的手段，替换磁条卡和读卡器易于磨损和未经授权使用的目标，使 RFID 系统“允许个人自动识别，以便提供对特定受限位置的访问并启动某些功能，例如照明和暖通空调”。

这些延续权利要求是抽象概念，其声称解决的技术问题涉及无线信息提供或商业领域，以实现安全交易并防止将用户的敏感数据发布到恶意的第三方。只是为了强调这些延续权利要求的抽象程度，以及意图抢占专利公开中从未考虑过的领域。

（5）结论

法院考虑了当事人的意见，并根据权利要求和说明书，法院认为’456 专利和’834 专利所主张的权利要求不符合 35U.S.C.§101 并且无效。

6. 上诉判决结果

2017 年 1 月 30 日，West View 针对加州南区法院对 3:14-cv-02670，3:14-cv-02668-CAB-WVG，3:14-cv-02675-CAB-WVG，3:14-cv-02677-CABWVG，3:14-cv-02679-CAB-WVG 案件的判决向联邦巡回法院提起上诉，被告即被上诉人包括 BMW、Nissan、Audi AG、Volkswagen、HYUNDAI、TESLA。

West View 对加州南区法院对其多件专利不具有专利性的判决进行上诉，为便于了解其技术方案，将上诉法院举证的代表专利 NO8,719,038（以下简称“’038 专利”）和 NO8,065,156（以下简称“’156 专利”）的相关权利要求记载了下来。

联邦巡回法院对加州南区法院的判决进行了重审，联邦巡回法院认为涉案专利根据美国《专利法》第 101 条不具有可专利性。

美国《专利法》第 101 条规定：凡发明或发现任何新颖而适用的制法、机器、制造品、物质的组分，或其任何新颖而适用的改进者，可以按照 35U.S.C.§101 取得专利权；但是自然规律、自然现象和抽象思想是不可专利的（参考 Alice Corp. v. CLS Bank Int’l, 134 S. Ct. 2347, 2354(2014)）；Alice 案确立了专利适格性两步检测方法，首先，必须确定权利要求发明是否属于美国《专利法》第 101 条规定的专利的概念；如果权利要求被确定为针对一个符合专利的概念，那么我们接下来会考虑“这个权利要求中的特定要素是否被视为一个有序的组合”足以将“权利要求的性质”转化为符合专利的申请。

上述案件中的专利共享同样的说明书，公开了利用计算机硬件、软件和外围设备用于采集、组织和显示信息的系统和子系统（参见’156专利第5栏第28~60行，第8栏第3行~第11栏第7行）。在口头辩论中❶，West View认为’038专利的权利要求第63项和’156专利的权利要求第29项应当作为代表用于专利适格性的分析，因此以下的分析基于上述权利要求。

’038专利的权利要求第63项间接引用权利要求第54项❷权利要求第54项通过“麦克风”“一个或多个处理器”“触摸屏输入和显示装置”“语音合成装置”和“具有人类用户的交互式信息交换的计算机化装置”，至少一个“扬声器”“输入装置”和“计算机程序”，其接收用户的输入并产生可听或可视的结果。在相关部分中，从属权利要求第63项增加了另外的限制，其允许将结果无线传输到用户的“便携式个人电子设备”，并允许用户设备“根据一个或多个数据参数或特定配置文件来配置用户特定数据给用户”。

’156专利的权利要求第29项间接引用权利要求第25项，权利要求25记载了一种“计算机可读设备”，其可以“经由用户接收来自用户的输入……功能键”，将输入“转发到远程联网服务器以确定……与用户的输入”和“广告内容的选择”相关联的上下文，以及“向用户呈现所接收的内容”。在相关部分中，权利要求第29项增加了额外的限制，其基于“用户的选择涉及一个专题领域”。

（1）所涉专利是针对抽象概念的

在Alice测试的第一步中，’038专利的权利要求第63项和’156专利的权利要求第29项叙述了一个抽象的概念。这些权利要求不超出接收或收集数据查询，分析数据查询，检索和处理构成对初始数据查询的响应的信息，并且产生对初始数据查询的视觉或音频响应（参见’038专利第32栏第56~

---

❶ 参见 http://oralarguments.cafc.uscourts.gov/default.aspx? fl=2016-1947.mp3.

❷ 自从这些上诉开始，权利要求第54项已经被撤销，然而，我们描述权利要求第54项的保护范围，以基于第101条对权利要求第63项的完整分析。

64行权利要求第63项,'156专利第27栏第14~17行权利要求第29项)。"收集信息，分析信息，显示收集和分析的某些结果"是"一种熟悉的类别"，指向"专利不适格的概念"（参考 Elec. Power Grp., 830 F. 3d at 1353)。此外，这里的声明不同于 Enfish, LLC v. Microsoft Corp. 的声明，其中"声明的重点是对计算机功能本身的改进"（822 F. 3d 1327, 1336(Fed. Cir. 2016))。因此,'038专利的权利要求第63项和'156专利的权利要求第29项是针对抽象概念的。

(2) 所涉专利不具备创造性

在 Alice 测试的第二步中,'038专利的权利要求第63项和'156专利的权利要求第29项缺少将抽象概念转化为专利发明的发明概念。主题专利的说明书叙述了系统内各种部件处置的许多不同的安排……所有这些都包含在本发明的范围内（参见'038专利第9栏第29~34行,'156专利第7栏64行~第8栏第2行），然而，"许多不同的安排"涉及的组件是通用的。参见'038专利第7栏第17~20行（"本实施例的输入设备102是电子领域中公知类型的触屏小键盘和/或显示屏幕"）;'156专利第5栏第52~55行；也可参见'038专利第7栏第37~38行（解释"多种语音识别系统和算法可用"）；或者参见'156专利第6栏第5~7行。

这里相关的权利要求的内容确认了说明书所叙述的内容，参见'038专利第32栏第56~64行（权利要求第63项),'156专利第27栏14~17行(权利要求第29项)。如果专利使用通用计算机组件来实现发明，则在 Alice 步骤二下它不能够认定为一个发明概念［参见案例 Mortg. Grader, Inc. v. First Choice Loan Servs. Inc., 811 F. 3d 1314, 1324-25(Fed. Cir. 2016)］（解释说："通用计算机组件，如'接口''网络'和'数据库'……不符合发明概念要求"（引用略））（explaining that "generic computer components such as an 'interface' 'network' and 'database' … do not satisfy the inventive concept requirement" (citations omitted)）。

无论是单独分析还是作为有序组合来分析，权利要求均以较高的一般性水平列举了传统元素，并不构成发明性概念［参见 In re TLI Commc'ns LLC v. Automotive, L. L. C., 823 F. 3d 607, 614-15(Fed. Cir. 2016)］（在 Alice 步骤二下对发现不合格的案例进行编目，其中权利要求书叙述了"行业以前已知的常规，常规活动”)。

代表专利在 Alice 测试步骤二下不具备创造性，因此我们认为所涉专利不能满足 Alice 的两步测试，所以基于 35U.S.C.§101 所涉专利不具有可专利性。

结论：我们已经考虑了 West View 剩下的论点，并认为它们不具说服力。因此，美国加州南区法院的最终判决是合法的（AFFIRMED）。

3.3.2.3 该案相关其他诉讼

1. West View 发起的其他诉讼

2014 年 11 月 10 日，West View 在加州南区法院分别向 Tesla、Audi、Hyundai、BMW 发起案号为 3:14-cv-02679、3:14-cv-02668、3:14-cv-02675、3:14-cv-02670 的诉讼；在上述案件尚未结束之际，在 2016 年 10 月 17 日，又在加州南区法院向 BWM 发起案号为 3:16-cv-02590 的诉讼，在 2016 年 10 月 24 日，又在加州南区法院向 Volkswagen 发起案号为 3:16-cv-02643 的诉讼，在 2017 年 4 月 27 日，又在加州南区法院向 Reachnow 发起案号为 3:17-cv-00862 的诉讼。

2. 审理情况

其中 3:14-cv-02679、3:14-cv-02668、3:14-cv-02675、3:14-cv-02670 案连同 3:14-cv-02677 案，这些案件包含 11 件延续专利，这些延续专利具有共同的说明书，在上述 5 个案件中以多种组合声明多种权利主张，为了高效的案件管理，法院对上述案件进行并案审理，并判决其中的 9 件专利不具有可专利性。法院并给予 West View 提交可替代的专利权利要求以克服不具有可专利性的缺陷。

上述案件的被告先后向法院提出对诉辩状判决的动议，鉴于原告重新提交的专利权利要求与原始权利要求不具有本质的区别，地区法院作出诉辩状判决，认为原告控告的侵权专利不具备可专利性，为无效专利，判定被告胜诉。

原告不服地区法院的判决，并于 2017 年 1 月 30 向联邦巡回上诉法院提起上诉，联邦巡回上诉法院在经过口头辩论后，维持地区法院的判决，认为地区法院的判决是合法的。

3.3.2.4 案例点评

原告 West View 利用后续申请制度获得的延续专利，以不同的权利要求组合形成的专利和专利组合，使自己的发明获得全方位的保护，针对多家汽车公司发起诉讼，充分利用了其专利权。我国企业在美国布局专利时，应当充分研究美国专利的申请和保护制度，合理利用美国的后续申请制度，结合实际和市场需求来选择对应的后续申请，从而使自己的发明获得最大化的专利权。此外，在地方法院判决原告败诉后，原告并未放弃，而是积极向联邦巡回法院提起了上诉。

被告 BMW 在收到诉讼后积极提交诉辩状并发起反诉，主张原告控告的专利无效，提出撤销诉讼的动议；鉴于地区法院认定控告专利不具专利性，适时主张支持联合被告发起的对诉辩状判决的动议，从而快速终止诉讼，节省了大量的时间、人力和物力。被告 BMW 在诉讼过程中，一直以积极的态度应对原告的控告，采取多种诉讼策略，比如向法院提出对诉辩状判决的动议，该动议最终被法院批准，并在动议中判决原告专利无效，有效缩短了诉讼周期，避免因诉讼时间过长带来的其他损失；另外，基于原告以具有相同或相似的延续专利对多家汽车厂商发起诉讼，作为被告之一的 BMW 积极关注其他案件的审理进程，并在合适的时机与其他案件的被告联合发起申诉和动议，和其他被告的合作可以共享资源，节省成本，一定程度上提高胜诉的概率。

这又是一起实体企业对 NPE 诉讼的胜利，对大量 NPE 滥用专利权扰乱行业市场的行为起到了一定的打击作用，该案中同时涉及计算机软件专利的专利适格性的判断，该案的上诉法院通过 Alice 二步法判断得出涉案专利不具专利性，这势必会对今后的计算机软件专利的专利适格性判断提供一定的参考和依据。

3.3.2.5 案例相关资料

1. 该案涉及专利的主要权利要求

①'456 专利的相关涉案权利要求（表 3-3-8）。

表 3-3-8　'456 专利涉诉权利要求

权利要求（英文）	权利要求（中文）
1. An information system associated with a transport apparatus, the transport apparatus configured to move from one location to another, the access to information of said information system being authorized for only one or more certain persons, the system comprising: an antenna adapted to receive electromagnetic energy, said electromagnetic energy encoding first data associated with at least one person; processing apparatus in signal communication with said antenna, said processing apparatus configured to: access a first database containing second data relating to said one or more certain persons; analyze at least portions of said first data and said second data to determine if said at least one person is authorized to access said information; and if said at least one person is authorized access, facilitate download of said information to a personal electronic device (PED) of said at least one person.	1. 一种与运输设备相关联的信息系统，所述运输设备被配置为从一个位置移动到另一个位置，所述信息系统的信息的访问权仅被授权给一个或多个特定人员，所述系统包括：适于接收电磁能的天线，所述电磁能编码与至少一个人相关联的第一数据；处理装置，与所述天线进行信号通信，所述处理装置被配置为：访问包含与所述一个或多个特定人有关的第二数据的第一数据库；分析所述第一数据和所述第二数据的至少一部分以确定所述至少一个人是否被授权访问所述信息；如果所述至少一个人被授权访问，则便于将所述信息下载到所述至少一个人的个人电子设备（PED）。
2. The system of claim 1, wherein the processing apparatus is further configured to enable data communication with the PED before said download occurs.	2. 如权利要求 1 所述的系统，其特征在于，所述处理装置还被配置为在所述下载发生之前启用与所述 PED 的数据通信。
4. The system of claim 1, further comprising an interrogator apparatus configured to elicit transmission of said electromagnetic energy from a radio frequency device associated with the at least one person.	4. 根据权利要求 1 所述的系统，还包括询问器装置，所述询问器装置被配置为引发来自与所述至少一个人相关联的射频设备的所述电磁能量的传输。
6. The system of claim 1, wherein the information comprises information specifically tailored for the at least one person based on one or more prior preferences or selections of the at least one person.	6. 如权利要求 1 所述的系统，其特征在于，所述信息包括基于所述至少一个人的一个或多个先前偏好或选择特别为所述至少一个人量身定制的信息。
7. The system of claim 1, wherein the information comprises information specific to the at least one person.	7. 根据权利要求 1 所述的系统，其中所述信息包括所述至少一个人特有的信息。
8. The system of claim 1, wherein the antenna is configured for short-range radio frequency communications with a corresponding radio frequency device of said at least one person.	8. 根据权利要求 1 所述的系统，其中所述天线被配置用于与所述至少一个人的相应射频设备进行短程射频通信。

续表

权利要求（英文）	权利要求（中文）
17. The system of claim 1, wherein the system is further configured to retain a record of said access by said at least one person.	17. 根据权利要求1所述的系统，其中所述系统还被配置为保留所述至少一个人的所述访问的记录。

②’834专利的相关涉案权利要求（表3-3-9）。

表3-3-9 ’834专利涉诉权利要求

权利要求（英文）	权利要求（中文）
36. A method of providing information to a user of a portable electronic apparatus, the method comprising: receiving, via a wireless link, data specifically identifying a wireless device, the device associated with a user of the portable electronic apparatus; based at least in part on the data, identifying at least one information profile associated to that user; and causing provision of information configured according to the at least one profile to the portable electronic apparatus via a data interface; wherein said data is part of a radio frequency (RF) signal emitted at a particular frequency when proper authentication of an interrogation apparatus by said wireless device occurs.	36. 一种向便携式电子装置的用户提供信息的方法，所述方法包括：经由无线链路接收具体识别无线装置的数据，所述装置与所述便携式电子装置的用户相关联；至少部分基于所述数据，识别与所述用户相关联的至少一个信息简档；使得根据所述至少一个配置文件配置的信息经由数据接口提供给所述便携式电子装置；其中所述数据是在由所述无线设备对询问设备进行适当认证发生时以特定频率发射的射频（RF）信号的一部分。
37. The method of claim 36, wherein said wireless device comprises a short range radio frequency identification (RFID) device, and the data interface comprises a data interface operating according to a communication protocol different than that of the RFID device.	37. 如权利要求36所述的方法，其中所述无线设备包括短程射频识别（RFID）设备，并且所述数据接口包括根据与所述RFID设备的通信协议不同的通信协议操作的数据接口。
38. The method of claim 37, wherein the portable electronic apparatus comprises application software resident thereon, the software configured to receive the provided information and store it within the storage device of the portable electronic apparatus.	38. 根据权利要求37所述的方法，其中所述便携式电子装置包括驻留在其上的应用软件，所述软件被配置为接收所提供的信息并将其存储在所述便携式电子装置的所述存储装置内。
39. The method of claim 38, wherein the act of causing provision comprises causing provision of information relevant and useful to the user, the information relevant and useful to the user having been previously selected by the user.	39. 根据权利要求38所述的方法，其中导致提供的动作包括促使提供与所述用户相关且有用的信息，所述用户先前已选择与所述用户相关且有用的所述信息。

③'038 专利的相关涉案权利要求（表 3-3-10）。

表 3-3-10 '038 专利所涉权利要求

权利要求（英文）	权利要求（中文）
54. Smart computerized apparatus capable of interactive information exchange with a human user, the apparatus comprising: a microphone; one or more processors; a capacitive touch-screen input and display device; speech synthesis apparatus and at least one speaker in signal communication there with; input apparatus configured to cause the computerized apparatus to enter a mode whereby a user can speak a name of an entity into a microphone in signal communication with the computerized apparatus, the entity being an entity to which the user wishes to navigate; and at least one computer program operative to run on the one or more processors and configured to engage the user in an interactive audible interchange, the interchange comprising: digitization of the user's speech received via the microphone to produce a digital representation thereof; causation of use of the digitized representation to identify a plurality of entities which match at least a portion of the name; causation of generation of an audible communication to the user via the speech synthesis apparatus in order to at least inform the user of the identification of the plurality of matches; receipt of a subsequent speech input, the subsequent speech input comprising at least one additional piece of information; digitization of the subsequent speech input to produce a digital representation thereof; causation of utilization of at least the digital representation of the subsequent input to identify one of the plurality of entities which correlates to the entity to which the user wishes to navigate, and a location associated with the entity; and causation of provision of a graphical representation of the location, including at least the immediate surroundings thereof, and at least one other entity geographically proximate to the entity.	54. 一种能够与人类用户交互进行信息交换的智能计算机化装置，该装置包括：麦克风；一个或多个处理器；电容式触摸屏输入和显示装置；语音合成装置和至少一个与之进行信号通信的扬声器；输入装置，被配置为使所述计算机化装置进入用户可以将实体名称说出与所述计算机化装置进行信号通信的麦克风的模式，所述实体是所述用户希望导航的实体；至少一个计算机程序，用于在所述一个或多个处理器上运行并且被配置为在交互式可听交换中使用户参与，所述交换包括：数字化经由麦克风接收的用户的语音以产生其数字表示；使用数字化表示来标识与名称的至少一部分匹配的多个实体的原因；通过语音合成装置向用户产生可听通信的原因，以便至少通知用户对多个匹配的识别；接收随后的语音输入，随后的语音输入包括至少一个附加的信息；随后的语音输入的数字化以产生其数字表示；至少使用后续输入的数字表示的因果关系，以识别与用户希望导航到的实体相关的多个实体中的一个以及与实体相关联的位置；提供该位置的图形表示的原因，至少包括其周围的环境以及在地理上靠近该实体的至少一个其他实体。
59. The apparatus of claim 54, wherein the computerized apparatus is further configured to enable establishment of an ad-hoc or temporary communication link with a portable personal electronic device of the user.	59. 根据权利要求 54 所述的设备，其中所述计算机化设备进一步经配置以使得能够建立与所述用户的便携式个人电子装置的特设的或临时通信链路。

续表

权利要求（英文）	权利要求（中文）
60. The apparatus of claim 59, wherein the communication link with a portable personal electronic device of the user comprises a wired link established by the user by placing the portable personal electronic device in communication with computerized apparatus via at least a connector of the computerized apparatus.	60. 根据权利要求 59 所述的设备，其中与用户的便携式个人电子装置的通信链路包括由用户通过将便携式个人电子装置经由计算机化装置的至少一个连接器与计算机化装置通信而建立的有线链路。
61. The apparatus of claim 60, wherein the communication link comprises a universal serial bus (USB) or other serialized bus protocol link.	61. 根据权利要求 60 所述的装置，其中，所述通信链路包括通用串行总线（USB）或其他串行总线协议链路。
62. The apparatus of claim 61, wherein the computerized apparatus is further configured to download user-specific data to the portable device via the communication link.	62. 根据权利要求 61 所述的设备，其中所述计算机化装置进一步经配置以经由所述通信链路将用户特定数据下载到所述便携式装置。
63. The apparatus of claim 62, wherein the computerized apparatus further comprises a short-range wireless interface configured to communicate data with a corresponding short range integrated circuit radio frequency device of the user, the short-range integrated circuit radio frequency device of the user configured to uniquely identify at least one of itself and/or the user so as to enable the computerized apparatus to configure the user-specific data according to one or more data parameters or profiles specific to the user.	63. 根据权利要求 62 所述的装置，其中，所述计算机化设备还包括短程无线接口，所述短程无线接口被配置为与所述用户对应的短程集成电路射频设备进行数据通信，所述用户的所述短程集成电路射频设备被配置为唯一地标识其本身和/或用户中的至少一个，以便使计算机化装置能够根据用户专用的一个或多个数据参数或简档来配置用户专用数据。
66. Smart computerized apparatus capable of interactive information exchange with a human user, the apparatus comprising: a microphone; one or more processors; a capacitive touch-screen input and display device; speech synthesis apparatus and at least one speaker in signal communication therewith; input apparatus configured to cause the computerized apparatus to enter a mode whereby a user can speak a name of an entity into a microphone in signal communication with the computerized apparatus, the entity being an entity to which the user wishes to navigate; and at least one computer program operative to run on the one or more processors and configured to engage the user in an interactive audible interchange, the interchange comprising: digitization of the	66. 一种能够与人类用户交互进行信息交换的智能计算机化装置，该装置包括：麦克风；一个或多个处理器；电容式触摸屏输入和显示装置；语音合成装置和至少一个与之进行信号通信的扬声器；输入装置，被配置为使所述计算机化装置进入用户可以将实体名称说出与所述计算机化装置进行信号通信的麦克风的模式，所述实体是所述用户希望导航的实体；和至少一个计算机程序，用于在所述一个或多个处理器上运行并且被配置为在交互式可听交换中使用户参与，所述交换包括：数字化经由麦克风

续表

权利要求（英文）	权利要求（中文）
user's speech received via the microphone to produce a digital representation thereof; causation of evaluation of the digitized representation to determine an appropriate subsequent audible communication to be provided to the user via the speech synthesis apparatus in order to at least inform the user of the results; causation of generation of the subsequent audible communication; receipt of a subsequent user input, the subsequent user input comprising at least one additional piece of information useful in identification of the entity; causation of utilization of the at least the at least one piece of information of the subsequent input to identify one of a plurality of entities, the one entity which best correlates to the entity to which the user wishes to navigate, and a location associated with the one entity; and causation of provision of a graphical representation of the location, including at least the immediate surroundings thereof, and at least one other entity geographically proximate to the one entity.	接收的用户的语音以产生其数字表示；评估数字化表示的原因，以确定将经由语音合成装置提供给用户的适当的后续可听通信，以便至少向用户通知结果；产生随后的可听通信的原因；接收随后的用户输入，随后的用户输入包括用于识别实体的至少一个附加信息；使用至少所述后续输入的所述至少一条信息来识别多个实体中的一个实体，所述一个实体与所述用户希望导航到的实体最好地相关联，以及与所述一个实体；和提供该位置的图形表示的原因，至少包括其周围的环境以及在地理上靠近该一个实体的至少一个其他实体。

④'156 专利的相关涉案权利要求（表 3-3-11）。

表 3-3-11 '156 专利所涉权利要求

权利要求（英文）	权利要求（中文）
25. Computer readable apparatus comprising a storage medium, said storage medium comprising at least one computer program with a plurality of instructions, said at least one program being configured to: receive input from a user via one of a plurality of different function keys associated with a touch-screen input and display device, each of the different function keys having a different context associated therewith; forward the input to a remote networked server for determination of at least one context associated with the one function key and selection of advertising content, the selection being based at least in part on the determined context; receive the selected advertising content; and present the received content via the input and display device for viewing by the user.	25. 一种包括存储介质的计算机可读装置，所述存储介质包括具有多个指令的至少一个计算机程序，所述至少一个程序被配置为：经由多个不同功能键中的一个接收来自用户的输入，所述多个不同功能键与触摸屏输入和显示设备相关，所述不同功能键中的每一个具有与其相关联的不同上下文；将所述输入转发到远程联网服务器，用于确定与所述一个功能键相关联的至少一个上下文以及广告内容的选择，所述选择至少部分基于所确定的情境；接收所选择的广告内容；并通过输入和显示设备呈现所接收的内容供用户查看。

续表

权利要求（英文）	权利要求（中文）
28. The apparatus of claim 25, wherein the plurality of different function keys associated with a touch-screen input and display device comprise a plurality of different "soft" function keys that are selected and generated on the input and display device display by the at least one computer program.	28. 根据权利要求25所述的设备，其中与触摸屏输入和显示装置相关联的所述多个不同的功能键包括多个不同的"软"功能键，所述多个不同的"软"功能键在输入和显示装置显示器上由至少一个计算机程序选择和生成。
29. The apparatus of claim 28, wherein the selection of the soft function keys depends at least in part on a display context determined by a user selection received via the input and display device, the user selection relating to a topical area.	29. 根据权利要求28所述的装置，其中，所述软功能键的选择至少部分地取决于由经由所述输入和显示设备接收的用户选择所确定的显示上下文，所述用户选择涉及主题区域。

续表

权利要求（译文）	权利要求（原文）
28. 根据权利要求[illegible]所述的装置，[illegible]个计算机程序[illegible]	28. The apparatus of claim 27, wherein the plurality of [illegible] function keys are associated with a touch screen input and display [illegible] a plurality of different [illegible] function keys that are selected and generated by the input and display device display by the at least one computer program.
29. [illegible]	29. The apparatus of claim 2[illegible], wherein the selection of the [illegible] function key [illegible] put on a display screen determined by a user selection received via the input and display device, the user selection relating to a [illegible] area.

第 4 章

日韩企业在美国知识产权诉讼调查

4.1 日韩企业在美国专利诉讼

4.1.1 专利诉讼分布趋势

1. 专利诉讼年度分布总趋势

2012—2017 年，美国与日韩双方企业在美国法院就计算机专利和商业方法专利侵权提起民事诉讼的案件共 602 件，占该时段美国法院接受审理的相关专利诉讼的 5.30%。

图 4-1-1 为美国—日韩双方企业专利诉讼分布趋势。从图中可以看出，2012 年和 2013 年美国—日韩企业的诉讼量在每年 110 件左右，2014 年略有下降，为 91 件，而 2015 年美国—日韩企业的诉讼量跃升至 126 件，随后的两年诉讼量逐步减少，2017 年仅有 60 件该领域的美国—日韩企业诉讼案件。由此可见，2015 年起，美国—日韩双方企业的专利诉讼呈下降趋势，其一部分原因是美国最高法院对 Alice 案的判决使得 NPE 不能任意地提出专利诉讼。

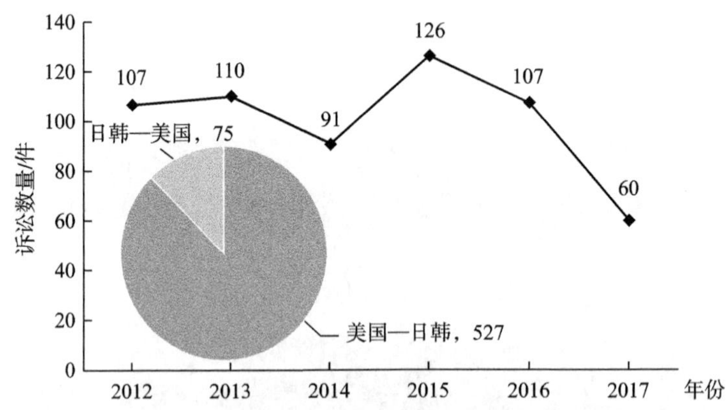

图 4-1-1 2012—2017 年美国—日韩双方企业专利诉讼分布趋势

此外，美国企业向日韩企业提起的计算机专利和商业方法专利侵权诉讼为 527 件，占双方诉讼量的 87.54%，其中被起诉的日本企业居多，涉及 440 件诉讼，占美国企业向日韩企业提起诉讼的 83.50%。日韩企业起诉美国企业的相关诉讼共 75 件，其中日本又以 56 件涉诉案件占据起诉方的榜

首。可见，在亚洲众多国家和地区中，日本的企业在技术创新、专利布局、专利权使用等方面独占鳌头。

图 4-1-2 为 2012—2017 年美国本土企业与日韩企业专利诉讼年度分布趋势。从年度趋势上看，2012—2017 年，美国企业向日韩企业发起专利诉讼数量波动下降。2012 年美国企业向日韩国家企业提起专利侵权诉讼 100 件，2013 年和 2014 年该数量均有所下降，至 2014 年底受理该领域案件 72 件；2015 年是受理该领域专利诉讼量最多的一年，达到 115 件，是 2014 年受理诉讼总量的 159.72%；此后的两年，诉讼数量逐年下降，到 2017 年仅受理 54 件相关案件［图 4-1-2（a）］。同样，除了 2015 年以外，日韩国家企业向美国企业发动的专利进攻呈类似“正态分布”，即“中间多、两边少”。2012 年日韩国家企业起诉美国企业共 7 件，2013 年至 2016 年，该数量在 11~19 件范围内波动，而 2017 年涉诉的案件仅为 6 件。可见，2017 年美国—日韩双方涉诉案件均较少。

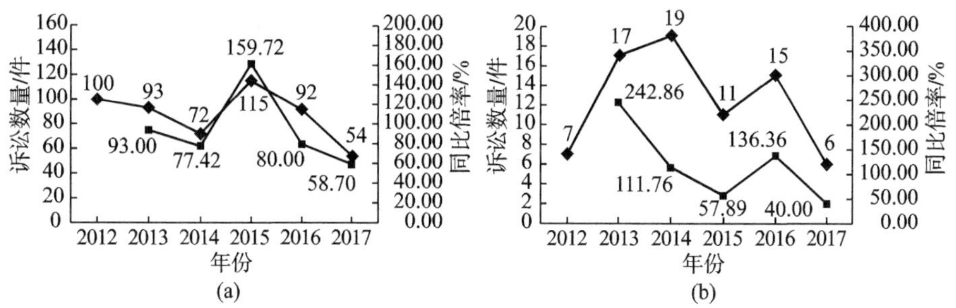

图 4-1-2　（a）2012—2017 年美国企业向日韩企业发起专利诉讼分布趋势

（b）日韩企业向美国发起专利诉讼分布趋势

2. 专利诉讼地区分布趋势

由表 4-1-1 可以看出，美国本土企业为原告，日本企业为被告的专利诉讼案件共 426 件，而韩国企业为被告的专利诉讼为 100 件。同时，日本企业在美国以专利侵权为由起诉美国本土企业的案件为 56 件，而起诉日本企业的仅 5 件，起诉韩国企业的为 3 件，起诉其他国家的为 7 件。韩国企业则起诉美国企业 19 件，起诉日本企业仅 1 件，起诉韩国企业 5 件，起诉其他国家的为 12 件。另外，其他国家在美国起诉日本企业的诉讼案件为 65 件，起诉韩国企业的诉讼案件为 12 件。

表 4-1-1　2012—2017 年日韩企业在美国专利诉讼案件数量分布　　单位：件

原告	被告			
	美国	日本	韩国	其他
美国	—	426	100	—
日本	56	5	3	7
韩国	19	1	5	12
其他	—	65	12	—

表 4-1-2 示出了 2012—2017 年美国企业起诉日韩企业的专利诉讼分布。2012 年，美国企业以日本企业侵犯其计算机专利和商业方法专利权为由提起诉讼的案件共 81 件，而同期的韩国企业案件为 19 件；2013 年，日本企业在相关被告席上出现 74 次，而韩国的企业仅被起诉 19 次，不足日本企业涉诉案件的三分之一；此后四年，美国对日本企业的诉讼逐年减少，至 2017 年针对日本企业的诉讼案件为 46 件，比诉讼量最多的 2015 年减少了 50 件；韩国的诉讼量虽有所波动，但涉诉总量相对较少（图 4-1-2）。

表 4-1-2　2012—2017 年美国企业起诉日韩企业的专利诉讼分布　　单位：件

年份	美国—日本	美国—韩国	年份	美国—日本	美国—韩国
2012	81	19	2015	96	19
2013	74	19	2016	67	25
2014	62	10	2017	46	8

图 4-1-3 示出了 2012—2017 年亚洲企业起诉美国企业的专利诉讼地区分布。反观日韩企业对美国企业发动的专利进攻，日韩企业对美国企业在计算机专利和商业方法专利侵权方面起诉的案件少，日本企业仍旧在对美国企业的专利诉讼中拔得头筹，占据重要地位。2012—2017 年，日本企业共向美国企业发动计算机专利和商业方法专利进攻共 56 次，占美国—日韩企业诉讼量的 75%；韩国企业涉诉 19 件，占诉讼总量的四分之一。

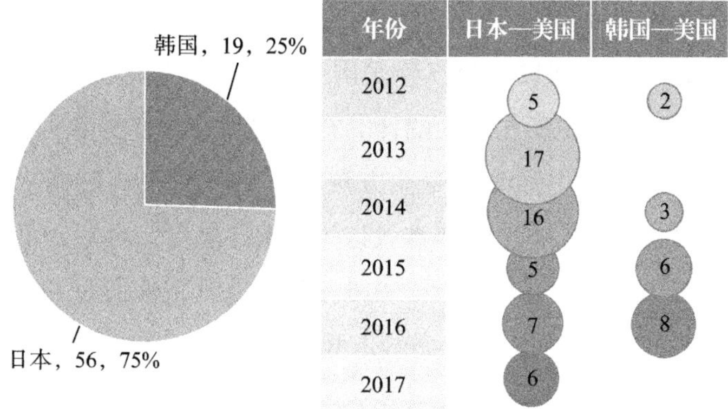

图 4-1-3　2012—2017 年亚洲企业起诉美国企业的专利诉讼地区分布（单位：件）

2012 年，日本企业对美国企业提起计算机专利和商业方法专利诉讼共 5 件，2013 年和 2014 年数量上升至 17 件和 16 件。韩国企业在亚洲企业起诉美国企业的专利诉讼中的地位虽不及日本，但仍是重要的涉诉地区。与日本不同，韩国企业在 2012—2016 年涉诉数量稳中有升，2016 年涉诉数量为 8 件，但 2017 年并未出现相关案件（图 4-1-4），反映出日韩地区在专利领域的政策倾向性。

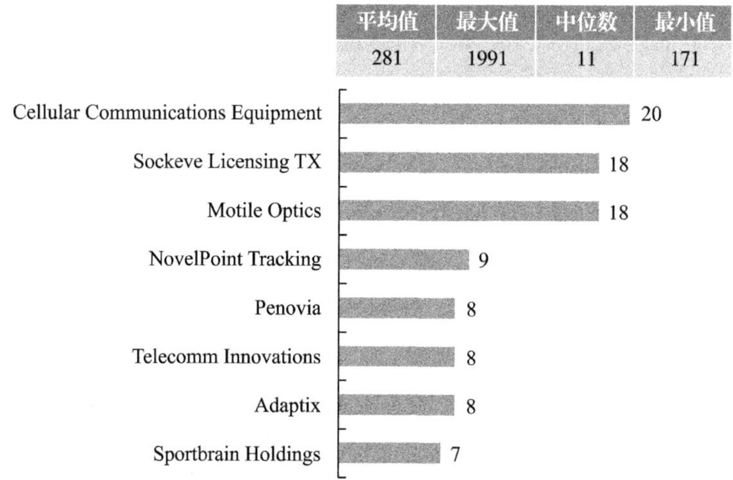

图 4-1-4　2012—2017 年对日韩企业提起相关诉讼不少于 7 次的美国企业（单位：件）

3. 专利诉讼涉及类型

图 4-1-5 示出了 2012—2017 年美国亚洲企业双方商业方法专利诉讼分布趋势。在美国与日韩双方企业就计算机专利和商业方法专利侵权提起民事诉讼的 602 起案件中，涉及商业方法专利的案件共 113 件，占总数的 18.77%；其中 2012 年和 2013 年涉及该类型案件最多，均为 29 件，2014 年该数据下降至 19 件，而 2015 年至 2016 年波动上升，分别为 14 件和 18 件，此后涉及商业方法专利的案件量突然走低，2017 年仅有 3 件相关案件。

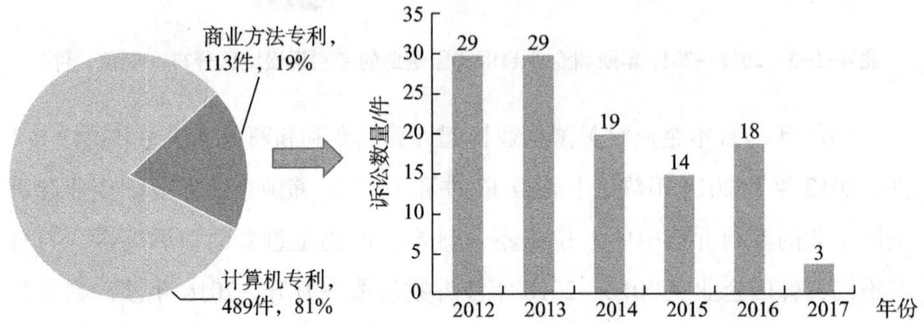

图 4-1-5　2012—2017 年美国亚洲企业双方商业方法专利诉讼分布趋势

对于商业方法专利的诉讼量减少，普华永道[1]认为，Alice 案对软件专利稳定性产生的巨大冲击，使得专利诉讼的“市场情绪”变得紧张。可见，美国最高法院 Alice 判决之后，对商业方法专利的撰写、专利的审查、相关专利市场的发展、专利诉讼方的诉讼策略等均具有深远影响。

4.1.2　诉讼双方企业分布

4.1.2.1　发起诉讼的美国企业

在电子、半导体和计算机领域，以日本和韩国为代表的亚洲地区诸多企业均在世界舞台上占有一席之地，甚至引领尖端技术的发展。

美国企业作为原告起诉日韩企业侵犯其计算机专利和商业方法专利的诉讼共 527 件；Cellular Communications Equipment LLC 发起对亚洲企业的专

---

[1] PWC,“2016 Patent Litigation Study: Are We at an Inflection Point?”, https://www.pwc.com/us/en/forensic-services/publications/assets/2016-pwc-patent-litigation-study.pdf.

利侵权诉讼达 20 次，是涉诉数量最多的美国企业，其同样是对中国企业发动专利诉讼最多的美国企业；Sockeye Licensing TX 和 Motile Optics 涉诉 18 次，并列对亚洲企业发起诉讼的美国企业第二名，其中 Sockeye Licensing TX 是业内的专利运营公司；另外，NovelPoint Tracking 涉诉 9 次，Penovia 等 3 家企业涉诉 8 次，而 Sportbrain Holdings 涉诉 7 次。

同时，尽管美国企业对日韩提起专利侵权诉讼的平均案件数为 1.97 件，然而涉案次数的中位数为 1 件，也就是说多数美国企业仅涉及一次专利侵权诉讼，这说明涉诉案件的原告仍以非 NPE 为主，也侧面反映出日韩企业的技术实力和产品质量具有较强的竞争实力。另外，非 NPE 企业的涉诉案件更多，也与其诉讼成功率较高[1]有一定关系。

4.1.2.2　发起诉讼的日韩企业

在日韩对美国双方涉及专利侵权的民事诉讼案件中，对美国企业发起诉讼的日韩企业为 36 家，而提起诉讼不少于 3 次的有 6 家（图 4-1-6）。

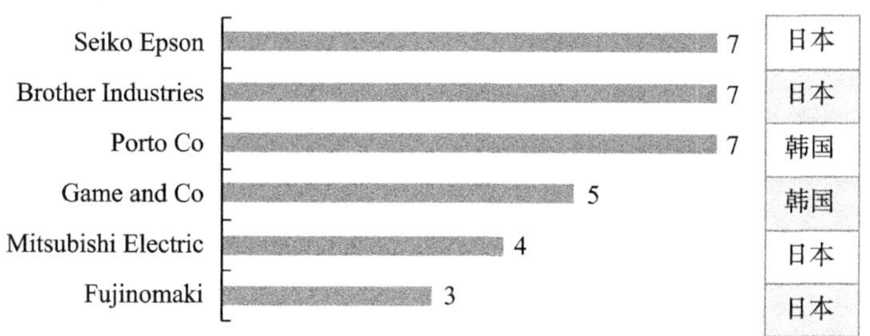

图 4-1-6　2012—2017 年对美国企业提起相关诉讼不少于 3 次的日韩企业（单位：次）

日本的 Seiko EPSON、Brother Industries 和韩国的 Porto Co 三家企业，分别对美国企业提起计算机专利和商业方法专利侵权诉讼 7 次，并列位于榜首；韩国的 Game and Co 涉诉 5 次，Mitsubishi Electric 和 Fujinomaki 分别涉诉 4 次和 3 次。相较于提起诉讼的美国企业来讲，日韩涉及的企业面窄，涉及的诉讼数量少，以日本和韩国的企业为主。

---

[1] PWC. 2016 Patent Litigation Study: Are We at an Inflection Point? https://www.pwc.com/us/en/forensic-services/publications/assets/2016-pwc-patent-litigation-study.pdf. 普华永道指出，过去 20 年，非 NPE 的诉讼成功率始终比 NPE 的高 10%。

4.1.2.3 被诉讼的日韩企业

2012—2017年，被美国企业因专利侵权提起诉讼不少于10次的共11家企业，数量最多的是东芝（Toshiba），共被起诉68次。软银集团（SoftBank）涉诉54次，位居最容易被美国企业提起诉讼的日韩企业第二位。三星（Samsung）作为大型跨国企业，其产品领域涉及电子、金融、机械、化学等众多领域，在计算机专利领域也是美国企业的三大诉讼目标之一。另外，索尼（Sony）、富士通（Fujitsu）、LG、丰田（Toyota）、松下（Panasonic）等日韩技术较强的实体企业均榜上有名（图4-1-7）。

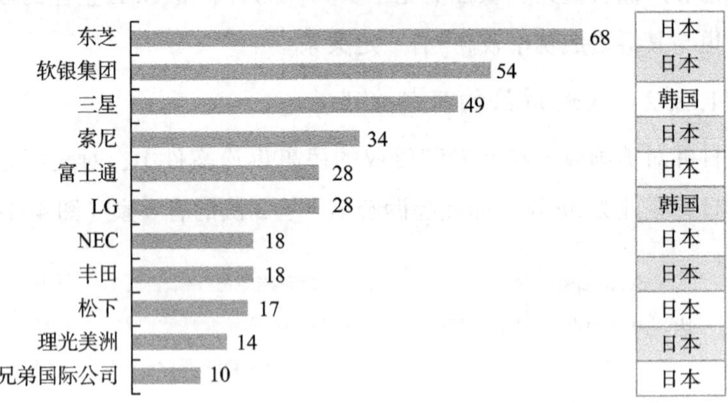

图4-1-7 2012—2017年被美国企业提起相关诉讼不少于10次的日韩企业（单位：次）

可以看出，被起诉较多的日韩企业中，以日本企业居多，韩国企业仅涉及2家，分别是三星和LG，明显少于被诉讼的日本企业。

4.1.2.4 被诉讼的美国企业

在日韩与美国诉讼中，所涉及的美国企业较为分散，在涉诉的72家企业中，仅11家企业涉诉2次以上，绝大多数企业仅涉诉1次。涉诉数量最多的是谷歌，共被起诉4次；摩托罗拉和苹果均涉诉3次，位居并列第二位；而11家企业中其余8家也仅涉及2次诉讼。可以看出，日韩企业针对美国企业的专利诉讼，呈现出“诉讼数量小、涉及企业少”的特点。

4.1.2.5 共同原告与共同被告分析

在美国企业发起的对日韩国家企业的诉讼中，“一原告多被告”的情况较

为常见，累计101件，多为一原告两被告的情况，少数为一原告三被告，1件涉及4个被告。2012年，被告数为2的案件有10件；2013年被告数为2的案件跃升为24件，是2012年的2.4倍；2014年至2015年波动上升，分别为14件和25件；而2016年至今，一原告两被告的案件连续两年均为9件。同时，2015—2017年，均未出现多于2个被告的相关诉讼案件（表4-1-3）。

表4-1-3　2012—2017年美国—日韩诉讼中一原告多被告诉讼案件数量分布

单位：件

年份	被告		
	2个	3个	4个
2012	10	2	1
2013	24	2	0
2014	11	1	0
2015	23	0	0
2016	9	0	0
2017	9	0	0

在日韩国家企业发起的对美国企业的诉讼中，涉及多被告的案件数量较美国-日韩诉讼中多被告案件数量显著偏少，2012年仅1件一原告三被告案件；2013年1件一原告四被告案件；2014年1件一原告三被告案件和1件一原告九被告案件；2015年2件一原告两被告案件；而2016年以来，不存在日韩国家企业发起的对美国企业的多被告案件（表4-1-4）。

表4-1-4　2012—2015年日韩—美国诉讼中一原告多被告诉讼案件数量分布

单位：件

年份	被告			
	2个	3个	4个	9个
2012	0	1	0	0
2013	0	0	1	0
2014	0	1	0	1
2015	2	0	0	0

由此可见，数量少、涉及面窄是日韩—美国企业诉讼的特点，但相比美国对日韩的诉讼，日韩国家发起的诉讼也存在极端数量被告的案件。在案号为2：14-cv-00865的案件中，日本的UltimatePointer LLC将沃尔玛等9个被告告上法庭，是该区域内涉及被告数量最多的计算机专利和商业方法专利领域的诉讼案件。此外，在美国—日韩双方诉讼中均仅存在极个别的多原告—被告的情况，也就是说不论是美国企业对日韩企业提起诉讼，还是日韩企业在对美国企业发起进攻时，联合抗衡的情况极少出现。

4.1.3 诉讼状态判决数据分析

4.1.3.1 诉讼案件的判决状态

图4-1-8示出了2012—2017年美国与日韩企业间诉讼状态分布。从案件的判决状态来看，2012—2017年提起诉讼的案件中，有85%已经结案，而2015年前的诉讼案件结案率均超过90%，且2017年的诉讼案件也有30%获得了最终判决。

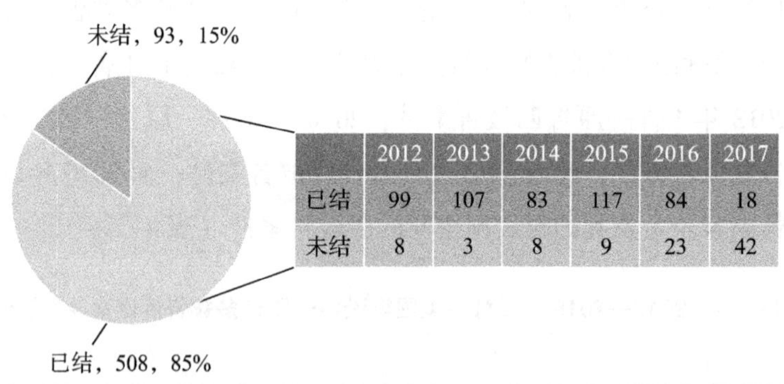

	2012	2013	2014	2015	2016	2017
已结	99	107	83	117	84	18
未结	8	3	8	9	23	42

图4-1-8 2012—2017年美国与日韩企业间诉讼状态分布（单位：件）

图4-1-9示出了2012—2017年美国—日韩企业诉讼状态年度数据分布。从已审未结案件的数量上看，2012年有8件已审未结案件，2013年减少至3件，2014年和2015年分别为8件和9件，2016年和2017年分别有23件和42件未结，因此从2012年至2017年已审未结案件的数量呈上升趋势；2016年结案率为78.50%，而2017年的结案率仅为30.00%，也就是说

2017 年美国—日韩企业诉讼的结案率不足三分之一。可见近两年，美国—日韩诉讼案件总数量不多，但结案速度并不快。

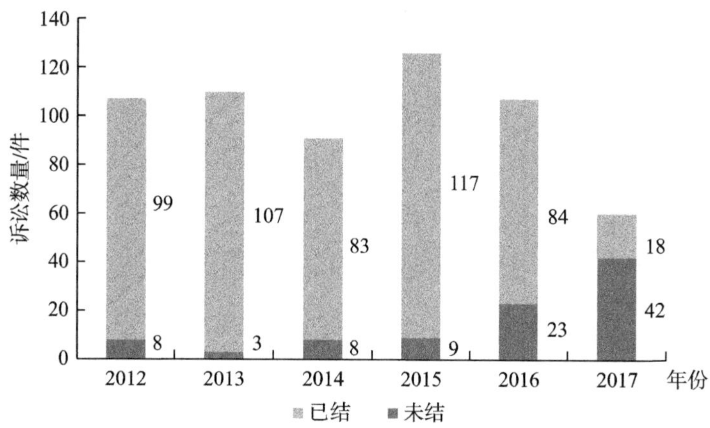

图 4-1-9 2012—2017 年美国—日韩企业诉讼状态年度数据分布

4.1.3.2 诉讼案件的结案周期

从判决周期上看，2012—2017 年美国与日韩企业间计算机专利和商业方法专利的诉讼案件平均结案周期为 270.40 天，也就是说多数案件能在一年内结案；最大结案周期为 2064.00 天，历时超过五年半时间；2012—2017 年结案周期中位数为 194.00 天，而平均结案周期为 270.40 天，反映出结案周期集中在平均结案周期以下，但周期较长的案件形成长尾效应，拖长了平均周期。

从平均结案周期上看，2012—2017 年美国与日韩企业间计算机专利和商业方法专利的诉讼案件的平均结案周期基本呈线性下降趋势，2012 年发起的案件周期平均周期为 394.77 天；2013 年和 2014 年稳步下降至 319.73 天和 230.28 天，也即 2014 年的平均结案周期比 2012 年减少了 164 天，结案周期大幅减小；而 2015 年和 2016 年平均结案周期继续减少，但减幅变小，其结案周期变为 211.63 天和 208.83 天，2017 年的平均结案周期骤然减少至 106.57 天，有望在未来进一步缩短结案周期，减少诉讼双方的时间成本（图 4-1-10）。

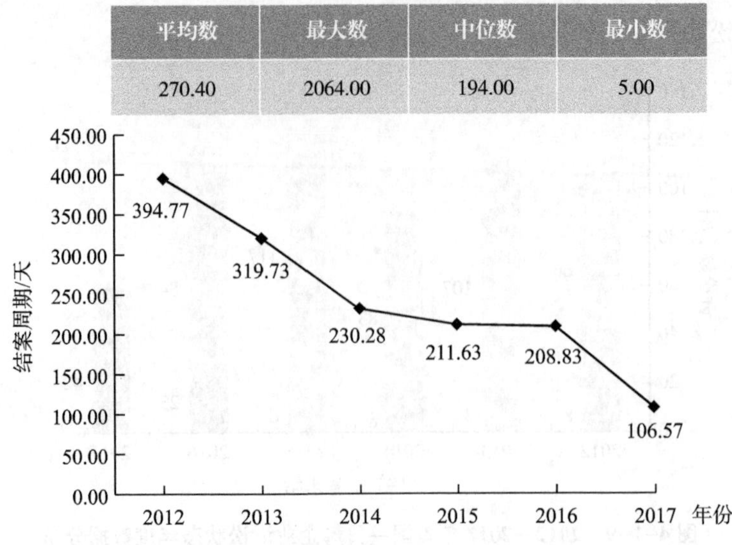

平均数	最大数	中位数	最小数
270.40	2064.00	194.00	5.00

图 4-1-10 2012—2017 年美国—日韩企业诉讼结案周期数据分布

4.1.3.3 诉讼案件的受理法院

从美国—日韩企业诉讼案件的受理法院来看，德州东区法院为 2012—2017 年美国企业向日韩国家企业提起计算机专利和商业方法专利诉讼中最受欢迎的受理法院，共接收审理案件 287 件，占美国—日韩总诉讼量的 54.46%，也就是说超半数的相关领域的诉讼是德州东区法院受理判决的；特拉华地区法院接收审理的案件量为 87 件，虽在数量上不及德州东区法院，但却是两个受理超过百件诉讼案件的地区法院之一，是非常重要的计算机专利和商业方法专利侵权案件的审理法院。加州中区法院、加州北区法院、伊利诺伊北区法院分别以 29 件、21 件和 16 件位于第三至第五位。前十位最受欢迎的受理法院所受理的案件总量为 494 件，为诉讼总量的 93.74%（表 4-1-5）。从诉讼案件的受理法院来看，美国企业更倾向于在德州、特拉华、加州等地区法院向日韩国家企业提起专利诉讼，这与美国企业间专利诉讼的受欢迎法院是一致的。

表4-1-5 2012—2017年美国—日韩企业诉讼最受欢迎的排名居前12位的受理法院

排名	法院名称	数量/件
1	德州东区法院（Eastern District of Texas）	287
2	特拉华地区法院（District of Delaware）	87
3	加州中区法院（Central District of California）	29
4	加州北区法院（Northern District of California）	21
5	伊利诺伊北区法院（Northern District of Illinois）	16
6	加州南区法院（Southern District of California）	13
7	德州北区法院（Northern District of Texas）	9
8	纽约东区法院（Eastern District of New York）	8
9	德州西区法院（Western District of Texas）	6
10	宾夕法尼亚东区法院（Eastern District of Pennsylvania）	6
11	维吉尼亚东区法院（Eastern District of Virginia）	6
12	纽约南区法院（Southern District of New York）	6
诉讼总量		494

从日韩—美国企业诉讼案件的受理法院来看，最受亚洲企业欢迎的专利诉讼受理法院依旧是德州东区法院，受理案件数量为14件；而特拉华地区法院受理案件12件，居第二位；排在第三位的是华盛顿西区法院，值得一提的是，该法院在美国—中国、美国—美国企业的诉讼中均未挤入前10位，却在日韩—美国企业诉讼中跃至前3名；加州中区法院、加州北区法院、伊利诺伊北区法院分别以9件、7件、5件受理案件数量，排在第4至第6位；俄勒冈地区法院、佛罗里达南区法院和纽约南区法院均受理案件4件，其中俄勒冈地区法院、佛罗里达南区法院也被排除在美国—中国、美国—美国企业的诉讼最受欢迎的前10位法院之外（表4-1-6）。

表 4-1-6　2012—2017 年日韩—美国企业诉讼最受欢迎的排名居前 9 位的受理法院

排名	法院名称	数量/件
1	德州东区法院（Eastern District of Texas）	14
2	特拉华地区法院（District of Delaware）	12
3	华盛顿西区法院（Western District of Washington）	10
4	加州中区法院（Central District of California）	9
5	加州北区法院（Northern District of California）	7
6	伊利诺伊北区法院（Northern District of Illinois）	5
7	俄勒冈地区法院（District of Oregon）	4
8	佛罗里达南区法院（Southern District of Florida）	4
9	新泽西地区法院（District of New Jersey）	3
诉讼总量		68

在日韩国家企业对美国企业发起的专利进攻中，德州东区法院依旧稳居最受欢迎法院，另外还出现了华盛顿西区法院、俄勒冈地区法院和佛罗里达南区法院三家法院新宠，可见，日韩国家企业向美国提起专利侵权诉讼时，其考虑的因素与美国—美国、美国—中国企业诉讼不尽相同。

4.2　日韩企业在美国“337 调查”

与中国、欧洲地区相比，日本在计算机领域的技术优势较为明显，有着一批实力较强的跨国企业，如索尼、东芝、夏普、松下等，其中的索尼公司还被称为“黑科技”企业，这些企业横跨智能手机、智能电视、PC、多媒体影像等多个领域，在美国也占据一定的市场份额，开展自身业务的同时也面临着诸多侵权风险。

图 4-2-1 显示分布在美国、欧洲、中国、日本和韩国等不同国家地区的原告方和被告方相互之间的诉讼对比情况。原告方对侵犯自身专利的被告申请启动调查程序，同时作为被告方的可能有多家企业，且多个被告方可能会分布在不同的国家地区，例如美国的一家企业作为原告方发起的调查中，被告方同时分布在日本、美国，这种情况的案件将分别计入美国诉讼美国和美国诉讼日本。

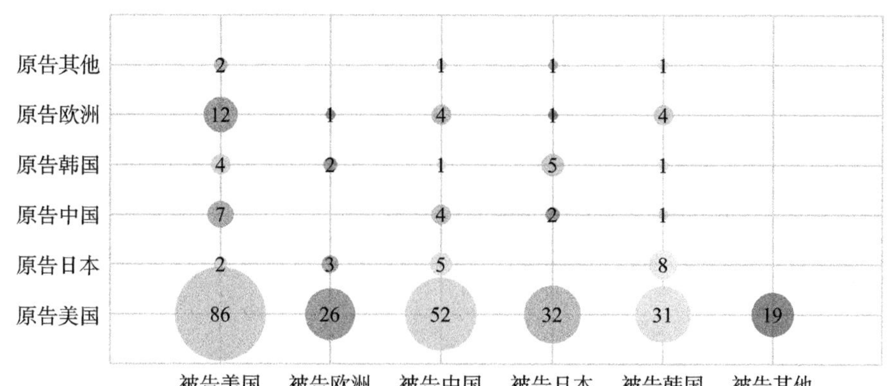

图 4-2-1 2009—2017 年计算机领域“337 调查”不同地区原告方/被告方诉讼案件对比（单位：件）

图 4-2-2 示出了 2009—2017 年，计算机领域的“337 调查”中由美国地区公司作为原告诉讼日本地区公司被告的数量年度变化趋势情况，从中可以看出 2011—2012 年和 2017 年美国针对日本发起的“337 调查”数量最多，达到 4 件，从 2012 年开始，2013—2016 年呈现出了逐年下降的趋势，2010 年的诉讼案件数量最少，仅为 1 件。

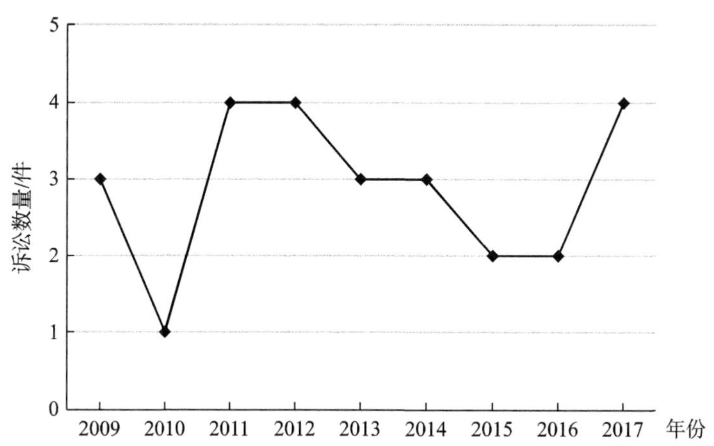

图 4-2-2 2009—2017 年美国诉讼日本调查诉讼案件数量变化情况

图 4-2-3 显示美国公司针对日本公司发起的“337 调查”中原告方的分布。从图中可以看出，96% 以上的“337 调查”的原告方由美国地区的公司单独构成，仅有 1 件调查的原告方由其他国家地区的公司与美国地区的公

司一起组成，占比为 3. 13%，这从侧面反映出了美国本土的公司具备较大的技术优势，并积极地利用“337 调查”来打击竞争对手。

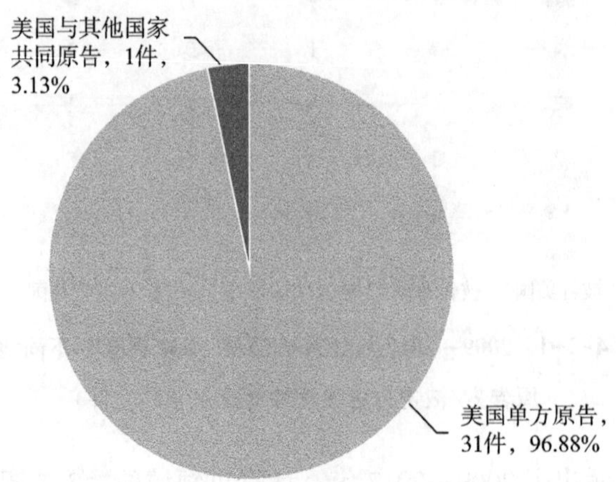

图 4-2-3　2009—2017 年美国针对日本发起的“337 调查”中原告方的分布情况

图 4-2-4 示出了 2009—2017 年美国针对日本发起的“337 调查”中被告方构成的分布。在美国发起的 32 件调查中，被告公司分布在日本本土的仅有 7 件，占总数的 21. 88%，被告公司分布在包括日本在内的多个国家的案件有 25 件，占总数的 78. 13%。从图中可以看出原告方在对可能侵犯自身专利技术的公司发起诉讼时，多数情况下会同时注意位于不同国家地区的相关技术侵权方，如子母公司、相关的上下游单位等，尽可能地将多家公司同时列为被告方。

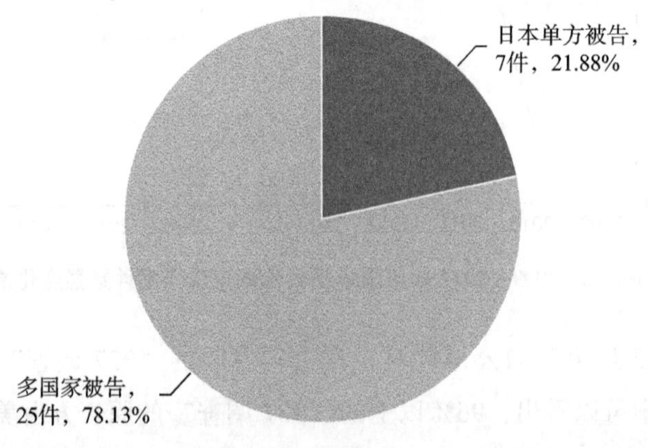

图 4-2-4　2009—2017 年美国针对日本发起的“337 调查”中被告方的分布情况

图4-2-5示出了2009—2017年日本地区作为“337调查”原告方的排名信息，从中能够看出东芝主动发起的调查最多，数量为5件，夏普、富士通等企业发起的调查数量为2件，排名第二，其他的还有尼康、EPSON等，涉及的数量均为1件。

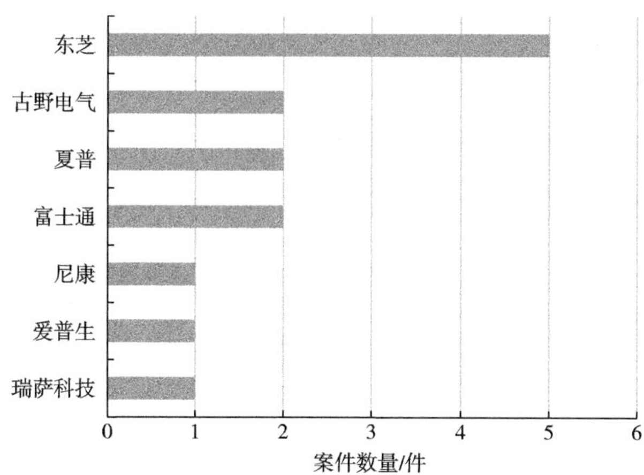

图4-2-5 2009—2017年日本地区作为原告的公司排名情况

图4-2-6示出了2009—2017年“337调查”中被告方为日本地区公司的排名信息，日本的明星企业索尼受到的诉讼次数最多，作为被告方的案件数量为21件，遥遥领先于第二名，其次为东芝，作为被告方的案件数量为8件，富士通、夏普、松下、日立紧随其后。日本的汽车公司丰田、本田虽然同为传统的汽车制造公司，但因为在汽车娱乐系统开发中涉及使用了多媒体处理技术，受到了具有相关专利技术公司的关注。

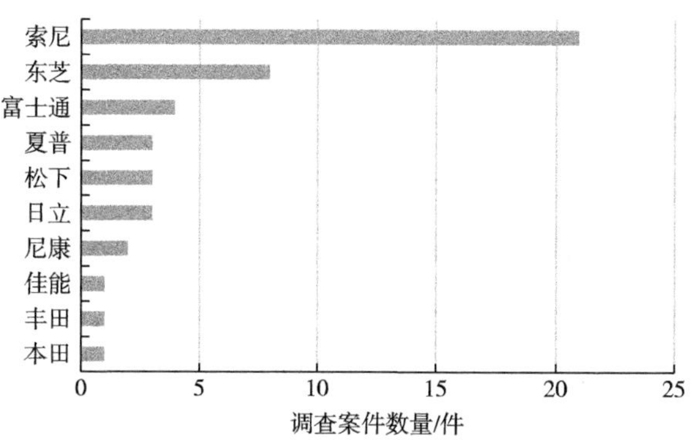

图4-2-6 2009—2017年日本地区成为调查案件被告的公司排名情况

表4-2-1示出了2009—2016年度美国地区公司诉日本地区公司的“337调查”审查周期情况，其中各年的平均调查时间基本都在1年以上，2010年的调查周期最长，仅有一件案子结案，调查周期长达25.2个月，2011—2012年的平均调查周期经过短暂的缩短后，2013年开始又慢慢地变长，直到2015年变成了17.0个月，2016年有两件案子，其中的1件为近年来结案最快的1件，仅为4.5个月，这一年平均调查周期为7.0个月。整体上来看，与美国诉讼美国的案件的调查周期相比，平均调查周期要长一些，与美国诉讼欧洲的案件的平均调查周期相当。

表4-2-1　2009—2016年美国诉讼日本的“337调查”审查周期情况

年份	周期/月		
	最短	最长	平均
2009	7.1	16.0	12.1
2010	25.2	25.2	25.2
2011	5.2	17.5	11.8
2012	5.3	17.8	10.9
2013	9.8	14.9	13.2
2014	12.3	15.3	13.8
2015	14.5	19.5	17.0
2016	4.5	9.5	7.0

根据ITC公开的案件资料信息，对美国诉讼日本的案件进行统计可以得到，截至2017年底，已经取得最终的调查结果案件占案件总量的43.75%，未结案件占案件总量的56.25%，审结的案件所占比例比未结案子所占比例稍小，从图4-2-7中可以看出，在已经结案的案件中，原告胜诉的占比为0%，原告撤回/和解的占比要大于原告败诉的占比，占比为25%，审结的案件中较多通过和解的方式结案，这从一定程度上能够反映出日本地区企业技术实力相对雄厚，美国公司作为原告胜算的可能性较小。

与日本的状况类似，韩国在计算机技术领域同样具备着较大的优势，存在三星电子、LG等大型跨国企业，三星电子更是将旗下的智能手机业务做到了行业第二，仅次于美国的苹果公司。

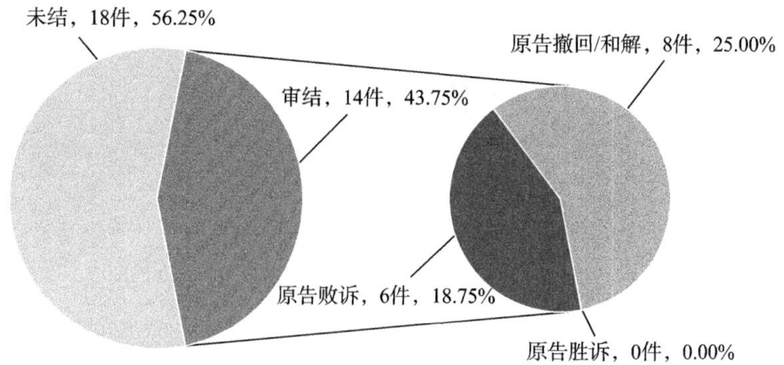

图 4-2-7　2009—2017 年美国公司诉日本公司案件的结案分布情况

图 4-2-8 示出了 2009—2017 年计算机领域的“337 调查”中由美国公司作为原告诉韩国公司的数量年度变化趋势情况，从中可以看出 2009—2013 年美国诉讼韩国的案件数量呈现出了曲线增长的趋势，2013 年达到了最多的 5 件，接着在 2014—2015 年呈现出了逐年下降的趋势，2016—2017 年又有了一定的提升，整体上呈现出了缓慢增加的趋势。

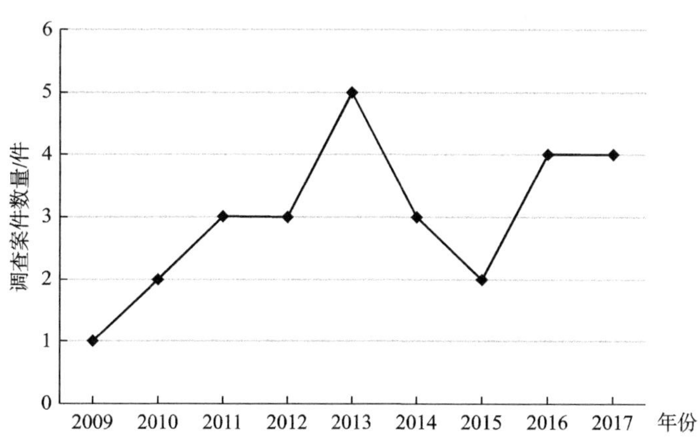

图 4-2-8　2009—2017 年美国公司诉韩国公司调查案件数量变化情况

图 4-2-9 示出了 2009—2017 年美国公司针对韩国公司发起的“337 调查”中原告方的分布。从图中可以看出，93% 以上的“337 调查”的原告方由美国公司单独构成，仅有 6.45% 的调查的原告方由其他国家的公司与美国公司一起组成，这从侧面反映出了美国本土公司利用“337 调查”来维护其市场地位的积极性。

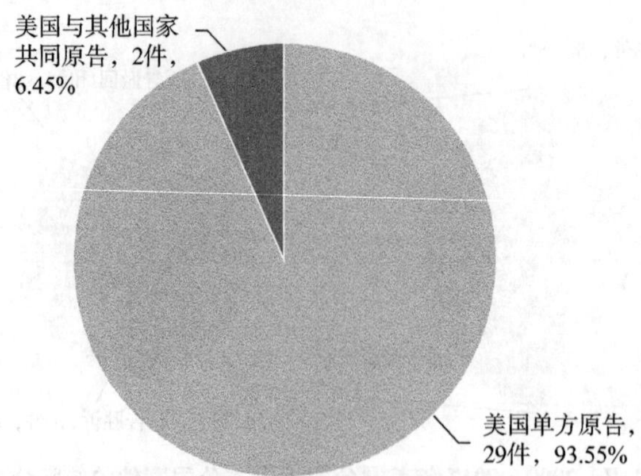

图 4-2-9　2009—2017 年美国针对韩国发起的“337 调查”中原告方的分布情况

图 4-2-10 示出了 2009—2017 年由美国针对韩国发起的“337 调查”中，被告方构成的分布。在美国发起的 31 件调查中，被告公司分布在韩国本土的仅有 8 件，占总数的 25.81%，被告公司分布在包括韩国在内的多个国家的案件有 23 件，占总数的 74.19%，从中可以看出原告方在对可能侵犯自身专利技术的公司发起诉讼时，大多也都会考虑位于其他多个国家的公司的侵权情况，若存在侵权行为，则将其位于欧洲本土的子公司共同列为被告。

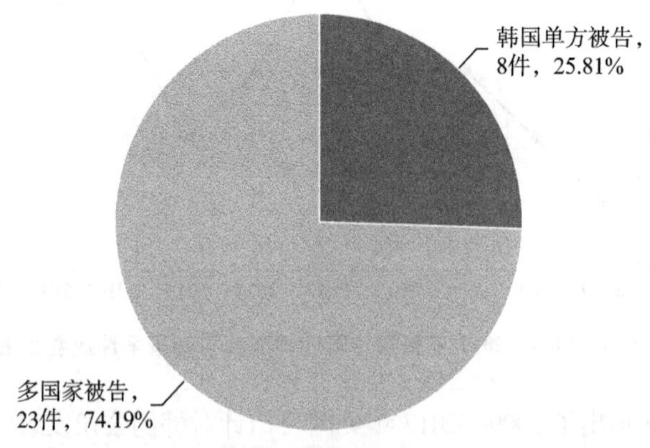

图 4-2-10　2009—2017 年美国针对韩国发起的“337 调查”中被告方的分布情况

图 4-2-11 示出了 2009—2017 年韩国地区作为“337 调查”原告的部分排名信息，作为韩国的龙头企业，三星发起的调查案件最多，作为原告方

的案件数量为7件，紧随其后的为LG，作为原告方的案件数量为3件，Hynix Semoniconductor、Seung Ki Joo发起的调查案件数量分别为1件。

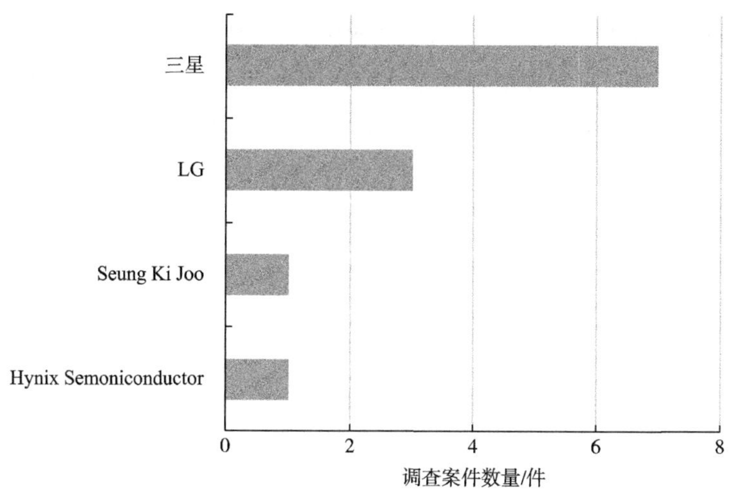

图4-2-11　2009—2017年韩国地区作为“337调查”原告的公司排名情况

图4-2-12示出了2009—2017年“337调查”中被告方涉及韩国地区公司的部分排名信息，三星电子受到的诉讼次数最多，作为被告方的案件数量为27件，稳居第一名，其次为LG，作为被告方的案件数量为12件，Hynix Semiconductor作为被告方涉及的案件数量为2件，Pantech作为被告方涉及的案件数量为1件。

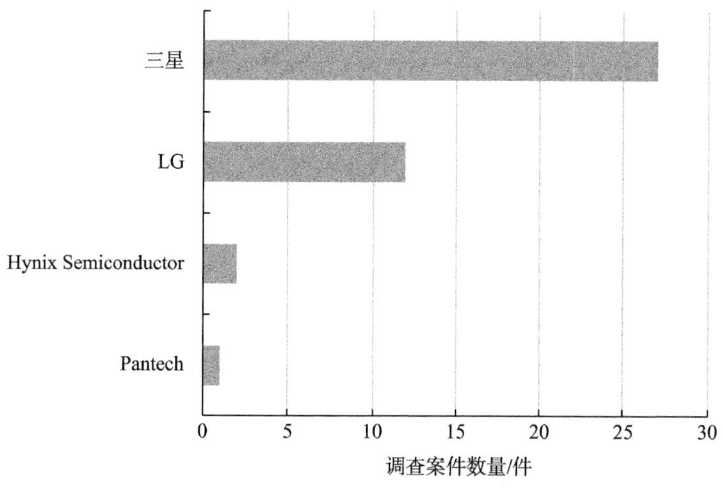

图4-2-12　2009—2017年韩国公司成为调查案件被告的排名情况

表4-2-2示出了2009—2016年美国地区公司诉韩国地区公司的案件"337调查"审查周期情况，其中各年的平均调查时间基本都在1年以上，2011年的调查周期最长，平均调查周期长达17.9个月，2009—2011年的平均调查周期从11.1个月增加到了17.9个月，呈现出了逐年递增的趋势，2012年的平均调查周期缩短到了10.9个月，也是这几年来平均调查周期最短的一年，2013—2016年的平均调查周期又有了缓慢的回升，都维持在12个月左右。总的来说，美国地区公司诉讼韩国地区公司的调查周期偏长，比较平均，变化趋势平缓，与美国诉美国的案件的调查周期相比，平均调查周期要长一些。

表4-2-2　2009—2016年美国公司诉韩国公司的"337调查"审查周期情况

年份	周期/月		
	最短	最长	平均
2009	11.1	11.1	11.1
2010	16.1	16.5	16.3
2011	16.3	23.8	17.9
2012	5.3	17.9	10.9
2013	7.2	18.3	12.5
2014	9.1	14.1	12.3
2015	9.8	13.2	11.5
2016	4.4	16.8	12.1

经过对ITC公布的数据中美国公司诉韩国公司的案件进行统计，得到了美国公司诉韩国公司的案件调查结果分布情况，截至2017年年底已经取得最终的调查结果案件占案件总量的48.39%，未结案件占案件总量的51.61%，审结的案件所占比例比未结案子所占比例基本持平，从图4-2-13中可以看出，在已经结案的案件中，原告撤回/和解的占比最多，原告败诉的占比小于原告撤回/和解的占比，原告胜诉的所占比例最小，多于一半的案件通过诉讼到底的方式来解决，但原告败诉占比较高，与美国公司诉欧洲公司的案件调查结果分布情况相当。

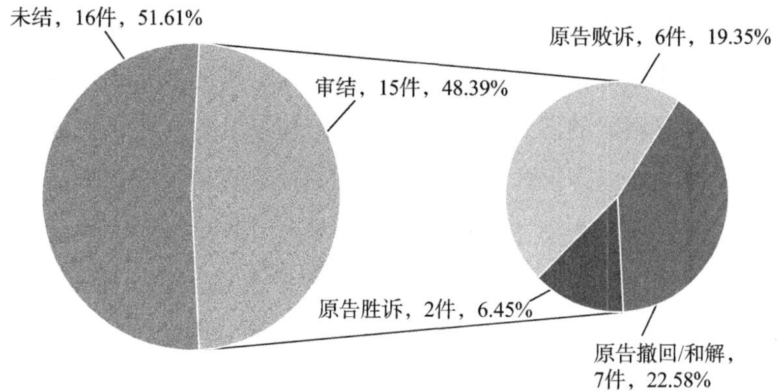

图 4-2-13　2009—2017 年美国公司诉韩国公司案件的“337 调查”结案分布情况

4.3　典型诉讼案例

4.3.1　英伟达诉三星案

4.3.1.1　攻防双方

1. 英伟达公司

英伟达（NVIDIA）公司成立于 1993 年，位于美国加州圣克拉拉市，其是全球可编程图形处理技术领袖，其图形和通信处理器被多种计算平台采用，包括个人数字媒体 PC、商用 PC、专业工作站、数字内容创建系统、笔记本电脑、军用导航系统和视频游戏控制台等。在 PC 应用领域（如制造、科研、电子商务、娱乐和教育等），英伟达公司的图形处理器可以提供出色的性能和鲜锐的视觉效果，其媒体和通信处理器能够执行宽带连接和通信应用中要求十分苛刻的多媒体处理任务，并在音频应用能力方面取得突破。

2. 被诉方公司

三星电子公司是移动通信终端的国际巨头，其成立于 1969 年，总部位于韩国京畿道。三星电子公司的主要业务包括半导体、移动通信、数位影像、电信系统、IT 解决方案及数字应用，其中在移动通信领域，三星公司已在 2011 年获取全球手机最大制造商的位置，拥有世界第一的市场占有率。2011 年三星公司推出的 Galaxy 系列手机，成为当年安卓手机中销量最高的手机。

高通公司是一家无线电通信技术研发公司，其成立于1985年，总部位于美国加州圣地亚哥。高通公司设计各种ARM架构的CDMA芯片、专用于移动站点调制解调器的芯片（MSM系列）、基带无线电芯片和电源处理芯片。在移动终端处理器领域，骁龙（Snapdragon）是高通公司推出的高度集成的“全合一”移动处理器系列平台，覆盖入门级智能手机乃至高端智能手机、平板电脑以及下一代智能终端，其客户覆盖HTC、索尼、诺基亚、MOTO、LG、三星等全球知名品牌智能手机制造商，因此，高通成为全球大牌高端手机采用得最多的移动处理器品牌。

4.3.1.2 调查案情

1. 调查过程简述

英伟达诉三星的调查过程见表4-3-1。

表4-3-1 调查过程

时间	动作
2011年7月5日	申请人苹果公司向ITC提交申诉书，请求ITC针对被申请人三星电子公司发起“337调查”
2011年8月5日	ITC在《联邦公报》上发布立案公告，正式展开针对三星电子公司涉案产品的“337调查”
2011年10月24日	行政法官由初定的Charles E. Bullock变更为Tomas B. Pender
2011年11月21日至11月22日	行政法官主持举行马克曼听证
2012年3月6日	行政法官颁布第16号命令，针对权利要求中具有争议的术语作出最终解释
2012年4月17日	针对’533专利的所有权利要求，’697专利的权利要求第1~3项、第11~12项、第15~16项和第21~27项，以及’949专利的权利要求第3项，颁布第17号命令，同意苹果公司基于上述部分专利的相应权利要求终止调查的动议请求
2012年5月10日	苹果公司以及三星电子公司均提交庭前陈述（pre-hearing statement）
2012年5月22日	OUII提交庭前陈述
2012年5月31日至6月7日	行政法官主持举行听证会

续表

时间	动作
2012 年 6 月 22 日	苹果公司、三星电子公司以及 OUII 均提交庭审总结，其中三星电子公司在庭审总结中争辩称，其规避设计的产品没有侵犯’949 专利、’922 专利、’697 专利以及’501 专利的相关权利要求
2012 年 10 月 24 日	行政法官颁布初裁结果
2012 年 11 月 8 日	苹果公司及三星电子公司就初裁结果均向 ITC 提出复审请求
2012 年 12 月 3 日	苹果公司、三星电子公司以及非缔约方谷歌公司均就排除令、制止令对公众利益的影响进行评论
2012 年 12 月 28 日	行政法官对救济措施以及保证金提出相应的建议
2013 年 1 月 23 日	ITC 发布通告，决定对行政法官作出的初裁进行复审，同时发布了发回重审的命令
2013 年 3 月 26 日	行政法官颁布发回重审初裁决定
2013 年 4 月 9 日	三星电子公司、苹果公司就发回重审初裁决定均向 ITC 提出复议请求
2013 年 4 月 26 日	OUII 就三星电子公司和苹果公司提出的发回重审初裁决定复议请求作出答复，认为双方的复议请求应当被拒绝
2013 年 5 月 10 日	三星电子公司提交美国专利商标局针对’922 专利作出的无效决定，其中被无效的权利要求包括本案中判定三星电子公司侵权的权利要求第 29~30 项、第 33~25 项
2013 年 5 月 28 日	ITC 发布通告，决定对发回重审初裁决定进行复议
2013 年 8 月 9 日	ITC 作出终裁意见，并发布终裁决定通告，通告中颁布了有限排除令和制止令

2. 调查发起

(1) 申请人的诉求

英伟达（NVIDIA）公司（以下简称“申请人”）于 2014 年 9 月 4 日向 ITC 提交申诉书，指控三星电子公司以及高通公司（以下简称“涉案公司”或“被申请人”）的某些包含图像处理单元（GPU）的消费电子和显示装置，以及相关的处理器和集成电路片组侵犯其美国专利中的一项或多项权利要求，因此违反美国《1930 年关税法》（修正案）第 337 节。

在该案中，英伟达公司被侵权的美国专利及相关权利要求包括（以下简称“涉案专利”）：

①US 6 198 488（以下简称“’488 专利”）的权利要求第 1 项和第 19~20 项；

②US 6 992 667（以下简称“’667 专利”）的权利要求第 1~29 项；

③US 7 038 685（以下简称“’685 专利”）的权利要求第 1~5 项、第 7~19 项、第 21~23 项、第 25~30 项、第 34~36 项、第 38 项和第 41~43 项；

④US 7 015 913（以下简称“’913 专利”）的权利要求第 5~8 项、第 10 项、第 12~20 项和第 24~27 项；

⑤US 6 697 063（以下简称“’063 专利”）的权利要求第 7~8 项、第 11~13 项、第 16~21 项、第 23~24 项和第 28 ~29 项；

⑥US 7 209 140（以下简称“’140 专利”）的权利要求第 1~7 项、第 8~10 项、第 12 项和第 14 项；

⑦US 6 690 372（以下简称“’372 专利”）的权利要求第 1~6 项、第 9~16 项和第 19~25 项。

被申请人的涉案产品包括高通骁龙处理器，以及使用高通骁龙处理器或三星猎户座处理器的三星移动电话以及平板电脑（以下简称“涉案产品”）。英伟达公司在申诉书中指称，三星电子公司的涉案产品所使用的处理器集成有三种不同类型的图像处理构架，包括 Adreno、Mali 以及 PowerVR 构架，这些构架在商业上已有成熟应用，其中，Adreno 图像处理器集成在高通骁龙处理器及相应集成电路片组中，而 Mali 图像处理器或 PowerVR 图像处理器则集成在三星猎户座处理器及相应集成电路片组中，并且使用上述任意一种图像处理器都侵犯英伟达公司涉案专利的专利权。

高通公司的涉案产品具体包括使用 Adreno 225 架构的骁龙 S4 处理器、使用 Adreno 305 架构的骁龙 400 处理器、使用 Adreno 320 架构的骁龙 600 处理器、使用 Adreno 330 架构的骁龙 800 和 801 处理器以及使用 Adreno 420 架构的骁龙 805 处理器；三星电子公司的涉案产品具体包括 Galaxy Note 4、Galaxy Note Edge、Galaxy S5、Galaxy Note 3、Galaxy S4，Galaxy Tab S、Galaxy Note Pro 以及 Galaxy Tab 2。

基于上述事实，英伟达公司请求 ITC 针对上述涉案公司的相关涉案产品

展开“337调查”，并且请求执行下述具体的救济措施：

①根据美国《1930年关税法》（修正案）第337节的规定，请求ITC立即展开调查，调查上述涉案公司就侵犯涉案专利专利权的相关消费电子及显示装置进行非法进口至美国、为进口至美国而销售、和/或进口后在美国国内销售的行为；

②根据美国《1930年关税法》（修正案）第337节（c）款的规定，针对上述非法行为安排并进行庭审，并且确定涉案公司存在违反第337节的行为；

③根据美国《1930年关税法》（修正案）第337节（d）款的规定，颁布有限排除令，禁止上述涉案公司、其分公司或附属公司制造的、进口的或销售的所有涉嫌侵犯申请人专利权的消费电子及显示装置进入美国市场；

④根据美国《1930年关税法》（修正案）第337节（f）款的规定，颁布永久制止令，禁止上述涉案公司、其分公司或附属公司针对已经进口至美国的涉案产品进行销售、许诺销售或运输等活动；

⑤根据美国《1930年关税法》（修正案）第337节（j）款的规定，在60天的总统审查期间，针对进口侵权的消费电子及显示装置的行为收取保证金；

⑥基于调查及委员会发现的事实，颁布委员会认为公正且恰当的其他进一步救济措施。

（2）涉案专利简介

①'488专利：涉及一种用于图像处理的图像通道系统，其优势在于其系统速度可以增加，同时降低成本，并且降低检测屏幕中坏像素的时间消耗。

②'667专利：涉及一种用于图像处理的图像硬件系统和方法，其技术优势在于可以获得可靠的、并且低成本高效益的集成芯片。

③'685专利：涉及一种包括线程控制单元的、用于程序指令的多线程执行的可编程图像处理器。该处理器的技术优势在于线程控制单元基于线程状态数据将样本类型中的一个分配给可编程计算单元，以便在周期到周期的基础上动态平衡分配给所述线程的样本数量，进而获得处理器计算资

源的最大化利用。

④'913 专利：涉及一种图像处理器以及作为多线程执行图像程序的方法，其中由所述程序处理的每个样本被分配给线程，其技术优势在于通过在渲染期间处理或不处理样本来降低人工干涉的发生，以及通过阻止危险位置的产生来减少处理样本组所需的计算量。

⑤'063 专利：涉及一种用于计算机环境的渲染通道系统，其采用屏幕空间平铺（SST）以消除由于帧缓冲器访问而导致的存储器带宽瓶颈，并有效地进行屏幕空间平铺，同时避免基元的分解。该系统还减小 SST 所需的缓冲尺寸，并且容易实现高质量的全场景抗混叠，因为只需要对应于所述屏幕的单块片上的多采样存储器。本发明使用双 z 方案，其通过扫描/z 引擎从更通用的光栅化和着色处理将扫描转换/深度缓冲处理去耦化。所述扫描/z 引擎外部表现为片段生成器，但内部解决可见性，并且允许所述渲染通道的其余部分仅对可见基元执行设置且仅遮蔽可见片段。这样，光栅/阴影要求可以降低，进而导致硬件成本的降低，因为可以用通用参数计算单元代替专用参数计算单元来处理所有参数。

⑥'140 专利：涉及一种用于计算机图像通道中的可编程处理的系统、方法和产品。首先，从源缓冲器接收数据；然后，对所述数据执行可编程操作以产生输出。所述操作是可编程的，以便用户可以利用来自预定指令集的指令来产生所述指令。该输出被存储在寄存器中，在操作期间，存储在寄存器中的输出用于对数据执行可编程操作。

⑦'372 专利：涉及一种在图像通道中渲染基元的同时进行着色映射的系统、方法和产品。首先，执行偏移操作以便在渲染基元时生成深度值，然后进一步识别与基元边缘相关联的斜率的值，之后基于所述斜率的值来有条件地箝位所述深度值。

3. 调查的重要事件

（1）被申请人的应诉答辩

在收到英伟达公司的申诉书以及 ITC 在《联邦公报》上发布的立案公告之后，高通公司于 2014 年 11 月 3 日提交答辩状。在答辩状中，高通公司除了承认申诉书中的一些客观事实外，对于申请人英伟达公司的所有指控

均予以否认，并且提出6项正面抗辩理由，具体包括：

①无效抗辩。高通公司指出，英伟达公司相关涉案专利的一项或多项权利要求是无效的，因为其不满足《美国法典》第35章第Ⅱ部分关于新颖性及创造性的要求。

②禁止反悔[1]、默许[2]及弃权[3]（estoppel，acquiescence，and waiver）。高通公司指出，因为英伟达公司在及时主张其专利权上不作为，因此根据禁止反悔、默许和/或弃权的原则，英伟达公司向高通公司主张其专利权的行为应当部分或全部被禁止。

③许可抗辩。高通公司指出，根据默示和/或明示许可，以及在与Khronos签订的多个协议或其他相关协议下交叉许可的原则下，英伟达公司针对高通公司涉嫌侵犯其专利权而请求的救济措施应当部分或全部被禁止。

④审查申请资料禁止反悔原则抗辩。高通公司指出，根据申请人在相关专利审查过程中所做的修改以及意见陈述、及其说明书和权利要求书记载的内容，应当禁止英伟达公司为了使得高通公司的相关涉案产品落入其专利权的保护范围内而针对涉案专利中相关权利要求进行扩大化解释。

⑤非侵权使用抗辩。高通公司辩称，其所有涉嫌侵权的产品实质上都没有侵犯以及帮助侵犯涉案专利的相关权利要求。

⑥非诱导侵权抗辩。高通公司辩称，其没有就涉案专利的相关权利要求进行主动诱导侵权的行为，并且其也缺少诱导侵权的特定动机。

2014年11月13日，三星电子公司也针对英伟达公司的申诉书以及ITC在《联邦公报》上发布的立案公告提交答辩状。在答辩状中，三星电子公

---

[1] 禁止反悔原则，是指专利法上的审批过程禁反言，其是专利侵权诉讼中的一种法律规则，其含义是专利权人如果在专利审批（包括专利申请的审查过程或者专利授权后的无效、异议、再审程序）过程中，为了满足法定授权要求而对权利要求的范围进行了限缩（如限制性的修改或解释），则在主张专利权时，不得将通过该限缩而放弃的内容纳入专利权的保护范围。

[2] 在法律上，默许指的是下述情形，即一个人故意待命而不反对侵犯其权利的情况下，其他人在不知情的情况下实施了没有预谋恶意的行为，并且该行为侵犯了其权利。由于默许，被侵权人可能会失去对侵权人提起法律诉讼的权利，或者可能无法获得禁止继续侵权的禁令。

[3] 弃权即指的是自愿放弃或放弃某些已知的权利或特权。

司也否认所有的侵权指控，并且提出了与高通公司类似的正面抗辩理由，并且额外提出如下正面抗辩理由：

①缺乏国内产业抗辩。三星电子公司指称，英伟达公司没有提供足够的证据证明其相关涉案专利存在国内产业。

②公众利益抗辩。三星电子公司指称，英伟达公司请求的救济措施将给公众健康及福利、美国经济的竞争环境、美国类似或直接竞争产品的生产以及美国消费者带来不利的影响。

③不可执行性抗辩。三星电子公司指称，根据专利权用尽[1]和/或首次销售原则，英伟达公司涉案专利的一项或多项专利权是不可执行的。

④不公平行为抗辩。三星电子公司指出，在专利申请的审查期间，英伟达公司相关涉案专利的发明人故意隐藏具有实质性的、且非累积性（non-cumulative）的信息，并因此而获得相关专利权。三星电子公司认为，如果相关发明人不故意隐藏这些具有实质性的现有技术，美国专利商标局根据这些现有技术至少能够驳回其中的部分权利要求。这是英伟达公司为获得相关专利权而采取的不公平行为。

（2）部分终止调查

在该案的调查过程中，英伟达公司为了提高案件的调查效率，缩短案件的调查周期并节省司法资源，总共向 ITC 提交了四次部分终止调查的动议，这些部分终止调查的动议都是基于申请人撤回针对申诉书中列出的某些指控而作出的。

2014 年 12 月 31 日，英伟达公司提交动议，请求终止针对'488 专利的权利要求第 19 项的调查。该动议获得行政法官的批准，因而于 2015 年 2 月 8 日终止相应的调查。

2015 年 6 月 8 日、6 月 22 日以及 6 月 25 日，英伟达公司总共提交了三次动议，请求终止针对'488 专利、'667 专利、'913 专利、'063 专利及'685

[1] 专利权用尽原则，即首次销售原则，其是指专利权人自己或者许可他人制造的专利产品（包括依据专利方法直接获得的产品）被合法地投放市场后，任何人对该产品进行销售或使用，不再需要得到专利权人的许可或者授权，且不构成侵权。

专利的权利要求第4项、第16项、第19项、第21项的调查。这些动议也获得行政法官的批准，因而于2015年8月7日终止相应的调查。

至此，仍然有待调查的涉案专利及相应的权利要求包括：

'140专利的权利要求第14项；

'372专利的权利要求第23~24项；

'685专利的权利要求第1项和第15项。

4. 裁决结果

（1）初裁

在初裁决定中裁定，被申请人相关涉案产品的进口及销售行为没有违反"337条款"的规定。初裁决定中还进一步指出，申请人实施'140专利及'372专利的国内产业不存在，但是实施'685专利的国内产业存在。此外，通过无效性分析发现，'140专利以及'372专利的相关涉案权利要求因为不具备新颖性或创造性而无效，但是'685专利的相关权利要求有效。因此，尽管在初裁中裁定被申请人的相关涉案产品侵犯了申请人'372专利的权利要求第23项，但是因为相应专利的相关权利要求无效，因此相关涉案产品的进口及销售行为仍然不违反"337条款"的规定。具体分析如下。

1）关于'140专利的判决分析

①侵权分析：英伟达公司指称，集成有Mali-T7××、Mali-T6××、Adreno 4××、Adreno 3××、PowerVR SGX 544或者PowerVR SGX 540图像处理器的涉案产品侵犯了'140专利的权利要求第14项。这些涉案产品包含的图像处理器符合OpenGL ES应用程序接口（API）的规则。OpenGL ES应用程序接口采用着色语言OpenGL ES Shading Language（ESSL）。同大多数编程语言一样，ESSL提供一系列操作符以及内置函数，程序员可以使用这些操作符和内置函数来编写原始程序。

英伟达公司侵权指控的焦点在于使用ESSL对涉案产品进行编程是否侵犯'140专利的权利要求第14项。为此，英伟达公司的专家证人指称，涉案产品中使用ESSL侵犯了权利要求第14项的专利权。然而，被申请人以及委员会调查律师则争辩称，所述涉案产品不侵犯权利要求第14项，因为ESSL不包括权利要求第14项中所限定的9种预定指令组成的指令集，尤其不包括倒数指令（reciprocal instruction）。英伟达公司认定涉案产品侵权，是因为涉案产品的 ESSL 中包含倒数指令“1/op1”。然而，进一步的证据显示，涉案产品的 ESSL 中所包含的“1/op1”只是程序员使用 ESSL 预定义的除法指令的一种方式，其中“1”是程序员提供的作为除法指令所需的两个操作数中的一个，并且从 ESSL 的使用说明可以看到，ESSL 语言的预定义指令集中并没有提供倒数“1/”指令，其提供的只有除法“/”指令。由于倒数指令是一元操作符，而除法指令是二元操作符，因此两者是不同的操作符。程序员根据实际情况选择除法指令中的分子为“1”并不意味着 ESSL 提供了倒数指令。基于上述分析，行政法官在初裁中作出裁定，所述涉案产品不侵犯’140 专利的权利要求第 14 项。

②国内产业分析——技术角度：由于英伟达公司已向 ITC 提出动议，请求就其相关涉案专利满足国内产业的经济条件作出简易裁决，并且该动议已得到行政法官的批准，而委员会也决定针对该裁决不进行复审，因此，在初裁中仅针对英伟达公司的相关涉案专利是否满足国内产业的技术条件进行裁决。

英伟达公司指称，其具有 Kepler、Fermi 及 Maxwell 架构的图像处理器实施了’140 专利的权利要求第 14 项，并且英伟达公司依赖 ESSL 语言来展示其满足国内产业的技术条件。然而，基于上述对侵权所进行的分析可知，ESSL 语言并不包括“倒数指令”，因而不满足权利要求第 14 项的限定，从这一角度来看，英伟达公司的图像处理器并没有实施’140 专利的权利要求第 14 项，不满足国内产业的技术条件。英伟达公司又进一步改称，其依赖的 OpenGL 扩展程序 NV_GPU_Program4 及 NV_GPU_Program5 包含权利要求第 14 项中预定义的每一个指令。然而，英伟达公司不能提供文件性证据来证明其在国内工业产品中实施了这些扩展程序，并且其所依赖的证据仅仅是其专家证人的证词，而其专家证人的证词又完全依赖本专利发明者未得到证实的证词，因此，英伟达公司不能提供有力的证据来证明其’140 专利的权利要求第 14 项满足国内产业的技术条件。

③无效性分析：针对’140 专利的权利要求第 14 项，现有技术中 Horizon860 上的 Renderman 实施了如权利要求第 14 项所述的“对图像数据的操

作”，但是不包含“倒数指令”和“反平方根指令”。通过进一步分析可知，在Horizon860上的Renderman中执行“倒数指令”及“反平方根指令”对于本领域技术人员来说是显而易见的，并且英伟达公司也未能针对被申请人提出的显而易见性提出更加有力的反驳意见和证据。因此，该专利的权利要求第14项无效。

2）关于’372专利的判决分析

①侵权分析：英伟达公司指称，集成有Mali、Adreno及PowerVR图像处理器的涉案产品侵犯了’372专利的权利要求第23项，集成有Mali图像处理器的涉案产品还侵犯了’372专利的权利要求第24项。

对于权利要求第23项，英伟达公司的专家证人详细展示了部分涉案产品是如何侵犯’372专利的权利要求第23项的，并且这一证据及结论也得到委员会调查律师的认可。然而，被申请人认为，其部分涉案产品不侵权，因为英伟达公司未就这些产品提供侵权证据；并且英伟达公司也未能证明涉案产品包含如权利要求所述的“着色模块（shading module）”，以及“纹理查找模块（texture look-up module）”耦合至“着色模块”。

行政法官认为，英伟达公司的专家证人未能分析在产品列表RDX-408C中的40种涉案产品所安装的相关软件，申请人也未能针对这40种涉案产品提供足够的证据表明其侵权，因此这些产品未能被证明侵犯了’372专利的相关权利要求。此外，英伟达公司也不能提供任何证据证明其专家证人分析的产品具有代表性，因为安装在不同设备上的软件总会存在一些不同点，因此并不能由已分析过的产品直接推断出未分析的产品也侵权，因而上述40种三星产品未能被证明侵犯了’372专利的权利要求第23项。此外，已经经过侵权分析的涉案产品确实包含如权利要求所述的“着色模块（shading module）”，以及“纹理查找模块（texture look-up module）”耦合至“着色模块”，因此，除了产品列表RDX-408C中的40种三星产品以外，集成有Mali、Adreno及PowerVR图像处理器的其他涉案产品侵犯了’372专利的权利要求第23项。

对于权利要求第24项，英伟达公司的专家证人认为，集成有Mali图像处理器的涉案产品包含权利要求第24项的所有技术特征，因而这些涉案产品侵犯'372 专利的权利要求第 24 项。然而，被申请人辩称，相关涉案产品没有包括权利要求第 24 项所限定的反馈回路（feedback loop）。英伟达公司认为被申请人的涉案产品侵权是因为其认为权利要求所述的反馈回路是一个“寄存器文件”，而涉案产品所使用的 Mali 图像处理器使用 RAM 结构，其属于寄存器文件的一种。然而，被申请人以及委员会调查律师认为，Mali 图像处理器中的 RAM 结构与反馈回路结构并不相同。反馈回路必须是一个回路，其能够将输出端的信息提供至输入端，而 RAM 结构是从任意数量的数据源以任意序列随机存储数据，这样的结构并不必然包括从输出端到输入端的回路。通过比较也可以发现，在 RAM 结构中，其控制逻辑是从多个不同寄存器同时取回多个数据，也即其是从不同的结构、在不同的时间、以任意顺序获取数据，并不包括由输出端到输入端的回路。因此，集成有 Mali 图像处理器的涉案产品并没有侵犯'372 专利的权利要求第 24 项。

②国内产业分析——技术角度：英伟达公司指称，其产品包括 Fermi、Kepler 及 Maxwell 架构以及相应的图像软件，就'372 专利而言，其满足国内产业的技术条件，认为其游戏工作软件至少实施了'372 专利的权利要求第 21~23 项所请求保护的技术方案。被申请人则指称，英伟达公司没有展示其产品实施了该专利的权利要求第 10 项、第 23~24 项请求保护的技术方案。然而，被申请人没有就英伟达公司的包括 Fermi、Kepler 及 Maxwell 架构的产品至少实施了该专利的权利要求第 21~22 项的技术方案提出反对意见。根据 ITC 的在先判例[1]，英伟达公司只需要展示其产品实施了'372 专利中的任一个权利要求，即可满足国内产业的技术条件。由于申请人与被申请人就实施权利要求第 21-22 项并不存在异议，因此，就'372 专利而言其满足国内产业的技术条件。

③无效性分析：被申请人指称，'372 专利的权利要求第 23 项和第 24 项

[1] 参见 Certain Ammonium Octamolybdate Isomers, Inv. No. 337-TA-477，“为了满足国内产业技术角度的条件，只要申请人能够表明其国内产业实施了所述专利的任一权利要求即可，而不必要求其实施所述专利的涉案权利要求”。

在现有技术（a）“Texture Shaders”或（b）“An Architecture for High Performance Rendering Engine”的指引下是可预期的，也即不具备新颖性；在（c）US6236413 的教导下是显而易见的，也即不具备创造性。通过分析发现，该专利的权利要求第 23 项相对现有技术（a）、（b）和（c）是可预期的；权利要求第 24 项相对现有技术（a）不可预期，但是相对现有技术（c）是显而易见的，并且相对现有技术（b）是可预期的。因此，'372 专利的权利要求第 23 项和第 24 项因为不具备新颖性或创造性而无效。

3）关于'685 专利的判决分析

①侵权分析：英伟达公司指称，包含 Mali T6××系列、Mali T7××系列、Adreno 3××系列以及 Adreno 4××系列图像处理器的涉案产品侵犯'685 专利的权利要求第 1 项和第 15 项。然而，被申请人以及委员会调查律师辩称，所述涉案产品并不侵权，因为其没有满足权利要求第 1 项和第 15 项中的如下两个限定：

a. 其中所述至少两个样本类型被分配给所述线程以用于基于所述至少两个样本类型之间的分配优先级进行多线程动作；

b. 基于所存储的线程状态数据，所述线程控制单元将所述至少两个样本类型中的一个分配给所述 PCU，以便在周期到周期的基础上，动态地平衡分配给所述线程的样本数量。

证据表明，Mali 图像处理器本身并不能分配任何数据，驱动程序配置并控制图像处理器，自然 Mali 图像处理器也不存在分配样本类型的条件。此外，证据也表明，Mali 图像处理器没有如权利要求所限定的那样动态地平衡或控制分配给线程的样本类型的数量，因此，Mali 图像处理器不满足上述两个限定 a 和 b 的条件。对于 Adreno 图像处理器，尽管证据表明其满足上述限定 a 的条件，但是 Adreno 图像处理器并没有如权利要求所限定的那样动态地平衡或控制分配给线程的样本类型的数量，因此，Adreno 图像处理器至少不满足上述限定 b 的条件。因此包含 Mali T6××系列、Mali T7××系列、Adreno 3××系列以及 Adreno 4××系列图像处理器的涉案产品没有侵犯'685 专利的权利要求第 1 项和第 15 项。

②国内产业分析——技术角度：英伟达公司指称，其国内工业产品实

施了'685专利的权利要求第15项，并且其专家证人具体给出包含Fermi、Kepler及Maxwell架构的产品实施了'685专利的详细理由。对于此，被申请人以及委员会调查律师均未提出反对意见。因此，就'685专利而言，其满足国内产业的技术条件。

③无效性分析：对于'685专利，被申请人提供的证据，无论是单篇还是进行结合，均未公开该专利中的权利要求第1项和第15项，因此'685专利的权利要求第1项和第15项有效。

（2）复审及终裁

针对上述初裁决定，申请人英伟达公司以及被申请人高通公司和三星电子公司于2015年10月26日分别向ITC请求复审。英伟达公司在复审请求书中请求针对'685专利的权利要求第1项和第15项是否被侵权进行复审，认为应当从图像处理器的硬件设计角度来分析该专利是否被侵权。被申请人则在复审请求书中请求针对权利要求的解释以及'685专利的有效性进行再判断。然而，申请人在复审请求书中提出了以前从未提出过的权利要求解释，并且关注的焦点仍然在于一些假想的产品，这些假想的产品已被行政法官定性为不存在。申请人对于预期的现有技术的描述还存在错误。因此，英伟达公司的复审请求缺乏基础。基于此，ITC于2015年12月14日发布公告，决定对初裁决定不进行复审，并终止该案的调查。

4.3.1.3 案例点评

该案以申请人英伟达公司的败诉而告终，而且其复审请求也得不到ITC的支持，可以说在这场“337调查”中，英伟达公司大败。如果从涉案专利以及涉案产品所涉及的技术来分析，该案中英伟达公司败诉的原因可以归纳为以下两点。

1. 英伟达公司跨领域起诉，导致其涉案专利与被申请人的涉案产品之间的技术关联性小

从该案的审理过程可以看到，英伟达公司从最初涉及7件专利的调查范围缩小至最终仅涉及3件专利的调查范围——英伟达公司在马克曼听证之前

放弃针对'488专利的权利要求第19项的侵权指控；在马克曼听证之后，则放弃针对'488专利的所有侵权指控；在开庭审理之前，英伟达公司又放弃针对'667专利和'913专利的所有侵权指控，并在开庭审理的过程中，又放弃针对'063专利的所有侵权指控以及其余专利中的部分权利要求的侵权指控。英伟达公司产生这些放弃侵权指控的举动是因为相关的涉案专利与相应的涉案产品的技术关联性小，也即两者的技术领域不完全相同。从英伟达公司的这7件涉案专利的申请时间可以看到，其申请时间均较早，均为2005年以前的申请，其中'488专利和'063专利的申请时间甚至在2000年之前。在2005年之前，智能手机在市场上极少，手机中更不会存在如同现在Mali、PowerVR等移动终端的图像处理器。因此，英伟达公司这7件涉案专利实际上只是PC时代的技术，其并不适用于现代的智能手机以及平板电脑。尽管就图形处理器而言，其存在一些共性，例如均可能会采用Open-GLTM 2D/3D图形API，但是针对不同类型的产品，其相关的设计要求不同，例如PC时代的图形处理器为了追求高性能，其功耗会很高，但是对于现代智能手机以及平板电脑，则需要在保持较低的功耗同时实现较高的性能。正是因为英伟达公司的涉案专利与相应的涉案产品技术关联性小，因此，为了缩短调查时间以及提高调查效率，英伟达公司撤回了针对其4项专利以及剩余3项专利的部分权利要求的侵权指控。也正是因为跨领域指控，英伟达公司无论如何努力，都无法提供有力的证据表明被申请人的涉案产品侵权。

2. 涉案专利的无效以及相关国内产业的不存在直接导致侵权行为的不成立，进而没有违反“337条款”的规定

根据美国《1930年关税法》（修正案）第337节（a）款（2）项的规定，只有与被涉案专利保护的产品相关的国内产业存在，被申请人就涉案产品的进口至美国、为进口而销售、或进口后在美国国内销售的相关行为才存在违反“377条款”的可能性。国内产业的要求需要满足两方面的要求：一是经济条件，即证明在美国境内存在除了销售以外的重要运营行为；二是技术条件，即说明申请人的经济行为与其所主张的知识产权的利用有关。在该案中，ITC已就英伟达公司满足国内产业的经济条件作出简易裁

决，裁定其经济条件得到满足。因此，在该案中，申请人与被申请人之间的其中一个争论焦点就是英伟达公司剩余的3项专利是否满足国内产业的技术条件。通过分析相关证据可知，'140专利以及'372专利不满足国内产业的技术条件，而'685专利满足国内产业的技术条件。然而，该剩余3项专利中的某些权利要求是无效的，其中，'140专利的权利要求第14项以及'372专利的权利要求第23~24项因为不具备新颖性或创造性而无效。因此，即使相关涉案专利满足国内产业的经济条件和技术条件，基于申请人对其无效权利要求的实施无法作出违反“337条款”的结论。因此，尽管在初裁决定中，裁定部分涉案产品侵权'372专利的权利要求第23项，但是因为该专利的国内产业不存在，且该权利要求无效，因此被申请人不存在违反“337条款”的行为。

基于上述两点原因，英伟达公司在该案的调查中败诉或许具有一定的必然性。从英伟达公司作为申请人而败诉的必然性来分析，可以总结出在应对“337调查”的过程中所采取的策略的两点建议：

①积极应诉，并且充分了解对方申请人涉案专利的技术方案，以及己方涉案产品与对方涉案专利之间的差别。针对该差别，给出足够的不侵权证据。在该过程中，权利要求的解释（或马克曼听证）是至关重要的一个环节，因此，应当在马克曼听证环节给出足够且具有说服力的证据，以使得相应权利要求的解释对己方有利。

②当在侵权事实存在的情况下，可以从国内产业角度以及专利无效角度来进行应诉。如果能够给出足够的证据表明对方就相关专利不存在国内产业，或者其相关专利的权利要求是无效的或不可执行的，那么违反“337条款”的行为自然就不存在，因为根据“337条款”的规定，相关涉案专利的权利要求必须是有效且可执行的，这是判断是否存在违反“337条款”的先决条件。

4.3.1.4 案例相关资料

1. 该案涉及专利的主要权利要求

①'488专利的相关涉案权利要求（表4-3-2）。

表4-3-2　'488专利的相关涉案权利要求

权利要求（英文）	权利要求（中文）
1. A graphics pipeline system for graphics processing, comprising:(a) a transform module adapted for being coupled to a buffer to receive vertex data therefrom, the transform module being positioned on a single semiconductor platform for transforming the vertex data from object space to screen space;(b) a lighting module coupled to the transform module and positioned on the same single semiconductor platform as the transform module for performing lighting operations on the vertex data received from the transform module; and(c) a rasterizer coupled to the lighting module and positioned on the same single semiconductor platform as the transform module and lighting module for rendering the vertex data received from the lighting module;(d) wherein at least one of the transform module and the lighting module includes a sequencer for executing multiple threads of operation in parallel through a plurality of logic units thereof.	1. 一种用于图像处理的图像通道系统，包括：（a）转换模块，其耦合至缓冲器并从中接收顶点数据，所述转换模块位于单个半导体平台上，以将所述顶点数据从对象空间转换到屏幕空间；（b）照明模块，其耦合至所述转换模块并与所述转换模块位于相同的单个半导体平台上，以便针对接收自所述转换模块的顶点数据执行照明操作；以及（c）光栅化单元，其耦合至所述照明模块并与所述转换模块和照明模块位于相同的单个半导体平台上，以便渲染接收自照明模块的顶点数据；（d）其中所述转换模块和照明模块中的至少一个包括定序器，其通过多个逻辑单元并行地执行多个操作线程。
19. A graphics pipeline system for graphics processing, comprising:(a) transform means adapted for being coupled to a buffer to receive vertex data therefrom, the transform means positioned on a single semiconductor platform for transforming the vertex data from object space to screen space;(b) lighting means positioned on the same single semiconductor platform as the transform means for performing lighting operations on the vertex data received from the transform means; and(c) rasterizer means positioned on the same single semiconductor platform as the transform means and lighting means for rendering the vertex data received from the lighting means;(d) wherein at least one of the transform means and the lighting means includes a sequencer means for executing multiple threads of operation in parallel through each of a plurality of logic units thereof.	19. 一种用于图像处理的图像通道系统，包括：（a）转换方法，其适用于耦合至缓冲器以从中接收顶点数据，所述转换方法位于单个半导体平台上，以便将所述顶点数据从对象空间转换到屏幕空间；（b）照明方法，其位于与转换方法相同的单个半导体平台上，以便针对接收自所述转换方法的顶点数据执行照明操作；以及（c）光栅化方法，其位于与转换方法和照明方法相同的单个半导体平台上，以便呈现接收自照明方法的顶点数据；（d）其中所述转换方法和所述照明方法中的至少一个包括定序器方法，其通过多个逻辑单元并行地执行多个操作线程。
20. A method for graphics processing, comprising:(a) transforming vertex data from object space to screen space;(b) lighting the vertex data;(c) executing multiple threads of operation in parallel through a plurality of logic units while at least one of transforming and lighting the vertex data; and(d) rendering the vertex data, wherein the vertex data is transformed, lighted, and rendered on a single semiconductor platform.	20. 一种图像处理方法，包括：（a）将顶点数据从对象空间变换到屏幕空间；（b）照明顶点数据；（c）通过多个逻辑单元并行地执行多个线程的操作，同时对所述顶点数据进行转换和照明中的至少一种操作；以及（d）渲染所述顶点数据，其中所述顶点数据在单个半导体平台上被转换、被照射以及被渲染。

②'667 专利的相关涉案权利要求（表 4-3-3）。

表 4-3-3　'667 专利的相关涉案权利要求

权利要求（英文）	权利要求（中文）
1. A hardware graphics system capable of performing a skinning operation, comprising: a single semiconductor platform for transforming graphics data, lighting the graphics data, and rasterizing the graphics data, the single semiconductor platform adapted to operate in conjunction with a central processing unit; wherein the single semiconductor platform is further capable of performing a skinning operation involving the graphics data.	1. 一种能够执行蒙皮操作的硬件图形系统，包括：用于转换图形数据、照明图像数据，以及光栅化图像数据的单个半导体平台，所述单个半导体平台适于结合中央处理单元进行操作；其中所述单个半导体平台能够进一步执行涉及图像数据的蒙皮操作。
7. A method for skinning during hardware graphics processing, comprising: transforming graphics data; lighting the graphics data; and rendering the graphics data; wherein the transforming, the lighting, the rendering, and a skinning operation are performed on a single semiconductor platform.	7. 一种在硬件图像处理期间用于蒙皮的方法，包括：转换图像数据；照明所述图像数据；以及渲染所述图像数据；其中所述转换、照明、渲染和蒙皮操作在单个半导体平台上执行。
10. A hardware graphics system capable of performing a swizzling operation, comprising: a single semiconductor platform for transforming graphics data, lighting the graphics data, and rasterizing the graphics data, the single semiconductor platform adapted to operate in conjunction with a central processing unit; wherein the single semiconductor platform is further capable of performing a swizzling operation involving the graphics data.	10. 一种能够执行调和操作的硬件图像系统，包括：用于转换图像数据、照明图像数据，以及光栅化图形数据的单个半导体平台，所述单个半导体平台适于结合中央处理单元进行操作；其中，所述单个半导体平台进一步能够执行涉及所述图像数据的调和操作。
20. A hardware graphics system capable of performing a masking operation, comprising: a single semiconductor platform for transforming graphics data, lighting the graphics data, and rasterizing the graphics data, the single semiconductor platform adapted to operate in conjunction with a central processing unit; wherein the single semiconductor platform is further capable of performing a masking operation involving the graphics data.	20. 一种能够执行掩码操作的硬件图像系统，包括：用于转换图像数据、照明图像数据，以及光栅化图像数据的单个半导体平台，所述单个半导体平台适于结合与中央处理单元进行操作；其中所述单个半导体平台进一步能够执行涉及所述图像数据的掩码操作。
26. A method for masking during hardware graphics processing, comprising: transforming graphics data; lighting the graphics data; and rendering the graphics data; wherein the transforming, the lighting, the rendering, and a masking operation are performed on a single semiconductor platform.	26. 一种在硬件图像处理期间用于掩码的方法，包括：转换图像数据；照明图像数据；以及渲染图像数据；其中所述转换、所述照明、所述渲染以及掩码操作在单个半导体平台上执行。

续表

权利要求（英文）	权利要求（中文）
29. A single semiconductor platform hardware graphics system, comprising: a transform module positioned on a single semiconductor platform for transforming graphics data; a lighting module positioned on the same single semiconductor platform as the transform module for lighting the graphics data; a set-up module positioned on the same single semiconductor platform as the transform module and the lighting module for setting up the graphics data; and a render module positioned on the same single semiconductor platform as the transform module, the lighting module, and the set-up module for rendering the graphics data; wherein the single semiconductor platform is further capable of skinning, swizzling, and masking the graphics data.	29. 一种单半导体平台硬件图像系统，包括：转换模块，其位于用于转换图像数据的单个半导体平台上；位于与转换模块相同的单个半导体平台上的照明模块，其用于对图像数据进行照明；设置模块，其位于与转换模块和照明模块相同的单个半导体平台上，以用于设置所述图像数据；以及渲染模块，其位于与所述转换模块、所述照明模块及所述设置模块相同的单个半导体平台上，以用于渲染图像数据；其中，所述单个半导体平台进一步能够对所述图像数据进行蒙皮、调和以及掩码操作。

③'685 专利的相关涉案权利要求（表 4-3-4）。

表 4-3-4　'685 专利的相关涉案权利要求

权利要求（英文）	权利要求（中文）
1. A graphics processor for simultaneous multithreaded execution of program instructions associated with threads to process at least two sample types including dynamic load balancing of sample types among the threads comprising: at least one multithreaded processing unit that includes a thread control unit, the thread control unit having: a thread storage resource (TSR) configured to store thread state data for each of the threads to process the at least two sample types, wherein the at least two sample types are assigned to the threads for multithreaded execution based on an allocation priority among the at least two sample types, and a programmable computation unit (PCU) for processing the sample types, the thread control unit assigning one of the at least two sample types to the PCU based on the stored thread state data for dynamically balancing the number of samples assigned to the threads on a cycle to cycle basis.	1. 一种图形处理器，其用于同步多线程执行与线程相关联的程序指令，以处理至少两个样本类型，该样本类型包括在所述线程中动态负载均衡的样本类型，所述处理器包括：至少一个多线程处理单元，其包括线程控制单元，所述线程控制单元具有：线程存储资源（TSR），其被配置为存储每个线程的线程状态数据，以处理所述至少两个样本类型，其中，所述至少两个样本类型被分配给所述线程以便基于在至少两个样本类型中的分配优先级来多线程执行；以及可编程计算单元（PCU），其用于处理所述样本类型，所述线程控制单元基于所存储的线程状态数据将所述至少两个样本类型中的一个分配给所述PCU，以便在周期到周期的基础上动态平衡分配给所述线程的样本数量。

续表

权利要求（英文）	权利要求（中文）
23. A method of simultaneous multithreaded processing of graphics data in a plurality of threads comprising: receiving in a thread control unit a pointer to a vertex program to process a vertex sample; utilizing a thread allocation priority to determine if one of the threads may be allocated to process the vertex sample, and, if so, then assigning a first thread of any of the threads to the vertex sample; receiving a pointer to a shader program to process pixel samples; utilizing a thread allocation priority to determine if one of the threads is allocated to process the pixel sample, and, if so, then assigning a second thread of any of the threads to a pixel sample; simultaneously executing the vertex program to process the vertex sample and produce a processed vertex sample; and executing the shader program to process the pixel sample and produce a processed pixel sample.	23. 一种在多个线程中同步多线程处理图像数据的方法，包括：在线程控制单元中接收指向顶点程序的指针以处理顶点样本；利用线程分配优先级来确定是否可以分配所述线程中的一个以处理所述顶点样本，以及如果可以分配，则将任意线程的第一线程分配给顶点样本；接收指向着色器程序的指针以处理像素样本；利用线程分配优先级来确定是否可以分配所述线程中的一个以处理所述像素样本，以及如果可以，则将任意线程的第二线程分配给像素样本；同步执行所述顶点程序以对所述顶点样本进行处理，生成处理后的顶点样本；以及执行所述着色器程序以处理所述像素样本并生成处理后的像素样本。
25. A method of multithreaded processing of at least two sample types of graphics data in one or more processing threads of a multithreaded processing unit configurable to process any of the sample types, comprising: dynamically allocating a first number of the processing threads for a first sample type; dynamically allocating a second number of the processing threads for a second sample type; and simultaneously executing first program instructions associated with the first sample type and second program instructions associated with the second sample type to process the graphics data and produce processed graphics data.	25. 一种在多线程处理单元的一个或多个处理线程中多线程处理至少两种样本类型的图像数据的方法，所述多线程处理单元被配置为处理任何样本类型，包括：对第一样本类型动态分配第一数量的处理线程；对第二样本类型动态分配第二数量的处理线程；以及同步执行与所述第一样本类型相关联的第一程序指令以及与所述第二样本类型相关联的第二程序指令，以便处理所述图像数据并产生处理后的图形数据。
36. A method of assigning threads in a multithreaded processor unit for processing of graphics data of a plurality of different sample types, each of the threads in the multithreaded processing unit configurable to process any of the sample types, comprising: receiving a plurality of the different sample types to be processed; determining a sample type of vertex, pixel or primitive, associated with the sample; determining a thread to process the sample is available for assignment to the sample; and assigning the thread to the sample; repeating the determining and assigning steps so that a plurality of the sample types are simultaneously processed by the threads.	36. 一种分配多线程处理器单元中的线程以处理多个不同样本类型的图像数据的方法，多线程处理单元中的每个线程被配置成处理任何样本类型，包括：接收待处理的多个不同样本类型；确定与所述样本相关联的顶点、像素或基元的样本类型；确定用于处理所述样本的线程以分配给所述样本；以及将所述线程分配给所述样本；重复所述确定和分配步骤，使得多个样本类型被所述线程同步处理。

续表

权利要求（英文）	权利要求（中文）
41. A method for processing multiple sample types in a multithreaded processor configured to simultaneously process the multiple sample types, each thread being configurable to process any one of the multiple sample types, the sample types including pixel samples and vertex samples, comprising: assigning one or more of the pixel samples and the vertex samples to one of the threads of the multithreaded processor for simultaneous processing; and selecting the one or more assigned threads for processing, and providing program instructions to each of the threads based on whether the thread is assigned one of the pixel samples or one of the vertex samples.	41. 一种用于在多线程处理器中处理多个样本类型的方法，所述多线程处理器被配置为同步处理多个样本类型，每个线程被配置为处理多个样本类型中的任何一个，所述样本类型包括像素样本和顶点样本，包括：将一个或多个所述像素样本和所述顶点样本分配给所述多线程处理器的一个线程，以便进行同步处理；选择所述一个或多个分配的线程进行处理，以及基于所述线程是否被分配了一个像素样本还是一个顶点样本，向每一个所述线程提供程序指令。
43. A method for simultaneous multithreaded processing of graphics data including at least two sample types comprising: determining a first execution priority associated with the first sample type; determining a second execution priority associated with the second sample type; dynamically allocating a first number of threads for processing a first portion of the graphics data to a first sample type based on the execution priority; and dynamically allocating a second number of threads for processing a second portion of the graphics data to a second sample type based on the execution priority, the samples assigned to the threads being dynamically balanced and redistributed on a cycle to cycle basis on a priority assigned to each of the sample types.	43. 一种用于同步多线程处理图像数据的方法，所述图像数据包括至少两个样本类型，包括：确定与所述第一样本类型相关联的第一执行优先级；确定与所述第二样本类型相关联的第二执行优先级；基于所述执行优先级动态分配第一数量的线程以将所述图像数据的第一部分处理成第一样本类型；以及基于所述执行优先级动态分配第二数量的线程以将所述图形数据的第二部分处理成第二样本类型，动态平衡分配给所述线程的样本，并且基于分配给每一种所述样本类型的优先级在周期到周期的基础上重新分配。

④'913 专利的相关涉案权利要求（表 4-3-5）。

表 4-3-5 '913 专利的相关涉案权利要求

权利要求（英文）	权利要求（中文）
5. A graphics processor for multithreaded execution of program instructions comprising: at least one multithreaded processing unit configured to receive samples in a first order to be processed by program instructions associated with at least one thread including: a scheduler configured to receive the program instructions, determine availability of source data, and schedule the program instructions for execution to	5. 一种用于多线程执行程序指令的图像处理器，包括：至少一个多线程处理单元，其被配置为接收由与至少一个线程相关联的程序指令处理的第一顺序的样本，其包括：调度器，被配置为接收程序指令、确定源数据的可用性、以及调度所述程序指令以执行处理与所述

续表

权利要求（英文）	权利要求（中文）
process the samples in a second order independent of the first order; a resource tracking unit configured to track the availability of the source data; and a dispatcher configured to output the program instructions in the second order to be executed by the at least one multithreaded processing unit.	第一顺序无关的第二顺序的样本；资源跟踪单元，其被配置为跟踪源数据的可用性；以及分配器，其被配置为以所述第二顺序输出所述程序指令以由所述至少一个多线程处理单元执行。
17. A computing system comprising: a host processor; a host memory, the host memory storing programs for the host processor; a system interface configured to interface with the host processor; and a graphics processor for multithreaded execution of program instructions Including: at least one multithreaded processing unit configured to receive samples in a first order to be processed by program instructions associated with at least one thread including: a scheduler configured to receive the program instructions, determine availability of source data, and schedule the program instructions for execution in a second order independent of the first order; a resource tracking unit configured to track the availability of the source data; and a dispatcher configured to output the program instructions in the second order to be executed by the at least one multithreaded processing unit.	17. 一种计算系统，包括：主机处理器；主机存储器，其存储用于所述主机处理器的程序；系统接口，其被配置为与所述主机处理器接口；以及用于多线程执行程序指令的图像处理器：至少一个多线程处理单元，被配置为接收由与至少一个线程相关联的程序指令处理的第一顺序的样本：调度器，被配置为接收所述程序指令，确定源数据的可用性，以及调度所述程序指令以在与所述第一顺序无关的第二顺序中执行；资源跟踪单元，其被配置为跟踪源数据的可用性；以及分配器，其被配置为以所述第二顺序输出所述程序指令以由所述至少一个多线程处理单元来执行。
20. A method of processing a first program instruction associated with a first thread and a second program instruction associated with a second thread comprising: receiving a first sample to be processed by the first program instruction associated with the first thread before receiving a second sample to be processed by the second program instruction associated with the second thread; determining that first source data required to process the first program instruction are not available; determining that second source data required to process the second program instruction are available; and dispatching the second program instruction to process the second sample in an execution unit prior to dispatching the first program instruction to process the first sample in the execution unit.	20. 一种处理与第一线程相关联的第一程序指令和与第二线程相关联的第二程序指令的方法，包括：在接收要由与所述第二线程相关联的所述第二程序指令处理的第二样本之前，接收要由与所述第一线程相关联的所述第一程序指令处理的第一样本；确定处理所述第一程序指令所需的第一源数据不可用；确定处理所述第二程序指令所需的第二源数据可用；以及在分配所述第一程序指令以处理所述执行单元中的所述第一样本之前，分配所述第二程序指令以在执行单元中处理所述第二样本。

⑤’063 专利的相关涉案权利要求（表 4-3-6）。

表4-3-6　'063专利的相关涉案权利要求

权利要求（英文）	权利要求（中文）
7. An integrated circuit including a graphics pipeline comprising: a memory interface configured to receive screen x, y, and z coordinates from a first plurality of memory locations and surface parameters from a second plurality of memory locations; a scan/z engine configured to receive the screen x, y, and z coordinates from the memory interface without receiving other surface parameters, the scan/z engine further configured to determine visibility information; and a rasterizer coupled to the scan/z engine and configured to receive the surface parameters from the memory interface.	7. 一种包括图像通道的集成电路，其包括：存储器接口，其被配置为接收来自第一多个存储器位置的屏幕x、y、z坐标，以及来自第二多个存储器位置的表面参数；扫描/z引擎，其被配置为接收所述屏幕x、y、z坐标，而不接收其他表面参数，扫描/z引擎进一步被配置为确定视觉信息；以及耦合到所述扫描/z引擎的光栅化单元，其被配置为从所述存储器接口接收所述表面参数
11. A personal computer comprising: a processor; and a graphics card coupled to the processor, the graphics card comprising: a memory; and the integrated circuit of claim 7 coupled to the memory.	11. 一种个人计算机，包括：处理器；以及耦合至所述处理器的图像卡，其包括：存储器；以及如权利要求7所述的集成电路，其耦合至所述存储器。
12. A game console comprising: a processor; and a graphics card coupled to the processor, the graphics card comprising: a memory; and the integrated circuit of claim 7 coupled to the memory.	12. 一种游戏控制台，包括：处理器；以及耦合至所述处理器的图像卡，所述图像卡包括：存储器；以及如权利要求7所述的集成电路，其耦合至所述存储器。
13. A method of rendering geometries comprising: performing a first rendering function comprising: receiving a plurality of geometries including a plurality of vertices and vertices connectivity information, each vertex including x, y, and z coordinates; determining z values for each x and y location in a screen space for each geometry in the plurality of geometries; comparing z values for each geometry in the plurality of geometries at each x and y location; and storing a z value for each x and y location; performing a second rendering function comprising: receiving the plurality of geometries; determining z values for each x and y location in a screen space for each geometry in the plurality of geometries; and comparing the determined z values to the stored z value at each x and y location; and output a fragment if any subsample of the fragment is determined to be visible, wherein the fragment comprises a fragment coverage.	13. 一种渲染几何结构的方法，包括：执行第一渲染功能，其包括接收包括多个顶点和顶点连接信息的多个几何结构，每个顶点包括x，y和z坐标；针对所述多个几何形状中的每个几何形状，确定其屏幕空间中的每个x、y位置的z值；将所述多个几何结构中的每个几何形状的z值与每个x、y位置处的z值进行比较；并存储每个x、y位置的z值；执行第二渲染功能，其包括接收多个几何形状；针对所述多个几何形状中的每个几何形状确定其屏幕空间中的每个x、y位置的z值；以及将所确定的z值与在每个x、y位置处的所存储的z值进行比较；以及如果所述片段的任何子样本被确定为可见，则输出片段，其中所述片段包括片段覆盖范围。

续表

权利要求（英文）	权利要求（中文）
18. A method of determining visibility for a plurality of fragments comprising: performing a first rendering function comprising: receiving a plurality of geometries including a plurality of vertices and vertices connectivity information, each vertex including x, y, and z coordinates; determining z values for each x and y location in a screen space for each geometry in the plurality of geometries; comparing z values for each geometry in the plurality of geometries at each x and y location; and storing a z value for each x and y location; performing a second rendering function comprising: receiving the plurality of geometries; determining z values for each x and y location in a screen space for each geometry in the plurality of geometries; and comparing the determined z values to the stored z value at each x and y location; outputting a plurality of fragments, wherein each fragment comprises a fragment coverage; and merging two fragments to form a merged fragment, wherein the merged fragment comprises a merged fragment coverage.	18. 一种确定多个片段可见性的方法，包括：执行第一渲染功能，其包括接收包括多个顶点和顶点连接信息的多个几何结构，每个顶点包括 x、y、z 坐标；针对所述多个几何形状中的每个几何形状确定其屏幕空间中的每个 x、y 位置的 z 值；将所述多个几何结构中的每个几何形状的 z 值与每个 x、y 位置处的 z 值进行比较；以及存储每个 x、y 位置的 z 值；执行第二渲染功能，其包括接收多个几何形状；针对所述多个几何形状中的每个几何形状确定其屏幕空间中的每个 x、y 位置的 z 值；以及将所确定的 z 值与在每个 x、y 位置处的所存储的 z 值进行比较；输出多个片段，其中每个片段包括片段覆盖范围；以及合并两个片段以形成合并片段，其中所述合并片段包括合并片段覆盖范围。
21. An integrated circuit including a rendering pipeline comprising: a screen space tiler; a memory interface coupled to the screen space tiler; a scan/z engine coupled to the memory interface; a rasterizer coupled to the memory interface; and a shader coupled to the rasterizer.	21. 一种包括渲染通道的集成电路，其包括：屏幕空间平铺器；存储器接口，其耦合至所述屏幕空间平铺器；扫描/z 引擎，其耦接至所述存储器接口；耦合至所述存储器接口的光栅化单元；以及耦合至所述光栅化单元的着色器。
28. A personal computer comprising: a processor; and a graphics card coupled to the processor, the graphics card comprising: a memory; and the integrated circuit of claim 21 coupled to the memory.	28. 一种个人计算机，包括：处理器；以及耦合至所述处理器的图像卡，所述图像卡包括：存储器；以及如权利要求 21 所述的集成电路，其耦合至所述存储器。

⑥'140 专利的相关涉案权利要求（表 4-3-7）。

表 4-3-7 '140 专利的相关涉案权利要求

权利要求（英文）	权利要求（中文）
1. A method for programmable processing in a hardware graphics accelerator, comprising: receiving graphics data	1. 一种用于硬件图像加速器中的可编程处理的方法，包括：接收包括硬件

续表

权利要求（英文）	权利要求（中文）
including lighting information in a hardware graphics accelerator; and performing programmable operations on the graphics data utilizing the hardware graphics accelerator in order to generate output to be displayed, wherein the operations are programmable by a user utilizing instructions from a predetermined instruction set capable of being executed by the hardware graphics accelerator; wherein the operations include a set on less operation, a move operation, a multiply operation, an addition operation, a multiply and addition operation, a reciprocal operation, a reciprocal square root operation, a three component dot product operation, a four component dot product operation, a distance operation, a minimum operation, a maximum operation, a set on greater or equal than operation, an exponential operation, a logarithm operation, and a lighting operation.	图像加速器中的照明信息的图像数据；利用所述硬件图像加速器对所述图像数据进行可编程操作，生成待显示的输出，其中所述操作由用户采用预定指令集中的指令来编程，所述预定指令集可被所述硬件图像加速器执行；其中，所述操作包括更少运算、移动运算、乘法运算、加法运算、乘法加法运算、倒数运算、反平方根运算、三分量点积运算、四分量点积运算、三分量点积运算、四分量点积运算、距离运算、最小值运算、最大值运算、大于等于运算、指数运算、对数运算和照明运算。
5. A method for processing graphics data, comprising: transforming the graphics data utilizing a hardware graphics accelerator; and lighting the graphics data utilizing the hardware graphics accelerator; wherein at least one of the transforming and the lighting includes performing operations on the graphics data utilizing instructions from an instruction set capable of being executed by the hardware graphics accelerator for generating display output, the operations including a reciprocal operation, a reciprocal square root operation, a three component dot product operation, a four component dot product operation, a distance operation, a minimum operation, a maximum operation, an exponential operation, and a logarithm operation.	5. 一种用于处理图像数据的方法，包括：利用硬件图像加速器来转换图形数据；利用所述硬件图像加速器对所述图像数据进行照明；其中所述转换和所述照明中的至少一个包括采用指令集中的指令，对所述图像数据执行操作，所述指令集可被所述硬件图像加速器执行以产生显示输出，所述操作包括倒数运算、反平方根运算、三分量点积运算、四分量点积运算、距离运算、最小值运算、最大值运算、指数运算和对数运算。
6. A method for processing graphics data, comprising: transforming the graphics data utilizing a hardware graphics accelerator; and lighting the graphics data utilizing the hardware graphics accelerator; wherein at least one of the transforming and the lighting includes performing operations on the graphics data utilizing instructions from an instruction set capable of being executed by the hardware graphics accelerator for generating display output, the instruction set including a multiply and addition instruction, a reciprocal instruction, a reciprocal square root instruction, a three	6. 一种用于处理图像数据的方法，包括：利用硬件图像加速器来转换图像数据；利用所述硬件图像加速器对所述图像数据进行照明；其中所述转换和所述照明中的至少一个包括采用指令集中的指令对所述图像数据执行操作，所述指令集可被所述硬件图像加速器执行以产生显示输出，所述指令集包括乘法和加法指令、倒数指令、反平方根指令、三分量点积指令、四分量点积指令、距

续表

权利要求（英文）	权利要求（中文）
component dot product instruction, a four component dot product instruction, a distance instruction, a minimum instruction, a maximum instruction, a set on greater or equal than instruction, an exponential instruction, a logarithm instruction, and a lighting instruction.	离指令、最小值指令、最大值指令、大于等于指令、指数指令、对数指令和照明指令。
7. A method for processing graphics data utilizing a hardware graphics accelerator, comprising: transforming the graphics data utilizing the hardware graphics accelerator; and lighting the graphics data utilizing the hardware graphics accelerator; wherein the transforming and the lighting include performing operations on the graphics data utilizing instructions from an instruction set capable of being executed by the hardware graphics accelerator for generating display output, the instruction set including a no operation instruction, a load instruction, a move instruction, a multiply instruction, an addition instruction, a set on less than instruction, a multiply and addition instruction, a reciprocal instruction, a reciprocal square root instruction, a three component dot product instruction, a four component dot product instruction, a distance instruction, a minimum instruction, a maximum instruction, a set on greater or equal than instruction, an exponential instruction, a logarithm instruction, and a lighting instruction; wherein the transforming and the lighting further include negating the graphics data and branching.	7. 一种利用硬件图像加速器对图像数据进行处理的方法,包括:利用所述硬件图像加速器转换所述图像数据;利用所述硬件图像加速器来照明所述图像数据;其中所述转换和所述照明包括采用指令集中的指令对所述图像数据执行操作,所述指令集可被所述硬件图像加速器执行以产生显示输出,所述指令集包括无操作指令、加载指令、移动指令、乘法指令、加法指令、小于指令集、乘加法指令、倒数指令、反平方根指令、三分量点积指令、四分量点积指令、距离指令、最小值指令、最大值指令、大于等于指令集、指数指令、对数指令和照明指令;其中、所述转换和所述照明还包括对所述图像数据求负及转移。
12. A method for processing graphics data utilizing a hardware graphics accelerator, comprising: transforming the graphics data utilizing the hardware graphics accelerator, the graphics data including constants; and lighting the graphics data utilizing the hardware graphics accelerator; wherein the transforming and the lighting include performing operations on the graphics data utilizing instructions from an instruction set capable of being executed by the hardware graphics accelerator for generating display output, the instruction set including a multiply and addition instruction, a reciprocal instruction, a reciprocal square root instruction, a	12. 一种利用硬件图像加速器来处理图像数据的方法，包括：利用硬件图像加速器来变换图像数据，所述图像数据包括常数；以及利用所述硬件图像加速器来照明所述图像数据；其中所述变换和所述照明包括采用指令集中的指令对所述图像数据执行操作，所述指令集可被所述硬件图像加速器执行以产生显示输出，所述指令集包括乘法和加法指令、倒数指令、反平方根指令、三分量点积指令、四分量点积指令、距离指

续表

权利要求（英文）	权利要求（中文）
three component dot product instruction, a four component dot product instruction, a distance instruction, a minimum instruction, a maximum instruction, a set on greater or equal than instruction an exponential instruction, a logarithm instruction, and a lighting instruction; wherein the transforming and the lighting further include branching; wherein a plurality of the operations are performed in parallel; wherein the hardware graphics accelerator operates with an OpenGL application program interface.	令、最小值指令、最大值指令、大于等于指令集、指数指令、对数指令和照明指令；其中，所述变换和所述照明还包括转移；其中所述多个操作并行执行；其中所述硬件图像加速器与 OpenGL 应用程序接口共同操作。
14. A system, comprising: a central processing unit; and a hardware graphics accelerator for receiving graphics data, and performing programmable operations on the graphics data in order to generate output; wherein the operations are programmable by a user utilizing instructions from a predetermined instruction set capable of being executed by the hardware graphics accelerator, the predetermined instruction set including a reciprocal instruction, a reciprocal square root instruction, a three component dot product instruction, a four component dot product instruction, a distance instruction, a minimum instruction, a maximum instruction, an exponential instruction, and a logarithm instruction.	14. 一种系统，包括：中央处理单元；以及用于接收图像数据的硬件图像加速器，对所述图像数据进行可编程操作，生成输出；其中所述操作由用户采用预定指令集中的指令来编程，所述预定指令集可被所述硬件图像加速器执行，所述预定指令集包括倒数指令、反平方根指令、三分量点积指令、四分量点积指令、距离指令、最小值指令、最大值指令、指数指令和对数指令。

⑦'372 专利的相关涉案权利要求（表 4-3-8）。

表 4-3-8　'372 专利的相关涉案权利要求

权利要求（英文）	权利要求（中文）
1. A method for performing shading calculations in a graphics pipeline, comprising: performing a first shading calculation in order to generate output; saving the output; and performing a second shading calculation using the output in order to generate further output; wherein the first and second shading calculations together include a plurality of decoupled variables.	1. 一种在图像通道中执行着色计算的方法，包括：进行第一着色计算，生成输出；保存输出；以及使用所述输出执行第二着色计算以产生进一步的输出；其中所述第一和第二着色计算共同包括多个去耦变量。

续表

权利要求（英文）	权利要求（中文）
9. A method for performing shading calculations in a graphics pipeline, comprising: performing a first shading calculation in order to generate output; saving the output; and performing a second shading calculation using the output in order to generate further output; wherein the first and second shading calculations together include a diffuse color variable, a specular color variable, and an ambient color variable; wherein the variables are decoupled.	9. 一种在图像通道中执行着色计算的方法，包括：执行第一着色计算以产生输出；保存所述输出；以及使用所述输出执行第二着色计算以产生进一步的输出；其中，所述第一和第二着色计算共同包括漫射色变量，反射色变量和环境色变量；其中，所述变量是去耦的。
10. A method for performing shading calculations in a graphics pipeline, comprising: performing a first shading calculation in order to generate output; saving the output; and performing a second shading calculation using the output in order to generate further output; wherein the method is carried out with a system comprising: (a) a shading module for performing the first shading calculation in order to generate the output; (b) a texture look-up module coupled to the shading module for retrieving texture information using texture coordinates associated with the output; (c) a feedback loop coupled between an input and an output of the shading module for performing the second shading calculation using the texture information from the texture look-up module in order to generate further output; and (d) a combiner module coupled to the output of the shading module for combining the output generated by the shading module.	10. 一种在图像通道中执行着色计算的方法，包括：进行第一着色计算，生成输出；保存输出；以及使用所述输出执行第二着色计算以产生进一步的输出；所述方法包括：（A）着色模块，用于执行所述第一着色计算以产生所述输出；（B）纹理查找模块，其耦合至所述着色模块，以使用与所述输出相关联的纹理坐标来检索纹理信息；（C）反馈回路，其耦接于所述着色模块的输入端与输出端之间，其利用来自所述纹理查找模块的所述纹理信息来执行第二着色计算，以产生进一步的输出；以及（D）组合模块，其耦合至所述着色模块的输出，用于组合所述着色模块产生的输出。
11. A computer program embodied on a computer readable medium for performing shading calculations in a graphics pipeline, comprising: (a) a code segment for performing a first shading calculation in order to generate output; (b) a code segment for saving the output; and (c) a code segment for performing a second shading calculation using the output in order to generate further output; wherein the first and second shading calculations together include a plurality of decoupled variables.	11. 一种包含在计算机可读介质上的用于在图像通道中执行着色计算的计算机程序，包括：（A）用于执行第一着色计算以产生输出的代码段；（B）用于保存输出的码段；（C）代码段，用于使用所述输出执行第二着色计算以产生进一步的输出；其中所述第一和第二着色计算一起包括多个去耦变量。

续表

权利要求（英文）	权利要求（中文）
19. A computer program embodied on a computer readable medium for performing shading calculations in a graphics pipeline, comprising: a code segment for performing a first shading calculation in order to generate output; a code segment for saving the output; and a code segment for performing a second shading calculation using the output in order to generate further output; wherein the first and second shading calculations together include a diffuse color variable, a specular color variable, and an ambient color variable; wherein the variables are decoupled.	19. 一种包含在计算机可读介质上的计算机程序，其用于在图像通道中执行着色计算，包括：用于执行第一着色计算以产生输出的代码段；用于保存输出的代码段；以及用于使用所述输出执行第二着色计算以产生进一步输出的代码段；其中所述第一和第二着色计算同时包括漫射色变量、反射色变量和环境色变量；其中，所述变量是去耦的。
20. A computer program embodied on a computer readable medium for performing shading calculations in a graphics pipeline, comprising: a code segment for performing a first shading calculation in order to generate output; a code segment for saving the output; and a code segment for performing a second shading calculation using the output in order to generate further output; wherein the code segments are carried out with a system comprising: (a) a shading module for performing the first shading calculation in order to generate the output; (b) a texture look-up module coupled to the shading module for retrieving texture information using texture coordinates associated with the output; (c) a feedback loop coupled between an input and an output of the shading module for performing the second shading calculation using the texture information from the texture look-up module in order to generate further output; and (d) a combiner module coupled to the output of the shading module for combining the output generated by the shading module.	20. 一种包含在计算机可读介质上的计算机程序，其用于在图像通道中执行着色计算，包括：用于执行第一着色计算以产生输出的代码段；用于保存输出的代码段；以及用于使用所述输出执行第二着色计算以产生进一步输出的代码段；其中，所述代码段由系统执行，所述系统包括：（A）着色模块，用于执行所述第一着色计算以产生所述输出；（B）纹理查找模块，其耦合至所述着色模块，用于使用与所述输出相关联的纹理坐标来检索纹理信息；（C）反馈回路，其耦接于所述着色模块的输入端与输出端之间，其利用来自所述纹理查找模块的所述纹理信息来执行第二着色计算，以产生进一步的输出；以及（D）组合模块，其耦合至所述着色模块的输出，用于组合所述着色模块产生的输出。
21. A system for performing shading calculations in a graphics pipeline, comprising: (a) logic for performing a first shading calculation in order to generate output; (b) logic for saving the output; and (c) logic for performing a second shading calculation using the output in order to generate further outputs; wherein the first and second shading calculations together include a plurality of decoupled variables.	21. 一种在图像通道中执行着色计算的系统，包括：（A）用于执行第一着色计算以产生输出的逻辑；用于保存输出的逻辑；以及（C）使用所述输出执行第二着色计算以产生进一步输出的逻辑；其中所述第一和第二着色计算共同包括多个去耦变量。

4.3.2 苹果诉三星案

4.3.2.1 攻防双方[1]

一方面，苹果公司和三星公司均是移动通信终端领域的国际巨头，双方具有密切的合作关系，苹果公司许多产品的关键零部件都由三星公司代工，三星公司一直为 iPhone 和 iPad 等产品供应处理器、显示屏、内存等主要部件。据有关资料显示，苹果公司在 2010 年向三星公司的采购总额达到 57 亿美元，约占三星公司 2010 年半导体业务营收的 17%，因而成为三星公司最大的客户，并且在三星公司数项产品上成为最大的购买者。但也因如此，苹果公司似乎过度依赖三星公司了，例如其 A5 处理器就有许多核心关键技术是由三星公司协助开发出来的，其中还包含数项三星公司的专利。苹果公司也早已意识到这个问题，并且已经开始着手将 A5 处理器、屏幕、内存交由非三星公司的企业代工。对三星公司而言，苹果公司是大客户，而对苹果公司而言，三星公司则是能以低价大量供应高可靠性部件的厂商，双方曾是互不可少的伙伴关系。

另一方面，安卓阵营对苹果手机和平板产品造成巨大的市场冲击。为捍卫市场，苹果公司开始频繁利用专利武器发动对安卓阵营的侵袭，而致力于发展自我品牌的三星公司恰恰是安卓阵营中最出色的智能手机厂商。从 2012 年第 4 季度的全球智能手机市场表现来看，安卓智能手机市场份额为 70.1%（2011 年同期为 51%），而 iPhone 的市场份额为 22%（2011 年同期为 24%），可见安卓阵营对苹果公司构成了巨大的威胁。根据 DRAMeXchange（集邦）发布的 2013 年第 1 季度的全球智能手机市场份额数据，排名第一的三星公司占有全球的 29.6%（相较于 2012 年全年的 29.7%基本维持不变），而排名第二的苹果公司仅占有 15.3%（相较于 2012 年全年的 18.8%略有下滑），仅为前者的一半。可见，三星公司目前的增长势头、品牌影响力和全产业链优势都对苹果公司构成巨大的威胁，一步步成为苹果公司事实上的死对头。面对着这些危机，苹果公司冒着破坏双方在零部件

[1] 费聿辉，等. 苹果三星专利大战来龙去脉及影响分析 [J]. 中国发明与专利，2013（7）：25-28.

采购方面的良好关系的风险，也要削弱三星公司在智能手机和平板终端市场上的势力，因为无论是对苹果公司还是对三星公司来说，这都是一个不能让步的市场。

因此，从 2011 年 4 月至 2012 年 4 月，苹果公司和三星公司在这两年的时间内发起了专利世纪大战，其中，该案与三星公司在先发起的“337 调查”案件❶是这场专利世纪大战中双方在“337 调查”这一战场上的交锋。该案正是苹果公司为了应对三星公司于 2011 年 6 月 29 日提起的“337 调查”所做的反击。

4.3.2.2　调查案情

1. 调查过程

调查过程的简述见表 4-3-9。

表 4-3-9　调查过程的简述

时　间	动　作
2011 年 7 月 5 日	申请人苹果公司向 ITC 提交申述书，请求 ITC 针对被申请人三星公司发起“337 调查”
2011 年 8 月 5 日	ITC 在《联邦公报》上发布立案公告，正式展开针对三星公司涉案产品的“337 调查”
2011 年 10 月 24 日	行政法官由初定的 Charles E. Bullock 变更为 Tomas B. Pender
2011 年 11 月 21 日至 11 月 22 日	行政法官主持举行马克曼听证
2012 年 3 月 6 日	行政法官颁布第 16 号命令，针对权利要求中具有争议的术语作出最终解释
2012 年 4 月 17 日	针对'533 专利的所有权利要求，'697 专利的权利要求第 1~3 项、第 11~12 项、第 15~16 项和第 21~27 项，以及'949 专利的权利要求第 3 项，颁布第 17 号命令，同意苹果公司基于上述部分专利的相应权利要求终止调查的动议请求
2012 年 5 月 10 日	苹果公司以及三星公司均提交庭前陈述（Pre-Hearing Statement）

❶ 参考 Certain Electronic Devices, Including Wireless Communication Devices, Portable Music and Data Processing Devices, and Tablet Computers, 337-TA-794.

续表

时　间	动　作
2012 年 5 月 22 日	OUII 提交庭前陈述
2012 年 5 月 31 日至 6 月 7 日	行政法官主持举行听证会
2012 年 6 月 22 日	苹果公司、三星公司以及 OUII 均提交庭审总结，其中三星公司在庭审总结中争辩称，其规避设计的产品没有侵犯’949 专利、’922 专利、’697 专利以及’501 专利的相关权利要求的专利权
2012 年 10 月 24 日	行政法官颁布初裁结果
2012 年 11 月 8 日	苹果公司及三星公司就初裁结果均向 ITC 提出复审请求
2012 年 12 月 3 日	苹果公司、三星公司以及非缔约方谷歌公司均就排除令、制止令对公众利益的影响进行评论
2012 年 12 月 28 日	行政法官对救济措施以及保证金提出相应的建议
2013 年 1 月 23 日	ITC 发布通告，决定对行政法官作出的初裁进行复审，同时发布了发回重审的命令
2013 年 3 月 26 日	行政法官颁布发回重审初裁决定
2013 年 4 月 9 日	三星公司、苹果公司就发回重审初裁决定均向 ITC 提出复议请求
2013 年 4 月 26 日	OUII 就三星公司和苹果公司提出的发回重审初裁决定复议请求作出答复，认为双方的复议请求应当被拒绝
2013 年 5 月 10 日	三星公司提交美国专利商标局针对’922 专利作出的无效决定，其中被无效的权利要求包括本案中判定三星公司侵权的权利要求第 29～30 项、第 33～25 项
2013 年 5 月 28 日	ITC 发布通告，决定对发回重审初裁决定进行复议
2013 年 8 月 9 日	ITC 作出终裁意见，并发布终裁决定通告，通告中颁布了有限排除令和制止令

2. 调查发起

（1）苹果公司诉求

苹果公司于 2011 年 7 月 5 日向 ITC 提交申诉书，指控三星公司的相关电子数字媒体设备（例如移动电话和平板电脑）及其相应的组件（例如软件、触摸板和硬件接口）（以下简称“涉案产品”）侵犯其美国专利中的一项或多项权利要求，因此违反美国《1930 年关税法》（修正案）第 337 节。

在该案中，苹果公司的被侵权美国专利及相关权利要求包括（以下简称“涉案专利”）：

◆US 7479949（以下简称“'949专利”）的权利要求第1项、第3~6项和第9~20项；

◆US RE41922（以下简称“'922专利”）的权利要求第29~35项；

◆US 7863533（以下简称“'533专利”）的权利要求第1项、第4项、第7项、第9项、第11~12项、第15~17项和第19~20项；

◆US 7789697（以下简称“'697专利”）的权利要求第1~3项、第11~16项和第21~27项；

◆US 7912501（以下简称“'501专利”）的权利要求第1~4项和第8项；

◆US D558757（以下简称“D'757专利”）的外观设计；

◆US D618678（以下简称“D'678专利”）的外观设计。

三星公司的相关涉案产品比较多，运行安卓V2.2、V2.3或V3.x的产品以及运行安卓V4.0的产品均涉嫌侵犯苹果公司的相关专利，例如：Galaxy Tab 7、Galaxy Nexus GTI9250、Galaxy S 4G（SGH-T959V）以及Fascinate（SCH-I1500）等。

基于上述事实，苹果公司要求ITC针对三星公司的涉案产品展开“337调查”，并且请求执行下述具体的救济措施。

1）根据美国《1930年关税法》（修正案）第337节的规定，请求ITC立即展开调查，调查三星公司就涉案产品非法进口至美国、为进口至美国而销售和/或进口后在美国国内销售的行为。所述涉案产品包括侵犯涉案专利中一项或多项权利要求的移动电话、平板电脑及其相应的组件，以及电子数字媒体设备中所使用的软件、触摸板和硬件接口。

2）确定三星公司存在违反美国《1930年关税法》（修正案）第337节的行为。

3）根据美国《1930年关税法》（修正案）第337节（d）款的规定，颁布有限排除令，禁止三星公司、其附属子公司或其他相关商业体制造的、进口的、销售的或为进口而销售的涉案产品进入美国市场。

4）根据美国《1930年关税法》（修正案）第337节（f）款的规定，颁布永久制止令，禁止三星公司、其附属子公司或其他相关商业体针对已经进口到美国的涉案产品进行销售、服务、广告和许诺销售等活动。

基于调查及委员会发现的事实，颁布委员会认为恰当的其他进一步救济措施。

(2) 涉案专利简介

本次“337调查”涉及苹果公司的专利包括三大类：

1）图形界面相关的专利，如'949专利和'922专利；

2）硬件接口相关的专利，如'533专利、'697专利和'501专利；

3）外观设计专利，如D'757专利和D'678专利。

下面简要介绍各专利所涉及的主要技术内容。

1）'949专利

'949专利涉及一种基于触摸屏的计算设备，其响应不精确的用户手势来执行精确的图形移动。本发明检测触摸屏显示器上的手指接触，并且基于手指接触所产生的手势应用“启发式方法”来确定适当的执行命令。例如，网页根据用户执行的基本上垂直向上的轻划手势可以在垂直方向上执行向上一维滚动，但是根据不在预定角度（如27°）内的不精确的轻划手势，网页可以执行二维滚动。

2）'922专利

'922专利涉及一种在电子设备的显示屏上显示图像的方法。该设备的显示屏显示一基本图像，并且在屏幕上也显示半透明图像，以使得被半透明图像覆盖的基本图像的部分通过半透明图像至少部分可见。该图像选择性地激活以接收用户输入，并且当被选择时，该基本图像至少部分地由半透明图像覆盖。

3）'533专利已被终止调查。

4）'697专利

'697专利涉及一种插头检测装置，其用于检测插头的存在。该插头至少具有第一插头接触，其用于插入被构造成接收插头的插座中。插头检测装置还包括位于插座中的第一插座接触。第一插座接触构造成与

第一插头接触连通。插头检测装置还包括位于插座中的检测接触。插头位于插座内，这将在检测接触和第一插座接触之间形成通过插头的信号通路。

5）'501 专利

'501 专利涉及一种插头及插头检测电路。该检测电路确定被插入电子设备的插孔中的插头是麦克风类型的插头（例如，包括麦克风区域和两个音频区域的四区域插头，或者包括麦克风区域和一个音频区域的三区域插头）还是非麦克风类型的插头（例如，立体声插头）。检测电路可以提供判断所接收的插头是麦克风类型还是非麦克风类型的判断信号。检测电路可以提供判断插头是否被插孔接收的另一判断信号。检测电路还可以检测响应于用户激活耳机所包括的一个或多个开关而执行的用户激活功能。

6）D'757 专利

D'757 专利涉及用于电子设备，如通信设备的特定外观设计。其外观设计的特征如该专利中的设计图 4-3-1 所示。

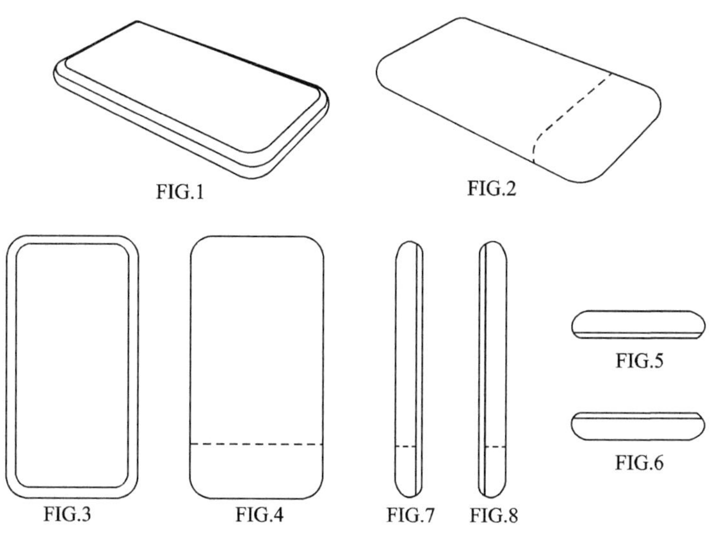

图 4-3-1　D'757 的电子设备

7）D’678 专利

D’678 专利涉及用于电子设备，如通信设备的特定外观设计。其外观设计的特征如该专利中的设计图 4-3-2 所示。

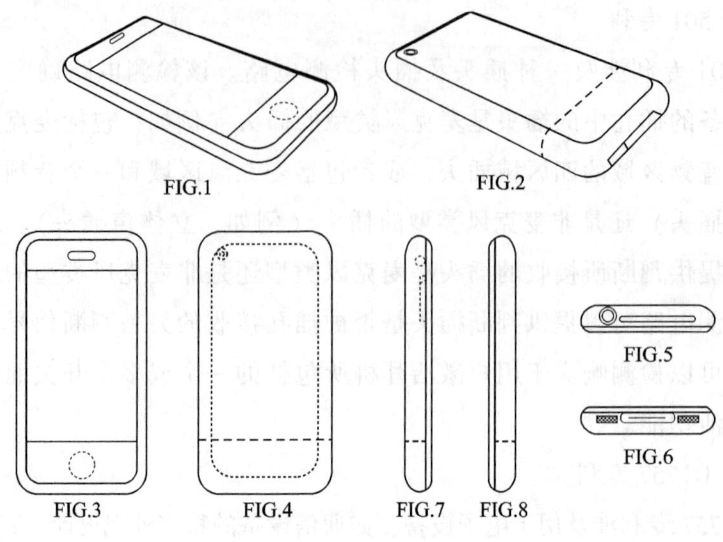

图 4-3-2　D’678 的电子设备

4.3.2.3　调查的重要事件

1. 三星公司的应诉答辩

在收到苹果公司的申诉书以及 ITC 在《联邦公报》上发布的立案公告后，三星公司进行了积极应诉。2011 年 9 月 1 日，三星公司针对苹果公司的申诉书以及立案公告进行应诉并提交答辩状。

三星公司在答辩状中除了承认应诉书中的一些客观事实外，对于苹果公司的所有指控均予以否认，并且提出 8 项抗辩理由，具体包括：

①无效抗辩。三星公司基于其提供的证据，指出涉案专利均是可预期的或显而易见的，因此上述 7 项涉案专利无效。三星公司还在答辩状中进一步指出，上述 7 项涉案专利还存在公开不充分、无法实现、未能阐述最佳实施方式，以及权利要求保护范围不清楚等问题，基于这些问题，所述涉案专利也应当无效。

②未侵权抗辩。三星公司辩称，其没有进口、为进口而销售、或者进

口后在美国国内销售涉案专利的权利要求所覆盖的任何产品。

③审查申请资料禁止反悔原则抗辩/解除条款抗辩。三星公司认为，根据涉案专利在审查过程中为获取专利权而提交的证据和/或修改文本，应当禁止苹果公司对其相关权利要求进行扩大化解释以使得相应的保护范围覆盖涉案产品。

④缺乏国内产业抗辩。三星公司指出，苹果公司没有提供足够的证据证明其涉案专利的每一项权利要求均具有相应的国内产业，包括对工厂、设备、劳动力或资本的投资，也没有证明其在工程、研究和开发等方面的投资满足国内产业的经济条件和技术条件。

⑤公众利益抗辩。三星公司指出，苹果公司请求的排除令和制止令将给公众福利、市场竞争环境以及美国消费者带来不利的影响。

⑥许可、弃权及禁止反悔原则抗辩。三星公司认为，根据许可、弃权和/或禁止反悔原则，应当全部或部分禁止苹果公司关于涉案专利专利权被侵犯的指控。

⑦无不公平行为抗辩。三星公司认为其没有实施任何不公平的行为。

⑧不正当行为抗辩。三星公司指出，针对'949 专利以及'697 专利，苹果公司故意隐瞒其知晓并且应当提供的重要现有技术，例如发明人自己的博士论文以及在先申请的专利文件。因此，苹果公司存在隐瞒重要现有技术以便获取专利权的不正当行为。

2. 证据开示

证据开示是“337 调查”中的一个重要环节。在证据开示程序中，“337 调查”中的当事人负有收集、准备及提交证据的义务。在提供证据过程中，即使一个微小的失误也有可能导致案件全盘皆输，因为一旦在证据开示程序中被行政法官作出不利的事实认定的话，那么相应的当事人在后续的调查程序中将处于十分被动的地位。因此，在该案中，苹果公司和三星公司在证据开示的程序中交锋激烈，下面简要介绍在证据开示过程中，苹果公司和三星公司提交的动议，以及行政法官针对相应动议所作出的决定。

①2012 年 1 月 18 日，三星公司提交动议，要求强制苹果公司于 2012 年 1 月提供若干关键证人作证。行政法官于 2012 年 2 月 6 日颁布第 12 号命令，

否决了该动议。

根据第 12 号命令，三星公司声称尽管其注意到 Jonathan Ive 和 Christopher Stringer 于 2011 年 9 月所作的证言，但是苹果公司截留了他们的可用证言直至 2012 年 1 月，并且于 2012 年 2 月才将它们作为证言。三星公司认为，Jonathan Ive 和 Christopher Stringer 的 1 月证词对于三星公司来说十分重要，其能够使三星有足够的机会来追踪后续发现的证据并准备答辩和专家报告。苹果公司反对三星公司的该动议，认为 Jonathan Ive 是苹果公司工业设计高级副总裁兼最高管理人员之一，Christopher Stringer 是工业设计高级总监，苹果公司已经让 Jonathan Ive 和 Christopher Stringer 在繁忙的日程安排下尽早办理。通过考虑双方的争辩意见，行政法官否决了三星的动议。行政法官认为，尽管 Jonathan Ive 和 Christopher Stringer 没有就 2012 年 1 月为何无法提供证词作出具体解释，但是，三星公司在寻求救济方面的举动拖延至 2012 年 1 月 18 日，这才导致苹果公司没有足够的时间回应提出动议，也导致行政法官没有足够的时间批准所寻求的救济。因此，行政法官否决了这一动议，但希望苹果公司在 2 月的证言之后能够迅速回应任何后续发现的证据。

②2012 年 2 月 1 日，苹果公司提交动议，要求强制三星公司确认其手机、平板电脑、媒体播放器和任何其他产品，以答复苹果公司的第一份问卷，并且补充其对苹果公司的其他问卷和文件请求的答复。行政法官于 2012 年 2 月 14 日颁布第 14 号命令，批准了该动议。

根据第 14 号命令，苹果公司提交了一项联合动议，要求强制三星公司遵守各项证据开示义务。作为该联合动议的一部分，苹果公司要求强制三星公司确认其手机、平板电脑、媒体播放器和任何其他产品，以答复苹果公司的第一份问卷，并且补充其对苹果公司的其他问卷和文件请求的答复，以提供有关这些产品的完整证据。苹果公司还声称，三星公司曾单方面试图将证据开示的范围缩小到运行安卓操作系统的手机和平板电脑这一子集。然而在立案调查通告中或者苹果公司的证据开示请求中，其并没有将涉案产品的范围限制在运行安卓操作系统的手机或平板电脑这一范围内。三星公司反对苹果的该动议，认为各方当事人都理解证据开示的范围应当被限

定在基于安卓的手机和平板电脑范围内。委员会调查人员（代表“OUII”）也提交了针对该动议的答复，支持苹果公司的请求。在考虑了这些意见后，行政法官决定批准苹果公司的请求。行政法官认为，“三星公司没有提供任何被证据所支持的理由来解释为什么认为被控产品仅限于其基于安卓的手机和平板电脑”。因此，行政法官认定，三星公司决定单方面限制证据开示的范围是不恰当的，而批准了苹果公司要求强制三星公司确认附加的产品并补充其证据开示的答复。

行政法官于 2012 年 2 月 17 日进一步颁布第 15 号命令，其裁决了苹果公司在联合动议中强制要求的其他一些请求。根据该命令，苹果公司于其 2012 年 2 月 1 日提交的联合动议中，进一步要求三星公司必须在行政法官裁决该动议之后的一个星期内完成其文件的提供，并继续提交某些证人的证词，以充分答复苹果公司关于文件收集和保存的问卷，并且在苹果公司要求的日期内提供某些设计证人的证词；并且，三星电子（美国）有限责任公司必须为文件的收集和保存提供充分准备的公司证人；三星电子（美国）公司必须指派一名证人，就苹果公司关于三星电子（美国）公司的分析、研究、检查、逆向工程或复制苹果产品的全部相关主题作证。三星公司反对苹果公司的这些请求。不公平进口调查办公室（OUII）总体上支持苹果公司的立场。在考虑了这些意见之后，行政法官否决了苹果公司要求三星公司必须在该命令后的一个星期内完成其文件提供的请求，但是批准了苹果公司的其他无须商榷的请求。

③2012 年 3 月 16 日，三星公司提交动议，请求修改其已更正的现有技术告知书，以补充三星公司当时无法获得的现有技术参考文献。2012 年 4 月 13 日，苹果公司提交了动议，要求删除三星公司的专家报告中涉及在现有技术告知书中没有披露的现有技术的部分。对于此，行政法官于 2012 年 5 月 9 日颁布第 18 号命令，其否决了三星公司的动议，但是部分批准苹果公司的动议。

根据第 18 号命令，三星公司请求修改其已更正的现有技术告知书，以补充在该告知书最初提交时三星公司无法获得的现有技术参考文献。具体来说，三星公司试图修改其告知书，包括苹果公司捐赠给大学的文献档案、

“彭博平板电脑和无边框电子显示器”、其他外观设计专利的现有技术参考文献、“诺基亚指纹识别手机设计 2004” 的参考文献、“三星 Yepp 现有技术” 以及甲骨文公司出版的学术论文。苹果公司反对三星公司的该动议，认为三星公司没有给出修改告知书的正当理由。考虑双方的意见后，行政法官否决了三星公司的该动议，因为三星公司并没有给出修改告知书的必要且正当的理由，没有提供具有说服力的理由来证明其在截止日期之前无法发现相关现有技术。此外，行政法官还部分批准了苹果公司的一项动议，该动议要求删除三星公司专家报告中的部分内容，这部分内容涉及三星公司在其修改动议中为无效目的而额外增加的具有争议的现有技术参考文献。但是，行政法官否决了苹果公司关于还要求删除其他现有技术参考文献的动议，因为这些其他现有技术参考文献不属于在三星公司的修改动议中存在争议的内容。

④2012 年 4 月 16 日，苹果公司提交动议，请求对三星公司涉嫌破坏证据材料的行为进行制裁。行政法官于 2012 年 5 月 11 日颁布第 19 号命令，否决了该动议。

根据第 19 号命令，苹果公司要求对三星公司涉嫌破坏证据材料的行为进行制裁。苹果公司称，三星公司故意没有采取“制度性措施来保留或备份使用其电子邮件系统发送或接收的电子邮件”。苹果公司称，只有在发送或接收电子邮件的员工个人被告知要进行诉讼保留，以及基于个人的判断决定保留电子邮件的情况下，相关的三星公司电子邮件才会被保留。苹果公司认为，三星公司的行为完全不足以履行其保存证据的义务。苹果公司还称，三星公司不正当地销毁相关笔记本、日记和其他拷贝文件。苹果公司认为三星公司涉嫌的证据破坏阻挠了证据的有序收集，并损害苹果公司的案件准备工作。三星公司反对苹果的该动议，认为其于 2011 年 7 月 5 日苹果公司提出申述时就已经开始履行保存文件的义务，苹果公司没有证据表明三星公司或其任何员工在该日期之后销毁了相关数据。三星公司进一步认为，即使苹果公司可以证实三星公司在 2011 年 7 月 5 日之后已经销毁了证据，但是没有证据证明三星公司的行为是出于恶意的行为或任何意图损害苹果公司的行为。三星公司也否认其已经销毁了苹果公司所说的任何

笔记本或其他物理文件。OUII 反对苹果公司的动议，认为苹果公司没有充分的证据证明三星公司没有履行保存证据的义务。在考虑了这些意见后，行政法官否决了苹果公司的该动议，因为除了苹果公司的主观猜测外，并没有证据证明三星公司在调查开始之后存在销毁任何可能相关的电子邮件的行为。

3. 马克曼听证及权利要求解释

在专利侵权案件中，专利权人主张的权利要求的含义和范围通常是最关键的问题。对权利要求进行狭义的解释，对主张未侵权的抗辩方而言通常是有利的甚至是具有决定意义的，而广义的权利要求解释通常对主张侵权的专利权人有利。在“337 调查”中，不同的行政法官各自都有自己进行权利要求解释的程序，但是通常，行政法官都会为解释存在争议的专利权利要求而举行庭审前的马克曼听证。在该案中，行政法官 Tomas B. Pender 于 2011 年 11 月 21 日至 11 月 22 日举行了庭审前马克曼听证，并在审理前根据《ITC 操作与程序规则》第 210.15 条的规定，于 2012 年 3 月 6 日作出权利要求解释令，即第 16 号命令。下面介绍涉案专利中存在争议的权利要求（主要是部分技术术语）和各方当事人的马克曼抗辩理由，以及行政法官最终作出的权利要求解释令。

①’949 专利中存在争议的权利要求。各方当事人对于’949 专利的权利要求第 1 项、第 11 项和第 17 项，以及权利要求第 2~3 项、第 6~10 项、第 12~16 项、第 18~20 项中出现的技术术语“heuristic”存在解释上的争议，见表 4-3-10。

表 4-3-10　权利要求解释争议

苹果公司	三星公司	调查委员会
One or more rules to be applied to data to assist in drawing inferences from that data	Indefinite	One or more rules to be applied to data to assist in drawing inferences from that data

苹果公司称，在专利的内部证据中，术语“heuristic”被定义为一种将不精确数据转换成精确命令的规则。在权利要求中，“heuristic”被定义为

一种规则，其用于从数据、或用户手指接触中获取接口，然后应用适当的命令。在说明书中，“heuristic”也进一步被定义为“用于将不精确的手势转换为用户期望的动作”。

三星公司则辩称，根据《美国法典》第 35 章第 112 条第 2 段的规定，术语“heuristic”是不清楚的，因为权利要求中仅仅列举了“heuristic”的功能，并没有给出实现“heuristic”的算法。由于术语“heuristic”属于方法/功能性限定，在其具体实施例中并没有提供支持的结构，因此该术语是不清楚的。三星公司认为“heuristic”的解释不应当限制在’949 专利的说明书或审查申请资料的范围内。

调查委员会同意苹果公司的意见，同时认为三星公司所提供的不清楚的理由并不恰当，因为说明书中的具体实施例以及权利要求都使得本领域技术人员能够清楚地预期所要保护的技术主题。

基于内部证据（包括权利要求、说明书和审查申请资料），行政法官认为术语“heuristic”的恰当解释应当为“One or more rules to be applied to data to assist in drawing inferences from that data”，理由如下：

第一，权利要求以及专利说明书记载的内容均表明“heuristic”是一种或多种应用于数据的规则，其辅助从所述数据中获取接口。权利要求中还包括“heuristic”的多种实例，其中每一种实例都定义了一种基于用户手指运动来推断用户意图的规则，“heuristic”则基于手指运动的方向执行不同的功能。因此，在权利要求中，“heuristic”是通过“heuristic”实现的一种功能性描述。此外，专利说明书中也给出了类似的具体实施例及类似的描述。

第二，外部证据也支持上述解释。在词典中，“heuristic”被定义为“一种用于解决问题的粗略但实用的估计方法，其无须使用详细的算法，也即一种探索式解决方法”。

行政法官同时还对三星公司的不清楚的观点进行了反驳，认为该案的权利要求和说明书均明确定义了“heuristic”的含义。此外，没有给出“heuristic”的具体实现算法进而导致该术语覆盖的范围宽并不能表明相关术语不清楚。实际上，根据《美国法典》第 35 章第 112 条第 2 段的规定，宽范围术语在权利要求中是允许存在的，只要该术语对于本领域技术人员来说具有确定的含义。[1]

基于上述理由，行政法官在权利要求解释令中将“heuristic”解释为“One or more rules to be applied to data to assist in drawing inferences from that data”。

②’922专利中存在争议的权利要求：各方当事人对于’922专利的独立权利要求第31项中出现的技术术语“image operation”存在解释上的争议，见表4-3-11。

表4-3-11 权利要求解释争议

苹果公司	三星公司	调查委员会
Any kind of operation conducted on an image or window	Creating or modifying an image	Any kind of operation conducted on an image or window

苹果公司认为，说明书中明确规定了图像操作的定义，在该说明书中，其将“图像操作”定义为“在图像或窗口上进行的任何操作”。此外，苹果公司认为，说明书中给出了图像操作的例子，包括“绘制图像、放置图像，或者修改、移动、扩展或改变图像或窗口”。因此，苹果公司认为专利权人明确定义了该术语“图像操作”指的是“在图像或窗口上进行的任何操作”。此外，苹果公司认为，审查申请资料也支持其建议的解释。在专利审查期间，为了区别于现有技术，其将“图像操作”限定为依赖在图像或窗口上进行的操作。如果选择的一个图像不在说明书所定义的图像操作范围之内，那么其不会对图像进行“操作”，因此，苹果公司认为，“图像操作”的恰当解释是“任何在图像或窗口上进行的一种操作”。

三星公司则认为，“图像操作”的正确解释应当是“创建或修改图像”。由于苹果公司对图像操作的定义过于抽象，因此，在确定该术语的恰当解释时必须考虑整个说明书。三星公司还指出，在专利审查期间，苹果公司在提交给专利审查员的意见陈述中为了与相关现有技术区分开，其声称图

---

[1] 参考 Miles Lab, Inc. v. Shandon, Inc. ,997 F. 2d 870,875(Fed. Cir. 1993).

像操作必须包括“创建或修改图像”，也即苹果公司要求图像操作创建一个新的图像文件或修改保存在内存中的现有图像文件。基于整个内在证据，三星公司认为术语“图像操作”的恰当解释应当是“创建或修改图像”。

调查委员会同意苹果公司的观点，并称“图像操作”是指“在图像或窗口上进行的任何形式的操作”。他们认为，这种解释完全能够得到内在证据的支持。苹果公司在说明书中明确定义了“图像操作”，该定义必须加以限制，并且该说明书还提供了进一步支持其解释的示例。因为每个示例都特别要求在图像上进行操作，因此这些示例与图像操作的解释是相一致的，即为“对图像或窗口进行的任何操作”。调查委员会还认为，审查申请资料进一步支持其提出的解释，但是并不限制说明书中提供的定义。苹果公司始终将图像操作定义为“在图像或窗口上进行的任何操作”以区别于现有技术。因此，调查委员会认为“图像操作”的恰当解释应当为“对图像或窗口进行的任何形式的操作”。

基于内在证据，同时参考各方当事人的意见，行政法官在权利要求解释令中指出，术语“图像操作”的恰当解释应当为“对图像或窗口进行的任何形式的操作”。理由如下。

第一，独立权利要求第 31 项中记载有“在半透明图像重叠至少一部分所述第一选择图像的同时，在所述第一选择图像上使用感兴趣的特征执行图像操作”，表明“图像操作”包括对选择的图像或窗口进行的任何形式操作。由于权利要求记载的内容中并没有表明术语“图像操作”应当包括选择的操作并且在对图像执行图像操作之前要求所述图像已经被选中，因此三星公司的观点与权利要求中记载的表述相矛盾。

第二，说明书中也记载有“图像操作可以是对图像或窗口进行的任何形式的操作，其中绘制图像，放置图像，或者修改、移动、缩放或改变图像或窗口，都属于图像操作”的描述。根据该描述可知，专利权人已经作出了足够清晰的定义，并且说明书中的每一个示例都位于上述定义的范围内。

第三，审查申请资料也支持苹果公司的观点。在专利审查期间，为了将权利要求请求保护的技术方案与现有技术参考文献区分开，苹果公司将

“图像操作”描述为一种对图像进行的操作，并且在意见陈述中指出“选择图像”并不是该申请所述的“图像操作”，因为“选择”本身并不对图像进行任何操作。

行政法官还在权利要求解释令中对三星公司的观点予以了答复，认为三星公司提出的权利要求解释对权利要求的限定不恰当，并且与权利要求、说明书以及审查申请资料所表达的意思矛盾，因为根据三星公司的解释，“放置图像”和“移动图像”就不属于“图像操作”，这明显与说明书中记载的内容矛盾。

③'533 专利中存在争议的权利要求：各方当事人对于'533 专利的权利要求第 1 项和第 11 项，以及权利要求第 17 项和第 20 项中出现的技术术语“actuated simultaneously”或“simultaneous actuation”存在解释上的争议，见表 4-3-12。

表 4-3-12　权利要求解释争议

苹果公司	三星公司	调查委员会
Causing the first and second distal ends to move so that more than one contact may be actuated at the same time	Caused to move or depressed at the same time	Caused to move or depressed at the same time

苹果公司认为，“同时被激活”“同时激活”应当解释为“致使第一和第二终端移动以便多个接触可以在同一时间被激活”。由于该申请说明书中公开了“各个电气或电子设备可以被设计或编程为接收及作用于来自单个悬臂按钮上多个输入的同步输入”，因此该种解释才是恰当合适的解释。此外，申请审查资料也支持这种观点，因为在专利审查期间，专利权人对权利要求进一步限定了“同时激活”，以此克服美国专利商标局作出的驳回决定。根据该修改文本及专利权人向审查员所做的关于同时激活电接触的意见陈述，上述解释恰当且合理。

三星公司则认为，“同时激活”以及“同时被激活”应当解释为“所导致的同时移动或按压”，因为这种解释直接来自权利要求所记载的表述。权利要求记载的内容中指出，按钮组件的终端可以被同时激活；并且，说明书中也记载有“在设备的正常使用期间第一和第二终端能够同时被用户激活，且所述同时激活能够导致整个悬臂按钮向设备内按压”。此外，申请审查资料也没有推翻该解释，因为苹果公司认为其在专利审查期间所作出的解释实际上是审查员所做的解释，并不能代表苹果公司的观点。三星公司最后还认为，专利权人所做的意见陈述仅仅是关于现有技术参考文献的陈述，其对于权利要求的保护范围或者上述术语的解释并没有限制。

调查委员会同意三星公司的观点，认为权利要求以及说明书记载的内容均明确支持三星公司所提出的上述解释，同时认为申请审查资料也没有给出能够推翻上述解释的有力证据。从申请审查资料来看，申请人为克服审查员的驳回决定而作出区分的观点也不清楚。

基于内部证据，同时参考各方当事人的意见，行政法官在权利要求解释令中对于上述两个术语作出最终的解释，即为“所导致的同时移动或按压”，其与三星公司所提出的解释一致。行政法官作出该决定的主要理由包括：

第一，权利要求记载的内容明确表明终端在设备的一般使用期间被同时激活，这与苹果公司的观点相反，因为权利要求记载的内容中并没有暗示“同时激活”和“同时被激活”两个术语应当被限定为“致使第一和第二终端移动以便多个接触可以在同一时间被激活”。

第二，说明书中明确指出，终端的同时激活与接触的同时激活是有区别的。尽管激活终端的同时可能导致接触同时被激活，但是说明书对两种操作做了明确区分，因此，上述两个术语不应当解释为接触也同时被激活。

（4）庭审总结中的规避设计辩论

三星公司在其庭审总结中表示，苹果公司未能证明其某些产品（也即规避设计产品）侵犯了’949专利、’922专利、’697专利和’501专利的相关权利要求。苹果公司认为其没有指控这些产品侵权，是因为这些产品不属于本调查中的涉案产品。

各方当事人均没有在其庭审总结中针对上述产品进行详细阐述。因此，2012年8月27日，行政法官颁布第25号命令，要求就该规避设计的产品是否属于本调查中的涉案产品以及判断这些产品侵权的问题是否应当作为本调查内容的一部分作出补充意见陈述。

各方观点：

苹果公司认为，虽然立案通告中可能包括相关规避设计的产品，但是涉案产品的调查范围是由申请人的侵权争议来决定的。苹果公司没有指控三星公司的相关规避设计产品侵权，因此在其专家证人的证词中也没有提及相关规避设计产品，苹果公司也没有在庭前陈述或庭审总结中提及相关规避设计产品。苹果公司认为，根据《ITC 操作与程序规则》的相关规定，针对规避设计产品是否侵权的问题作出的任何裁决都不应当成为本次调查内容的一部分。但是苹果公司也反对三星公司关于颁布的排除令所覆盖的产品范围不应当包括相关规避设计产品的观点，并且进一步给出“337 调查”的一个判例[1]作为佐证。在该判例中，ITC 推翻了行政法官关于将非涉案产品排除在排除令之外的决定，因为申请人没有提出动议来终止关于这些非涉案产品的调查，也没有将这些产品排除在任何有限排除令的范围之外，以及行政法官也否决了被申请人的简易裁决动议。

三星公司认为其相关规避设计产品属于涉案产品，判断相关规避设计是否侵权应当作为本次调查内容的一部分。由于规避设计产品属于本次调查范围内的电子设备，因此，苹果公司有机会针对这些产品进行证据开示，并且苹果公司也及时收到了关于这些规避设计的证据开示。此外，苹果公司的专家证人也对相关规避设计产品进行了分析并发表了相关意见。由于苹果公司在庭审总结和听证会中选择性地忽略相关规避设计产品，因此在证据完全开示后，不应当将相关规避设计产品排除在本次调查的范围之外。三星公司在调查期间花费了大量的资源和时间来引入并提出这些规避设计产品，因此在调查的最后阶段忽略这些产品是存在偏见的，并且如果相关规避设计产品的侵权问题需要重新提交申请请求调查的话，这是对当事人资源以及司法资源的浪费。

调查委员会认为，根据 ITC 调查的先例，三星公司的规避设计产品在本

---

[1] 参考 Certain Flash Memory Chips and Products Containing the Same，337-TA-735.

次调查中应当被列为涉案产品。在苹果公司所给出的判例中，ITC 认为行政法官应当就三星的新设计是否侵犯涉案专利专利权作出决定，因为专家证人的证词中记载有新设计不侵权的意见陈述。在本次调查中，三星公司以及苹果公司的证人已就'949 专利、'697 专利和'501 专利的规避设计产品在其证词中或听证会中给出相应的意见，因此相关规避设计的产品是否侵权的问题应当作为本次调查内容的一部分。

分析规避设计产品在本次调查的范围之内。一方面，在这些规避设计产品上已经进行了大量的证据开示。另一方面，苹果公司确实调查过相关规避设计产品及相关源代码，并且也调取了相关三星证人的证言。此外，苹果公司和三星公司的专家证人在听证会上均就相关规避设计产品提供了相关证据。最重要的是，相关规避设计产品已成型，并且已经进口到美国或在美国销售。

苹果公司认为其没有指控相关规避设计产品侵权，因此没有必要判断这些产品是否侵犯涉案专利专利权。但是同时，苹果公司又认为相关规避设计产品不应当排除在本次调查中可能颁布的任何排除令所覆盖的产品范围之外。可见，苹果公司不希望对相关规避设计产品进行侵权裁决，但是又期望相关产品不进行侵权裁决即落入排除令覆盖的产品范围之内，因此苹果公司的这种观点是不令人信服的。

综上所述，相关规避设计产品落入本次调查的范围之内，并且相关产品已经进口至美国或在美国销售，在听证会期间也针对这些产品提供了大量的证据及证词。因此，三星公司的规避设计产品的侵权裁决应当作为本次调查内容的一部分。

4. 裁决结果

(1) 初裁

在初裁决定中裁定，三星公司的涉案产品因为侵犯了 D'678 专利、'949 专利和'501 专利的相关有效权利要求，因此在本次调查中存在违反“337 条款”的行为；而针对 D'757 专利和'697 专利，三星公司的涉案产品均未发生侵权行为，因此在本次调查中不存在违反“337 条款”的行为。初裁中还进一步裁定，实施 D'757 专利、D'678 专利、'949 专利、'922 专利及'501

专利的国内产业存在，但是实施’697 专利的国内产业不存在。

1）侵权分析及有效性分析

a. D’757 专利

D’757 专利是一项外观设计专利。外观设计专利侵权分析的检验条件是“从普通观察者的视角来看，请求保护的外观设计与涉案产品的外观设计是否大体上相同，以致引起普通消费者通常会予以的注意”。行政法官认为，该案中的涉案产品给出的总体印象与 D’757 专利中请求保护的外观设计大体上是不同的。D’757 专利给人一种具有光泽且极简设计的印象，而涉案产品给人的印象则是繁杂且有棱有角，两者存在很大的不同。因此，涉案产品没有侵犯 D’757 专利的专利权。

至于专利有效性，行政法官认为，任何一项提交的现有技术参考文献与本专利的外观设计大体上均是不相同的，因此本外观设计专利有效。

b. D’678 专利

D’678 专利也是一项外观设计专利。行政法官认为，个别涉案产品的总体视觉印象与 D’678 专利的外观设计大体上相似。D’678 专利请求保护一种移动设备正面的外观设计，其给人的总体印象是对称且极简设计，而三星公司的个别涉案产品具有大体上相似的总体印象，因此相关涉案产品侵犯了 D’678 专利请求保护的外观设计。

至于专利有效性，行政法官认为，本专利的外观设计是非显而易见的，并且申请人也没有提交新设计信息。三星公司提交的两份现有技术参考文献并不能表明本外观设计专利是显而易见的。三星公司认为，在审查阶段添加至本外观设计专利的倾斜阴影表明申请人提交了新设计信息，因此 D’678 专利无效。然而，三星公司添加的倾斜阴影特征已包括在 D’678 专利的母申请中，因此，在审查阶段苹果公司增加的倾斜阴影不属于新提交的设计信息。

c. ’949 专利

三星公司的涉案产品直接侵犯了本专利的权利要求第 1 项、第 4~6 项及第 10~20 项，但是在侵权发生时，苹果公司所声称的针对方法权利要求第 11~16 项的侵权行为没有发生，因此针对该方法权利要求第 11~16 项，三星公司没有违反“337条款”。然而，进口后，三星公司的美国员工进行了相关侵权行为。至于间接侵权，行政法官认为三星公司引诱侵犯权利要求第11~16项，但是没有帮助侵犯权利要求第11~16项。

至于专利有效性，行政法官认为，’949专利的所有涉案权利要求都是有效的。三星公司认为，’949专利的所有涉案权利要求由于其可预见性或显而易见性以及未能满足说明书公开充分及可实施性要求而无效。然而，三星公司提交的用于新颖性抗辩的参考文献并没有公开相关权利要求的所有特征限定。至于创造性抗辩，行政法官认为：①所列举的参考文献的组合无法公开相关权利要求的所有特征限定；②三星公司没有提供足够的证据来证明有动机结合相应的现有技术。此外，因为该专利没有公开实施相关权利要求请求保护的技术方案所需要的源代码，因此三星公司认为本专利没有满足公开充分性和可实施性条件。但是，行政法官反对这一观点，认为本专利即使没有公开相应的源代码，其也满足公开充分性和可实施性的条件。

d. ’922专利

行政法官认为涉案产品直接侵犯本专利的权利要求第29~30项以及第33~35项。但是在侵权发生的当时，侵犯方法权利要求第29~30项和第33~35项的侵权行为并没有发生。相关产品进口之后，三星公司的美国员工发生了相关的侵权行为。至于间接侵权，行政法官认为，三星公司引诱侵犯权利要求第29~30项及第33~35项，但是没有帮助侵犯权利要求第29~35项，因为三星公司通过提供使用手册给终端用户且进行公开宣传以诱使终端用户使用涉案产品，进而达到诱导侵权的目的。

至于专利有效性，行政法官认为’922专利的所有涉案权利要求都是有效的，因为根据三星公司引用的参考文献均是不可预见的或者非显而易见的。在三星公司提交的现有技术参考文献中，Frank的参考文献不属于现有技术，而Barrett的参考文献单独或者结合其他参考文献，均不能公开本专利中“半透明”这一限定。

e. ’501专利

行政法官认为，相关涉案产品侵犯了’501专利的相关权利要求。涉案产品基于所使用的检测电路分为四组，其中第一组产品侵犯了权利要求第1~4项及第8项，第二组产品侵犯了权利要求第1~2项及第8项，第三组和第四组产品没有侵犯任何权利要求。

至于专利有效性，行政法官认为，'922专利的涉案权利要求有效。基于三星公司提交的参考文献，本专利是不可预见的，或者是非显而易见的，因为行政法官否决了三星公司关于可预见性以及关于所有三个权利要求的显而易见性的论点。

f. '697专利

行政法官认为，涉案产品没有侵犯'697专利的专利权。三星公司的涉案产品可以分为两组：GND检测和L检测。但是，两组产品均不包括“耦合”这一限定以及满足“检测电路检测插头信号路径属于高阻路径”这一限定，因此不存在违反“337条款”的行为。

至于专利有效性，行政法官认为，'697专利的所有涉案权利要求均有效。三星公司认为本专利的涉案权利要求由于具有可预见性、显而易见性，以及无法满足公开充分性及可实施性条件而无效，但是该观点并没有足够的证据予以支持。

2）关于规避设计产品的侵权

'949专利、'922专利、'697专利及'501专利的规避设计产品没有侵犯相应专利的相关权利要求。

3）救济措施与保证金

苹果公司请求颁布有限排除令和制止令。行政法官认为，ITC应当颁布针对侵权电子数字媒体设备的有限排除令。此外，三星公司在美国本土还保留了大量的侵权涉案产品，因此，ITC还应当进一步颁布制止令。

关于保证金，行政法官建议ITC收取手机价值的88%、媒体播放器价值的32.5%和平板电脑价值的37.6%作为保证金。行政法官拒绝了三星公司请求适当的保证金数额不超过行业平均专利税率的4.9%，因为三星公司没有提供证据证明苹果公司曾经提供过这样的专利税率。

（2）复审及终裁

在行政法官作出初裁后，苹果公司、三星公司均请求ITC针对行政法官的初裁决定进行复审。委员会调查律师只对上述复审请求进行了意见答复。2012 年 12 月 3 日，苹果公司、三星公司以及非缔约方谷歌公司提交了关于公众利益的意见陈述。2013 年 1 月 23 日，ITC 决定针对初裁决定中的所有内容作出发回重审的决定，并要求着重考虑与’922 专利和’501 专利相关的若干问题。

根据发回重审的命令，行政法官需要完成以下两部分工作。

①针对涉案产品对文本选择这一特征的使用，重审涉及’922 专利的权利要求第 34~35 项的侵权问题。初裁决定中裁定从属权利要求第 34~35 项没有被侵权，因为其所依赖的权利要求第 33 项没有被侵权。然而，行政法官又发现，三星公司侵犯了权利要求第 33 项的专利权。因此，行政法官需要根据涉案产品对文本选择这一特征的使用来考虑各方当事人针对权利要求第 34~35 项的侵权争辩，作出合适的结论，并关于此问题颁布最终的重审决定。

②重审由 Transform SPH-M920 所代表的涉案产品是否侵犯了’501 专利的权利要求第 3 项的专利权的问题，因为行政法官没有考虑这组产品关于权利要求第 3 项的侵权问题并且没有作出恰当的结论。

经过各方当事人的意见陈述，行政法官在重审裁定书中给出以下两个结论：

①根据涉案产品对文本选择这一特征的使用，有关’922 专利的涉案产品侵犯了权利要求第 34~35 项的专利权；

②由 Transform SPH-M920 所代表的涉案产品组无论是显示地、还是基于等价原则，均没有侵犯’501 专利权利要求第 3 项的专利权。

2013 年 4 月 9 日，苹果公司和三星公司均就重审裁定书进一步提出复议，OUII 针对苹果公司和三星公司提出的复议请求进行了意见答复，认为应当拒绝两家公司的复议请求。

2013 年 5 月 28 日，ITC 发出对重审裁定书进行复议的通告，决定对重审裁定书进行复议，并要求各方当事人就下列问题提交简要陈述，但是不得就其他问题作出评论。这些问题包括：

①针对与非侵权使用分析相关的“材料或设备”，其是否属于用于实

施'949 专利的源代码与硬件的组合？如果是的话，记录在案的哪些证据表明“源代码与硬件的组合”适用于'949 专利侵权中的使用？如果不是的话，是否具有任何非侵权使用？

②针对与非侵权使用分析相关的“材料或设备”，其是否属于用于实施'922 专利的源代码与硬件的组合？如果是的话，记录在案的哪些证据表明“源代码与硬件的组合”适用于'922 专利侵权中的使用？如果不是的话，是否具有任何非侵权使用？

③针对与非侵权使用分析相关的“材料或设备”必须与更大产品的所有其他功能模块“分离且不同”的条件进行评论。如果存在这样的条件，记录在案的哪些证据表明关于'949 专利和'922 专利的“源代码与硬件的组合”是与浏览器或图库应用“分离且不同”的特征，以及相关证明在分析帮助侵权时是否需要分别对待？

④讨论并引用记录在案的证据以表明第三方团体实施了'922 专利中涉案权利要求第 29~35 项的每一个步骤。

⑤讨论并引用记录在案的证据以表明三星公司故意帮助他人直接侵犯'922 专利的权利要求第 29~35 项的专利权。

⑥讨论并引用记录在案的证据以表明三星公司故意帮助他人直接侵犯'949 专利的权利要求第 11~16 项的专利权。

⑦内部证据是否允许对'922 专利的权利要求第 31~32 项中“感兴趣的特征”这一限定进行窄范围的解释，进而排除了半透明图像中的控制元件？如果有，再版时说明书中增加的内容对再版期间增加的权利要求的解释具有什么影响？尤其要针对公开半透明键盘的实施例用于解释“感兴趣的特征”这一限定进行评论。如果有，记录在案的哪些证据支持将键盘上的控制符号或功能按键解释为'922 专利中的“感兴趣的特征”？

⑧记录在案的哪些证据支持或不支持本领域技术人员根据'697 专利公开的内容可以将“信号路径”理解成即使在插座中没有插头时也存在？如果有，记录在案的哪些证据表明当检测电路检测到“信号路径是低阻抗或高阻抗路径”时，检测电路如'697 专利的权利要求第 12 项所列举的那样

“耦合至检测接触以及第一插座接触”？

⑨针对三星公司认为苹果公司关于’697专利的复议请求依赖新提交的权利要求解释的论点进行评论，其中新提交的权利要求解释将权利要求第12项中的限定“检测信号路径是低阻抗还是高阻抗路径”解释为满足“仅检测信号路径是低阻抗路径的电路”的条件。

⑩假设苹果公司新提交的有关检测电路的解释被采纳，哪些记录在案的证据表明该限定在记录在案的现有技术中被公开或有所暗示，包括日本公开的未审查申请HII-288766及YP-T7J便携式媒体播放器？

ITC在收到苹果公司、三星公司以及委员会调查律师针对上述问题的答复，以及Americans for Job Securit、Associated Carrier Group等多个第三方团体就重审裁定书的复议通告中提出的关于救济措施以及公众利益的问题的答复后，于2013年8月9日颁布了终裁决定。终裁决定中裁定：

1）涉案产品侵犯了’949专利的权利要求第1项、第4~6项、第10项及第17~20项，以及’501专利的权利要求第1~4项及第8项的专利权，因此ITC颁布有限排除令，禁止三星公司进口相关的涉案产品；并且颁布制止令，禁止三星（美国）分公司进一步进口、销售相关涉案产品。

2）涉案产品没有侵犯D’678专利、D’757专利、’922专利以及’697专利的相关权利要求，因此基于该四项专利，三星公司没有违反“337条款”。

3）有限排除令及制止令所覆盖的涉案产品不包括三星公司的规避设计产品，因为这些规避设计产品经裁定，没有侵犯’949专利和’501专利的相关涉案权利要求。

（3）总统审查

2013年10月8日，美国贸易代表Michael B. G. Froman发表声明，确认奥巴马总统批准ITC的终裁及颁布的排除令和制止令。总统审查期间，ITC的终裁没有被否决，主要原因是在本次调查中，三星公司的规避设计产品没有侵权，因此这些规避设计产品不受排除令及制止令的影响，并且苹果公司采用的专利并非标准必要专利。基于此，美国贸易代表认为执行相关的排除令和制止令并不会对美国消费者及公众利益以及美国的市场竞争环境带来不利影响，因而否决相关排除令和制止令缺乏政策基础。

4.3.2.4 案例点评

该案是苹果三星专利大战的其中一场交锋，最终判定三星公司侵犯苹果公司的其中两项专利权，苹果公司获得本场专利战的胜利。但是，本次调查中所颁布的排除令或制止令对于三星公司在美国市场的业务并没有很大的影响，因为排除令或制止令所覆盖的产品只包括三星公司的老产品，而其新产品则采用了规避设计，在本次调查中裁定其规避设计产品没有侵犯苹果公司的专利，因此三星公司的规避设计产品仍然能够进入美国市场销售。可以说，尽管该案中苹果公司胜诉，但是因为三星公司应诉策略选择得当，已将最终调查结果对其业务的影响降至最低。

下面从证据开示、权利要求解释、规避设计以及复审—复议等角度来分析该案中申请人与被申请人的起诉或应诉策略。

1. 证据开示

证据开示是“337调查”中的一项重要程序，当事人在该程序中对于证据的收集、准备以及提交都需要十分谨慎。证据开示程序通常在《联邦公报》公布立案公告后开始，并且一方可以请求对方开示所有与请求和抗辩相关的文件、物品以及知情人的相关信息，除非该信息受拒证特权保护。[1]如果任何一方在开示程序中拒不配合他方的开示请求，行政法官有可能会作出对该方不利的事实认定，以及禁止在将来的程序中使用相关证据或采取其他其认为合理的惩罚措施。因此，从调查立案公告开始，双方当事人在证据开示程序中就已经展开了白热化的交锋。

在该案的证据开示程序中，苹果公司和三星公司均多次提交动议，这些动议涉及要求缩短对方当事人证据提供所需的时间、要求对方当事人补充完整的证据、要求撤销对方当事人提供的某些证据以及指控对方当事人涉嫌破坏证据。

---

[1] 拒证特权具体是指当证人因负有义务被强迫向法庭作证时，为了保护特定的关系、私人利益，赋予证人中的一些人因特殊情形而享有在诉讼中拒绝提供证据的一种特殊权利要求。建立拒证特权规则旨在保护特定关系和利益，这些关系或利益比从社会考虑有关证人可能提供的证言更为重要。

由于证据对于“337 调查”的结果具有决定性作用，因此在“337 调查”的证据开示程序中尽可能多地收集并提交证据，这样能够使得自己在后续的调查过程中处于一个相对主动的地位。在证据提交的过程中，现有技术告知书是其中一种提交证据的形式，其中可以包括专利文献、出版物文献等。如果在证据提交过程中缺少该告知书，在后续审理过程中所述的现有技术证据将不被引入作为本次调查所依赖的证据，除非及时提交动议以说明合适的理由。因此，现有技术告知书中在提交时应当包括尽可能多的现有技术证据。

在该案中，三星公司于 2012 年 3 月 16 日提交了动议，请求修改其已更正的现有技术告知书，期望增加当时无法获得的现有技术参考文献。苹果公司反对该动议。最终，行政法官否决了该动议，理由是三星公司没有提供具有说服力的证据表明其在截止日期之前没有发现相关现有技术。可见，“337 调查”中对于证据提交的程序把控得十分严格，不允许当事人在后续调查过程中随意增加证据。

在该案中，三星公司和苹果公司分别于 2012 年 1 月 18 日和 2 月 17 日提交了要求对方当事人在限定时间内提供相关文献的动议请求，实际上是缩短对方当事人收集证据的时间。缩短对方当事人收集证据的时间能够使得对方当事人没有足够的时间来收集具有说服力的证据，从而使得案件的走向趋向于对己方有利。

因此，在“337 调查”的过程中，证据的收集一定要全面、及时，如果有可能，尽量缩短对方当事人收集证据的时间，增加己方当事人收集到的证据数量和质量，这样在后续审查过程中将占有相对主动的地位。

2. 权利要求解释

在专利侵权案件中，专利权人主张的权利要求的含义和范围通常是最关键的问题。对权利要求进行狭义的解释，对主张未侵权的抗辩方而言通常是有利的甚至是具有决定意义的，而广义的权利要求解释通常对主张侵权的专利权人有利。

为了适当地解释专利的权利要求，根据 CAFC 的判例，行政法官重点关

注内部证据[1]，即权利要求和说明书记载的内容，以及专利审查阶段的资料。事实上，说明书被认为是“理解权利要求中具有争议的术语的唯一最佳指导”，因为说明书“在明确定义了权利要求中所使用的术语或通过暗示方式定义了这些术语时，相当于一部词典”。因此，说明书“必然能够给出权利要求的适当解释”。此外，专利的审查历史记录“通常可以通过表明发明人……在审查质询过程中如何限制发明，以缩小权利要求的范围，来给出权利要求术语的具体含义信息”。行政法官有时也会考虑外部证据，但是权利要求解释可依赖的外部证据几乎只有技术词典和技术论文。

在该案中，各方当事人均就’949 专利、’922 专利及’533 专利中存在争议的权利要求术语提出了自己建议的解释，其中针对’949 专利和’922 专利的权利要求解释，行政法官在马克曼权利要求解释令中接受了苹果公司建议的解释，而针对’533 专利的权利要求解释，行政法官在马克曼权利要求解释令中则接受了三星公司建议的解释。通过对比相应的解释与其权利要求及说明书记载的内容可知，行政法官接受的权利要求解释都是基于内部证据所做的解释。

因此，根据专利的内部证据作出的论证是一项强有力的马克曼抗辩理由。在实际权利要求的解释程序中，当事人应当立足于内部证据针对对方当事人提出的权利要求解释进行有效抗辩。

3. 规避设计

ITC 并不限制经过合理规避设计后的产品进入美国市场。在行政法官作出初裁结果和委员会颁布终裁结果前，被申请人均可以请求其对规避设计的产品是否侵权发表看法。

纵观该案，三星公司在证据开示的过程中就已经提交了相关规避设计的产品，并且苹果公司也调查过所述规避设计产品及相关源代码，并且也调取了相关三星证人的证言。庭审之后，三星公司在其庭审总结中明确表示，其规避设计的产品没有侵犯相应的权利要求，但是苹果公司的态度则

---

[1] 参考 V-Formation, Inc. v. Benetton Group SpA, 401 F. 3d 1307, 1310(CAFC, 2005).(内在记录通常会提供技术的和现实的环境，使法庭能够像发明当时相应领域内具有一般技能的人一样确定权利要求的含义。)

模棱两可。一方面，苹果公司认为其没有针对这些规避设计的产品进行指控，因此本次调查中不应当涉及这些产品，也即不希望在最终的裁定中针对这些规避设计的产品是否侵权作出结论；另一方面，苹果公司又不希望这些规避设计的产品不落入排除令的范围内。可见，苹果公司的这种态度表明其不希望最终作出的裁定能够对三星公司具有任何的益处。然而，从事实出发，三星公司的这些规避设计产品实际上在调查的初期就已经提起，并且苹果公司的专家证人也针对这些产品在听证会上发表了相关意见，也即相关的规避设计产品在整个调查过程中都有所涉及，不应当排除在本次调查范围之外。另一方面，三星公司的规避设计产品已成型，并且已经进口到美国或在美国销售，因此行政法官应当就这些规避设计的产品是否侵权作出结论。实际上，正是因为三星公司提出的这些规避设计产品，使得最终颁布的排除令及制止令对其的影响降至最低。

通过上述分析可知，三星公司是请求在行政法官作出初裁结果和委员会颁布终裁结果前对其规避设计的产品是否侵权发表看法，这样能够降低时间成本，能够及时把握美国市场。此外，被申请人也可以在 ITC 颁布排除令后请求 ITC 启动咨询意见程序（advisory opinion proceedings），由其对规避设计的产品是否侵权发表意见，但是这样时间成本较高，相应地美国客户有可能因等不及而购买他人的产品，容易失去美国市场。

因此，如果被申请人侵权的可能性较大，最保险的做法是由被申请人尽早聘请专业人士开始规避设计的工作，并在行政法官和 ITC 颁布排除令前将规避设计后的产品提交其审阅，保证规避设计产品不落入排除令的范围。此外，由于“337 调查”具有进程迅速的特点，因此尽快完成规避设计工作非常重要，最好在证据开示程序进行期间就完成规避设计，这样专家证人就有时间和机会对规避设计发表意见，各方在庭审过程中也可以就规避设计产品展开讨论，如该案中的三星公司，其在该案立案开始调查之后，立即提交了规避设计后的产品，并且在庭审期间，三星公司和苹果公司两方的专家证人也针对其规避设计产品展开了讨论。

另外，为了保证行政法官将规避设计产品列入相关调查的范围，相关规避设计的产品应当基本成型。如果由于相关规避设计产品未成型，行政法官或ITC有可能拒绝对规避设计产品是否侵权发表意见。在该案中，三星公司的规避设计产品已经进口至美国或在美国销售，也即相关产品已经成型。

正是因为上述两点，尽管苹果公司反对将相关规避设计产品列入本次调查的范围，但是根据客观证据，行政法官还是在裁定书中将相关规避设计产品列入本次调查的范围，并对其是否侵权发表了意见。

4. 复审—复议

不服行政法官初裁的任何一方当事人都可以在行政法官初裁送达后12日内向ITC提出申请，要求其针对初裁决定进行复审。在ITC终裁送达后14日内，任何关系方均可以提出申请，要求ITC针对终裁决定进行复议。

在该案中，苹果公司及三星公司针对初裁提出了复审请求，也均针对终裁提出了复议请求。初裁决定中裁定三星公司的涉案产品侵犯了苹果公司的D’678专利、’949专利的权利要求第1项、第4~6项及第10~20项，’922专利的权利要求第29~30项以及第33~35项，’501专利的权利要求第1~4项、第8项的专利权。经过复审之后，重审裁定书中裁定，三星公司的涉案产品侵犯了’922专利的权利要求第33~35项，以及’501专利权利要求第3项的专利权，其他意见未发生改变。而经过复议后，在ITC颁布的终裁决定中裁定，三星公司的涉案产品侵犯了’949专利的权利要求第1项、第4~6项、第10项及第17~20项，以及’501专利的权利要求第1~4项、第8项的专利权。可见，通过复审—复议程序，由初裁决定中裁定的三星公司侵犯苹果公司4项专利权减少为侵犯2项专利权，裁定的结果对三星公司的影响进一步降低。

通过该案中三星公司的上述行为可知，在“337调查”中要采取积极的态度来应诉，对于不满意的调查结果要积极寻求复审、复议程序，甚至是诉讼程序。只有采取积极的态度来应诉美国公司发起的“337调查”，才有可能在调查过程中出现转机。

4.3.2.5　案例相关资料

1. 该案涉及专利的主要权利要求

①’949专利的相关涉案权利要求（表4-3-13）。

表 4-3-13 '949 专利的相关涉案权利要求

权利要求（英文）	权利要求（中文）
1. A computing device, comprising: a touch screen display; one or more processors; memory; and one or more programs, wherein the one or more programs are stored in the memory and configured to be executed by the one or more processors, the one or more programs including: instructions for detecting one or more finger contacts with the touch screen display; instructions for applying one or more heuristics to the one or more finger contacts to determine a command for the device; and instructions for processing the command; wherein the one or more heuristics comprise: a vertical screen scrolling heuristic for determining that the one or more finger contacts correspond to a one-dimensional vertical screen scrolling command rather than a two-dimensional screen translation command based on an angle of initial movement of a finger contact with respect to the touch screen display; a two-dimensional screen translation heuristic for determining that the one or more finger contacts correspond to the two-dimensional screen translation command rather than the one-dimensional vertical screen scrolling command based on the angle of initial movement of the finger contact with respect to the touch screen display; and a next item heuristic for determining that the one or more finger contacts correspond to a command to transition from displaying a respective item in a set of items to displaying a next item in the set of items.	1. 一种计算设备，包括：触摸屏显示器；一个或多个处理器；存储器；和一个或多个程序，其中一个或多个程序被存储在该存储器中并被配置为由所述一个或多个处理器执行，一个或多个程序包括：用于检测与触摸屏显示器接触的一个或多个手指接触的指令；用于将一个或多个启发式方法应用于所述一个或多个手指接触以确定用于所述设备的命令的指令；和处理命令的指令；其中所述一个或多个启发式方法包括：垂直屏幕滚动启发式方法，其基于手指接触相对触摸屏的初始移动角度来确定一个或多个手指接触对应于一维垂直屏幕滚动命令而不是二维屏幕平移命令；二维屏幕平移启发式方法，其基于手指接触相对手指接触的初始移动的角度来确定一个或多个手指接触对应于二维屏幕平移命令而不是一维垂直屏幕滚动命令；和下一项目启发式方法，其用于确定所述一个或多个手指接触对应于从显示一组项目中的相应项目转变为显示项目组中下一项目的命令。
11. A computer-implemented method, comprising: at a computing device with a touch screen display, detecting one or more finger contacts with the touch screen display; applying one or more heuristics to the one or more finger contacts to determine a command for the device; andprocessing the command; wherein the one or more heuristics comprise: a vertical screen scrolling heuristic for determining that the one or more finger contacts correspond to a one-dimensional vertical screen scrolling command rather than a two-dimensional screen translation command based on an angle of initial movement of a finger contact with respect to the touch screen display; a two-dimensional screen translation heuristic for determining that the one or more finger contacts correspond to the two-dimensional screen translation command rather than the one-dimensional vertical screen scrolling command based on the angle of initial movement of the finger contact with respect to the touch screen display; anda next item heuristic for determining that the one or more finger contacts correspond to a command to transition from displaying a respective item in a set of items to displaying a next item in the set of items.	11. 一种计算机实现的方法，包括：在具有触摸屏显示器的计算设备处，检测接触触摸屏显示器的一个或多个手指接触；向所述一个或多个手指接触应用一个或多个启发式方法来确定用于所述设备的命令；和处理命令；其中所述一个或多个启发式方法包括：垂直屏幕滚动启发式方法，其基于手指接触相对触摸屏的初始移动角度来确定一个或多个手指接触对应于一维垂直屏幕滚动命令而不是二维屏幕平移命令；二维屏幕平移启发式方法，其基于手指接触相对手指接触的初始移动的角度来确定一个或多个手指接触对应于二维屏幕平移命令而不是一维垂直屏幕滚动命令；和下一项目启发式方法，其用于确定所述一个或多个手指接触对应于从显示一组项目中的相应项目转变为显示项目组中下一项目的命令。

续表

权利要求（英文）	权利要求（中文）
17. A computer readable storage medium having stored therein instructions, which when executed by a device with a touch screen display, cause the device to: detect one or more finger contacts with the touch screen display; apply one or more heuristics to the one or more finger contacts to determine a command for the device; andprocess the command; wherein the one or more heuristics comprise: a vertical screen scrolling heuristic for determining that the one or more finger contacts correspond to a one-dimensional vertical screen scrolling command rather than a two-dimensional screen translation command based on an angle of initial movement of a finger contact with respect to the touch screen display; a two-dimensional screen translation heuristic for determining that the one or more finger contacts correspond to the two-dimensional screen translation command rather than the one-dimensional vertical screen scrolling command based on the angle of initial movement of the finger contact with respect to the touch screen display; anda next item heuristic for determining that the one or more finger contacts correspond to a command to transition from displaying a respective item in a set of items to displaying a next item in the set of items.	17. 一种存储有指令的计算机可读存储介质，所述指令在由具有触摸屏显示器的设备执行时使所述设备：检测接触触摸屏显示器的一个或多个手指接触；对所述一个或多个手指接触应用一个或多个启发式方法来确定用于所述设备的命令；和处理命令；其中所述一个或多个启发式方法包括：垂直屏幕滚动启发式方法，其基于手指接触相对触摸屏的初始移动角度来确定一个或多个手指接触对应于一维垂直屏幕滚动命令而不是二维屏幕平移命令；二维屏幕平移启发式方法，其基于手指接触相对手指接触的初始移动的角度来确定一个或多个手指接触对应于二维屏幕平移命令而不是一维垂直屏幕滚动命令；和下一项目启发式方法，其用于确定所述一个或多个手指接触对应于从显示一组项目中的相应项目转变为显示项目组中下一项目的命令。

②'922 专利的相关涉案权利要求（表 4-3-14）。

表 4-3-14　'922 专利的相关涉案权利要求

权利要求（英文）	权利要求（中文）
29. A method for displaying images on a display screen of an electronic device, comprising the steps of: displaying a base image on a display screen of the electronic device; anddisplaying a translucent image on said screen such that portions of said base image which are covered by said translucent image are at least partially visible through said translucent image, wherein said translucent image and said base image are selectably active to receive user input and the base image remains at least partially covered by said translucent image even when selected.	29. 一种用于在电子设备的显示屏幕上显示图像的方法，包括以下步骤：在电子设备的显示屏幕上显示基本图像；以及在所述屏幕上显示半透明图像，使得由所述半透明图像覆盖的所述基本图像的部分通过所述半透明图像至少部分可见，其中所述半透明图像和所述基本图像可选择性地活动以接收用户输入，并且基本图像即使当被选择时仍然至少部分被所述半透明图像覆盖。

续表

权利要求（英文）	权利要求（中文）
31. A method of performing image operations in an electronic device, including the steps of: presenting a first selected image with respect to which image operations are desired, producing a translucent image effective for overlapping at least a portion of said first selected image, wherein said translucent image contains at least one feature of interest, and conducting an image operation on said first selected image using said feature of interest while the translucent image overlaps at least a portion of the first selected image.	31. 一种在电子设备中执行图像操作的方法，包括以下步骤：呈现关于期望哪个图像操作的第一所选图像，产生重叠所述第一选择图像的至少一部分的半透明图像，其中所述半透明图像包含至少一个感兴趣特征，以及当所述半透明图像与所述第一选择图像的至少一部分重叠时，使用所述感兴趣特征对所述第一选择图像进行图像操作。
33. A method for displaying images on a display screen of an electronic device, comprising the steps of: displaying a base image on a display screen of said electronic device; displaying a translucent image on said screen such that portions of said base image which are covered by said translucent image are at least partially visible through said translucent image; andreceiving input in said displayed base image while said base image remains at least partially covered by said translucent image.	33. 一种在电子设备的显示屏幕上显示图像的方法，包括以下步骤：在所述电子设备的显示屏幕上显示基本图像；在所述屏幕上显示半透明图像，使得由所述半透明图像覆盖的所述基本图像的部分通过所述半透明图像至少部分可见；以及在所述显示的基本图像中接收输入，同时所述基本图像至少部分地被所述半透明图像覆盖。

③'697 专利的相关涉案权利要求（表 4-3-15）。

表 4-3-15　'697 专利的相关涉案权利要求

权利要求（英文）	权利要求（中文）
12. An electronic device capable of detecting the presence of a plug of an accessory component, wherein the plug includes a first plug contact, the electronic device comprising: a receptacle configured to accept the plug; a first receptacle contact disposed in the receptacle, wherein the first receptacle contact is configured to communicate with the first plug contact; a detect contact disposed in the receptacle relative to the first receptacle contact so that the presence of the plug within the receptacle creates a plug signal path through the plug and between the detect contact and the first receptacle contact, wherein the detect contact and the first receptacle contact both contact the same first plug contact when the plug is present in the receptacle; anddetection circuitry coupled to the detect contact and the first receptacle contact to detect that the signal path is a low or a high impedance path.	12. 一种能够检测附件部件的插头的存在的电子设备，其中所述插头包括第一插头触点，所述电子设备包括：构造成接收插头的插座；设置在所述容器中的第一容器触点，其中所述第一容器触点被配置为与所述第一插塞触点连通；相对所述第一插座触头布置在所述插座中的检测触头，使得所述插头在所述插座内的存在形成通过所述插头以及所述检测触头和所述第一插座触头之间的插头信号路径，其中，当插头存在于插座中时，所述检测触头和所述第一插座两者都接触相同的第一插头接触件；和耦合到所述检测触点和所述第一插座触点的检测电路，以检测所述信号路径是低阻抗或高阻抗路径。

④’501 专利的相关涉案权利要求（表 4-3-16）。

表 4-3-16　’501 专利的相关涉案权利要求

权利要求（英文）	权利要求（中文）
1. A system for detecting which type of plug is received by a portable electronic device, the system comprising: a jack constructed to receive a plug selected from at least a microphone type and a non-microphone type, wherein the jack comprises a microphone connector electrically coupled to CODEC circuitry and microphone detection circuitry, a ground connector coupled to a ground source, a right connector coupled to the CODEC circuitry, and a left connector coupled to the CODEC circuitry, and wherein the ground connector is positioned between the microphone connector and either the left connector or the right connector; the microphone detection circuitry operative to: determine whether the received plug is the microphone type or the non-microphone type; andprovide a signal indicative of whether the received plug is the microphone type or the non-microphone type.	1. 一种用于检测便携式电子装置接收哪种类型的插头的系统，所述系统包括：插孔，其被构造成接收从至少一个麦克风类型和一个非麦克风类型中选择的插头，其中插孔包括电耦合至 CODEC 电路和麦克风检测电路的麦克风连接器，耦合至地源的接地连接器，耦合至所述 CODEC 电路的右连接器，以及耦合到所述 CODEC 电路的左连接器，并且其中所述接地连接器定位在所述麦克风连接器与所述左连接器或所述右连接器之间；麦克风检测电路，其可被操作以便：确定所接收的插头是麦克风类型还是非麦克风类型；以及提供判断所接收的插头是麦克风类型还是非麦克风类型的信号。

4.3.3　微软诉京瓷案

4.3.3.1　攻防双方

微软是美国一家跨国计算机科技公司，以研发、制造、授权和提供广泛的计算机软件服务为主。❶ Microsoft Technology Licensing，LLC 是微软的全资子公司，专门负责从事专利相关业务。截至 2015 年 3 月，微软公司拥有 6 万件左右美国专利，再加上并购诺基亚所取得的近 1500 件美国专利，俨然成为智能移动终端的专利霸主。

微软曾于北京时间 2012 年 10 月 26 日正式推出 Windows 8，试图打造一个可在平板电脑、笔记本电脑、台式机和智能手机等都能使用的跨平台操

❶ 参见 https://wk. mekaku. com/wiki/微软。

作系统，被认为是微软反击主导平板电脑及手提电脑操作系统市场的苹果计算机 iOS 系统和谷歌 Android 系统。然而，安卓智能手机市场占有率高达 80%，苹果的 iOS 系统也占近 15%，反而微软的 Windows 仅占全球智能手机市场份额的 3%，在平板领域的占有率也仅有 2%。过去，微软 Windows Phone 向 OEM 硬件厂商收取授权许可费 5~15 美元，也因此给予谷歌的 Android 免费系统一个崛起的机会。❶

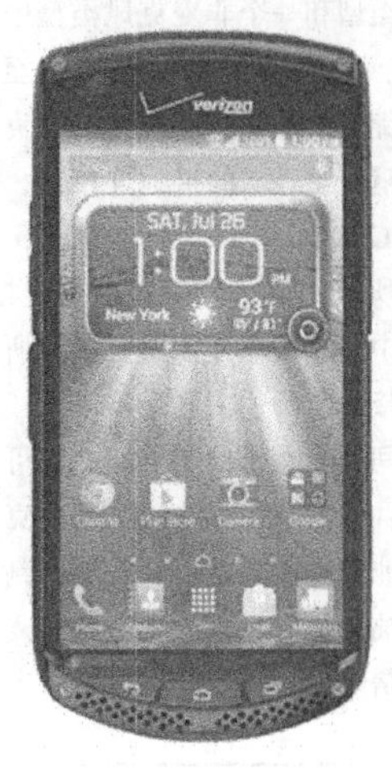

图 4-3-3 安卓系统智能手机

虽然，安卓系统是由谷歌开发的，但是每年从安卓系统中盈利最多的却是微软。因持有大量与安卓系统相关的专利，微软每年能从全球各大安卓系统智能手机厂商收取多达数十亿美元的巨额专利费，因此，微软以京瓷制造、进口和销售的三种安卓系统智能手机（图 4-3-3）为由提起诉讼，又一次引发众多关注。

京瓷株式会社是日本的一个消费电子产品品牌，由稻盛和夫创立于 1959 年，公司本部设立在京都市伏见区。京瓷株式会社主要产品包括手机和个人手持式电话系统（personal handy-phone system，PHS），包括 DuraForce、Hydro 和 Brigadier 手机产品线，主要为 au/kddi、Willcom 等移动通信供应商生产手机，图 4-3-4 示出了京瓷公司的智能手机和平板电脑产品。

除了智能手机和平板电脑以外，京瓷的产品还涉及太阳能发电系统、半导体、电子零件等产品线，而美国是继亚洲和欧洲之后，销售额占比第三的地区，具体如图 4-3-5 所示。

❶ 台湾省科技政策研究与资讯中心——科技产业资讯室整理，2015 年 3 月。

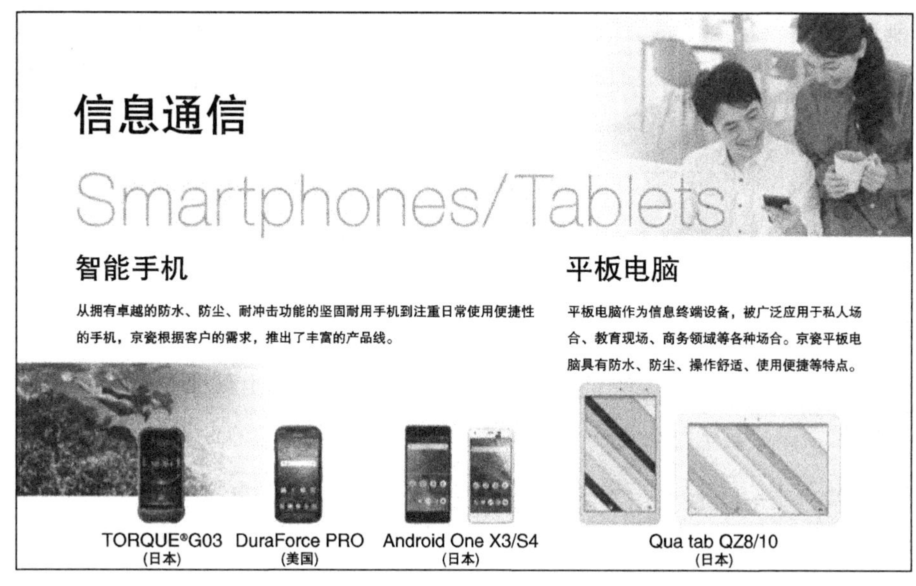

图 4-3-4　京瓷智能手机和平板电脑❶

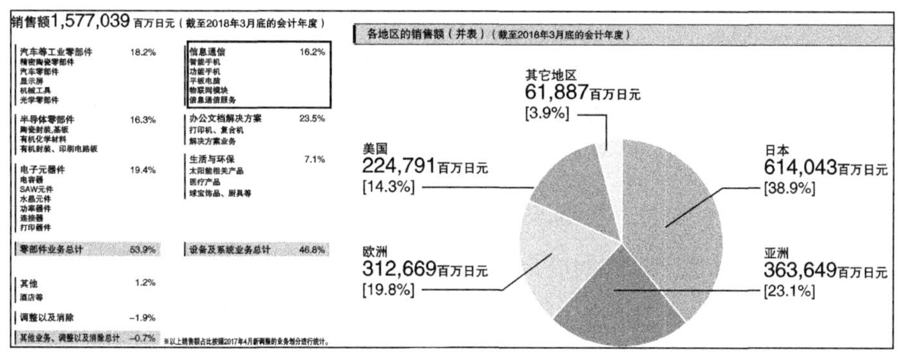

图 4-3-5　京瓷各产品线的销售额占比及各地区的销售额（截至 2018 年 3 月的会计年度）❷

4.3.3.2　诉讼案情

1. 诉讼过程简述

微软向华盛顿西区法院递交一纸诉状，声称日本手机制造商——京瓷

---

❶ 参见http://www.kyocera.com.cn/company/download/pdf/15-16_cn.pdf.

❷ 数据来源：http://www.kyocera.com.cn/s/company/company_profile.html.

制造、进口和销售的三种安卓系统智能手机，侵犯了微软的七项专利，包括安卓智能手机或平板使用的电源管理、显示感测、地理定位、文字短信等技术，寻求侵权损害赔偿以及阻止京瓷出售微软所声称的侵犯其专利的设备。微软的代理律师 Robert L. Masterson 称，上述专利已经授权给其他安卓制造商。[1] 这起诉讼涉及京瓷的 DuraForce、Hydro 和 Brigadier 手机产品线。

2015 年 3 月 6 日，微软以专利侵权为由，在美国华盛顿西区法院起诉京瓷。

2015 年 3 月 9 日，华盛顿西区法院向被告京瓷发出传票；通过电子邮件将关于提交或确定诉讼的报告发送给美国专利商标局。

2015 年 3 月 13 日，被告京瓷处理了送达和投诉服务。

2015 年 4 月 2 日，被告京瓷提出延长当事人答辩或其他反应性诉讼的时间。

2015 年 4 月 3 日，被告提出延长申请或其他反映意见的时间，将从当前截止日期延长至 2015 年 6 月 16 日，以便各方提交答复或其他回应性诉状。

2015 年 4 月 29 日，理查德 A. 琼斯法官对专利案件的立案。

2015 年 6 月 12 日，被告提交延长文件答复或其他响应性辩护和其他案件时间表的截止日期。

2015 年 6 月 15 日，根据双方的 20F 规定，以下截止日期被重新确定：被告的回答或其他应对的回应 2015 年 7 月 16 日到期；FRCP 26f 会议截止日期为 2015 年 7 月 21 日；初步披露截止日期为 2015 年 7 月 28 日；联合状态报告 2015 年 11 月 8 日到期。

2015 年 7 月 2 日，原告 Microsoft Technology Licensing，LLC（Cronin，William）自愿撤销案件。

2016 年 5 月 31 日，通过电子邮件将关于确定行动的报告发送给美国专利商标局。

2. 涉案专利

微软声称京瓷至少侵犯了微软的七项专利，包括安卓智能手机或平板

---

[1] 参见 https://www.dechert.com/people/m/robert-masterson.pdf.

使用的电源管理、显示感测、地理定位、文字短信等多项技术。专利相关情况具体见表 4-3-17。

表 4-3-17 涉案专利相关情况

专利号		发明名称	申请日
1	USRE40989E1 （以下简称“’989 专利”）	数据结构上的原子操作 （Atomic operations on data structures）	20041112
2	US7289102B2 （以下简称“’102 专利”）	显示设备中使用多传感器的方法和装置 （Method and apparatus using multiple sensors in a device with a display）	20010606
3	US7137117B2 （以下简称“’117 专利”）	动态可变的空闲时间线程调度 （Dynamically variable idle time thread scheduling）	20010425
4	US7062715B2 （以下简称“’715 专利”）	提供与用户上下文数据的供应和消耗相关的通知 （Supplying notifications related to supply and consumption of user context data）	20010611
5	US7062274B2 （以下简称“’274 专利”）	在建立和管理网络连接时提高自动化水平 （Increasing the level of automation when establishing and managing network connections）	20020201
6	US7050408B2 （以下简称“’408 专利”）	在蜂窝设备之间使用标准化接口通信多部分消息 （Communicating multi-part messages between cellular devices using a standardized interface）	20010926
7	US6349344B1 （以下简称“’344 专利”）	将多个 java 类文件合并到运行时映像中 （Combining multiple java class files into a run-time image）	19971216

4.3.3.3 诉讼重要事件

MTL 是 Microsoft Corporation 的全资子公司，是通过转让诉讼专利而成为涉案专利的所有者。MTL 持有由微软发明人创造的发明专利，该公司与微软公司密切合作，许可和保护微软专利发明。该案中涉及的 7 项专利证明了微软专利组合的广度以及微软为移动设备领域作出的重大贡献。Microsoft Corporation 将上述 7 项专利转让给 MTL。MTL 拥有 7 项专利的所有权利，包括起诉和追回侵权赔偿的权利。

2015年3月6日，MTL在美国华盛顿西区法院起诉京瓷，对京瓷提出以下指控

①被告通过制造、使用、提供销售、销售和/或进口美国产品和/或方法落在上述7项专利的一个或多个权利要求的保护范围之内且未经授权。在这些侵权产品中有蜂窝电话，包括但不限于Kyocera的Duraforce，Hydro和Brigadier系列的蜂窝电话。

②被告积极地、有意识地故意诱导并继续积极有意识地、故意地诱导侵犯上述7项专利，通过制造、使用、提供销售、进口和销售侵权消费电子设备，包括但不限于其Duraforce，Hydro和Brigadier手机系列。

③被告了解其客户和最终用户将使用、营销、销售、提供销售和进口侵权消费电子设备，这些设备必须通过Android内核软件的操作在他们上电时侵犯上述7项专利；以及鼓励和促进侵权销售和侵权消费电子设备使用的知识和具体意图，包括鼓励客户开启和使用此类设备。

④被告已经并将继续在的侵犯终端用户的权利，而销售、提供销售和进口侵权消费电子设备和软件模块，包括但不限于其DuraForce，Hydro和Brigadier系列移动电话以及上述7项专利中描述的执行上述步骤的软件模块，而被告知道这些产品构成上述7项专利发明的重要组成部分，知道那些产品特别制造或改编会侵犯上述7项专利，并且知道这些产品不是主要商品或商品适合大量非侵权用途。

⑤被告至少通过诉讼的提交和服务已经了解并实际被通知了上述7项专利及其侵权行为，但仍然继续侵犯上述7项专利。被告的侵权已经并且将继续对MTL造成不可挽回的伤害，并且MTL将继续遭受此类伤害，除非并且直到法院要求停止侵权。

MTL认为自己有权获得禁令救济和赔偿，并提出以下救济请求：

①判断Kyocera被告侵犯了'989专利、'117专利、'102专利、'344专利、'274专利、'715专利和'408专利的专利权；

②判断'989专利、'117专利、'102专利、'344专利、'274专利、'715专利和'408专利是有效和可执行的；

③根据35 U.S.C §284，为京瓷过去的侵权行为以及直至判决之日为止

的任何持续或未来的侵权诉讼，批准所有适当的赔偿金；

④声明这是 35 U. S. C § 285，意义上的例外情况，并且 MTL 将获得在起诉此诉讼时产生的合理律师费；

⑤根据 35 U. S. C § 285，从提出申诉之日起和之后开始批准故意侵权赔偿金；

⑥判决 MTL 在起诉此诉讼时所产生的费用和开支的判决；

⑦颁布禁令，初步和永久地禁止被告 Kyocera 侵犯专利权，以及在本国境内或往本国境内使用、销售或进口设备或诱使其侵权；

⑧法院认为公正合理的法律或公平方面的进一步救济。

4.3.3.4 诉讼结果

2015 年 7 月 2 日，日本京瓷公司和微软达成协议，未来每年将向微软支付专利费，同时签署了一项覆盖面更广的专利许可协议。[1] 该案从 2015 年 3 月 6 日原告提起诉讼，至 2015 年 7 月 2 日最终结案，仅历时不到 4 个月时间，最终以京瓷获得涉案专利的许可[2]，原告微软自愿撤销案件告终。

4.3.3.5 案例点评

轰动一时的微软起诉京瓷案，最终双方达成和解，京瓷将在未来支付高额专利费。微软通过将其所拥有的 Android 专利组合广泛地授权给生产 Android 装置产品供应商，已获得相当数额的权利金收益。

在京瓷之前，微软已经与许多使用 Android 操作系统的装置产品制造商（代工厂或品牌厂）签订专利授权合约，包括宏碁（Acer Inc.）、Alutrek, Inc.、Barnes & Noble, Inc.、Coby Electronics Corp.、仁宝（Compal Electronics Inc.）、EINS SE、General Dynamics Itronix、Hoeft & Wessel AG、鸿海（Hon Hai Precision Industry Co., Ltd.）、Nikon Cotp.、Onkyo Corp.、和硕（Pegatron Corp.）、广达（Quanta Computer Inc.）、Velocity Micro, Inc.、ViewSonic Corp.、纬创（Wistron Corp.）、ZTE Corp.、378 佳世达（Qisda

---

[1] 信息来源：https://www.cnbeta.com/articles/tech/407847.html.

[2] 信息来源：https://www.dechert.com/people/m/robert-masterson.pdf.

Corp.)、HTC、三星、LG Electronics Inc. 等。[1]

相比于其所签订的授权合约数量，微软基于 Android 专利组合提起专利侵权之诉的案件数量并不多，具体见表 4-3-18[2]。

表 4-3-18　微软基于 Android 专利组合所起诉的部分案件

诉讼案号	起诉时间	被告	涉案专利
2:10-cv-01577	2010. 10. 01	Motorola, Inc.	US5579517;US5738352;US6621746;US6826762;US6909910;US7644376;US5664133;US6578054;US6370566
2:11-cv-00485	2011. 03. 11	Barnes & Noble, Inc.、Hong Hai Precision Industry Co., Ltd.、Foxconn International Holdings Ltd.、Inventec Corporation	US5778372;US6339780;US5889522;US6891551;US6957233

商务部反垄断局在其附加限制性条件批准微软收购诺基亚的决定书中指出，微软对 Android 手机产品提供专利授权，而其提供授权的 Android 专利组合主要涵盖三个技术领域：使用于 Android 操作系统不同层级中的技术，与延伸档案配置表（extended file allocation table, exFAT），远端桌面通信协定（remote desktop protocol, RDP），Exchange ActiveSync（EAS）协定等相关的技术以及与 Wi-Fi、3G、4G 等通信标准相关的技术。[3] 而对于这种授权 Android 专利组合的专利策略，微软是将其专利授权策略结合其营运与发展策略，而这样考虑到市场布局并重视互补合作的专利授权策略，可能是比较有弹性的一种做法。

---

[1] 资料来源：Qisda Signs Patent Licensing Agreement with Microsoft, Microsoft News Center, Apr. 24, 2015, https://news.microsoft.com/2015/04/24/qisda-signs-patent-licensing-agreement-with-microsoft.

[2] 数据来源：ticpa.stpi.narl.org.tw/download/research_report/104/lawsuit/002.pdf.

[3] 公布关于附加限制性条件批准微软收购诺基亚设备和服务业务案经营者集中反垄断审查决定，中华人民共和国商务部公告 2014 年第 24 号，2014 年 4 月 8 日。

4.3.3.6　案例相关资料

1. 该案涉及专利的主要权利要求

①'989 专利的相关涉案权利要求（表 4-3-19）。

表 4-3-19　'989 专利的相关涉案权利要求

权利要求（英文）	权利要求（中文）
1. A computerized method for performing one or more atomic operations on a data entity of arbitrary size and characterized by version data, the method comprising the following steps: in a first thread of execution: acquiring exclusive access to the version data; setting the version data to a first value indicating that the data entity is invalid and not accessible by other operations; modifying the data entity; updating the version data to a second value indicating that the data entity is valid and accessible; andterminating exclusive access to the version data; in a second thread of execution, the second thread executing concurrently with the first thread of execution: (a) reading the first value of the version data; (b) if the first value is determined to be an invalid value, repeating steps (a) and (b); and (c) upon completion of step (b), reading the data entity.	1. 一种用于对任意大小的数据实体执行一个或多个原子操作并且由版本数据表征的计算机化方法，该方法包括以下步骤：在第一个执行线程中：获得对版本数据的独占访问权；将版本数据设置为第一个值，表示数据实体无效且其他操作无法访问；修改数据实体；将版本数据更新为指示数据实体有效且可访问的第二值；和终止对版本数据的独占访问；在第二个执行线程中，第二个线程与第一个执行线程并发执行：（a）读取版本数据的第一个值；（b）如果确定第一个值是无效值，则重复步骤（a）和（b）；和（c）在完成步骤（b）后，读取数据实体。

②'102 专利的相关涉案权利要求（表 4-3-20）。

表 4-3-20　'102 专利的相关涉案权利要求

权利要求（英文）	权利要求（中文）
1. A method in a device having a display, the method comprising: generating at least one sensor signal using at least one sensor in the device; generating a first display orientation context value for longer than a set period of time that indicates how the device is oriented based on the at least one sensor signal; generating a second display orientation context value for shorter than the set period of time after generating the first display orientation context value based on the at least one sensor signal, the second display orientation context value differing from the first display orientation context value; generating a third display orientation context value that indicates that the device is laying flat based on the at least one sensor signal after generating the second display orientation context value; andselecting an orientation for an image on the display while the device is laying flat by using the first display orientation context value instead of the second display orientation context value.	1. 一种具有显示器的设备中的方法，该方法包括：使用设备中的至少一个传感器产生至少一个传感器信号；在长于设定的时间段内，生成第一显示方向上下文值，该设定的时间段指示基于至少一个传感器信号确定如何设备的方向；在基于所述至少一个传感器信号生成所述第一显示方向上下文值之后，在比所述设定时间段短的时间内，生成第二显示方向上下文值，所述第二显示方向上下文值不同于所述第一显示方向上下文值；在生成第二显示方向上下文值之后，生成第三显示方向上下文值，该第三显示方向上下文值指示设备基于至少一个传感器信号平放；和通过使用第一显示方向上下文值而不是第二显示方向上下文值，在设备平放时选择显示器上的图像的方向。

③'117 专利的相关涉案权利要求（表 4-3-21）。

表 4-3-21 '117 专利的相关涉案权利要求

权利要求（英文）	权利要求（中文）
1. A computer-implemented method for providing thread scheduling in a device, the device comprising one or more hardware elements operatively coupled to an operating system comprising a plurality of program modules, the method comprising: scheduling one or more threads according to a predetermined periodic rate; setting a system timer to generate a notification at the predetermined periodic rate; determining whether or not there are any threads to execute; responsive to a determination that there are no threads to execute: (a) deactivating one or more of the hardware elements and the program modules for a dynamic variable amount of time, the dynamic variable amount of time being independent of the predetermined periodic rate and being based on a sleep state of a set of threads in a sleep queue; and (b) resetting the system timer to generate the notification after the dynamic variable amount of time has elapsed since the deactivating; andwherein the method further comprises: receiving the notification after the dynamic variable amount of time has elapsed since the deactivating; responsive to the receiving: resetting the system timer to generate the notification at the predetermined periodic rate; andactivating the one or more of the hardware elements and the program modules.	1. 一种用于在设备中提供线程调度的计算机实现的方法，该设备包括可操作地耦合到包括多个程序模块的操作系统的一个或多个硬件元件，该方法包括：根据预定的周期速率调度一个或多个线程；设置系统定时器以预定的周期速率生成通知；确定是否有任何线程要执行；响应确定没有线程要执行：（a）在动态可变时间量内停用一个或多个硬件元件和程序模块，动态可变时间量与预定周期速率无关，并且基于一组线程的睡眠状态；和（b）重置系统计时器以在自去激活起经过动态可变量时间之后产生通知；和其中，该方法还包括：自停用后经过动态可变量的时间后接收通知；响应接收：重置系统定时器以预定的周期速率产生通知；和激活一个或多个硬件元件和程序模块。

④'715 专利的相关涉案权利要求（表 4-3-22）。

表 4-3-22 '715 专利的相关涉案权利要求

权利要求（英文）	权利要求（中文）
1. A computer-implemented method for providing mediated information about a current state that is modeled with multiple state attributes, comprising : receiving from a first source an indication of a first value for an indicated one of the state attributes of the modeled current state ; receiving from a second source an indication of a second value for the indicated state attribute ; and after an indication from a client for a value for the indicated state attribute, sending to the client a mediated value for the indicated state attribute that is produced by mediating between available values for the indicated state attribute including at least the first and second values.	1. 一种计算机实现的方法，用于提供关于用多个状态属性建模的当前状态的调解信息，包括：从第一源接收针对所建模的当前状态的所指示的一个状态属性的第一值的指示；从第二源接收指示的状态属性的第二值的指示；并且在从客户端指示所指示的状态属性的值之后，向客户端发送所指示的状态属性的中介值，该中值属性是通过在包括至少第一和第二值的指示状态属性的可用值之间进行调解而产生的。

⑤'274 专利的相关涉案权利要求（表 4-3-23）。

表 4-3-23　'274 专利的相关涉案权利要求

权利要求（英文）	权利要求（中文）
1. In a computing device that is capable of establishing connections using a variety of different kinds of connection methods, a method of establishing a connection without necessarily requiring that the user specify the connection method to use, the method comprising the following: an act of receiving a request to access a remote resource that is included in a destination network, wherein the act of receiving the request comprises: receiving a request to access a remote resource that was sent from an application module; andan act of an API associated with a connection manager receiving a request to access a remote resource; an act of at least partially automatically, identifying a most appropriate connection method for connecting to the destination network, from among a plurality of connection methods for connecting to the destination network; andan act of causing a connection to be established to the destination network using the most appropriate connection method.	1. 在能够使用各种不同类型的连接方法建立连接的计算设备中，建立连接的方法不必要求用户指定要使用的连接方法，该方法包括以下：接收访问目的地网络中包括的远程资源的请求的动作，其中接收请求的动作包括：接收访问从应用程序模块发送的远程资源的请求；和与连接管理器相关联的 API 的动作，该连接管理器接收访问远程资源的请求；至少部分自动地，从用于连接到目的地网络的多个连接方法中识别用于连接到目的地网络的最合适的连接方法的动作；和使用最合适的连接方法建立到目标网络的连接的行为。

⑥'408 专利的相关涉案权利要求（表 4-3-24）。

表 4-3-24　'408 专利的相关涉案权利要求

权利要求（英文）	权利要求（中文）
1. In a cellular network that facilitates transmission of messages between cellular computing devices, the messages often being multi-part messages that consist of multiple short message fragments of limited size, a method for facilitating an application sending the multiple short message fragments without having a calling application implement detailed processing required to fragment the message, the method comprising the following: an act of receiving a function call from a calling application via a standardized interface, the function call requesting the transmission of a first message over the cellular network; an act of dividing the first message into a set of short message fragments of limited size; an act of causing each of the short message fragments to be transmitted over the cellular network; andwherein the calling application is adapted to act as a receiving application for a second message reassembled from a second set of short message fragments.	1. 一种用于促进应用程序发送多个短消息片段而无须调用应用程序的方法，实现对消息进行分片所需的详细处理，在便于在蜂窝计算设备之间传输消息的蜂窝网络中，消息通常是由多个有限大小的短消息片段组成的多部分消息，该方法包括以下内容：通过标准化接口从呼叫应用程序接收功能呼叫的动作，该功能呼叫请求通过蜂窝网络传输第一消息；将第一条消息分成一组有限大小的短消息片段的行为；使每个短消息片段通过蜂窝网络传输的行为；和其中，所述调用应用程序适于充当从第二组短消息片段重新组装的第二消息的接收应用程序。

⑦'344 专利的相关涉案权利要求（表 4-3-25）。

表 4-3-25 '344 专利的相关涉案权利要求

权利要求（英文）	权利要求（中文）
1. A method of preparing one or more class files prior to run time for use by a virtual machine in a manner so that during run time the prepared one or more class files require less memory and require less time for processing during program execution than would otherwise be required for the one or more class files, and which do not require application programs to incorporate the prepared one or more class files prior to run time to be executable by the virtual machine, the method comprising steps for: loading the one or more class files and accounting for any differences in byte order at the virtual machine; parsing the one or more class files into individually parsed instructions derived from the one or more class files; andcreating a native executable run time image comprised of pre-loaded and pre-parsed instructions derived from the one or more class files and that are dynamically linkable in a manner so that the prepared one or more class files may be accessed during run time by any of one or more applications that may be developed separately and independently from the preparation of the one or more class files, without a need to incorporate in such applications the pre-loaded and pre-parsed instructions.	1. 一种在运行时间之前准备一个或多个类文件以供虚拟机使用的方法，使得在运行时期间准备的一个或多个类文件需要更少的内存并且在程序执行期间需要的处理时间比否则要少一个或多个类文件所需的，并且不要求应用程序在运行时之前将准备好的一个或多个类文件合并为可由虚拟机执行，该方法包括以下步骤：加载一个或多个类文件并计算虚拟机上字节顺序的任何差异；将一个或多个类文件解析为从一个或多个类文件派生的单独解析的指令；和创建本机可执行运行时映像，其包含从一个或多个类文件派生的预加载和预解析的指令，并且可以以某种方式动态链接，以便可以在运行时间期间访问所准备的一个或多个类文件，可以独立于一个或多个类文件的准备而开发的一个或多个应用程序，而不需要在这些应用程序中包含预加载和预解析的指令。

第 5 章

中国企业在美国知识产权诉讼分析

5.1 中国企业在美国专利诉讼概况

2017年12月6日，世界知识产权组织发布的《2017年世界知识产权指标报告》中称，2016年我国专利申请量为3 127 900件，年增长率为21.5%[1]，超过美国和日本，蝉联冠军之位。这一数据意味着，越来越多的中国公司重视专利及专利背后潜在的商业利益。越来越多的中国公司展开了海外专利布局和海外商业活动，当然遭遇海外专利诉讼的公司也不在少数。

知识产权诉讼历来都是中美贸易中的备受关注的领域，这其中又以专利侵权诉讼居多。一方面，因为美国在知识产权领域历来都居于强势地位，这主要依赖其在知识产权立法和司法先例的完备性、审判程序的系统性、证据规则的规范性以及执行的力度强等诸多专利诉讼方面的优势，加上众多专利诉讼经验丰富的律师的推动，专利诉讼已经成为美国法律诉讼中一个重要领域；另一方面，随着中国知识产权立法的发展完善以及中国专利诉讼经验的不断积累，中国的专利诉讼在解决本土的知识产权争议方面仍然有其内在的优势，特别是法院管辖制度、专利侵权判定标准、庭审程序、证据交换和执行方面都在不断加强，因此中国的专利诉讼程序逐渐成为保护专利权的一个有力的途径。

随着中美知识产权交往的不断深入，中美企业专利诉讼纠纷也逐渐增多，对于涉诉的当事人可能面临专利诉讼之前，了解中美各自的专利诉讼程序，做到“知己知彼，百战不殆”是必不可少的；同时，基于完善我国专利诉讼程序的需要，对中美专利诉讼进行分析研究，则能够分析出彼此的利弊，从而扬长避短，借鉴学习。

5.1.1 专利诉讼分布趋势分析

5.1.1.1 专利诉讼年度分布总趋势分析

2012—2017年，中美双方企业在美国法院就计算机专利和商业方法专

---

[1] 数据来源：http://www.wipo.int/edocs/pubdocs/en/wipo_pub_941_2017.pdf.

利侵权提起民事诉讼的案件共566起，占该时段美国法院接受审理的相关专利诉讼的3.84%。

如图5-1-1所示，2012年中美企业的诉讼量为85件，至2013年中美企业的诉讼量翻了一番，达到182件，随后的四年诉讼量逐步减少，2017年仅有51件该领域的中美企业诉讼案件，换句话说，中美企业专利诉讼近年来呈“逐步下降”态势；而同时中国国际贸易促进委员会也指出继2013年美国专利诉讼达到峰值后，美国专利诉讼总体上继续呈下降态势❶，两者相互吻合。中美专利诉讼战争一改往日“硝烟弥漫”的阵势，与侵权赔偿额的下降、专利权人胜诉率偏低及美国最高法院的判决倾向不无关系。

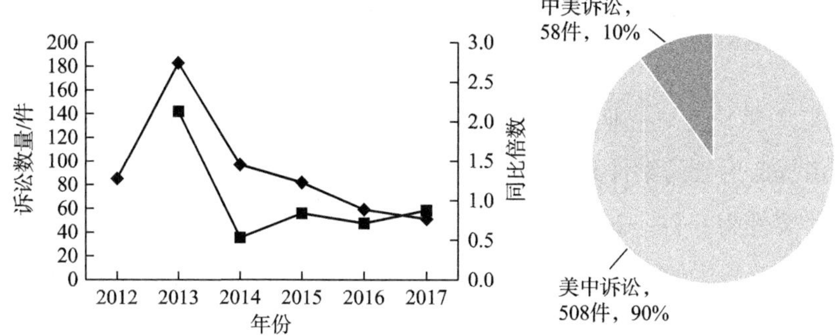

图5-1-1 2012—2017年中美双方企业专利诉讼分布趋势

注：同比倍数=本年度数据/上年度数据

同时，美国企业作为原告起诉中国企业侵犯其计算机专利和商业方法专利的诉讼共508件，占双方诉讼案件的90%，其中，美国企业起诉中国台湾地区公司的案件79件，起诉中国香港地区公司的案件41件，超两成的案件为美国企业起诉中国台湾地区或香港地区公司。中国企业起诉美国企业的相关诉讼中，中国内地企业和香港地区企业均涉及8件，其余的42件为中国台湾地区的企业对美国公司发起的专利侵权诉讼案件。

5.1.1.2 专利诉讼地区分布趋势分析

在美中诉讼案件中，以美国企业起诉中国企业侵犯其专利权的居多。从

❶ 资料来源：http://www.ccpit.org/Contents/Channel_3466/2017/0519/809305/content_809305.htm.

图 5-1-2 来看，这部分案件中，又以起诉中国大陆地区企业的诉讼案件为主。

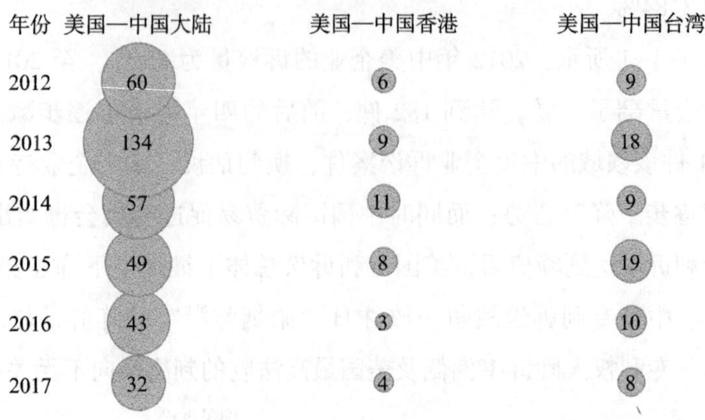

图 5-1-2 2012—2017 年美中企业专利诉讼分布趋势（单位：件）

2012 年，美国企业以中国大陆企业侵犯其计算机专利和商业方法专利权为由提起诉讼的案件共 60 件，而同期的中国台湾地区案件 9 件；中国香港地区案件为 6 件。2013 年，中国大陆企业在相关被告席上出庭 134 次，而中国台湾地区的企业被起诉的案件数量远低于大陆企业涉诉案件的数量。此后四年，美国对中国企业的诉讼逐年减少，至 2017 年针对中国大陆企业的诉讼案件仅为 32 件，颇有“罢战息兵”之势，但仍是针对中国台湾地区企业的案件数量的两倍有余（图 5-1-3）。

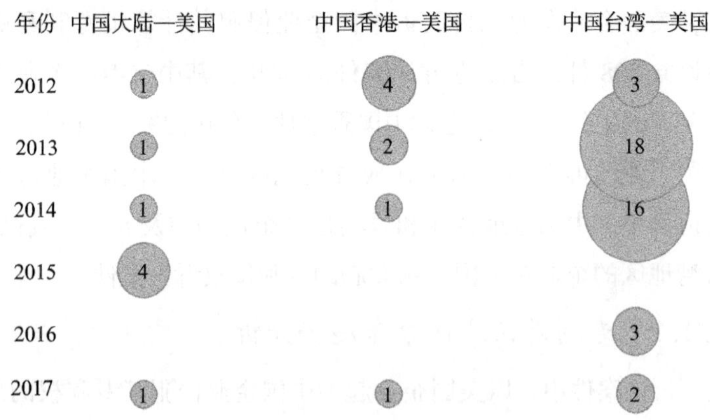

图 5-1-3 2012—2017 年中美企业专利诉讼分布趋势（单位：件）

这一方面是由于中国大陆地区的企业在科学技术、涉及专利和国际地

位上均有所提升，竞争力不容小觑；另一方面也与美国经济复苏、美国政府针对中国本土的贸易政策有关。

相比而言，中国大陆企业对美国企业在计算机专利和商业方法专利侵权方面涉及的案件少，而中国台湾地区企业在对美国企业的专利诉讼中扮演着更为重要的角色。

从总量上看，中国台湾地区起诉美国企业侵犯其计算机专利和商业方法专利的案件共 42 件，占我国企业起诉美国企业的相关案件的 72.41%。2012 年中国大陆和台湾地区企业发起的诉讼案件少，均不足 5 件，其中中国大陆地区的涉诉案件仅 1 件；2013 年和 2014 年，中国台湾地区企业对美国企业分别发动 18 次和 16 次进攻，平均每个月有 1.5 件左右相关案件。同时中国内地和香港地区两个年度均不超过 2 件相关案件；2015 年起，中国企业对美国企业的诉讼案件明显减少，如图 5-1-3 所示。

总体而言，中国台湾地区的高科技企业和跨国公司实力相对雄厚、专利海外布局多，诸多企业与日本、美国等企业具有竞争合作的关系，其拥有的专利质量和价值也可见一斑。

5.1.1.3　专利诉讼涉及类型分析

如图 5-1-4 示出的中美企业商业方法专利诉讼分布，在中美双方企业就计算机专利和商业方法专利侵权提起民事诉讼的 556 起案件中，涉及商业方法专利的案件共 219 件，占总数的 39%；其中 2013 年涉及该类型案件最多，为 95 件，2012 年和 2014 年均为 37 件，而 2015 年至今，涉及商业方法专利的案件量持续走低，2017 年仅有 3 件相关案件。

在 2014 年 6 月的美国最高法院 Alice 判决之后，拥有大量计算机软件专利和商业方法专利的“专利流氓”，无法再肆无忌惮地提起专利诉讼，且导致“原告败诉而不得不赔偿被告且支出高额成本的可能性加大”，这可能是导致中美双方企业就商业方法专利侵权诉讼数量骤减的原因之一。普华永道[1]认为，Alice 案对软件专利稳定性产生的巨大冲击，使得专利诉讼的

---

[1] PWC. 2016 Patent Litigation Study：Are We at an Inflection Point？参见 https://www.pwc.com/us/en/forensic-services/publications/assets/2016-pwc-patent-litigation-study.pdf.

“市场情绪”变得紧张。

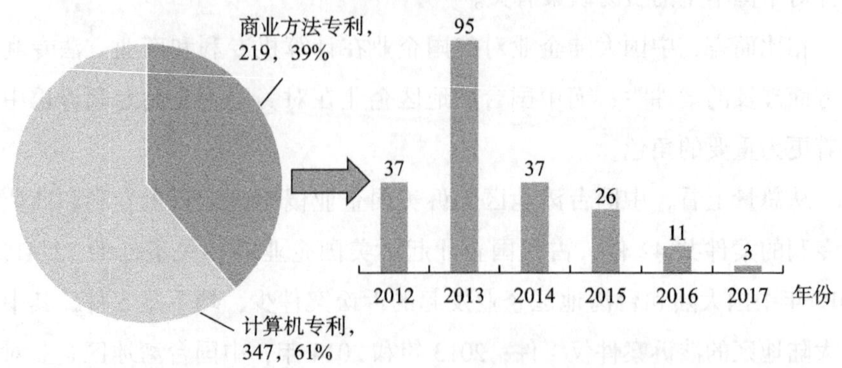

图 5-1-4 2012—2017 年中美企业商业方法专利诉讼分布趋势（单位：件）

5.1.2 诉讼双方企业分布分析

5.1.2.1 美中诉讼发起诉讼的美国企业分析

作为最具有竞争力的发展中国家，中国在世界贸易市场上的地位不断提高，美国企业在知识产权领域不断对中国进驻企业发动进攻。

美国企业作为原告起诉中国企业侵犯其计算机专利和商业方法专利的诉讼共 508 件；Cellular Communications Equipment LLC 发起对中国企业的专利侵权诉讼达 16 次，是涉诉数量最多的美国企业；Sportbrain Holdings 涉诉 11 次，其为领域内有名的 NPE；另外 Alex is the Best 和 Wyncomm 均涉诉 9 次，而 Andrea 等 4 家企业涉诉 7 次（图 5-1-5）。

可以看出，涉诉较多的美国企业中，未出现计算机领域内的重要技术贡献者，也未出现该领域的商业大佬，反而 NPE 涉诉数量多于非 NPE 的涉诉数量，这与 NPE 获得的损害赔偿金明显高于非 NPE 不无关联。[1]

同时，尽管涉诉美国企业对中国提起专利侵权诉讼的平均案件数为 1.56 件，然而涉案次数的中位数为 1 件，也就是说多数美国企业仅涉及一

---

[1] PWC. 2016 Patent Litigation Study: Are We at an Inflection Point? 参见 https://www.pwc.com/us/en/forensic-services/publications/assets/2016-pwc-patent-litigation-study.pdf. 普华永道指出过去 5 年来，NPE 获得的损害赔偿金是非 NPE 的 3 倍。

次专利侵权诉讼，这说明涉诉案件的原告仍以非 NPE 为主，也从侧面反映中国企业的技术实力和产品质量具有较强的竞争实力。另外，非 NPE 的涉诉案件更多，也与其诉讼成功率较高[1]有一定关系。

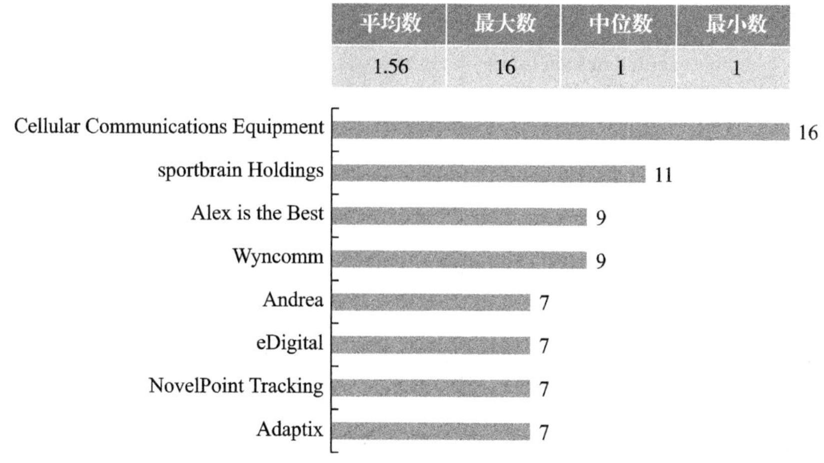

图 5-1-5　2012—2017 年对中国企业提起相关诉讼不少于 7 次的美国企业（单位：件）

5.1.2.2　中美诉讼发起诉讼的中国企业分析

在中美双方涉及专利侵权的民事诉讼案件中，对美国企业发起诉讼的中国企业数量为 28 家，明显少于对中国企业发起诉讼的美国企业数量，提起诉讼超过 2 次的有 13 家。

如图 5-1-6 所示，中国台湾地区的 CpuMate 对美国企业提起诉讼 13 次，在 2013 年和 2014 年多次让苹果、戴尔等美国企业和东芝、索尼等日本企业站在被告席，是国内企业中维权次数最多的企业。包括作为 PCT 专利申请重要申请人的财团法人资讯工业策进会（Institute for Information Industry）在内的 3 家中国台湾地区企业，对美国企业提起专利侵权诉讼 4 次，同样也是针对美国计算机和互联网巨头苹果和谷歌。

在对美国企业提起相关诉讼不少于 2 次的中国企业中，仅中兴和联想两

---

[1] PWC. 2016 Patent Litigation Study：Are We at an Inflection Point？参见 https：//www. pwc. com/us/en/forensic-services/publications/assets/2016-pwc-patent-litigation-study. pdf. 普华永道指出过去 20 年，非 NPE 的诉讼成功率始终比 NPE 的高 10%。

家大陆地区企业上榜，涉诉数量也均只有 2 次，其余均为台湾地区企业。大陆地区的少数企业尖端技术突出、重视专利布局，但多数企业在专利申请维护和利用、技术研发方面仍存在较大提升空间。

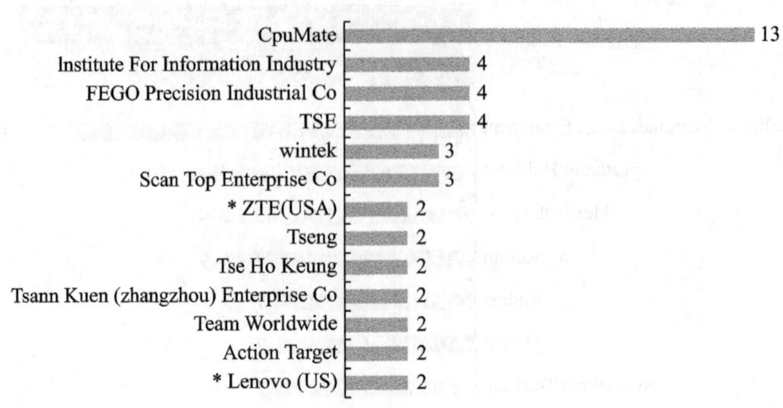

图 5-1-6 2012—2017 年对美国企业提起相关诉讼不少于 2 次的中国企业（单位：件）

注：标 * 表示大陆企业，未标 * 表示台湾地区企业

5.1.2.3 美中诉讼被诉的中国企业分析

美中专利诉讼中专利诉讼费用高昂、专利诉讼过程漫长、专利诉讼程序繁琐，且专利诉讼杀伤力巨大，但只要企业的业务涉及技术（包括制造、使用和销售技术），就很有可能卷入专利诉讼。

如图 5-1-7 所示，2012 年至 2017 年，被美国企业因专利侵权提起诉讼的共 12 家企业，数量最多的是中兴通讯，共被起诉 65 次，其中不乏 Content Aggregation Solutions、Sportbrain Holdings 等 NPE。联想、华为、LG、吉利汽车、TCL、海尔、海信和阿里巴巴这些国内技术较强的实体企业均榜上有名。值得一提的是，被起诉较多的中国企业中，台湾地区企业仅有 3 家上榜，分别是宏碁、微星和创见，明显少于发起诉讼的台湾地区企业。可以看出，大陆企业在转化技术成果、专利挖掘布局、专利储备和专利维权等角度存在提升空间，也从侧面反映出大陆企业在相关领域地位有所提升，部分企业甚至超过美国高科技企业，具有业内顶尖水平。

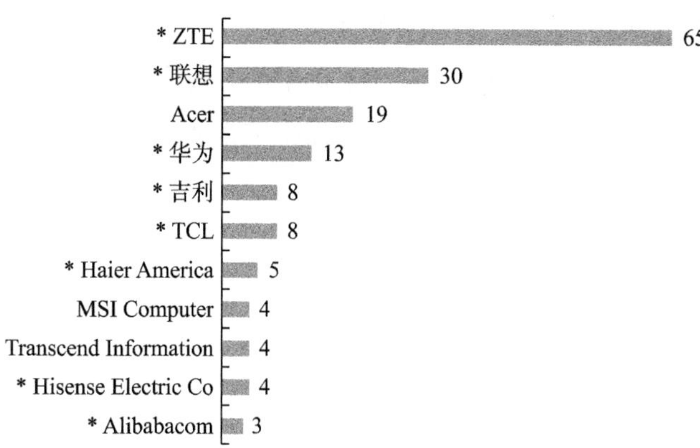

图 5-1-7　2012—2017 年被美国企业提起相关诉讼不少于 3 次的中国企业（单位：次）

注：标 * 表示大陆企业，未标 * 表示台湾地区企业

5.1.2.4　中美诉讼发起诉讼的美国企业分析

如图 5-1-8 所示，在中美诉讼中，以中国台湾地区企业发起的诉讼为主，被起诉的美国企业数量为 40 家；其中，沃尔玛被起诉 5 次，且均是由中国台湾地区企业或个人提起的诉讼；谷歌被起诉 4 次，其中两次的原告为财团法人资讯工业策进会；此外包括苹果和戴尔在内的企业涉诉两至三次，其他企业均只涉诉 1 次。

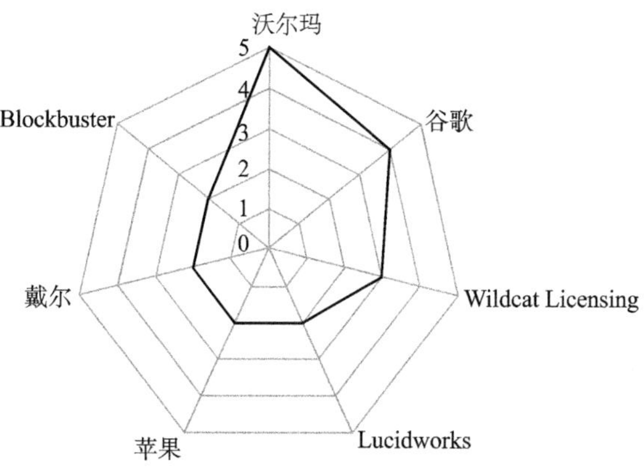

图 5-1-8　2012—2017 年被美国企业提起相关诉讼不少于 3 次的中国企业（单位：件）

从提起诉讼的美国企业和被起诉的美国企业的数量来看，显然美国企业在专利诉讼中占有主导地位；从被起诉中国企业和美国企业的数量来看，美国市场所针对的中国企业涉及面广，而中国企业发起主动进攻的次数少、强度低、威慑力小。

5.1.2.5 共同原告与共同被告分析

在美国企业发起的对中国企业的诉讼中，"一原告多被告"的情况较为常见，累计68件，多为一原告两被告的情况，少数为一原告三被告。2012年，被告数为2的案件有2件；2013年被告数为2的案件跃升为22件，是2012年的4.4倍；2014—2016年逐年下降，分别降至15件、12件和10件，2017年仅4件（表5-1-1）。

表5-1-1 2012—2017年美国—中国企业诉讼中"一原告多被告"数量分布

单位：件

年份	被告	
	2个	3个
2012	5	0
2013	22	1
2014	15	0
2015	12	1
2016	10	0
2017	4	0

在中国企业发起的对美国企业的诉讼中，涉及多被告的案件数量较美中诉讼中多被告案件数量显著偏少（表5-1-2），2013年仅1件一原告两被告案件，1件一原告三被告案件，2014年2件一原告三被告案件和1件一原告四被告案件，而2015年以来，多被告案件每年均仅涉及1件，数量少、涉及面窄是中美企业诉讼的特点，这与国内企业在美国的业务拓展的客场竞争有关。此外，分析中还发现，在美中双方诉讼中均不存在多原告一被告的情况，也就是说美国企业对中国企业提起诉讼时，没有联手对抗；中国企业在对美国企业发起进攻时，也没有联合抗衡。

表 5-1-2 2013—2017 年美国—中国企业诉讼中“一原告多被告”数量分布

单位：件

年份	被告		
	2 个	3 个	4 个
2013	1	1	0
2014	0	2	1
2015	1	0	0
2016	0	1	0
2017	0	1	0

5.1.3 诉讼状态判决数据分析

5.1.3.1 诉讼案件的判决状态分析

从案件的判决状态来看，2012—2017 年提起诉讼的案件中近九成已经结案，而 2013 年前的诉讼案件结案率均超过 95%，2014 年结案率达百分之百，且 2017 年的诉讼案件也有近三分之一获得了最终判决（图 5-1-9）。

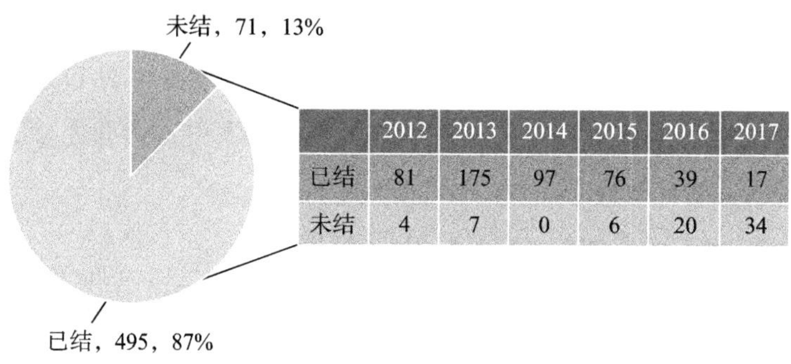

	2012	2013	2014	2015	2016	2017
已结	81	175	97	76	39	17
未结	4	7	0	6	20	34

图 5-1-9 2012—2017 年美中企业间诉讼状态分布（单位：件）

如图 5-1-10 所示，中国企业的技术实力和商业竞争力在世界上逐步得到认可，涉及中国企业的专利诉讼案件也得到各界的重视。可以看出，2012—2017 年美中企业间的计算机专利和商业方法专利的诉讼审查速度较快，但仍存在个别 2012 年和 2013 年起诉的案件拖延时间较长，一定程度上能够反映出某些美国专利诉讼案件的判决流程较长，可能会经过美国联邦地区法院、美国联邦巡回上诉法院，甚至是美国最高法院。在面对美国企业的专利诉讼时，我国企业可参照领域内相关企业涉及的典型案例，采取适宜的策略进行应对。

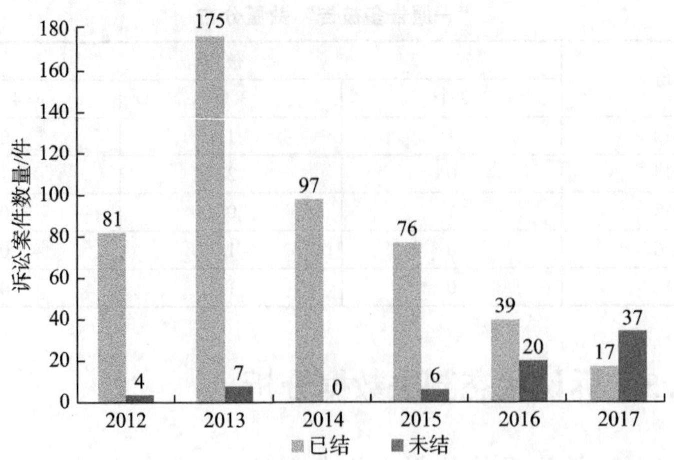

图 5-1-10　2012—2017 年美中企业间诉讼状态年度数据分布

从已审未结案件的数量上看，除 2014 年的案件全部结案之外，其他各年份的案件均存在未结案的情况，且 2016 年和 2017 年分别有 20 件和 34 件未结，从 2012 年至 2017 年已审未结案件的数量呈上升趋势；2016 年结案率为 66.1%，而 2017 年的结案率仅为 33.33%，也就是说 2017 年美中诉讼的结案率仅为三分之一。可见近两年，美中诉讼案件总数量不多，但结案速度并不快。

5.1.3.2　诉讼案件的结案周期分析

从判决周期上看，2012 年至 2017 年美中企业间计算机专利和商业方法专利的诉讼案件平均结案周期为 291.5 天，也就是说多数案件能在一年内结案；最大结案周期为 1420 天，该案是 2012 年 7 月 20 日由 FlatWorld Interactives 向 LG 提起的诉讼，到 2016 年 6 月 9 日才获得最终判决结果，历时近四年时间；2012 年至 2017 年底结案周期中位数为 219.5 天，而平均结案周期为 291.5 天，反映出结案周期集中在平均结案周期以下，但周期较长的案件形成长尾效应，拖长了平均周期（图 5-1-11）。

从平均结案周期上看，2012—2017 年底美中企业间计算机专利和商业方法专利的诉讼案件的平均结案周期呈波动下降趋势，2012 年发起的案件周期平均周期为 302.1 天；2013 年和 2014 年稳步下降至 297.5 天和 279.4

天，也即 2014 年的平均结案周期比 2012 年减少了 4.7 天；而 2015 年平均结案周期有所反弹，延长至 307.3 天，可能是因为 2015 年美国法院所受理的诉讼总量较大的缘故；2016 年和 2017 年的平均结案周期持续减少，有望在未来进一步缩短结案周期，减少诉讼双方的时间成本。

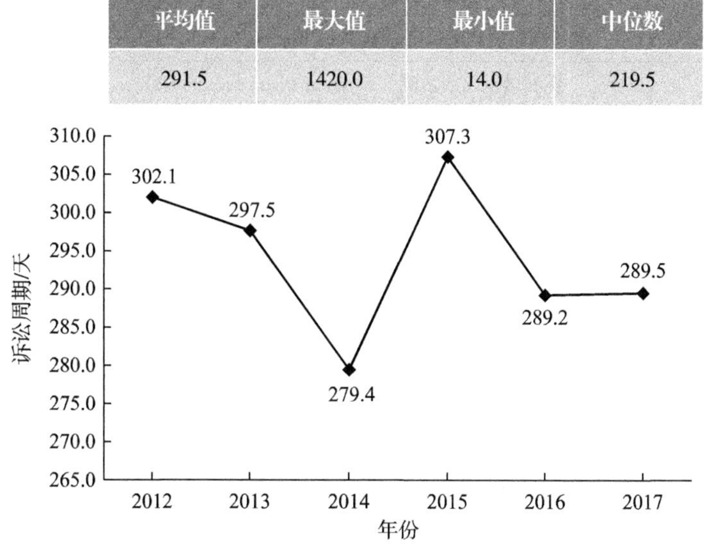

平均值	最大值	最小值	中位数
291.5	1420.0	14.0	219.5

图 5-1-11　2012—2017 年美中企业间结案周期数据分布

5.1.3.3　诉讼案件的受理法院分析

从美国—中国企业诉讼案件的受理法院来看，德州东区法院为 2012—2017 年美国企业向中国企业提起计算机专利和商业方法专利诉讼中最受欢迎的受理法院，共接收审理案件 229 件，占美中总诉讼量的 45.08%，近半数的相关领域的诉讼是德州东区法院受理判决的；特拉华地区法院接收审理的案件量为 107 件，虽在数量上不及德州东区法院，但是两个受理超过百件诉讼案件的地区法院之一，是非常重要的计算机专利和商业方法专利侵权案件的审理法院。加州北区法院、加州中区法院、伊利诺伊北区法院分别以 23 件、18 件和 16 件位于第三至第五位。前十位最受欢迎的受理法院所受理的案件总量为 450，为诉讼总量的 88.58%（表 5-1-3）。从诉讼案件的受理法院来看，美国企业更倾向于在德州、特拉华、加州等地区法院向中国企业提起专利诉讼，这与美国企业间专利诉讼的受欢迎法院是一致的。

表 5-1-3 2012—2017 年美国—中国企业诉讼最受欢迎的排名居前 10 位的受理法院

排名	法院名称	数量/件
1	德州东区法院（Eastern District of Texas）	229
2	特拉华地区法院（District of Delaware）	107
3	加州北区法院（Northern District of California）	23
4	加州中区法院（Central District of California）	18
5	伊利诺伊北区法院（Northern District of Illinois）	16
6	德州西区法院（Western District of Texas）	14
7	纽约南区法院（Southern District of New York）	12
8	加州南区法院（Southern District of California）	11
9	马萨诸塞地区法院（District of Massachusetts）	11
10	德州北区法院（Northern District of Texas）	9
诉讼总量		450

从中国—美国企业诉讼案件的受理法院来看，接收案件数量最多的前三位仍然是德州东区法院、特拉华地区法院和加州北区法院，与美国—中国企业诉讼的最受欢迎法院相同（表 5-1-4）。同样，排在第四位至第八位的加州中区法院、伊利诺伊北区法院、德州西区法院、纽约南区法院和加州南区法院，也均在美中企业诉讼最受欢迎受理法院排行榜上。可见，不论是美国企业对中国企业提起专利诉讼，还是中国企业对美国企业发起专利进攻，受理法院相对集中，这有利于执行标准一致。

表 5-1-4 2012—2017 年中国—美国企业诉讼接收审理不少于 2 件的受理法院

排名	法院名称	数量/件
1	德州东区法院（Eastern District of Texas）	16
2	特拉华地区法院（District of Delaware）	9
3	加州北区法院（Northern District of California）	8
4	加州中区法院（Northern District of California）	6
5	伊利诺伊北区法院（District of Illinois）	5
6	德州西区法院（Western District of Texas）	3
7	纽约南区法院（Southern District of New York）	2

续表

排名	法院名称	数量/件
8	加州南区法院（Western District of California）	2
9	马萨诸塞地区法院（District of Massachusetts）	2
诉讼总量		53

5.2　中国企业在美国“337调查”

近年来随着国内科技的快速发展，越来越多的中国公司迈出国门，开辟国际市场，在扩大市场份额的同时，也面临着较大的侵权风险。

图5-2-1示出了2009—2017年计算机领域的“337调查”中由美国地区公司作为原告诉讼中国地区公司作为被告的数量年度变化趋势情况。

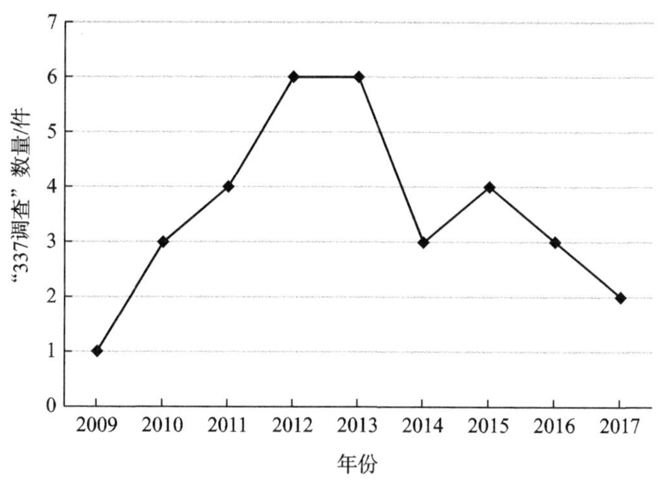

图5-2-1　2009—2017年美国针对中国的“337调查”数量变化情况

图5-2-2显示分布在美国、欧洲、中国、日本和韩国等不同国家或地区的原告方和被告方相互之间的诉讼对比情况，原告方对侵犯自身专利的被告申请启动调查程序，同时作为被告方的可能有多家企业，且多个被告方可能会分布在不同的国家地区。例如，美国的一家企业作为原告方发起的调查中，被告方同时分布在中国、日本，这种情况的案件将分别计入美国诉讼中国和美国诉讼日本。

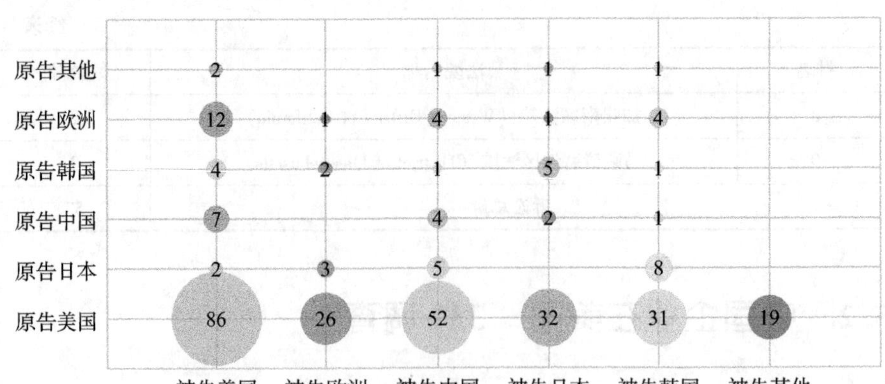

图 5-2-2　2009—2017 年计算机领域“337 调查”不同地区原告方/被告方诉讼数量对比（单位：件）

图 5-2-3 显示 2009—2017 年美国公司针对中国公司发起的“337 调查”中原告方的分布。从图中可以看出，92%以上的“337 调查”的原告方原由美国地区的公司单独构成，仅有 3.85%的调查的原告方由其他国家地区的公司与美国地区的公司一起组成，反映出了美国本土的公司倾向于单独或联合本土的公司企业作为原告方来发起“337 调查”，在一定程度上也说明了美国本土的公司具备较强的技术实力。

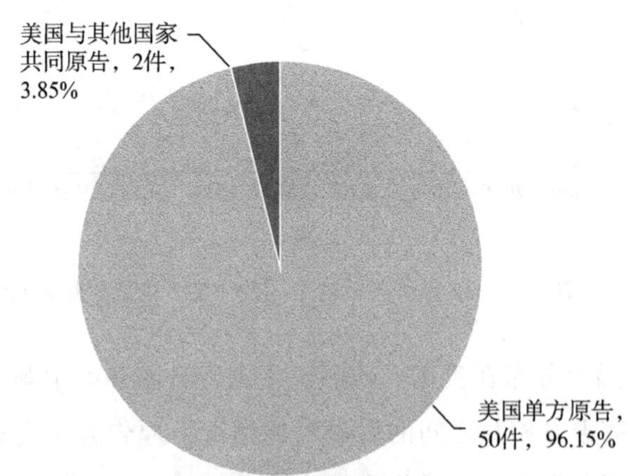

图 5-2-3　2009—2017 年美国针对中国发起的“337 调查”中原告方的分布情况

图 5-2-4 示出了 2009—2017 年由美国针对中国发起的“337 调查”中，被告方构成的分布。在美国发起的 52 件调查中，被告公司分布在中国本土

的仅有 11 件，占总数的 21. 15%，被告公司分布在包括中国在内的多个国家的案件有 41 件，占总数的 78. 85%，从中可以看出原告方在对可能侵犯自身专利技术的公司发起诉讼时，倾向于同时将位于多个国家的侵权方共同列为被告。

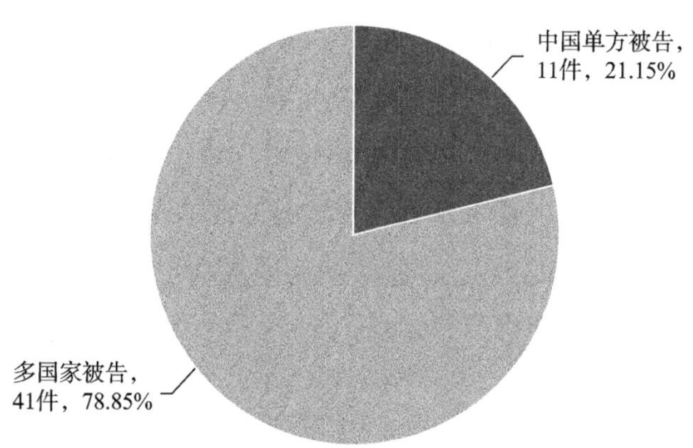

图 5-2-4　2009—2017 年美国针对中国发起的“337 调查”中被告方的分布情况

中国公司的技术储备相对较少，实力薄弱，在“337 调查”中通常处于被动地位，仅有为数不多的公司充当过原告的角色。图 5-2-5 示出了 2009—2017 年中国地区作为“337 调查”原告的排名信息，从中能够看出 HTC 发起的调查案件为 2 件，排名第一，其他的还有台积电、旺宏电子、宏碁、南亚科技等，涉及的案件数量均为 1 件，主要集中在硬件领域。

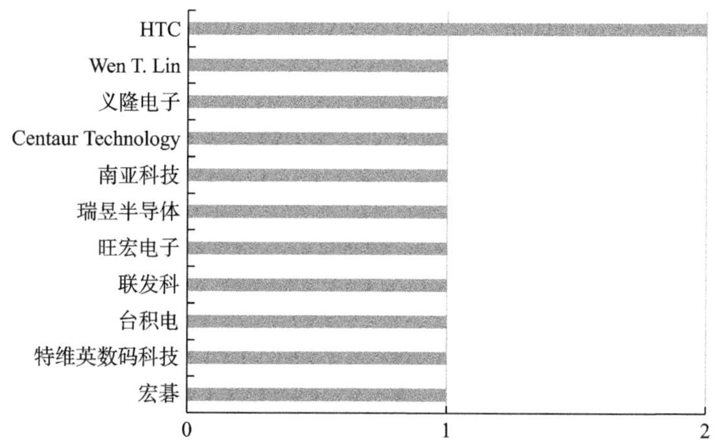

图 5-2-5　2009—2017 年中国地区作为原告的公司排名情况（单位：件）

图 5-2-6 示出了 2009—2017 年"337 调查"中被告方涉及中国公司的排名信息，HTC 作为中国手机行业的翘楚，进入美国市场的时间最早，并占据了一定的市场份额，同时遭受到的调查次数也是最多的，作为被告方的案件数量为 17 件，排在第一位，中兴、宏碁、华为、联想紧随其后，其他的还有 OPPO、大疆、海信等公司，这些公司作为行业的后起之秀，刚开始在国际市场崭露头角。观察发现，涉及公司的领域主要分布在智能手机、PC、智能电视领域，智能手机领域尤其多，而国内智能手机行业近年来技术发展迅速，越来越多的公司选择到国外开拓市场，这也为准备走出国门的公司敲响了警钟，在加强技术研发的同时，也要重视自身的知识产权建设。

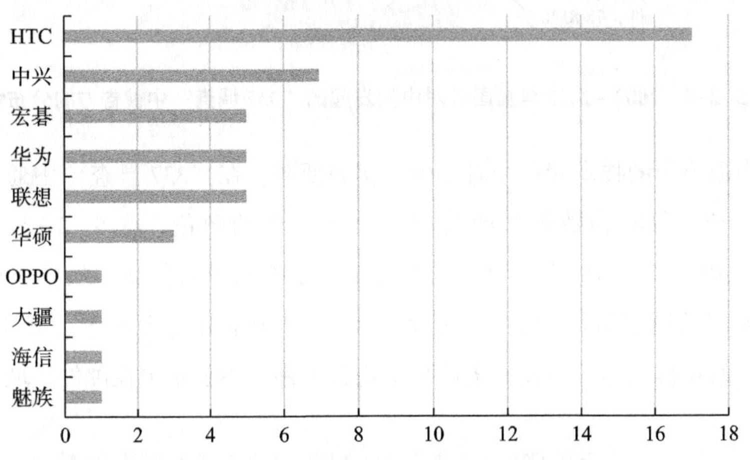

图 5-2-6　2009—2017 年中国地区成为调查案件被告的公司排名情况（单位：件）

表 5-2-1 示出了 2009—2016 年度美国地区公司针对中国公司发起的"337 调查"审查周期情况，从表中可以看出各年的平均调查时间基本都在 1 年以上，2009—2010 年的调查周期最长，平均都在 18 个月以上，从 2011 年开始平均调查周期在慢慢缩短，到 2015 年缩短到了 12 个月，根据 2016 年部分结案的案子得到的平均调查周期仅为 6.2 个月。美国诉讼中国的案件调查周期呈现出了逐年变短的趋势，但与美国诉讼美国的案件的调查周期相比，平均多 2 个月左右。

表 5-2-1　2009—2016 年美国针对中国“337 调查”审查周期情况

年份	周期/月		
	最短	最长	平均
2009	18.3	18.3	18.3
2010	8.6	20.5	18.7
2011	13.8	17.5	16.2
2012	5.3	21.0	13.8
2013	9.6	20.0	14.7
2014	9.0	18.3	13.2
2015	11.3	13.5	12.4
2016	4.3	7.3	6.2

对美国针对中国发起的“337 调查”进行统计，截至 2017 年底，针对中国的总计 52 件调查中，已经取得最终的调查结果案件有 28 件，占调查总量的 53.85%，未结的有 24 件，占总量的 46.15%，结案的比例占一半稍多一点。图 5-2-7 同时也示出了结案结果中原告胜诉、原告败诉、原告撤回/和解几种结果的分布情况，原告撤回/和解的案件在总的结案中占到一半，原告胜诉的案件占比最小，而原告败诉的占比略大，反映出了在美国公司诉中国公司的案件中，多数时候会选择和解的方式来解决侵权争端，相比于美国诉讼美国案件的调查结果，美国诉讼中国案件的和解的概率较高。

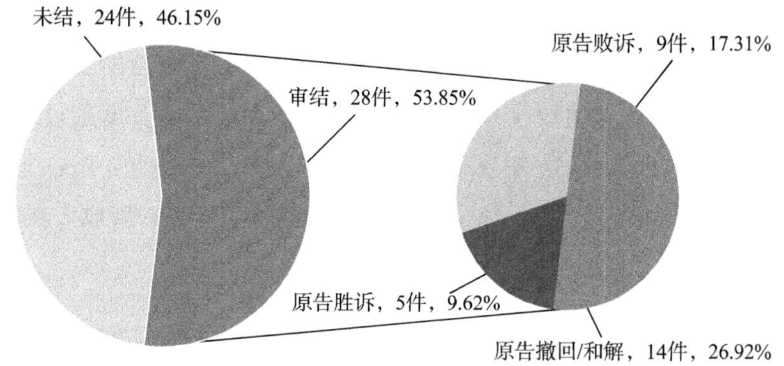

图 5-2-7　美国针对中国的“337 调查”结案分布情况

5.3 典型诉讼案例

5.3.1 苹果公司诉 HTC 案

5.3.1.1 基本案情

苹果公司（Apple Inc.）是美国的一家高科技公司，成立于 1976 年，2007 年由苹果电脑公司（Apple Computer Inc.）更名为苹果公司（Apple Inc.）。苹果公司创立之初，主要开发和销售的个人电脑，截至 2014 年致力于设计、开发和销售消费电子、计算机软件、在线服务和个人计算机。知名的产品有 Apple Ⅱ、Macintosh 电脑、Macbook 笔记本电脑、iPod 音乐播放器、iTunes 商店、iMac 一体机、iPhone 手机和 iPad 平板电脑等。2007 年，苹果推出了 iPhone，一个结合了 iPod 和手机功能的科技产品，iPhone 手机是苹果公司极具代表性的产品，拥有广泛的用户群。2012 年 8 月 21 日，苹果成为世界市值第一的上市公司。Scientia Mobile 发布了 2017 年美国市场智能机的占有率报告 Mobile Overview Report（MOVR）。苹果手机的市场占有率具有相当的领先优势，在占有率前 10 名中，苹果公司的产品占据了大半席位。

HTC（宏达电）公司 1997 年成立，是一家位于中国台湾地区的手机与平板电脑制造商，是全球最大的 Windows Mobile 智能手机生产厂商，全球最大的智能手机代工和生产厂商。2008 年 6 月，公司英文名称自 High Tech Computer Corporation 更名为 HTC Corporation。随着谷歌阵营的 Android 系统手机兴起，公司成为主要生产商之一，2011 年 4 月市值首度超过诺基亚。2007 年 HTC 亦加入由 34 家公司创立的开放手持设备联盟（Open Handset Alliance），推出采用 Google Android 系统的智能手机，并一度成为在美国最受欢迎的 Android 系统智能手机。

5.3.1.2 诉讼案情

1. 诉讼发起

2010 年 3 月 2 日，苹果公司在美国特拉华地区法院起诉 HTC 侵犯了其

10 件应用于移动通信设备包括手机、智能手机等相关产品的软硬件专利的专利权，诉讼案号为 1：10-cv-00167（以下简称“167”案）。被诉侵权产品包括 HTC 制造、销售的便携式终端。

2. 涉案专利

涉案专利详情见表 5-3-1。

表 5-3-1　案件 1：10-cv-00167 涉及专利

专利号	专利涉及内容
US7,362,331B2	在状态之间基于时间的、非恒定的用户界面对象的转换
NO5,455,599	面向对象的图形系统
NO5,848,105	用于提高通信能力和通信质量的 GMSK 信号处理器
NO5,920,726	在数码相机装置内管理电量情况的系统和方法
NO6,424,354	具有听者注册的兴趣和方法的面向对象通知系统
US7,383,453B2	通过向处理器的指令处理端口减少电压供给节约能源
US7,469,381B2	在触摸屏显示器上目录滚动和文档转换、缩放和旋转
US7,479,949B2	通过应用启发式方法确定命令的触摸屏设备、方法和图形用户界面
US7,633,076B2	在便携终端中自动响应和感知用户活动
US7,657,849B2	通过在解锁图像上执行手势来解锁设备

3. 被诉产品

包括 HTC 生产销售的智能手机和其他相关设备，以及至少使用了安卓操作系统的产品。

4. 具体事件过程

2010 年 3 月 2 日，苹果在美国特拉华地区法院起诉 HTC 侵犯了其 10 件应用于移动通信设备包括手机、智能手机等相关产品的软硬件专利的专利权。被诉侵权产品包括 HTC 制造、销售的便携式终端。

2010 年 4 月 9 日，HTC 提出了将“167”案转移到加州北区法院的动议，HTC 声称加州是原告苹果公司所在地，苹果控告目标是谷歌设计的移动操作系统，而谷歌位于加州北部地区，整个案件的核心“Android 操作系统”涉及的第三方人证和资料均在加州北部地区，同时，被告 HTC 在美国加州北部的办公地更靠近 HTC 的总部中国台湾，其他重要的第三方更靠近加州北部，此外，所诉侵权专利的发明人和指控侵权的技术均在美国加州北部开发，基于司法的利益也应当将该案的审理转移到美国加州北区法院。

2010 年 5 月 24 日，苹果提出反对将“167”案转移到加州北区法院，法院在 2011 年 1 月 14 拒绝将“167”案转移到加州北区法院的动议。

2010 年 5 月 24 日，苹果提出将“167”案件和 1：10 - cv - 00166 案［“166”案，由于和 ITC 调查部分重叠被中止（stay）］，与 C. A. NO. 09-791 案（“791”案，诺基亚公司起诉苹果）、C. A. NO. 09 - 1002 案（“1002”案，诺基亚起诉苹果）并案审理，苹果声称对于“791”案，苹果于 2010 年 2 月 19 日反诉诺基亚侵犯苹果的 9 件专利、对于“1002”案苹果于 2010 年 1 月 15 日提出对诺基亚进行 ITC 调查，控告诺基亚侵犯苹果的 9 件专利，由于同时进行的 ITC 调查（调查卷号：337 - TA - 704）法院暂停了对“1002”案的审理直到 ITC 调查结束；对于“166”案件和“167”案，苹果发起了相关的 ITC 调查（调查卷号：337 - TA - 710）控告 HTC 侵犯了在“166”案和“167”案所涉专利，法院暂停了对“166”案的审理直到 ITC 调查（调查卷号：337-TA-710）结束；苹果认为，苹果针对诺基亚和 HTC 的案件（“791”案、“1002”案、“166”案和“167”案）有大量的法律和事实的共同点；同时，将上述 4 案合并审理将会节省司法资源并且防范裁决不一致的可能；此外，并案审理也不会对 HTC 或诺基亚造成司法偏见。法院在 2010 年 12 月 6 日拒绝了该项动议。

2010 年 6 月 4 日，HTC 提出请求法院驳回涉及侵犯专利 NO7383453（以下简称“’453 专利”）的诉讼（Count Ⅷ of the Complaint）的动议，被告 HTC 认为被控侵权’453 专利具有致命缺陷，HTC 认为出版的’453 专利包含了错误的权利要求集合，其与授权文本包含的权利要求不一致：

苹果于 2005 年 8 月 25 日提交’453 专利的申请（申请号为 11/213，215）包括 63 项权利要求，部分权利要求已经删除或被拒绝；2008 年 2 月 26 日，苹果提出继续审查并提交 21 项新的权利要求（权利要求第 64 ~ 84 项），其中包括三项独立权利要求第 64 项、第 71 项和第 78 项；根据审查意见，苹果于 2008 年 3 月 26 日对权利要求进行了修改，美国专利商标局对修改后的权利要求授予专利权；然而出版的’354 专利所包括的权利要求却是 2008 年 2 月 26 日提交的权利要求；苹果意识到出版的权利要求包括错误的文本，

并于2008年7月17日提交更正错误请求，美国专利商标局以苹果未提交必要的修订为由拒绝苹果的请求，21个月之后苹果再次提交了更正请求，然而直到提交该诉讼之后美国专利商标局都没有准许苹果的更正请求。

HTC认为，苹果虽然提出多次更正请求，请求美国专利商标局用授权权利要求替代出版的权利要求，然而美国专利商标局没有准许苹果的更正请求，苹果提交诉状时该专利存在缺陷并持续到现在，即便美国专利商标局在未来更正该专利，更正后的权利要求也不能追加到该诉状中，因为诉讼是在权利要求更正之前发起的；地区法院虽然有权通过解释专利更正专利中的错误，但是该权利仅限于明显的错误；因此无论美国专利商标局采取何种措施，涉及'453专利的诉讼都应被驳回；'453专利出版的权利要求是无效的，而且即使美国专利商标局更正了该专利，更正后的专利也不能追加到对HTC指控的该诉讼中，HTC认为不管这种错误是美国专利商标局还是申请人导致的，该专利都是无效的，涉及该专利侵权的指控都应被驳回。

2010年6月21日，苹果提出反对驳回“167”案的动议，并且提交了第一次修改后的诉状，修改后的诉状在不损害权利和义务的前提下撤回了NO7,383,453和NO7,657,849的专利侵权指控，但保留对专利NO5,455,599、NO5,848,105、NO5,920,726、NO6,424,354、NO7,362,331、NO7,469,381、NO7,479,949和NO7,633,076的侵权指控。

在同一天，苹果在该地区法院提交了针对HTC的另一件诉讼，控告HTC侵犯了苹果的4件专利，包括NO7,383,453和NO7,657,849。该民事诉讼的编号为10-544（案号：1：10-cv-00544），此案同样在该法庭未决。目前苹果控告侵权的专利包括在“167”案中的8件以及在“544”案中另外的4件：NO7,383,453、NO7,657,849、NO6,282,646和NO7,380,116。具体情况见表5-3-2。

表5-3-2　1：10-cv-00544涉及专利

专利号	专利涉及内容
NO7,383,453	通过向处理器的指令处理端口减少电压供给节约能源
NO7,657,849	通过在解锁图像上执行手势来解锁设备

续表

专利号	专利涉及内容
NO6,282,646	在显示配置中实时适应变化的系统
NO7,380,116	在显示配置中实时适应变化的系统

2010 年 7 月 6 日，HTC 否认侵犯在“176”案中所涉专利的专利权，并且反诉苹果侵犯了 HTC 的 3 件专利的专利权（表 5-3-3）：NO7,278,032、NO5,377,354、和 NO6,188,578，指控侵权的苹果产品包括 Macbook、MacBook Pro、iMac、Mac Mini、iPhone、iPhone 3G 和 iPhone 3GS。

表 5-3-3 HTC 反诉涉及专利

专利号	专利涉及内容
NO7,278,032	PAD 和无线通信系统整合接口的电路及操作方法
NO5,377,354	对电子邮件信息排序的方法和系统
NO6,188,578	具有多散热路径的集成电路封装

2010 年 7 月 16 日，HTC 提出将“544”案转移到美国加州北区法院的动议，法院于 2011 年 1 月 18 拒绝了该项动议。

2010 年 7 月 30 日，苹果提交针对 HTC 对“167”案反诉的答辩，否认侵犯 HTC 的专利并主张各种积极抗辩和确认诉讼（declaratory judgment counterclaims）。2010 年 8 月 18 日，HTC 提交针对“544”案的答辩和反诉，否认侵犯苹果在“544”案中主张的专利权并且主张各种积极抗辩和确认诉讼。2010 年 9 月 10 日，苹果提交对 HTC 针对“544”案反诉的答辩。2011 年 7 月 1 日，苹果和 HTC 提交移交文件和物品以及质询的初步请求。2011 年 7 月 29 日，苹果和 HTC 基于美国联邦民事诉讼规则进行案情初步披露。

2011 年 8 月 2 日，HTC 提交中止“167”案和“544”案动议直到 ITC（调查案卷号：337-TA-2828）调查决定确定的声明（HTC filed a Motion to Stay the 167 and 544 Cases Pending Resolution of ITC Docket No. 337-TA-2828）。在声明中，HTC 认为苹果在特拉华地区法院针对 HTC 的 4 件民事诉

讼，案件号分别为1：10-00166-GMS（表5-3-4，已被法院中止直到ITC[1]调查决定确定，ITC编号337-TA-710），1：10-00167-GMS，1：10-00544-GMS，1：11-00611-GMS（表5-3-5）；指控HTC侵犯苹果共计26件专利的专利权，所有这些控告的目标都是HTC智能手机技术。这几件案子尽管都在初步审理阶段，由于当事人关注的焦点在ITC[2]调查，对上述几件案子的审理并不活跃。

表5-3-4 案1：10-00166-GMS涉及专利

专利号	专利涉及内容
NO5,519,867	面向对象的多任务系统
NO6,275,983	面向对象的操作系统
NO5,481,721	提供面向对象编程语言的消息传递到使用代理对象的操作系统消息传递的自动和动态翻译的方法
NO5,566,337	在操作系统中分发事件的方法和装置
NORE 39,486	可扩展，可替换的网络组件系统
NO6,343,263	用于串行传输数据的实时信号处理系统
NO5,969,705	用于从非活动应用程序控制用户界面的消息协议
NO5,946,647	用于对计算机生成的数据中的结构执行操作的系统和方法
NO5,929,852	网络组件系统的封装网络实体引用
NO5,915,131	用于处理利用独立编程接口访问分离I/O服务的请求的方法和装置

表5-3-5 案1：11-00611-GMS涉及专利

专利号	专利涉及内容
NO7,844,915	用于滚动操作的应用程序编程接口
NO7,084,859	可编程触摸式触摸屏显示器和人机界面，用于改进车辆仪表和远程信息处理

[1] 2011年7月15日ITC发布了编号为337-TA-710初步决定认为HTC侵犯了专利US 6,343,263和US 5,946,647。HTC正在寻求委员会对初步决定的复审。

[2] 2011年7月8日苹果提交编号为337-TA-797的ITC调查，控告HTC侵犯其5件专利。

续表

专利号	专利涉及内容
NO7,920,129	具有屏蔽和驱动组合层的双面触摸屏
NO6,956,564	便携式计算机

尽管 ITC 调查未决，在苹果的要求下 HTC 同意就“167”案和“544”案进行初步裁决的会议，然而 2011 年 7 月 8 日苹果提出针对 HTC 的另一件 ITC 调查（调查卷号：337-TA-797）和民事诉讼（案号为 1：11-00611-GMS）；其中在 ITC 调查中涉及的 5 件专利同样在民事诉讼 1：11-00611-GMS 中被控告侵权。HTC 认为“167”案、“544”案和“611”案应当中止审理直到 ITC 调查出结果，HTC 认为 ITC 调查所涉专利和上述民事诉讼中控告的侵权专利有多个重叠或相似，且之前苹果也提交过对于存在事实和法律具有多个共同点的案件应当并案审理的动议，因此 HTC 认为由于民事诉讼“167”案、“544”案和“611”案控告的多件专利和 ITC 调查所涉专利部分相同或相似的事实（表 5-3-6，其中 D. Del. 是引用特拉华地区法院时的缩写，表格中“X”表示案件涉及的专利），上述民事诉讼所涉专利应当在 ITC 调查结束后审理。

表 5-3-6 民事诉讼指控侵权专利和 ITC 所涉的重叠专利

专利号	337-TA-2828(ITC)	11-00611(D. Del.)	10-00167(D. Del.)	10-00544(D. Del.)
NO5,455,599			X	
NO5,848,105			X	
NO5,920,726			X	
NO6,282,646				X
NO6,424,354			X	
NO6,956,564	X	X		
NO7,084,859	X	X		
NO7,362,331			X	
NO7,380,116				X
NO7,383,453				X
NO7,469,381	X		X	
NO7,479,949			X	

续表

专利号	337-TA-2828(ITC)	11-00611(D. Del.)	10-00167(D. Del.)	10-00544(D. Del.)
NO7,633,076			X	
NO7,657,849				X
NO7,844,915	X	X		
NO7,920,129	X	X		

HTC 认为：

1）根据表 5-3-6，案 11-00611 中指控的专利与 ITC 调查所涉专利相同，案 10-00167 中一个专利（'381 专利）也同样在 ITC 调查中用于控告 HTC，因此，案 11-00611 中所涉专利和案 10-00167 中所涉 381 专利必须强制中止审理直到 ITC 调查决定确定。

2）对于民事诉讼中剩余的和 ITC 调查所涉专利相关的专利，出于司法利益也应当暂停审理：

首先，在 Sandisk Corp. v. Phison Elecs. Corp. 案中原告对同一个被告提交两件侵权诉讼案，在每一个案子中指控不同但是相似的专利，此后其中一案因故暂停审理，法院对另一案作全权中止；相似的在 FormFactor, Inc. v. Micronics Japan Co., Ltd. (CV-06-07159 JSW, 2008 WL 361128 (N. D. Cal. Feb. 11, 2008)）案中法庭中止了全部 4 件专利的审理，因为其中两件专利处于 ITC 调查中。

和 Sandisk 案和 Formfactor 案一样，中止所有专利的审理是合乎逻辑的，被强制中止的专利和剩余的专利之间具有实质性的重叠，苹果控告的所有专利都是针对 HTC 的智能手机技术领域，集中在电源管理、信号处理、图形用户界面、硬件配对和触摸输入处理，在强制中止专利中的项也在其他专利中发现，包括“触摸屏”“滚动/翻译”“运动检测”“靠近检测”“无线电收发器”和“多点触摸”，ITC 所涉专利和非 ITC 所涉专利也存在部分相同的发明人，比如 ITC 所涉'381 专利与'331 专利、'849 专利、'949 专利，考虑到这些重叠，在该法院和 ITC 调查中相同的产品可能被指控，同样这些案子中证据、证人也将存在大量的重叠；如果对这些案子分开审理将会造成时间和资源的浪费，这三个地区法院的案子应该同时进行并在 ITC 决定确定之前中止。

其次，苹果也认为“167”案和“554”案应当合并审理以节省司法资源和时间，尽管法庭最终拒绝了苹果的并案申请，但是也承认两案在事实和法律上存在共同点，虽然“611”案在后提交，但是基于同样的理由，“167”案、“554”案和“611”案应当同时审理。

最后，法院以前在类似的情况下允许中止审理，在 Ethicon, Inc. v. Quigg, 849 F. 2d 1422, 1426-27 (Fed. Cir. 1988) 案中，法院已经认识到，如果案件中涉及多项专利，则对这些专利之一进行复审往往需要中止整个案件。在 Pegasus Devel. Corp. v. DirecTV, Inc (Civ. A. 00 - 1020 - GMS, 2003 WL 21105073, * 1 (D. Del. May 14, 2003)) 案中，法院中止了涉及六件专利的案件，因为其中一件专利是复审程序的主体；在另一起案件中 Alloc, Inc. v. Unilin Décor N. V., No. Civ. A. 03-253-GMS, 2003 WL 21640372 (D. Del. July 11, 2003)，该法院保留专利权，因为相关的延续专利是美国专利商标局复审和 ITC 上诉的主题。

因此对案件 11-00611 和案件 10-00167 中止审理是适当的，也不会对苹果造成任何的司法偏见。

2011 年 8 月 19 日，苹果提交反对 HTC 对“167”案和“544”案中止直到 ITC 调查决定确定的动议。苹果认为：

1）HTC 仅有权利要求中止与 ITC 调查有关的专利

只有 5 件专利是与 ITC 调查有关，未决的“611”案中的 4 件专利和未决的“167”案中的一件专利（表 5-3-6）。苹果同意法庭中止“611”案件的审理以及“167”案件中对’381 专利的审理。

2）没有依据存在对 non-ITC[1] 专利自由裁量中止

是否给予中止是由法院自行决定的［参见 Boston Scientific Corp. v. Cordis

---

[1] 5,455,599 (“the ’599 patent”), 5,848,105 (“the ’105 patent”), 5,920,726 (“the ’726 patent”), 6,282,646 (“the ’646 patent”), 6,424,354 (“the ’354 patent”), 7,362,331 (“the ’331 patent”), 7,380,116 (“the ’116 patent”), 7,383,453 (“the ’453 patent”), 7,479,949 (“the ’949 patent”), 7,633,076 (“the ’076 patent”) and 7,657,849 (“the ’849 patent”) 统称为 non-ITC 专利。

Corp. ,No. 10-315-SLR, --F. Supp. 2d--, 2011 WL 1398484, at ＊4(D. Del. Apr. 13,2011)]。当考虑中止动议时，地方法院通常考虑以下因素：①中止是否简化案件审理；②是否发现（discovery）已经完成，审判日期已经确定；③中止是否带有明显的偏见，是否对动议对方当事人（non-moving party）表现出明显的劣势；然而 HTC 并不能证明该动议满足以上要求。

A. 法庭仅会在极少情况下中止 non-ITC 专利，只有当地方法院问题与 ITC 问题交织时法院才会这么做，比如 ITC 专利和 non-ITC 专利共享相同的说明书（specification）或起诉历史、权利索赔问题可以从 ITC 的分析中获益［详见 Sandisk Corp. v. Phison Elec. Corp. ,538 F. Supp. 2d 1060,1066(W. D. Wis. 2008)］，只有这种情况法院才会考虑对 non-ITC 的中止审理。

然而，法院强调仅仅在主题方面的重叠不足以使地区法院对 non-ITC 专利中止，例如在 Humanscale Corp. v. Compx Int'l Inc 案中，尽管 ITC 专利和 non-ITC 专利具有相同的主题：可调式键盘支撑系统，但是 ITC 专利和 non-ITC 专利并不共享说明书、起诉历史或同族关系，法院否决了中止 non-ITC 专利审理，因为上述原因 ITC 并不会考虑所述 non-ITC 专利。LG Elec. ,Inc. v. Eastman Kodak Co 案中，法院同样否决了被告的中止 non-ITC 专利的动议。因此，苹果认为：

（ⅰ）与 Humanscale 和 LG 相似，HTC 的动议也应当被否决，因为苹果的 ITC 专利和 non-ITC 专利实质上并不相似。

（ⅱ）除了 non-ITC 和 ITC 专利之间缺乏实质相似之外，与这些专利相关的个人之间几乎完全没有重叠；事实上正如前面讨论的，11 件 non-ITC 专利中的 8 件和 ITC 专利的发明人不相同，其中的 3 件 non-ITC 专利中，25 个发明人中仅有 2 个和 ITC 专利的发明人相同，而且发起 ITC 调查的律师也未曾起诉过多数 non-ITC 专利；鉴于这些不同，拖延“167”案和“554”案的审理直到“611”案中止并不能提高效率。

（ⅲ）中止只会拖延苹果和 HTC 诉讼的最终决议，从而使得 HTC 继续在未来的几年侵犯这些专利的专利权。

（ⅳ）由于 non-ITC 和 ITC 专利之间缺乏实质相似，ITC 的裁决对该法院不具有约束。

B. HTC 寻求中止将会撤销“167”案和“554”案的调度（Undo Scheduling），而“167”案和“554”案已经超过一年未决。

C. 中止会对苹果造成过度的司法偏见。

HTC 的动议数年后将会阻止苹果——HTC 的直接竞争对手——寻求与 HTC 有关指控侵权的 11 项专利相关的禁令救济，中止也会加大苹果对侵权取证的困难。

D. HTC 支持其动议的举证在此并不适用。

E. 苹果反对 HTC 转移的动议并不支持 HTC 中止的动议。

2011 年 8 月 29 日，HTC 提交支持中止动议的答辩。HTC 请求法院中止“167”案、“544”案和“611”案所有的专利直到案卷标号：337-TA-797 的 ITC 调查决定确定，HTC 辩称：

A. 苹果承认“是否允许中止是由法院全权决定”，苹果错误地试图限制法院广泛、固有的自由裁量权；B. 苹果没有反驳，苹果控告的 ITC 专利和 non-ITC 专利之间实质的重叠将导致共同的证人、证据、权利索赔问题；C. 优先考虑司法效率而不是苹果的偏好，这与司法偏见是不一样的，中止案件并不影响苹果寻求救济，比如临时或永久的禁令救济，也不影响苹果对专利侵权的取证。

2011 年 12 月 22 日，法院准许 HTC 的中止审理“167”案、“054”案和“611”案的动议，法院认为：

1）苹果和 HTC 双方都认为案件“611”应当中止直到调查卷号：337-TA-797 的 ITC 调查决定确定，进一步双方都同意案件“167”中’381 专利的审理应当中止。

2）对于非强制中止的案件的中止由地方法院自由裁量，地方法院在裁量时优先考虑“平衡中止和行动受挫的利益”❶，这种平衡包括评估以下因

❶ 详见 Cherokee Nation of Oklahoma v. United States, 124 F. 3d 1413, 1416(Fed. Cir. 1997).

素[1]：①中止是否带有明显的偏见，是否对动议对方当事人（non-moving party）表现出明显的劣势；②中止是否简化案件审理；③是否发现（discovery）已经完成，审判日期已经确定。

鉴于苹果在2011年7月8日提交ITC（调查卷号：337-TA-797 ITC）调查控告HTC侵犯其5件专利，这5件专利涉及"167"案、"544"案和"611"案；被告HTC请求法庭中止"167"案和"544"，苹果在回应中辩称不应当允许"611"案和"544"案任一案件的中止，针对苹果的反对HTC进行答复，辩称苹果的反对理由不成立。

鉴于28 U.S.C. § 1659允许法院使用"其自由裁量权中止任何本法院的行为"[2]，根据当事人的陈述及相关法律，法院认为"167"案、"544"案和"611"案在主题和证据上有足够的相似性，为司法利益和节省当事人资源应当同时审理，中止"167"案、"544"案和"611"案的审理，直到ITC调查（调查卷号：337-TA-797 ITC）决定确定；法院进一步认为中止"167"案、"544"案不会对苹果造成司法偏见。

5. 该案判决

2012年12月22日法院对案件1：10-cv-167-GMS作出无偏见的驳回（dismissal without prejudice）整个诉讼的决定。

无偏见地驳回[3]（dismissal without prejudice）：

不带偏见地予以驳回（拉丁语，"salvis iuribus"）将使该当事方有权选择重新提起诉讼，而且往往是对提交文件时程序性或技术性问题的回应，该提交方可在提交时再纠正。

如果案件被驳回"不带偏见"，原告可以再次提起诉讼。通常在被告已经回答诉讼或在案件中提出动议之前，原告可以更容易地提出"无偏见的

---

[1] 详见Xerox Corp. v. 3 Comm. Corp.,69 F. Supp. 2d 404,406(W. D. N. Y. 1999);see also Alloc,Inc. v. Unilin Decor N. V.,C. A. No. 03-253-GMS,2003 U. S. Dist. LEXIS 11917,at ＊4(D. Del. July 11,2003).

[2] 详见id at 1067-68(quoting H. R. REP. No. 103-826(1),at 141,as reprinted in 1994 U. S. C. C. A. N. 3773,at 3913)。

[3] https://en.wikipedia.org/wiki/Prejudice_(legal_term)，访问时间2018年3月2日。

驳回”，并且可能出于战术原因如在不同司法管辖区提起诉讼。原告在提出驳回自愿动议之后，仅限于一次额外提起诉讼，之后可能会被禁止再次提交，这是很常见的。

在民事案件中，无偏见地驳回是允许将来重新提起案件的驳回。目前的诉讼被驳回，但可能仍然存在，原告可以就同一诉讼提出另一项诉讼。相反的，是有偏见的驳回（dismissal with prejudice），其中原告被禁止就同一要求提交另一起案件。带有偏见的驳回是一种最终判决，该案件已成为已经或可能已经提出的要求的判决。

6. 该案相关其他诉讼

(1) 双方在美国提起多次诉讼

苹果和 HTC 双方在美国提起多次诉讼，苹果起诉 HTC 的案件除 1：10-cv-00167 案外，还包括 1：10-cv-00166，1：10-cv-00544，1：11-cv-00611，1：12-cv-01004；HTC 起诉苹果的案件包括 1：11-cv-00715，1：11-cv-00785。

具体事件：

2010 年 3 月 2 日，在苹果发起 1：10-cv-00167 诉讼案同时，苹果在同一天再次向特拉华地区法院提起新的民事诉讼（案号：1：10-cv-00166），声称 HTC 侵犯其 10 件专利的专利权。涉案专利包括：NO5,519,867（以下简称“'867 专利”）、NO6,275,983（以下简称“'983 专利”）、NO5,481,721（以下简称“'721 专利”）、NO5,566,337（以下简称“'337 专利”）、RE 39,486（以下简称“'486 专利”）、NO6,343,263（以下简称“'263 专利”）、NO5,969,705（以下简称“'705 专利”）、NO5,946,647（以下简称“'647 专利”）、NO5,929,852（以下简称“'852 专利”）和 NO5,915,131（以下简称“'131 专利”）。2010 年 4 月 23 日，HTC 提起中止审理“166”案的动议。在动议中 HTC 认为，苹果在 2010 年 3 月 2 日提起针对 HTC 的 ITC（调查卷号：337-TA-710）调查，ITC 调查所涉专利与该案所诉专利相同，鉴于此，法院应当中止“166”案的审理直到 ITC 调查决定确定。法院于 2010 年 4 月 26 日同意 HTC 的动议。

2012 年 12 月 22 日法院对案件 1：10-cv-167-GMS 作出无偏见地驳回

整个诉讼的决定。

在苹果发起的诉讼案（案号：1：10-cv-167）尚未结束之时，苹果先后于2010年6月21日、2011年7月11日再次在特拉华地区法院提起新的民事诉讼（案号：1：10-cv-00544、1：11-cv-00611），声称HTC侵犯其8件专利的专利权。涉案专利包括：NO7,383,453（以下简称“'453专利”）、NO7,657,849（以下简称“'849专利”）、NO6,282,646（以下简称“'646专利”）、NO7,380,116（以下简称“'116专利”）；NO7,844,915(以下简称“'915专利”)、NO7,084,859（以下简称“'859专利”）、NO7,920,129（以下简称“'129专利”）、NO6,956,564（以下简称“'564专利”）；其中NO7,383,453（以下简称“'453专利”），NO7,657,849（以下简称“'849专利”）是案件1：10-cv-167审理过程中撤回的专利。

2011年8月2日，HTC分别提起中止审理“544”案和“611”案的动议，法院于2011年11月22日同意HTC的动议。

2012年12月22日和2012年11月13日法院对案件1：10-cv-00544-GMS、1：11-cv-00611分别作出无偏见地驳回整个诉讼的决定。

2011年8月15日，HTC在特拉华地区法院提起民事诉讼（案号为1：11-cv-00715），声称苹果侵犯其3项专利的专利权，见表5-3-7。

表5-3-7 1：11-cv-00715案件涉案专利

专利号	专利涉及内容
NO7,765,414	PAD和无线通信系统整合接口的电路及操作方法
NO7,672,219	采用正交频分复用的多点对点通信
NO7,417,944	有线调制的方法

2011年9月6日，HTC修改了诉状，声称苹果还侵犯了其另外5件专利的专利权。修改后的诉状涉及专利见表5-3-8。

表5-3-8 修改后的1：11-cv-00715案件涉案专利

专利号	专利涉及内容
NO7,765,414	PAD和无线通信系统整合接口的电路及操作方法

续表

专利号	专利涉及内容
NO7,672,219	采用正交频分复用的多点对点通信
NO7,417,944	有线调制的方法
NO6,473,006	对从电话键盘输入的字符进行变焦显示的方法和装置
NO6,708,214	用于移动通信设备的超媒体标识符输入模式
NO6,868,283	允许状态栏用户在便携式设备图形用户界面上响应的技术
NO7,289,772	允许状态栏用户在便携式设备图形用户界面上响应的技术
NO7,020,849	用于通信设备的动态显示

2011 年 9 月 21 日法院按照规定中止了该案的审理直到苹果发起的 ITC 调查决定确定。

2012 年 12 月 14 日 HTC 自动撤回了该诉讼请求。

在 HTC 发起的起诉案（案号为 1：11-cv-00715）尚未结束之时，HTC 再次在美国特拉华地区法院提起新的民事诉讼（案号为 1：11-cv-00785），声称苹果侵犯其 4 件专利的专利权。涉案专利见表 5-3-9。

表 5-3-9　案件 1：11-cv-00785 涉案专利

专利号	专利涉及内容
NO5,418,524	用于无线调制解调器应用软件的空中升级的方法和设备
NO5,630,152	具有寄存器信息共享的主从设备通信协议
NO5,630,159	具有延迟管理方法的个人属性选择方法和设备，以及在供者设备中的可用性不可用时用于偏好建立的设备
NO5,302,947	将软件程序从无线电调制解调器加载到外部计算机的方法和装置

被诉侵权产品包括 MacBook，MacBook Pro，iMac，and Mac Mini，iPhone，iPhone 3G，iPhone 3GS，and iPhone 4，iPod，iPod Nano，iPod Shuffle，iPod Touch，iPad，iPad 2，Mac，MobileMe，iCloud，iTunes。

随后苹果否认侵犯 HTC 声称的 4 件专利的专利权。接着 HTC 对苹果的回应进行了答辩，坚持声称苹果侵犯了其 4 件专利的专利权。2012 年 11 月 14 日，法院撤销整个诉讼。

（2）双方提起“337调查”

2010年3月2日，申诉方苹果公司（Apple Inc. 及其全资子公司 NeXT Software, Inc.）向 ITC 提交“337调查”申请。苹果公司指控 HTC 公司（High Tech Computer Corporation 及其全资子公司 HTC America, Inc. 和 Exedea, Inc.）侵犯了其十件专利的相关权利要求。2010年3月31日，ITC 决定对苹果公司的申请正式立案，发起“337调查”，案卷号为337-TA-710。ITC 最终判定 HTC 只侵犯苹果1件专利（’647专利）的两项权利要求。

2010年5月12日，在距离苹果公司在 ITC 起诉 HTC 公司仅2个月之后，作为应对，HTC 公司向 ITC 提出申诉，指控苹果公司的某些便携式电子设备和相关软件违反了美国《1930年关税法》（修正案）第337节。最终，委员会裁定苹果公司关于 HTC 控告侵权的专利没有违反“337条款”，并终止调查。

5.3.1.3 案例点评

苹果和 HTC 的相关诉讼开始于2010年3月，在短短的两年内双方相互发起了8起诉讼。HTC 作为被诉方，在苹果提起诉讼后快速响应，积极应诉，一方面，根据苹果的控告诉求，HTC 提出将案件转移到加州北区法院的动议，苹果控诉的相关专利技术和谷歌开发的 Android 手机操作系统有很大的关系，而谷歌的总部就在加州，HTC 在加州的办事处也离 HTC 在中国台湾地区的总部更近，将案件转移至加州北区法院，无疑将会有利于 HTC 获得更便利的技术和资源支持；此外，HTC 通过分析诉讼所涉专利，积极寻找无效涉诉专利的途径，对侵权涉及专利的有效性进行质疑，成功迫使苹果在一起诉讼中撤回无效的专利；HTC 在对苹果发起的诉讼积极抗辩的同时还积极发起反诉，反诉苹果侵犯其手机软硬件和移动通信技术专利，力争在旷日持久的专利拉锯战中掌握主动权；另一方面 HTC 利用苹果发起的 ITC 调查中所涉专利和普通诉讼所涉专利的重叠或相似，请求特拉华地区法院中止多起苹果发起的民事诉讼直到 ITC 决定的确定；HTC 在诉讼过程中采用中止普通诉讼的动议，在一定程度上节省了时间和精力，可以全身心投入对“337调查”的回应；同时主动发起针对苹果的“337调查”，在多个方面牵制苹果，并最终和苹果公司达成和解。

作为原告，苹果主动发起多起针对 HTC 的诉讼，无疑在诉讼过程中掌握着主动权，面对 HTC 的抗辩和反诉，苹果一方面积极地对对方的抗辩理由进行反驳，据理力争不做丝毫的让步，并用详细的事实和理由寻求法院对己方的支持；同时鉴于 HTC 以 ITC 调查为由提出的中止动议，苹果发起将诺基亚起诉苹果的案件与苹果起诉 HTC 的案件（详见上文）进行合并审理，并案审理对于苹果来说无疑是事半功倍的，除继续向 HTC 施压外还可以同时应付诺基亚对己方的诉讼，可谓一石二鸟；此外，在针对 HTC 基于涉诉专利版本有误提出无效的抗辩，苹果并没有就此放弃该无效专利，而是主动向美国专利商标局申请出版正确的权利要求，并以勘误后的专利结合其他相关专利向 HTC 发起新的诉讼；另一方面，除向特拉华地区法院提起专利侵权普通诉讼外，还向 ITC 发起针对 HTC 的“337 调查”，并多次申请针对 HTC 侵权产品的临时禁令和永久禁令救济，在诉讼未结的情况下尽最大可能保护自身利益。

与中国采用的大陆法系不同，美国采用的是英美法系，而判例法是英美法系国家的主要法律渊源，判例法的基本思想[1]是承认法律本身是不可能完备的，法官在遇到具体的案情时，应根据具体情况和法律条款的实质，作出具体的解释和判定。其基本原则是“遵循先例”，即法院审理案件时，必须将先前法院的判例作为审理和裁决的法律依据；对于本院和上级法院已经生效的判决所处理过的问题，如果再遇到与其相同或相似的案件，在没有新情况和提不出更充分的理由时，就不得作出与过去的判决相反或不一致的判决，直到将来某一天美国最高法院在另外一个同类案件中作出不同的判决为止。在诉讼双方进行辩护和答辩的过程中，原告苹果和被告 HTC 在陈述的事实和理由中大量引用了判决先例，这无疑有利于得到法官的支持。因此，国内企业应当清楚英美法系和大陆法系的司法区别，深入研究和主动利用“判例法”，在诉讼过程中利用判决先例提高辩护或答辩理由的说服力。

---

[1] https://baike. baidu. com/item/% E5% 88% A4% E4% BE% 8B% E6% B3% 95/1778749? fr=aladdin，访问时间 2018 年 3 月 2 日。

5.3.2 Tranxition 诉联想案

5.3.2.1 基本案情

原告 Tranxition 科技公司成立于 1998 年，是一家企业提供软件服务的 IT 公司。

被告联想公司，是我国著名的国际化科技企业，计算机整机顶级供应商，PC 市场 2017 年市场占有率全球第二位。

2000—2017 年，联想公司分别作为原告方和被告方的专利诉讼案件数量分布如图 5-3-1 所示，作为市场占有率较高的中国企业，联想公司从 2007 年开始就进入专利诉讼数量的增长期，并在 2011 年开始达到 40 起以上。而联想公司为了应对专利诉讼的增长，在 2014 年宣布以 1 亿美元现金的方式购买 Unwired Planet 的一系列专利组合和另一系列专利组合的授权。此举有效的遏制了其专利诉讼数量增加的势头。

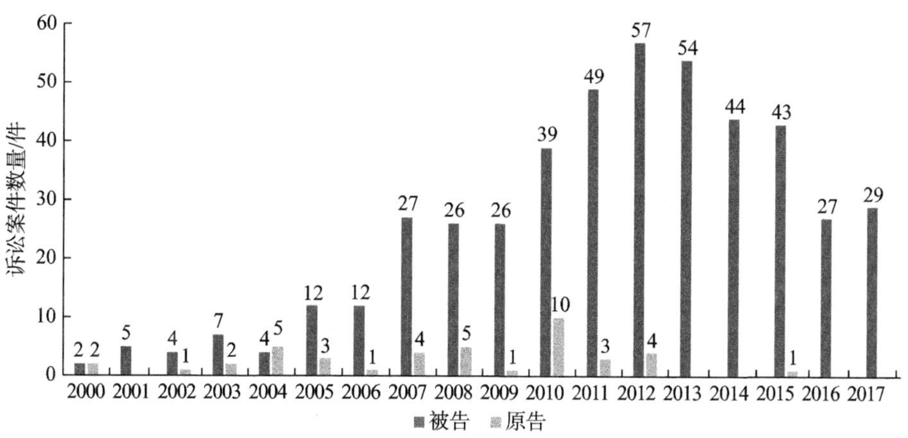

图 5-3-1 联想公司 2000—2017 年专利诉讼案件数量分布

5.3.2.2 诉讼案情

1. 诉讼发起

2012 年 6 月 15 日，Tranxition 公司向俄勒冈州地区法院提起诉讼，起诉联想公司侵犯其两件专利。

2. 涉案专利

涉案专利为：公开号为US6728877（以下简称“’877专利”）和US7346766（以下简称“’766专利”）的美国专利，“’877专利”是“’766专利”的母案，两者均涉及计算机系统的升级问题。涉案专利未经过转让，该专利申请于2002年12月13日，2004年4月27日授权公开，迄今被引用200次，具有7件同族专利申请。

通常情况下，用户的计算机系统中包含许多个性化的设置，如电子邮箱的地址、桌面设置和存储的密码。更换电脑时，为了使新的电脑像前任一样设置，用户必须手动地将旧电脑上的设置“迁移”至新的电脑中，这是一个耗时的工作，导致用户满意度和效率的降低。’877专利和’766专利提出，通过在计算机之间“自动转换”这些设置来解决这些问题。这将提供优于现有技术的特点，因为“其提供从旧的电脑到新的电脑之间系统配置的自动迁移，明显由于现有的耗时的手动迁移过程”。Tranxtion公司将相关服务和产品命名为“Migration Manager”，至今仍是其主要业务。

’877专利的权利要求第1项如下：

1. 一种计算机系统中用于准备从源计算机系统到目标计算机系统的传送配置设置的方法，所述方法包括：

提供关于所述源计算机系统配置的信息，所述配置信息包括每个配置设置的名称和位置；

生成一个从源计算机系统提取的识别配置设置的提取计划，所述生成包括提供所述源计算机系统已有配置设置的列表，并包括从所提供的配置设置列表中识别出要从源计算机系统中提取的动态配置设置；

从源计算机系统的提取计划中提取动态的配置设置，所提取的配置设置用提供的配置信息来定位；

生成一个从源计算机系统传输至目标计算机系统的可识别配置设置的转换计划，该生成包括提供提取计划中的动态配置设置，并包括从提取计划的动态设置配置中识别要从源计算机系统转移到目标计算机系统的动态配置设置；

并针对转换计划的每个动态配置设置，恢复被标识为转换计划中的动

态配置设置中提取的配置设置，将恢复的配置设置中的一个或多个从在源计算机系统中的格式转换为目标计算机系统上使用的格式。

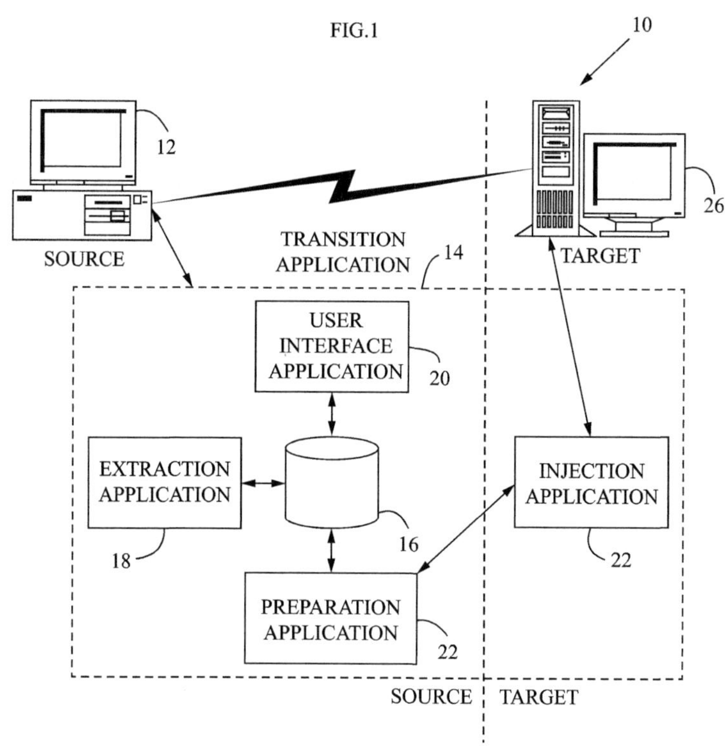

图 5-3-2　'877 专利的主要组成

涉案专利是由 Tranxition 公司申请，授权版本的权利要求中包括 30 项权利要求，具体涉及方法、计算机系统等具体类型。在其以上述两个专利起诉联想之后，又分别发起了其他两起诉讼，见表 5-3-10。图 5-3-2 为'877 专利的主要组成。

表 5-3-10　相关诉讼

起诉时间	原告	被告	涉案专利
2012-6-15	Tranxition	联想	'877 专利和'766 专利
2012-6-15	Tranxition	Micro Focus 等	'877 专利和'766 专利
2012-8-3	Tranxition	Novell	'877 专利和'766 专利

3. 诉讼概述

2012 年 6 月 15 日，Tranxition 公司向俄勒冈州地区法院提起诉讼，起诉联想公司侵犯其两件专利。

2014 年 12 月 2 日，地区法院举行马克曼听证会。

2015 年 2 月 9 日，联想提出’877 专利因客体的适格问题请求该专利无效的简易判决动议。随后，针对该动议，双方提供多回合的答辩文件，以及证人证词。

2015 年 5 月 20 日，口头审理上述简易判决动议。

2015 年 7 月 9 日，地区法院批准联想提出的简易判决，认定涉案专利属于非适格客体因而无效。

随后，Tranxtion 公司以该案向联邦上诉法院提起上诉。

动议：

动议（motion）是指向法院递交的申请，要求法院命令另一方诉讼当事人作出对申请人有利的一定行为。例如，临时禁令的动议是申请人要求法院禁止对方从事一定行为（如停止销售可能侵权的产品等）。申请人称为“动议方”（moving party or movant），另一方一般称为“非动议方”（nonmoving party）。动议可以是书面形式，也可以是口头形式。动议要说明申请的要求和原因，要包含事实和法律根据。申请人的动议一般以诉状的形式提交给法院，对方可以提出反对状（opposition），申请人还可以提交回复状（reply），但回复状只能就对方反对状里提出的新问题作出回复。

动议可以要求法院举行听证会。法院可以直接根据双方的书面材料作出判决，也可以举行听证会。在听证会上，双方都有机会陈述自己的立场，法官也会问一些问题。法院会在听证会结束后的一定期限内（一般是 2~4 周）作出判决。

常用的动议有撤销诉讼动议（motion to dismiss）、临时禁令动议（preliminary injunction motion）、要求中止诉讼动议（motion to stay）、简易判决动议（motion for summary judgment）、证据调查中的动议［例如

要求对方配合证据调查动议（motion to compel）、从诉讼记录中删除动议（motion to strike）、证据排除动议（motion in limine）］以及依据法律判决动议（judgment as a matter of law，JMOL）等。

简易判决：

一般专利诉讼案件由陪审团作最终的判决。但是，根据《联邦民事程序法》第56条，当双方对重要事实没有争议时，当事人可以要求法官对全部或部分诉讼请求作出简易判决。从诉讼开始到证据调查结束后30日之间的任何时间，当事人都可以提出简易判决动议。法官也可以根据案件的进程，确定双方提交简易判决动议的时间。简易判决为当事人提供了提前结束案件的途径。一般当事人会在证据调查结束后提出，因为如果在证据调查前提出，另一方可能以证据调查没有结束，抗辩双方有重大事实争议为由，因而要求法院驳回简易判决的请求。

被告侵权人可以就是否侵权提出简易判决动议。被告侵权人如果能够证明，被控侵权产品和专利权利要求不同，专利权人没有证据证明侵权，可以提交不侵权的简易判决动议。这时，举证责任转移到专利权人。专利权人必须提出侵权证据或证明双方对重要事实有争议。被告侵权人也可以就专利有效性要求简易判决。专利权人也可以用简易判决动议，要求法院确认专利有效、确认侵权等。

由于这种判决是在庭审之前，法官不会得到陪审团对事实的认定的结果。因此，法律要求，法官在权衡事实问题的时候，要把有疑问的事实当作已经得到证实的事实。对于有疑问的事实，法官要作有利于未提出动议的一方的合理推断。举例来说，如果原告主张根据被告产品的源代码，被告产品很有可能实施步骤A。如果被告提出不侵权的简易判决动议，有争议的事实（被告产品是否实施步骤A）必须按照有利于原告方作推断，即推定被告产品实施步骤A。如果在这些有利于原告的推定的基础上（例如，即使被告产品实施步骤A），原告仍缺乏证据证明侵权，法官可以作出简易判决，认定被告不侵权，结束案件。

简易判决在专利诉讼中使用非常频繁。任何一方对简易判决结果不服，可以上诉至联邦巡回上诉法院。

4. 联邦上诉法院的判决

Tranxition 公司针对俄勒冈州地区法院的最终判决提起上诉，该判决裁定美国专利 US6728877（以下简称“'877 专利”）和 US7346766（以下简称“'766 专利”）因不符合美国《专利法》第 101 条关于适格专利客体的要求因而无效。上诉法院基于下述理由，赞同地区法院的判决。

案情背景

'877 专利是'766 专利的母案，均涉及计算机系统的升级问题。通常情况下，一个人的计算机系统中包含许多个性化的设置，如电子邮箱的地址、桌面设置和存储的密码。更换电脑时，这些个性设置默认情况下不会显示在新电脑上。为了使新的电脑像前任一样设置，消费者必须手动地将旧电脑上的设置“迁移”至新的电脑中，这是一个耗时的工作，会导致用户失望和效率的降低。'877 专利和'766 专利提出，通过在计算机之间“自动转换”这些设置来解决这些问题。这将提供优于现有技术的特定，因为“其提供从旧的电脑到新的电脑之间系统配置的自动迁移，明显由于现有的耗时的手动迁移过程”。

2012 年 6 月 15 日，Tranxition 向联想（美国）公司提起诉讼，称其侵犯'877 专利和'766 专利的专利权。此后不久，Tranxition 以相同的原因，分别地针对 Novell 公司和 Micro Focus 软件公司提起诉讼请求。联想随即依据“联邦民事诉讼程序规则”第 56 条（a）款提出简易判决动议，认为涉案两个专利不符合美国《专利法》第 101 条关于适格专利客体的要求因而无效。

地区法院同意联想公司的意见，认为：首先，权利要求是针对将用户配置从一台计算机“迁移”至另一计算机的抽象概念。地区法院进一步发现，涉案专利中的所有权利要求均未涵盖一个发明概念使其满足适格专利客体的要求。因此，地区法院批准了联想的简易判决动议，并对其作出有利的判决。

当上述案件的简易判决成为最终裁决之后，Micro Focus 软件公司请求依据该简易判决书进行裁决。最终，地区法院也批准了 Micro Focus 软件公司的动议，也对其作出有利的判决。

Tranxition 公司以上述两个判决提起上诉。上诉法院依据 U. S. C. § 1295（a）（1）而具有管辖权。

管辖权（jurisdiction）：

所有的专利案件都会上诉至联邦巡回上诉法院。联邦巡回上诉法院审理由联邦地区法院上诉的专利案件。在此之外，联邦巡回上诉法院还审理由美国专利商标局的专利审判和上诉委员会（PTAB）、ITC 和联邦地区法院上诉的案件。

专利法问题（如专利侵权诉讼）属于联邦法律问题，由联邦法院管辖。管辖这类案件的初级法院是联邦地区法院，上诉法院是联邦巡回上诉法院。但并不是所有的涉及专利的问题都由联邦法院管辖。例如，关于专利所有权问题的争议，一般是合同纠纷，属于州法律管辖的范围，由州法院审理。在决定是否对上诉有管辖权的时候，联邦巡回上诉法院会审核该案件的诉讼主张是否是根据专利法提出来的（arising under the patent law）或者根据专利法提出来的诉讼主张是否是案件的主要部分。

对专利侵权案件的上诉，一般都由联邦巡回上诉法院管辖。联邦巡回上诉法院如果对一个案件有管辖权，它对案件中所有的上诉问题都有管辖权，包括非联邦法问题（例如诉讼程序上的问题）。

讨论

I

上诉法院以地区法院相同的标准审理简易判决的裁定。[1] 在判例 Universal Health Servs Inc. v. Thompson, 363 F. 3d 1013, 1019 (9th Cir. 2004) 中，上诉法院以重新审查的标准去审理简易判决裁定。判例 Intellectual Ventures I LLC v. Symantec Corp., No. 2015-1769, 2016 WL 5539870, at *2 (Fed. Cir. Sept. 30, 2016) 中，权利要求是否属于适格专利客体是一个法律问题，需要以重新审查的标准去审查。

---

[1] Taurus IP, LLC v. Daimler Chrysler Corp., 726 F. 3d 1306, 1322 (Fed. Cir. 2013).

美国《专利法》第101条规定："凡是发明或发现任何新的有用的工艺、机器或物质组成，或者任何新的有用的改进，都可以根据本法的条件和要求获得专利权。"

然而，美国《专利法》第101条包含了一个隐含的例外——"自然法则、自然现象和抽象概念不可取得专利权"❶。

为了确定一个权利要求是否属于适格专利客体，美国最高法院已经提出了一个Alice判断框架。"第一，判断涉案权利要求是否直接属于自然法则、自然现象或抽象概念这些不能授予专利权的概念。"❷ 第二，如果权利要求属于上述的非适格客体，则判断权利要求中是否包含一个"发明概念"是"明显多于非适格客体，从而确保整个专利方案转换为适格的客体（sufficient to ensure that the patent in practice amounts to significantly more than a patent upon the ineligible concept itself）"。

Ⅱ

上诉法院以'877专利的权利要求第1项为例进行分析。

'877专利的权利要求第1项如下：

1. 一种计算机系统中用于准备从源计算机系统到目标计算机系统的传送配置设置的方法，所述方法包括：

提供关于所述源计算机系统配置的信息，所述配置信息包括每个配置设置的名称和位置；

生成一个从源计算机系统提取的识别配置设置的提取计划，所述生成包括提供所述源计算机系统已有配置设置的列表，并包括从所提供的配置设置列表中识别出要从源计算机系统中提取的动态配置设置；

从源计算机系统的提取计划中提取动态的配置设置，所提取的配置设置用提供的配置信息来定位；

---

❶ Ass'n for Molecular Pathology v. Myriad Genetics, Inc., 133 S. Ct. 2107, 2116(2013).

❷ Alice Corp. Pty. Ltd. v. CLS Bank Int'l, 134 S. Ct. 2347, 2355(2014); McRO, Inc. v. Bandai Namco Games Am. Inc., No. 2015 1080, 2016 WL 4896481, at ＊6(Fed. Cir. Sept. 13, 2016).

生成一个从源计算机系统传输至目标计算机系统的可识别配置设置的转换计划，该生成包括提供提取计划中的动态配置设置，并包括从提取计划的动态设置配置中识别要从源计算机系统转移到目标计算机系统的动态配置设置；

并针对转换计划的每个动态配置设置，恢复被标识为转换计划中的动态配置设置的提取的配置设置，将恢复的配置设置中的一个或多个从在源计算机系统中的格式转换为目标计算机系统上使用的格式。

根据前文提到的两步判断框架，首先需要确定一权利要求是否属于一个非适格客体。[1] 对于一个完全在一个计算机上实现的权利要求，还需要事先考虑“该权利要求是针对计算机功能上的改进，还是一个直观的抽象概念”[2]。

在该案中，手动迁移无疑是一个抽象概念。然而，Tranxition 认为地区法院错误地判断了该权利要求属于一个“迁移”计算机设置的抽象概念。而 Tranxition 认为，该权利要求针对从一个计算机“转换”设置至另一个计算机，这是一个针对计算机问题的特定软件解决方案，其“超越了抽象的迁移概念”。

然而，上述论点并不具有说服力。根据该专利的说明书，该专利是针对人工完成“迁移”设置时带来的问题进行改进。为了解决上述问题，该专利提出“自动转换配置设置”的技术方案，并解释称“其期望提供一个从旧的计算机系统至新的计算机系统，自动迁移配置设置的方法”。换句话说，该专利的既定目标是在两台计算机之间实现自动迁移数据。其并不能满足 Alice 测试框架中的第一步。与 Tranxition 的观点相反，该权利要求并非针对计算机功能的改进。该权利要求中没有任何内容表明，一旦配置设置过渡完毕，目标计算机将会更有效率。该权利要求仅仅只是将数据从一台计算机“迁移”至另一计算机，从而使迁移过程自动化。依据判例 Digitech Image Techs. ,LLC v. Elecs. For Imaging, Inc. ,258 F. 3d 1344,1351(Fed. Cir. 2014)，该权利要求中的针对计算机设置的迁移、转换都属于抽象概念。

---

[1] In re TLI Commc'ns LLC Patent Litig. ,823 F. 3d 607,611(Fed. Cir. 2016).

[2] Enfish LLC v. Microsoft Corp. ,822 F. 3d 1327,1335(Fed. Cir. 2016).

依据两步判断框架，在确定该权利要求是一个抽象概念之后，需要继续判断权利要求中是否具有“一个发明概念足以将权利要求的抽象概念转换为一个专利适格的客体”。法院认为，该案中并未具有这样“一个发明概念”。

Tranxition 还认为，该权利要求中包含一个发明概念，因为手动的迁移过程不一定会捕获计算机中的所有配置设置，也没有证据显示自动转换过程的操作方式与手动过程相同。然而，这些观点都错过了一个关键点。尽管一台计算机可能有数十个应用程序的设置，但权利要求中仅明确要求一个或多个配置设置，其并未提供设置参数的最大值。一个人可能会以不同于计算机的方式运用一个抽象概念。“陈述一个抽象概念并添加‘将其应用至计算机’并不能使该抽象概念转变为非抽象性”，必须要有更多的发明概念才能将本权利要求中的抽象概念转换为一个专利适格的客体。

在该案中，权利要求指示本领域技术人员（i）提供配置信息；（ii）生成提取计划；（iii）提取配置设置；（iv）生成转换计划；（v）将相关设置转换至新的计算机。这些步骤无论是单独地还是作为有序的组合都没有公开一个发明构思。这些步骤仅仅使用抽象概念中的“常规的、传统的行为”来描述一种通用的计算机应用，“其不能使一个抽象概念转换为一种适格的客体”[1]。

由于权利要求中的方法步骤都是针对一个抽象概念，且没有发明概念的存在，因此’877 专利和’766 专利的权利要求归为非适格客体的范围，依据美国《专利法》第 101 条判定其无效。

结论：基于上述原因，上诉法院同意地区法院关于认定’877 专利和’766 专利属于非适格客体的判定，因此依据美国《专利法》第 101 条判定其无效。

5.3.2.3 案件评析

该案涉及计算机领域常见的适格客体的判定问题，由于 2014 美国最高法院以 Alice 案作为客体判断的判例之后，美国司法和行政机关在客体的适格性问题的判断上每年都有一些调整和变化，都需要中国企业学习并调整自身的专利策略。

---

[1] Ultramercial, Inc. v. Hulu, LLC, 772 F. 3d 709, 716 (Fed. Cir. 2014).

另外，该案作为中国企业的涉诉案件，因联想公司在程序中适时提出了简易判决动议，而得以简短的解释的诉讼，其诉讼成本得到了有效的控制，并获得满意的结果，值得中国企业借鉴。

1. 2014 年以来美国专利适格客体的判定

Alice 案是近年来美国针对适格客体的判定上影响非常深远的判例。一段时间内其都将对计算机领域很多专利的有效性都有深刻的影响。图 5-3-3 示出了 2014—2017 年联邦巡回上诉法院审结的关于适格客体问题的案件，其中对于最终判定适格的案件的比例始终较低。❶

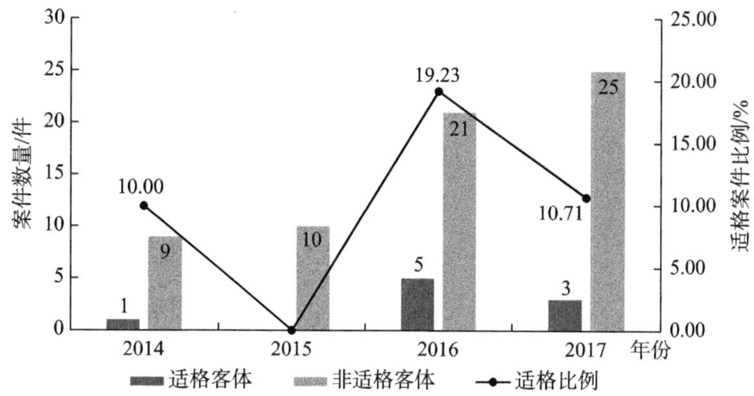

图 5-3-3　2014—2017 年联邦巡回上诉法院关于适格客体审结结果

（1）美国专利适格客体的判定方法

在 Alice 案中，美国最高法院提出了对 Alice 测试框架。自此，所有被挑战不满足专利适格主题的专利，均需要通过 Alice 测试框架才能被认定有效。图 5-3-4 示出了美国专利商标局给出的关于客体测试的步骤和方法，其中在前提中提出“在判断一个权利要求的可专利性时，以权利要求合理的最大范围去理解。将权利要求作为一个整体去判断其可专利性”。步骤一是判断该专利要求保护的内容是否属于自然规律、自然现象或者抽象概念；如果属于三者之一，进行步骤二，判断该专利是否存在足以确保整体专利方案明显多于（significantly more）非适格主体的发明概念，而使得该专利被转换为适

❶ 美国专利商标局. http://www.gov/patent/law-and-regulations/examination-policy/subject-matter-eligibility.

格主体。美国专利商标局在针对“significantly more”的解释的举例包括:

● 改进其他技术或技术领域。如一个数学公式应用至特定的橡胶成型过程。❶

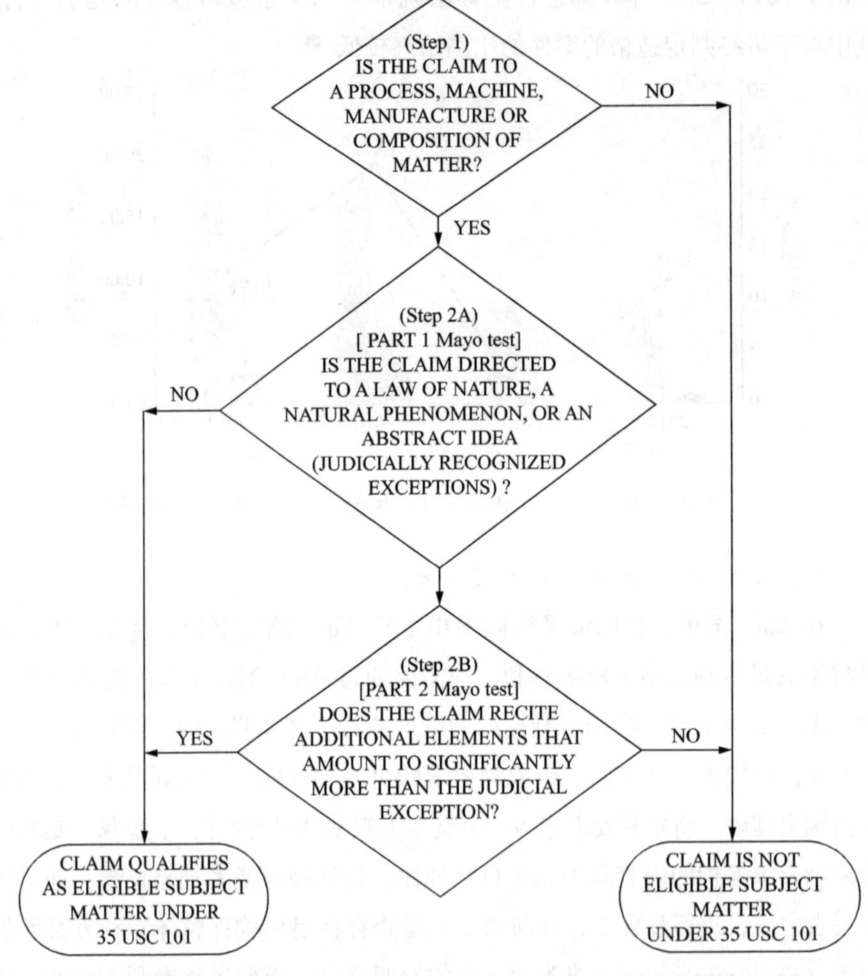
SUBJECT MATTER ELIGIBILITY TEST FOR PRODUCTS AND PROCESSES
PRIOR TO EVALUATING A CLAIM FOR PATENTABILITY, ESTABLISH THE BROADEST REASONABLE INTERPRETATION OF THE CLAM.
ANALYZE THE CLAIM AS A WHOLE WHEN EVALUATING FOR PATENTABILITY.
(Step 1)
IS THE CLAIM TO A PROCESS, MACHINE, MANUFACTURE OR COMPOSITION OF MATTER?
NO
YES
(Step 2A)
[PART 1 Mayo test]
IS THE CLAIM DIRECTED TO A LAW OF NATURE, A NATURAL PHENOMENON, OR AN ABSTRACT IDEA (JUDICIALLY RECOGNIZED EXCEPTIONS) ?
NO
(Step 2B)
[PART 2 Mayo test]
DOES THE CLAIM RECITE ADDITIONAL ELEMENTS THAT AMOUNT TO SIGNIFICANTLY MORE THAN THE JUDICIAL EXCEPTION?
YES
NO
CLAIM QUALIFIES AS ELIGIBLE SUBJECT MATTER UNDER 35 USC 101
CLAIM IS NOT ELIGIBLE SUBJECT MATTER UNDER 35 USC 101

图 5-3-4　美国专利商标局的关于客体测试的步骤和方法

---

❶ Alice Corp., 134 S. Ct. at 2359 (citing Diehr, 450 U. S. at 177-78) (a mathematical formula applied in a specific rubber molding process).

● 改善计算机本身的功能。

● 将该司法例外使用在特定机器中。如在先的判例确定，作为一个调查工具，判断机器或转换测试在决定涉案权利要求是否属于美国《专利法》第 101 条中的“过程（process）”中，是一个有用和重要的线索。[1]

● 将特定事物转换为不同的状态或缩减为不同的事物。如涉案权利要求中特定的橡胶成型工艺涉及一种状态的改变，将未加工、未经过硫化的合成橡胶转变成另一种状态或事物。将一个物品转变为另一状态或事物是判断不涉及特定机器的过程权利要求可专利性的一个重要线索。因此，涉及“在高温高压下，通过水的作用从脂肪体制造脂肪酸和甘油”的权利要求是一个过程权利要求，在判例 Tilghman 中得以例证。[2]

● 添加一个有别于本领域中常规的或传统的特别限制，或添加一个非传统的步骤将权利要求限定至一个特定有用的应用中。如权利要求因“指令仅添加了一些本领域中熟知的常规、传统性的活动，使其仅仅增加的是一些自然法则”，而非如“一种新药的或使用现有药物的新方法”这类特别的限制。[3]

● 其他有意义的限制，而非简单地将司法例外与特定技术环境进行联系。如权利要求中的硬件并未“提供一个超过了将方法与特定技术领域相联系”的限制，其仅仅是通过计算机实现了功能。[4]

并具体进一步列举了一些不足以满足明显多于的要求，进而无法使专利被转换为适格主体的类型，如：

■ 在属于司法例外的权利要求中仅增加类似“应用于”的词语，或仅仅是应用在计算机上的应用指令执行抽象概念。如简单地在计算机上实现数学原理。

■ 简单地将普遍适用于特定行业的数值的常规操作或常识附加到司法

---

[1] Bilski, 130 S. Ct. at 3227.

[2] Diehr, 450 U. S. at 184. Benson, 409 U. S. at 70.

[3] Mayo, 132 S. Ct. at 1299, 1302.

[4] Alice Corp. , 134 S. Ct. at 2360.

例外中，例如涉及抽象概念的权利要求中只需要通过普通计算机执行通用的计算机功能，这是业界已经了解的常规操作或常识。如通过计算机实现获取数据、调整账户余额，并发布自动指令，又如告诉医生使用已知的方法测量血液中代谢物水平，均属于上述情况。

■ 为司法例外的权利要求中增加无关紧要的额外解决方案。例如仅仅将数据与自然法则或抽象概念结合起来的情况。如将报警极限变量调整为根据数学公式计算的数值。❶

■ 将司法例外的权利要求与特定技术环境或应用领域的通常联系。如将对冲限制应用至商品和能源市场。❷

（2）美国专利适格客体判断框架第一步的相关示例

大部分的计算机软件类的专利，第一步时会被认定属于抽象概念，然后再进行第二步的测试。但哪些计算机类的专利在第一步中不会被判定为抽象概念，2016 年上诉法院审结的 Enfish 案是近年来软件类仅有的判例。

Enfish LLC v. Microsoft Corp.（822 F. 3d 1327，118 U. S. P. Q. 2d 1684（Fed. Cir. 2016））

该案的背景是 2012 年美国一家 NPE——Enfish 在加州中区法院起诉 Microsoft 等五家公司，涉案专利是 US 6,151,604 以及 US 6,163,775，涉案产品是 NET Framework 平台中的 ADO. NET 数据存取技术。

'604 专利和'775 专利都是软件类发明专利，保护的是一种应用于计算机数据库（database）的自我参照模型（self-referential model），简单地说，该模型能够将不同的但有关联性的表格数据进行整合，并形成一个单一的表格，以此来提升数据库的效率（图 5-3-5）。

---

❶ Flook，437 U. S. at 589-90（1978）.

❷ Mayo，132 S. Ct. at 1300-01（citing Bilski，130 S. Ct. 3223-24）.

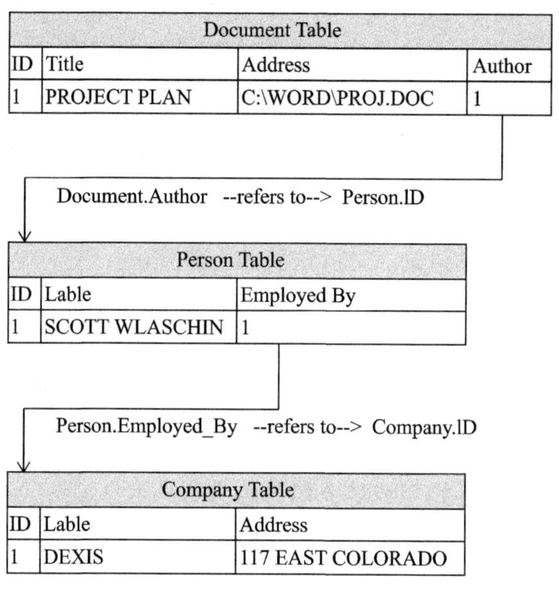

Document Table			
ID	Title	Address	Author
1	PROJECT PLAN	C:\WORD\PROJ.DOC	1

Document.Author --refers to--> Person.ID

Person Table		
ID	Lable	Employed By
1	SCOTT WLASCHIN	1

Person.Employed_By --refers to--> Company.ID

Company Table		
ID	Lable	Address
1	DEXIS	117 EAST COLORADO

图 5-3-5　表格数据的整合

’604 专利的权利要求第 31 项如下：

31. 一种用于在具有存储器、中央处理器和显示器的计算机系统中存储和检索数据的方法，包括以下步骤：

根据逻辑表配置所述存储器，所述逻辑表包括：多个单元，各所述单元具有第一地址段和第二地址段；多个属性集，各所述属性集包括具有相同第二地址段的一系列单元，各所述属性集包括用于标识各所述属性集的对象标识号（OID）；多个记录，各所述记录包括具有相同的第一地址段的一系列单元，各所述记录包括用于标识各所述记录的 OID，其中至少一个所述记录的 OID 与相应的一个所述属性集的 OID 相同，并且至少一个所述记录包括定义各所述属性集的属性集信息。

和其他软件专利一样，地方法院毫无悬念地同意 Microsoft 关于简易判决的申请，判定两个涉案专利由于涉及抽象概念而不属于美国《专利法》第 101 条的专利适格主体，因此无效。地方法院应用 Alice 测试，分析说：人类自古以来已经有利用表格化的方法来整理和存放数据的习惯，本专利的权利要求要求保护的内容属于使用表格来组织、存储和获取数据的抽象概念。另外，权利要求中的元素仅仅是利用公知的计算机硬件来运行一个常规的使用表格的方法，因此没有明显多于非适格主题的发明概念。

然而，地区法院的无效判定却被美国联邦巡回上诉法院反转。

上诉法院认为，涉案专利不属于抽象概念（abstract idea），因此也没有必要进行第二步测试的讨论。上诉法院的主要理由：

1）最高法院在 Alice 案中并没有排除所有软件专利的可专利性。实际上，很多重要的计算机技术的发明都涉及对软件和程序的改良，这些改良往往仅仅涉及逻辑架构或者处理方法。如果仅以抽象概念把这些发明全盘否定，显然将否定计算机领域很多优秀的发明成果。

2）最高法院至今未对什么叫“抽象概念”进行具体的解释，而地方法院在判断专利的方案是否属于“抽象概念”（Alice 第一步测试）的时候，不应该仅仅针对权利要求中的语言和内容进行判断，因为很有可能权利要求中描述的语言太过抽象，但其方案的具体实施却和实际紧密相关。地方法院应该更多的参考说明书的内容，从整体上判断权利要求请求保护方案的本质，从而判断其是否属于抽象的概念。此外，最高法院并没有说所有通过计算机来实现的软件技术，均属于抽象概念的范畴而需要进行 Alice 第二步测试。相反，上诉法院认为软件技术本身也可以做到不属于抽象概念的技术创新和改良，而非只是硬件可以。上诉法院认为该案的软件技术对计算机的效能有改进作用，因此属于适格主体。

3）如果专利发明的目的是提高计算机的效能，而其通过计算机实施并无不妥。若其仅仅是把众所周知的常规性活动和知识（例如一般商业惯例或者数学方程式）来通过一般的计算机硬件来实施，则其不属于适格主体。因此回到 Enfish 案，该案实质的争议点就在于：该专利是属于将自参照模型技术应用在计算机数据库上来改善计算机的效能，还是将其归纳为使用计算机来实施的一种数据处理的抽象概念。对此，上诉法院认为该专利属于前者，因此不属于抽象概念，属于满足美国《专利法》第 101 条的专利适格主体。

总之，上诉法院希望地区法院能够从技术的本质去公平地看待软件专利，如果该专利确实带来了很大的、不一般的技术改良，则不应该滥用专利适格性来否定其有效性。

美国专利商标局也在2016年5月19日将该案作为示例引入客体判断的备忘录中，并进一步阐述说，Enfish案并非对适格主体的判断框架进行了修改，而是提供了一个额外的参考和信息去确定抽象概念的调查。在联邦巡回上诉法院的判决中强调了关于适格主体判断的几个重点，特别是针对判断一个权利要求是否属于一个抽象概念的判断。第一，上诉法院指出，在判断权利要求是否是针对抽象概念时，将其与法院在先判例已经认定的抽象概念进行比较是推荐的做法；第二，上诉法院强调针对抽象概念的判断，需要结合说明书的理解，对所有的权利要求进行筛查，判断权利要求的整体特征是否符合可专利性的概念；第三，上诉法院提醒称，在判断权利要求保护的焦点时，不能仅从权利要求高度抽象化的语言中进行判断。

紧随Enfisha案之后，上诉法院就在TLI Communications LLC v. AV Automotive,L. L. C. （以下简称"TLI案"）以相反的角度进一步解释了其在Enfish案中的部分观点。TLI案的背景是TLI公司在2014年利用一个与数字图像存储和管理技术相关的软件专利（US6,038,295，以下简称"'295专利"）在美国地区法院对包括Automotive等多家公司提起诉讼，而在地区法院阶段，'295专利被认定属于抽象概念，并仅仅涉及用公知的计算机元件实现了对图像的分类和组织方法，因此不属于适格主体。

上诉法院赞同地区法院的观点，并表示：在Alice框架中第一步测试中，虽然'295专利的权利要求中出现了具体可见的硬件元素（例如服务器），但是这样的元素并不能使其脱离"抽象概念"的范畴，正如Enfish案中权利要求虽然描述是纯粹的软件方法，也不能直接认定其必然属于"抽象概念"一样。

对于'295专利，上诉法院还认为：即使把说明书的描述考虑在内，该专利也仅仅是把硬件元素（如服务器）当成相关方法实施的运行环境，而专利的方案本身并没有给这些硬件或者环境带来任何技术上的改进。此外，说明书中提到硬件元素的部分，皆采用了功能性的、模糊的语言进行描述，缺乏技术细节。因此，'295 专利属于使用公知的计算机解决分类和组织图片资料的“抽象概念”。

(3) 美国专利适格客体判断框架第二步的相关示例

大部分的计算机软件类的专利，在第一步时会被认定属于抽象概念，然后在第二步时被认为仅仅是利用了计算机实现了常规的组织行为或商业方法，因此不属于适格的专利主体，因而被认定不具备专利性。美国专利商标局进一步列举了多个由上诉法院审结的判例作为例子作为判断标准的参考，对于在第二步中的判断方法给出了具体的示例：

1) Ultramercial, LLC v. Hulu, LLC and WildTangent (772 F. 3d 709, 112 U. S. P. Q. 2d 1750 (Fed. Cir. 2014))

涉案专利是美国专利 US 7,346,545（以下简称“'545 专利”），'545 专利的权利要求第 1 项如下：

1. 一种通过协助者在互联网上分发产品的方法，所述方法包括以下步骤：

步骤一、从内容提供商处接受有知识产权保护并可供购买的媒体产品，其中每个所述媒体产品包括文本数据、音频数据和视频数据中的至少一个；

步骤二、选择与媒体产品相关联的赞助信息，所述赞助信息从多个赞助信息中选择得到，所述第二步骤包括访问活动日志以验证赞助信息已经被呈现的总计次数，该总计次数小于赞助者签约的交易周期数量；

步骤三、在互联网网站上提供媒体产品以供销售；

步骤四、限制普通公众访问所述媒体产品；

步骤五、在消费者观看赞助者信息的前提下向顾客提供免费的媒体产品；

步骤六、接受来自消费者观看赞助者消息的请求，所述请求作为获得媒体产品的访问权限的响应；

步骤七、响应于接受到来自消费者的请求，协助对消费者展示赞助信息；

步骤八、如果赞助信息不是一个交互信息，则允许消费者在协助展示

赞助信息之后访问所述媒体产品；

步骤九、如果赞助信息是一个交互信息，则向消费者呈现至少一个查询，并在接收到对所述至少一个查询的响应之后允许消费者访问所述媒体信息；

步骤十、将该交易活动记录至活动日志，该步骤十包括更新所述赞助者信息已被呈现的总计次数；

步骤十一、从赞助者处接收呈现赞助信息的费用。

法院使用 Alice 测试框架进行判断，首先确定涉案权利要求是否针对非专利适格的概念。法院认为，这十一个步骤大多数的限制仅仅描述了在提供内容之前展示广告的抽象概念。法院进而进行下一步判断，以确定权利要求是否明显过多简单地描述了抽象概念。法院解释称，查询和更新一个活动日志代表的是一个微不足道的“数据收集步骤”，限制公众访问仅代表微不足道的“前解决活动（pre-solution activity）”，而将思路缩小到互联网是企图将抽象概念限制在“特定的技术环境”中使用。无论从单个权利要求，还是将所有步骤作为一个有序整体看待，所要求保护的步骤不足以提供一个发明的概念。因为这些步骤都是常规的，并且具有很高的通用性。法院认为涉案权利要求的限制仅仅“简单地指导从业者使用常规的、传统的行为来实现抽象概念”，因而不会将该抽象概念转换为一个适格主体。

因此，所有的权利要求均不属于适格客体。

2）DDR Holdings, LLC v. Hotels. com, L. P.（773 F. 3d 1245, 113 U. S. P. Q. 2d 1097(Fed. Cir. 2014)）

涉案专利是美国专利 US 7,818,399（以下简称“’399 专利”），’545 专利的权利要求第 19 项如下：

19. 一种有效地在网页外包供应商中提供商业机会的系统，该系统包括：

（a）一个计算机来存储数据，用于每个多个第一网页，定义多个可视感知元件，该可视感知元件分贝对应于所述多个第一网页：

ⅰ）其中每个第一网页属于多个网页所有者中一个人；

ⅱ）其中所述第一网页显示至少一个动态链接，该动态链接与在多个商家中的特定商家具有购买机会的交易对象相关联；

ⅲ）其中，所选择的商家、外包提供商和显示相关链接的第一页面的所有者是彼此独立的三方。

(b) 连接到该计算机存储器的外包供应商处的计算机服务器被编程为：

ⅰ）从计算机用户的网络浏览器接收指令来激活由一个所述第一网页显示的一个链接；

ⅱ）自动识别已被激活的第一网页作为源网页；

ⅲ）响应源网页的识别，自动检索与源网页对应的存储数据；

ⅳ）使用所检索的数据，自动生成并向网络浏览器发送显示以下内容的第二网页：（A）与已经被激活的连接相关联的商业对象相关联的信息，以及（B）多个与源网页相关的可视感知元件。

法院认为，使用 Alice 测试框架进行判断该专利属于适格客体。首先，虽然在某些情况下，抽象概念是明确可识别的，并且可以与权利要求的其余部分关于通用计算机的限制分开，但在该案中，识别抽象概念并非显而易见。法院考虑了几个该案中抽象概念的特征，包括“使两个网页看起来一样”“使用互联网在计算机上的联合商业”“使两个电子商务网页使用相似的许可商标、标识、配色方案和布局”和“如果两个网页具有相同的外观和感觉，可以增加在线商家的销售额”。

法院进一步阐释了关于 Alice 测试框架的步骤二的分析，其认为该权利要求相当于一个发明的概念，因此属于适格主体。具体来说，权利要求解决如何保留网站访问者而不从主机网站被转移到广告商网站的问题，对此，所要求的解决方案必须根植于计算机技术中，以便克服特定计算机领域中的问题。该权利要求中包括以下附加的特征：“①在数据库中存储于多个主机网站相对应的可视感知元件，每个主机网站显示与第三方商家的产品或服务相关联的至少一个链接；②由网站访问者激活该链接，自动识别主机；③指示‘外包提供者’的互联网服务器来为访问者构建并提供一个新的、将第三方商家的产品相关联的内容与来自所标识的主机网站的存储的‘可

视感知元件’合并的网页。”法院认为该权利要求没有一般性地叙述“使用互联网”来执行商业行为，而是引入一种特定的方式自动地将外包提供商的多个资源来创建复合网页的方案，以解决互联网上网站会面临的问题。

因此，法院认为该专利属于适格客体。

2. 对撰写美国软件专利的启示

首先，在撰写权利要求的时候，不用刻意地加入硬件元素。从上述案例可以看到，权利要求中是否包含硬件元素并不影响法院对专利是否属于“抽象概念”的判断，法院会结合说明书的内容进行整体和实质的判断。但是，上诉法院也给出了一些他们认为“适格”和“不适格”的例子，这些例子需要在撰写权利要求时给予足够的重视（特别是“不适格”的例子需要予以避免）。上诉法院给出的“适格”的例子包括：“指向计算机功能改进的权利要求（Enfish 案）”“指向特定技术问题的解决方案的权利要求（Diamond v. Diehr, 1981）”或者“互联网特殊存在的挑战和问题（DDR Holdings, LLC v. Hotels. com, L. P. , Fed. Cir. 2014）”，而“不适格”的例子包括“简单引入计算机元件来实施已知商业行为的权利要求”“利用通用计算机来实施抽象的数学公式的权利要求”“数学公式的单纯计算机实现的权利要求”以及“使用常用的计算机行为来执行的无显著特点的步骤”。其次，在撰写美国软件类专利的说明书时，无论是其中发明内容、发明领域、解决的问题以及具体实施例的部分，都必须强调本发明解决了哪些硬件、硬件功能或者环境的具体技术问题。例如，Enfish 案中申请人在说明书中阐述了要解决的问题是“对特定电脑功能（数据库的自我参照模型）的改善”，这些就可以将该发明和那些仅仅把计算机元件当作工具的抽象概念区分开来。

最后，说明书中的具体实施例部分，如果涉及权利要求中出现过的硬件部件或者功能元件，特别是与本发明要解决的技术问题密切相关的硬件部件或者功能元件，务必要写清楚相关的技术细节，而不应该仅仅以功能性或者模糊的措辞来描述它们。

5.3.3 FlashPoint v. HTC

5.3.3.1 攻防双方

1. FlashPoint 公司

FlashPoint 公司是一家私人控股公司，其公司总部位于美国新罕布什尔州的彼得堡。该公司是数码相机行业的早期先驱，创始人最初在苹果公司负责数码相机操作系统和相关技术的开发项目，1996 年从苹果公司剥离出来，成立 FlashPoint 公司，并继续开发 FlashPoint 操作系统，最终改名为 Digital 操作系统，该操作系统于 1998 年 7 月在柯达获奖的 DC 260 相机上首次发布。

FlashPoint 将其业务集中在数字成像行业的研究、开发和许可领域，其开发的 Digital 操作系统被多家数码相机厂商采用。

2. HTC 公司

HTC 宏达国际电子股份有限公司成立于 1997 年 5 月 15 日，简称宏达，亦称 HTC，是一家位于中国台湾的手机与平板电脑制造商，是全球最大的 Windows Mobile 智能手机生产厂商。

2007 年，HTC 加入由 34 家公司创立的开放手机联盟，在 2008 年 9 月推出全球第一款采用 Google Android 系统的智能手机 HTC G1，在 2011 年发展迅猛，成为全球知名手机生产厂商，先后推出 Desire、ONE X、Butterfly、New One 等跨时代的产品。HTC 系列手机搭载安卓（Android）系统和 Windows Phone 系统。HTC 也正在全新的 VR 虚拟现实领域进行开拓发展，并在 2015 年 3 月的 MWC2015 上发布了与 Valve 联合开发的 VR 虚拟现实头盔产品 HTC Vive。

5.3.3.2 调查案情

1. 调查过程简述

2012 年 5 月 23 日，FlashPoint（申诉人）向 ITC 提出申请，认为 HTC（应诉人）的部分产品侵犯了其拥有的美国专利 US6400471（以下简称“’471 专利”）、US6222538（以下简称“’538 专利”）、US6504575（以

下简称“’575 专利”）、US6223190（以下简称“’190 专利”），请求依据美国《1930 年关税法》（修正案）第 337 节针对 HTC 的侵权行为发起“337 调查”。寻求的救济方式为有限排除令，即禁止被认定侵权的产品进入美国市场，并禁止美国本土的企业在本土市场销售该类产品，同时还寻求一项停止令，要求立即更正存在的不公平市场行为。

2012 年 6 月 29 日，ITC 在确定申请具有充分的理由后发布公告，决定针对疑似侵权行为展开调查，并指派相应的行政法官，不公平进口调查办公室将不参与这一调查。

2012 年 7 月 25 日，应诉人提交相关证明材料，否认存在侵权行为。

2012 年 8 月 9 日，ITC 发布通知，预计将在 16 个月以内终止调查。

2012 年 8 月 23 日，申诉人申请动议，请求应诉人提交被指控设备涉及侵权行为的软件的源代码，应诉人基于信息安全方面的考虑，拒绝了这一请求。

2012 年 9 月 17 日，申诉人申请动议，请求针对高通和苹果公司提交的源代码等资料进行保护。

2012 年 9 月 28 日，申诉人提交动议，申请对申诉文件进行修改，理由是申诉人的许可客户苹果公司在 2012 年 9 月 21 日发布的 iPhone 5 手机具有全景拍照功能，能够对证明’538 专利满足国内工业技术的需求提供额外的帮助，且该日期在证据收集日期的截止日之前，随后获得 ITC 的准许；

2012 年 11 月 19 日，ITC 发布通知，准许申诉人以对第三方资料进行保护的动议。

2012 年 11 月 30 日，申诉人提交动议，请求撤回’575 专利的相关调查。

2013 年 1 月 3 日，应诉人提交动议，提交相关材料，证明申诉人的涉案专利不能满足国内工业技术的需求，并申请就不侵犯’538 专利的权利要求第 1 项、第 19 项、第 21 项和第 22 项作出简易裁定。

2013 年 1 月 7 日，申诉人提交动议，提交证明材料，申请针对涉案专利能够满足国内工业技术的需求作出简易裁定。

2013 年 1 月 8 日，应诉人提交动议，针对涉案专利符合国内工业技术的需求提出反对意见。

2013 年 1 月 14 日，应诉人提交动议，针对应诉人不侵犯 538 专利的动议提出反对意见。

2013 年 2 月 13 日，申诉人提交一项动议，请求撤回针对'471 专利的权利要求第 7 项、第 22 项、第 24 项、第 26 项、第 28 项、第 31 项、第 34~43 项、第 60 项、第 62~69 项、'538 专利的权利要求第 17 项和第 23 项以及'190 专利的权利要求第 16 项和第 27 项、第 38 项、第 49 项相关的调查。

2013 年 3 月 4 日至 11 日，进行听证会，双方基于提供的证据充分交换意见；

2013 年 4 月 18 日，申诉人提交动议，请求撤回针对'471 专利的权利要求第 3 项、第 5 项、第 8 项、第 10 项、'190 专利的权利要求第 14 项、第 20~26 项、第 28~29 项、第 31~33 项、第 36~37 项、第 39 项、第 42~43 项、第 46~48 项、第 52~56 项以及'538 专利的权利要求第 21~22 项相关的调查。申诉人认为撤诉处理能够简化调查的流程而不会对应诉人造成影响，终止对上述要求的调查符合公共和行政经济的利益，双方也未就上述专利及权项达成书面或口头、明示或默示协议，这两项动议随后均获得了行政法官的准许，针对上述专利和权利要求的“337 调查”提前终止。

2013 年 6 月 19 日，申诉人申请动议，提供应诉人侵犯其'471 专利的相关证明材料。

2013 年 7 月 3 日，应诉人提交被指控产品与'471 专利的详细对比资料，以证明未构成侵权。

2013 年 9 月 30 日，行政法官发布存在违反美国《1930 年关税法》（修正案）第 337 节的初裁决定，并给出关于补救和保释金的建议裁定，裁定应诉人在向美国进口、为进口而销售或在进口某些电子成像设备后在美国境内销售含有此类设备的电子成像设备时存在针对'538 专利存在侵权行为，涉及的产品为 HTC Vivid 和 HTC Droid Incredible，除此之外，关于其他涉案专利，未发现应诉人存在违反第 337 节规定的行为，'471 专利和'190 专利没有满足国内工业的技术要求，行政法官建议委员会只对行政法官认定侵犯 538 专利的特定 HTC 产品发出有限的排除令。

2013 年 10 月 31 日，请求人认为行政法官的初裁结果中存在重大的事实和法律错误，请求进行复审；

2013年11月12日，HTC提交复核请求，否认存在侵权行为；

2013年12月16日，ITC决定针对2013年9月30日的初裁决定进行复审；

2014年3月14日，委员会决定推翻行政法官关于存在违反“337条款”行为的裁定，并裁定在涉案专利方面不存在违反“337条款”的情况，于2014年3月20日进行公告。

2014年4月4日，申诉人提交了一份请愿书，要求重新欧盟委员会关于’538专利被诱导侵权的裁定。同一天，HTC提出申请，要求重新考虑委员会关于’538专利不可执行性的裁定。

2014年4月11日，申诉人对应诉人的复议申请提出异议，而应诉人则提出反对申诉人的复议请求。

2014年5月12日，在审议了这一事项后，委员会决定驳回申诉人要求重新审议的请求。申诉人没有证明委员会关于申诉人没有证明存在诱导侵权行为的裁定引起新的问题，即申诉人没有机会根据委员会规则210.47提交新的论据。委员会还决定驳回应诉人要求重新审议的申请，应诉人没有表明，委员会关于发明权的决定引出了新的问题，应诉人没有机会根据规则210.47提交新的论据。委员会还驳斥了应诉人的论点，即如果一项专利中遗漏了任何权利要求的共同发明人，则整个专利都无效。ITC发布通知，拒绝进行再次复审。

2. 调查发起

（1）申诉人的诉求

申诉人FlashPoint于2012年5月23日向ITC提交申请书，指控HTC的某些具有图像处理系统的电子设备及其组件和关联的软件侵犯了其美国专利中的一项或多项权利要求，因此违反了美国《1930年关税法》（修正案）第337节。

FlashPoint声称的所涉及的美国专利及相关权利要求包括（以下简称“涉案专利”）：

◆US6400471（以下简称“’471专利”）的权利要求第1~5项、第7~

8 项、第 10 项、第 22 项、第 24 项、第 26 项、第 28 项、第 31 项、第 34～43 项、第 60 项、第 62～69 项；

◆US6222538（以下简称“’538 专利”）的权利要求第 1 项、第 17 项、第 19 项、第 21～23 项；

◆US6504575（以下简称“’575 专利”）的权利要求第 1 项、第 8 项、第 17～18 项、第 20～22 项、第 26、28 项；

◆US6223190（以下简称“’190 专利”）的权利要求第 13～14 项、第 16 项、第 20～29 项、第 31～33 项、第 36～39 项、第 42～43 项、第 46～49 项。

应诉人 HTC 的涉案产品包括但不限于 Rader、Vivid、Evo Design 等手机系列，及其使用的拍照软件。

基于上述事实，FlashPoint 请求 ITC 针对 HTC 的相关涉案产品展开“337 调查”，并且请求了以下具体的救济措施：

1）请求 ITC 根据美国《1930 年关税法》（修正案）第 337 节的规定，立即展开调查，调查 HTC 的侵犯涉案专利专利权的某些具有图像处理系统的电子设备及其关联的软件非法进口至美国、为进口至美国而销售、和/或进口后在美国国内销售的行为；

2）根据修正的美国《1930 年关税法》（修正案）第 337 节（d）款的规定，发布有限排除令，禁止 HTC 的相关涉案产品进入美国市场；

3）根据美国《1930 年关税法》（修正案）第 337 节（f）款的规定，发布停止令，责令 HTC 对其存在的要不公平市场行为立即进行更正；

4）基于调查及委员会发现的事实，颁布委员会认为公正且恰当的其他进一步的救济措施。

（2）涉案专利简介

涉案专利所涉及的技术涉及操作系统和图像处理子系统的灵活体系结构，该体系结构允许在多种数码相机中使用相同的操作系统平台，允许用户创建一个格式化的文档，包括在设备上捕获的文本和图像（如 MMS 消息），并包含改进的图形用户界面，用于通过捕获一系列相关图像（如全景捕获）引导用户。

1）’471专利：公开了一种灵活的架构，在数字成像设备，允许操作系统支持不同的图像处理平台，这种灵活的体系结构是通过使用“提供操作系统和图像处理子系统之间的接口，从而使操作系统独立于图像处理子系统使用的处理模式”的数据结构来实现的。这个接口实际上使操作系统看不到图像处理子系统的实现细节，从而使不同的图像处理平台可以在不改变操作系统的情况下与操作系统一起使用，换句话说，该接口“为进入和退出图像处理子系统提供了一个共同的点，而不改变或干扰数码相机的上下游元素。

2）’190专利：公开了一种使用电子成像设备生成格式化电子文档的方法和系统，所述格式化文档包括文本和图像。软件程序指令自动更新显示上的交互指令，提示用户执行特定操作并提供特定信息，然后电子成像设备生成包括用户提供的信息的格式化文档。

3）’538专利：公开了一种用于控制包括显示屏的手持电子成像设备中用户交互的方法和系统。所述方法和系统在设备的用户界面上提供可视提示，以便引导用户完成一系列相关的图像捕获，显示屏幕上的指令是交互式的，因为它们响应用户执行提示操作而更新。该方法和系统的应用使得获取一系列相关图像更加方便用户。

4）’575专利：公开了一种用于在电子成像设备的显示上的覆盖条中显示文本和/或图形信息的方法和系统，覆盖条显示在设备的显示上的图像上，对包含覆盖条的像素的亮度值进行修改，使覆盖条显示为半透明的，从而允许用户通过覆盖条看到底层图像。

3. 调查的重要事件

（1）HTC的应诉答辩

2012年7月25日，应诉人HTC针对FlashPoint的申诉书提交了答辩状。在答辩状中，应诉人承认申诉书中的一些客观事实外，对于申诉人公司的其他所有指控均予以否认，在这项调查中，应诉人保留权利，以补充和修改其辩护，并主张更多的抗辩，对经修正的申诉的指控提出了以下肯定的抗辩：

1）非侵权抗辩。尽管应诉人不承担这一问题的举证责任，但应诉人并没有直接侵犯、间接侵犯、促成或诱导侵犯所称专利的任何有效或可强制执行的要求，无论是字面上还是在同等原则下，也没有以其他方式实施任何违反法规的行为。

2）无效抗辩。应诉人提交了相关的现有技术的证据清单，以证明'471专利、'538专利、'575专利和'190专利不具备新颖性或创造性，并且这些专利同时也存在公开不充分的问题。

3）禁止反悔抗辩。在美国专利商标局对涉案专利进行审查的过程中，申诉人对其专利的保护范围进行了限制、修改、表示及承认，因此应当禁止申诉人对其权利要求的保护范围进行解释而使之覆盖任何涉案产品。

4）公众利益抗辩。应诉人认为，申诉人请求的排除令及其他救济措施是不符合公众利益的，这种救济将对公共健康和福利、美国经济的竞争条件、在美国生产类似或直接有竞争力的物品以及美国消费者产生有害影响。

5）国内产业缺失抗辩。申诉人未能提供足够的证据以证明其相关涉案专利存在国内产业或是相关国内产业正在形成。具体来说，申诉人不能证明其（或其被许可人）对与涉案专利的至少一项权利要求的实施有关的工厂、设备、劳动力或资本进行了重大投资，不能在许可、研究和开发或与涉案每项专利有关的其他限定活动上建立“大量投资”，足以满足国内工业的经济需要，在这种情况下，应诉人不能满足国内工业的技术需求。

6）许可抗辩。应诉方已经与多个零部件供应商达成专利权许可协议，允许这些零部件供应商向HTC及其客户和终端用户出售或提供相应的零部件和/或软件。作为这些零部件的客户，基于申诉人作出的许可授权HTC应当受到保护。

7）专利权用尽抗辩。由于授权HTC的一家或多家供应商向HTC的客户或终端用户出售或供应组件和/或软件，因此应诉人的指控应被全部或部分禁止，HTC不应因获得许可的第三方和/或其许可人的默示许可而被追究侵权责任。例如，微软是涉案专利的被授权方，HTC基于Windows操作系统的相关产品应具有豁免权。

8）缺失依据抗辩。申诉人对于涉案专利专利权的主张以及提起的相关诉讼缺乏足够的依据予以支持。

9）不存在不公平行为抗辩。应诉人否认其存在任何不公平的行为。

10）不进口抗辩。申诉人应被部分或全部地禁止对未进口到美国的应诉人的产品进行申诉。

11）其他抗辩。应诉人保留修改其答辩的权利，包括其在调查过程中可能了解到的其他肯定抗辩，包括但不限于不可执行性。

（2）部分终止调查

2012年11月30日，申诉人提交动议，请求撤回'575专利的相关调查；2013年2月13日，申诉人提交一项动议，请求撤回针对'471专利的权利要求第7项、第22项、第24项、第26项、第28项、第31项、第34~43项、第60项、第62~69项，'538专利的权利要求第17项和第23项以及'190专利的权利要求第16项、第27项、第38项、第49项相关的调查；2013年4月18日，申诉人提交动议，请求撤回针对'471专利的权利要求第3项、第5项、第8项、第10项，'190专利的权利要求第14项、第20~26项、第28~29项、第31~33项、第36~37项、第39项、第42~43项、第46~48项、第52~56项以及'538专利的权利要求第21~22项相关的调查。通过对撤回的权利要求进行对比，申诉人撤回的这些权项中，部分存在内容与被指控产品的信息重合度较少的情况，也有部分被应诉方指出没有被实施，不满足国内工业技术的需求，部分权利要求还存在内容重合高的情况，上述专利和部分权项的撤回有助于节约行政资源，且不会对公众利益造成损害。

（3）申请复审

在公布初裁结果后，2013年10月31日，请求人认为行政法官的初裁结果中存在重大的事实和法律错误，请求进行复审；2013年11月12日，HTC也向ITC提交了复核请求，否认存在侵权行为。

委员会根据收到的双方意见，主要针对以下几点进行复审：①HTC Vivid和HTC Droid Incredible对538专利的侵权行为；②国内技术行业对'538专利和'471专利的需求；③'538专利相对US5835772、US5740810等现有技术的显而易见性；④关于'471专利中“操作系统”一词的释义界定；⑤被指控的HTC设备对'471专利的侵权行为；⑥'471专利相对现有技术US5687376的显而易见性；⑦关于'190专利的侵权行为。

2014 年 3 月 14 日，委员会决定推翻了行政法官关于存在违反“337 条款”行为的裁定，并裁定在涉案专利方面不存在违反“337 条款”的情况。委员会裁定：HTC Vivid 和 HTC Droid Incredible 智能手机并没有侵犯’538 专利对应的权利要求，’538 专利满足了国内技术行业的需求，应诉人提交的现有技术不能证明’538 专利是显而易见的；行政法官对’471 专利中的“操作系统”的释义界定是正确的；被指控的 HTC 产品未侵犯’471 专利；被指控的 HTC 产品未侵犯’190 专利；应诉人提交的现有技术不能证明’190 专利是显而易见的；而应诉人也没有表明’538 专利中的权利要求第 19 项由于未指明发明者的姓名而无法执行；并在 2014 年 3 月 20 日进行了公告。

4. 裁决结果

2013 年 9 月 30 日，行政法官发布初步裁定，应诉人在向美国进口、为进口而销售或在进口某些电子成像设备后，在美国境内销售含有此类设备的电子成像设备时存在针对’538 专利存在侵权行为，涉及的产品为 HTC Vivid 和 HTC Droid Incredible，除此之外，关于其他涉案专利，未发现应诉人存在违反“337 条款”规定的行为，’471 专利和’190 专利没有满足国内工业的技术要求，行政法官建议委员会只对行政法官认定侵犯’538 专利的特定 HTC 产品发出有限的排除令。

然而，在复审后的终裁中，委员会推翻了行政法官在初裁决定中的结论，并裁定在涉案专利方面不存在违反“337 条款”的情况。

在终裁中，HTC 取得了胜诉，之所以结果会发生转变是在于委员会对于权利要求中的部分术语的释义界定与初审不同。行政法官在对权利要求中的术语进行解释时，较多参考了权利要求上下文和说明书的内容，而忽略了所属技术领域的技术人员对于通用术语的理解。例如’538 专利中的“操作系统”一词，委员会将其解释为包括内核和驱动程序，站在本领域技术人员的角度进行理解，拒绝了申诉人的立场，即“专利说明书的上下文”指导权利要求的解释，而是将“操作系统”解释为“管理数字设备硬件资源的软件”，所有管理数字设备硬件资源的软件都是所谓的“操作系统”的一部分，“操作系统”包括内核，因为内核通常是与硬件直接交互的软件，这是无可争议的，并从 *Operating Systems Vade Mecum* 一书中找到了依据，并且还引用了申诉人的专家证人的证词："通常将内核描述为操作系统的核心部分——种子，如果一个计算机系统总体上有一个内核，那么它就会被认为是操作系统的一部分。"应诉人的被指控产品不侵犯'471 专利的专利权，因为他们"没有一个独立于图像处理子系统的处理模式的操作系统，操作系统在被告产品中并不是独立的"。

同样地，委员会进一步裁定，MMS 消息未落入对应专利权利要求的限定，因为应诉方被指控的产品生成的 MMS 消息可能在不同的接收设备上不同地显示，而且使用用户可以在创建 MMS 消息时决定如何布局 MMS 消息的文本和图像。

因此，HTC 被指控的智能手机产品并不存在违反"337 条款"的行为。

5.3.3.3　案例点评

FlashPoint 申请对 HTC 发起"337 调查"，两家公司的定位不同，涉及的产品领域也没有明显交集。一家以数码相机产品为主，一家以智能手机为主，之所以能够在知识产权方面引起纷争，最主要的原因还是在于 FlashPoint 与苹果公司的关系。随着 HTC 推出第一款基于 Android 系统的智能手机，逐渐在美国本土市场占据了较大市场份额，对苹果公司构成威胁，2012 年前后双方存在多起专利诉讼案件。

FlashPoint 由苹果公司的员工创办，一直与苹果存在业务往来，这起"337 调查"实际上是苹果公司针对 HTC 对其发起的专利诉讼的反击，而应诉"337 调查"需要耗费较多的精力和财力，实际上苹果是通过 FlashPoint 来牵制 HTC，以为争取较大的竞争优势。

在该案件的调查过程中，在 HTC 基于信息安全的考虑不愿提交源代码的前提下，FlashPoint 积极地向 ITC 提出动议，请求引入独立的第三方来提供相应的代码资料等证据来证明 HTC 被指控产品中的软件存在侵权行为，而建议的第三方公司名单中不乏与其存在利益合作关系的苹果、三星、柯达等，以达到打击 HTC 的目的。

FlashPoint 请求调查 HTC，实则是苹果请求调查 HTC，在调查过程中也是积极寻求合作伙伴的帮助，希望通过提供的帮助使自身占据有利位置。在调查过程中，HTC 能够抓住证据上的优势，针对涉案专利，提出多种方式的抗辩，积极寻求证据，以提高自己胜诉的概率，最终通过申请复审取得了完胜。

5.3.3.4 案例相关资料

1. 该案涉及专利的主要权利要求

①'471 专利的相关涉案权利要求（表 5-3-11）。

表 5-3-11 '471 专利的相关涉案权利要求

权利要求（英文）	权利要求（中文）
1. A system for processing image data in a digital image device, said system comprising: a bus; a central processing unit coupled to said bus; an image processing subsystem coupled to said central processing unit for processing said image data using a particular processing mode; a memory unit coupled to said bus, said memory unit having stored therein an operating system comprising instructions executed by said central processing unit to manage said image processing subsystem; said memory unit further having a data structure corresponding to said processing mode, said data structure comprising a plurality of buffers for managing said image data for said image processing subsystem during image processing, said data structure providing an interface between said operating system and said image processing subsystem, such that said operating system is independent of said processing mode used by said image processing subsystem; anda data storage element coupled to said bus for storing said image data after image processing.	1. 一种用于在数字图像设备中处理图像数据的系统，所述系统包括：总线；连接到所述总线的中央处理单元；耦合到所述中央处理单元的用于使用特定处理模式处理所述图像数据的图像处理子系统；连接到所述总线的存储单元，所述存储单元在所述中央处理单元中存储包括由所述中央处理单元执行的用于管理的指令的操作系统。所述图像处理子系统；所述存储单元进一步具有与所述处理方式相对应的数据结构，所述数据结构包括用于在图像处理期间管理所述图像处理子系统的所述图像数据的多个缓冲器，所述数据结构提供所述操作系统与所述图像处理子系统之间的接口，使得所述操作系统独立于所述图像处理子系统所使用的所述处理模式；以及连接到所述总线的数据存储元件，用于在图像处理后存储所述图像数据。
2. The system of claim 1wherein said digital image device is a digital camera.	2. 如权利要求 1 所述的系统，其中，所述数字图像设备是一个数码相机。
4. The system of claim 1 further comprising a spooler element coupled to said memory unit, where in said spooler element is for transferring s aid image data into said data structure.	4. 如权利要求 1 所述的系统，进一步包括耦合到所述存储单元的假脱机元件，其中所述假脱机元件用于将所述图像数据传输到所述数据结构中。

②'190 专利的相关涉案权利要求（表5-3-12）。

表5-3-12 '190 专利的相关涉案权利要求

权利要求（英文）	权利要求（中文）
13. In a hand-held digital imaging device including a display, a system for generating a formatted document including text and images, comprising: a set of program instructions which, when executed, cause the hand-held digital imaging device to perform the steps of: a) displaying interactive instructions on the display that prompt a user to perform specific operations; b) in response to the user performing the specific operations, automatically updating the interactive instructions, such that the user is guided through a sequence of the interactive instructions adapted to capture information from the user; c) transferring the information captured from the user to a formatted document, wherein the formatted document is formatted in accordance with a predefined model, such that the formatted document is automatically generated by the hand-held digital imaging device.	13. 一种包括显示器和用于生成包括文本和图像的格式化文档的系统的手持电子图像设备，包括：一组程序指令，其在执行时使手持数字成像设备执行以下步骤：（a）在显示器上显示交互指令，提示用户执行特定操作；（b）响应执行特定操作的用户，自动更新交互指令，使用户被引导通过适于从用户获取信息的交互指令序列；c）将从用户捕获的信息传送到格式化文档，其中格式化文档根据预定义模型格式化，从而由手持数字成像设备自动生成格式化文档。

③'538 专利的相关涉案权利要求（表5-3-13）。

表5-3-13 '538 专利的相关涉案权利要求

权利要求（英文）	权利要求（中文）
1. A method for controlling user interaction in a hand-held digital camera, the hand-held digital camera having an integrated display, the method comprising the steps of: a) storing a directed image capture sequence comprising a set of program instructions in the hand-held digital camera; b) executing the directed image capture sequence in the hand-held digital camera to display interactive instructions on the integrated display that prompt the user to perform a first operation; andc) in response to the user performing the first operation, automatically updating the interactive instructions to prompt the user to perform a second operation, thereby guiding the user through a series of related image captures, while minimizing the number of key sequences the user must memorize in order to perform the operations.	1. 一种用于控制手持数码相机中用户交互的方法，该手持数码相机具有显示屏，该方法包括以下步骤：（a）在手持数码相机中存储包括一组程序指令的有向图像捕获序列；（b）在手持数码相机中执行定向图像捕获序列，以便在综合显示上显示交互指令，从而提示用户执行操作；（c）响应执行第一操作的用户，自动更新交互指令以提示用户执行第二操作，从而引导用户完成一系列相关的图像捕获，同时最小化用户为执行操作而必须记住的密钥序列数。

续表

权利要求（英文）	权利要求（中文）
19. A method for controlling user interaction in a hand-held digital camera having an integrated display, the method comprising the steps of: d) providing the hand-held digital camera with a directed image capture sequence comprising a set of program instructions for guiding a user through a series of related image captures; e) executing the directed image capture sequence in the hand-held digital camera such that a first interactive instruction is displayed on the integrated display prompting the user to capture a first image; f) waiting for the user to capture the first image; g) in response to the user capturing the first image, displaying a second interactive instruction prompting the user to capture a second image; andh) storing the images as a related group of images.	19. 一种用于控制具有集成显示的手持数码相机中用户交互的方法，该方法包括以下步骤：d）向手持数码相机提供有向图像捕获序列，包括一组用于引导用户通过一系列相关图像捕获的程序指令；e）在手持数码相机中执行定向图像捕获序列，以显示第一交互指令。在综合显示器上，提示用户捕获第一图像；（f）等待用户捕获第一图像；（g）响应于用户捕获第一图像，显示第二交互指令，提示用户捕获第二图像；以及（h）将图像存储为相关的图像组。

④'575 专利的相关涉案权利要求（表 5-3-14）。

表 5-3-14 '575 专利的相关涉案权利要求

权利要求（英文）	权利要求（中文）
1. A method for displaying an overlay bar on a digital imaging device comprising the steps of: a) displaying the overlay bar in a predetermined area of a display screen for displaying text information, the overlay bar comprising a plurality of pixels corresponding to the text information; b) providing an image to display on the display screen, the image comprising a plurality of pixels having luminance values; andc) displaying the image by ⅰ) modifying the luminance value of each pixel of the image data that falls within the area of the overlay bar, and ⅱ) overwriting each pixel of image data that falls under a pixel of text in the overlay bar, wherein modifying the luminance values of the image data provides the overlay bar with a translucent appearance thereby enabling a user to see the image through the overlay bar.	1. 一种用于在数字成像设备上显示覆盖条的方法，包括以下步骤：（a）在显示屏幕的预定区域显示覆盖条，用于显示文本信息，覆盖条包括与文本信息相对应的多个像素；（b）提供要在显示屏上显示的图像，该图像包括具有亮度值的多个像素；以及（c）显示所述像素：图像由ⅰ）修改位于覆盖条区域内的图像数据的每个像素的亮度值，以及（ⅱ）覆盖落在叠加条中文本像素之下的图像数据的每个像素，其中修改图像数据的亮度值为覆盖条提供了半透明的外观，从而使用户能够通过覆盖条看到图像。

第 6 章

涉及商业方法的美国专利诉讼分析

6.1 涉及商业方法的美国专利诉讼

6.1.1 专利诉讼分布趋势分析

1. 专利诉讼年度趋势分析

从 2012 年至 2017 年，在美国法院接收审理的商业方法专利诉讼总量为 5988 件，平均每年产生 998 件诉讼案件。与计算机专利相关诉讼相比，商业方法专利诉讼数量略少，约占总量的 40%。

从图 6-1-1 可以看出，2012—2017 年，在美国法院接收审理的商业方法专利诉讼数量呈波动下降趋势。2012 年和 2013 年均在 1300 件左右，至 2014 年急速下降至 830 件，比 2013 年下降 40%；到 2015 年，诉讼量又反弹至 1088 件，但仍低于 2013 年的巅峰值；此后 2016 年和 2017 年的诉讼总量持续走低，截止 2017 年底诉讼数量仅为 478 件，仅占 2015 年相关类型诉讼总量的三成。

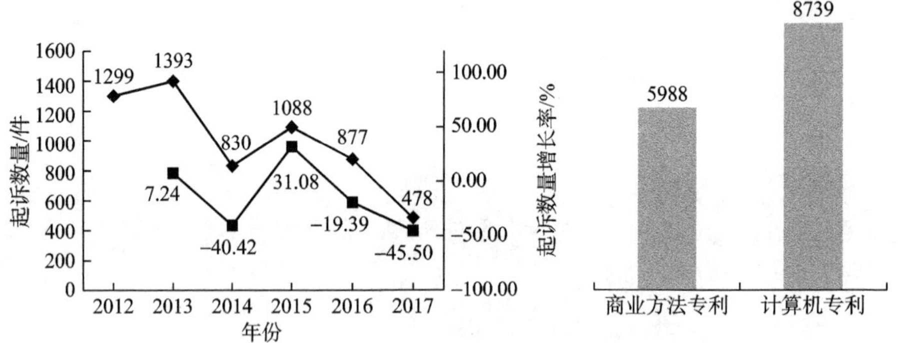

图 6-1-1 2012—2017 年商业方法专利诉讼分布趋势

商业方法专利诉讼数量的持续走低，主要是因为美国最高法院自 Alice 判决[1]之后，美国专利商标局立即对最有可能受到该判决影响的专利申请进行了重新审查，对含有抽象概念同时又仅仅涉及一般计算机的一般功能的专利申

[1] Alice Corporation v. CLS Bank International 案中，美国最高法院对该案作出判决：涉案利用计算机实施的商业方法、与之相关的计算机系统和存储媒介不具有可专利性。

请，撤回“授予专利权的通知”，并将其退回原来的审查员进行进一步审查。因此，涉及计算机程序和商业方法的发明的主题可专利性被否定的可能性大幅增加。

2. 专利诉讼涉及国家分析

从商业方法专利诉讼原告的国家分布来看，美国企业以绝对优势占据该领域原告的榜首，共涉及5576件案件，占所有案件的99.61%；欧洲国家企业涉及236件，澳大利亚企业和加拿大企业分别涉及47件和42件，其他包括中国在内的国家，共涉及75件（图6-1-2）。

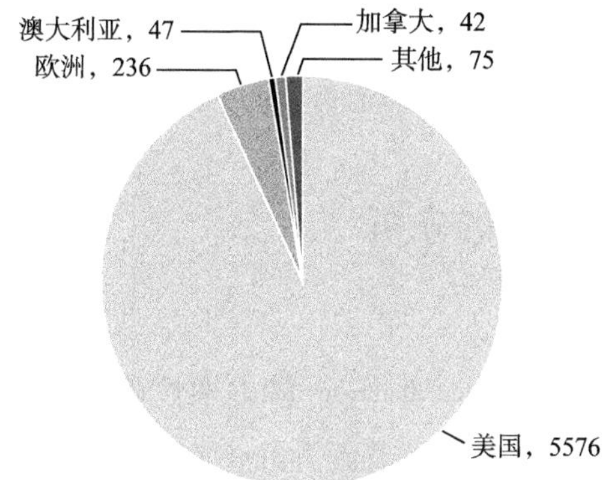

伯利兹	26
韩国	19
波多黎各	16
日本	6
中国	4
以色列	2
巴哈马群岛	2

图6-1-2　2012—2017年底商业方法专利诉讼原告地区分布（单位：件）

可以看出，由于地缘优势，美国的企业发起的相关专利侵权数量最多；欧洲国家的相关企业在商业方法专利领域的维权意识也较强；韩国、日本和中国等亚洲国家无一例外地低于20件涉诉案件，可见亚洲国家企业对于商业方法专利的拥有率、被侵权后的维权意识可进一步加强。

从图6-1-3可以看出，从2012—2017年商业方法专利诉讼被告的国家分布来看，美国企业又一次占据榜首，以涉诉5145件商业方法专利案件排名被告所属国家第一位；排名第二位的依旧是欧洲国家，涉诉328件。与涉诉的原告不同，中国、日本两大亚洲国家企业分别以239件和94件相关涉诉案件分别排在第三位和第四位；加拿大涉诉93件，而包括韩国在内其他国家共涉诉72件。

不同于商业方法专利诉讼涉诉的原告，被告中亚洲国家中国和日本榜上有名，可见中国和日本的企业在商业方法领域的技术不容小觑，已成为美国企业的重要竞争对手；不过即使如此，与欧洲企业的高精技术相比，亚洲企业在商业方法专利领域仍有较大提升空间。

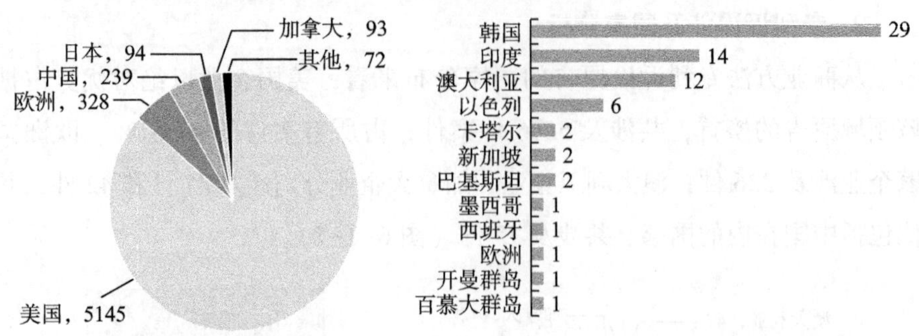

图 6-1-3　2012—2017 年商业方法专利诉讼被告地区分布（单位：件）

6.1.2　诉讼双方企业分布分析

1. 发起诉讼的企业分析

在发起诉讼的众多被侵权方中，Data Carriers 涉诉案件最多，共发起相关诉讼 212 件，遥遥领先企业的涉诉数量，其起诉的企业多为各个国家计算机和电信领域的巨头，如美国的摩托罗拉、亚马逊、苹果、戴尔、美国电话电报公司；中国的联想、LG、中兴、宏碁、HTC、华硕；日本的富士通、东芝、索尼；韩国的三星。另外，还包括德国拜耳、美国哥伦比亚运动服饰、维多利亚的秘密、沃尔玛。

从图 6-1-4 可以看出，排在前 10 位的全部是美国企业，其中不乏 SportBrain Holdings LLC、Eclipse IP，LLC、GeoTag, Inc. 等行业内知名的 NPE。由此可见，在商业方法专利诉讼领域，美国企业尤其是美国的非专利实施实体，是该领域的主要涉诉主体。

2. 被提起诉讼的企业分析

被认为侵害商业专利权而被起诉次数最多的美国企业中，苹果涉案数量最多，高达 64 件次，远超位居第二的谷歌。

从图 6-1-5 可以看出，一是被起诉较多的企业多为软件业的巨头，苹果、谷歌、微软、脸书、戴尔等均榜上有名；二是线上零售商亚马逊、易

贝和线下零售商沃尔玛榜上有名；三是所有被起诉数量不少于 17 次的企业均为美国企业。可见包括软件巨头和零售商在内的美国企业是最易卷入商业方法专利侵权案的企业。

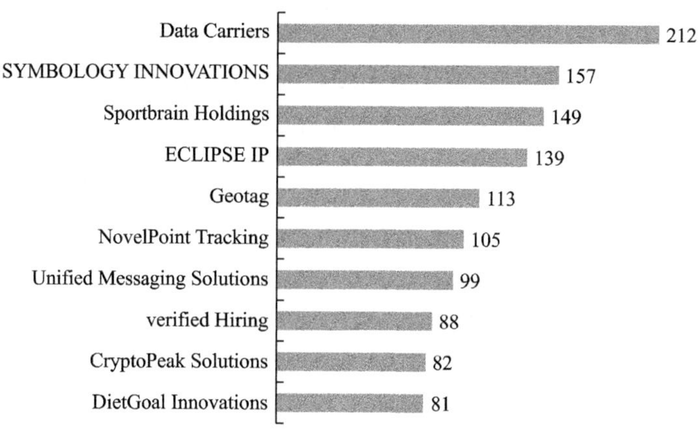

图 6-1-4 2012—2017 年提起商业方法专利诉讼排名前 10 位的企业（单位：件）

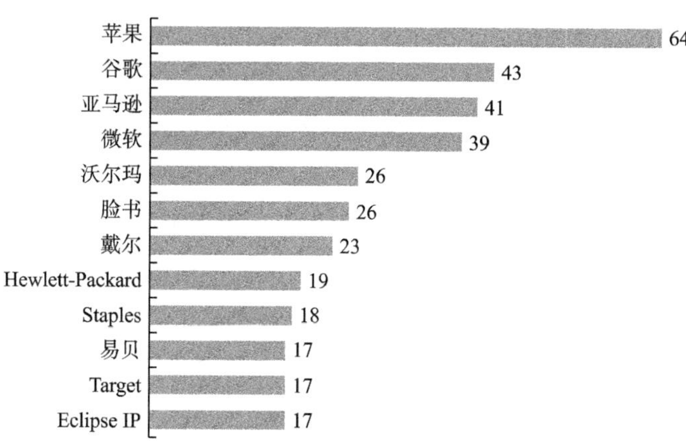

图 6-1-5 2012—2017 年被提起商业方法专利诉讼不少于 17 次的企业（单位：次）

3. 原告和被告对比分析

在商业方法专利诉讼中，同一原告起诉多个被告的情况占大多数。同时可以发现，发起诉讼 10 次以上的原告数为 143 家，也就是说近五分之一的原告都参与了至少 10 次专利诉讼；反观被告，被起诉 10 次以上的为 37 家，不管是从绝对数量还是从相对占比上讲，均明显低于原告，因此商业方法专利诉讼呈现出涉案原告集中、涉案被告分散、一案多被告的特点。

从图 6-1-6 可以看出，在商业方法专利诉讼中同一原告起诉多个被告的情况占大多数。同时可以发现，发起诉讼 10 次以上的原告数为 143 家，也就是说近五分之一的原告都参与了至少 10 次专利诉讼；反观被告，被起诉 10 次以上的为 37 家，不管是从绝对数量还是从相对占比上讲，均明显低于原告，因此商业方法专利诉讼呈现出涉案原告集中、涉案被告分散、一案多被告的特点。

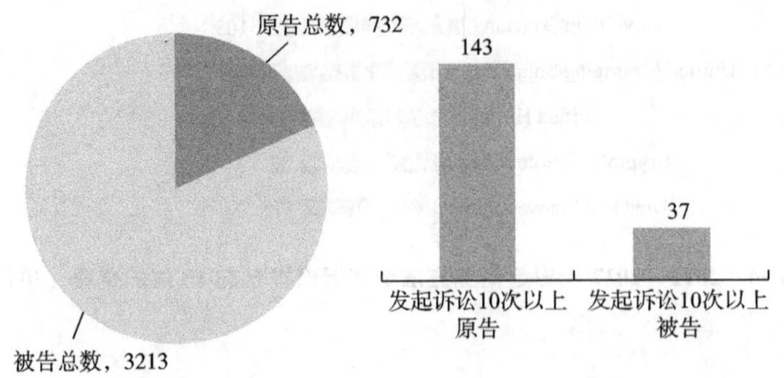

图 6-1-6　涉案原被告数量、累计起诉 10 次以上原告和被告分布（单位：家）

由上述分析可知，商业方法专利诉讼中，多数企业向侵权方发起了多次进攻，而涉案原告中不乏 NPE；同时，被起诉至少 2 次的企业数量为 1140 家，也就是说，35.48%的企业在商业方法专利领域中被起诉多次，而绝大多数（超过六成）的企业仅被起诉一次。不少商业方法专利诉讼案件为 NPE 起诉多家实体企业，随着总诉讼数量的显著降低，该类案件出现的次数也逐年减少，普华永道[1]认为，Alice 案对软件专利稳定性产生的巨大冲击，使得专利诉讼的“市场情绪”变得紧张。可见，美国最高法院对 Alice 案的判决对商业方法专利的撰写、专利的审查、相关专利市场的发展、专利诉讼方的诉讼策略等均具有深远影响。

4. 共同原告与共同被告分析

从图 6-1-7 可以看出，2012 年至 2017 年间，共有 594 件商业方法专利诉讼案件涉及共同原告，即“一原告多被告”占所有商业方法案件近一成；

---

[1] PWC,“2016 Patent Litigation Study: Are We at an Inflection Point?”, https://www.pwc.com/us/en/forensic-services/publications/assets/2016-pwc-patent-litigation-study.pdf.

其中已结案件 553 件，仅有约 7% 的案件处于悬而未决的状态，可见商业方法类案件的结案速度较快。2012 年，涉及共同原告的案件为 164 件；2013 年和 2014 年有所下降，分别为 128 件和 117 件，2015 年随着美国企业间诉讼数量的整体增加，共同原告的案件也随之增加至 147 件；而到 2016 年，该数据骤降至 23 件，2017 年“一原告多被告”案件仅为 4 件，数量之少令人咋舌。

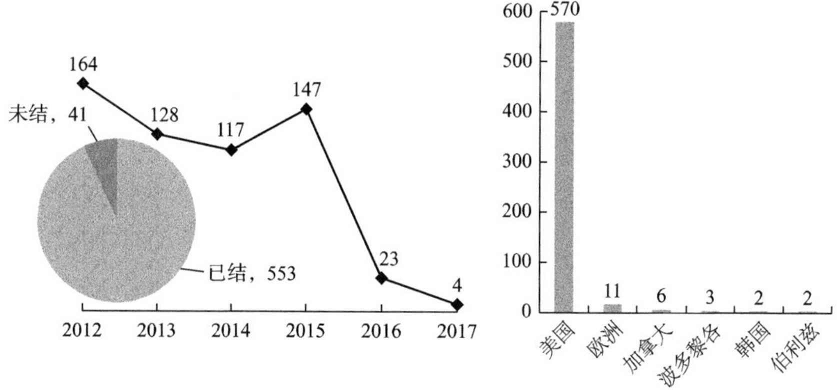

图 6-1-7　2012—2017 年商业方法专利诉讼共同原告分布趋势（单位：件）

同时，涉及一原告多被告的商业方法专利诉讼案件中，原告为美国企业的相关案件达 570 件；欧洲国家的企业涉诉 11 件，加拿大国家的企业涉诉 6 件，而其他国家企业仅涉及案件微乎其微。

从表 6-1-1 中可以看出，多数案件涉及 2~6 个被告，少数案件涉及 7~8 个被告，而极少数案件涉及 11 个以上被告，甚至 20 个被告。涉及 2 个被告的案件共 124 件，占所有一原告多被告案件的 65.26%，换句话说，“一原告多被告”案件中，过半案件为两个被告联合应诉的情况；涉及 3 个被告的案件共 27 件，2~3 个被告共同应诉的案件总和占所有一原告多被告案件的 79.47%，也即近八成的案件是一原告二或三被告的情况。

表 6-1-1　商业方法诉讼中一原告多被告数量分布　　单位：件

年份	被告									
	2 个	3 个	4 个	5 个	6 个	7 个	8 个	9 个	11 个	20 个
2012	26	4	9	2	2	1	1	0	0	1
2013	36	5	2	1	3	0	0	0	0	0

续表

年份	被告									
	2个	3个	4个	5个	6个	7个	8个	9个	11个	20个
2014	20	12	2	1	0	0	1	1	0	0
2015	32	5	4	2	2	2	0	0	1	0
2016	8	1	1	0	0	0	0	0	0	0
2017	9	0	0	0	0	0	0	0	0	0

从变化趋势上看，2012—2015 年，出现 2 个被告的诉讼案件数量在 20~36 件之间波动，总体上波动幅度不大；而到 2016 年，2 个被告的诉讼案件急速减少为 8 件，仅为 2015 年对应案件数量的 25%，到 2017 年更是仅有 2 件一原告两被告案件；同样，在 2012—2016 年 3 个被告的诉讼案件也呈现出波动下降的趋势，且在 2017 年未出现 3 个及 3 个以上共同被告的案件，可见美国商业方法专利诉讼“一原告多被告”态势趋缓。

通过对图 6-1-8 的分析可以发现，商业方法专利诉讼中“多原告一被告”案件的数量少，除两件涉及波多黎各与日本、波多黎各与中国台湾的案件之外，其他 11 件均为美国企业对美国企业的诉讼案件。由此可见，商业方法专利诉讼以一原告一被告为主体、以一原告多被告为辅，少数为多原告一被告案件。

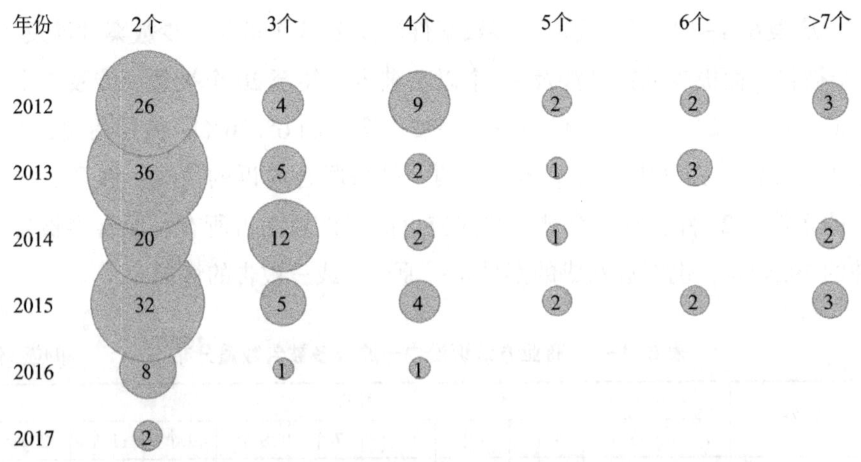

图 6-1-8　2012—2017 年商业方法专利诉讼共同原告分布（单位：件）

6.1.3　诉讼案件判决状态数据分析

1. 诉讼案件的判决状态分析

2012 年至 2017 年提起诉讼的案件中有 91.87% 已经结案，而 2016 年前的诉讼案件结案率均超过 90%，且 2017 年的诉讼案件超过一半获得了最终判决（图 6-1-9）。

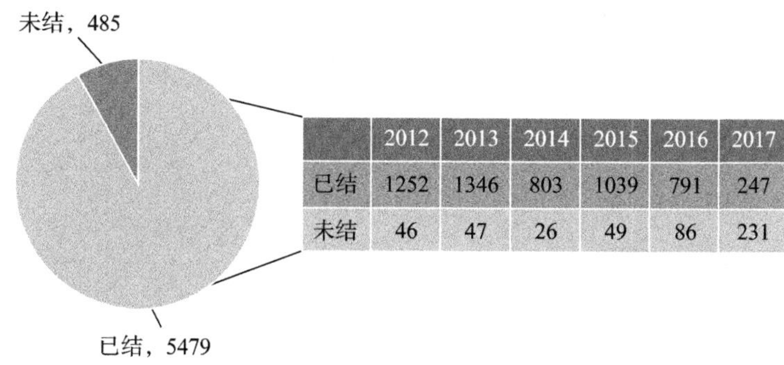

	2012	2013	2014	2015	2016	2017
已结	1252	1346	803	1039	791	247
未结	46	47	26	49	86	231

图 6-1-9　2012—2017 年商业方法专利诉讼状态分布（单位：件）

总的来说，2012 年至今商业方法专利诉讼的结案率较高，审查速度较快，不过仍存在 46 件 2012 年起诉的案件处于已审未结状态，一定程度上能够反映出某些美国商业专利诉讼案件的判决流程较长，可能会经过美国联邦地区法院、美国联邦巡回上诉法院，甚至是美国最高法院❶，这类案件通常是商业方法专利的诉讼领域内影响较大的案件，例如 Alice 案，其判决结果和审查过程值得引起我国的相关企业和专利审查部门的重视。2016 年 3 月 2 日，中兴通讯（ZTE Corporation）被美国的 Content Aggregation Solutions LLC 起诉，理由是中兴通讯的产品落入了专利 US8756155B2 中权利要求第 1 项、第 15~16 项的保护范围。而后，中兴通讯参考 Alice 案，采用动议的方

---

❶ Alice Corporation v. CLS Bank International 案于 2007 年 5 月 24 日提起诉讼，2011 年哥伦比亚特区联邦地区法院判决涉案专利中所有的权利要求均不具备可专利性；案件上诉到联邦巡回上诉法院（CAFC），CAFC 小法庭判决所述权利要求并未明确指向抽象概念，但各法官意见不一；2012 年，CAFC 对该案启动了大法庭审理，但法官们意见分歧十分严重；2013 年，美国最高法院对此案下达调案复审令，并于 2014 年 6 月 19 日，对该案作出判决，前后共经历了超过 7 年时间才对 Alice 案给出了最终结论。

式要求撤销原告的索赔请求，最终法院撤销了原告的诉讼，理由是涉诉的权利要求属于抽象概念，因而无效。

根据图 6-1-10，从已审未结案件的数量上看，排除 2014 年诉讼总量偏低的因素，从 2012 年至 2017 年未结案件的数量呈上升趋势；2016 年之前，所有未结案件仅约占 3.6%，也就是说绝大多数案件都已得到最终判决。此外，2017 年已结和未结案件各占一半左右，51.7% 的案件为已结案件，也就是说，有超过一半的案件在一年内获得最终判决结果，可见对于商业方法专利的诉讼案件，美国法院的审判速度不低。

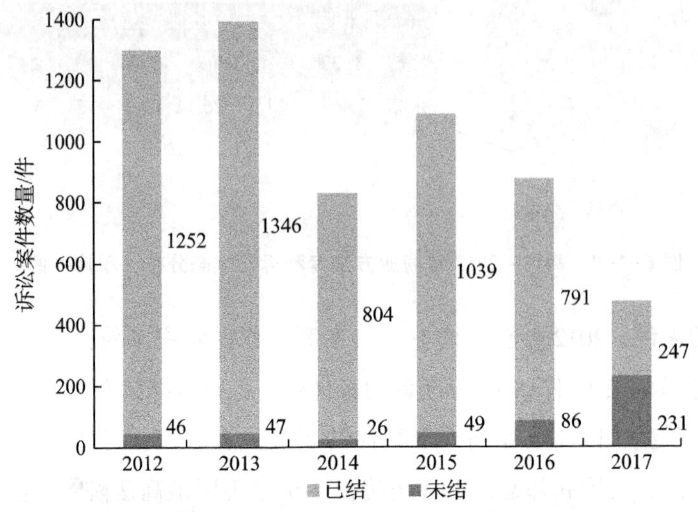

图 6-1-10　2012—2017 年商业方法专利诉讼状态年度数据分布

2. 诉讼案件的结案周期分析

从图 6-1-11 的判决周期看，2012—2017 年商业方法专利的诉讼案件平均结案周期为 272.06 天，因此多数案件能在一年内结案；最大结案周期为 1991 天，该案于 2012 年 5 月 21 日提起诉讼，至 2017 年 11 月 2 日才完成判决，历时五年半的时间；有 6 件案件的结案周期均为 11 天，为商业方法专利诉讼案件的最小结案周期，2013—2015 年以及 2017 年均存在仅 11 天结案的诉讼，可见美国的诉讼周期也呈现出缩短的趋势。

从平均结案周期上看，2012 年至 2017 年 11 商业方法专利的诉讼案件的平均结案周期呈直线下降趋势。2012 年提起诉讼的案件判决周期最长，

平均周期为 376.75 天；2013 年判决周期减少到 331.43 天，但仍高于平均周期 272.06 天，可见 2012 年和 2013 年诉讼数量多、判决周期长。2014 年开始，判决周期下降至 254.98 天，已低于平均判决周期，到 2017 年，平均结案周期减少至 97.41 天。换句话说，自 2012 年起的 6 年内，平均结案周期每年减少至少 46 天，逐年降低的平均结案周期为商业方法专利诉讼的涉案当事人减少了时间成本。

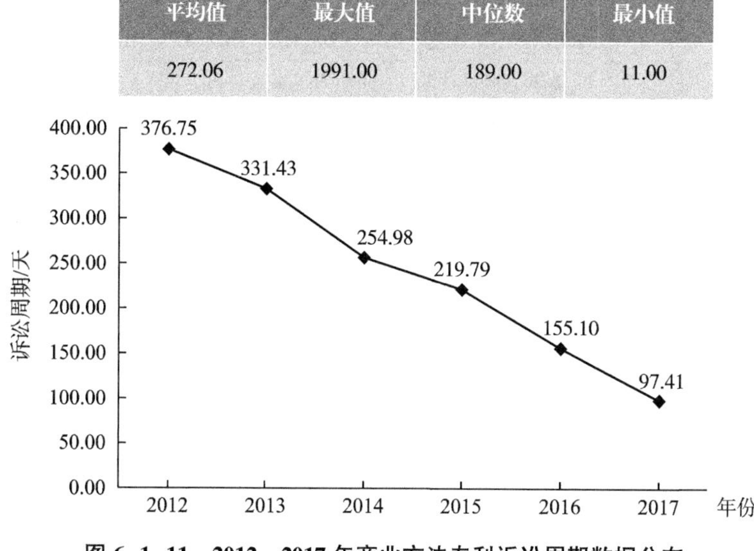

平均值	最大值	中位数	最小值
272.06	1991.00	189.00	11.00

图 6-1-11　2012—2017 年商业方法专利诉讼周期数据分布

3. 诉讼案件的受理法院分析

从诉讼案件的受理法院来看，德州东区法院高居榜首，成为 2012—2017 年商业方法专利领域最受欢迎的受理法院，共接收审理案件 2888 件，占总诉讼量的 48.23%。换句话说，近半数的相关领域的诉讼是德州东区法院受理判决的，远超位居第二的特拉华地区法院。特拉华地区法院接收审理的案件量为 1073 件，虽在数量上不及德州东区法院的一半，但也占据受理案件的 17.92%，是非常重要的商业方法专利侵权案件的审理法院。伊利诺伊北区法院、加州北区法院、加州中区法院分别以 345 件、301 件和 184 件位于第三至第五位。前十位最受欢迎的受理法院所受理的案件总量为 5250 件，占诉讼总量的 87.68%（表 6-1-2）。

表 6-1-2 2012—2017 年商业方法专利诉讼最受欢迎的排名居前 10 位的受理法院

排名	法院名称	数量/件
1	德州东区法院（Eastern District of Texas）	2888
2	特拉华地区法院（District of Delaware）	1073
3	伊利诺伊北区法院（Northern District of Illinois）	345
4	加州北区法院（Northern District of California）	301
5	加州中区法院（Central District of California）	184
6	纽约南区法院（Southern District of New York）	138
7	维吉尼亚东区法院（Eastern District of Virginia）	102
8	新泽西地区法院（District of New Jersey）	81
9	德州北区法院（Northern District of Texas）	73
10	加州南区法院（Southern District of California）	65
诉讼总量		5250

6.2 典型诉讼案例

6.2.1 West View v. Nissan

6.2.1.1 攻防双方

1. West View Research，LLC

West View Research，LLC 是一家位于加州圣地亚哥的发明和专利授权公司，公司由主要发明人 Robert F. Gazdzinski 创立。其专利组合包括许多已发布的专利和未决申请，包括与语音识别，移动无线设备，射频识别/近场通信，无线支付，远程信息处理，广告，地图和导航，“智能”航运，电梯和医疗设备相关的突破性技术。

2. Nissan Motor[1]

日产汽车英语为 Nissan Motor；简称日产（NISSAN）。日产汽车是源自日本的跨国汽车制造商，总部位于横滨港未来开发区，旗下拥有“日产”

[1] https://zh. wikipedia. org/wiki/% E6% 97% A5% E7% 94% A2% E6% B1% BD% E8% BB% 8A.

(NISSAN)、“英菲尼迪”（INFINITI；主要在日本以外销售）、“达特桑”（DATSUN；1932年至1983年使用，2012年在海外重启）等多个品牌，为日本第二大汽车制造商，年产量仅次于丰田汽车，也是世界第六大汽车制造商。日产汽车公司发表的最新统计报告说，该公司在2010年度的汽车全球销量比2009年度大增了21.5%，达到408.588万辆，占据日本汽车界的第二大交椅。同时，日产汽车公司在中国市场的销量已经超越美国。日产汽车公司称，2010年，日产汽车在中国市场的销售量激增了35.5%，达到102.3638万辆，首次实现了“中国市场超百万辆”的目标。美国市场的销售量增加了18.0%，为90.8570万辆。中国市场也是首次成为日产汽车在海外的最大市场。日本国内市场的销售量增加了7.7%，为64.5320万辆。欧洲市场的销售量增加了13.0%，为55.4924万辆。

6.2.1.2 诉讼过程

1. 诉讼发起

2014年11月10日，West View在美国加州南区法院起诉NISSAN侵犯了其6件专利的专利权，诉讼案号为3：14-cv-02677（“677”案）。被诉侵权产品包括NISSAN旗下的搭载Navigation/InTouch/Connection技术的INFINITI品牌和NISSAN品牌汽车。

2. 涉案专利

案件3：14-CV-02677涉及专利见表6-2-1。

表6-2-1 案件3：14-cv-02677涉及专利

专利号	专利涉及内容
NO8,719,038	获取和显示信息的计算机设备，例如对所期望的实体或组织的指示。在一个实施例中，计算机化装置被配置成接收用户语音输入并启用各种任务的性能，例如获得与室内实体、地图或方向有关的所需信息，或任何其他主题。所获得的数据也可以在各种变体中以不同的格式显示，并且相对周围的其他实体
NO8,682,673	用于通过显示器向用户提供信息的计算机化信息和显示设备。在一个实施例中，该装置包括处理器、网络接口和具有至少一个计算机程序的计算机可读介质，所述至少一个程序被配置成接收来自用户的语音输入，并且获得与输入相关的信息。在一个变体中，至少一部分信息是通过远程服务器的网络接口获得的，并且该设备包括两个彼此无线通信的组件

续表

专利号	专利涉及内容
NO8,296,146	计算机化信息系统和计算机可读设备。在一个实施例中，所述装置被配置为用于传输设备，并且包括计算机可读介质，所述计算机可读介质具有设置在其上的至少一个计算机程序，所述至少一个程序被配置为向用户提供所请求的信息（例如，对所期望的业务或其他实体的指示）。至少一部分信息是通过与远程服务器的无线链路获得的
NO8,290,778	用于向用户提供方向和其他信息的计算机化信息设备。在一个实施例中，该装置包括一个处理器和网络接口和计算机可读介质具有至少一个计算机程序处理此事，至少一个程序被配置为接收来自有关组织或单位用户的语音输入，并提供一个图形或视觉的组织或实体来帮助他们寻找组织或法人代表。至少一部分信息是通过远程服务器的网络接口获得的
NO8,065,156	在触摸屏上输入和显示设备的第一信息的同时，选择广告从而使用户自动接收信息，根据自己的需要。中断或冻结提示和统计广告模式，直到用户选择功能终止或通过系统时钟终止，从而使建筑方向功能不受阻碍地进行操作，而不必与自适应广告子系统共享信息和控制系统中的资源。提供触摸键盘齐平安装的电梯轿厢垂直壁面确保触摸键盘实际上是非阻塞性。保证任何偶然接触有害物质，如清洗液，不影响系统正常运行和降低系统的寿命，因为键盘有个别键附近没有开口。可选地包括附近办公大楼或场所的目录文件，通过用户确认的用户在错误的位置，通过视觉或听觉提示通知用户
NO8,719,037	包括用于获取和显示信息的计算机化设备的传输设备。在一个实施例中，计算机化设备包括网络接口、显示设备和语音识别设备，其配置为接收用户语音输入，并通过远程实体启用各种任务的性能，例如获得与地图或方向相关的所需信息，或任何其他主题。下载的数据可以在一个变体中，显示与内容相关的广告或其他内容

3. 被诉产品

1）2012 和之后生产的具有导航系统和“InTouch”技术，“连接/连接加技和/或信息娱乐技术的 INFINITI 品牌日产汽车。

2）2012 和之后生产的具有硬盘驱动/SD 卡导航系统和语音识别、触摸屏技术的 INFINITI 品牌日产汽车。

3）2015/2016 和之后生产的具有下一代“NISSAN Connect”技术、“NissanConnect Service（Android only）”技术、“NISSAN Connect Service”订阅和/或信息娱乐技术的“NISSAN”品牌日产汽车。

4）2012 和之后生产的具有“NISSAN Connect”技术、“智能手机集成（Android only）”、导航系统和相关的移动电子设备应用的“NISSAN”品牌日产汽车。

5）2015 和之后版本的基于安卓的移动电子设备应用和相关软件的“NISSAN Connect Services”。

6）2012 和之后生产的具有硬盘驱动/SD 卡导航系统和语音识别、触摸屏技术的“NISSAN”品牌日产汽车。

4. 具体事件过程

2014 年 11 月 10 日，West View 在美国加州南区法院起诉 Nissan 侵犯了其6件专利的专利权。被诉侵权产品包括 Nissan 旗下的搭载 Navigation/In-Touch/Connection 技术的 INFINITI 品牌和 NISSAN 品牌汽车。

2015 年 2 月 9 日，Nissan 提起反诉，积极应诉。

2015 年 5 月 18 日，West View 申请在诉讼中修改其申诉状的动议，2015 年 6 月 10 日，法院仅同意 West View 对专利 8,719,037 的修改动议，并否决了其他方面修改的动议。

2015 年 9 月 14 日，Nissan 请求法院驳回 West View 的诉讼，法院认为基于 35U.S.C.§101，West View 主张的涉案专利不具有可专利性，是无效的，因此同意被告 Nissan 提出的撤销该诉讼的动议；然而，法院承认，为了有效的案件管理，法院要求原告在该案中限制其主张的权利。由于原告选择的权利已全部确定无效，原告不妨继续提出其他权利要求。因此，原告可以要求留下来主张这些专利的其他权利要求，并表明它们如何与原诉状中讨论的权利要求区分开来。

2015 年 9 月 24 日，被告 Nissan 主张支持联合被告的对诉辩状的判决（judgment on the pleadings）动议。

对诉辩状的判决：

在提交答辩状及诉辩结束后，任一方当事人都还有其他机会请求法院不经审判而单独对诉辩状作出判决，这被称为对诉辩状判决的动议。因此，如果被告没有充分地回答起诉状以否认起诉状中的主张，则原告可以提出要求对诉辩状判决的动议并能够不经审判即告胜诉。

同样，如果原告的起诉状存在缺陷，或者如果被告提出一个积极抗辩而原告没有回复，则被告可以提出要求对诉辩状判决的动议并借此胜诉。

简而言之，法院会查看起诉状和答辩状以确定起诉状是否充分以及答辩状所陈述的事实是否在表面上就构成对原告请求的绝对阻止。

2016年1月13日，West View提交主张其他权利，2016年2月10日，被告Nissan和联合诉讼被告Tesla反对原告West View的主张其他权利的动议。

5. 该案判决

2016年3月31日加州南区法院对案件3：14-cv-02677批准被告提出的对诉辩状判决的动议。

2016年3月31日，加州南区法院对联合诉讼的多个案件进行诉辩状的判决，涉及案件包括14-CV-2668-CAB（WVG），14-CV-2670-CAB（WVG），14-CV-2675-CAB（WVG），14-CV-2677-CAB（WVG），14-CV-2679-CAB（WVG）；这些案件包含11件连续性专利（continuation patents），这些连续性专利具有共同的说明书，在上述5个案件中以多种组合声明多种权利主张。为了高效的案件管理，案件被整合起来用于证据出示，权利范围界定和无效的挑战。法院最初命令原告从每件专利中选择最多七项要求对被告提出主张。这些案件中的4个被告[1]联合发起对诉辩状判决的动议，请求法院基于35U.S.C.§101确定上述案件中9件专利[2]都不具备专利性和无效。法院认定，这9项专利中的所有选择的权利要求都基本相似，并与同一抽象概念相联系。这些权利要求不包括足以确保该专利实践中的数量远远

[1] 被告大众没有参与对诉辩状判决的最初动议，但是该动议涉及的专利和主张的权利和原告对大众的主张一致。

[2] 被告没有提出美国专利第8,301,456号和第8,311,834号关于申诉判决动议的申请，而且这些专利申请的主张在即时动议中没有问题。这些专利仅在West View诉BMW案件14cv2670中被认定，在这种情况下仍然存在争议。

超过不合格概念专利本身的元素或元素组合。但是，在判决之前，如果原告能够真诚地证明这些权利要求与原告主张的一组权利要求有区别，法院允许原告有机会从 9 件专利的每一件中选择替代权利要求。为此，原告在 9 件专利中的 7 件中确定了 32 项替代权利要求。原告拒绝为美国专利 8,682,673 和 8,706,504 提供替代权利要求。

West View 并没有证明它所宣称的替代权利要求与原先的权利要求是有区别的。由于被告有说服力地表达了他们的反对意见，根据 35U.S.C.§101 替代权利要求实际上与先前声称的一项或多项权利要求难以区分。West View 的动议并没有区分它所要求的从法院认定的无效权利要求中区分出来的替代权利要求，而是基本上重申其立场，即这些连续性专利的主张是对已知组件的创造性组合，远远超过了计算机系统接收输入查询，检索信息并生成视觉或音频响应。尽管在说明书中明确的陈述中，本公开不要求组件的特定组合，所有这些都是本领域已知的，并且利用众所周知的架构和算法，但 West View 认为，本说明书公开了新颖且非显而易见的系统和/或算法配置来向系统用户提供信息。West View 甚至认为，其系统和用户界面组合等大量技术已被广泛应用于智能手机、平板电脑、车辆和其他平台。这仅仅强调了本公开和权利要求的高度抽象——接收来自用户的信息请求，访问来自远程服务器的信息，将信息显示给用户和/或将其传送给相关的用户。

法院驳回了这一论点，当时法院批准了被告对最初声称的诉讼请求作出判决的动议，West View 没有在拟议的备选权利要求中确定一个要素或多个要素的组合保证不同的结果。所有替代的权利要求都不支持 West View 的观点，即这些连续性专利权利要求不止是传统计算机组件的组合，这些传统计算机组件响应用户查询信息。事实上，在最近的审查意见中，专利审查员正在继续对该申请的另一项连续性专利进行审查，同时也驳回了一些类似于该案诉讼中提出的权利要求，理由是这些权利要求是针对抽象概念的。审查员还发现，权利要求中不包括足以构成比抽象概念更多的要素。

原告所提出的替代权利要求与法院认为无效的替代权利要求没有区别，因为它们不过是传统计算机部件的组合来响应用户查询信息。因此，West View 关于这些替代权利要求的动议被否决了。

2017 年 1 月 30 日，West View 针对加州南区法院对 3：14-cv-02668-CAB-WVG，3：14-cv-02675-CAB-WVG，3：14-cv-02677-CABWVG，3：14-cv-02679-CAB-WVG 案件的判决向联邦巡回法院提起上诉，被告-被上诉人包括 Nissan、Audi AG、Volkswagen、HYUNDAI、TESLA。

West View 对加州南区法院对其持有多件专利权利要求不具有专利性的判决进行上诉。

联邦巡回法院对加州南区法院的判决进行了重审，联邦巡回法院认为涉案专利根据美国《专利法》第 101 条不具有可专利性。

美国《专利法》第 101 条规定：凡发明或发现任何新颖而适用的制法、机器、制造品、物质的组分，或其任何新颖而适用的改进者，可以按照 35U.S.C.§101 取得专利权；但是自然规律，自然现象和抽象思想是不可专利的（参考 Alice Corp. v. CLS Bank Int'l,134 S. Ct. 2347,2354(2014)）；Alice 案确立了专利适格性两步检测方法，首先，必须确定权利要求发明是否属于美国《专利法》第 101 条规定的专利的概念；如果权利要求被确定为针对一个符合专利的概念，那么我们接下来会考虑“这个权利要求中的特定要素是否被视为一个有序的组合”足以将“权利要求的性质”转化为符合专利的申请。

West View 认为权利要求应当作为代表用于专利适格性的分析，因此以下的分析基于上述权利要求：

'038 专利的权利要求第 63 项间接引用权利要求第 54 项❶，独立权利要求第 54 项通过“麦克风”“一个或多个处理器”“触摸屏输入和显示装置”“语音合成装置”和“具有人类用户的交互式信息交换的计算机化装置”至少一个“扬声器”“输入装置”和“计算机程序”，接收用户的输入并产生可听或可视的结果。在相关部分中，从属权利要求第 63 项增加了另外的限制，其允许将结果无线传输到用户的“便携式个人电子设备”，并允许用户设备“根据一个或多个数据参数或特定配置文件来配置

❶ 自从这些上诉开始，权利要求第 54 项已经被撤销，然而，我们描述权利要求第 54 项的保护范围，以基于第 101 条对权利要求第 63 项的完整分析。

用户特定数据给用户”。

’156专利的权利要求第29项间接引用权利要求第25项，权利要求第25项记载了一种“计算机可读设备”，其可以“经由用户接收来自用户的输入功能键”“将输入转发到远程联网服务器以确定与用户的输入”和“广告内容的选择”相关联的上下文，以及“向用户呈现所接收的内容”。在相关部分中，权利要求第29项增加了额外的限制，其基于“用户的选择涉及一个专题领域”。

（1）所涉专利是针对抽象概念的

在Alice测试的第一步中，权利要求叙述了一个抽象的概念。这些权利要求不超出接收或收集数据查询，分析数据查询，检索和处理构成对初始数据查询的响应的信息，并且产生对初始数据查询的视觉或音频响应。“收集信息，分析信息，显示收集和分析的某些结果”是“一种熟悉的类别”，指向“专利不合格的概念”。因此，’038专利的权利要求第63项和’156专利的权利要求第29项是针对抽象概念的。

（2）所涉专利不具备创造性

在Alice测试的第二步中，权利要求缺少将抽象概念转化为专利发明的发明概念。主题专利的说明书叙述了系统内各种部件处置的许多不同的安排，所有这些都包含在本发明的范围内”，然而，“许多不同的安排”涉及的组件是通用的。例如“电子领域中公知类型的触屏小键盘和/或显示屏幕”。如果专利使用通用计算机组件来实现发明，则在Alice步骤二下它不能够认定为一个发明概念。“通用计算机组件”，如“接口”“网络”和“数据库”不符合发明概念要求。

无论是单独分析还是作为有序组合来分析，权利要求均以较高的一般性水平列举了传统元素，并不构成发明性概念。在Alice步骤二下对发现不合格的案例进行编目，其中权利要求书叙述了“行业以前已知的常规，常规活动”。

代表专利在Alice测试步骤二下不具备创造性，因此我们认为所涉专利不能满足Alice的两步测试，所以所涉专利不具有可专利性。

结论：我们已经考虑了West View其余论点，并认为它们不具说服力。

因此，美国加州南区法院的最终判决是合法的。

6.2.1.3 案例点评

被告 Nissan 在收到诉讼后积极提交诉辩状并发起反诉，主张申诉方控告的专利无效，提出撤销诉讼的动议；鉴于地区法院认定控告专利不具专利性，适时主张支持联合被告发起的对诉辩状判决的动议，从而快速终止诉讼，节省了大量的时间、人力和物力。

6.2.1.4 案例相关资料

1. 该案涉及专利的主要权利要求

①'156 专利的相关涉案权利要求（表 6-2-2）。

表 6-2-2 '156 专利的相关权利要求

权利要求（英文）	权利要求（中文）
7. Computer readable apparatus comprising a storage medium, said storage medium comprising at least one computer program with a plurality of instructions, said at least one program being configured to: receive input from a user via a first soft function key associated with a touch-screen input and display device; based at least in part on the input, generate a plurality of different soft function keys on the input and display device, the different soft functions keys each having a different context associated therewith; receive a second input via one of the generated plurality of soft function keys; cause selection of advertising content based at least in part on the context associated with the one generated soft function key associated with the second input; and present the selected advertising content via the input and display device for viewing by the user.	7. 包括存储介质的计算机可读装置，所述存储介质包括具有多个指令的至少一个计算机程序，所述至少一个程序被配置为：经由与触摸屏输入相关联的第一软功能键接收来自用户的输入以及显示设备；至少部分基于所述输入，在所述输入和显示设备上生成多个不同的软功能键，所述不同的软功能键各自具有与其相关联的不同的上下文；通过所生成的所述一个多个软功能键；至少部分地基于与所述第二输入相关联的所述一个所生成的软功能键相关联的所述上下文来引起对广告内容的选择；并通过输入和显示设备呈现选择的广告内容供用户观看。
9. The apparatus of claim 7, wherein the context associated with the one of the generated plurality of soft function keys via which the second input is received comprises a location having one or more business entities at or proximate to that location, and the selected advertising content is related to an attribute associated with at least one of the one or more business entities.	9. 根据权利要求 7 所述的装置，其中，与所接收的第二输入所经由的所生成的多个软功能键中的所述一个关联的上下文包括在该位置处或附近具有一个或多个商业实体的位置，并且所选择的广告内容是涉及与所述一个或多个商业实体中的至少一个相关联的属性。

续表

权利要求（英文）	权利要求（中文）
10. Computer readable apparatus comprising a storage medium, said storage medium comprising at least one computer program with a plurality of instructions, the storage medium being part of a computerized information system disposed on or within a transport apparatus configured to transport at least one person from one location to another, said at least one program being configured to: receive an input from a user of the transport apparatus, the input relating to a desired function; cause access of a remote server via an associated wireless interface to access information relating to the desired function; receive accessed information via the wireless interface; andimplement the desired function using at least a portion of the received information; wherein said at least one program is further configured to: establish an ad hoc communication link with a portable computerized device of a user of the transport apparatus; anddownload at least a portion of the received information to the portable computerized device via the communication link.	10. 一种包括存储介质的计算机可读装置，所述存储介质包括具有多个指令的至少一个计算机程序，所述存储介质是设置在运输装置上或运输装置内的计算机化信息系统的一部分，所述运输装置被配置为将至少一个人所述至少一个程序被配置为：接收来自所述运输设备的用户的输入，所述输入与期望的功能有关；通过相关联的无线接口使远程服务器访问与所需功能有关的信息；通过无线接口接收访问的信息；并且使用接收到的信息的至少一部分来实现期望的功能；其中，所述至少一个程序还被配置为：与运输设备的用户的便携式计算机化设备建立自组织通信链路；并且经由通信链路将所接收的信息的至少一部分下载到便携式计算机化设备。
11. The apparatus of claim 10, wherein said download of said at least a portion of the received information to the portable computerized device via the communication link is initiated by software resident on the portable device.	11. 根据权利要求10所述的设备，其中经由所述通信链路向所述便携式计算机化装置的所述至少一部分所述接收到的信息的所述下载是由驻留在所述便携式装置上的软件启动的。
12. The apparatus of claim 10, wherein said input relating to a desired function comprises an input to obtain information relating to at least one of (ⅰ) financial news; (ⅱ) weather; or (ⅲ) sports.	12. 根据权利要求10所述的设备，其中所述与期望功能相关的输入包括用于获得与以下至少一项有关的信息的输入：（ⅰ）财经新闻；（ⅱ）天气；或（ⅲ）运动。
13. The apparatus of claim 12, wherein said input relates to weather, and said received information comprises information regarding local weather for the locale in which said transport apparatus is situated.	13. 根据权利要求12所述的设备，其中所述输入涉及天气，并且所述接收到的信息包括关于所述运输设备所处的场所的本地天气的信息。
14. The apparatus of claim 10, wherein said input relates to directions to a particular business entity, and said received information comprises a map graphic illustrating how to get to said business entity.	14. 根据权利要求10所述的设备，其中所述输入涉及对特定商业实体的指导，并且所述接收到的信息包括说明如何到达所述商业实体的地图图形。

续表

权利要求（英文）	权利要求（中文）
15. The apparatus of claim 10, wherein: said remote server is in communication with a database of business entities, said database being searchable at least by a name of a business entity; andsaid input comprises a digitized representation of a speech input, the speech input being received via a microphone located within said transport apparatus, the speech comprising said name of said business entity.	15. 如权利要求 10 所述的装置，其中：所述远程服务器与商业实体的数据库进行通信，所述数据库至少可以通过商业实体的名称进行搜索；并且所述输入包括语音输入的数字化表示，所述语音输入经由位于所述运输设备内的麦克风被接收，所述语音包括所述商业实体的所述名称。
17. The apparatus of claim 10, wherein the at least one computer program is further configured to cause evaluation of at least a portion of said input to determine a context, and to cause presentation of advertising content that is related to said context, said advertising content being presented via an audio output device in the transport apparatus.	17. 根据权利要求 10 所述的设备，所述至少一个计算机程序还被配置为使得评估所述输入的至少一部分以确定上下文，且致使呈现与所述情境相关的广告内容，所述广告内容经由运输设备中的音频输出设备呈现。
18. The apparatus of claim 10, wherein the implementation of the desired function comprises synthesizing speech for playout over one or more speakers disposed within said transport apparatus, the speech being synthesized based at least in part on said received information.	18. 根据权利要求 10 所述的设备，其中所述期望功能的所述实施方案包括合成语音用于通过布置在所述运输设备内的一个或一个以上扬声器进行播放，所述语音至少部分地基于所述所接收信息而合成。
19. The apparatus of claim 18, wherein said input relating to a desired function comprises an input to obtain information relating to at least one of (ⅰ) financial news; (ⅱ) weather; or (ⅲ) sports.	19. 根据权利要求 18 所述的设备，其中所述与期望功能相关的输入包括用于获得与以下至少一项有关的信息的输入：（ⅰ）财经新闻；（ⅱ）天气；或（ⅲ）运动。
20. The apparatus of claim 10, wherein said received information is configured specifically for the user.	20. 如权利要求 10 所述的装置，其特征在于，所述接收的信息是专门为用户配置的。
21. The apparatus of claim 20, wherein said configuration specifically for the user is based at least in part on data stored on a remote server, the data relating specifically to that user.	21. 根据权利要求 20 所述的设备，其中所述专门针对所述用户的配置至少部分基于存储在远程服务器上的数据，所述数据专门与所述用户相关。

续表

权利要求（英文）	权利要求（中文）
22. The apparatus of claim 21, wherein said data stored on a remote server relating specifically to that user is based at least in part on one or more previously supplied user-selected configuration parameters.	22. 根据权利要求 21 所述的设备，其中存储在特定的与所述用户有关的远程服务器上的所述数据至少部分基于一个或多个先前提供的用户选择的配置参数。
23. The apparatus of claim 10, wherein said input relating to a desired function comprises an input to obtain information relating to a particular destination or entity.	23. 根据权利要求 10 所述的设备，其中所述与期望功能有关的输入包括用以获得与特定目的地或实体有关的信息的输入。
24. The apparatus of claim 23, wherein said at least one program is further configured to receive a second digitized representation of speech input relating to the particular destination or entity in order to resolve one or more ambiguities associated therewith.	24. 根据权利要求 23 所述的设备，其中所述至少一个程序进一步经配置以接收与所述特定目的地或实体有关的语音输入的第二数字化表示，以便解析与其相关联的一个或一个以上歧义。
25. Computer readable apparatus comprising a storage medium, said storage medium comprising at least one computer program with a plurality of instructions, said at least one program being configured to: receive input from a user via one of a plurality of different function keys associated with a touch-screen input and display device, each of the different function keys having a different context associated therewith; forward the input to a remote networked server for determination of at least one context associated with the one function key and selection of advertising content, the selection being based at least in part on the determined context; receive the selected advertising content; andpresent the received content via the input and display device for viewing by the user.	25. 一种包括存储介质的计算机可读装置，所述存储介质包括具有多个指令的至少一个计算机程序，所述至少一个程序被配置为：经由多个不同功能键中的一个接收来自用户的输入，所述多个不同功能键与触摸屏输入和显示设备相关，所述不同功能键中的每一个具有与其相关联的不同上下文；将所述输入转发到远程联网服务器，用于确定与所述一个功能键相关联的至少一个上下文以及广告内容的选择，所述选择至少部分基于所确定的情境；接收所选择的广告内容；并通过输入和显示设备呈现所接收的内容供用户查看。
28. The apparatus of claim 25, wherein the plurality of different function keys associated with a touch-screen input and display device comprise a plurality of different "soft" function keys that are selected and generated on the input and display device display by the at least one computer program.	28. 根据权利要求 25 所述的设备，其中与触摸屏输入和显示装置相关联的所述多个不同的功能键包括多个不同的“软”功能键，所述多个不同的“软”功能键在输入和显示装置显示器上由至少一个计算机程序选择和生成。

续表

权利要求（英文）	权利要求（中文）
29. The apparatus of claim 28, wherein the selection of the soft function keys depends at least in part on a display context determined by a user selection received via the input and display device, the user selection relating to a topical area.	29. 根据权利要求 28 所述的装置，其中，所述软功能键的选择至少部分地取决于由经由所述输入和显示设备接收的用户选择所确定的显示上下文，所述用户选择涉及主题区域。
31. Computer readable apparatus comprising a storage medium, said storage medium comprising at least one computer program with a plurality of instructions, said at least one program being configured to: receive input from a user via a first soft function key associated with a touch-screen input and display device; cause generation of a plurality of different soft function keys on the input and display device, the different soft functions keys each having a context associated therewith and being selected based at least in part on the received input; receive a second input via one of the generated plurality of soft function keys; facilitate selection of advertising content based at least in part on the context associated with the one generated soft function key associated with the second input; receive the selected content; andpresent the selected advertising content via the input and display device for viewing by the user.	31. 一种包括存储介质的计算机可读装置，所述存储介质包括具有多个指令的至少一个计算机程序，所述至少一个程序被配置为：经由与触摸显示器和显示设备相关联的第一软功能键接收来自用户的输入；引起在所述输入和显示设备上产生多个不同的软功能键，所述不同的软功能键各自具有与其关联的上下文，并且至少部分基于所接收的输入来选择；接收经由所生成的多个软功能键之一的第二输入；至少部分基于所述第二输入相关联的所述一个生成的软功能键相关联的上下文来促进对广告内容的选择；接收所选内容；并通过输入和显示设备呈现选择的广告内容供用户观看。
36. The apparatus of claim 31, wherein the plurality of different soft function keys are selected by the at least one computer program.	36. 根据权利要求 31 所述的设备，其中所述多个不同的软功能键由所述至少一个计算机程序选择。
37. The apparatus of claim 36, wherein the input received from a user via a first soft function key associated with a touch-screen input and display device comprises a user selection relating to a topical area.	37. 根据权利要求 36 所述的设备，其中经由与触摸屏输入和显示装置相关联的第一软功能键从用户接收到的输入包括与主题区域有关的用户选择。
38. The apparatus of claim 37, wherein the topical area comprises either finance or weather, and the received second input from a user via one of a plurality of different function keys comprises a request for stock quotes or a weather forecast for a particular location, respectively.	38. 根据权利要求 37 所述的装置，其中，所述主题区域包括财务或天气，并且经由多个不同功能键中的一个从用户接收到的第二输入包括分别针对特定位置的股票报价或天气预报的请求。

②'778专利的相关涉案权利要求（表6-2-3）。

表6-2-3 '778专利的相关权利要求

权利要求（英文）	权利要求（中文）
1. Computerized apparatus comprising: a wireless interface; data processing apparatus; a touch-screen input and display device; a speech recognition apparatus in data communication with the data processing apparatus; anda storage apparatus in data communication with the data processing apparatus, said storage apparatus comprising at least one computer program, said at least one program being configured to: receive a digitized speech input via the speech recognition apparatus, the input relating to an organization or entity which a user wishes to locate; based at least in part on the input, cause identification of a location associated with the organization or entity; andprovide a graphical or visual representation of the location on the touch screen input and display device in order to aid a user in finding the organization or entity, the graphical or visual representation of the location also comprising a graphical or visual representation of the surroundings of the organization or entity.	1. 计算机装置，包括：一个无线接口；数据处理装置；触摸屏输入和显示设备；与数据处理装置进行数据通信的语音识别装置；和与数据处理装置进行数据通信的存储装置，所述存储装置包括至少一个计算机程序，所述至少一个程序被配置为：通过语音识别设备接收数字化的语音输入，该输入涉及用户希望定位的组织或实体；至少部分地基于所述输入来引起与所述组织或实体相关联的位置的识别；和提供触摸屏输入和显示设备上的位置的图形或视觉表示以帮助用户找到组织或实体，位置的图形或视觉表示还包括图形或视觉表示组织或实体。
3. The apparatus of claim 1, wherein the at least one program is further configured to cause display of advertising that is contextually related to the organization or entity.	3. 根据权利要求1所述的设备，其中所述至少一个程序进一步经配置以致使显示与所述组织或实体上下文相关的广告。
5. The apparatus of claim 3, wherein the advertising is displayed substantially contemporaneous with a display of the graphical or visual representation of that location.	5. 根据权利要求3所述的设备，其中所述广告与所述位置的所述图形或视觉表示的显示实质上同时显示。
8. The apparatus of claim 1, wherein the computerized apparatus is configured to be transportable from one location to another within a transport apparatus.	8. 根据权利要求1所述的设备，其中所述计算机化设备被配置为可在运输设备内从一个位置运输到另一个位置。
9. The apparatus of claim 8, wherein the configuration to be transportable from one location to another within a transport apparatus comprises the capability of the computerized apparatus to be mounted on or proximate to a surface of the transport apparatus such that an operator of the transport apparatus can view and access a touch screen of the touch screen input and display device, and utilize the speech recognition apparatus, while operating the transport apparatus.	9. 根据权利要求8所述的设备，其中，所述能够在运输设备内从一个位置运输到另一个位置的配置包括所述计算机化设备安装在所述运输设备的表面上或附近的能力，使得所述运输工具设备可以查看和访问触摸屏输入和显示设备的触摸屏，并且在操作运输设备的同时利用语音识别设备。

续表

权利要求（英文）	权利要求（中文）
12. The apparatus of claim 1, wherein the computerized apparatus is further configured to display advertising content selected based at least in part on the industry or occupation of the organization or entity.	12. 根据权利要求 1 所述的设备，其中所述计算机化装置进一步经配置以显示至少部分基于所述组织或实体的所述行业或职业而选择的广告内容。
13. The apparatus of claim 12, wherein the industry or occupation of the organization or entity is selected from the group consisting of: (ⅰ) restaurants, and (ⅱ) public transportation.	13. 根据权利要求 12 所述的设备，其中所述组织或实体的所述行业或职业是从由（ⅰ）餐馆和（ⅱ）公共交通组成的组中选择的。
19. The apparatus of claim 1, wherein the computerized apparatus is further configured to provide a user a graphical representation of directions from their current location to a business or organization inside of a building.	19. 根据权利要求 1 所述的设备，其中所述计算机化设备进一步经配置以向用户提供从其当前位置到建筑物内的商业或组织的方向的图形表示。
20. The apparatus of claim 19, wherein the graphical representation of directions from their current location to a business or organization inside of a building comprises a map graphic displayed on the touch-screen input and display device having at least one arrow showing the path for the user to follow.	20. 根据权利要求 19 所述的设备，其中从建筑物内的当前位置到商业或组织的方向的图形表示包括显示在所述触摸屏输入和显示装置上的地图图形，所述地图图形具有至少一个指示用户前行的路径的箭头。
22. The apparatus of claim 1, wherein the at least one computer program is further configured to generate on the touch-screen input and display device a plurality of soft function keys or icons, at least one of the soft function keys or icons having a function associated therewith relating to obtaining directions, and at least one of the soft function keys or icons having a function associated therewith relating to points of interest.	22. 根据权利要求 1 所述的设备，其中所述至少一个计算机程序进一步经配置以在所述触摸屏输入和显示装置上产生多个软功能键或图标，所述软功能键或图标中的至少一者具有与其相关的功能，以及具有与感兴趣点相关的功能的软功能键或图标中的至少一个。
24. The apparatus of claim 1, wherein the computerized apparatus comprises an interface compliant with an IEEE 802. 11 standard.	24. 根据权利要求 1 所述的装置，其中所述计算机化装置包括符合 IEEE 802. 11 标准的接口。
25. The apparatus of claim 24, wherein the interface compliant with an IEEE 802. 11 standard is configured to permit communication between the computerized apparatus and one or more remote networked servers.	25. 根据权利要求 24 所述的设备，其中所述符合 IEEE 802. 11 标准的所述接口经配置以准许所述计算机化装置与一个或一个以上远程联网服务器之间的通信。

续表

权利要求（英文）	权利要求（中文）
27. Computerized apparatus comprising: a wireless interface; data processing apparatus; a touch-screen input and display device; a speech recognition apparatus in data communication with the data processing apparatus; anda storage apparatus in data communication with the data processing apparatus, said storage apparatus comprising at least one computer program, said at least one program being configured to: receive a digitized speech input via the speech recognition apparatus, the input relating to an organization or entity which a user wishes to locate; based at least in part on the input, cause identification of a location associated with the organization or entity; andprovide a graphical or visual representation of the location on the touch screen input and display device in order to aid a user in finding the organization or entity, the graphical or visual representation of the location comprising a map graphic showing the location of the organization or entity relative to other organizations or entities proximate thereto; wherein: the digitized speech is received via a microphone associated with the speech recognition apparatus, the microphone being mounted within the computerized apparatus proximate the touch-screen input and display device so that the user can speak into the microphone while viewing the touch-screen input and display device; the at least one program is further configured to cause display of advertising selected by one or more remote servers accessed via a network in data communication with the computerized apparatus via the wireless interface, the advertising being selected based at least in part on an attribute or aspect of the organization or entity; the identification of the location comprises accessing a remote server via a network in data communication with the computerized apparatus via the wireless interface; the at least one computer program is further configured to receive and utilize inputs in an iterative or hierarchical fashion to progress through a menu structure comprising multiple possible matching organizations or entities; and wherein the computerized apparatus: is further configured to provide a user a graphical representation of directions from their current location to a business or organization, the graphical representation of directions comprising the map graphic displayed on the touch-screen input and display device having at least one arrow showing the path for the user to follow; andcomprises an interface compliant with an IEEE 802.11 standard.	27. 计算机化装置，包括：一个无线接口；数据处理装置；触摸屏输入和显示设备；与数据处理装置进行数据通信的语音识别装置；与数据处理装置进行数据通信的存储装置，所述存储装置包括至少一个计算机程序，所述至少一个程序被配置为：通过语音识别设备接收数字化的语音输入，该输入涉及用户希望定位的组织或实体；至少部分地基于所述输入来引起与所述组织或实体相关联的位置的识别；提供触摸屏输入和显示设备上的位置的图形或视觉表示以帮助用户找到组织或实体，位置的图形或视觉表示包括示出组织或实体的位置的地图图形相对其附近的其他组织或实体；其中：数字化语音通过与语音识别设备相关联的麦克风被接收，麦克风被安装在靠近触摸屏输入和显示设备的计算机化设备内，使得用户可以在观看触摸屏输入和显示的同时对着麦克风讲话设备；所述至少一个程序还被配置为使得经由网络访问的一个或多个远程服务器选择的广告的显示经由所述无线接口与所述计算机化装置进行数据通信，所述广告的选择至少部分基于属性或方面；所述位置的识别包括经由所述无线接口经由与所述计算机化设备进行数据通信的网络访问远程服务器；所述至少一个计算机程序还被配置为以迭代或分层方式接收和利用输入来处理通过包括多个可能的匹配组织或实体的菜单结构；并且其中所述计算机化装置：还被配置为向用户提供从他们的当前位置到商业或组织的方向的图形表示，所述方向的图形表示包括在触摸屏输入和显示设备上显示的地图图形，其具有指示用户前行路径的至少一个箭头；包括符合 IEEE 802.11 标准的接口。

续表

权利要求（英文）	权利要求（中文）
28. Computerized apparatus comprising: a wireless interface; data processing apparatus; a touch-screen input and display device; a speech recognition apparatus in data communication with the data processing apparatus; anda storage apparatus in data communication with the data processing apparatus, said storage apparatus comprising at least one computer program, said at least one program being configured to: receive a digitized speech input via the speech recognition apparatus, the input relating to an organization or entity to which a user wishes to obtain directions; receive form a remote network entity a location associated with the organization or entity, the location having been determined based at least in part on the input; display said directions from the user's current location to the organization or entity on the touch screen input and display device; andprovide a graphical or visual representation of the location of the organization or entity on the touch screen input and display device in order to aid a user in finding the organization or entity, the graphical or visual representation of the location also comprising a graphical or visual representation of the surroundings of the organization or entity.	28. 一种计算机装置，包括：一个无线接口；数据处理装置；触摸屏输入和显示设备；与数据处理装置进行数据通信的语音识别装置；与数据处理装置进行数据通信的存储装置，所述存储装置包括至少一个计算机程序，所述至少一个程序被配置为：接收经由所述语音识别装置的数字化语音输入，所述输入涉及用户希望获得指示的组织或实体；从远程网络实体接收与所述组织或实体相关联的位置，所述位置已经至少部分地基于所述输入而被确定；在所述触摸屏输入和显示设备上显示从所述用户的当前位置到所述组织或实体的所述指示；在触摸屏输入和显示设备上提供组织或实体的位置的图形或视觉表示，以帮助用户找到组织或实体，位置的图形或视觉表示还包括图形或视觉表示组织或实体的环境。
29. The apparatus of claim 28, wherein the computerized apparatus is further configured to: display advertising content that is contextually related to the organization or entity, contemporaneous with display of the graphical or visual representation on the touch screen input and display device; generate a listing of a plurality of possible matches to said input, thereby creating an ambiguity; andreceive further input regarding at least one of the listed plurality of possible matches to resolve the ambiguity.	29. 根据权利要求 28 所述的设备，其中所述计算机化设备进一步经配置以：在触摸屏输入和显示设备上显示图形或视觉表示的同时显示与组织或实体上下文相关的广告内容；生成对所述输入的多个可能匹配的列表，从而产生不明确性；和接收关于列出的多个可能匹配中的至少一个的进一步输入以解决歧义。
30. Computerized apparatus comprising: a wireless interface; means for data processing; a touch-screen input and display means; a speech recognition apparatus in data communication with the means for data processing; anda storage apparatus in data communication with the means for data processing, said storage apparatus comprising at least one	30. 一种计算机装置，包括：一个无线接口；数据处理装置；触摸屏输入和显示装置；与数据处理装置进行数据通信的语音识别装置；和与所述数据处理装置进行数据通信的存储装置，所述存储装置包括至少一个计算机程序，所述

续表

权利要求（英文）	权利要求（中文）
computer program, said at least one program being configured to:receive a digitized speech input via the speech recognition apparatus, the input relating to an organization or entity to which a user wishes to obtain directions;receive form a remote network entity a location associated with the organization or entity, the location having been determined based at least in part on the input;display said directions from the user's current location to the organization or entity on the touch screen input and display means; andprovide a graphical or visual representation of the location on the touch screen input and display means in order to aid a user in finding the organization or entity, the graphical or visual representation of the location also comprising a graphical or visual representation of the surroundings of the organization or entity.	至少一个程序被配置为：接收经由所述语音识别装置的数字化语音输入，所述输入涉及用户希望获得指示的组织或实体；从远程网络实体接收与所述组织或实体相关联的位置，所述位置已经至少部分地基于所述输入而被确定；在所述触摸屏输入和显示装置上显示从所述用户的当前位置到所述组织或实体的所述指示；和提供触摸屏输入和显示装置上的位置的图形或视觉表示，以帮助用户找到组织或实体，位置的图形或视觉表示还包括图形或视觉表示组织或实体。

③'146专利的相关涉案权利要求（表6-2-4）。

表6-2-4 '146专利的相关权利要求

权利要求（英文）	权利要求（中文）
1. Computer readable apparatus comprising a storage medium, said storage medium comprising at least one computer program with a plurality of instructions, the computer readable apparatus being part of a computerized information system disposed on or within a transport apparatus configured to transport at least one person from one location to another, the computerized information system being configured to adaptively provide a user with desired information relating to a plurality of topical areas, said at least one program being configured to:receive a digitized representation of a speech input of the user of the transport apparatus via a speech recognition apparatus in communication with the computerized information system, the speech input relating to a desired function to be performed by the computerized information system, the desired function relating to at least one of the topical areas;cause wireless access of a remote server to access information necessary to perform the desired function; receive accessed information obtained from the remote server via the wireless interface; andimplement the desired function on the computerized information system using at least a	1. 一种包括存储介质的计算机可读设备，所述存储介质包括具有多个指令的至少一个计算机程序，所述计算机可读设备是布置在运输设备上或运输设备内的计算机化信息系统的一部分，所述运输设备被配置为运输至少一个人从一个位置到另一个位置，所述计算机化信息系统被配置为自适应地向用户提供与多个主题区域相关的期望信息，所述至少一个程序被配置为：通过与计算机化信息系统通信的语音识别设备接收运输设备的用户的语音输入的数字化表示，该语音输入涉及由计算机化信息系统执行的期望功能，所需功能涉及至少一个专题领域；引起远程服务器的无线访问以访问执行所需功能所需的信息；接收经由无线接口从远程服务器获得的访问信息；和（ⅰ）计算机化信息系统的触摸屏显示和输入装置；以及（ⅱ）计算

续表

权利要求（英文）	权利要求（中文）
portion of the received information and at least one of: (i) a touch-screen display and input device of the computerized information system; and/or (ii) a speech synthesis apparatus of the computerized information system.	机化信息系统的触摸屏显示器和输入装置；和/或（ii）计算机化信息系统的语音合成装置。
2. The apparatus of claim 1, wherein said at least one computer program is further configured to enable an ad hoc communication link with a portable electronic device of a user of the transport apparatus, the ad hoc link being used to transfer data between the computerized information system and the portable electronic device.	2. 根据权利要求 1 所述的设备，其中所述至少一个计算机程序进一步经配置以启用与所述运输设备的用户的便携式电子装置的自组织通信链路，所述自组织链路用于在所述计算机化信息系统和便携式电子设备之间。
4. The apparatus of claim 2, wherein the data transfer between the computerized information system and the portable electronic device is initiated by software resident on the portable electronic device.	4. 如权利要求 2 所述的设备，其中，所述计算机化信息系统与所述便携式电子设备之间的数据传输是由驻留在所述便携式电子设备上的软件启动的。
5. The apparatus of claim 1, wherein said speech input relating to a desired function comprises an input to obtain information relating to at least one of (i) location of a nearby restaurant; (ii) traffic conditions; or (iii) weather conditions.	5. 根据权利要求 1 所述的设备，其中所述与期望功能相关的语音输入包括用于获得与以下至少一个有关的信息的输入：（i）附近餐馆的位置；（ii）交通状况；或（iii）天气状况。
6. The apparatus of claim 5, wherein said speech input relates to traffic conditions, and said received information comprises information regarding traffic conditions for the locale in which at least one of said computerized information system and said transport apparatus is situated.	6. 根据权利要求 5 所述的设备，其中所述语音输入涉及交通状况，并且所述接收到的信息包括关于所述计算机化信息系统和所述运输设备中的至少一个所处的所述场所的交通状况的信息。
10. The apparatus of claim 1, wherein said received information is configured specifically for the user, said configuration specifically for the user based at least in part on data previously stored an relating specifically to that user.	10. 根据权利要求 1 所述的装置，其中，所述接收到的信息是专门为所述用户配置的，所述配置特别针对所述用户至少部分地基于先前存储的与所述用户有关的数据。
11. The apparatus of claim 10, wherein said data is stored on a remote server and relates specifically to that user based at least in part on one or more previously supplied user-selected configuration parameters.	11. 根据权利要求 10 所述的装置，其中，所述数据存储在远程服务器上，并且至少部分地基于一个或多个先前提供的用户选择的配置参数来与所述用户相关。

续表

权利要求（英文）	权利要求（中文）
17. Computer readable apparatus comprising a storage medium, said storage medium comprising at least one computer program with a plurality of instructions, the computer readable apparatus being part of a computerized information system disposed on or within a transport apparatus configured to transport at least one person from one location to another, the computerized information system being configured to adaptively provide a user with desired information relating to a plurality of topical areas, said at least one program being configured to: receive a digitized representation of a speech input of the user of the transport apparatus via a speech recognition apparatus in communication with the computerized information system, the speech input relating to a desired function to be performed by the computerized information system; cause wireless access of a network in order to access information stored on a remote server and necessary to perform the desired function; receive accessed information obtained from the remote server via the wireless interface; andimplement the desired function on the computerized information system using at least a portion of the received information and at least one of (i) a touch-screen display and input device of the computerized information system; and/or (ii) a speech synthesis apparatus of the computerized information system; wherein: said input relating to a desired function comprises an input to obtain information relating to a particular destination or entity; said computerized information system is further configured to generate a synthesized speech output via the speech synthesis apparatus, and iteratively receive digitized representations of subsequent user speech inputs via the speech recognition apparatus, the subsequent inputs being used to traverse a menu structure comprising a plurality of possible matching entries; said computerized information system is fixedly mounted within said transport apparatus such that at least a portion of said touch-screen input and display device is substantially flush with at least one surface of said transport apparatus and viewable by the user while operating the transport apparatus; andthe provision of at least a portion of the accessed information relating to the directions to the business or entity via at least one of: (i) a touch screen input and display device of the computerized system; and/or (ii) a speech synthesis apparatus, comprises provision of at least a map graphic showing the location of the destination or entity and other entities proximate thereto, the map graphic further comprising an arrow graphic differentiated at least in color from the map graphic so as to guide the user from a current location to the destination or entity.	17. 一种包括存储介质的计算机可读设备，所述存储介质包括具有多个指令的至少一个计算机程序，所述计算机可读设备是布置在运输设备上或运输设备内的计算机化信息系统的一部分，所述运输设备被配置为运输至少一个人从一个位置到另一个位置，所述计算机化信息系统被配置为自适应地向用户提供与多个主题区域有关的期望信息，所述至少一个程序被配置为：通过与所述计算机化信息系统通信的语音识别装置接收所述运输装置的用户的语音输入的数字化表示，所述语音输入涉及由所述计算机化信息系统执行的期望功能；引起网络的无线访问以便访问存储在远程服务器上并且执行所需功能所必需的信息；接收经由无线接口从远程服务器获得的访问信息；和（i）计算机化信息系统的触摸屏显示器和输入装置中的至少一个；以及（ii）计算机化信息系统的触摸屏显示器和输入装置中的至少一个；和/或（ii）计算机化信息系统的语音合成装置；其中：所述与期望功能相关的输入包括用于获得与特定目的地或实体有关的信息的输入；所述计算机化信息系统还被配置为通过语音合成装置生成合成语音输出，并且经由语音识别装置迭代地接收随后的用户语音输入的数字化表示，后续输入用于遍历包括多个可能的匹配条目；所述计算机化的信息系统固定地安装在所述运输设备内，使得所述触摸屏输入和显示设备的至少一部分与所述运输设备的至少一个表面基本齐平，并且在操作所述运输设备的同时由用户查看；和（i）所述计算机化系统的触摸屏输入和显示设备；以及（ii）所述计算机化系统的触摸屏输入和显示设备，和/或（ii）语音合成装置，包括提供至少一个地图图形，该地图图形示出目的地或实体以及与其邻近的其他实体的位置，地图图形进一步包括从地图图形至少颜色区分的箭头图形以引导用户从当前位置到目的地或实体。

续表

权利要求（英文）	权利要求（中文）
18. Computer readable apparatus of a computerized information system, the apparatus comprising a storage apparatus, the storage apparatus having computerized means configured to: receive, via a speech recognition means of the computerized information system, an input from the user, the input relating to a user's request to obtain directions to a business or entity from the computerized information system; cause utilization of a wireless interface and a means for networking in order to access information disposed on a remote server or database, the information relating to the directions to the business or entity, the business or entity disposed at least partly within a building; receive the accessed information received via the wireless interface; andprovide the user with at least a portion of the accessed information relating to the directions to the business or entity via at least one of: (ⅰ) a touch screen input and display device of the computerized information system; and/or (ⅱ) a means for speech synthesis; wherein the computerized information system is: fixedly mounted within a transport apparatus, the transport apparatus capable of transport multiple persons including the user from one location to another, the fixed mounting such that the user can interface with each of the touch screen input and display device, the speech synthesis means, and the speech recognition means, while operating the transport apparatus; andconfigured to support an ad hoc communication link with a portable electronic device of the user, the ad hoc link being used to transfer data between the computerized information system and the portable electronic device, the data relating at least in part to the user's request to obtain directions.	18. 一种计算机化信息系统的计算机可读装置，所述装置包括存储装置，所述存储装置具有计算机化装置，所述计算机化装置被配置为：通过所述计算机化信息系统的语音识别装置接收来自所述用户的输入，所述输入涉及用户请求以从所述计算机化信息系统获得对企业或实体的指示；引起无线接口的利用和用于联网的装置，以便访问设置在远程服务器或数据库上的信息，所述信息涉及至少部分布置在建筑物内的企业或实体，企业或实体的指示；接收经由无线接口接收的所访问的信息；和（ⅰ）所述计算机化信息系统的触摸屏输入和显示设备；以及（ⅱ）所述计算机化信息系统的触摸屏输入和显示设备，和/或（ⅱ）语音合成装置；其中所述计算机化信息系统是：固定地安装在运输设备中，运输设备能够将包括用户在内的多人从一个地点运输到另一个地点，固定安装使得用户可以与触摸屏输入和显示设备，语音合成设备以及语音识别装置在操作运输设备的同时，和被配置为支持与用户的便携式电子设备的自组织通信链路，所述自组织链路用于在计算机化信息系统和便携式电子设备之间传输数据，所述数据至少部分地与用户的请求获得方向。
19. Computer readable apparatus of a computerized information system, the apparatus comprising a storage apparatus, the storage apparatus having computerized logic configured to: receive, via a speech recognition apparatus of the computerized information system, an input from the user, the input relating to a user's desire to obtain directions to a business or entity from the computerized information system; cause utilization of a wireless interface and a network to	19. 一种计算机化信息系统的计算机可读设备，所述设备包括存储设备，所述存储设备具有计算机化逻辑，所述计算机化逻辑被配置为：通过所述计算机化信息系统的语音识别装置接收来自所述用户的输入，所述输入涉及用户希望从所述计算机化信息系统获得对企业或实体的指示；使得无线接口和网络的使

续表

权利要求（英文）	权利要求（中文）
access information disposed on a remote server, the information relating to the directions to the business or entity; receive the accessed information received via the wireless interface; andprovide the user with at least a portion of the accessed information relating to the directions to the business or entity via at least one of: (i) a touch screen input and display device of the computerized system; and/or (ii) a speech synthesis apparatus; wherein the computerized information system is disposed on or within a transport apparatus, the transport apparatus configured to transport at least one person from one location to another; andwherein the provision of at least a portion of the accessed information comprises provision of at least a map graphic showing the location of the business or entity and other businesses or entities proximate thereto, the map graphic further comprising an arrow graphic differentiated at least in color from the map graphic so as to guide the user from a current location to the business or entity.	用访问设置在远程服务器上的信息，所述信息涉及所述业务或实体的指示；接收经由无线接口接收的所访问的信息；和（ i ）所述计算机化系统的触摸屏输入和显示设备；以及（ ii ）所述计算机化系统的触摸屏输入和显示设备；以及（ ii ）所述计算机化系统的触摸屏输入和显示设备；和/或（ ii ）语音合成装置；其中所述计算机化信息系统设置在运输设备上或运输设备内，所述运输设备被配置为将至少一个人从一个位置运输到另一个位置；其中提供所访问的信息的至少一部分包括提供至少一个地图图形，所述地图图形示出了所述商业或实体以及其附近的其他商业或实体的位置，所述地图图形进一步包括至少以颜色区分的箭头图形以便将用户从当前位置引导到商业或实体。
27. Computer readable apparatus of a computerized information system, the apparatus comprising a storage apparatus, the storage apparatus having computerized logic configured to: receive, via a speech recognition apparatus of the computerized information system, an input from the user, the input relating to a user's desire to obtain directions to a business or entity from the computerized information system; cause utilization of a wireless interface and a network to access information disposed on a remote server, the information relating to the directions to the business or entity; receive the accessed information received via the wireless interface; provide the user with at least a portion of the accessed information relating to the directions to the business or entity via at least one of: (i) a touch screen input and display device of the computerized system; and/or (ii) a speech synthesis apparatus; andenable an ad hoc communication link with a portable electronic device of a user of the transport apparatus, the ad hoc link being configured to transfer data between the computerized information system	27. 一种计算机化信息系统的计算机可读设备，所述设备包括存储设备，所述存储设备具有计算机化逻辑，所述计算机化逻辑被配置为：通过所述计算机化信息系统的语音识别装置接收来自所述用户的输入，所述输入涉及用户希望从所述计算机化信息系统获得对企业或实体的指示；使得无线接口和网络的使用访问设置在远程服务器上的信息，所述信息涉及所述业务或实体的指示；接收经由无线接口接收的所访问的信息；（ i ）所述计算机化系统的触摸屏输入和显示设备；以及（ ii ）所述计算机化系统的触摸屏输入和显示设备；以及（ ii ）所述计算机化系统的触摸屏输入和显示设备；和/或（ ii ）语音合成装置；和启用与所述运输设备的用户的便携式电子设备的自组织通信链路，所述自组织链路被配置为在所述计算机化信

续表

权利要求（英文）	权利要求（中文）
and the portable electronic device; wherein the computerized information system is disposed on or within a transport apparatus, the transport apparatus configured to transport at least one person from one location to another.	息系统和所述便携式电子设备之间传输数据；其中所述计算机化的信息系统设置在运输设备上或运输设备内，所述运输设备被配置为将至少一个人从一个位置运输到另一个位置。
30. The apparatus of claim 27, wherein the logic is configured to transfer data between the computerized information system and the portable electronic device via the ad hoc link relating to a map of the local area.	30. 根据权利要求 27 所述的设备，其中所述逻辑经配置以经由与所述本地区域的地图有关的所述自组织链路在所述计算机化信息系统与所述便携式电子装置之间传输数据。
31. The apparatus of claim 27, wherein the logic is further configured to receive, via the ad hoc link, a user-originated command that is provided via software operative to run on the portable electronic device.	31. 根据权利要求 27 所述的设备，其中所述逻辑进一步经配置以经由所述自组织链路接收经由可操作以在所述便携式电子装置上运行的软件提供的用户发起命令。
32. The apparatus of claim 31, wherein the logic is configured such that the received user－originated command causes said data transfer between the computerized information system and the portable electronic device.	32. 根据权利要求 31 所述的设备，其中所述逻辑被配置为使得所接收的用户发起的命令引起所述计算机化信息系统和所述便携式电子设备之间的所述数据传输。

④’777 专利的相关涉案权利要求（表 6-2-5）。

表 6-2-5 ’777 专利的相关权利要求

权利要求（英文）	权利要求（中文）
1. A method of directing a user to an organization or entity, the organization or entity being disposed within a building or structure, the method comprising: receiving a digitized speech input generated via a speech digitization apparatus, the input relating to an organization or entity which the user wishes to locate; based at least in part on the input, causing recognition of at least one word therein relating to the organization or entity, and causing identification of a location associated with the organization or entity based at least in part on the at least one recognized word, the location being inside of the building or structure; andcausing	1. 一种将用户引导至组织或实体的方法，所述组织或实体被布置在建筑物或结构内，所述方法包括：接收经由语音数字化装置生成的数字化语音输入，所述输入涉及用户希望定位的组织或实体；至少部分地基于所述输入来引起对与所述组织或实体相关的至少一个单词的识别，并且至少部分地基于所述至少一个识别的单词来引起与所述组织或实体相关联的位置的识别，位于建筑物或结构内的位置；和导致在用户可访问的

续表

权利要求（英文）	权利要求（中文）
provision of a graphical or visual representation of the location on a touch-screen input and display device accessible to the user in order to aid the user in finding the organization or entity, the graphical or visual representation of the location also comprising a graphical or visual representation of at least the immediate surroundings of the organization or entity, the immediate surroundings being inside the building or structure.	触摸屏输入和显示设备上提供位置的图形或视觉表示，以帮助用户找到组织或实体，位置的图形或视觉表示还包括图形或图形至少组织或实体的直接环境的视觉表示，紧邻的环境位于建筑物或结构内部。
12. The method of claim 1, wherein the causing identification of the location comprises causing access of a remote server via a network in data communication with a host computerized apparatus having the touch-screen input and display device, the causing access occurring via a wireless interface of the host apparatus, the remote server configured to serve a plurality of wireless-enabled computerized apparatus simultaneously.	12. 如权利要求 1 所述的方法，其特征在于，引起对所述位置的识别包括经由网络访问远程服务器，所述网络与具有所述触摸屏输入和显示设备的主计算机化设备进行数据通信，所述引起访问经由无线主机装置的接口，所述远程服务器被配置为同时服务多个启用无线的计算机化装置。
24. The method of claim 1, further comprising causing generating, on the touch-screen input and display device, a plurality of soft function keys or icons, at least one of the soft function keys or icons having a function associated therewith relating to obtaining directions, and at least one of the soft function keys or icons having a function associated therewith relating to points of interest.	24. 根据权利要求 1 所述的方法，还包括：使得在所述触摸屏输入和显示设备上生成多个软功能键或图标，所述软功能键或图标中的至少一个具有与其相关的功能，方向，以及具有与感兴趣点相关的功能的软功能键或图标中的至少一个。
26. The method of claim 24, wherein the at least one of the soft function keys or icons having a function associated therewith relating to directions comprises a function for obtaining directions from a known location inside of the building or structure to the organization or entity via one or more established pathways within the building or structure.	26. 根据权利要求 24 所述的方法，其中具有与方向相关的功能的所述软功能键或图标中的所述至少一个包括用于从所述建筑物或结构内的已知位置经由所述组织或实体建筑物或结构内的一条或多条已建立的通道。
31. The method of claim 1, further comprising using video data apparatus in data communication with a host device with which the touch-screen input and display device is associated to generate video data, and sending the data to a remote location for viewing thereat.	31. 根据权利要求 1 所述的方法，还包括使用与所述触摸屏输入和显示设备关联的主机设备进行数据通信的视频数据设备来生成视频数据，并将所述数据发送到远程位置以便在其处查看。

续表

权利要求（英文）	权利要求（中文）
32. The method of claim 31, further comprising generating one or more hyperlinks relating to topics of interest to the user in their travels and displaying them on the touch-screen input and display device.	32. 如权利要求 31 所述的方法，还包括生成与用户在其旅行中感兴趣的话题有关的一个或多个超链接，并将其显示在触摸屏输入和显示设备上。
33. The method of claim 32, wherein the one or more hyperlinks relating to topics of interest to the user in their travels are configured to access respective universal resource locators (URLs) when selected by the user via the touch-screen input and display device.	33. 如权利要求 32 所述的方法，其特征在于，所述与用户在其旅行中感兴趣的话题有关的一个或多个超链接被配置为当由用户经由触摸屏输入和显示设备选择时访问相应的统一资源定位符(URLs)。
34. The method of claim 33, wherein the URLs relate to content for directions to local transportation facilities.	34. 根据权利要求 33 所述的方法，其中，所述 URL 涉及用于到当地交通工具的路线的内容。
35. The method of claim 1, further comprising generating one or more hyperlinks relating to topics of interest to the user in their travels and displaying them on the touch-screen input and display device.	35. 如权利要求 1 所述的方法，还包括生成与用户在其旅行中感兴趣的话题有关的一个或多个超链接，并将其显示在触摸屏输入和显示设备上。
38. A computerized method of providing directions, the method comprising: generating a digitized representation of a user's speech input relating to an organization or entity within a building to which the user wishes to obtain directions; utilizing a speech recognition apparatus to cause identification of at least one word or phrase within the digitized representation; causing identification of the organization or entity and a location relating thereto based at least in part on the at least one word or phrase; displaying directions from a user's current location within the building to the organization or entity on a touch-screen input and display device accessible to the user; andproviding a graphical or visual representation of the location of the organization or entity on the touch-screen input and display device in order to aid the user in finding the organization or entity, the graphical or visual representation of the location also comprising a graphical or visual representation of the immediate surroundings of the organization or entity within the building, including other entities or organizations proximate thereto.	38. 一种提供指导的计算机化方法，所述方法包括：生成与用户希望获得指示的建筑物内的组织或实体有关的用户的语音输入的数字化表示；利用语音识别装置来引起对所述数字化表示内的至少一个词或短语的识别；至少部分基于所述至少一个词或短语引起所述组织或实体以及与其有关的位置的识别；在用户可访问的触摸屏输入和显示设备上显示从建筑物内的用户当前位置到组织或实体的方向；和在触摸屏输入和显示设备上提供组织或实体的位置的图形或视觉表示，以帮助用户找到组织或实体，位置的图形或视觉表示还包括图形或视觉代表建筑物内的组织或实体（包括其附近的其他实体或组织）的周围环境。

续表

权利要求（英文）	权利要求（中文）
48. The method of claim 38, further comprising providing data to a portable computerized device of the user via a data link established in an ad hoc or temporary manner.	48. 根据权利要求38所述方法，还包括经由以临时或临时方式建立的数据链路向所述用户的便携式计算机化设备提供数据。
49. The method of claim 48, wherein the providing the data to the portable device comprises providing data that at least a portion of which has been configured according to a previously stored user-specific profile.	49. 根据权利要求48所述的方法，其中将所述数据提供给所述便携式设备包括提供数据，所述数据的至少一部分已经根据先前存储的用户特定简档而被配置。
50. The method of claim 48, wherein the data provided to the portable device is provided in response to a request from an application program running on the portable device.	50. 根据权利要求48所述的方法，其中提供给便携式设备的数据，该数据被提供以响应于从运行在便携式设备应用程序的请求。
60. A method of navigating to a desired entity or organization using a transport device having a passenger compartment and a computerized touch-screen input and display device disposed substantially within the passenger compartment, the desired entity or organization having a plurality of other organizations or entities disposed proximate thereto, the method comprising: a user entering the passenger compartment; the user speaking at least a name of the desired entity or organization into a microphone in communication with a speech recognition apparatus, the speech recognition apparatus being in data communication with a processing apparatus, the processing apparatus being in data communication with the touch-screen input and display device viewable when speaking into the microphone; the user perceiving a listing of two or more possible matching organizations or entities; the user providing an input to select one of the two or more possible matching organizations or entities from the list so as to resolve ambiguity as to which of the two or more organizations or entities is the desired organization or entity; the user viewing a graphical or visual representation of a location of the desired organization or entity on the touch-screen input and display device in order to assist in finding the desired organization or entity, the graphical or visual representation of the location comprising a map showing the	60. 一种使用具有乘客舱和基本上设置在乘客舱内的计算机化的触摸屏输入和显示装置的运输装置导航到期望的实体或组织的方法，期望的实体或组织具有多个其他组织或实体设置在其附近，所述方法包括：进入乘客舱的用户；用户至少将期望的实体或组织的名称输入到与语音识别装置通信的麦克风，语音识别装置与处理装置进行数据通信，处理装置与触摸屏输入端进行数据通信以及当对着麦克风讲话时可以看到显示设备；用户感知两个或更多个可能的匹配组织或实体的列表；用户提供输入以从列表中选择两个或更多个可能的匹配组织或实体中的一个，以便解决关于两个或更多个组织或实体中的哪一个是期望的组织或实体的歧义；用户在触摸屏输入和显示设备上观看期望的组织或实体的位置的图形或视觉表示以帮助找到期望的组织或实体，该位置的图形或视觉

续表

权利要求（英文）	权利要求（中文）
location of the desired organization or entity relative to at least one other organization or entity proximate thereto; and-contemporaneously with the viewing, the user viewing a graphical representation of directions to the desired organization or entity, the graphical representation of directions comprising the map displayed on the touch-screen input and display device and having at least one highlighted line or arrow showing the path for the user to follow; andthe user causing the transport device to move from a current location to a location at least more proximate to the location of the desired organization or entity.	表示包括示出期望的组织或实体相对与其邻近的至少一个其他组织或实体的位置；在观看的同时，用户观看到期望的组织或实体的方向的图形表示，方向的图形表示包括在触摸屏输入和显示设备上显示的地图，并且具有至少一个突出的线或箭头，供用户使用；用户使得运输装置从当前位置移动到至少更接近所期望的组织或实体的位置。
62. A computerized method of providing directions, the method comprising: receiving an input from a user, the input causing a computerized information apparatus to enter an operational mode, the mode enabled to receive one or more speech inputs relating to an organization or entity which the user wishes to find; receiving a speech input from the user naming the organization or entity; using at least the speech input, generating a digitized representation of the speech input; utilizing a speech recognition apparatus to cause identification of at least one word or phrase within the digitized representation; causing identification of the organization or entity and a location relating thereto based at least in part on accessing a remote server using the at least one word or phrase; displaying directions to the organization or entity on a touch-screen input and display device accessible to the user; andcontemporaneously with the displaying, providing a graphical or visual representation of the location of the organization or entity on the touch-screen input and display device in order to aid a user in finding the organization or entity, the graphical or visual representation of the location also comprising a graphical or visual representation of the immediate surroundings of the organization or entity, including other entities or organizations proximate thereto.	62. 一种提供指导的计算机化方法，所述方法包括：接收来自用户的输入，所述输入使得计算机化信息设备进入操作模式，所述模式能够接收与用户希望查找的组织或实体相关的一个或多个语音输入；接收来自命名组织或实体的用户的语音输入；至少使用语音输入，生成语音输入的数字化表示；利用语音识别装置来引起对所述数字化表示内的至少一个词或短语的识别；至少部分基于使用所述至少一个词或短语访问远程服务器来引起所述组织或实体及其相关位置的识别；在用户可访问的触摸屏输入和显示设备上显示对组织或实体的指示；在显示的同时，在触摸屏输入和显示设备上提供组织或实体的位置的图形或视觉表示，以便帮助用户找到组织或实体，位置的图形或视觉表示也包括组织或实体的直接环境的图形或视觉表示，包括其附近的其他实体或组织。

⑤'037 专利的相关涉案权利要求（表 6-2-6）。

表6-2-6 '037专利的相关权利要求

权利要求（英文）	权利要求（中文）
1. A transport apparatus configured to transport one or more persons from one location to the next, comprising: control apparatus configured to enable control of at least one aspect of the motion or operation of the transport apparatus; a passenger compartment; andcomputerized information and display apparatus disposed at least partly within the passenger compartment, the information and display apparatus comprising: a network interface; processing apparatus in data communication with the network interface; a display device; anda storage apparatus comprising at least one computer program, said at least one program being configured to, when executed: obtain digitized speech generated based on speech received from a passenger, the digitized speech comprising an affirmative query for desired information which the passenger wishes to find; andcause, based at least in part on the digitized speech, access of a remote network entity to cause retrieval of the desired information; wherein the computerized information and display apparatus is further configured to display advertising content on the display device, the content received via the network interface and selected based at least in part on the digitized speech.	1. 一种运输设备，其被配置为将一个或多个人从一个位置运送到下一个位置，控制装置，其被配置为能够控制运输装置的运动或操作的至少一个方面；乘客舱；计算机化的信息和显示装置，至少部分地设置在所述乘客室内，所述信息和显示装置包括：一个网络接口；处理装置，与所述网络接口进行数据通信；显示装置；包括至少一个计算机程序的存储装置，所述至少一个程序被配置为当被执行时：获得基于从乘客接收到的语音而生成的数字化语音，所述数字化语音包括对所述乘客希望找到的期望信息的肯定查询；至少部分地基于所述数字化语音，引起远程网络实体的访问以引起对所述期望的信息的检索；其中，所述计算机化信息和显示设备还被配置为在所述显示设备上显示广告内容，所述广告内容经由所述网络接口接收并且至少部分地基于所述数字化语音来选择所述内容。
2. The apparatus of claim 1, wherein the received content is selected from a plurality of advertising content that is contextually related to the desired information.	2. 如权利要求1所述的装置，其中从与所述期望信息上下文相关的多个广告内容中选择所接收的内容。
3. The apparatus of claim 2, wherein the desired information comprises information relating to an entity or location.	3. 如权利要求2所述的装置，其中所述期望信息包括与实体或位置有关的信息。
4. The apparatus of claim 2, wherein the desired information comprises information relating to a business entity or organization, and the contextual relationship comprises a contextual relationship between the selected content and an industry or type of the business entity or organization.	4. 如权利要求2所述的装置，其中所述期望信息包括与商业实体或组织有关的信息，并且所述上下文关系包括所选内容与所述商业实体或组织的行业或类型之间的上下文关系。
5. The apparatus of claim 1, wherein the desired action comprises obtaining information relating to a particular topical area, and the selected advertising content comprises advertising content that is contextually related to the topical area.	5. 根据权利要求1所述的设备，其中所述期望的动作包括获得与特定主题区域有关的信息，并且所选择的广告内容包括与所述主题区域上下文相关的广告内容。

续表

权利要求（英文）	权利要求（中文）
6. The apparatus of claim 5, wherein the topical area is selected from the group consisting of（ⅰ）directions to a particular location or destination; and（ⅱ）the location of a nearby establishment or point of interest.	6. 根据权利要求 5 所述的设备，其中所述主题区域从由以下组成的组中选择：（ⅰ）到特定位置或目的地的指示；和（ⅱ）附近机构或兴趣点的位置。
7. The apparatus of claim 1, wherein the computerized information apparatus is further configured to receive at least a portion of information obtained via the access of the remote network entity via the network interface for provision to a portable user device via a data interface of the computerized apparatus.	7. 根据权利要求 1 所述的设备，其中所述计算机化信息设备进一步经配置以经由所述网络接口接收经由所述远程网络实体的所述接入而获得的信息的至少一部分，以经由所述数据接口向所述便携式用户装置提供电脑设备。
8. The apparatus of claim 7, wherein the information provided to the portable device is configured according to a user -specific profile.	8. 根据权利要求 7 所述的设备，其中提供给所述便携式装置的所述信息根据用户特定简档来配置。
11. The apparatus of claim 1, further comprising video data apparatus in data communication with the processing apparatus and configured to enable video data to be generated and displayed on the display device.	11. 根据权利要求 1 所述的装置，还包括与所述处理装置进行数据通信的视频数据装置，生成并显示视频数据。
12. The apparatus of claim 11, wherein the video data is generated by one or more cameras associated with the transport apparatus so as to enable monitoring of one or more portions of an area surrounding the transport apparatus.	12. 根据权利要求 11 所述的设备，其中所述视频数据由与所述运输设备相关联的一个或多个相机生成，以便能够监测所述运输设备周围的区域的一个或多个部分。
22. A transport apparatus configured to transport one or more persons from one location to another, comprising: a passenger compartment; andcomputerized information and display apparatus disposed at least partly within the passenger compartment, the information and display apparatus comprising: a wireless network interface; processing apparatus in data communication with the network interface; a microphone; a display device; anda storage apparatus comprising at least one computer program, said at least one program being configured to, when executed: obtain digitized speech generated based on speech received from a passenger via the microphone, the digitized speech comprising an affirmative request for desired information which the passenger wishes to find via a network search, the desired information	22. 一种被配置为将一个或多个人从一个位置运送到另一个位置的运输设备，包括：乘客舱；计算机化的信息和显示装置，至少部分地设置在所述乘客室内，所述信息和显示装置包括：无线网络接口；处理装置，与所述网络接口进行数据通信；麦克风；显示装置；包括至少一个计算机程序的存储装置，所述至少一个程序被配置为当被执行时：获得基于通过麦克风从乘客接收到的语音而生成的数字化语音，所述数字化语音包括对乘客希望通过网络搜索找到的期望信息的肯定请求，所述期望信息涉

续表

权利要求（英文）	权利要求（中文）
relating to at least one of a plurality of predetermined topics of interest; andcause, based at least in part on the digitized speech, search of a remote network entity to cause retrieval of the desired information; wherein the apparatus is further configured to display content on the display device, the content received via the network interface and selected based at least in part on the digitized speech.	及多个预定话题中的至少一个出于兴趣；和至少部分地基于所述数字化话音，导致对远程网络实体的搜索以引起对所述期望信息的检索；其中所述设备进一步经配置以在所述显示装置上显示经由所述网络接口接收且至少部分基于所述数字化语音而选择的内容。
37. A land - mobile transport apparatus configured to transport one or more persons from one location to another, comprising: a passenger compartment; andcomputerized information and display apparatus disposed at least partly within the passenger compartment, the information and display apparatus comprising: a wireless network interface; processing apparatus in data communication with the network interface; a display device configured to be viewable by an occupant of the land - mobile apparatus during use; anda storage apparatus comprising at least one computer program, said at least one program being configured to, when executed: obtain digitized speech generated based on speech received from the occupant, the digitized speech comprising a request for desired information which the occupant wishes to obtain; cause, based at least in part on the digitized speech, access of a remote network entity via the network interface to cause retrieval of the desired information; andreceive the desired information via the network interface; wherein the apparatus is further configured to display at least a portion of the desired information on the display device, the information received via the network interface and selected based at least in part on the digitized speech; andwherein the desired information comprises at least one of a map and/or directions to a particular organization or entity accessible by the transport apparatus.	37. 一种被配置为将一个或多个人从一个位置运送到另一个位置的陆地移动运输设备，包括：乘客舱；和计算机化的信息和显示装置，至少部分地设置在所述乘客室内，所述信息和显示装置包括：无线网络接口；处理装置，与所述网络接口进行数据通信；显示装置，所述显示装置被配置为在使用期间由所述陆上移动装置的占用者可见；和包括至少一个计算机程序的存储装置，所述至少一个程序被配置为当被执行时：获得基于从乘员接收到的语音而生成的数字化语音，所述数字化语音包括对乘员希望获得的期望信息的请求；至少部分地基于所述数字化语音，经由所述网络接口来访问远程网络实体以引起对所述期望信息的检索；和通过网络接口接收所需的信息；其中所述装置进一步经配置以在所述显示装置上显示所述所需信息的至少一部分，所述信息经由所述网络接口接收且至少部分基于所述数字化语音而选择；和其中所述期望的信息包括到所述运输设备可访问的特定组织或实体的地图和/或方向中的至少一个。
42. A transport apparatus configured to transport one or more persons from one location to another, comprising: a passenger compartment; andcomputerized information and display apparatus disposed at least partly within the passenger compartment, the information and display apparatus	42. 一种被配置为将一个或多个人从一个位置运送到另一个位置的运输设备，包括：乘客舱；和计算机化的信息和显示装置，至少部分地设置在所述乘客室内，所述信息和显示装置包括：无

续表

权利要求（英文）	权利要求（中文）
comprising: a wireless network interface; processing apparatus in data communication with the network interface; a display device configured to be viewable by an occupant of the transport apparatus during use; anda storage apparatus comprising at least one computer program, said at least one program being configured to, when executed: obtain digitized speech generated based on speech received from the occupant, the digitized speech comprising one or more terms relating to a desired information which the occupant wishes to obtain; cause, based at least in part on at least one of the one or more terms, access of a remote network entity via the network interface to cause retrieval of the desired information; andreceive the desired information via the network interface; wherein the computerized information and display apparatus is further configured to display at least a portion of the desired information on the display device, the information received via the network interface and selected based at least in part on the digitized speech; andwherein the desired information comprises at least one of a map and/or directions to a particular organization or entity accessible by the transport apparatus, the at least one map and/or directions comprising a graphical representation of the organization or entity and its surroundings.	线网络接口；处理装置，与所述网络接口进行数据通信；显示装置，被配置为在使用期间由运输设备的乘客可见；和包括至少一个计算机程序的存储装置，所述至少一个程序被配置为当被执行时：获得基于从乘员接收到的语音而生成的数字化语音，所述数字化语音包括涉及乘员希望获得的期望信息的一个或多个词语；至少部分地基于所述一个或多个术语中的至少一个，经由所述网络接口访问远程网络实体以引起对所述期望信息的检索；和通过网络接口接收所需的信息；其中所述计算机化信息和显示设备还被配置为在所述显示设备上显示所述期望信息的至少一部分，所述信息经由所述网络接口接收并且至少部分地基于所述数字化语音来选择；和其中，所述期望的信息包括到所述运输设备可访问的特定组织或实体的地图和/或方向中的至少一个，所述至少一个地图和/或方向包括所述组织或实体及其周围的图形表示。
48. A land-mobile personnel transport device configured to transport one or more persons from one location to another, comprising: a passenger compartment; andcomputerized information and display apparatus disposed at least partly within the passenger compartment, the information and display apparatus comprising: a wireless network interface; processing apparatus in data communication with the network interface; a display device configured to be viewable by an occupant of the land-mobile apparatus during use; andcomputerized logic configured to, when executed: obtain digitized speech generated based on speech received from the occupant, the received speech comprising a request for desired information which the occupant wishes to obtain; cause, based at least in part on the digitized speech, access of a remote network entity via the network interface to cause retrieval of the desired information; andreceive the desired	48. 一种配置成将一个或多个人从一个位置运送到另一个位置的陆地移动人员运送装置，包括：乘客舱；和计算机化的信息和显示装置，至少部分地设置在所述乘客室内，所述信息和显示装置包括：无线网络接口；处理装置，与所述网络接口进行数据通信；显示装置，所述显示装置被配置为在使用期间由所述陆上移动装置的占用者可见；和计算机化的逻辑，被配置为当被执行时：获得基于从乘员接收到的语音而生成的数字化语音，所接收的语音包括对乘员希望获得的期望信息的请求；至少部分基于所述数字化语音，经由所述网络接口来访问远程网络实体以引起对所述期望信息的检索；和通过网络接口接收所需

续表

权利要求（英文）	权利要求（中文）
information via the network interface; wherein the information and display apparatus is further configured to display at least a portion of the desired information on the display device, the information received via the network interface and selected based at least in part on the digitized speech; andwherein the desired information comprises at least one of a map and/or directions to a particular organization or entity accessible by the occupant.	的信息；其中所述信息和显示设备进一步被配置为在所述显示设备上显示所述期望信息的至少一部分，所述信息经由所述网络接口接收并且至少部分地基于所述数字化语音来选择；和其中，所述期望的信息包括到所述占有者可访问的特定组织或实体的地图和/或方向中的至少一个。
71. The device of claim 48, wherein the display device is mounted substantially flush with a surface of the interior of the passenger compartment so as to be visible by at least the occupant, yet mitigate incidental contact therewith.	71. 根据权利要求48所述的装置，其中，所述显示装置安装成与所述乘客舱内部的表面基本平齐，以便至少由所述乘客可见，但是减轻与所述乘客的偶然接触。
72. The device of claim 71, further comprising a plurality of doors which provide access to the passenger compartment.	72. 根据权利要求71所述的装置，还包括多个提供进入所述乘客舱的入口的门。
73. The device of claim 72, further comprising video data apparatus in data communication with the processing apparatus and configured to enable video data to be generated and displayed on the display device, the video data generated by one or more cameras associated with the personnel transport device so as to enable monitoring of one or more portions of an area surrounding the personnel transport device.	73. 根据权利要求72所述的装置，其进一步包含视频数据装置，其与所述处理装置进行数据通信且经配置以使得视频数据能够在所述显示装置上生成并显示，所述视频数据由与所述人员传输相关联的一个或一个以上相机装置，以便能够监视人员运输装置周围区域的一个或多个部分。
75. The device of claim 73, further comprising a communication apparatus configured to enable at least voice communication by a passenger with a remote monitoring station while the transport device is in operation.	75. 根据权利要求73所述的装置，其进一步包括通信装置，所述通信装置经配置以在所述运输装置正在操作时至少启用乘客与远程监视站的语音通信。
77. A land-mobile personnel transport device configured to transport one or more persons from one location to another, comprising: a passenger compartment; andcomputerized information and display apparatus disposed at least partly within the passenger compartment, the information and display apparatus comprising: a wireless network interface means; processing means in data communication withthe network interface for processing data; display device means configured to be viewable by an occupant of the land-mobile apparatus during use for displaying information;	77. 一种用于将一个或多个人从一个地点运送到另一个地点的陆地移动人员运送装置，包括：乘客舱；和计算机化的信息和显示装置，至少部分地设置在所述乘客室内，所述信息和显示装置包括：无线网络接口装置；与网络接口进行数据通信的处理装置，用于处理数据；显示设备装置，其被配置为在使用期间由陆地移动设备的占有者可见以显示信息；和计算机化的逻辑装置被配置

续表

权利要求（英文）	权利要求（中文）
andcomputerized logic means configured to, when operated: obtain digitized speech generated based on speech received from the occupant, the received speech comprising a request for desired information which the occupant wishes to obtain; cause, based at least in part on the digitized speech, access of a remote network entity via the network interface to cause retrieval of the desired information; andreceive the desired information via the network interface means; wherein the information and display apparatus is further configured to display at least a portion of the desired information on the display device means, the information received via the network interface means and selected based at least in part on the digitized speech; andwherein the desired information comprises a map and visual directions to a particular organization or entity accessible by the transport device, the visual directions comprising at least a visually differentiated line or arrow showing a direction of travel from one location to the organization or entity via one or more pre-established travel infrastructure.	成当被操作时：获得基于从乘员接收到的语音而生成的数字化语音，所接收的语音包括对乘员希望获得的期望信息的请求；至少部分地基于所述数字化语音，经由所述网络接口来访问远程网络实体以引起对所述期望信息的检索；和通过网络接口装置接收所需的信息；其中所述信息和显示设备还被配置为在所述显示设备装置上显示所述期望信息的至少一部分，所述信息经由所述网络接口装置接收并且至少部分地基于所述数字化语音来选择；和其中所述期望的信息包括到所述运输装置可访问的特定组织或实体的地图和视觉方向，所述视觉方向至少包括视觉上不同的线或箭头，其显示从一个位置经由一个或一个位置到达所述组织或实体的行进方向更预先建立的旅游基础设施。

⑥'038 专利的相关涉案权利要求（表 6-2-7）。

表 6-2-7　）'038 专利的相关权利要求

权利要求（英文）	权利要求（中文）
1. Computer readable apparatus configured to aid a user in locating an organization or entity, the apparatus comprising a storage medium having a computer program configured to run on a processor, the program configured to, when executed on the processor: obtain a representation of a first speech input from the user, the first speech input relating to a name of a desired organization or entity; cause use of at least a speech recognition algorithm to process the representation to identify at least one word or phrase therein; use at least the identified at least one word or phrase to identify a plurality of possible matches for the name; cause the user to be prompted to enter a subsequent input in order to aid in identification of one of the plurality of possible matches which best correlates to the desired organization or entity; receive data relating to the subsequent user input; based	1. 一种被配置为帮助用户定位组织或实体的计算机可读装置，所述装置包括具有被配置为在处理器上运行的计算机程序的存储介质，所述程序被配置为当在所述处理器上被执行时：获得来自用户的第一语音输入的表示，所述第一语音输入涉及所需组织或实体的名称；引起至少使用语音识别算法来处理所述表示以识别其中的至少一个词或短语；至少使用所识别的词或短语来识别所述名称的多个可能的匹配；使用户被提示输入随后的输入，以帮助识别与期望的组织或实体最佳相关的多个可能匹配中的一个；接收与后续用户输入有关的数据；至少部分地基于所述数据来确定所

续表

权利要求（英文）	权利要求（中文）
at least in part on the data, determine which of the plurality of possible matches is the one that best correlates; determine a location associated with the one of the possible matches that best correlates; andselect and cause presentation of a visual representation of the location, as well as at least an immediate surroundings thereof, on a display viewable by the user, the visual representation further comprising visual representations of one or more other organizations or entities proximate to the location.	述多个可能匹配中的哪一个是最佳关联的匹配；确定与最好相关的一个可能匹配相关联的位置；和选择并导致在用户可见的显示器上呈现该位置的视觉表示以及至少其周围环境，所述视觉表示还包括邻近所述位置的一个或多个其他组织或实体的视觉表示。
4. The apparatus of claim 1, wherein the prompt for the subsequent user input comprises a display of a listing of the plurality of possible matches on a touch-screen input and display device, such that the user can select one of the plurality of possible matches via a touch of the appropriate region of the touch-screen device.	4. 根据权利要求1所述的设备，其中所述用于所述后续用户输入的提示包括在所述触摸屏输入和显示装置上显示所述多个可能匹配的列表，使得所述用户可以选择所述多个可能中的一个通过触摸触摸屏设备的适当区域来匹配。
5. The apparatus of claim 4, wherein the location comprises a location within a building, the one or more other organizations or entities proximate to the location are disposed within the building, the building further comprising a plurality of floors and at least one elevator capable of accessing the plurality of floors, and the location and the one or more other organizations or entities are disposed on at least a common floor.	5. 根据权利要求4所述的设备，其中所述位置包括建筑物内的位置，邻近所述位置的所述一个或多个其他组织或实体设置在所述建筑物内，所述建筑物还包括多个楼层，访问所述多个楼层，并且所述位置和所述一个或多个其他组织或实体至少布置在共同的楼层上。
12. The apparatus of claim 1, wherein the display comprises a capacitive touch-screen input and display device configured to generate a plurality of soft function keys thereon, the soft function keys each having at least one function associated therewith, and the computer program is further configured to, based at least in part on a user's selection of at least one of the soft function keys, enable selection of advertising content relating at least in part to the function associated with the selected at least one soft function key, and cause display the selected content on the display device.	12. 根据权利要求1所述的设备，其中所述显示器包含经配置以在其上产生多个软功能键的电容式触摸屏输入和显示装置，所述软功能键各自具有与其相关联的至少一个功能，并且所述计算机程序还被配置为：至少部分基于用户对所述软功能键中的至少一个的选择，使得能够选择至少部分与所选择的至少一个软功能键相关联的功能有关的广告内容，并且使得显示在显示设备上选择的内容。

续表

权利要求（英文）	权利要求（中文）
16. The apparatus of claim 1, wherein the causation of use of at least a speech recognition algorithm, the use of at least the identified at least one word or phrase, the causation of the user to be prompted to enter a subsequent input, the receipt of the data relating to the subsequent user input, the determination of which of the plurality of possible matches is the one that best correlates, the determination of the location, and the selection of the visual representation, are each performed by at least one networked server in wireless communication with client device, the client device and the at least one server forming a client-server relationship, and the at least one server disposed geographically remote to the client device.	16. 根据权利要求 1 所述的设备，其中使用至少一个语音识别算法的原因，至少使用所识别的至少一个词或短语，提示用户输入后续输入的因果关系，接收与后续用户输入有关的数据，确定多个可能匹配中的哪一个是最佳关联的那个，确定位置以及选择视觉表示，每一个都由至少一个联网的服务器与客户端设备无线通信，客户端设备和至少一个服务器形成客户端-服务器关系，并且至少一个服务器在地理上远离客户端设备。
22. Computerized information apparatus configured to aid a user in locating an organization or entity, the apparatus comprising: a microphone; a capacitive touch-screen input and display device; a processor in data communication with the display device; speech digitization apparatus in signal communication with the microphone; at least one audio speaker; speech synthesis apparatus in signal communication with the at least one audio speaker; anda storage medium comprising at least one computer program configured to run on at least the processor, the at least one program configured to, when executed on the processor: obtain a representation of a first speech input from the user, the first speech input relating to a name of a desired organization or entity; cause use of at least a speech recognition algorithm to process the representation to identify at least one word or phrase therein; prompt the user for a subsequent input in order to further clarify the first speech input and aid in identification of one of a plurality of possible matches which best correlates to the desired organization or entity; receive the subsequent user input; andcause, based at least in part on the subsequent input, (i) determination of which of the plurality of possible matches is the one that best correlates, (ii) identification of a location associated with the one of the possible matches that best correlates, and (iii) selection of a visual representation of the location, as well as at least an immediate surroundings thereof, capable of display on the display device, the visual representation further comprising visual representations of one or more other organizations or entities proximate to the location, and directions to the location.	22. 计算机化的信息装置，被配置为帮助用户定位组织或实体，所述装置包括：麦克风；电容式触摸屏输入和显示装置；与显示设备进行数据通信的处理器；与麦克风进行信号通信的语音数字化装置；至少一个音频扬声器；语音合成装置，与所述至少一个音频扬声器进行信号通信；和存储介质，包括至少一个计算机程序，所述至少一个计算机程序被配置成至少在所述处理器上运行，获得来自用户的第一语音输入的表示，所述第一语音输入涉及所需组织或实体的名称；引起至少使用语音识别算法来处理所述表示以识别其中的至少一个词或短语；提示用户进行随后的输入，以便进一步澄清第一语音输入并帮助识别与期望的组织或实体最佳相关的多个可能匹配中的一个；接收后续的用户输入；和（i）确定所述多个可能匹配中的哪个可能匹配是最佳关联的匹配，（ii）识别与所述可能匹配中的最相关的一个匹配的位置，以及（iii）选择能够在显示设备上显示的位置的视觉表示以及其至少一个周围环境，所述视觉表示还包括靠近所述位置的一个或多个其他组织或实体的视觉表示和方向的位置。

续表

权利要求（英文）	权利要求（中文）
23. The apparatus of claim 22, wherein the computerized information apparatus is disposed within a land-mobile transport device capable of moving from one location to another and having a multi-passenger compartment and doors by which passengers can ingress and egress from the compartment, the touch-screen input and display device disposed at least partly within the passenger compartment, the touch-screen device being disposed such that at least the user can view the touch-screen device while operating the transport device, and the microphone disposed within the passenger compartment such that the user can speak into the microphone while operating the transport device.	23. 根据权利要求22所述的设备，其中，所述计算机化信息设备设置在能够从一个位置移动到另一个位置的陆地移动运输装置内，并且具有多乘客车厢和乘客可以从所述车厢出入的门，所述触摸屏输入和显示设备至少部分地设置在所述乘客室内，所述触摸屏设备被设置为使得至少用户能够在操作所述运输设备的同时观看所述触摸屏设备，并且设置在所述乘客使得用户可以在操作运输装置的同时对着麦克风讲话。
24. The apparatus of claim 23, wherein the transport device further comprises at least one wireless interface in data communication with the computerized information apparatus and configured to wirelessly transmit and receive signals to a distant entity.	24. 根据权利要求23所述的设备，其中所述传送装置进一步包括与所述计算机化信息设备进行数据通信的至少一个无线接口，并且所述至少一个无线接口经配置以将信号无线地发射和接收到远处实体。
25. The apparatus of claim 24, wherein the causation of use of at least the speech recognition algorithm to process the representation to identify at least one word or phrase therein comprises delivery of the representation to a remote server via the at least one wireless interface.	25. 根据权利要求24所述的设备，其中使用至少所述语音识别算法来处理所述表示以识别其中的至少一个词或词组的所述起因包含经由所述至少一个无线接口将所述表示递送到远程服务器。
26. The apparatus of claim 24, wherein the transport device further comprises a control system configured to cause the transport device to move while the user is in the passenger compartment, the control system in data communication with the computerized information apparatus such that inputs to the control system can be communicated to the computerized information apparatus for use thereby in at least selection and presentation of information on the touch-screen input and display device.	26. 根据权利要求24所述的设备，其中所述运输装置进一步包括控制系统，所述控制系统经配置以使所述运输装置在所述用户处于所述乘客舱内时移动，所述控制系统与所述计算机化信息装置进行数据通信，可以将控制系统传送给计算机化的信息装置，从而至少在触摸屏输入和显示装置上选择和显示信息。
32. The apparatus of claim 22, wherein the location comprises a location within a building, the one or more other organizations or entities proximate to the location are disposed	32. 根据权利要求22所述的设备，其中，所述位置包括建筑物内的位置，邻近所述位置的所述一个或多个其他组

续表

权利要求（英文）	权利要求（中文）
within the building, the building further comprising a plurality of floors and at least one elevator capable of accessing the plurality of floors, the location and the one or more other organizations or entities are disposed on at least a common floor, and the directions comprise at least in part directions within the building.	织或实体设置在所述建筑物内，所述建筑物还包括多个楼层以及至少一个电梯访问所述多个楼层时，所述位置和所述一个或多个其他组织或实体被布置在至少一个共同的楼层上，并且所述方向至少部分地在所述建筑物内的方向上。
48. The apparatus of claim 24, wherein the capacitive touch-screen input and display device is configured to generate a plurality of soft function keys thereon, the soft function keys each having at least one function associated therewith, and the computer program is further configured to, based at least in part on a user's selection of at least one of the soft function keys, cause data relating to the selected soft function key or its associated function to be forwarded via the at least one wireless interface so as to enable selection of advertising content relating at least in part to the function associated with the selected at least one soft function key, and cause display the selected content on the display device.	48. 根据权利要求24所述的设备，其中所述电容式触摸屏输入和显示装置经配置以在其上产生多个软功能键，所述软功能键各自具有与其相关联的至少一个功能，且所述计算机程序进一步经配置至少部分基于用户对所述软功能键中的至少一个的选择，使得与所选择的软功能键或其相关联的功能有关的数据经由所述至少一个无线接口被转发，从而能够选择广告内容至少部分涉及与所选择的至少一个软功能键相关联的功能，并且使得在显示设备上显示选择的内容。
54. Smart computerized apparatus capable of interactive information exchange with a human user, the apparatus comprising: a microphone; one or more processors; a capacitive touch-screen input and display device; speech synthesis apparatus and at least one speaker in signal communication therewith; input apparatus configured to cause the computerized apparatus to enter a mode whereby a user can speak a name of an entity into a microphone in signal communication with the computerized apparatus, the entity being an entity to which the user wishes to navigate; andat least one computer program operative to run on the one or more processors and configured to engage the user in an interactive audible interchange, the interchange comprising: digitization of the user's speech received via the microphone to produce a digital representation thereof; causation of use of the digitized representation to identify a plurality of entities which match at least a portion of the name; causation of generation of an	54. 一种能够与人类用户交互信息交换的智能计算机化装置，该装置包括：麦克风；一个或多个处理器；电容式触摸屏输入和显示装置；语音合成装置和至少一个与之进行信号通信的扬声器；输入装置，被配置为使所述计算机化装置进入用户可以将实体名称说出进入与所述计算机化装置进行信号通信的麦克风的模式，所述实体是所述用户希望导航的实体；和至少一个计算机程序，其操作用于在所述一个或多个处理器上运行并且被配置为在交互式可听交换中接合所述用户，所述交换包括：数字化经由麦克风接收的用户的语音以产生其数字表示；使用数字化表示来标识与名称的至少一部分匹配的多个实体的原因；通过语音合成装置向用户产生可听通信

续表

权利要求（英文）	权利要求（中文）
audible communication to the user via the speech synthesis apparatus in order to at least inform the user of the identification of the plurality of matches; receipt of a subsequent speech input, the subsequent speech input comprising at least one additional piece of information; digitization of the subsequent speech input to produce a digital representation thereof; causation of utilization of at least the digital representation of the subsequent input to identify one of the plurality of entities which correlates to the entity to which the user wishes to navigate, and a location associated with the entity; andcausation of provision of a graphical representation of the location, including at least the immediate surroundings thereof, and at least one other entity geographically proximate to the entity.	的原因，以便至少通知用户对多个匹配的识别；接收随后的语音输入，随后的语音输入包括至少一个附加的信息；随后的语音输入的数字化以产生其数字表示；至少使用后续输入的数字表示的因果关系，以识别与用户希望导航到的实体相关的多个实体中的一个以及与实体相关联的位置；和提供该位置的图形表示的原因，至少包括其周围的环境以及在地理上靠近该实体的至少一个其他实体。
59. The apparatus of claim 54, wherein the computerized apparatus is further configured to enable establishment of an ad-hoc or temporary communication link with a portable personal electronic device of the user.	59. 根据权利要求54所述的设备，其中所述计算机化设备进一步经配置以使得能够建立与所述用户的便携式个人电子装置的自组或临时通信链路。
60. The apparatus of claim 59, wherein the communication link with a portable personal electronic device of the user comprises a wired link established by the user by placing the portable personal electronic device in communication with computerized apparatus via at least a connector of the computerized apparatus.	60. 根据权利要求59所述的设备，其中与用户的便携式个人电子装置的通信链路包括由用户通过将便携式个人电子装置经由计算机化装置的至少一个连接器与计算机化装置通信而建立的有线链路。
61. The apparatus of claim 60, wherein the communication link comprises a universal serial bus (USB) or other serialized bus protocol link.	61. 根据权利要求60所述的装置，其中，所述通信链路包括通用串行总线（USB）或其他串行总线协议链路。
62. The apparatus of claim 61, wherein the computerized apparatus is further configured to download user-specific data to the portable device via the communication link.	62. 根据权利要求61所述的设备，其中所述计算机化装置进一步经配置以经由所述通信链路将用户特定数据下载到所述便携式装置。

续表

权利要求（英文）	权利要求（中文）
63. The apparatus of claim 62, wherein the computerized apparatus further comprises a short-range wireless interface configured to communicate data with a corresponding short range integrated circuit radio frequency device of the user, the short-range integrated circuit radio frequency device of the user configured to uniquely identify at least one of itself and/or the user so as to enable the computerized apparatus to configure the user-specific data according to one or more data parameters or profiles specific to the user.	63. 根据权利要求 62 所述的设备，其中所述计算机化设备进一步包含经配置以与所述用户的对应短程集成电路射频装置，所述用户的所述短程集成电路射频装置被配置为唯一地标识其本身和/或用户中的至少一个，以使计算机化装置能够根据用户专用的一个或多个数据参数或简档来配置用户专用数据。
66. Smart computerized apparatus capable of interactive information exchange with a human user, the apparatus comprising:a microphone;one or more processors;a capacitive touch-screen input and display device; speech synthesis apparatus and at least one speaker in signal communication therewith;input apparatus configured to cause the computerized apparatus to enter a mode whereby a user can speak a name of an entity into a microphone in signal communication with the computerized apparatus, the entity being an entity to which the user wishes to navigate; andat least one computer program operative to run on the one or more processors and configured to engage the user in an interactive audible interchange, the interchange comprising:digitization of the user's speech received via the microphone to produce a digital representation thereof;causation of evaluation of the digitized representation to determine an appropriate subsequent audible communication to be provided to the user via the speech synthesis apparatus in order to at least inform the user of the results;causation of generation of the subsequent audible communication;receipt of a subsequent user input, the subsequent user input comprising at least one additional piece of information useful in identification of the entity;causation of utilization of the at least the at least one piece of information of the subsequent input to identify one of a plurality of entities, the one entity which best correlates to the entity to which the user wishes to navigate, and a location associated with the one entity; andcausation of provision of a graphical representation of the location, including at least the immediate surroundings thereof, and at least one other entity geographically proximate to the one entity.	66. 一种能够与人类用户交互信息交换的智能计算机化装置，该装置包括：麦克风；一个或多个处理器；电容式触摸屏输入和显示装置；语音合成装置和至少一个与之进行信号通信的扬声器；输入装置，被配置为使所述计算机化装置进入用户可以将实体名称说出进入与所述计算机化装置进行信号通信的麦克风的模式，所述实体是所述用户希望导航的实体；和至少一个计算机程序，其操作用于在所述一个或多个处理器上运行并且被配置为在交互式可听交换中接合所述用户，所述交换包括：数字化经由麦克风接收的用户的语音以产生其数字表示；评估数字化表示的原因，以确定将经由语音合成装置提供给用户的适当的后续可听通信，以便至少向用户通知结果；产生随后的可听通信的原因；接收随后的用户输入，随后的用户输入包括用于识别实体的至少一个附加信息；使用至少所述后续输入的所述至少一条信息来识别多个实体中的一个实体，所述一个实体与所述用户希望导航到的实体最好地相关联，以及与所述一个实体；和提供该位置的图形表示的原因，至少包括其周围的环境以及在地理上靠近该一个实体的至少一个其他实体。

⑦’839 专利的相关涉案权利要求（表 6-2-8）。

表 6-2-8　'839 专利的相关权利要求

权利要求（英文）	权利要求（中文）
1. Computerized apparatus useful for locating an organization or entity, the organization or entity being disposed within a building or structure, the apparatus comprising: a wireless interface; data processing apparatus; a touch-screen input and display device; a speech digitization apparatus in data communication with the data processing apparatus; anda storage apparatus in data communication with the data processing apparatus, said storage apparatus comprising at least one computer program, said at least one program being configured to: receive a digitized speech input via the speech digitization apparatus, the input relating to an organization or entity which a user wishes to locate; based at least in part on the input, causing recognition of at least one word therein relating to the organization or entity, and identification of a location associated with the organization or entity based at least in part on the at least one recognized word, the location being inside of the building or structure; andprovide a graphical or visual representation of the location on the touch screen input and display device in order to aid a user in finding the organization or entity, the graphical or visual representation of the location also comprising a graphical or visual representation of at least the immediate surroundings of the organization or entity, the immediate surroundings being inside the building or structure.	1. 可用于定位组织或实体的计算机化装置，所述组织或实体被布置在建筑物或结构内，所述装置包括：一个无线接口；数据处理装置；触摸屏输入和显示设备；与数据处理装置进行数据通信的语音数字化装置；和与数据处理装置进行数据通信的存储装置，所述存储装置包括至少一个计算机程序，所述至少一个程序被配置为：接收经由语音数字化装置的数字化语音输入，所述输入涉及用户希望定位的组织或实体；至少部分基于所述输入来引起对与所述组织或实体有关的至少一个词的识别，以及至少部分基于所述至少一个识别的词识别与所述组织或实体相关联的位置，在建筑物或结构内部；和提供触摸屏输入和显示设备上的位置的图形或视觉表示以帮助用户找到组织或实体，位置的图形或视觉表示还包括至少立即组织或实体的周围环境，建筑物或结构内的周围环境。
10. The apparatus of claim 1, wherein the computerized apparatus is mounted on or proximate to a surface of a land-mobile transport apparatus such that an operator of the transport apparatus can view and access a touch screen of the touch screen input and display device, and make input to the speech digitization apparatus, while operating the transport apparatus.	10. 根据权利要求 1 所述的设备，其中所述计算机化设备安装在陆地移动式运输设备的表面上或附近，使得所述运输设备的操作者可以查看并访问所述触摸屏输入和显示设备的触摸屏并在操作传送装置的同时对语音数字化装置进行输入。
11. The apparatus of claim 1, wherein the identification of the location comprises accessing a remote server via a network in data communication with the computerized apparatus via the wireless interface.	11. 根据权利要求 1 所述的设备，其中，所述位置的所述识别包括经由所述无线接口经由与所述计算机化设备进行数据通信的网络访问远程服务器。

续表

权利要求（英文）	权利要求（中文）
16. The apparatus of claim 1, wherein the computerized apparatus is further configured to display advertising content selected by one or more remote servers accessed via a network in data communication with the computerized apparatus via the wireless interface.	16. 根据权利要求1所述的设备，其中所述计算机化设备进一步经配置以经由所述无线接口显示经由网络与所述计算机化装置进行数据通信而接入的一个或一个以上远程服务器选择的广告内容。
22. The apparatus of claim 1, wherein the at least one computer program is further configured to generate on the touch-screen input and display device a plurality of soft function keys or icons, at least one of the soft function keys or icons having a function associated therewith relating to obtaining directions, and at least one of the soft function keys or icons having a function associated therewith relating to points of interest.	22. 根据权利要求1所述的设备，其中所述至少一个计算机程序进一步经配置以在所述触摸屏输入和显示装置上产生多个软功能键或图标，所述软功能键或图标中的至少一者具有与其相关的功能，以及具有与感兴趣点相关的功能的软功能键或图标中的至少一个。
23. The apparatus of claim 22, wherein the at least one of the soft function keys or icons having a function associated therewith relating to directions comprises a function for obtaining directions from a current location of the user.	23. 根据权利要求22所述的设备，其中，具有与方向相关的功能的所述软功能键或图标中的所述至少一个包括用于从所述用户的当前位置获得方向的功能。
25. The apparatus of claim 1, wherein the at least one computer program is further configured to generate on the touch-screen input and display device a plurality of soft function keys or icons, at least one of the soft function keys or icons having a function associated therewith relating to obtaining directions inside of a building or structure.	25. 根据权利要求1所述的设备，其中所述至少一个计算机程序进一步经配置以在所述触摸屏输入和显示装置上产生多个软功能键或图标，所述软功能键或图标中的至少一者具有与其相关的与获得建筑物或结构内的方向有关的功能。
28. The apparatus of claim 27, wherein the computerized apparatus and interface compliant with an IEEE 802. 11 standard are collectively configured to permit communication of at least the digitized speech input between the computerized apparatus and one or more remote networked servers.	28. 根据权利要求27所述的设备，其中所述符合IEEE 802. 11标准的所述计算机化设备和接口被共同配置为允许在所述计算机化装置与一个或多个远程联网服务器之间传送至少所述数字化语音输入。
29. The apparatus of claim 1, further comprising video data apparatus in data communication with the processing apparatus and configured to enable video data to be generated and displayed on the display device.	29. 根据权利要求1所述的设备，其进一步包括与所述处理设备进行数据通信的视频数据装置，且所述视频数据装置经配置以使视频数据能够在所述显示装置上显示。

续表

权利要求（英文）	权利要求（中文）
31. The apparatus of claim 1, further comprising video data apparatus in data communication with the processing apparatus and configured to enable video data to be generated and sent to a remote location for viewing thereat.	31. 根据权利要求1所述的装置，还包括与所述处理装置进行数据通信的视频数据装置，所述视频数据装置被配置为使得能够生成视频数据并将其发送到远程位置以供在其处查看。
32. The apparatus of claim 31, wherein the computerized apparatus is further configured to generate one or more hyperlinks relating to topics of interest to the user in their travels and display them on the touch screen input and display device.	32. 根据权利要求31所述的设备，其中所述计算机化装置进一步经配置以产生与所述用户在其旅行中感兴趣的话题有关的一个或一个以上超链接，且将所述超链接显示在所述触摸屏输入和显示装置上。
33. The apparatus of claim 32, wherein the one or more hyperlinks relating to topics of interest to the user in their travels are configured to access respective universal resource locators (URLs) when selected by the user via the touch screen input and display device.	33. 根据权利要求32所述的装置，其中，与用户在其旅行中感兴趣的话题相关的所述一个或多个超链接被配置为当由用户经由触摸屏输入和显示设备选择时访问相应的统一资源定位符(URL)。
34. The apparatus of claim 33, wherein the URLs relate to content for directions to local transportation facilities.	34. 根据权利要求33所述的设备，其中所述URL涉及用于指向本地交通工具的内容。
35. Computerized apparatus comprising: a wireless interface; data processing apparatus; a touch-screen input and display device; a speech recognition apparatus in data communication with the data processing apparatus; anda storage apparatus in data communication with the data processing apparatus, said storage apparatus comprising at least one computer program, said at least one program being configured to: receive a digitized speech input via the speech recognition apparatus, the input relating to an organization or entity disposed within a building or structure which a user wishes to locate; based at least in part on the input, cause identification of a location inside of the building or structure associated with the organization or entity; andprovide a graphical or visual representation of the location on the touch screen input and display device in order to aid a user in	35. 一种电脑装置，包括：一个无线接口；数据处理装置；触摸屏输入和显示设备；与数据处理装置进行数据通信的语音识别装置；与数据处理装置进行数据通信的存储装置，所述存储装置包括至少一个计算机程序，所述至少一个程序被配置为：通过语音识别设备接收数字化语音输入，所述输入涉及布置在用户希望定位的建筑物或结构内的组织或实体；至少部分基于所述输入，引起与所述组织或实体相关联的建筑物或结构内的位置的识别；提供触摸屏输入和显示装置上的位置的图形或视觉表示以帮助用户找到组织或实体，位置的图形或视觉表示包括示出组织或实体的位置

续表

权利要求（英文）	权利要求（中文）
finding the organization or entity, the graphical or visual representation of the location comprising a map graphic showing the location of the organization or entity relative to other organizations or entities proximate thereto inside of the building or structure; wherein the digitized speech is generated based at least in part on user speech received via a microphone in communication with the speech recognition apparatus, the microphone being mounted within the computerized apparatus proximate the touch-screen input and display device so that the user can speak into the microphone while viewing the touch-screen input and display device; andwherein the computerized apparatus: is further configured to provide a user a graphical representation of directions from their current location to the organization or entity, the graphical representation of directions comprising the map graphic displayed on the touch-screen input and display device having at least one arrow showing the path for the user to follow inside of the building or structure; andcomprises an interface compliant with an IEEE 802. 11 standard.	的地图图形相对建筑物或建筑物内部邻近的其他组织或实体；其中所述数字化语音至少部分基于经由与所述语音识别装置通信的麦克风接收到的用户语音来生成，所述麦克风安装在所述计算机化装置内靠近所述触摸屏输入和显示设备，使得所述用户可以说出麦克风，同时观看触摸屏输入和显示设备；其中所述计算机化装置：还被配置为向用户提供从其当前位置到组织或实体的方向的图形表示，所述方向的图形表示包括在触摸屏输入和显示设备上显示的地图图形，其具有至少一个箭头，用户跟随该箭头进入建筑物或结构的内部；包括符合 IEEE 802. 11 标准的接口。
37. Computerized apparatus comprising: a wireless interface; data processing apparatus; a touch-screen input and display device; a speech recognition apparatus in data communication with the data processing apparatus; anda storage apparatus in data communication with the data processing apparatus, said storage apparatus comprising at least one computer program, said at least one program being configured to: generate a digitized speech input relating to an organization or entity within a building to which a user wishes to obtain directions; utilize the speech recognition apparatus to cause identification of at least one word or phrase within the digitized speech input; cause determination of a location associated with the organization or entity, the location having been determined based at least in part on the at least one word or phrase; display said directions from the user's current location within the building to the organization or entity on the touch screen input and display device; andprovide a graphical or visual representation of the location of the organization or entity on the touch screen input and	37. 一种电脑装置，包括：一个无线接口；数据处理装置；触摸屏输入和显示设备；与数据处理装置进行数据通信的语音识别装置；与数据处理装置进行数据通信的存储装置，所述存储装置包括至少一个计算机程序，所述至少一个程序被配置为：生成与用户希望获得指示的建筑物内的组织或实体有关的数字化语音输入；利用语音识别装置来引起数字化语音输入内的至少一个词或短语的识别；使得确定与所述组织或实体相关联的位置，所述位置已经至少部分地基于所述至少一个词或短语来确定；显示从用户在建筑物内的当前位置到在触摸屏输入和显示设备上的组织或实体的所述指示；在触摸屏输入和显示设备上

续表

权利要求（英文）	权利要求（中文）
display device in order to aid a user in finding the organization or entity, the graphical or visual representation of the location also comprising a graphical or visual representation of the immediate surroundings of the organization or entity within the building, including other entities or organizations proximate thereto.	提供组织或实体的位置的图形或视觉表示，以帮助用户找到组织或实体，位置的图形或视觉表示还包括图形或视觉表示包括建筑物内的组织或实体的周围环境，包括其附近的其他实体或组织。
42. The apparatus of claim 37, further comprising video data apparatus in data communication with the processing apparatus and configured to enable video data to be generated and sent to a remote location for viewing thereat.	42. 根据权利要求37所述的设备，其进一步包含与所述处理设备进行数据通信的视频数据装置，且所述视频数据装置经配置以使视频数据能够被产生并且被发送到远程位置以供在那里观看。
44. The apparatus of claim 37, wherein the computerized apparatus is further configured to provide data to a portable computerized device via a data link established in an ad hoc manner.	44. 根据权利要求37所述的设备，其中所述计算机化装置进一步经配置以经由以自组织方式建立的数据链路将数据提供到便携式计算机化装置。
46. The apparatus of claim 44, wherein the data provided to the portable device is provided in response to a request from an application program running on the portable device.	46. 根据权利要求44所述的设备，其中响应于来自在所述便携式装置上运行的应用程序的请求而提供到所述便携式装置的所述数据。
47. Computerized apparatus configured to help a user navigate indoors, comprising: a wireless interface; means for data processing; a capacitive touch-screen input and display means; a speech recognition apparatus in data communication with the means for data processing; andcomputerized logic configured to: produce a digitized speech input, and identify via at least the speech recognition apparatus at least one word or phrase therein, the at least one word or phrase relating to an organization or entity disposed within a building and to which a user wishes to obtain directions; receive from a remote network entity via the wireless interface, a location associated with the organization or entity, the location having been determined based at least in part on the input; display said directions from the user's current location to the organization or entity on the capacitive touch screen input and display means; andprovide a graphical or visual representation of the location on the touch screen input	47. 配置成帮助用户在室内导航的计算机化装置，包括：一个无线接口；数据处理手段；电容式触摸屏输入和显示装置；与数据处理装置进行数据通信的语音识别装置；和计算机化的逻辑配置为：产生数字化的语音输入，并至少通过语音识别装置识别其中的至少一个词或短语，所述至少一个词或短语涉及布置在建筑物内并且用户希望获得指示的组织或实体；经由所述无线接口从远程网络实体接收与所述组织或实体相关联的位置，所述位置至少部分地基于所述输入而被确定；在电容式触摸屏输入和显示装置上显示从用户当前位置到组织或实体的所述指示；和提供触摸屏输入和显示装置上的位置的图形或视觉表示

续表

权利要求（英文）	权利要求（中文）
and display means in order to aid a user in finding the organization or entity, the graphical or visual representation of the location also comprising a graphical or visual representation of the immediate surroundings of the organization or entity within the building, including one or more other organizations or entities proximate thereto.	以帮助用户找到组织或实体，位置的图形或视觉表示还包括直接环境的图形或视觉表示建筑物内的组织或实体，包括与其邻近的一个或多个其他组织或实体。

6.2.2 CAS v. ZTE

6.2.2.1 基本案情

2016 年 3 月 2 日，该案原告 Content Aggregation Solutions LLC（以下简称“CAS 案”）以专利侵权[1]为由，在美国加州南区法院对中兴通讯股份有限公司（ZTE Corporation 以及 ZTE USA）提起诉讼。涉案产品包括所有装载 Google Now Cards 功能的安卓系统智能手机和平板。

Content Aggregation Solutions LLC 是美国德州的一家专利运营公司，属于 NPE。除了中兴通讯之外，Content Aggregation Solutions LLC 同日以同样的理由还起诉了 Blu Products，Huawei Technology，LG Electronics，Sharp Corporation，Sony Mobile Communications 其他五家公司，认为上述公司的产品均落入了专利 US8756155 中权利要求第 1 项、第 15～16 项的保护范围。

1. 涉案产品

Google Now 是谷歌在 2012 年的 Google IO 上第一次发布的一项智能推送服务。相对人们在 Google 搜索输入框主动输入自己想找的东西，Google Now 会“智能”地把用户所需要的信息推送到用户面前。

通过以下应用情景介绍 Google Now 的功能。用户通过 Booking. com（类似于“携程”）订了酒店，或者 kayak. com（类似于“去哪儿”）订了机

---

[1] 被告大众没有参与对诉辩状判决的最初动议，但是该动议涉及的专利和主张的权利和原告对大众的主张一致。

票，确认邮件都会发到用户的Gmail邮箱。Google Now会很智能地分析这些行程邮件，并在航班即将起飞前几小时提醒用户航班的具体信息及航站楼甚至登机口信息。在用户到达新的城市的时候，自动弹出即将下榻酒店的导航路线以及联系电话等信息。出国旅行的时候，Google Now会自动弹出当地的货币汇率以及居住地的时间。同时，它也会细心地记住用户家和公司的位置，在下班时间准时提醒用户回家的交通状况。

在Google Now应用中，主要包含智能推荐（Google Now Cards），热词唤醒（OK Google），语音识别和语义分析等技术。

1）智能推荐：推荐的原则是“Just right information at right time”，即合适的时间推荐合适的信息。通过收集用户的各类信息，采用规则+机器学习相结合的策略，为用户提供智能推荐信息。

2）热词唤醒：作为启动语音识别的钥匙，热词唤醒的目的是以尽可能低的功耗来接受用户的唤醒，因为不需要像通用语音识别一样识别千变万化的自然语言，它只要识别“OK Google”这个固定的词，就能启动语音识别功能，避免CPU一直处于工作状态。

3）语义识别和语义分析：将采集到的语音数据进行自然语言处理，通过将用户的问题匹配到Google搜索引擎的千千万万网页中的某一句话，确保以自动化而非人工的方法提高问题的覆盖率。

Google Now旨在颠覆传统搜索模式的被动性，通过分析用户的地理位置、使用习惯和喜好，以卡片形式主动呈现用户当前感兴趣的内容。而涉诉专利的目的就在于此，高效整合搜索信息，之后把这些信息反馈给手持设备，如智能手机，解决现有技术中手持设备不能有效组织这些信息的问题。

2. 涉案专利

涉案专利是公开号为US8756155的美国专利（以下简称“’155专利”），申请人是HARRIS TECHNOLOGY LLC。上述专利于2014年6月17日获得专利权。2016年1月18日，专利权人HARRIS TECHNOLOGY LLC将该专利转让给Strategic Intellectual Solutions LLC。仅一个月后，于2016年2月18日，Strategic Intellectual Solutions LLC又将该专利转让给Content Aggregation Solution LLC，也就是该案的原告。

该案涉案专利的发明名称是具有可重配置格式信息的基于网络的通信（Web Based Communication of Information With Reconfigurable Format）。如今使用手持设备进行网页浏览变得越来越流行，例如手机、掌上电脑或者其他瘦客户端，然而这是通过形成支持 HTML 语言的特殊网页来实现这一功能，其他未被优化的网页在使用中会出现错误或者显示的信息会很难理解。其他手持设备，例如黑莓设备和其他仅对电子邮件和短信功能进行了优化的设备，不具有与互联网进行交互的有效方式。因此，这些装置在交互和接受信息时只能接收特定类型的信息。

涉案的权利要求解决了现有技术中如何实际有效地实现对从网络上不同来源获取的不同信息进行组合，并将组合后的信息再返回给手持装置的问题。也就是说，涉案的权利要求提供了一种新的允许手持装置以一种更上位的方式操作数据的方法，而在此之前，手持装置在不修改不同数据源的情况下无法有效地组合信息。涉及侵权的是'155 专利的权利要求 1 和权利要求第 15~16 项。

'155 专利的涉案权利要求为：

1. A computing device, comprising:

a handheld housing and processor and display, said display displaying a plurality of different indicators, and wherein at least one of said indicators, when selected with a single actuation, selecting execution of a prestored sequence of actions based on said single actuation that interface with a remote internet site, takes some action on the remote internet site, and returns information from the internet site, all based on said single actuation, wherein said sequence accesses a plurality of different Internet sites, and said information is based on said plurality of Internet sites.

15. A device as in claim 1, further comprising a handheld housing and wherein said processor and display are housed by said handheld housing.

16. A device as in claim 1, wherein said processor and display are battery driven.

1. 一种计算装置，包括：

一个手持机架，处理器和显示器，所述显示器显示多个不同的指示器，其中当至少一个所述指示器被选择时，基于该选择激活动作，指示器选择执行一个预存储的、与远程网络地址连接的动作序列，对远程网络地址采取动作，并从远程网络地址返回信息；其中所述序列接入多个不同的网址，且所述信息基于多个网址。

15. 根据权利要求1的装置，进一步包括手持机架，其中处理器和显示器置于手持机架之中。

16. 根据权利要求1的装置，其中处理器和显示器是电池驱动的。

3. 诉讼情况

2016年3月2日，Content Aggregation Solutions LLC 向美国加州南区法院提起诉讼，要求陪审团对所有被告提出控诉，被告为中兴通讯（ZTE Corporation 和 ZTE USA），确定涉案专利和/或商标号为 NO8,756,155，涉及权利要求第1项、第15~16项。

2016年3月3日，通知相关案件为 Content Aggregation Solutions LLC 的16-cv-00527、16-cv-00528、16-cv-00529、16-cv-00530、16-cv-00531，其原告分别为 Blu Products、Huawei Technology、LG Electronics、Sharp Corporation、Sony Mobile Communications。

2016年4月25日，Content Aggregation Solutions LLC 自愿主动撤销对 ZTE Corporation 的侵权诉讼，被告仅为 ZTE USA。

2016年5月9日，ZTE USA 采用 Alice motion 的方式，提出动议撤销原告的索赔请求（Motion to dismiss for failure to state a claim），认为涉案权利要求是抽象概念，落入美国《专利法》第101条不适格主体的范围。

> **动议（motion）**[1]**：**
>
> 在美国民事审前程序的过程中，可能产生多种不经审理而作出的判决从而终结诉讼，也就是结案动议制度。结案动议制度有以下几种：
>
> 第一，迳行判决（亦称即决判决），其适用的范围是案件没有真正的重要事实的争点，或根据案件适用的准据法应作出申请人胜诉的判决的。

[1] 刘跃羲．美国民事审前程序及其启示［D］．湘潭：湘潭大学，2015：11-12.

第二，不应诉判决，其适用的范围是被告从不到案或不对原告的起诉书作出答辩，或被告曾经到案但不做成正式的答辩书或审理时不出庭，或者被告在审前程序中不服从法院作出的某项裁定，法院作为处罚而作出不应诉判决。

第三，自愿撤销诉讼或驳回诉讼（亦称非自愿撤销诉讼）。自愿撤销诉讼是当事人在经过进一步研究之后觉得案件没有请求权而自愿撤销诉讼，在被告答辩后，须经过被告同意或经法院批准才能撤销，之后允许原告再次起诉，但受到同一诉讼不得提出三次的限制；驳回诉讼是由于原告没有采取措施将诉讼推向审理，被告向法院提出申请法院作出的判决，这一判决阻止原告再行起诉。

第四，基于书状的直接判决程序，是在法院受理原告起诉，被告答辩之后，根据双方的书状本身就能直接认定案件事实而且能够直接得出法律结论，这种情况之下法院得应一方当事人的要求直接判决。第五，基于程序过错的驳回程序。任何一方当事人在诉讼过程中违背其义务，则法院可以基于其过程判决其败诉。

第六，直接驳回动议程序。按照联邦规则，被告可以申请直接驳回原告诉讼的 7 种情况；分别是法院无事务管辖权、无对人管辖权、法院选择错误、没有适当的送达、送达文书不符合法律规定、未能陈述有效的诉因以及审理案件需要追加不可或缺的当事人但是联邦法院对该当事人不具有对人管辖权。

Alice 动议（Alice Motion）：

2007 年 5 月 24 日，原告 Alice Corporation 向美国哥伦比亚特区联邦地区法院提起诉讼，起诉 CLS Bank International 侵权，涉案专利为上诉人 Alice 公司所拥有的涉及一项利用计算机实施的减少结算风险的方案。

在上述案件中，被告 CLS Bank 是通过提出动议（motion）的方式，指出原告 Alice 公司所拥有的专利实质上是一项利用计算机实施的商业方法。

2011年，哥伦比亚特区联邦地区法院判决涉案专利中所有的权利要求均不具备可专利性，其理由是所涉权利要求指向的是“利用中立的中间媒介辅助双方义务的同时履行以减少风险”这一抽象概念。

案件上诉到联邦巡回上诉法院（CAFC），CAFC小法庭判决所述权利要求并未明确指向抽象概念，但各法官意见不一。

2012年，CAFC对该案启动了大法庭审理，但法官们意见分歧十分严重，最后仅以一段简短的法庭意见维持了联邦地区法院的判决。

2013年，美国最高法院对此案下达调案复审令，并于2014年6月19日，对该案作出判决：涉案利用计算机实施的商业方法、与之相关的计算机系统和存储媒介不具有可专利性。

自此，上述采用动议的方式，通过否定软件专利与商业方法专利的可专利性从而撤案的方法，简称Alice motion。

以’155专利的一个实施例为例：“A client which is capable of interactive communication,and more preferably a hand-held device,may be used to obtain specified kinds of information from the Internet. Requests are sent to a service. The service can be any computer which is capable of receiving requests,reformatting then into a specified form that is required by a web server,sending it,receiving the response,and reformatting that response.”（能够进行交互通信的客户机，更优选地是手持设备，可以用于从互联网获得指定种类的信息，其中定义的请求被发送到服务。该服务可以是能够接收请求、然后重新格式化为web服务器所需的指定形式、发送它、接收响应以及重新格式化该响应的任何计算机），可以发现该专利是典型的在通用计算机上实现搜索、整合、反馈信息的整个流程，同时其说明书和权利要求本身，也没有具体说明在远程网站上收集和传输信息是如何实现的，以及反馈了什么样的信息，只是抽象地指明收集和传输信息这样一个概念。

因此ZTE结合Mayo两步测试法详细阐述了为何涉诉专利不符合美国《专利法》第101条可专利性的条件：

1）涉诉专利为关于数据检索和整合的抽象概念，因此落入 Alice 范畴（The '155 Patent is Directed to the Abstract Concept of Retrieving and Compiling Data and Therefore Fails under Alice）。

ZTE 在动议中认为涉诉专利的权利要求只是从多个来源获得数据，并对数据进行汇编，是抽象概念，并且引用了联邦巡回法院在 Content Extraction 案件中的观点，认为收集、传输和组织信息是抽象概念。

2）涉诉专利没有满足发明概念（The '155 Patent Claims Fail to Impose Meaningful Limitations that Supply"Inventive Concepts"）。

ZTE 在动议中说明涉诉专利的权利要求只是增加了一些通用的计算机相关的限定，并没有改变传统的常用的元素，更没有导致保护的主题发生了转变以至于能够得到美国《专利法》的保护。

Mayo 两步测试法（Mayo 两步分析法）：

2014 年 6 月 19 日，美国最高法院对 Alice Corp. Pty. Ltd. v. CLS Bank 一案作出判决，全体大法官一致判决涉案利用计算机实施的商业方法、与之相关的计算机系统和存储媒介不具有可专利性。在该案中，美国最高法院明确指出，判断计算机实施的发明的可专利性应当适用其在 2012 年 Mayo Collaborative Services v. Prometheus Laboratories Inc 中确立的 Mayo 两步分析法（图 6-2-1）：

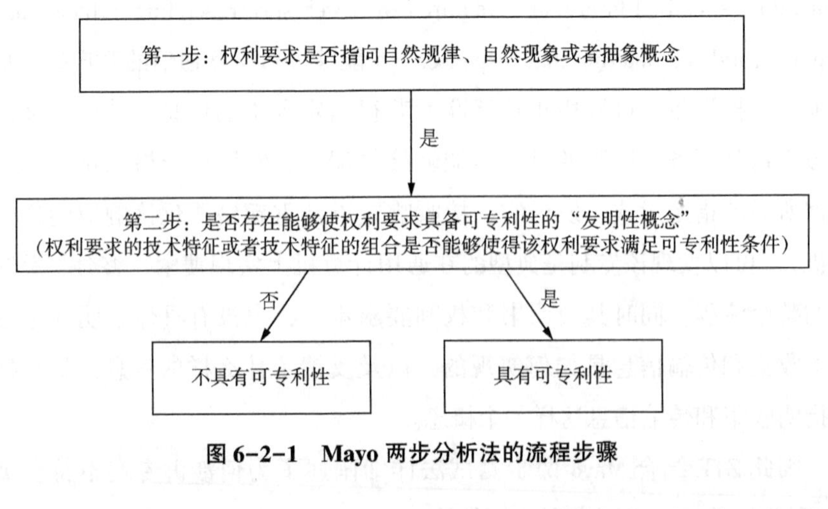

图 6-2-1 Mayo 两步分析法的流程步骤

> 第一步，判断专利要求保护的内容是否属于自然规律、自然现象或者抽象概念；如果属于三者之一，第二步判断专利是否存在足以确保整体专利方案“明显多于”（significantly more）非适格客体的发明概念，也就是说专利的保护的方案是否带来了与众不同的技术改良，使得该专利被转换为适格客体。

2016 年 6 月 27 日，原告 Content Aggregation Solutions LCC 对被告提出的驳回赔偿请求的动议提出反对意见。

2016 年 7 月 1 日，ZTE 答复原告关于驳回赔偿请求的动议的回复。

2016 年 11 月 29 日，法官 Roger T. Benitez 授权允许撤销对驳回原告的索赔请求的动议。法院认为’155 专利的所有权利要求均无效。对专利的修改是无效的，因为缺陷在于原告的专利，而不是法律的抗辩。

自此，法院撤销了原告的诉讼。这是中兴诉讼应战历史上首例以动议形式在地区法院成功撤销案件的例子，在中国众多跨国企业的海外诉讼实践中也极为少见。随后，系列案件的其他五个被告，包括 LG、索尼等相继跟随中兴的步伐，采用了中兴动议中几乎如出一辙的论点论据，向法院提交了相同诉求并获得批准。

6.2.2.2　法院判决

加州南区法院撤销了原告的诉讼，其判决书中有部分内容已在“基本案情”中做过介绍，此处不再赘述。

1. 背景

原告认为被告在美国使用、销售和/或进口至美国的产品至少侵犯了’155 专利的权利要求第 1 项、第 15~16 项的专利权，上述产品包括但不限于包含 Google New Cards 的安卓操作系统智能手机和/或平板电脑。

专利的说明书中实施例提到，“具有交互通信能力的客户端，更具体地，手持装置，可以用于在互联网上获取特定类型的信息。上述请求被发送至服务器。服务器可以是任何能够接收请求，重新格式化至网络服务器要求的特定的格式，发送上述请求，接收返回重新格式化响应至计算机”（’155 专利，1：60-66）。“在其他实施例中，手持装置可以包括用户的个人信息，可以用于身份识别，例如登录特定的互联网网址”（’155 专利，

2：8-10）。“另一个实施例描述了有效自助的互联网，其中服务器用于重新规划网页的内容和信息，然后向用户显示这些新信息”（’155专利，2：11-14）。

2. 法律标准

（1）撤销指控的动议（motions to dismiss）

“起诉必须包含足够的事实，且该事实被认可是真实的，以表明对其表面看来是可行的救济的要求”［Ashcroft v. Iqbal, 566 U. S. 662, 677-78 (2009)］。“如果原告提供的事实内容使法院认为被告所谓的行为是负有责任的，那么索赔是合理的”［Zixiang Li v. Kerry. 710 F. 3d 995, 999 (9th Cir. 2013)（引用Iqbal, 556 U. S. at 678）］。在考虑第12（b）（6）条动议时，法院必须“接受被指控的真实事实，并从最有利于原告的角度作出推断”［Stacy v. Rederite Otto Danielsen, 609 F. 3d 1033, 1035 (9th Cir. 2010), 引用Barker v. Riverside Cnty. Office of Educ., 584 F. 3d 821, 824 (9th Cir. 2009)］。“仅仅通过纯粹的陈述来对诉讼理由的元素进行陈述并不足够”（Iqbal, 556 U. S. at 678）。

（2）根据35U. S. C. 第101条的专利主题

35U. S. C. 第101条为：凡发明或发现任何新颖而使用的制法、机器、制造品、物质的组分，或其任何新颖而适用的改进者，可以按照本编所规定的条件和要求取得专利权。美国最高法院指出“自然规律、自然现象或者抽象概念是不可授权的”［Ass'n of Molecular Pathology v. Myriad Genetics, Inc., 133 S. Ct. 2107, 2116 (2013)］。“这些例外所涵盖的概念是所有人类知识宝库的一部分，对所有人都是自由的，不能为任何人保留”［Bilski v. Kappos, 561 U. S. 593, 602 (2010)］；其基本观点是“专利法不能通过不恰当地束缚未来使用这些人类智慧的元素来阻止进一步的发现”［buySAFE, Inc. v. Google, Inc., 765 F. 3d 1350, 1352-53 (Fed. Cir. 2014)，引用Alice Corp. v. CLS Bank Int'l, 134 S. Ct. 2347, 2354 (2014)］。该案涉及的是抽象概念。

在美国最高法院分析权利要求可专利性的两步分析法框架下，法院“首先确定权利要求是否指向不可专利的抽象概念”。如果是抽象概念，法院进行第二步判断。在第二步中，法院分别考虑每个权利要求的技术特征以及技术特征的有序组合，来确定权利要求是否将权利要求的本质转换为可专利的权利要求。美国最高法院将第二步描述为搜索“发明概念”，也就是说，“元素或者元素的组合，其可以充分地保证专利明显多于非适格客体

的发明概念”。

3. 讨论

原告的起诉中认为至少权利要求第 1 项、第 15~16 项是被直接侵权的。权利要求第 1 项是权利要求第 15 项和第 16 项的代表，权利要求第 15 项和第 16 项是权利要求第 1 项的从属权利要求，只是在权利要求第 1 项中增加了新的技术特征。

法院发现上述权利要求指向抽象概念，且没有包含能够使权利要求变换成可专利客体的发明概念。因此，'155 专利的权利要求是不可专利的。

（1） Alice 第一步：抽象概念

Alice 分析的第一步要求法院关注权利要求的焦点和作为整体的特征，来确定权利要求是否落入抽象概念的范围［见 Alice, 134 S. Ct. at 2356; Elec. Power Grp., LLC v. Alstom S. A., 830 F. 3d 1350, 1353 (Fed. Cir. 2016)］。“美国最高法院没有给出抽象概念的精确的定义”，因此，美国最高法院和上诉法院认为，“可以将先前的被发现是抽象概念的案例与需要裁决的涉诉案件进行对比来解决”［Enfish, LLC v. Microsoft Corp., 822 F. 3d 1327, 1334 (Fed Cir. 2016)］。除了与过往案件进行比对之外，“法院从多个角度考虑计算机实施的发明的特定权利要求是否指向抽象概念。例如，法院考虑权利要求是否支持提升计算机本身的性能，如果提升了计算机的性能，则认为权利要求不是抽象的，或者考虑计算机是否只是作为执行抽象概念的工具，来判断是否为抽象概念”［Papst Licensing GmbH & Co. KG v. Xilinx Inc., Nos. 16-CV-00925-LHK, 16-CV-00926-LHK, 2016 WL 3196657, at * 10］。另一个判断权利要求是否指向抽象概念的有用工具是“考虑权利要求在本质上是否指向了智力活动或者可以用纸和笔来完成的程序”（引用案例）。如果可以由人而不需要计算机来完成，则权利要求可能会被认为是抽象概念。

被告 ZTE 辩称，权利要求指向获取和编译数据的抽象概念。联合动议被告（joint motion defendants）认为涉案权利要求指向从多个源基于单个操作获取信息的抽象概念。他们支持巡回法庭的关于收集、转换、组织信息是抽象概念的观点。

相反，CAS 认为被告割裂了权利要求的语句而独立地分析技术特征。CAS 支持巡回法院最近在 Enfish 案中的观点，称权利要求没有指向抽象概念。在 Enfish 案中，巡回法院指出“专利关注于对设备（计算机和计算设备）的改进，而不是所执行的抽象概念的方法，其中计算机只是用作一种工具”（Enfish,822 F. 3d at 1335-36）。巡回法院还指出，“权利要求没有指向存储、组织和在逻辑表中检索存储器的抽象概念”（Id. at 1337）。相反，权利要求是“特定的指向计算机数据库的自参考表，要求有四步骤的算法，是对计算机处理的一种特定的提高”（Id. at 1336），且与现有的数据库结构不同(Id. at 1337)。法院解释，相关权利要求“不是简单地指向任何形式的存储表数据”（Id. at 1337），没有关注“经济或者其他任务，其中计算机只是在常规能力下使用”（Id. at 1336）。

在该案中，CAS 指出专利的权利要求与 Enfish 案相同，因为他们关注的是装置的提升（计算机和计算装置），而不是方法。CAS 争辩称“在’155 专利之前，没有计算机具有与’155 专利中要求保护的计算机相同的能力”，但没有描述这些提升的“计算机的能力”。相反，CAS 指出说明书第 12 至第 17 段提到了提升的计算机的能力。

CAS 对 Enfish 的援引是不具有说服力的。CAS 聚焦专利权利要求是一个装置（一个计算装置），而不是一个方法，专利权利要求提高了装置的功能，使得权利要求与 Enfish 类似。然而，“是否具有可专利性不能取决于权利要求的形式，无论计算机实施的方案以方法或者系统或者存储介质的方式来保护，也不论是在硬件还是在软件中实施”“涉案权利要求是装置权利要求，而不是方法权利要求，并不会改变法院的分析”［Joao Bock Transaction Sys. , LLC v. Jack Henry & Assocs. ,Inc. ,76 F. Supp. 3d 513,523(D. Del. 2014)］。

本质上，该案涉案上述权利要求与 Enfish 案中认定有效的权利要求是不同的。Enfish 案法院强调了权利要求的特殊性，区别于“计算机上使用传统的计算机行为执行的通常的步骤”（Id. at 1338）。换句话说，法院面对的“不是通常用途的计算机组件事后被加入至经济活动或者数学公式”。

权利要求和说明书的文字清楚地表明，权利要求的焦点在于获取和传输数据的抽象过程，并且这一过程是在常用的计算机组件上执行的。权利要求第 1 项描述用于从远程网络地址获取信息并返回该信息的手持计算装置（’155 专利，权利要求第 1 项）。权利要求第 1 项指出用户采取一个动作，基于该单一指令触发与存储的动作序列，在远程网址上发生“某些动作”，然后从网址返回信息（’155 专利，权利要求第 1 项）。但是权利要求第 1 项

的文字没有描述如何获得信息集合和进行信息传输，没有指出预设的动作序列是什么，在远程网址上采取的是什么动作，信息是如何获取并从网址返回信息的，也没有指出返回的是什么信息。没有如何在互联网上实现专利的目标的具体细节，只有抽象概念。说明书中进一步支持了这一结论，指出“当前应用提供一种使用互联网的服务器来形成互联网与其他装置之间的通道”（’155 专利，1：56-58）。也就是说，装置本身只是抽象概念的执行工具。

专利进一步指出方法在常用计算机上执行，“使用传统的计算机活动”Enfish,822 F. 3d at 1338。方法在“计算装置，包括手持机架，处理器和显示器”上执行（’155 专利，权利要求第 1 项）。装置“可以是手持装置或者其他瘦客户端，或甚至是常规的客户端”（Id. 1:56-59）。“瘦客户端以传统的方式通过管道与服务提供者通信”（Id. 1:2:53-55）。“服务提供者与服务器通信……服务器可以是传统的网页服务器或者是其他的服务器，或者简单地是在服务提供者处的计算机上运行的一种交互程序”（Id. 2:57-62）。“服务提供者同时包括传统的与互联网的连接，因为他们传统地从互联网获取信息，例如电子邮件和网页内容”（Id. 2:64-67）。因此，与 Enfish 的权利要求不同，该案的权利要求是“在常用计算机上执行的、使用传统的计算机活动的方法”（Enfish,822 F. 3d at 1338）。

巡回法院已经重复指出，专利权利要求聚焦收集和分析信息，“但几乎没有记载收集和分析信息的抽象过程的结果”指向抽象概念 Elec. Power Grp. ,830 F. 3d at 1353-54。涉案权利要求就落入上述基本概念。权利要求聚焦常规的收集、分析和显示信息的抽象过程，但没有“提高计算机的特定能力”（Enfish,822 F. 3d at 1335）。专利的权利要求是人类长期执行的流程，只是在与计算机连接的装置上实施，这不能充分证明不是抽象概念(In re TLI Commc’ns,823 F. 3d at 612-13;Enfish,822 F. 3d at 1335）。因此，法院认为涉案权利要求在 Alice 调查中落入抽象概念的范围。

（2）Alice 第二步：发明概念

由于专利的权利要求指向一种抽象概念，因此法院必须进行 Alice 调查的第二步，确定权利要求的技术特征或者有序组合的权利要求的集合是否能将抽象概念转换成可授权的应用。被告指出涉案专利仅仅增加了与计算机相关的限制，但是没有将权利要求转换成“发明概念”。原告反驳，权利要求中的有形限制给专利增加了有意义的限制。CAS 指出权利要求第 1 项中的手持机架，显示器和“计算装置的配置以在接收单个动作后与多个远程网址通信”；权利要求第 15 项中对装置的优化“处理器和显示器在所述手持机架中”；和权利要求第 16 项增加了电池。从权利要求单独和组合的角度看，权利要求没有增加发明的概念。

“将一个抽象概念转换成可专利的主题不止简单地利用语言文字来陈述抽象概念”[Ultramercial, Inc. v. Hulu, LLC, 772 F. 3d 709, 715(Fed Cir. 2015)(引用 Alice, 134 S. Ct. at 2357)]。在该案中，权利要求简单地实施在网络上通过常用的装置来获取信息和传输信息的抽象概念。但是常见的计算机实施不会将抽象概念转换成可专利的主题(Alice, 134 S. Ct. at 2357)。在互联网上实施抽象概念也同样不会将抽象概念转换成可专利的主题(Ultramercial, 772 F. 3d at 716)，“使用互联网不足以使权利要求满足第 101 条的要求”。

权利要求第 1 项中描述的方法“仅包括高度概括的传统的步骤”，这不足以构成“发明概念”。用于执行抽象方法的组件是“公知的、常规的、传统的被工业熟知的技术”，这也不足以构成“发明概念”（Alice, 134 S. Ct. at 2359）。权利要求第 1 项包括手持机架，但是说明书中指出，从互联网获取信息是通过具有手持机架的装置，而手持机架在该申请之前是公知的和传统的（'155 专利，1:33-36）。权利要求书和说明书都没有给出手持机架的任何特征。事实上，手持机架对该发明来说不是必需的，因为说明书中承认用于实施上述抽象方法的装置可以是“瘦客户端，或者甚至是常规客户端”（Id., 1:59; 8:19-20）。相似地，权利要求还包括处理器和显示器，但无须任何超出本身常规功能之外的其他能力。说明书中又指出处理器和显示器是常规的计算机组件（Id., 12:11-13; 8:66-67）。

权利要求指出基于显示的指示器的单一动作，执行预存储的动作序列，结果在远程网址手段执行某些动作，从网址返回信息至装置，其中所述序列接入多个不同的网址，所述信息基于所述多个网址（'155 专利，权利要求第 1 项）。换句话说，基于一个单一指令，预存储的动作序列基于多个网址接入并返回信息。但是这并没有增加发明概念。专利指出从互联网人工接入和返回信息已经在之前对工业上来讲是常规的、传统的活动(Alice, 134 S. Ct. at 2359)。事实上，正如联合动议被告指出的，“响应用户输入来执行预存储的代码是最基本的传统的计算概念”（Joint Mot. at 19）。说明书中也解释预存储的动作序列是基于用户之前的动作，因此是简单的人工活动的自动化。使用传统技术对人工技术进行自动化不是发明概念。最后，在权利要求第15项和第16项中增加通常的物理组件没有将权利要求转换成发明概念。

法院考虑了巡回法院最近在 Electric Power Group, LLC v. Alstom S. A. instructive 中的判决。因此，法院解释：

权利要求中使用计算机、网络和显示器不会将权利要求转换成可专利的主题。该案的权利要求不需要任何不是传统的计算机、网络或显示组件，甚至“非传统非通用的已知组件的组合”，仅需要“基于常见的计算机组件的集合”和显示装置来执行信息的收集、分析和显示功能[Bascom Global Internet Servs., Inc. v. AT & T Mobility LLC, No. 2015-1763, 2016 WL 3514158, at *6-7(Fed. Cir. June 27, 2016)]。

在说明书的解释下，权利要求中不需要任何现成的传统的计算机、网络和显示技术以外的技术，来实现收集、发送和显示需要的信息。我们已经反复指出，这样利用计算机和网络不足以通过抽象概念中发明概念的测试（830 F. 3d 1355，该法院提供的理由与本案相同）。

DDR Holdings, LLC v. Hotels. com, L. P., 773 F. 3d 1245(Fed. Cir. 2014)没有强行得到不同的结果。在该案中，法院指出权利要求在第101条下是可专利的。“要求保护的方案植根于计算机技术，以克服计算机网络领域中特定的问题”（Id. at 1257）。当客户在主网页上的第三方广告上点击时，客户被链接至自动生成的混杂的网页，而不是第三方的网页。混杂的网页看起来像主页，但是包含与广告相关的第三方产品信息。这使得主页留住客户，而不是将他们流向第三方网页。

DDR Holdings 案法院强调，尽管如此，“并不是所有用于解决网络中心的专利都具有可专利性”（Id. at 1258）。相反，涉案专利提供了一种特定的方法，推翻了在互联网上事件被触发的常规的、传统的顺序。权利要求特别限定如何与互联网交互来获得想要的结果，这与通常的手段是不同的。权利要求没有指向“在互联网的特定技术环境中应用已知的方法”（Id. at 1259）。

与 DDR Holdings 的权利要求不同，该案的权利要求没有推翻互联网上事件的常规顺序，而是指向了在互联网的特定平台上，使用传统的计算机组件，通过常规步骤来实现已知商业操作的实施。这是不具备创造性的，如 Ultramercial，772 F. 3d at 716。

原告试图将'155 专利的权利要求像 DDR Holdings 的权利要求一样，争辩称权利要求"提供了一种解决计算机环境中出现的问题的技术方案"（Opp'n at 21）。在起诉书中指控，专利的权利要求中的装置"实际有效地实现对从网络上不同来源获取的不同信息进行组合，并将组合后的信息再返回给手持装置的问题……如果不进行修改光依赖它本身，则无法提供组合信息的实际有效的方法"。诉状中还陈述道，权利要求"减少技术的复杂度，提高了手持设备的有效性"。尽管这样结论性的指控在撤销动议中可能被忽视，巡回法院权威人士明确指出，"将抽象概念应用于计算机速度和效率的提高"不足以构成发明概念［Intellectual Ventures I LLC v. Capital One Bank（USA），792 F. 3d 1363，1367（Fed. Cir. 2015）］。进一步来讲，尽管说明书提到在手持装置上查看"非优化"的网页的问题，暗示专利能解决这个问题（'155 专利，1：31-45），但是权利要求本身没有写明如何解决这一挑战。相反，权利要求描述的是从互联网到通用计算装置的一种获取和返回信息的通用手段。正如已经解释的，这不足以构成发明概念。

原告还附上发明人 Scott C. Harris 的声明，称专利是用于"解决技术问题，获得由专利带来的改进"（Opp'n at 21）。然而在撤销动议中，这种声明是不适合考虑的。在这类动议中，法院可能只考虑申诉人的申述、作为参考的文件和司法认知的事实［参见 Tellabs, Inc. v. Makor Issues & Rights, Ltd.，551 U. S. 308，322（2007）］。Harris 的声明与这些标准中的任何一个都不相符，因此法院没有考虑其声明［参见 Rothschild Location Techs. LLC v. Geotab USA, Inc.，No. 6：15-cv-682，2016 WL2847975，at *2（E. D. Tex. May 16，2016）］。

综上所述，考虑权利要求的单个技术特征和考虑技术特征有序的组合，涉案的权利要求没有包含发明概念。

4. 结论

基于上述理由，'155 专利的涉案权利要求在第 101 条下是不具有可专利性的。批准撤销动议。

剩下的问题仅在于原告是否被允许修改诉状。'155 专利共有 27 个权利要求。原告争辩称在涉案权利要求以外的 24 个权利要求是有效的。然而，

所有的权利要求“本质上是相似的，且指向相同的抽象概念，法院无须对每个权利要求进行特定的分析。此处，权利要求第1项不仅是权利要求第15项和权利要求第16项的代表，还是剩余其他权利要求的代表。所有的权利要求“表述的是关于获取和传递信息的相同的抽象概念”，是对“已知、常规且传统”技术的增加的限制 Id. at 1348-49。更进一步地，原告从来没有认为任何一个权利要求不能由权利要求第1项代表(Id. at 1348)。因此，法院无须处理专利的每个权利要求，因此’155专利的所有权利要求均是无效的。修改是无效的，因为缺陷在于原告的专利，而不是法律的抗辩。

6.2.2.3　Alice Motion 的意义及使用

1. Alice Motion 对美国专利的影响

（1）对美国专利审查及撰写的影响

2014年6月25日，美国专利商标局发布《基于美国最高法院 Alice Corp. Pty. Ltd. v. CLS Bank International ,et al. 判决的初步审查指南》，以指导审查员判断涉及抽象概念的权利要求是否满足美国《专利法》第101条规定的主题可专利性条件。

根据该指南，美国专利商标局的审查实务将在两个方面与之前有所不同：首先，Mayo 判断规则将适用于主题可专利性的所有类型的司法例外情形（自然规律、自然现象和抽象概念）；其次，Mayo 判断规则将适用于所有类型的权利要求。

美国最高法院 Alice 判决之后，美国专利商标局立即对最有可能受到该判决影响的专利申请进行了重新审查，对含有抽象概念同时又仅仅涉及一般计算机的一般功能的专利申请，撤回“授予专利权的通知”，并将其退回原来的审查员进行进一步审查（图6-2-2）。因此，涉及计算机程序的发明的主题可专利性被否定的可能性大幅增加。

由于美国专利商标局对利用计算机实施的发明的可专利性审查标准和方法有所改变，今后美国计算机软件及商业方法专利申请的撰写方式也将有所改变，申请人在其专利申请中将更加注重强调所涉发明对其他技术或技术领域的贡献。

同时，专利申请人将不能通过在权利要求书的撰写方法和技巧上做文章，来规避主题可专利性的司法例外。对指向自然规律、自然现象或者抽象概念的专利权利要求，美国专利商标局和法院将利用Mayo二步分析法进行判断，剔除其中不具有“发明性概念”的专利申请或专利。如果一项利用计算机实施的发明本身不具备主题可专利性，则专利申请人无论是将之撰写成计算机系统权利要求还是变换成计算机可读存储介质权利要求，都无法获得专利保护。

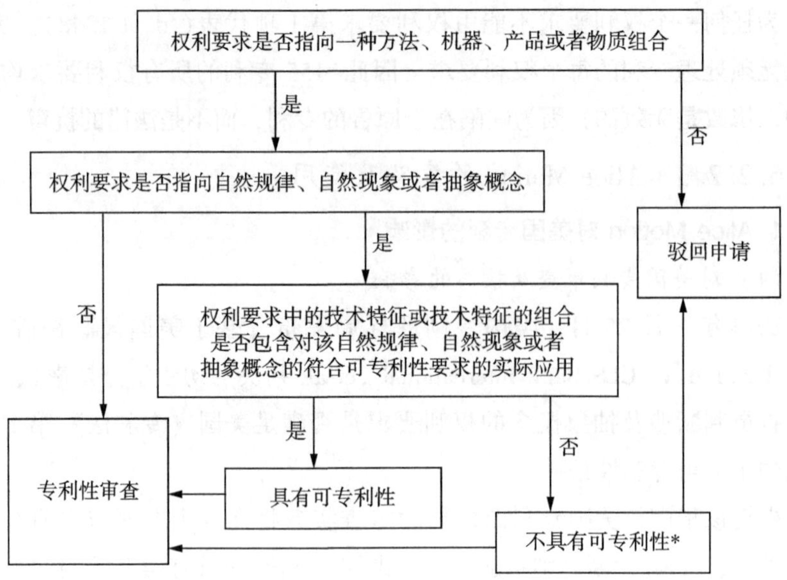

图 6-2-2 美国最高法院 Alice 判决之后美国专利商标局进行可专利性审查的步骤

(2) 对美国专利诉讼及质量的影响

在美国，NPE经常以其所拥有的涉及计算机软件的专利受到侵害为由，向联邦地区法院和ITC提起侵权诉讼，而这些计算机软件专利通常存在有效性的问题。由于NPE并不实施专利，而且部分NPE提起专利侵权诉讼的律师费采用胜诉酬金的方式支付，因而轻率地提起大量侵权诉讼对于NPE来讲并无多大风险，但其目标公司（其中包括许多中小企业）却经常因为无法承受可能接到法院禁止令的风险和巨额的诉讼费用而被迫支付专利实施费。

美国最高法院Alice判决之后，下级法院已经开始积极否定计算机软件相关发明的主题可专利性。在涉及计算机软件及商业方法的专利侵权诉讼中，被诉侵权人如果认为所涉发明不具有可专利性，可以提起即决审判的申请，或者依据《美国联邦地区法院民事诉讼规则》第12条（b）款（6）

项，以“未能提出可以据之给予救济的主张”为由向法院直接申请驳回起诉。另外，如果专利权人以有效性存疑的专利权受到侵害为由轻率地提起专利侵权诉讼，败诉后该专利权人可能被判承担胜诉方的律师费用。因此，拥有大量计算机软件专利和商业方法专利的“专利流氓”，今后将无法再肆无忌惮地提起专利诉讼。

该案原告CAS也是NPE，其于2016年2月18日自Strategic Intellectual Solutions LLC手中购买到涉案专利之后，在十多天之后的2016年3月2日，便以同样的侵权理由将ZTE Corporation，Blu Products，Huawei Technology，LG Electronics，Sharp Corporation和Sony Mobile Communications六家大型企业告上法庭，索取相当数额的侵权费用。在该案中，ZTE在组织内部的团队之后分析涉案权利要求的性质，果断参考Alice案的做法，使法院撤销了侵权诉讼，其他被告也纷纷效仿，最终被告集体胜诉，大获全胜。

2. 使用Alice Motion的优劣势

众所周知，美国最高法院于2014年6月在Alice v. CLS Bank案中，对软件专利的适格性作出来了重要判决，从此Alice Motion成为软件类和商业方法类专利的杀手，响彻四方。

与正常的专利诉讼的流程相比，采用Alice Motion否定涉案专利的可专利性能够显著缩短诉讼的时间，降低应诉成本并大幅减少人力损耗。

首先，美国联邦地区法院是专利侵权纠纷的初审管辖法院，受理案件的第一审法院为被告居住地、被告公司主要营业机构所在地或侵权行为发生地的联邦地区法院。对联邦地区法院判决不服的任何一方当事人可以上诉至美国联邦巡回上诉法院。当事人对联邦巡回上诉法院判决不服的，可以向美国最高法院提出复审请求。美国专利诉讼主要包括诉前警告、提起诉讼请求、调查取证、马克曼听证（权利要求解释听证）、审前动议、审理等主要程序（图6-2-3）。

在正常的美国专利诉讼过程中，应诉方需在六个月的时间内进行延缓答辩申请、答辩、双方会面及证据开示，而无法在六个月内进行和解的话，证据开示将继续进行，包括专家证人的选聘和参与，还需要进行马克曼听证，提交不侵权声明、无效声明及相关反驳答辩，专家证人的选聘和参与，需要巨额资金开支；若案件最终走到庭审，花销更会大得惊人，且还未将败诉赔偿及 IPR 无效程序的费用计算在内。

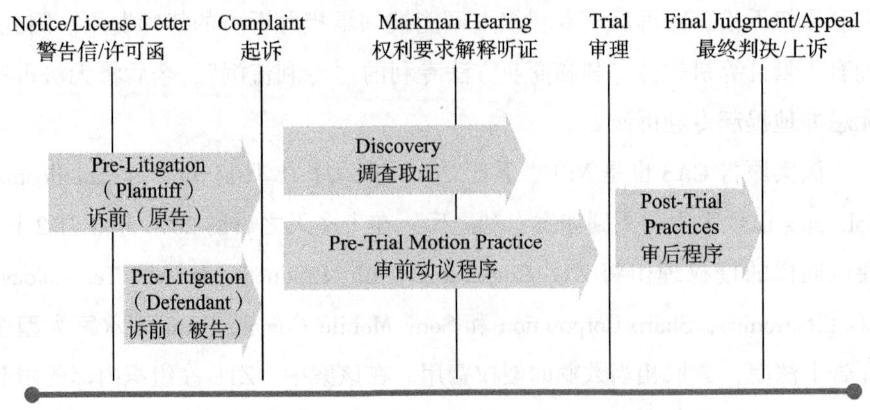

图 6-2-3　美国专利诉讼的基本程序❶

相对正常的美国专利诉讼程序，采用 Alice Motion 否定涉案专利的可专利性应当包括以下步骤：完成内部的团队组建（法律、技术、财务、人力资源等各方面专家为一体的应诉团队）、专利不侵权分析及相关在先技术搜索比对和提出动议，还可能包括延缓答辩申请。整个过程的花销少、时间短，节约了应诉方大量的资源，对应诉方来说不失为一种有效的应诉方法。

不过，因为 Alice Motion 成功率的不稳定性，即使是美国本土企业采用此动议时也比较谨慎，更何况一些跨国业务市场份额高速增长的中国企业，其一贯的保守应诉作风使得他们更是极少在诉讼中尤其是诉讼初始阶段使用 Alice Motion 来进行案件应对；并且 Alice Motion 一旦未被法院批准，公司的谈判地位将会严重被影响。同时，提交动议所需要的律师费用在诉讼初始阶段也是不小的开支，那么如何判断是否使用 Alice Motion 是我们需要考虑的问题。

3. 如何判断是否使用 Alice Motion

使用 Alice Motion 能够大幅节省应诉方的人力财力和时间资源，但由于 Alice Motion 的成功率存在不稳定性，因此也导致使用 Alice Motion 存在相应

---

❶ 被告大众没有参与对诉辩状判决的最初动议，但是该动议涉及的专利和主张的权利和原告对大众的主张一致。

的风险。在判断是否使用 Alice Motion 时，可以从 Mayo 两步测试法、基于美国《专利法》第 101 条提起动议的时间节点、受理法院及法官风格等方面进行考量。

一是 Mayo 两步测试法。第一步，判断专利要求保护的内容是否属于自然规律、自然现象或者抽象概念。关于抽象概念美国最高法院一直未能给出精确概念，但最高法院和上诉法院给出了判断抽象概念的方法，可以将先前的被发现是抽象概念的案例与需要裁决的涉诉案件进行对比来解决；还可以通过考虑“权利要求是否意在提升计算机本身的性能，还是计算机只是作为执行抽象概念的工具”来判断是否为抽象概念；还可以考虑权利要求在本质上是否指向了可以用纸和笔来完成的程序或者智力活动。如果可以由人而不需要计算机来完成，则权利要求可能会被认为是抽象概念。同时，是否具有可专利性不能取决于权利要求的形式和撰写的艺术。第二步，判断专利是否存在足以确保整体专利方案“明显多于”非适格客体的发明概念，也就是说专利的保护的方案是否带来了与众不同的技术改良，使得该专利被转换为适格客体。因此，在第二步中需探寻能够使所涉权利要求具备可专利性的“发明性概念”。对于“发明性概念”，美国最高法院同样没有给出具体定义，而是通过分析先例的方式给出了以下未包含“发明性概念”的举例：①仅仅在涉及抽象概念的部分增加“应用至”或者“通过计算机应用至”之类的词语；②将抽象概念的应用限定在某一个特殊的技术环境。对于包含“发明性概念”，美国最高法院给出的举例是：①对已有技术作出改进，“解决了传统工业领域的技术问题”；②“对计算机本身的功能作出了改进”。

由此可见，涉及抽象概念的发明是否具有可专利性，其关键并不在于其中是否有计算机的应用，如果利用计算机实施抽象概念仅仅涉及一般计算机的普通功能，则计算机的应用无法使得该涉及抽象概念的发明具有可专利性。

二是提交基于美国《专利法》第 101 条挑战专利有效性的时间节点。

1）在被诉侵权时提起 CBM（covered business method）程序，但是仅限于商业方法相关的专利，如电子交易等。

2）基于美国《专利法》第 101 条提交撤销案件的动议，即该案的动议，可以从诉讼起一直贯穿案件的始终。优点在于：如果法院同意了动议，可以尽快解决案件争议；不需要或者只需要少量的证据开示；使得原告更快感受到压力；缺点在于：法院只是针对请求进行裁定，不允许引用额外的证据；不进行权利要求的解释；法院也可能否决动议，将动议押后审理，比如到案件管理会议时进行，也可能以需要进行权利要求的解释否决动议。

3）基于美国《专利法》第 101 条提简易判决动议。优点在于：可以引入证据；已经完成了权利要求的解释，法官更容易在这个阶段撤销案件；缺点在于：相关费用已经支出，包括马克曼听证和消耗成本最高的证据开示。

4）基于美国《专利法》第 101 条提依据法律判决动议（judgment as a matter of law，JMOL），仅限于庭审之后。存在两个缺点：成本基本已经支出；法院拒绝 JMOL 的可能性较大，因为第 101 条在之前的程序中已经被充分考虑，JMOL 会给法院和当事人带来不必要的负担。

三是受理法院和法官的风格。根据美国著名律所 Pillsbury Winthrop Shaw Pittman 的调研和总结，在最忙碌的几个法院中，特拉华地区法院和加州北区法院更容易批准基于美国《专利法》第 101 条的 motion，也就是 Alice Motion，相对而言，德州东区法院不太愿意批准基于美国《专利法》第 101 条的 motion，更倾向于将此动议搁置，继续将其他正常的程序往前走。该案受理法院是美国加州南区法院，且法官是对此类动议非常友好也愿意在诉讼开端就对动议进行批准的法官。

另外，在考虑使用 Alice Motion 时，还可进一步考虑原告特点、团队相关经验等因素。

6.2.2.4 中美计算机软件专利判定分析

1. 美国软件专利与商业方法专利客体判断方法的变革

美国专利商标局历史上的第一个涉及商业方法的专利于 1799 年被授权，涉及一种检测伪造票据的系统，其后陆续出现过印刷防伪、自动化管理商业数据等与商业方法有关的专利。到 1908 年，在 Hotel Security 案中涉及防止出纳员舞弊的方法被法庭宣告无效，并在此基础上形成了商业方法例外，

即“商业方法被认为不是技艺，只有作为执行该商业方法的装置或系统的部分才可被授予专利权”，美国专利商标局在该判例后也采用商业方法例外驳回过涉及商业方法的申请。对于计算机软件相关发明的专利保护，美国经历了以下历程，见表 6-2-9[1]。

表 6-2-9　美国计算机软件相关发明的专利保护历程

时间	专利保护模式
1960-1970 年	争议中
1970-1980 年	否定可专利性，拒绝保护典型案例：Benson 案
1980-1990 年	肯定可专利性，开始保护典型案例：Diehr 案
1990-2008 年	肯定可专利性，开放保护典型案例：Alappat 案、State Street 案、AT&T 案
2008 年至今	肯定可专利性，欲收还放典型案例：Bilski 案

根据较为普遍的观点，美国司法界及专利界对涉及保护客体的主题适格性判断，到目前为止共经历过六个主要的测试方法。[2]

（1）技术领域测试

1970 年前后，以 Musqravel 案为代表，根据美国宪法中对于专利授权应限定为“有用的技术”的表述，司法判例中出现了“技术领域”与“有用的技术”为同义词的解释，而形成了“technological art（技术领域）”判断方法。

该判断方法认为成为授权客体的方法应当属于技术领域，以与国会希望促进有用的技艺进步的目的一致，但在美国最高法院的其他判决（Benson 案）中并未采用此判断方法。在 2004 年美国专利商标局确立的在先案例 Lundgren 案中认为“目前没有司法上认可的单独‘技术领域测试’确定法定客体”，而将该测试方法推翻。

---

[1] 吕四化，等. 中美计算机软件专利审查标准的对比［J］. 审查业务通讯，2012（10）：88-96.

[2] 王涛. 美国有关商业方法软件专利的变革及最新审查方法［J］. 审查业务通讯，2015（7）：64-71.

（2）二阶测试

20世纪80年代初期，美国司法界根据一系列判例发展出了 freeman-walter-abele 测试，也称为“two-steps of test（二阶测试）”。

该方法需先判断权利要求是否直接或间接运用数学算法，如果是则判断权利要求整体是否以任何方式用于物理元素或执行步骤，如果是，则符合保护客体的规定。该判断方法被写入1981年的美国专利商标局发布的审查指南。

（3）State Street 及 AT & T 测试

1998年的 State Street Bank 案被联邦巡回法院撤销了地区法院依据“二阶测试方法”所作出的判决，认为“方案处理信息的方式已经构成对数学算法、公式或计算的实际应用”。该案实际确立了以“产生有用的、确定的和确实的结果”判断保护客体的方法，肯定了商业方法的可专利性，并明确排斥了使用“二阶测试”寻找数学算法的客体判断方法，同时明确不存在“商业方法例外”，而应当回归到美国《专利法》第101条规定的四种法定种类，判断权利要求作为一个整体是否属于保护客体。

（4）物理步骤测试

在 Comiskey 案中，法院指出在先前案子的判决中曾批评过使用物理步骤测试方法。因此当前案例中虽然“启动（initiating）”及“识别（identifying）”属于物理性步骤，但也不符合法定客体规定。

（5）机器或转换测试

该测试方法是在19世纪七八十年代由美国最高法院对 Benson 案、Flook 案及 Diehr 案的判决而建立起来的，在 State Street Bank 案后曾沉寂过一段时间。而在2008年联邦巡回上诉法院全院庭审的 Bilski 案中，推翻了10年前在 State Street Bank 案中确立的“产生有用的、确定的和确实的结果”的可专利主题评判标准，运用了更严格的“机器或转换（M-or-T）”测试，并作为唯一的判断标准：当一项方法与特定的机械相结合，或将特定产品转换为另一种状态或物质，才符合美国《专利法》第101条可授予专利客体的条件。

2009年，美国专利商标局基于上述判决发布《过渡性审查指南》，采纳了“机器或转换”评判标准。2010年美国最高法院作出终审判决，认定

Bilski所主张的方法属于不可专利的抽象概念，同时指出“机器或转换”判断标准对于评判方法的可专利性是重要的依据但不是唯一判断标准，并且商业方法并未被完全排除在法定“方法”之外，至少在特定条件下符合可专利性要求。

（6）Mayo两步测试法

第一步，判断专利要求保护的内容是否属于自然规律、自然现象或者抽象概念；如果属于三者之一，第二步，判断专利是否存在足以确保整体专利方案“明显多于”非适格客体的发明概念，也就是说专利的保护的方案是否带来了与众不同的技术改良，使得该专利被转换为适格客体。也就是该案中法官在考虑专利适格性的判断方法。

2. 中国涉及计算机程序与商业方法专利客体判断方法

在中国的《专利审查指南2010》（2017年修订）中，关于计算机软件专利和商业方法专利的审查，包含以下具体内容：

1）在《专利审查指南2010》第二部分第一章第4.2节第（2）项之后新增一段，内容如下：

【例如】涉及商业模式的权利要求，如果既包含商业规则和方法的内容，又包含技术特征，则不应当依据专利法第二十五条排除其获得专利权的可能性。

2）将《专利审查指南2010》第二部分第九章第2节第（1）项第一段中的“仅仅记录在载体（例如磁带、磁盘、光盘、磁光盘、ROM、PROM、VCD、DVD或者其他的计算机可读介质）上的计算机程序”修改为“仅仅记录在载体（例如磁带、磁盘、光盘、磁光盘、ROM、PROM、VCD、DVD或者其他的计算机可读介质）上的计算机程序本身”。

3）将《专利审查指南2010》第二部分第九章第2节第（1）项第三段第一句中的“仅由所记录的程序限定的计算机可读存储介质”修改为“仅由所记录的程序本身限定的计算机可读存储介质”。

4）删除《专利审查指南2010》第二部分第九章第3节第（3）项中的例9。

5）将《专利审查指南2010》第二部分第九章第5.2节第1段第1句中

的“即实现该方法的装置”修改为“例如实现该方法的装置”。

6）将《专利审查指南 2010》第二部分第九章第 5.2 节第 1 段第 3 句中的“并详细描述该计算机程序的各项功能是由哪些组成部分完成以及如何完成这些功能”修改为“所述组成部分不仅可以包括硬件，还可以包括程序”。

7）将《专利审查指南 2010》第二部分第九章第 5.2 节第 2 段中所有的“功能模块”修改为“程序模块”。

此次对审查指南的修改，能更加有效地保护涉及计算机程序和商业方法的发明。对于专利主题的可专利性，《中华人民共和国专利法》（以下简称“中国《专利法》”）中涉及第二条第二款和第二十五条两个法条。根据中国《专利法》第二十五条第一款第二项的规定，智力活动的规则和方法不授予专利权。《专利审查指南 2010》第二部分第一章第 4.2 节指出：“例如，组织、生产、商业实施和经济等方面的管理方法及制度；计算机程序本身。”《专利审查指南 2010》第二部分第九章指出：“如果一项权利要求对其进行限定的全部内容中既包含智力活动的规则和方法的内容，又包含技术特征，则该权利要求就整体而言不是智力活动的规则和方法，不应当依据专利法第二十五条排除其获得专利权的可能性。”同时，中国《专利法》第二条第二款指出：“发明，是指对产品、方法或其改进提出的新的技术方案。”技术方案是对要解决的技术问题所采取的利用了自然规律的技术手段的集合，同时包含“技术问题”“技术手段”和“技术效果”的方案被认为是中国《专利法》意义上的技术方案。

另外，与美国不同的是，我国国家知识产权局在审查商业方法专利和计算机软件专利时，两者在可专利性方面具有不同的审查流程和判断标准（图 6-2-4）。

第一，与商业方法相关的专利。与商业方法相关的专利包括两类，一是商业方法发明专利申请，二是涉及商业方法的发明专利申请。商业方法发明专利申请，是指单纯以商业经营、管理等方法与策略为保护内容的专利申请，或除主题名称外，所限定的全部内容仅仅涉及商业经营、管理等方法与策略；涉及商业方法的发明专利申请，是指利用计算机及网络技术运行、处理和实现涉及商业方法模式的专利申请。

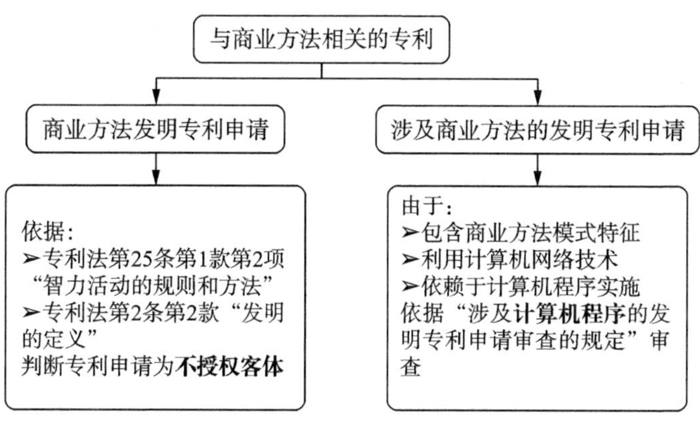

图 6-2-4　中国关于与商业方法相关专利的授权客体判断流程

商业方法发明专利申请属于智力活动的规则与方法，同时也没有采用技术手段或利用自然规律，也未解决技术问题和产生技术效果，不构成技术方案，因此商业方法发明专利申请应根据中国《专利法》第二十五条或第二条第二款予以驳回。对于涉及商业方法的发明专利申请，由于其中包含既包含智力活动的规则和方法的内容，又包含与计算机实施相关的技术特征，因此需按照涉及计算机程序的发明专利申请审查的原则，审查其可专利性。

第二，涉及计算机程序的发明专利申请。涉及计算机程序的发明专利申请同样包括两类，一是计算机程序本身，二是涉及计算机程序的发明。①计算机程序本身，是指为了能够得到某种结果而可以由计算机等具有信息处理能力的装置执行的代码化指令序列，或者可被自动转换成代码化指令序列的符号化指令序列或者符号化序列语句，包括源程序和目标程序；②涉及计算机程序的发明，是指为解决发明提出的问题，全部或部分以计算机程序流程为基础，通过计算机执行按上述流程编制的计算机程序，对计算机外部对象或者内部对象进行控制或处理的解决方案。

计算机程序本身属于智力活动的规则与方法，因此相关发明专利申请应根据中国《专利法》第二十五条予以驳回。对于涉及计算机程序的发明专利申请，自此次《专利审查指南》修改以后，允许以“方法、程序模块、计算机设备和存储介质”的形式，从四个不同的保护方向，对全部以计算机程序流程为依据的同一个发明构思下的技术方案进行保护（图 6-2-5）。

3. 中美计算机软件专利与商业方法可专利性标准比较

与美国相比，我国判断计算机软件专利与商业方法专利的客体问题，其立法本意是区分发明专利权与软件著作权所保护的不同方向，且必须是符合中国《专利法》意义的运用自然规律的技术方案。而在判断客体的具体流程上，也与美国不同，具体见表 6-2-10。

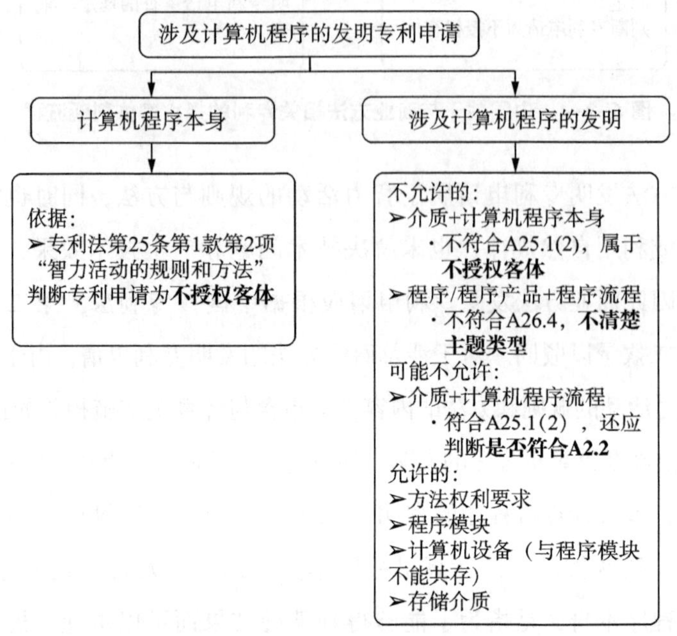

图 6-2-5　中国关于涉及计算机程序的发明专利申请的授权客体判断流程

表 6-2-10　中美计算机软件专利与商业方法可专利性的审查标准

角度	国家	
	美国	中国
涉及法条	35U.S.C.§101	A25. 1(2);A2. 2
立法本意	自然规律、自然现象或者抽象概念是所有人类知识宝库的一部分，对所有人都是自由的，不能为任何人保留（与我国 A25.1(2) 智力活动的规则与方法不能授予专利权相似）	区分发明专利权与软件著作权所保护的不同方向，且必须是符合中国《专利法》意义的运用自然规律的技术方案

续表

角度	国家	
	美国	中国
判断对象	权利要求书和说明书	以权利要求书为主
判断基础	与权利要求撰写形式无关	与权利要求撰写形式相关
判断方法	Mayo 两步测试法第一步，判断专利要求保护的内容是否属于自然规律、自然现象或者抽象概念；如果属于三者之一，第二步，判断专利是否存在足以确保整体专利方案“明显多于”非适格客体的发明概念	商业方法专利和涉及计算机程序的专利方法不同商业方法专利：商业方法发明专利申请→A25.1（2）；涉及商业方法的发明专利申请→按照涉及计算机程序的判断标准审查。涉及计算机程序的专利：计算机程序本身：A25.1（2）；涉及计算机程序的发明：介质+计算机程序本身→A25.1（2）；介质+计算机程序流程→判断是否符合 A2.2 判断 A2.2 的方法（技术三要素法）：是否解决技术问题、运用技术手段、达到技术效果

由于立法本意和判断方法不同，可专利性的判断结果也会有所区别，下面以该案为例进行对比。

➢ 根据美国《专利法》第 101 条按照 Mayo 两步测试法对权利要求进行审查，由于涉及“抽象概念”因而具有不可专利性。

➢ 按照中国《专利法》及其具体判断流程，首先该案属于涉及计算机程序的发明，从撰写形式上看，涉案权利要求的形式为装置+计算机程序流程，属于允许的涉及计算机程序发明的撰写形式；从技术内容上看，该案解决的是计算机通信领域多种格式的信息不能在互联网上有效交互的技术问题；采用的是对从网络上不同来源获取的不同信息进行组合，并将组合后的信息再返回给手持装置的技术手段；获得的是有效解决通信有效性的技术效果，因此不能从 A25.1（2）和 A2.2 的角度否认其可专利性，而应进一步判断其是否具备实用性、新颖性和创造性。

6.2.2.5 总结

在 Content Aggregation Solutions LLC 对中兴通讯股份有限公司（ZTE Corporation 以及 ZTE USA）的上述案件中，中兴团队根据美国专利诉讼历史上著名的 Alice 案件及相关动议，以涉案权利要求为抽象概念为由提出动议，认为专利不具备美国《专利法》第 101 条专利适格性而要求撤销诉讼。加州南区法院按照美国最高法院和联邦巡回上诉法院的最新指示，对比和引用了 Enfish 案、Electric Power Group，LLC 和 DDR Holdings 案的判断标准，以 Mayo 两步测试法对涉案权利要求进行了判断分析，认为涉案权利要求在 Alice 调查中落入抽象概念的范围，且考虑权利要求的单个技术特征和考虑技术特征有序的组合，涉案的权利要求没有包含发明概念，最终判断涉案权利要求不具备可专利性，予以撤销诉讼。

美国最高法院对于 Alice 案的判决以及后续案件中对 Alice Motion 的应用，对美国计算机软件专利和商业方法专利的可专利性审查及撰写形式，以及对专利诉讼及质量均将产生不同程度的影响，我国跨国企业在面对此类专利诉讼时应如何合理运用 Alice Motion，也是我们思考的问题。由于中美关于计算机软件专利与商业方法专利的可专利性审查，在立法本意和判断方法等多方面存在差异，因此可专利性的判断结果不尽相同，因此熟悉中美两国关于可专利性的审查标准，有利于我国的跨国企业在面对来自美国公司的侵权诉讼时，以积极的应诉策略提高胜诉的可能性。

后　记

本书从几位审查员工作之余自发研究交流起，到起意成书，又数易其稿，其中经历一波三折，终于定稿，由此深知学术研究之不易。从起意写书时，中美关系尚处于总体稳定的状态，逐渐转向中美关系斗争合作共存，知识产权成为中美关系中受到关注的热点。

计算机领域是信息技术领域的重要分支，信息产业的发展引领新一轮产业升级，也是我国正在大力发展的产业。本书通过对计算机领域美国知识产权诉讼开展较为系统全面的研究，从美国知识产权诉讼的基本程序、计算机领域的诉讼状况和趋势开始介绍，然后对重要国家和地区在美国的诉讼情况进行深入分析，从专利诉讼和“337调查”两方面分析了宏观诉讼情况及典型案例，展示美国知识产权诉讼的攻防之道。通过大量的实际案例，展示计算机领域在美国的知识产权诉讼面貌，系统了解美国知识产权诉讼的攻防手段和典型观点。希望本书能够为我国相关企业进入美国市场，做好知识产权风险防范提供一定指引。

尽管通过几位作者、审校的通力合作，以及出版社编辑的审校，本书得以呈现在读者面前，但是由于作者水平和精力问题以及信息获取难度，本书难免有很多不足，欢迎大家批评指正。

后记